扬中年鉴

2022

YANGZHONG YEARBOOK

（总第十四卷）

扬中市史志办公室　编

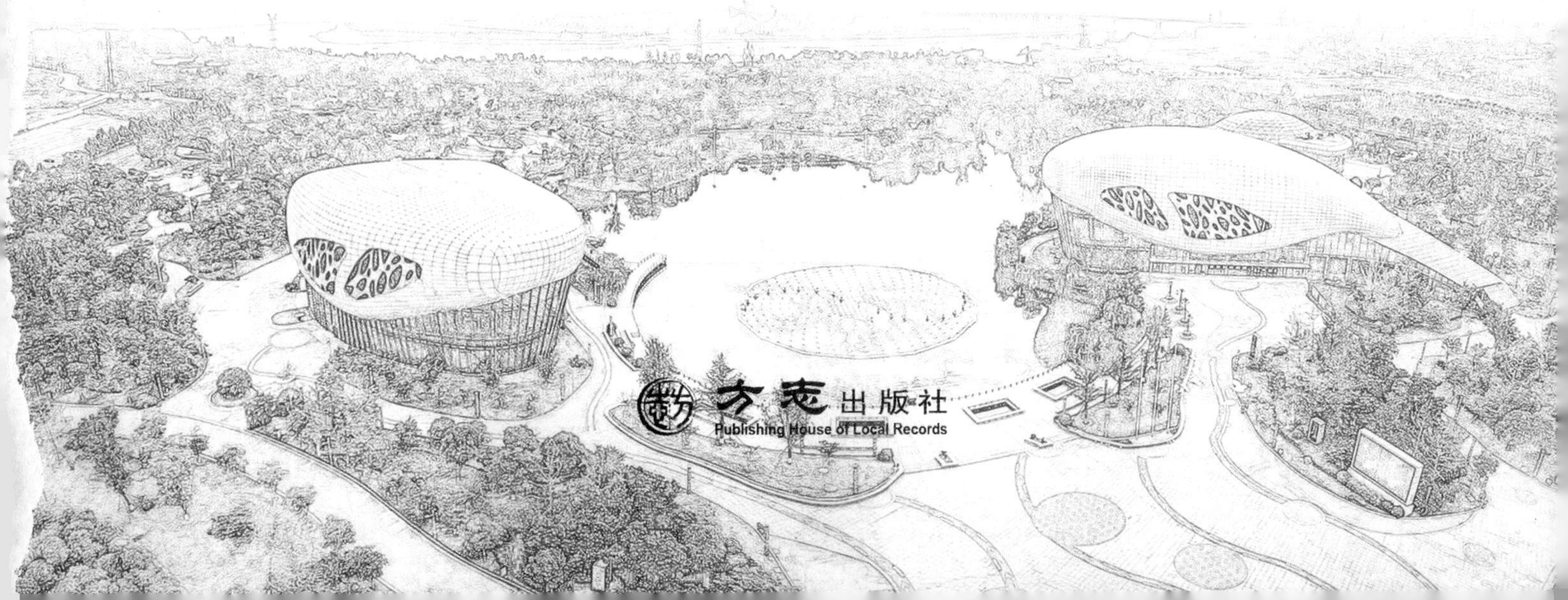

方志出版社
Publishing House of Local Records

图书在版编目（CIP）数据

扬中年鉴. 2022 / 扬中市史志办公室编. —北京 ：方志出版社，2022.9

ISBN 978-7-5144-5339-3

Ⅰ. ①扬… Ⅱ. ①扬… Ⅲ. ①扬中－2022－年鉴 Ⅳ. ①Z525.34

中国版本图书馆 CIP 数据核字(2022)第 232733 号

责任编辑：陈菁
责任校对：刘玉霞
责任印制：梅中英
出 版 者：方志出版社
地　　址：北京市朝阳区潘家园东里 9 号（国家方志馆 4 层）
邮　　编：100021
网　　址：http://www.zgfzcb.cn
发　　行：方志出版社图书营销中心（010-67110500）
印　　刷：扬中市人民印刷有限公司
开　　本：889 毫米×1194 毫米　1/16
印　　张：19
字　　数：672 千字
版　　次：2022 年 9 月第 1 版
印　　次：2022 年 9 月第 1 次印刷
定　　价：260.00 元

《扬中年鉴（2022）》编纂委员会

《扬中年鉴（2022）》编辑部

璀璨的江中明珠

城市坐标 Chengshi Zuobiao

城市位置：位于长江三角洲腹地，处于上海都市圈和南京都市圈的交汇区域，东北与泰州、扬州隔江相望，西南与镇江、常州依夹江为邻。地理位置为北纬32°～32° 19′、东经119° 42′～119° 58′

辖镇(街道、区)：新坝镇、油坊镇、八桥镇、西来桥镇、三茅街道、江苏扬中经济开发区

城市历史 Chengshi Lishi

扬中成洲始于东晋

清光绪三十年（1904）建置，设太平厅

清宣统三年（1911）改太平县

民国三年（1914）改名为扬中县

1994 年撤县设市

自然条件 Ziran Tiaojian

全市由太平洲、雷公岛、西沙、中心沙四个江岛组成，属亚热带季风气候，四季分明，气候适宜，年平均气温17.6℃，年降水量1313毫米，年日照时数2206.3小时

城市数字（2021）Chengshi Shuzi

户籍人口：27.96万人

区域面积：327平方千米

地区生产总值（GDP）：550.77亿元

人均地区生产总值：17.44万元

地方财政收入：126.23亿元

社会消费品零售总额：156.49亿元

城镇居民人均可支配收入:6.52万元

农村居民人均可支配收入：3.58万元

中國扬中

扬中精神 Yangzhong Jingshen

上善若水 自强不息

城市标志 Chengshi Biaozhi

市树：柳树

市花：桂花

城市特产 Chengshi Techan

河豚

刀鱼

鲥鱼

秧草

城市新荣誉 Chengshi Xin Rongyu

国家卫生城市

“四好农村路”全国示范县（市）

全国村庄清洁行动先进县（市）

全国城乡交通运输一体化示范市

国家电子商务进农村综合示范县

全国综合实力百强县（市）第23位

全国绿色发展百强县（市）第7位

全国科技创新百强县（市）第36位

中国生活品质百优县（市）第44位

中国创新百强县（市）第36位

中国工业百强县（市）第85位

全国县域共青团基层组织改革试点地区

“2021中国高质量推进基本现代化典型城市”优秀城市

江苏省推进高质量发展先进市

江苏省生态文明建设示范县（市、区）

江苏省残疾人工作先进市

江苏省争创全国法治政府建设示范市

滨江全景（佘扬秋摄）

1
2
3 4

1 3 4

6月27日，扬中市举行“两优一先一示范”表彰大会暨《信仰的力量》情景党课

2 6月29日，党史学习教育馆开馆

图片提供：融媒体中心

2021年是中国共产党成立100周年，全市上下深入学习习近平总书记在庆祝中国共产党成立100周年大会上的重要讲话精神，汲取党的百年辉煌历史蕴含的发展智慧和奋进力量，赓续自力更生、自强不息的精神血脉，集中力量办好自己的事，致力谱写“强富美高”的现代化篇章，奋力创造江中明珠新的更大荣光。组织庆祝中国共产党成立100周年系列活动，全市爱党爱国爱社会主义氛围更加浓厚。深入开展党史学习教育，全面实施基层党建“书记项目”，扎实推进“我为群众办实事”“两在两同”建新功行动，以“江洲星火”党史教育馆为核心的初心锤炼阵地链条基本形成。

❶ 6月4日，扬中市党史学习教育推进会召开

❷ 6月12日，扬中市庆祝建党100周年党史学习情境教育活动

❸ 4月22日，扬中市举行党史学习教育宣讲报告会暨第八届“江洲读书节”活动

❹ 3月16日，《我们的国歌》公益讲座在扬中市新坝镇陈履生博物馆群开讲

图片提供：融媒体中心

3

4

全市庆祝建党100周年座谈会
1

扬中市“我为群众办实事”主题新闻发布会
主办：扬中市委党史学习教育领导小组办公室
中共扬中市委宣传部
2

庆祝中国共产党成立100周年
4

❶ 7月2日，扬中市召开庆祝建党100周年座谈会

❷ 9月15日，扬中市举行“我为群众办实事”主题新闻发布会

❸ 6月19日，三茅街道党工委推出 “行走党课”主题线路

❹ 6月30日，“百年风华 江洲荣光”庆祝中国共产党成立100周年扬中史料图片展

❺ 6月，“公安心向党 迈步新征程”主题道德讲堂暨“光荣在党50年”纪念章颁发仪式

图片提供：融媒体中心

长卷颂党恩
1

2

奋斗百年路
启航新征程
3

1. 丰裕中心小学：百幅“剪”史悟党情 百米长卷颂党恩
2. 庆祝建党百年社会氛围浓厚
3. 6月，中电电气举办庆祝建党100周年合唱比赛
4. 6月26日，庆祝建党百年扬中老年人优秀健身项目展演
5. 5月10日，国歌探秘“我们的国歌”主题活动汇报会

图片提供：融媒体中心

❶ ❷
2月19日，扬中市召开产业强市暨优化营商环境大会

❸ 3月30日，江苏省召开2020年度高质量发展总结表彰大会，扬中市被省委、省政府授予“推进高质量发展先进市”称号

图片提供：融媒体中心

❶
❷ ❸

产业强市

Powerful Industry

2021年，扬中市坚定不移实施产业强市战略，抓牢夯实现有产业基础，瞄准突破未来产业风口，持续招大引强、培优扶新，实现总量、均量、质量“三量齐升”。实施“产业强链”三年行动计划，加快健全完善以智能电气、新能源、临港装备制造、汽车零部件为主导的“4+X”现代产业体系。以“碳达峰、碳中和”引领绿色发展，调整优化产业结构、能源结构，擦亮“绿色能源岛”的城市品牌。提速数字扬中建设，推动传统优势产业绿色化、智能化升级。优化营商环境，持续深化“放管服”改革，全面推动行政审批制度改革落地，推进政务服务一体化建设。

❶ 2月26日，镇江市重大产业项目建设现场会扬中市分会场开工仪式举行

❷ 6月28日，伊顿母线（江苏）有限公司成立

❸ 3月26日，扬中市经开区产业链项目集中签约仪式举行

❹ 2月5日，扬中市举行重点项目观摩推进会暨新坝镇（高新区）项目集中签约活动

❺ 6月17日，长城汽车蜂巢动力第1000万台发动机下线仪式及未来规划发布会举行

图片提供：融媒体中心

科技人才项目
刘化雪
汽车产业链高端人才招引、核心技术研发合作
兴隆街道党工委副书记
张静
固态锂离子动力电池研发
兴隆街道办事处副主任
南京农业大学教授
隆小华
3

1 3 4 2 5

江苏万创科技
智能化瞬时灭菌系统设备项目
江苏乐仕电气
5G一体化能源柜项目
扬中高新区管委会
4

HYCET
蜂巢动力
长城汽车蜂巢动力第10000000台发动机正式下线
城汽车蜂巢动力第1000万台发动机下线
-HYCET THE 10 MILLIONTH ENGINE OFFLIN
5

2021招才引智“镇江日”（扬中·上海）专场活动
签约仪式
扬中市人才办与上海电力大学国家大学科技园共建扬中市飞地孵化中心
智“镇江日”（扬中·上海
①

③

YANGZHONG CHINA
跑出产业强市加速度　打造智能制造新高地
镇江扬中招商大会
2021 CHINA ZHENJIA
INVESTMENT PROMO
暨18届河豚文化节项目
②

④

❶ 10月8日，招才引智“镇江日”扬中专场活动

❷ ❹
4月30日，扬中市举行2021中国镇江扬中招商大会暨第18届河豚文化节项目集中签约仪式

❸ 4月18日，共建西安交通大学国家技术转移中心扬中材料应用研究院揭牌

图片提供：融媒体中心

大全能源
DAQO ENERGY
奉献清洁能源 践行绿色发展
大全能源
DAQO ENERGY
首次公开发行股票上市启动仪式

通灵电器
TONGLIN ELECTRIC

❶ 7月22日，新疆大全新能源股份有限公司在上海证券交易所科创板挂牌上市

❷ ❹ 6月7日，扬中—吉林大学人才科技对接活动在吉林省长春市举行

❸ 12月10日，江苏通灵电器股份有限公司首次公开发行股票并在创业板上市

图片提供：融媒体中心

定位胶带粘贴
Tape Auto-Sticking
1

个人服务
3

投 资 建
全 流 程
4

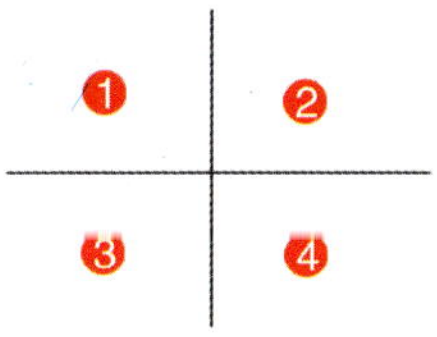

1 太阳集团生产车间

2 亿阀集团生产车间

3 政务服务中心办事指南二维码矩阵上线

4 投资建设一站式服务中心

图片提供：融媒体中心

1 同德村最佳村民小组

2 新安村议事亭

3 振华村户外“漂流书屋”

4 鸣凤村第一党支部

图片提供：融媒体中心

乡村振兴

Rural Revitalization

2021年，扬中市创新开展党建引领乡村振兴行动。乡村产业提质增效，推进农业供给侧结构性改革，推进现代农业产业示范园建设，刀鱼养殖取得技术性突破。积极发展乡村旅游，全域旅游功能区布局更加完善，保护好农业生产、农家生活、民俗文化等乡村风貌。拓展“党小组+”内涵，提高群众参与治理的自主性和参与度，优化村规、组规民约，持续涵养文明乡风、良好家风、淳朴民风。乡村公共空间治理扎实推进，持续推进农村人居环境整治，创成省级生态文明建设示范村5个，新治村、利民村入选全国乡村治理示范村，扬中获评全国村庄清洁行动先进县。

团团直播间
青春四进 建功乡村
共青团助农直播
扬中团团直播间
1

2

3

4

5

❶ “青春四进 建功乡村”共青团助农直播

❷ 油坊镇农产品直播

❸ 营房村70亩芡实喜获丰收

❹ 琵琶丰收

❺ “税小花”直播带货 助农复产复销

图片提供：融媒体中心

❶	❹
❷	❺
❸	

❶ 郭克生事迹陈列馆

❷ 扬中家谱馆

❸ 张贤春家庭档案馆

❹ 扬中“四千四万”精神陈列馆

❺ 河豚文化展示馆

图片提供：融媒体中心

从“扬中制造”到“扬中智造”
4

河豚文化展示馆
EXHIBITION HALL OF GLOBEFISH CULTURE
5

❶ 福源村百福墙

❷ 永勤村农田

❸ 友好村宽心圩

❹ 滨江公园

图片提供：融媒体中心

❶ 3月20日，扬中市召开全国文明城市创建动员会

❷ 3月8日，“三八”红旗手宣讲团成立仪式

❸ 5月29日，“传承红色基因　童心筑梦前行”庆六一主题活动暨扬中市第七届未成年人培育践行社会主义核心价值观大赛启动仪式

图片提供：融媒体中心

扬中文明

The Civilization of Yangzhong

2021年，扬中市聚力文明创建，城市品质更富内涵。启动实施文明城市创建“三年行动”，发布“部门创建质量指数榜”“镇村文明风尚榜”。推进“红色引擎”工程，集中开展广场“白改黑”、文明交通等6大专项行动，通过国家卫生城市复审暗访。扎实推进新时代文明实践全国试点，放大新时代文明实践全国试点集聚效能，围绕文明出行、文明服务、乡风文明培育等关键环节，实施专项提升行动，构建全民创建格局。组织开展文明火炬万人接力等活动，社会文明程度实现新的提升。深入推进文化惠民，原创锡剧《太平洲上》入选省紫金文化艺术节汇演剧目，三江湾文旅集聚区、北部滨江休闲区建设进展顺利，“江岛一日游”入选省乡村旅游精品线路。

1

2
垃圾分类
从我做起
可回收物
Recyclable
有害垃圾

3
文明扬中

1. 非遗到身边
2. 垃圾分类 从我做起
3. “一双球鞋的暴走”公益活动
4. 10月30日，第二届“烟头不落地·扬中更美丽”主题活动启动
5. 文明交通礼让之星

图片提供：融媒体中心

4

5

扬中市第十八届河豚文化节
启动仪式
1

2021西来桥
西来桥镇党委 政府
西来桥镇新时代文明
2

❶ 扬中市第十八届河豚文化节启动仪式

❷ 3月14日，2021西来桥“我要去舞龙”竞技赛

❸ 9月16日，原创现代锡剧《太平洲上》汇报演出

❹ 5月1日，“绿色骑行　红色传承”打卡美丽新坝绿色公益骑行活动

❺ 2021年江苏省老年人体育节扬中分会场开幕式

图片提供：融媒体中心

编辑说明

一、《扬中年鉴》以马克思列宁主义、毛泽东思想、邓小平理论、“三个代表”重要思想、科学发展观、习近平新时代中国特色社会主义思想为指导，坚持辩证唯物主义、历史唯物主义的立场、观点和方法，编年载录扬中市政治、经济、文化、社会、生态等方面的基本情况，为各级领导决策提供参考，为社会各界认识、研究、发展扬中提供基本资料，也为编纂各类志书积累史料。

二、《扬中年鉴》首卷出版于2009年，逐年出版，本卷为第十四卷。《扬中年鉴（2022）》记述时间原则上为2021年1月1日至2021年12月31日，部分内容适当上溯或下延，记载2021年度扬中市政治、经济、文化、社会、生态等方面的基本面貌、发展状况和各行各业取得的新进展、新成就、新经验。

三、《扬中年鉴（2022）》采用分类编辑法，全书分类目、分目、条目三个层次，部分分目下设副分目，副分目标题前后加“·”符号，条目为记述实体，标题用黑体字加【 】表示。《扬中年鉴（2022）》继续贯彻江苏省地方志办公室年鉴创新与规范的有关要求，对框架结构进行适当调整，全书设特载、大事记、扬中概览、中国河豚岛、中共扬中市委员会、扬中市人民代表大会、扬中市人民政府、政协扬中市委员会、纪检监察、民主党派·工商联、群众团体、军事、法治、经济管理、农业、水利、工业、商贸服务、金融、交通运输、城乡建设与管理、环境保护、科学技术、教育、文化、卫生、体育、社会生活、镇·街道·区29个类目，共设181个分目、910个条目，随文表格52张，计67.2万字。

四、《扬中年鉴（2022）》卷首设4个图片专题，图片72幅。随文图片116幅。

五、“亩”与“公顷”根据具体条目，予以共用，原始资料中的精确数字尽量予以保留，换算公式：15亩=1公顷。

六、全书配有多种检索方法，卷首设目录，卷末设索引。全书所有资料可通过目录、索引、条目参见系统以及书眉等查询。数字用法、标点符号用法分别采用国家标准《出版物上数字用法》(GB/T15835—2011)、《标点符号用法》(GB/T15834—2011)，计量单位采用国家技术监督局1993年12月发布的《量和单位》系列国家标准。

七、《扬中年鉴（2022）》所用稿件由全市各部门、单位、镇（街道、区）专人撰写，并经过各单位领导审阅，实事与数据均经过核实校对。“组织机构及负责人”“领导简历”由扬中市委组织部审核。正文统计数据由于统计来源、口径和时间不同而不尽一致，使用时请以扬中市统计局提供的统计资料为准。

扬中市地图

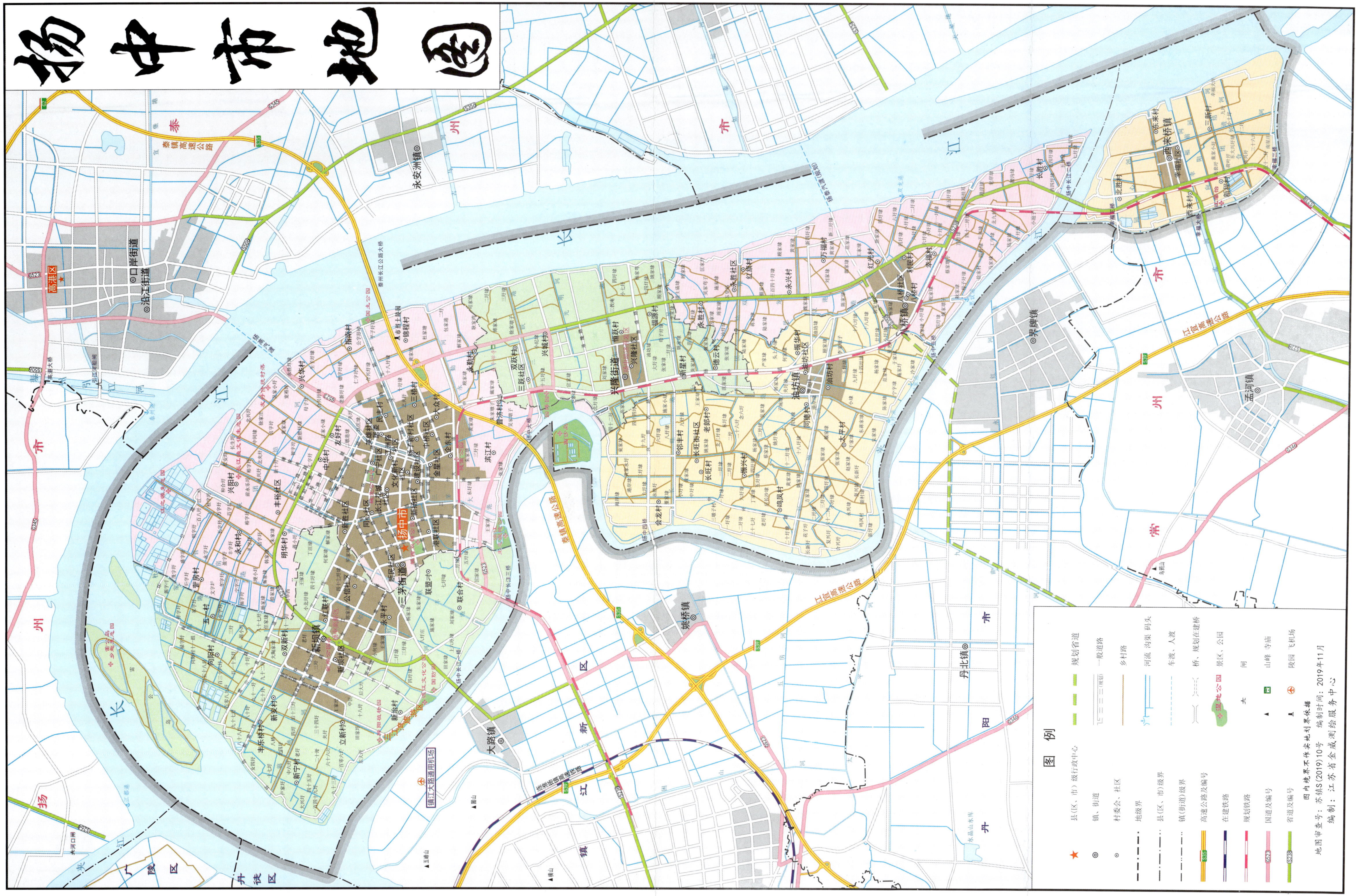
扬中市
三茅街道
兴隆街道
新坝镇
油坊镇
八桥镇
西来桥镇
高港区
口岸街道
永安洲镇
界牌镇
孟河镇
姚桥镇
丹北镇
大路镇
长江
泰州市
常州市
镇江大路通用机场
泰镇高速公路
江宜高速公路
图例
县(区、市)级行政中心
镇、街道
村委会、社区
地级界
县(区、市)级界
镇(街道)级界
高速公路及编号
在建铁路
规划铁路
国道及编号
省道及编号
规划省道
一般道路
乡村路
河流、沟渠、码头
车渡、人渡
桥、规划在建桥
景区、公园
闸
山峰、寺庙
陵园、飞机场
图内地界不作实地划界依据
地图审核号：苏镇S(2019)10号 编制时间：2019年11月
编制：江苏省金成测绘服务中心

目　录

特　载

营商环境优化 …… 1
概况 …… 1
企业注册登记便利化改革 …… 1
工程项目审批时限压缩 …… 1
基层“三整合”改革 …… 1
综合行政执法体制改革 …… 2
全国文明城市创建 …… 2
概况 …… 2
六大攻坚行动 …… 3
“篦晒比赛”主题活动 …… 3
文明系列评选 …… 3
党建引领文明城市创建 …… 3
新时代文明实践 …… 3
概况 …… 3
新时代文明实践中心全国试点建设推进会 …… 3
“市民观察团”志愿服务启动 …… 3
第四届公益文化节 …… 4
“烟头不落地 扬中更美丽”活动 …… 4
新时代文明实践创意项目大赛 …… 4
“新时代好少年”评选 …… 4
年度聚焦 …… 4
扬中市入选全国村庄清洁行动先进县 …… 4
扬中市获评推进高质量发展先进市 …… 5
扬中市入选全国县域共青团基层组织改革试点地区 …… 5
扬中市入选“2021 中国生活品质百优县市” …… 5
扬中市通过国家卫生城市复评审 …… 5
2021 年中国中小城市高质量发展指数研究成果公布 …… 5
扬中入选“2021 中国高质量推进基本现代化典型城市”优秀城市 …… 5
扬中市入选两个“百强榜” …… 5

大事记

1 月 …… 6
2 月 …… 6
3 月 …… 7
4 月 …… 8
5 月 …… 8
6 月 …… 9
7 月 …… 9
8 月 …… 10
9 月 …… 10
10 月 …… 11
11 月 …… 11
12 月 …… 12

扬中概览

基础地情 …… 13
地理位置 …… 13
地质地貌 …… 13
沿江岸线 …… 13
气候特征 …… 14
建置沿革 …… 14
区域人口 …… 15
扬中方言 …… 15
扬中特产 …… 15
经济社会建设 …… 16
概况 …… 16
农业 …… 16
工业 …… 17
固定资产投资 …… 17
国内贸易 …… 17
开放型经济 …… 17

财政 …… 17
金融 …… 17
科学技术 …… 17
教育 …… 18
文化 …… 18
卫生 …… 18
体育 …… 19
城市建设 …… 19
环境保护 …… 19
人民生活 …… 19
社会保障 …… 19

中国河豚岛

综述 …… 20
概况 …… 20
第十八届河豚文化节活动成果通报 …… 20
河豚·风俗 …… 21
河豚捕捞 …… 21
河豚宰杀 …… 21
河豚食用 …… 22
河豚·味道 …… 22
河豚焐秧草 …… 22
红烧河豚 …… 22
白汁河豚 …… 22
河豚鱼丸 …… 22
“豚岛寻香”餐饮名店大型直播惠民行动 …… 22
全国养殖(控毒)河豚鱼烹饪邀请赛 …… 23
河豚·文化 …… 23
第十八届河豚文化节 …… 23
“河豚美食之旅”扬中专列一日游 …… 23
“行进河豚岛”户外运动嘉年华活动 …… 23
第十一届“寻访中国河豚岛”越野自驾游 …… 23
河豚文化展示馆 …… 24
河豚·产业 …… 24
长江渔文化生态园 …… 24
江之源渔业有限科技有限公司 …… 24
江苏豚岛食品有限公司 …… 24
中国镇江扬中招商大会暨第十八届河豚文化节项目集中签约仪式 …… 24

中共扬中市委员会

综述 …… 25
概况 …… 25
市委办公室工作 …… 26
重要决策 …… 26
全面推进乡村振兴 加快农业农村现代化建设的实施意见 …… 26
实施“才聚江洲”助力产业强市的若干意见 …… 27
扬中市资本市场扬帆领航计划 …… 27
“两在两同”建新功行动的实施方案 …… 27
扬中市法治社会建设实施方案 …… 27
重要会议 …… 27
全市安全生产工作会议 …… 27
全市产业强市暨优化营商环境大会 …… 27
党史学习教育动员会议 …… 27
全国文明城市创建动员会 …… 27
全市农村工作会议 …… 28
全市党建工作会议 …… 28
中共扬中市委十二届十次全会 …… 28
庆祝中国共产党成立100周年座谈会 …… 28
中共扬中市第十三次代表大会 …… 28
“决战四季度”项目招引建设暨综合考核推进会 …… 29
中共扬中市第十三届委员会第二次全体会议 …… 29
党史学习教育 …… 29
概况 …… 29
学党史 …… 29
悟思想 …… 29
办实事 …… 29
开新局 …… 30
党史学习教育宣讲报告会暨第八届“江洲读书节”活动 …… 30
党史学习教育馆开馆暨线上党员教育活动 …… 30
“两优一先一示范”表彰大会暨“信仰的力量”情景党课 …… 30
组织工作 …… 30
概况 …… 30
2021年扬中市中共党员基本情况一览表 …… 31
党建引领“三大行动” …… 31

"才聚江洲"系列行动 …… 31
城乡基层党组织提升工作 …… 32
选人用人 …… 32
综合考核提档升级 …… 32
宣传工作 …… 32
概况 …… 32
主题宣传 …… 32
城市外宣 …… 33
新闻管理 …… 33
网络宣传 …… 33
阵地建设 …… 33
网络安全 …… 33
统战工作 …… 33
概况 …… 33
新联会主题实践活动 …… 34
扬中市欧美同学会成立 …… 34
初心寻访活动 …… 34
留学人员创新创业分享会 …… 34
台湾事务 …… 34
概况 …… 34
镇江市台协扬中联委会暨扬中市台属联谊会换届 …… 35
面塑视频教学活动 …… 35
机构编制工作 …… 35
概况 …… 35
公益类事业单位改革 …… 35
机构编制保障 …… 35
编外用工管理 …… 36
机构编制评估 …… 36
机关赋码与事业单位登记管理 …… 36
市级机关服务高质量发展考核 …… 36
机关党建 …… 36
概况 …… 36
党员素质提升 …… 36
支部建设 …… 37
效能提升 …… 37
老干部工作 …… 37
概况 …… 37
涉老社团党建工作一体化建设 …… 37
离退休干部党建之家开馆 …… 37
老年人才项目 …… 38
银发志愿服务 …… 38
医疗待遇落实和困难帮扶工作 …… 38
离退休干部特色服务 …… 38
离休干部信息化管理工作 …… 39
党校工作 …… 39
概况 …… 39
培训工作 …… 39
科研调研工作 …… 39
理论宣讲 …… 40
县级党校发展联盟成立 …… 40
《学习参考》《市情研究》编发 …… 40
信息宣传工作 …… 40

扬中市人民代表大会

综述 …… 41
概况 …… 41
法律监督 …… 41
经济监督 …… 41
代表作用发挥 …… 41
重要会议 …… 41
十七届人民代表大会第五次会议 …… 41
十七届人大常委会第二十七次会议 …… 42
十七届人大常委会第二十八次会议 …… 42
十七届人大常委会第二十九次会议 …… 42
十七届人大常委会第三十次会议 …… 42
十七届人大常委会第三十一次会议 …… 42
十七届人大常委会第三十二次会议 …… 42
十七届人大常委会第三十三次会议 …… 42
重要工作 …… 43
政情通报会 …… 43
统一接待选民日活动 …… 43
老年人权益保障法执法检查 …… 43
精神卫生法执法检查 …… 43
市镇两级人大换届选举 …… 43
议案建议办理 …… 44
概况 …… 44
议案办理情况 …… 44
重要建议办理情况 …… 44

扬中市人民政府

综述 …… 45
概况 …… 45

2021 年扬中市十件实事进展情况一览表 …… 46
重要会议 …… 47
市政府全体(扩大)会议 …… 47
市政府常务会议 …… 47
政务服务工作 …… 49
概况 …… 49
全域政务服务新体系构建 …… 49
“一窗通办 收审分离”改革 …… 49
高频事项跨省办 …… 49
公共资源全流程电子交易 …… 50
招投标领域营商环境优化 …… 50
热线平台管理 …… 50
应急管理 …… 50
概况 …… 50
工业企业安全生产风险报告 …… 50
危化品使用安全专项治理 …… 50
省级安全发展示范城市创建 …… 50
安全生产专项整治 …… 51
安全生产执法监管 …… 51
安全生产基层基础建设 …… 51
应急协同机制应用 …… 51
应急预案制度制定 …… 51
第一次全国自然灾害综合风险普查 …… 52
省市督导巡查整改 …… 52
隐患排查治理 …… 52
“百团进百万企业千万员工”活动 …… 52
新《安全生产法》宣传培训 …… 52
安全生产月宣传活动 …… 52
“119”消防宣传月启动 …… 53
2021 年扬中市火灾综合情况表 …… 53
安全生产责任保险推广 …… 53
机关事务工作 …… 54
概况 …… 54
公务用车管理 …… 54
办公用房管理 …… 54
公共机构节能 …… 54
餐饮服务 …… 54
物业管理 …… 55
信访 …… 55
概况 …… 55
案件办理质效提升 …… 55
信访工作机制完善 …… 55
业务办理机制规范 …… 55

政协扬中市委员会

综述 …… 56
概况 …… 56
2021 年各地政协考察扬中情况一览表 …… 56
重要会议 …… 57
市政协十届五次会议 …… 57
市政协常委会会议 …… 57
市政协主席会议 …… 57
市政府、市政协重点工作交流会 …… 58
参政议政和提案工作 …… 58
概况 …… 58
关于科学利用岸线资源,推动临港产业高质量发展的建议案 …… 59
关于推进地下停车空间开发利用的建议案 …… 59
市政协专题考察食品安全监管工作 …… 59
市政协专题考察江滩“两违”整治和规范化建设工作 …… 59
市政协专题考察促进就业工作 …… 60
市政协民主评议自来水事业发展工作 …… 60
市政协专题考察基层法庭工作 …… 60
市政协民主评议市交通运输局提案办理工作 …… 60
市政协专题考察公共体育设施建设工作 …… 60
市政协专题考察创新驱动发展战略实施情况 …… 60
市政协专题考察职工文化阵地建设工作 …… 60
“有事好商量”协商议事工作 …… 60

纪检监察

综述 …… 61
概况 …… 61
审查调查 …… 61
重要会议 …… 61
中共扬中市第十二届纪律检查委员会第六次全体会议 …… 61
全市领导干部警示教育大会 …… 61
理论学习中心组党史学习教育专题读书班封闭学习会 …… 62
中共扬中市第十三届纪律检查委员会第一次全体会议 …… 62

全市新任领导干部集体廉政谈话 …… 62
反腐败协调小组会议 …… 62
党风廉政建设和反腐败斗争 …… 62
政治监督 …… 62
专责监督 …… 62
执纪为民 …… 63
政治巡察 …… 63
队伍建设 …… 63

民主党派·工商联

民主党派 …… 64
概况 …… 64
民盟扬中支部升格暨换届大会 …… 64
民建扬中支部第二次会员大会 …… 64
农工党扬中基层委员会成立 …… 64
九三学社扬中支社换届 …… 64
民主党派联合调研 …… 64
工商联 …… 65
概况 …… 65
工商联第十三次会员代表大会 …… 65
“两个健康”促进行动 …… 65
油坊镇会龙商会成立 …… 65

群众团体

扬中市总工会 …… 66
概况 …… 66
庆“五一”国际劳动节大会 …… 66
职工法律援助工作站成立 …… 66
产改工作“360”计划品牌 …… 67
工人文化宫改建工程开工 …… 67
职工互助互济保障计划 …… 67
“拧成一股绳 永远跟党走”主题活动 …… 67
共青团扬中市委员会 …… 67
概况 …… 67
共青团扬中市十九届四次全委(扩大)会议 …… 68
“一线有我 号队出列”青春建功产业强市行动 …… 68
老干部与共青团“牵手助跑”活动 …… 68
“梦想小屋”项目 …… 69
微团课大赛 …… 69
村企结对帮扶捐赠活动 …… 69
扬中市青年论坛 …… 69
中国少年先锋队扬中市第五次代表大会 …… 69
“青年之家”揭牌 …… 69
扬中市妇女联合会 …… 69
概况 …… 69
“三八”国际妇女节 111 周年纪念活动 …… 70
寻宝博物馆开心学党史主题活动 …… 70
镇江市首家巾帼党性教育基地揭牌 …… 70
扬中市村(社区)妇联换届工作 …… 70
“巾帼领秀”项目 …… 70
党史学习教育进家庭 …… 70
新时代家教家风实践基地揭牌 …… 71
社会妈妈新项目发布 …… 71
“彩虹桥”维权工作站成立 …… 71
“巾帼好声音永远跟党走”宣演活动 …… 71
“汇聚微光 助豫平安”倡议 …… 71
“黄玫瑰”环卫女工驿站揭牌 …… 71
女企业家协会第三届二次全体(扩大)会议 …… 71
妇联第十五届六次执委(扩大)会议 …… 71
扬中市科学技术协会 …… 72
概况 …… 72
科普教育工作 …… 72
科技创新动能激发 …… 72
科技智库建设 …… 72
科技工作者之家建设 …… 72
扬中市归国华侨联合会 …… 73
概况 …… 73
“扬中革命故事与家书”专题讲座 …… 73
“浓情五月天 致敬母亲节”活动 …… 73
“侨心向党 同心逐梦”文艺演出 …… 73
“我为群众办实事”走访慰问 …… 73
“知识产权强企策略实施”专题讲座 …… 73
扬中市文学艺术界联合会 …… 73
概况 …… 73
“强国·新江苏拍客 发现扬中”摄影大赛 …… 74
“相约河豚岛”江苏省花鸟名画家邀请展 …… 74
扬中市“庆祝建党 100 周年·礼赞劳模”书画摄影展 …… 74
扬中市庆祝中国共产党成立 100 周年书画展 …… 74

庆祝中国共产党成立 100 周年扬中史料图片展 …… 74
庆祝中国共产党成立 100 周年剪纸展 …… 74
扬中市庆祝中国共产党成立 100 周年摄影作品展 …… 75
扬中市文联各文艺家协会换届 …… 75
扬中市文联第九次代表大会 …… 75
江苏省文艺家“长江行”系列采风活动 …… 75
“文艺名家讲坛”公益讲座 …… 75
文艺志愿服务活动 …… 75
扬中市残疾人联合会 …… 76
概况 …… 76
残疾人“自强模范”“爱心助残先进”评选颁奖活动 …… 76
“自强不息 同心筑梦”扬中市残疾人艺术作品展 …… 76
“智慧残联”平台建设 …… 76
持证残疾人基本状况调查工作 …… 76
首家企业残协暨残疾人就业培训基地成立 …… 77
扬中市红十字会 …… 77
概况 …… 77
人道救助工作 …… 77
救护培训工作 …… 77
捐献造血干细胞工作 …… 77
遗体器官捐献工作 …… 77
博爱家园建设 …… 77
红十字会组织建设 …… 77

军 事

人民武装 …… 78
概况 …… 78
思想政治工作 …… 78
练兵备战工作 …… 78
国防动员工作 …… 78
精准抓建工作 …… 78
武装警察 …… 78
概况 …… 78
思想政治工作 …… 79
人民防空 …… 79
概况 …… 79
“5·12”防灾减灾宣传 …… 79
第 33 届科普宣传周开幕式暨广场活动 …… 79
人防工程标识标注 …… 79
人防疏散演练 …… 79
双拥共建 …… 80
概况 …… 80
优待抚恤 …… 80
就业创业安置 …… 80
双拥共建工作 …… 80
退役军人返乡欢迎大会 …… 81
退役军人专场招聘会 …… 81
烈士公祭活动 …… 81
退役士兵返乡“一站式”报到 …… 81

法 治

政法委及综治 …… 82
概况 …… 82
综治平安建设 …… 82
法治建设 …… 82
“扫黑除恶”工作 …… 82
红色网格建设 …… 82
重点行业整治 …… 83
政法队伍教育整顿 …… 83
扬中市网格学校成立 …… 83
扬中市法学会换届 …… 83
法治政府建设 …… 83
概况 …… 83
行政复议体制改革 …… 84
行政规范性文件清理 …… 84
行政执法证件换证考试 …… 84
公安 …… 84
概况 …… 84
车管业务 …… 84
道路交通事故分析 …… 84
长江“禁捕”执法整治 …… 85
公共安全专项整治 …… 85
执法规范化建设 …… 85
2021 年扬中市暂住人口情况统计表 …… 85
检察 …… 86
概况 …… 86
民企发展护航 …… 86
“断卡”专项行动 …… 86

未成年人司法保护 …… 86
社会矛盾化解 …… 86
民事行政检察监督 …… 86
公益诉讼 …… 86
法院 …… 87
概况 …… 87
案例入选江苏法院破产审判典型案例 …… 87
破产审判工作 …… 87
“我为群众办实事”竞赛成果展评 …… 87
执行难题破解 …… 87
多元化纠纷解决机制 …… 88
“谁执法谁普法”普法责任制 …… 88
司法 …… 88
概况 …… 88
律政先锋公益行 …… 89
优化律师行业管理 …… 89
社区矫正工作规范化建设 …… 89
法援惠民生 …… 89
公证服务优化 …… 89
“法律明白人”培育工程 …… 89
基层法治建设 …… 89
矛盾纠纷化解 …… 89

经济管理

财政 …… 90
概况 …… 90
国有资产管理 …… 91
住房公积金管理 …… 91
住房公积金业务改革 …… 91
税务 …… 91
概况 …… 91
“非接触式”办税 …… 92
审计 …… 92
概况 …… 92
财政预算执行审计 …… 92
政府投资审计 …… 92
经济责任审计 …… 92
国有企业审计 …… 93
内部审计 …… 93
村(社区)财务收支审计 …… 93
统计 …… 93
概况 …… 93
服务型统计建设 …… 93
法治型统计建设 …… 94
统计监测服务乡村振兴 …… 94
统计开放日活动 …… 94
统计法治主题公园开园 …… 94
国有资产监督管理 …… 94
概况 …… 94
经营业务 …… 94
金融服务 …… 94
金开产业基金 …… 95
普惠金融政银企座谈会 …… 95
自然资源管理 …… 95
概况 …… 95
节约集约用地 …… 95
生态建设与修复 …… 95
执法监察管理 …… 95
自然资源权益维护 …… 96
林木采伐许可“一日办” …… 96
越冬代虫情调查 …… 96
市场监督管理 …… 96
概况 …… 96
质量强市建设 …… 96
标准领先战略 …… 97
知识产权强县工作 …… 97
放管服改革工作 …… 97
食品安全监管 …… 97
药械安全监管 …… 97
特种设备安全监管 …… 97
重点工业品质量安全监管 …… 97
市场秩序规范 …… 97

农 业

综述 …… 98
概况 …… 98
农产品质量安全监管 …… 98
种植业 …… 99
概况 …… 99
蔬菜种植业 …… 99
果树产业 …… 99
地膜残膜回收利用 …… 99

病虫害专业化防治 …… 99
测土配方施肥技术推广 …… 99
养殖业 …… 99
概况 …… 99
长江增殖放流活动 …… 100
生猪生产恢复 …… 100
养殖污染治理 …… 100
重大动物疫病防控 …… 100
农业机械 …… 100
概况 …… 100
农机购置补贴政策 …… 100
秸秆机械化还田 …… 100
农机报废更新 …… 100
农机具综合保险 …… 100
农机教育培训 …… 100
农机安全生产 …… 101
农业经济体制与经营管理 …… 101
概况 …… 101
农村宅基地管理和改革 …… 101
农村土地“三权分置”改革 …… 101
农村集体产权制度改革 …… 101
家庭农场培育 …… 101
农村集体“三资”管理 …… 102
农村产权交易市场建设 …… 102
精准扶贫 …… 102
农业产业化发展 …… 102
概况 …… 102
农业招商 …… 102
高标准农田建设 …… 102
高素质农民培育工作 …… 102
农业信息工作 …… 102
基层农技推广体系改革与建设 …… 103
农村人居环境整治 …… 103
概况 …… 103
农村人居环境整治 …… 103
农业示范园区 …… 103
概况 …… 103
江苏省扬中现代渔业园区 …… 103

水 利

综述 …… 104
概况 …… 104
水文情况 …… 104
水利工程建设 …… 105
概况 …… 105
何家大港闸站工程 …… 105
江堤加固及兴隆港闸应急改造工程 …… 105
六圩港闸站工程 …… 105
沙家港闸站工程结余资金项目 …… 105
镇江市沿江排涝泵站更新改造工程结余资金项目 …… 105
省级水利工程、河湖管理与保护维修项目 …… 105
堤防维修养护及除险加固工程 …… 106
水利工程管护 …… 106
概况 …… 106
小型水利工程管护 …… 106
农村河道管护 …… 106
河长制 …… 106
堤防管理 …… 106
水利工程管理范围划界工作 …… 107
闸站管理 …… 107
长江非法采砂专项执法巡查 …… 107
“三无”船舶专项整治 …… 107
防汛排涝 …… 107
概况 …… 107
水下地形监测项目 …… 107
物资储备及抢险队伍 …… 108
灾情险情应急处置 …… 108
丰乐桥险工段应急治理工程 …… 108
东滨河涵洞抢险翻建工程 …… 108
长江应急护岸工程 …… 108

工 业

综述 …… 109
概况 …… 109
重点产业项目 …… 109
2021年扬中市重点工业项目表 …… 109
智能电气产业 …… 120
概况 …… 120
“我为扬中工程电气代言”主播选拔大赛 …… 120
江苏浪潮、江苏旺捷战略合作项目签约 …… 120
伊顿母线(江苏)有限公司成立 …… 120
威腾电气集团股份有限公司在上海证券交易所上市 …… 120

奥克斯(扬中)智能制造产业园项目签约 …… 120
新能源产业 …… 121
概况 …… 121
镇江市企业家沙龙新型电力(新能源)装备专场举行 …… 121
美科太阳能35吉瓦单晶硅片项目签约 …… 121
镇江市新型电力(新能源)装备产业联盟成立 …… 121
“绿色能源岛”建设 …… 121
临港装备制造产业 …… 121
概况 …… 121
三峡能源001自升式风电安装平台下水出坞 …… 122
新韩通船舶重工造船总部大楼竣工落成 …… 122
汽车零部件产业 …… 122
概况 …… 122
长城汽车蜂巢动力第1000万台发动机下线 …… 122

商贸服务

综述 …… 123
概况 …… 123
2021年扬中市重点服务业项目表 …… 123
商贸服务业 …… 124
概况 …… 124
供销合作 …… 125
粮食收储 …… 125
石油贸易 …… 125
烟草专卖 …… 125
商业集团 …… 126
工业(集团)总公司 …… 126
旅游业 …… 126
概况 …… 126
立新村蒲草滧入选第四批江苏省传统村落名录 …… 126
“天禾旅游杯”第四届乡村旅游文化节 …… 127
“扬中文旅·悦生活”抖音号上线 …… 127
扬中市16道菜肴入选“2021年镇江市百道乡土地标菜” …… 127
“夜游”品牌特色 …… 127
扬中市2家企业文创产品被选为“镇江好礼” …… 127
信息服务业 …… 127
电信服务 …… 127
移动服务 …… 128
联通公司 …… 128
邮政服务 …… 128
绿色宣传活动 …… 129
中国共产党成立100周年邮票首发活动 …… 129
邮政新能源汽车启用仪式 …… 129
现代物流业 …… 129
概况 …… 129
城乡物流节点建设 …… 129
2021年扬中市快递业情况一览表 …… 130
“邮快合作”协议 …… 130
快递员职业技能竞赛 …… 130
润华物流通用码头内港池粮食发放功能提升项目 …… 130
开放型经济 …… 130
概况 …… 130
外资外贸外包服务 …… 131
招商推介 …… 131
国家电子商务进农村综合示范县创建 …… 131
扬中发展促进会 …… 131
概况 …… 131
香港正上总部项目落户三茅 …… 132
发促会第三届会员代表大会 …… 132
“医院—社区糖尿病管培一体化”培训班 …… 132
“刘必成教授工作站”揭牌 …… 132
伟信教育发展基金发放 …… 132
发促会常州分会成立 …… 132
发促会三茅街道分会成立 …… 132

金 融

综述 …… 133
概况 …… 133
银行业概况 …… 133
存款 …… 133
2021年扬中市金融数据一览表 …… 133
社会融资规模 …… 134
2021年扬中市贷款分行业统计表 …… 134
货币政策贯彻执行 …… 135

金融稳定工作 …… 135
外汇收支 …… 135
外汇服务与管理 …… 135
保险业概况 …… 135
金融服务与管理 …… 135
银行选介 …… 136
中国农业发展银行扬中市支行 …… 136
中国农业银行股份有限公司扬中市支行 …… 136
中国建设银行股份有限公司扬中支行 …… 136
中国工商银行股份有限公司扬中支行 …… 136
交通银行镇江扬中支行 …… 137
2021年扬中市主要金融机构经营指标情况表 …… 137
保险公司选介 …… 137
中国人寿保险股份有限公司扬中支公司 …… 137
中国人民财产保险股份有限公司扬中支公司 …… 137
中国太平洋财产保险股份有限公司扬中支公司 …… 138
2021年扬中市保险业金融统计表 …… 138
证券公司选介 …… 139
华泰证券有限公司扬中翠竹南路证券营业部 …… 139
南京证券扬中江洲南路证券营业部 …… 139

交通运输

综述 …… 140
概况 …… 140
交通运输疫情防控 …… 140
运输管理 …… 140
出租车管理 …… 140
客运管理 …… 140
货运管理 …… 141
机动车维修管理 …… 141
驾培监管 …… 141
交通运输行政执法 …… 141
概况 …… 141
货运执法 …… 141
客运执法 …… 141
路政管理 …… 142
超限运输治理 …… 142
交通工程建设 …… 142
概况 …… 142
公路建设与养护 …… 142
农村公路提档升级 …… 142
镇江市2021年普通国省道路面大中修工程E标扬中段 …… 142
幸福大桥限高门架工程 …… 142
扬中超限检测站提质升级改造工程 …… 143
幸福二桥治超站投入使用 …… 143
238省道扬中段路面大中修工程完工 …… 143
城乡公共交通 …… 143
概况 …… 143
城北公交客运站运营 …… 143

城乡建设与管理

综述 …… 144
概况 …… 144
村镇建设 …… 144
城乡规划 …… 144
概况 …… 144
国土空间规划编制与管理 …… 145
“规划师下乡”活动 …… 145
城建重点工程 …… 145
第二高级中学教学综合楼新建工程 …… 145
第二幼儿园异地搬迁项目 …… 145
云腾幼儿园捐建工程交付仪式 …… 146
天然气高压管线穿江工程 …… 146
公共事业 …… 146
供水 …… 146
供电 …… 146
燃气 …… 147
城市路灯 …… 147
公共自行车 …… 147
建筑业和房地产业 …… 147
建筑业概况 …… 147
房地产概况 …… 147
城市管理 …… 147
概况 …… 147
户外违规广告整治 …… 148
城东垃圾中转站揭牌 …… 148
城市长效管理“AB岗”网格机制 …… 148

"星级公厕管理员"评比活动 …………………… 148
农贸市场改造 …………………………………… 148
市容环境整治 …………………………………… 148
违法建设查处整治 ……………………………… 148

环境保护

综述 ……………………………………………… 149
概况 …………………………………………… 149
林长制 ………………………………………… 149
环境质量 ………………………………………… 150
概况 …………………………………………… 150
城区空气质量 ………………………………… 150
水质 …………………………………………… 150
噪声 …………………………………………… 150
环保建设 ………………………………………… 150
概况 …………………………………………… 150
监控能力建设 ………………………………… 150
环保宣传 ……………………………………… 150
环境管理 ………………………………………… 151
概况 …………………………………………… 151
依法监管排污企业 …………………………… 151
大气污染防治攻坚战 ………………………… 151
水污染防治攻坚战 …………………………… 151
土壤污染防治攻坚战 ………………………… 151
农业面源污染防治 …………………………… 151
环境信息公开 ………………………………… 151
辐射环境安全监管 …………………………… 152
危险废物监管 ………………………………… 152
环境问题整改 ………………………………… 152
环境信访 ……………………………………… 152
园林绿化 ………………………………………… 152
概况 …………………………………………… 152
城市公园绿地管理 …………………………… 153
市政基础设施维护 …………………………… 153
污水管网监管 ………………………………… 153
义务植树活动 ………………………………… 153
长江岸线管理 …………………………………… 153
概况 …………………………………………… 153
长江干线数字航道系统 ……………………… 153

科学技术

综述 ……………………………………………… 154
概况 …………………………………………… 154
大全集团等获首届江苏省科技创新发展奖 …………………………………………… 154
高新技术产业化 ………………………………… 154
概况 …………………………………………… 154
3 家企业获评 2021 年苏南国家自主创新示范区瞪羚企业 ………………………………… 154
2 家企业获评 2020 年江苏百强创新型企业 …………………………………………… 154
2021 年度扬中市获批高新技术企业一览表 …………………………………………… 154
科技计划 ………………………………………… 157
概况 …………………………………………… 157
3 个项目获 2021 年国家外国专家项目立项 …………………………………………… 157
4 家单位获 2021 年度江苏省科学技术奖三等奖 …………………………………………… 157
科技创新专项评审 …………………………… 157
2021 年度扬中市获批镇江市级以上科技项目一览表 …………………………………… 158
2021 年度扬中市科技创新专项一览表 …… 158
产学研合作 ……………………………………… 160
概况 …………………………………………… 160
5 个产学研合作项目在河豚文化节签约 …… 160
扬中—吉林大学产学研对接活动 …………… 160
招才引智"镇江日"(扬中·上海)专场活动 …… 161
淮阴工学院—扬中校地合作交流会 ………… 161
创新平台 ………………………………………… 161
概况 …………………………………………… 161
西安交通大学国家技术转移中心扬中材料应用研究院揭牌 ……………………………… 161
2 家众创空间获批省级众创空间 …………… 161
新坝国家级科技企业孵化器获评优秀 ……… 161
2021 年扬中市科技创新平台建设一览表 …………………………………………… 162
科技金融 ………………………………………… 162
概况 …………………………………………… 162
"苏科贷"绩效评估优秀 A 类地区 …………… 162
2021 年"苏科贷"贷款情况一览表 ………… 163
2021 年"高企贷"贷款情况一览表 ………… 164
科技惠民 ………………………………………… 165
概况 …………………………………………… 165
扬中灵平风机制造有限公司获批省重点研发(现代农业)项目 ……………………………… 165

"扬中特种水产产业分店"评为优秀科技超市 …… 165

教 育

综述 …… 166
概况 …… 166
大中小学思政课堂一体化 …… 166
体育质量提升工程 …… 166
劳动教育 …… 166
《扬中市中小学生社会实践基地研学地图》发布 …… 166
扬中中央厨房项目签约 …… 167
学前教育 …… 167
概况 …… 167
幼小衔接推动 …… 167
义务教育 …… 167
概况 …… 167
"双减"工作 …… 167
义务教育学校书面作业监管平台 …… 167
普通高中教育 …… 168
概况 …… 168
新高考适应性演练 …… 168
二中通过江苏省四星级高中复审 …… 168
特殊教育 …… 168
概况 …… 168
江苏省基础教育前瞻性教学改革实验项目 …… 168
职业教育和社会教育 …… 168
概况 …… 168
校企合作联席会议 …… 168
教育投入与建设 …… 168
概况 …… 168
教育资源优化配置 …… 169
教师队伍建设 …… 169
概况 …… 169
幼儿园备案制教师招聘 …… 169
特级教师后备人员高级研修班 …… 169

文 化

综述 …… 170
概况 …… 170
文艺成果 …… 170
2处不可移动文物入选江苏省革命文物名录 …… 170
文艺活动 …… 171
乡村文艺播种计划 …… 171
扬中市原创锡剧《太平洲上》 …… 171
江苏省"百年百场"优秀群众文艺作品巡演 …… 171
扬中市庆祝中国共产党成立100周年党史学习情境教育活动 …… 171
全国文明城市创建文艺巡演 …… 171
第十六届社区(农民)文化艺术节 …… 171
档案工作 …… 171
概况 …… 171
红色档案资源利用 …… 172
档案年检工作 …… 172
档案学会换届工作 …… 172
精准扶贫档案工作 …… 172
"6·9"国际档案日系列庆祝活动 …… 172
党龄档案查询工作 …… 172
出生医学证明档案进馆工作 …… 172
史志工作 …… 173
概况 …… 173
《扬中年鉴(2021)》出版 …… 173
《会龙村志》发行 …… 173
《指南村志》出版 …… 173
《我从哪里来——扬中百家姓氏探源(续编)》出版 …… 173
图书及出版管理 …… 174
概况 …… 174
印刷出版和电影行业监管 …… 174
"扫黄打非"专项行动 …… 174
全民阅读 …… 174
版权管理 …… 174
融媒体建设 …… 174
概况 …… 174
融媒体中心一批作品获省县市区域报新闻奖 …… 175
"百年百版"新闻创收行动 …… 175
庆祝第22个记者节 …… 175
非物质文化遗产保护 …… 175
省级非遗项目优秀实践案例申报 …… 175
2件作品获省第六届民间文艺奖 …… 175

卫 生

综述 …… 176
概况 …… 176
健康城市建设 …… 176
扬中市医疗卫生基础设施建设项目集中开工 …… 176
疫情防控 …… 177
概况 …… 177
企业员工原地过年倡议 …… 177
“敲门”行动 …… 177
3个疫苗流动接种点投入使用 …… 178
支援南京、扬州核酸检测 …… 178
医政管理 …… 178
医共体建设 …… 178
医疗行业监管 …… 178
医疗服务 …… 178
老龄医疗养护 …… 179
中医药管理 …… 179
平安医院创建 …… 179
对口支援 …… 179
医学会的建设和管理 …… 179
卫生、科技与教育 …… 179
卫生、科技 …… 179
人才、专科建设 …… 179
疾病预防控制 …… 180
传染病防治 …… 180
血吸虫病防治 …… 180
艾滋病防治 …… 180
结核病防治 …… 180
慢性非传染性疾病防治 …… 180
免疫规划 …… 180
家庭医生签约服务 …… 181
居民健康档案 …… 181
卫生应急 …… 181
学生常见病和健康影响因素监测项目 …… 181
卫生监督执法 …… 181
法治建设 …… 181
行政许可及处罚 …… 182
非法行医 …… 182
“双随机”监督检查 …… 182
公共场所卫生监管 …… 182
生活饮用水监管 …… 182
职业健康监督 …… 182
妇幼健康 …… 182
妇女保健 …… 182
儿童保健 …… 183
妇幼公共卫生服务项目 …… 183
计划生育 …… 183
概况 …… 183
计划生育服务 …… 183
计划生育利益导向 …… 183
计生困难救助 …… 183
托育机构 …… 183
医疗机构选介 …… 184
扬中市人民医院 …… 184
扬中市肿瘤防治研究所 …… 184
镇江市急救中心扬中市分站 …… 185
扬中市中医院 …… 185
扬中市新坝中心卫生院 …… 185
扬中市三茅街道社区卫生服务中心 …… 186
扬中市三茅街道城西社区卫生服务中心 …… 186
扬中市兴隆街道社区卫生服务中心 …… 186
扬中市精神病防治院 …… 187
油坊镇卫生院 …… 187
八桥中心卫生院 …… 187
西来桥镇卫生院 …… 187

体 育

综述 …… 188
概况 …… 188
体育产业 …… 188
竞技体育 …… 188
扬中健儿省田径赛获佳绩 …… 188
镇江市第十六届运动会学生部象棋比赛 …… 189
2021“省长杯”卡尔美江苏省青少年校园足球联赛 …… 189
邹莉娟东京残奥会夺冠 …… 189
扬中市第十二届男子篮球联赛 …… 189
镇江市第十六届运动会学生部、群体部羽毛球比赛 …… 189
第六届残疾人羽毛球比赛 …… 189

2021 年江苏省老年人桌上冰壶球俱乐部联赛(镇江站) …… 189
群众体育 …… 190
“体医结合”新路径 …… 190
2021 年省老年人体育节扬中分会场开幕式 …… 190
2021 年第五届机关四人制篮球比赛 …… 190
老年太极拳大联动八桥分会场 …… 190
扬中市城市业余联赛暨第二届机关游泳比赛 …… 190
扬中市千人广场舞、太极拳、健身气功大展演 …… 190

社会生活

收入与消费 …… 191
居民收入 …… 191
居民消费 …… 191
就业创业 …… 191
概况 …… 191
精准帮扶 …… 191
创业服务项目申报 …… 191
“创响江苏”创业指导专家团——扬中行活动 …… 191
扬中市创新创业大赛暨中国·镇江国际菁英创业大赛线上选拔赛 …… 191
扬中市高层次人才创新创业大赛总决赛 …… 191
人事人才 …… 192
概况 …… 192
“才聚江洲”系列人才新政发布 …… 192
引才补贴奖励 …… 192
社会保险 …… 192
概况 …… 192
“人社服务 365”品牌 …… 193
人社“心”社保服务品牌上线 …… 193
省人社一体化信息平台切换上线 …… 193
综合柜员制改革 …… 193
医保大市统筹 …… 193
15 分钟医保服务圈 …… 194
全方位无缝监管体系 …… 194
药品耗材集中带量采购 …… 194
医保关爱项目 …… 194
医疗救助 …… 194
“向日葵”医保服务品牌 …… 194
医保电子凭证上线 …… 194
医疗保障人民医院分中心揭牌 …… 194
民族宗教事务 …… 195
民族概况 …… 195
宗教概况 …… 195
“民族团结一家亲 喜迎建党一百年”宣传月活动 …… 195
“红石榴家园”民族工作平台创建 …… 195
“固网强基”行动 …… 195
宗教团体换届工作 …… 195
民宗领域安全工作专项整治三年行动 …… 195
2021 年扬中市宗教活动场所一览表 …… 196
民政事务 …… 196
概况 …… 196
儿童关爱之家建设 …… 196
留守、困境儿童排查 …… 196
丧葬礼俗改革 …… 197
殡葬机构服务环境提升 …… 197
养老服务 …… 197
概况 …… 197
尊老金发放管理改革 …… 197
居家养老服务建设 …… 197
养老服务监管 …… 197
老年关爱服务 …… 197
连锁养老机构创建 …… 198
养老护理员职业技能培训班 …… 198
基层自治 …… 198
概况 …… 198
创新社区治理 …… 198
社工人才发展 …… 198
社会救助 …… 198
概况 …… 198
社会救助改革 …… 199
慈善救助 …… 199
住房保障 …… 199
社会公益 …… 199
麦田慈善基金会获“公益组织奖” …… 199
第七届“520”荧光夜跑活动 …… 199
“地球一小时”活动 …… 199
扬中市第六届社会组织公益创投大赛 …… 200

麦田慈善基金会成镇江首家公募基金会 …… 200
“幸福家园”村社互助工程推进会 …… 200
第十届“一双球鞋的暴走”活动 …… 200
“益路有爱”彩虹夜市 …… 200
关心下一代工作 …… 201
概况 …… 201
青少年党史学习教育活动 …… 201
党建带关建工作机制 …… 201
校外辅导站建设 …… 201
预防和减少青少年违法犯罪工作 …… 202
“三扶两创”活动 …… 202

镇·街道·区

新坝镇 …… 203
概况 …… 203
中电大道北延道路通车 …… 203
重点项目观摩推进会暨新坝镇(高新区)项目集中签约 …… 203
项目攻坚“铁堡垒”工程 …… 204
党史学习教育名家讲座系列活动 …… 204
首届职工读书活动 …… 204
“绿色骑行 红色传承”骑行公益活动 …… 204
陈履生博物馆群教育中心启用 …… 204
“百年传承 筑梦前行”庆祝中国共产党成立100周年主题活动 …… 204
项目招引建设现场推进会新坝镇(高新区)专场 …… 204
“基层两长”队伍建设意见新闻发布会召开 …… 205
党史知识网络大奖赛 …… 205
国庆主题晚会 …… 205
2021年新坝镇建制村、居委会情况一览表 …… 205
2021年新坝镇主要经济社会指标一览表 …… 206
2021年新坝镇骨干企业情况一览表 …… 206
油坊镇 …… 209
概况 …… 209
产业强镇、优化营商环境暨综合表彰大会 …… 210
油坊镇春季重点项目集中签约仪式 …… 210
油坊镇—西南交通大学交流合作对接会 …… 210
轻金属铜基复合材料项目签约 …… 210
油坊镇三方合作签约仪式 …… 211
夏季项目集中签约仪式 …… 211
“碳中和·零碳村镇”建设 …… 211
“企航”党建微联盟成立 …… 211
2021年油坊镇建制村、居委会情况一览表 …… 211
2021年油坊镇主要经济社会指标一览表 …… 212
2021年油坊镇骨干企业情况一览表 …… 212
八桥镇 …… 214
概况 …… 214
广善大道通车 …… 215
八桥镇产业强镇暨“三新三实”主题实践活动动员大会 …… 215
江苏大方铜基粉末项目开工 …… 215
八桥镇12个重点项目集中签约 …… 215
“银耀八桥 五星增辉”志愿服务团 …… 215
“下消化道筛查公益项目”启动 …… 215
八桥镇广场舞展演 …… 216
“广善创客空间”上榜省级众创空间 …… 216
“惠领先锋”主题实践活动 …… 216
惠领先锋·两长论坛 …… 216
中园慧创·扬中科创产业园项目签约 …… 216
2021年八桥镇建制村、居委会情况一览表 …… 216
2021年八桥镇主要经济社会指标一览表 …… 217
2021年八桥镇骨干企业情况一览表 …… 217
西来桥镇 …… 219
概况 …… 219
招商引资誓师大会 …… 220
华荣公园建成 …… 220
“我要去舞龙”竞技赛 …… 220
临港粮油食品加工储运项目签约 …… 220
临港产业招商推介会 …… 220
中海粮油党性教育实训基地 …… 220
西来桥镇社会救助服务中心成立 …… 221
“百亿西来桥 启航新征程”庆祝盛会 …… 221

西来桥镇产业链党建联盟成立 …………………… 221
2021年西来桥镇建制村、居委会情况一览表 …………………… 221
2021年西来桥镇主要经济社会指标一览表 …………………… 222
2021年西来桥镇骨干企业情况一览表 …………………… 222
三茅街道 …………………… 222
概况 …………………… 222
产业强街暨乡村振兴推进大会 …………………… 223
上海工具厂与福达特种钢战略合作签约 …… 223
"洁美家园'净'万家"文明实践项目启动 …… 223
"行走党课"活动 …………………… 223
庆祝中国共产党成立100周年文艺晚会 …… 223
三茅街道"敲门行动" …………………… 224
"头雁领航"村(社区)书记论坛开讲 ………… 224
庆祝第37个教师节表彰大会 …………………… 224
兴阳村第十五届文化艺术节开幕 ……………… 224
扬中市上飞工具有限公司揭牌暨上海集优与扬中市战略合作签约仪式 …………………… 224
城西社区卫生服务中心揭牌 …………………… 224
2021年三茅街道建制村、居委会情况一览表 …………………… 225
2021年三茅街道主要经济社会指标一览表 …………………… 226
2021年三茅街道骨干企业情况一览表 …………………… 226
江苏扬中经济开发区 …………………… 228
概况 …………………… 228
经开区产业链招商项目集中签约 ……………… 228
太平文化旅游周 …………………… 229
非公企业"红锋"党建联盟 …………………… 229
标龙蓝色智谷扬中产业园项目签约 ………… 229
高层次人才创新成果展示会暨首届汽车产业发展论坛 …………………… 229
江苏通灵电器股份有限公司创业板上市 …… 229
2021年扬中经济开发区建制村、居委会情况一览表 …………………… 229
2021年扬中经济开发区主要经济社会指标一览表 …………………… 230
2021年扬中经济开发区骨干企业情况一览表 …………………… 230

附　录

市级新任领导 …………………… 231
组织机构及领导人 …………………… 233
统计资料 …………………… 244
扬中市国民经济与社会发展主要指标一览表 …………………… 244
扬中市各镇(区)社会经济指标一览表 …… 247
扬中市工业基本情况一览表(一) ………… 247
扬中市工业基本情况一览表(二) ………… 248
扬中市工业基本情况一览表(三) ………… 248
扬中市规模工业分行业情况一览表 ……… 249
规模以上工业企业主要经济指标一览表 …… 249
扬中市农林牧渔业总产值一览表(一) …… 250
扬中市农林牧渔业总产值一览表(二) …… 250
扬中市农林牧渔业增加值一览表(一) …… 251
扬中市农林牧渔业增加值一览表(二) …… 251
扬中市农村住户人均收支情况一览表 …… 252
扬中市城镇住户人均收支情况一览表 …… 253
扬中市全社会固定资产投资完成情况一览表 …………………… 255
扬中市财政收入一览表 …………………… 255
重要会议报告 …………………… 256
争先高质量发展 领跑现代化征程 为创造江中明珠更大荣光而努力奋斗
——在中国共产党扬中市第十三次代表大会上的报告(摘要) …………………… 256
知重负重 苦干实干 奋力谱写"强富美高"新扬中现代化建设新篇章
——在中共扬中市委十三届二次全会上的报告(摘要) …………………… 262
政府工作报告(摘要)
——2022年1月10日在扬中市第十八届人民代表大会第一次会议上 …………………… 269

索　引

条目索引 …………………… 276
表格索引 …………………… 285
图片索引 …………………… 286

特　载

营商环境优化

【概况】　2021年，扬中持续优化营商环境。成立以市委、市政府主要领导为组长、分管市领导为副组长，相关部门一把手为成员的优化营商环境工作领导小组，先后召开营商环境指标推进会、优化诚信营商环境专项动员会、政协评议营商环境民主监督会，企业家座谈会，助推全市营商环境发展。根据镇江市“镇合意”营商环境方案，结合扬中实际出台《扬中打造“中意百分百”服务品牌优化营商环境工作方案》，提出17类、100项具体措施，陆续出台《优化诚信营商环境专项行动工作方案》等配套政策。重点实施“十项便利度提升行动”，提高企业从开办到项目审批、不动产登记、水电气办理、纳税等10个环节的便利度，降低企业运行成本。将营商环境纳入市级机关和镇(街、区)高质量发展考核，实施分类考核。市营商办先后印发3期通报，对暖企大走访问题解决情况予以及时通报，将部门解决问题效率作为年底考核的重要依据。编制“证照分离”改革事项清单，明确直接取消审批事项8个，审批改备案事项4个，告知承诺事项15个，优化服务事项50个。持续推进政务服务事项办事指南标准化建设，牵头全市38个部门对1505项政务服务事项办事指南开展标准化梳理并上线办事指南二维码，推动同一事项无差别受理、同标准办理。加强系统融合，依托江苏政务服务网及镇江市一体化在线政务服务平台，整合部门政务服务资源和办事入口，实现更多事项由网上“能办”向“办好”转变。扬中市营商环境在镇江市考核排名第三位，较上年提升一位。　(章凯云、仲健)

【企业注册登记便利化改革】　2021年，扬中市设立企业开办“一站式”服务专窗，协调多家金融机构及公章刻制企业进驻专窗，依托江苏省企业开办“全链通”平台，通过政银合作为开办企业提供全流程帮代办服务，实现企业登记、公章刻制、税务套餐等企业开办业务集成办理，企业开办0.5天内办结常态化。针对新办企业提供赠送印章服务，通过政府补贴、银行买单形式，累计为新办企业减免费用40万元。　(陈晨)

【工程项目审批时限压缩】　2021年，扬中市开展工程建设项目审批“体外循环”“隐性审批”专项治理，推动自然资源和规划局、供电等职能部门业务系统与工程建设项目审批管理系统互联互通，进一步精简审批事项、压缩审批时限。工程建设项目从立项到竣工验收和公共设施接入服务阶段，审批时限实现“864”向“553”迈进，其中施工许可证最快可在11分钟内出件。健全帮办代办服务体系，推出项目备案、核准事项办理微视频，设立投资建设“一站式”服务中心，为项目建设提供业务指导、网上申报、帮办代办等全流程保姆式服务。健全项目审批联合会商协办及项目论证机制，集中智慧、群策群力，助推项目报建驶入“快车道”。　(翟飞)

政府采购“不见面”开标项目　(行政审批局供图)

【基层“三整合”改革】　2021年，扬中市推动基层“三整合”(加快形成“集中高效审批、强化监管服务、综合行政执法”的基层治理架构)实现标准化、规范化，坚持以党的建设工作为引领，多措并举加快推进基层治理体系和治理能力现代化。结合改革后机构设置和职能配置情况，经过调研，确定镇(街)各领域编内编外人员配置控制数，科学核定镇(街)职能机构人员配置限额，同步整合网格员等各类辅助人员资源,强化集成指挥、审批服务、执法巡查等一线人员编制配备,优先保障审批服务执法领域人员的用人需求,推动机构编制资源向发展最吃劲的部位流动、向基层最繁忙的一线倾斜。制定镇(街)派驻机构人员管理办法,将市级派驻人员力量纳入基层统一指挥协调体系。印发第二批、第三批属地管理事项主体责任和配合责任清单,涉及农业农村、卫健、自然资源和规划、住建等9个部门90项具体事项,规范"属地管理",厘清市、镇两级主体和配合责任,明确市级部门与镇(街)的权责边界。根据《扬中市市级部门委托镇(街道)办理事项准入制度(试行)》,建立审核审批制度,避免随意给基层加码。将市城市管理局(综合行政执法局)、农业农村局、水利局等5家部门的102项行政处罚权赋予相关镇(街)行使,建立健全赋权配套工作机制,强化市级部门对镇域综合行政执法的培训指导,解决基层"无权办事、群众跑腿"、违法行为"看得见、管不着"等问题。编制镇(街)法定权力事项清单,计52项,同步推动镇(街)做好办事指南编制等配套保障工作,结合已赋权事项,建立镇(街)本级权力清单,健全完善镇(街)权责体系,规范行政权力运行。6月,八桥镇被省委编办确定为基层"三整合"改革先行先试省级试点地区之一,为推进示范点建设,从"优化运行机制促融合、完善考核管理强队伍、用好数据平台提质效"3个方面积极探索、创新创优,打造改革样板。11月,通过省级评估验收,被表彰为全省推进基层整合审批服务执法力量工作先进单位。 (范靖)

【综合行政执法体制改革】 2021年,扬中市认真贯彻落实中央和省市相关决策部署和要求,以打造"大数据+指挥中心+综合执法队伍"新模式为目标,围绕深化综合行政执法体制改革主线,坚持问题导向、目标导向和结果导向,结合市域治理现代化指挥中心体系建设,以"把准方向、夯实根基、突出创新、完善保障"为着力点,初步构建起具有扬中特色的精准高效执法体系。整合原市质量技术监督稽查大队等机构相关职能及人员编制,5月6日,组建市场监督管理综合行政执法大队,根据省司法厅批复落实相对集中行政处罚权工作,将商务部门执法职责跨领域整合至市场监管执法队伍。聚焦长江流域扬中段禁捕退捕渔政监管和执法、打击非法偷采(盗运)砂行为和破坏水生态环境违法行为、查处水上交通违法案件和监督管理水上交通安全等工作,依托市级指挥中心与各相关部门分平台,按照"数据共享、一体指挥、联合执法、分类处理"的原则探索开展涉水一体联动执法场景建设与实际应用。建立城市管理、市场监管、文化市场、交通运输、应急管理、农业等领域综合行政执法事项目录清单,计3042项,同步建立各镇(街)综合行政执法事项目录清单,厘清市镇两级执法层级和边界。推动构建部门与镇(街、区)信息共享、线索移送、执法联动等综合执法协调协作机制,完善"奖励举报,双随机、一公开,信用监管"等配套制度。通过内部学习、集中培训等方式,建立执法人员常态化培训教育机制,提升执法人员的能力水平。5月,扬中市被省委编办确定为综合行政执法改革暨指挥中心建设先行先试省级试点地区之一,通过整合组建市域治理现代化指挥中心,搭建市级指挥平台,建立完善涵盖人口、地理、党建等领域的基础数据库以及综合执法领域等专业数据库,实现与镇(街)指挥平台的上下贯通,以及与数字城管、"12345"热线、应急、交通等部门平台系统的左右互联,发挥指挥调度中枢作用。12月,通过省级验收,被表彰为全省综合行政执法改革暨指挥中心建设先进单位。 (范靖)

全国文明城市创建

【概况】 2021年是全国文明城市新一轮创建周期的开局之年。扬中市坚持知重负重、苦干实干,多措并举打赢省级半年互测、年终测评、台账网上申报等关键性战役。健全体制机制,将创建全国文明城市作为"书记工程",成立16个专业组;出台《扬中市创建全国文明城市三年行动计划(2021—2023年)》等文件,将创建工作目标任务纳入各地、各部门高质量发展综合考核,定期发布"部门创建质量指数榜""镇村文明风尚榜",压牢压实创建责任。突出党建引领,发挥党员带头、党组织推动、党群联动作用,在小区推行党建引领"四创建、三表彰"模式(依托"党小组+",创建星级楼道、优秀住宅小区、优秀自建房小区、文明创建示范村/社区,表彰优秀业委会/物管会、优秀物业企业、优秀网格长/党小组长/楼道长),党小组长、楼道长等率先垂范,带领居民开展楼道整治提升;机关事业单位实施"红色引擎"工程,党员干部下沉一线,开展"篦、晒、比、赛"专项行动(篦问题、晒进展、比作风、赛成绩),打造"城事721""红盾先锋"等一批特色品牌。开展专项行动,针对居民小区、背街小巷、交通秩序等重点领域,实施文明养犬、建筑工地规范提升、广场"白改黑"、文明交通等"六大专项行动",维修出新道路5.6万平方米、路牙5100米、树池2780个,出新强弱电箱体302个;将文明系列评选从机关、学校、行业延伸到基层小区、村埭,开展优秀党小组、最美庭院、星级楼道、文明家庭评选，带动广大群众见贤思齐、践行文明。2021 年，文明城市创建专项测评成绩在全省 20 个提名城市里排名第 2，社会文明程度测评指数在全省 63 县(市、区)中排名第 6。 (谭茜文)

【六大攻坚行动】 2021 年，扬中市举全市之力、聚全民之智打好文明创建攻坚战、翻身仗，聚智聚力推进集中攻坚、专项整治紧张快干、落地落实。扬中市成立全国文明城市创建“六大攻坚行动”(即居民小区提升行动、施工工地规范行动、文明交通达标行动、市政设施补短行动、市场秩序整治行动、公益广告优化行动)领导小组，在全市组织开展专项整治行动。通过瞄准创建工作中的重点环节和突出问题，精准发力，全面补齐短板，推进创文工作迈上新台阶。 (谭茜文)

【“篦晒比赛”主题活动】 2021 年，扬中市推动党史学习教育走深、走实，深化“我为群众办实事”工作实效，提升城市治理精细化、高效化、常态化水平。扬中市分阶段、分层级、分类型对全国文明城市创建中的重点领域、难点工作、专项行动等开展“篦、晒、比、赛”活动。“篦问题”，通过多种渠道全面篦一篦各地、各部门创建工作中存在的短板、不足及问题，做到底数清、方向明；“晒进展”，各地各部门针对问题清单及创建任务清单，制定切实可行的整改提升计划，多平台晒工作举措和进展；“比作风”，全面发扬“四千四万”精神，把创建作为改进机关干部工作作风、改善机关部门整体形象、锤炼党员干部工作能力的“练兵场”“试金石”；“赛成绩”，树立结果导向，以主题活动的开展推动全国文明城市创建各项目标任务和重点难点问题快推进、早落实、见真效。 (谭茜文)

【文明系列评选】 2021 年，江苏省文明委印发《关于命名表彰 2019—2021 年度江苏省文明村镇、文明单位、文明校园(中小学)和江苏省文明行业的决定》，扬中市 54 家单位入选。其中，4 个乡镇入选江苏省文明镇，省级文明乡镇全覆盖；13 个村入选江苏省文明村、2 个社区入选江苏省文明社区；32 个单位获评江苏省文明单位、3 个学校获评江苏省文明校园。 (谭茜文)

【党建引领文明城市创建】 2021 年，扬中市把文明创建列为“1 号任务”，瞄准党建引领、发动群众、引领群众，确定户外广告专项整治行动、建筑工地专项行动、广场白改黑专项行动、背街小巷专项整治行动、博联农贸市场整治和文明养犬专项行动六大攻坚行动。三茅街道以“党小组+”破题，推出“四创建、三表彰”的创建模式，推进首批 6 个示范小区创建工作，创新推出“便民星期三”“双里弄长”“江洲零距离”志愿服务等举措；相关职能部门以“我为群众办实事”为切入点，推广“党建+网格化”管理新模式，发挥党建引领力量。(谭茜文)

新时代文明实践

【概况】 2021 年，扬中市实施“高位统筹推动、整合资源联动、特色主题带动”三动并举工作法，全域推进新时代文明实践中心建设落地见效。将新时代文明实践全国试点建设作为市委深改委年度重点，市委、市政府主要领导亲自挂帅，多次实地调研、推进工作，每月带头服务；建立 600 万元新时代文明实践基金，召开联席会、现场会 5 次，实施文明实践所站“一季一评一排名”，提升“七彩”平台、三级文明实践所站规范化、制度化水平。实施阵地“提升工程”，17 家所(站)提质扩容，评选十佳“示范站”“优秀站”，新增好人公园等实践基地 115 个。组织“优质资源进所(站)”，实施站企联建、站站联合、“两长”联户计划，通过“云平台”、大走访等征集群众需求，打造“宝晋乡贤”等特色团队 47 支，推出“一元便民餐”等特色项目 62 个。丰富“七彩实践、筑梦江洲”品牌内涵，实施文明实践“赋能行动”，“新思飞扬”微宣讲、原创锡剧《太平洲上》巡演等让党的创新理论落地生根；组织“风尚工程”“益企 365”等活动 1900 余场，各所站推出“益积分”等一批创新案例，助力富民增收、社会治理。 (周颖)

【新时代文明实践中心全国试点建设推进会】 2021 年 3 月 4 日，扬中市召开新时代文明实践中心全国试点建设推进会。表彰“十佳新时代文明实践示范站”、“十佳新时代文明实践优秀站”以及最美志愿者代表、最美志愿服务工作者、最佳志愿服务组织和最佳志愿服务村(社区)代表，市新时代文明实践中心发布“2021 年新时代文明实践十大项目”，八桥镇新时代文明实践所、市自然资源和规划局“先锋自然”志愿服务队、麦田慈善基金会围绕各自项目作交流发言。 (周颖)

【“市民观察团”志愿服务启动】 2021 年 8 月 26 日，扬中市举行“市民观察团”志愿服务启动暨“文明扬中云接力”小程序上线仪式，“市民观察团”代表接受授旗，“市民观察团”志愿者开展第二阶段的业务培训。7 月，市文明办面向全市招募首批 100 名创建全国文明城市

“市民观察团”志愿者。采取“线上+线下，分散+集中”相结合的方式，不定期对创文点位开展集中走访巡查活动。各小组、各观察团成员在日常生活中自行采集线索，对城市管理、市民行为养成存在不到位的地方给予曝光。截至年末，常态化巡查、发现问题2300余个，部门整改完成率超88%。1.83万人次参与“文明扬中云接力”。（周颖）

【第四届公益文化节】 2021年10月6日至12月27日，扬中市举办第四届公益文化节。第四届公益文化节以“益路有爱文明同行”为主题，坚持服务发展、文化惠民。举办“烟头不落地 扬中更美丽”、第四届公益文化节开幕式暨第十届“一双球鞋的暴走”、道德讲堂示范观摩、新时代文明实践创意项目大赛等10余项活动，参与市民群众1万余人次，营造“全域实践、全民实践”的浓厚氛围。（周颖）

【“烟头不落地 扬中更美丽”活动】 2021年10月30日—11月19日，新时代文明实践中心主办第二届“烟头不落地 扬中更美丽”主题活动。10月30日，举行第二届“烟头不落地 扬中更美丽”主题活动启动仪式。65家“路长制”单位的志愿者代表、部分市民观察团代表、部分外卖骑手代表以及18个城市社区的主要负责人参加启动仪式，志愿者代表宣读《“烟头不落地 扬中更美丽”活动倡议书》，部分外卖骑手形成两支宣传小分队，现场设置“垃圾分类”“文明养犬”“文明餐桌”“文明交通”四大主题宣传区，向市民宣传文明城市创建相关知识。启动仪式当天，“路长制”单位及市民观察团在各自包干路段开展拾捡烟头比赛，累计捡拾烟头3.1万个。启动仪式后，全市18个城市社区同步开展烟头有奖兑换活动，为期20天的活动累计收集烟头566.16万个。（周颖）

【新时代文明实践创意项目大赛】 2021年12月16日，新时代文明实践创意项目大赛在市妇儿中心开幕，比赛由市新时代文明实践中心、市委宣传部主办。围绕“益路有爱、文明同行”主题，面向全市各新时代文明实践所(站)、“七彩”服务平台各成员单位、各志愿服务团队和注册公益组织，征集优秀创意项目，加大对优秀志愿服务组织、项目的扶持、激励力度，推进志愿服务工作制度化、规范化、常态化建设。32家单位参与项目申报，经过初评，大中小一体化育人“金课”“青苗助学”项目、喜婆婆工作室等20个项目进入决赛。决赛采用“PPT演示+答辩”模式，20位选手按照抽签顺序依次上台介绍项目内容，根据评委提问答辩。根据项目内容、现场陈述及答辩，现场评选出一等奖2个、二等奖4个、三等奖6个、优秀奖8个。（融媒体中心）

【“新时代好少年”评选】 2021年，扬中市开展“新时代好少年”评选活动。经过各镇(街、区)、各有关部门、各中小学校推荐和组委会评选、审核公示、综合评定等程序，分别于7月、12月推选出陈星如等先进典型36人，王子杰等10人获镇江市“新时代好少年”称号。通过评选活动的开展和各地、各学校学习宣传活动的深入，发挥“新时代好少年”示范引领效应，展示“新时代好少年”积极向上、文明进取的精神风貌。（周颖）

1月15日，“新时代好少年”颁奖仪式现场
（融媒体中心供图）

年度聚焦

【扬中市入选全国村庄清洁行动先进县】 2021年2月，中央农办、农业农村部印发《关于通报表扬2020年全国村庄清洁行动先进县的通知》，对北京市延庆区等106个措施有力、成效突出、群众满意的村庄清洁行动先进县予以通报表扬。扬中市榜上有名，镇江仅此一家。近年来，扬中市在全省率先探索建立起农村垃圾收运、河道保洁、绿化管护、道路管养、生活污水处理设施运行、村容村貌“三乱”整治、村级综合服务中心维护、文体活动设施管护全覆盖的“八位一体”运行维护机制。与此同时，制定出台《扬中市乡村公共空间“513”专项治理实施意见》。截至2021年2月，高质量完成全市1737个自然村整治任务，农村人居环境整治长效管护行政村占比100%。扎实推进“四项治理”，全市农村生活垃圾集中收运率、生活污水处理设施行政村覆盖率100%，农村无害化卫生户厕普及率99%，畜禽粪污综合利用率98.25%。（融媒体中心）

【扬中市获评推进高质量发展先进市】 2021年3月30日，江苏省召开2020年度高质量发展总结表彰大会，扬中市被省委、省政府授予"推进高质量发展先进市"称号。此次评选主要依据"江苏省高质量发展绩效评价体系"，紧扣经济发展、改革开放、城乡建设、文化建设、生态环境、人民生活"六个高质量"，旨在促进各地在比学赶超中狠抓落实，在争先进位中奋发向上。

（融媒体中心）

【扬中市入选全国县域共青团基层组织改革试点地区】 2021年6月，共青团中央办公厅下发《关于确定县域共青团基层组织改革试点地区的通知》，经团中央书记处批准，扬中市正式入选全国县域共青团基层组织改革试点地区。团市委将以此为契机，重点在改革共青团的工作力量选用机制、改革组织建设和运行机制、改革团员发展和教育管理机制、推动完善党的地方领导机制和支持保障等4个方面大胆探索、持续发力，推动扬中市共青团改革开创新局面，为推动扬中高质量发展走在前列贡献青春力量。（融媒体中心）

【扬中市入选"2021中国生活品质百优县市"】 2021年7月，《小康》杂志社发布客观反映县域人民生活品质状况的"2021中国生活品质百优县市"榜单。扬中市从全国2757个县域中脱颖而出，入选上榜，列第44位。"2021中国生活品质百优县市"榜单实行全频视界测评，综合40%网络大数据、20%县域专题调研、20%社会公众态度和20%专家评审，进行加权综合测评，该榜单全面地呈现出中国县域生活品质的发展态势，深度揭示各地区人民群众当前生活品质的现状以及对经济、文化、政治、社会、环境"五大生活品质"方面的更高要求。（融媒体中心）

【扬中市通过国家卫生城市复评审】 2021年12月14日，全国爱卫办工作反馈，扬中市通过国家卫生城市复评审。10月28—29日，全国爱卫办派出专家组，对扬中市巩固国家卫生城市工作情况开展暗访检查。检查组认为，扬中在巩固国家卫生城市工作中，不断健全完善长效管理机制，能围绕城市管理和环境卫生突出问题开展专项整治，方式得当、措施有效、效果明显。国家卫生城市暗访总分1000分，800分以上为通过，扬中市暗访综合得分806.2分。（融媒体中心）

【2021年中国中小城市高质量发展指数研究成果公布】 2021年10月，《光明日报》公布由中国中小城市高质量发展指数研究课题组、国信中小城市指数研究院联合发布的《2021年中国中小城市高质量发展指数研究成果》，在全国综合实力百强县市中，扬中市列第23位，在全国绿色发展百强县市中排名第7位，在全国科技创新百强县市中排名第36位。依据新发展理念和经济高质量发展的要求，研究依次构建综合实力、绿色发展、投资潜力、科技创新、新型城镇化质量等方面的指数指标体系，全面评价中小城市发展现状。通过研究树立全国百强县市、百强区、千强镇发展典型，引领中小城市在践行高质量发展实践中发挥更积极的导向作用。综合实力指数指标体系立足践行新发展理念和高质量发展的要求，从现代经济发展、社会民生改善、生态环境建设、城乡融合发展、创新驱动引领和现代治理效率6个方面进行评价。在2021年度全国综合实力百强县市中，镇江有3个地区上榜，其中扬中列全国第23位。绿色发展指数指标体系主要包括资源节约、绿色生活、污染治理和生态建设等4个方面。（融媒体中心）

【扬中入选"2021中国高质量推进基本现代化典型城市"优秀城市】 2021年12月，首届《中国城市基本现代化监测报告》发布（简称《报告》）。《报告》评出的"2021中国县级市基本现代化指数前100名"中，扬中市以指数值77.84列第24位，入选"2021中国高质量推进基本现代化典型城市"优秀城市。《报告》由竞争力智库、《中国经济导报》、北京中新城市规划设计研究院等机构联合发布，运用各城市2020年公开数据，经数据的对比、核实完成监测评价。中国城市基本现代化指数以100为预期点，监测对象为全国所有地级市（含副省级城市）、县级市。（融媒体中心）

【扬中市入选两个"百强榜"】 2021年12月16日，工信部直属中国信息通信研究院在中国县域工业经济发展论坛（2021）上发布《2021中国县域工业发展全景图》，揭晓2021年"中国创新百强县（市）""中国工业百强县（市）"榜单，扬中市入选两个"百强榜"，分别列第36位、第85位。（融媒体中心）

大事记

1月

1月5日,扬中市委、市政府举行法律顾问聘任仪式,聘任蔡国庆等9人为第二届市委、市政府法律顾问。

是日,扬中市举行见义勇为表彰慰问会,表彰慰问一批见义勇为先进典型。

1月7日,扬中市召开长江禁捕退捕工作推进会,农业农村局、公安局、市场监管局分别汇报交流工作情况。

1月8日,扬中市召开领导干部警示教育大会,会议要求党员干部在警钟长鸣中知敬畏、守底线,在自警自砺中守初心、担使命,在涵养清风正气中勇立潮头、勇闯新路。

1月9日,扬中市人才工作领导小组2021年第一次会议召开。审议第九批“江雁计划”评审、2021年人才工作“书记项目”、“一行业一人才计划”实施方案和《扬中市关于实施优秀青年人才选调培养计划的意见》4项工作议题。

1月10日,扬中市公安局举行“警徽荣耀 逐梦前行”庆祝首个中国人民警察节升旗仪式。

是日,扬中市智慧养老服务中心举行揭牌仪式。7名养老服务顾问代表获颁聘书,智慧养老服务中心与虚拟养老院加盟单位签约。

1月11日,扬中市召开疫情防控指挥部会议。

1月12—14日,扬中市政协十届五次会议在会议中心江洲厅举行。

1月13—15日,扬中市第十七届人民代表大会第五次会议召开。

1月15日,扬中市召开金融系统总结表彰暨政银企合作重点项目签约会。

是日,扬中市召开青年工作联席会议第二次全体会议。

是日,扬中市召开2021年征兵工作会议,总结2020年征兵工作情况,部署2021年征兵工作任务。

是日,2020年扬中市“成长仪式”示范观摩暨第二批“新时代好少年”颁奖仪式举行。

1月18日,江苏浪潮、江苏旺捷战略合作项目和江苏美科太阳能35吉瓦单晶硅片项目举行签约仪式。

1月24日,扬中市召开2020年度抓全面从严治党述职会议。

1月28日,扬中市麦田慈善基金会获2020年度“公益组织奖”。

1月29日,扬中市召开共青团十九届四次全委(扩大)会议。

1月30日,扬中市召开疫情防控领导小组(扩大)会议。

1月,“我为扬中工程电气代言” 主播选拔活动落幕,选拔出扬中工程电气代言人6人。

是月,扬中市医保电子凭证上线,通过医保电子凭证在全市77家定点药店购药。

2月

2月2日,扬中市召开安全生产工作会议,全面总结2020年工作情况,研究部署下一阶段专项整治工作。

是日,扬中市新冠肺炎疫情防控指挥部根据《扬中市新冠病毒核酸全员检测实施方案》,在三茅街道兴华村村委会开展现场演练。

2月5日,扬中市举行重点项目观摩推进会暨新坝镇(高新区)项目集中签约活动,现场观摩部分在建重点项目,集中签约8个重点产业项目。

2月7日,中共扬中市第十二届纪律检查委员会第六次全体会议召开。

是日,扬中市总工会启动“工会五重礼 留扬过大年”活动,为留在扬中过年的3000余名外地员工送去福袋、水饺、口罩、跳绳等关爱物资。

2月8日，扬中市举行2020年度突出贡献企业总结表彰大会，大全集团、环太集团、香江科技获2020年度“三十强”工业企业前三名。

2月19日，扬中市召开产业强市暨优化营商环境大会。印发《关于进一步强化产业项目招引的实施办法(试行)》的通知；要求蓄势发力，找准产业强市新路径。

2月22日，扬中市与国家能源集团江苏电力有限公司举行合作签约仪式。

是日，扬中市召开落实产业强市战略暨冲刺“开门红”部署会，深入贯彻落实产业强市暨优化营商环境大会精神，动员全市上下加足马力，紧起来、跑起来、赛起来，以“开局就是决战、起步就是冲刺”的斗志，奋力完成“开门红”和全年各项目标任务。

2月24日，扬中市召开政法工作会议，学习贯彻中央、省委政法工作会议精神，总结2020年工作，安排部署2021年工作任务。

2月26日，江苏省委、省政府以视频形式，召开2021年全省重大项目建设推进会。在2021年镇江市重大产业项目现场会扬中市分会场上，7个重大项目集中开工，2021年计划投资12亿元。涉及新型电力(新能源)装备、汽车及零部件(新能源汽车)、高性能材料、医疗器械和生物医药、新一代信息技术、航空航天、海工装备、智能农机设备等多个领域。

2月，中央农办、农业农村部印发《关于通报表扬2020年全国村庄清洁行动先进县的通知》，扬中市入选全国村庄清洁行动先进县。

3月

3月3日，扬中市召开乡村振兴座谈会，贯彻落实上级文件精神和最新要求，研究谋划乡村振兴工作。

3月4日，扬中市召开新时代文明实践推进会暨“3·5”学雷锋志愿服务表彰会。

3月5日，扬中市召开长江流域全面禁捕执法整治攻坚月行动会议。开展为期一个月的长江禁捕执法整治攻坚会战。

是日，油坊镇2021年春季重点项目集中签约仪式举行，总投资6亿元的8个重点产业项目现场签约。

3月8日，扬中市举行纪念“三八”国际妇女节111周年活动。

3月9日，扬中市召开乡村振兴现场观摩会。

是日，扬中市召开政法队伍教育整顿领导小组第一次(扩大)会议。

是日，扬中市委召开全市党史学习教育动员会议。

3月10日，八桥镇“项目兴镇”攻坚大会暨项目集中签约仪式举行，总投资9.1亿元的12个项目集中签约。

3月13日—4月30日，扬中市举行第十八届河豚文化节。

3月15日，扬中市召开全市深入打好污染防治攻坚战工作会议。

3月16日，扬中市党史学习教育第一课——“我们的国歌”公益讲座在扬中市新坝镇陈履生博物馆群开讲。

3月18日，扬中市优化营商环境暨暖企行动问题交办会召开，进一步深化落实产业强市暨优化营商环境大会精神，研究交办暖企走访活动中发现、收集的堵点问题及企业建议。

3月20日，扬中市召开国家卫生城市复审迎检动员会，进一步厘清短板弱项、突出重点难点、压实工作责任。

是日，扬中市召开全国文明城市创建动员会。印发《扬中市创建全国文明城市三年行动计划(2021—2023年)》《扬中市创建全国文明城市工作长效管理考核办法》等文件。

3月22日，扬中市新冠病毒疫苗接种通道开启，18周岁以上的健康成年人，不限户籍和居住地，均可在市人民医院以及6个乡镇卫生院（社区卫生服务中心)免费接种。

是日，江苏省福达特种钢有限公司与上海工具厂有限公司战略合作签约仪式举行。

3月26日，扬中市经开区产业链项目集中签约仪式举行，汽车零部件产业园项目等16个项目集中签约。

3月27日，扬中市“绿色WE来——地球一小时”活动在市奥体中心北广场举行。

3月30日，江苏省召开2020年度高质量发展总结表彰大会，扬中市被省委、省政府授予“推进高质量发展先进市”称号。

3月31日，扬中市召开政法队伍教育整顿警示教育大会。

3月，江苏省科技发展战略研究院发布“2020江苏省百强创新型企业”名单，扬中市大全集团、江苏和成显示科技有限公司榜上有名，分别列第30位和第66位。

是月，扬中市获评第三批江苏省生态文明建设示范县(市、区)。

4 月

4 月 2 日，扬中市在八桥镇红旗公园举行“清明祭英烈”党史学习教育纪念活动。

4 月 7 日，2021 年江苏省老年人体育节扬中分会场开幕式在八桥镇利民村举行。

是日，第三届美丽镇江乡村游嘉年华在扬中市启动，活动推介 2021 年乡村游精品路线，启动乡村文创产品、美食、民宿、美景评选等系列活动。

4 月 8 日，全国养殖(控毒)河豚鱼烹饪邀请赛在市行政中心举行，江、浙、沪、皖等省市的 50 余名厨师参赛。

4 月 10 日，扬中市召开 2020 年度高质量发展综合考核总结表彰大会。

4 月 11 日，“行进河豚岛”户外运动嘉年华举行。

4 月 17 日，扬中市召开一季度经济运行暨项目招引建设观摩推进会。

4 月 18 日，西安交通大学国家技术转移中心材料应用研究院正式揭牌。

4 月 20 日，三峡能源 001 自升式风电安装平台下水暨命名仪式在新韩通重工举行。

是日，油坊镇与西南交通大学开展政产学研对接活动。

4 月 21 日，镇江市首家巾帼党性教育基地——红旗公园揭牌。

4 月 22 日，扬中市举行党史学习教育宣讲报告会暨第八届“江洲读书节”活动，邀请扬中著名乡贤、国家博物馆原副馆长、中国汉画学会会长陈履生作党史专题讲座。

4 月 24 日，总投资 1 亿美元的轻金属铜基复合材料项目签约。

4 月 28 日，镇江市企业家沙龙新型电力(新能源)装备专场在扬中市举行。

是日，“天禾旅游杯” 第四届乡村旅游文化节在长江渔文化生态园开幕。

4 月 29 日，“学党史、强信念、跟党走”主题团日活动在市政大礼堂举行。

是日，扬中市召开庆祝“五一”国际劳动节大会。授予镇江苏惠乳胶制品有限公司等 8 个单位 “扬中市五一劳动奖状”，授予徐慧等 8 人 “扬中市五一劳动奖章”，授予现代重工(中国)电气有限公司配电盘生产部陆用安装班等 10 个集体“扬中市工人先锋号”，授予王海峰等 20 人“扬中市金牌员工”称号。

4 月 30 日，中国镇江扬中招商大会暨第十八届河豚文化节项目集中签约仪式举行，集中签约项目 37 个，总投资额 116 亿元。

4—5 月，扬中开展村(社区)妇联换届工作。

5 月

5 月 8 日，扬中市欧美同学会(扬中市留学人员联谊会)成立大会暨第一次会员大会召开。

5 月 10 日，“庆祝建党 100 周年·礼赞劳模” 图片展暨第二届全市职工书画摄影大赛优秀作品展开展。

是日，国歌探秘“我们的国歌”主题活动汇报会在明珠小学举行。

5 月 11 日，扬中市举办“传承红色基因 创新发展护理”颁奖典礼。

是日，江苏省人社一体化信息平台在扬中正式切换上线。

5 月 12 日，扬中市召开“书记项目”现场推进会。现场推进“江洲星火”党史学习教育馆、经开区初心政治生活馆和三茅街道友好村宽心圩红色基地 3 个 “书记项目”工作。

5 月 15 日，中共扬中市第十二届委员会第十次全体会议召开，研究市委换届有关事宜。

5 月 17 日，“红心向党迎百年 青春逐梦犇未来”——扬中市“学党史、强信念、跟党走”主题队日活动在市新坝中学举行。

5 月 18 日，新坝镇陈履生博物馆群教育中心启用。

5 月 20 日，江苏省首家“县级党校发展联盟”在扬中市正式揭牌成立。

是日，扬中市举办第七届“520 荧光夜跑”活动。

5 月 22 日，扬中市第 33 届科普宣传周开幕式暨广场活动启动。

5 月 26 日，扬中市举行“梦想小屋”交付仪式，8 间“梦想小屋”集中交付。

5 月 29 日，“传承红色基因 童心筑梦成长”庆六一主题活动暨扬中市第七届未成年人培育践行社会主义核心价值观大赛启动仪式举行。

5 月 30 日，扬中市妇联召开“大手牵小手，相约一起走"2020年社会妈妈品牌提升项目结项暨2021年新项目发布仪式。

5月,江苏省革命文物名录(第一批)公布,扬中市培根师范和江南抗日义勇军挺进纵队会师纪念碑两处市不可移动文物入选最新公布的江苏省革命文物名录(第一批)。

6月

6月4日，中共扬中市委、扬中市人民政府印发《扬中市关于实施"才聚江洲"助力产业强市的若干意见》《大学生"荟扬"计划(2021—2025)》《产业工人"聚扬"计划(2021—2025)》。

是日,扬中市党史学习教育推进会召开。

6月7日，扬中市人才新政发布暨优秀青年人才选调培养计划启动仪式在吉林大学举行。

是日，扬中市举行医疗卫生基础设施建设项目集中开工典礼。

6月9日，扬中市召开优化营商环境暨信用体系建设工作会议。会议通报2020年度全市优化营商环境、推进社会信用体系建设工作进展情况,安排部署下阶段重点工作。

6月11日,扬中市召开产业工人队伍建设改革联席会暨工作推进会,印发《关于成立新时代扬中产业工人队伍建设改革"帮帮团"的通知》。

6月12日,"唱支山歌给党听"扬中市庆祝中国共产党成立100周年党史学习情境教育活动在新坝镇三江湾旅游集聚区举行。

6月13日,扬中市工人文化宫改建项目开工。

6月17日,"刘必成教授工作站"签约揭牌仪式在扬中市人民医院举行。

是日,扬中市妇联召开"家宁计划"项目发布暨"彩虹桥"维权工作站成立仪式。

是日,长城汽车蜂巢动力第1000万台发动机下线仪式及未来规划发布会举行。

6月19日，油坊镇举行会龙商会成立大会,70家企业加入商会。

是日，江苏新韩通船舶重工造船总部大楼竣工落成典礼举行。

6月21日,"百年辉煌"庆祝中国共产党成立100周年书画作品展在行政中心开幕。

6月27日,扬中市"两优一先一示范"表彰大会暨《信仰的力量》情景党课在市影剧院举行。

6月28日,亿能集团和伊顿公司合作成立伊顿母线(江苏)有限公司。

6月29日，扬中市举行党史学习教育馆开馆暨"学百年党史 行万里征程"线上党员教育活动启动仪式。

6月30日,"百年风华 江洲荣光"庆祝中国共产党成立100周年扬中史料图片展开展。

6月,共青团中央办公厅印发《关于确定县域共青团基层组织改革试点地区的通知》,扬中市入选全国县域共青团基层组织改革试点地区。

是月,《指南村志》编写组编纂的《指南村志》由南京大学出版社出版。

7月

7月1日，扬中市第六届社会组织公益创投大赛举行。

是日，扬中市人社局推出"人社服务365"品牌，是全省首家在双休日提供便民政务服务的行政机关。

7月2日，扬中市召开庆祝中国共产党成立100周年座谈会。

7月4日,"红星向党"庆祝中国共产党成立100周年剪纸展在市文化馆新馆展览厅开展。

7月5日，中共扬中市委、扬中市人民政府印发《扬中市资本市场扬帆领航计划》。

7月7日，扬中市威腾电气集团股份有限公司在上海证券交易所科创板上市,举行首次公开发行A股上市仪式。

7月12日,油坊镇2021年夏季项目集中签约仪式举行,计划总投资7.5亿元的6个重点项目现场签约。

是日,"百年辉煌 继往开来"扬中市庆祝中国共产党成立100周年摄影作品展开幕。

7月14日,扬中市举行"学党史、强信念、跟党走"微团课大赛。

7月15日,江苏—日本新能源产业合作交流活动在扬中市举行。

7月17日,"肖亦敏教授工作站"签约揭牌仪式在扬中市人民医院举行。

7月21日，中共扬中市委十二届十一次全会召开，部署研究并表决通过关于召开中国共产党扬中市第十三次代表大会的有关事项。

7 月 22 日,新疆大全新能源股份有限公司作为新疆首家科创板上市企业，在上海证券交易所科创板成功挂牌上市。

是日,扬中市云腾幼儿园捐建工程举行交付仪式。

7 月 25 日，扬中市第一批医疗队 15 人赴南京协助核酸采样工作。

7 月 25—27 日,中国共产党扬中市第十三次代表大会举行。会议通过《中共扬中市第十三次代表大会关于中共扬中市第十二届委员会工作报告的决议》和《中共扬中市第十三次代表大会关于中共扬中市纪律检查委员会工作报告的决议》。

7 月，扬中市麦田慈善基金会获得慈善组织公开募捐资格证书。

是月,《小康》杂志社发布“2021 中国生活品质百优县市”榜单,扬中市入选上榜,列第 44 位。

是月，江苏省住建厅发布关于第四批江苏省传统村落名录的公示,扬中市新坝镇立新村蒲草滧入选。

是月，江苏省政府首届江苏省科技创新发展奖名单发布,扬中市大全集团有限公司获评优秀企业。

是月，扬中市西来桥镇中海粮油党性教育实训基地开馆。

8 月

8 月 1—3 日,扬中市开展“敲门”行动,走访了解全市居民 14 日内行程轨迹、疫苗接种等情况。

8 月 3 日，扬中市委召开应对疫情工作领导小组(扩大)会议。

8 月 5 日，扬中市在经开区开展扩大核酸检测压力性测试,提升扬中大规模人群核酸检测实战能力。

是日,扬中市第二批核酸检测采集队 11 人赴扬州支援核酸检测采集。

8 月 7 日,新坝镇、经开区开展全民核酸检测。

8 月 14 日,扬中市召开市委理论学习中心组(扩大)学习研讨会。

8 月 15 日，扬中市伟信教育发展基金会 2021 年度优秀学生、优秀教育团队奖金发放仪式在省扬高中举行。

8 月 17 日,扬中市召开新型冠状病毒肺炎疫情防控指挥部调度会，要求进一步压实防控责任、防控措施,严密筑牢疫情防线,坚决阻断疫情传播风险。

8 月 20 日,扬中市召开全国文明城市创建“风尚工程”部署会。以“岛城有礼、文明实践、典型领航”三大行动为抓手，开展社会主义核心价值观宣教活动、“文明牵手”系列活动、“文明聚力”共建行动等 9 大类活动 40 项具体举措。

8 月 21 日,士林电气入选国家级专精特新“小巨人”企业。

8 月 25 日,扬中市项目招引建设现场推进会新坝镇(高新区)专场召开,镇江双扬装备制造有限公司特种精密轴承项目、江苏驰威电气有限公司汽车发动机检测台架和智能母线项目正式开工。

8 月 26 日,扬中市举行“市民观察团”志愿服务启动暨“文明扬中云接力”小程序上线仪式,“市民观察团”代表接受授旗。

8 月 27 日,镇江市基层慈善组织建设暨“幸福家园”村社互助工程建设推进会在扬中召开。

8 月 29 日，在东京残奥会女子标枪 F34 级决赛上,扬中运动员邹莉娟勇夺金牌,追平由她保持的该项目世界纪录,创造残奥会纪录。

8 月 31 日,在东京残奥会田径女子铅球 F34 级决赛中，扬中运动员邹莉娟以 9.19 米的成绩夺得金牌，打破由她保持的 8.82 米的世界纪录。

9 月

9 月 4 日,扬中市援宁扬采样队 26 名队员、市外集中隔离点 12 名医疗队员回到扬中。

9 月 5 日,扬中市援宁扬检验队 2 名队员回到扬中。

9 月 8 日,扬中市“两在两同”建新功行动暨党建引领“三大行动”部署会召开。

9 月 9 日，扬中市举行庆祝第 37 个教师节表彰活动。

是日,第十三、十四批科技镇长团轮换工作会议举行。

9 月 10 日,扬中市开展“法律明白人”培育工程推进会暨业务培训会。

9 月 13 日，扬中市首家镇级社会救助服务中心——西来桥镇社会救助服务中心举行揭牌仪式。

9 月 17 日,扬中市召开文明交通专项行动部署会。

9 月 22 日,扬中市未成年人思想道德建设暨学校及校园周边“篦晒比赛”专项行动推进会在教师发展中心召开。

9 月 23 日,扬中市组织召开全市市镇两级人大换届选举工作会议。

9月24日，扬中市举行第十六届社区(农民)文化艺术节开幕式暨文明城市创建首场演出。

9月28日，《光明日报》公布《2021年中国中小城市高质量发展指数研究成果》，扬中市列全国综合实力百强县市第23位，全国绿色发展百强县市第7位，全国科技创新百强县市第36位。

9月29日，城西社区卫生服务中心预防保健科正式开诊。

是日，"共绘苏乡" 规划师下乡工作站授牌暨党建共建签约仪式在八桥镇利民村举行。

是日，扬中市举行网格学校揭牌仪式暨网格员能力提升培训班。

是日，扬中市举办2021年扬中市创新创业大赛暨中国·镇江国际菁英创业大赛(扬中选拔赛)线上选拔赛。

9月30日，扬中市在烈士陵园举行公祭活动。

是日，"新思飞扬"扬中市第三届理论宣讲大赛举行。

9月下旬，扬中市车管所正式对符合规定的非机动车开展免费办理上牌服务。

9—12月，扬中市开展2021年度"文明扬中 你我同行"文明交通志愿服务活动。

9月，扬中市秋季退役士兵返乡报到工作在退役军人服务中心启动。

10月

10月1日，"扬中文旅·悦生活"抖音号上线。

10月2日，扬中发展促进会三茅分会成立。

10月6日，扬中市第四届公益文化节暨第十届"一双球鞋的暴走"活动正式启动。

10月8—9日，2021年招才引智"镇江日"扬中专场活动在上海举办。

10月11日，十三届扬中市委召开第一轮巡察工作动员部署会。

10月13日，幸福二桥治超站正式投入使用。

是日，扬中市召开庆祝全国第九个老年节暨全市老干部情况通报会。

是日，扬中市举行纪念少先队建队72周年主题活动。

是日，扬中市举办2021年网络安全宣传周活动启动仪式。

10月14日，扬中市召开"决战四季度"项目招引建设暨综合考核推进会。

10月15日，扬中市召开全国文明城市创建推进会。

10月16日，江苏省文艺大奖第六届民间文艺奖评奖结果揭晓，《九狮图》获优秀民间艺术表演奖，剪纸《幸福新时代》获优秀民间工艺美术作品奖。

是日，扬中市千人广场舞、太极拳、健身气功大展演在奥体中心体育馆举行。

10月16—17日，第36届中国计算机应用大会(CCF NCCA 2021)举办。

10月20日，扬中市第三届科技游园会暨2021年小学生科技节在长旺中心小学举行。

10月23日，新时代文明实践中心联动多家公益组织发起的公益义卖活动在吾悦广场彩虹夜市开幕。

10月27日，扬中市文学艺术界联合会第九次代表大会召开。

10月28日，中国光大银行扬中支行挂牌营业。

是日，扬中市原创现代锡剧《太平洲上》在镇江影剧院上演。

10月29日，扬中市召开全市基层党建重点工作推进会。

是日，西来桥临港产业招商推介会在上海举行。

10月30日—11月19日，扬中市举行第二届"烟头不落地 扬中更美丽"主题活动。

是日，经开区正成立非公企业"红锋"党建联盟。

10月，238省道扬中段路面大中修工程完工通车。

11月

11月1日，扬中市委组织部联合团市委共同承办扬中市第一期青年论坛活动。

11月2日，总投资12亿元的标龙·蓝色智谷扬中产业园项目成功签约；12月，标龙蓝色智谷全球招商中心开放。

11月3日，2020年度国家科学技术奖励大会在北京人民大会堂举行，包信和院士获国家自然科学奖一等奖。

是日，《我从哪里来——扬中百家姓氏探源（续编）》出版发行。

11月4日，淮阴工学院—扬中校地合作交流会举行。

11 月 8 日,扬中市举办“119”消防宣传月启动仪式暨社会单位消防安全标准化管理现场会。

是日,扬中市庆祝第 22 个记者节会议召开。

11 月 9—10 日,2021 年扬中市高层次人才创新创业大赛总决赛举行。

11 月 10 日,扬中市获评“全省残疾人工作先进市”。

11 月 12 日,扬中市 3~11 岁人群新冠病毒疫苗接种工作全面启动。

是日, 扬中市举行上飞工具有限公司揭牌仪式暨上海集优与扬中市战略合作签约活动。

是日,扬中市人大常委会开展“各级人大代表统一接待选民日”活动。

11 月 15 日, 三茅街道城西社区卫生服务中心举行揭牌仪式。

11 月 18 日,中共扬中市委印发《扬中市法治社会建设实施方案(2021—2025)》。

11 月 21 日,经开区举办“聚才强链 筑梦未来”经开区高层次人才创新成果展示会暨首届汽车产业发展论坛。

11 月 23 日, 万宝电气集团残疾人协会成立暨残疾人就业培训基地揭牌签约仪式举行。

11 月 25 日,扬中市“服务小微、助力双创”普惠金融政银企座谈会在金控集团举行。

11 月,扬中中央厨房项目签约。

是月, 全省首家户外统计法治主题公园在扬中市建成开园。

12 月

12 月 4 日,江苏省老年人桌上冰壶球俱乐部联赛(镇江站)在扬中市老年人活动中心举行。

12 月 6 日,2021 镇江金山文化艺术·国际旅游节闭幕式暨“文化荣光 书香镇江”系列阅读活动颁奖盛典在扬中市影剧院举行。

12 月 9 日,总投资 15 亿元的中园慧创·扬中科创产业园项目签约。

12 月 10 日, 江苏通灵电器股份有限公司在深圳证券交易所创业板云上市,举行 A 股线上上市仪式。

是日,扬中市工商联(商会)第十三次会员代表大会召开。

是日,《扬中市中小学生社会实践基地研学地图》举行首发式,包含扬中本土的 49 个校内优秀场馆和校外优秀基地。

12 月 12 日,“古井贡酒·年份原浆古 20” 杯 2021 年扬中市第十二届男子篮球联赛总决赛在奥体中心举行。

12 月 13 日, 科技部火炬中心发布国家级科技企业孵化器 2020 年度评价结果,扬中 2 家国家级科技企业孵化器均通过评价。

12 月 14 日,扬中市通过国家卫生城市复评审。

12 月 16 日, 中国少年先锋队扬中市第五次代表大会召开。

是日,新时代文明实践创意项目大赛开幕。

是日,《2021 中国县域工业发展全景图》发布,扬中市入选“中国创新百强县(市)”第 36 位、“中国工业百强县(市)”第 85 位。

12 月 17 日, 扬中市人社局与扬中农商银行举行“社银合作”签约仪式。

12 月 18 日, 扬中市首届快递员职业技能竞赛举行。

12 月 20 日, 扬中市举行 “青年之家”(吾悦广场店)揭牌暨《扬中青年办事一本通》发布仪式。

是日,胡润研究院发布《2021 全球独角兽榜》,江苏美科太阳能科技股份有限公司以 65 亿元人民币估值上榜。

12 月 26 日,扬中市城北公交客运站正式运营。

12 月 27 日, 扬中市第四届公益文化节暨第十六届社区(农民)文化艺术节闭幕式在省扬高级中学报告厅举行。

12 月 28 日, 扬中市举办全市离退休干部党建之家开馆仪式暨 2021 年度老干部时政知识学习班。

12 月 29 日, 中共扬中市委十三届二次全会在市政大礼堂举行。

12 月 30 日,镇江市新型电力(新能源)装备产业联盟成立大会在扬中市举行。

12 月,《中国城市基本现代化监测报告》发布,报告评出扬中市列“2021 中国县级市基本现代化指数前 100 名”第 24 位,入选“2021 中国高质量推进基本现代化典型城市”优秀城市。

是月,扬中市医疗保障人民医院分中心成立。

是月, 西来桥镇产业链党建联盟成立,28 家非公企业加入西来桥镇产业链党建联盟。

扬中概览

基础地情

【地理位置】 扬中市地处北纬32°~32°19′，东经119°42′~119°58′，位于镇江市圌山东侧的扬子江中。市境呈西北—东南走向，南北长40千米，东西平均宽7千米。东北与泰兴市、扬州市江都区、扬州市邗江区隔大江相望，西南与丹徒区、丹阳市、常州市武进区依夹江为邻。扬中全境总面积327平方千米，陆地面积228平方千米，其中耕地面积87.6平方千米。全市由长江主航道南侧的太平洲、中心沙、雷公岛、西沙4个沙洲组成，主岛太平洲是长江中第二大岛，总面积220平方千米。

（摘自《扬中市志》）

【地质地貌】 扬中市为江中沙洲，属冲积平原，无山丘，地势低平。海拔4~4.5米，相对高度1米左右，全境由西北向东南微倾。扬中市各沙洲的基岩是扬子古陆的组成部分，上层为长江冲积层，表层物质较细；中部为沙洲核，核的周围是由较粗物质组成的鬃岗。它们全是长江沉积物，属新生代，第四纪，全新统现代沉积物（次生黄土）岩性，黄色、褐黄色砂黏土。第四纪开始，新构造运动比较活跃，长江水流等外力对塑造扬中的雏形起到主导作用。

（摘自《扬中市志》）

【沿江岸线】 扬中江岸全长150千米。其中太平洲东面和北面临长江主航道，岸线长57千米；西面和南面临夹江，岸线长53千米。中心沙岸线长33.5千米，雷公嘴岸线长6.5千米。沿江深水岸线53千米。岸线等级较高，多属贴岸深水岸线。-10米等高线距岸边40米左右，具有良好泊稳和作业水域条件，适合建设不同类型的港口码头，泊位5万吨级至10万吨级。西江流域的长江浅水岸线50千米，水流平缓，岸线顺直，江堤外有大面积的滩涂，面积40平方千米，是渔猎、休闲、旅游及农业相结合的综合场所。

扬中市通航港口有栏杆桥、万福桥、联丰港、何家大港、沙家港、二墩港、三跃港、兴隆港、东新港、长旺港、六圩港、团结港、思议港、川（穿）心港计14条，在通江口均建闸控制。骨干港道有12条，其中通航的有新坝大港、联丰港、三茅大港、三跃港、东新港、长旺港、六圩港、团结港、思议港、川（穿）心港；不通航的有永勤港、双龙港。骨干河道有前进河、丰收河、新联河、全红河、杜家港、营房港、铁皮港、向阳河、扬子河（大寨河）、建中河、三跃河、光明河、红星河、战斗河、红旗河、胜利河16条，均建有机电排水站。港河闸距一般为1~2.5千米，港河密度平均为每平方千米占有港河0.53千米。

（摘自《扬中市志》）

初醒的城市 （佘扬秋摄）

【气候特征】 2021年,扬中市气温显著偏高,降水偏多,日照时数偏多。年平均气温17.6℃,较常年值16.2℃高1.4℃;年降水量1313毫米,比常年值1104.1毫米增加208.9毫米,年降水日数112天,比常年值116.2天减少4.2天;年日照时数2206.3小时,比常年值1997.9小时增加208.4小时。终霜期出现在3月22日,比常年值3月28日早6天,初霜期出现在11月30日,比常年值11月9日晚21天,无霜期252天,比常年值226天增加26天;年极端最高气温37.7℃,出现在7月29日,年极端最低气温-9.1℃,出现在1月8日。2021年,扬中市主要灾害性天气有台风、暴雨、大雾、高温、雷雨大风、连阴雨等。

强对流天气 4月30日,出现强对流天气,伴随短时强降水和雷雨大风,极大风速23.3米/秒,风力9级。

梅雨 6月13日,入梅,比常年(常年值6月19日)偏早6天;7月11日,出梅,比常年(常年值7月12日)早1天,入梅偏早,出梅正常,梅雨期28天,较常年偏长。梅雨量为171.8毫米,比常年(常年值243.9毫米)减少72.1毫米。

台风 受台风"烟花"影响,7月27日,出现71.7毫米的暴雨天气;7月28日和29日,出现139.8毫米和154.6毫米的特大暴雨天气,造成扬中市城区主要干道被淹,部分路段积水严重,被淹路段沿线的居民小区、商铺、机关企事业单位均不同程度受灾,联丰港堤坝出现险情,全市农作物受淹面积894.67公顷。

寒潮 1月6—8日,出现寒潮天气过程,48小时降温幅度为10.4℃,最低极值出现在8日,为-9.1℃。

大雾和霾 2021年,大雾天气19天,霾天气29天,雾霾天气给水陆交通和人民生活带来一定影响。

连阴雨 2月25—28日,连阴雨天气对交通出行和生产生活造成一定影响。11月4—8日,出现连阴雨天气,给市民生产生活带来一定影响。

异常天气 2月,日最高气温25.9℃(2月21日),为本站有气象记录以来同期第二高(历史最高为1992年2月29日的26.0℃)。6月,月平均气温26.6℃,创有气象记录以来同期历史第三(2005年为27.4℃,2009年为26.7℃)。7月,月降水量556.3毫米,创有气象记录以来同期历史最高纪录(历史最高为2003年的553.0毫米)。9月,月平均气温26.1℃,创有气象记录以来同期历史之最(历史最高为1975年的25.1℃)。(缪士荣)

【建置沿革】 清光绪三十年(1904),两江总督端方奏准设太平厅,管辖丹徒、丹阳、武进、泰兴、江都、甘泉(邗江)6个县,隶属镇江府。清光绪三十二年(1906),丹阳县将鸣凤洲、抵额里洲、抵额外洲、团洲外沙老额、团洲外沙升科、大泡子、小泡子等地划归太平厅。是年,丹徒县将乐生洲、宝晋洲、育婴洲、德兴洲、细民洲、永安洲、请佃洲、蒋家沙、新涨轮船沙划归太平厅。清光绪三十三年(1907),泰兴县将复生洲、复德洲、在我洲、太中洲划归太平厅。是年,江都县将补漕洲、益寿洲划属太平厅。清宣统三年(1911)10月,太平厅改称太平县,太平厅抚民府改称太平县民政长公署。

民国2年(1913),太平县民政长公署改称太平县知事公署。民国3年(1914)1月,改称扬中县,属金陵道镇江府。民国16年(1927),江苏省政府撤销金陵道,扬中县知事公署改称扬中县政府,直属江苏省政府。民国22年(1933)3月,扬中县隶属江苏省第一督察专区。是年12月,改属江苏省溧阳区督察专区。民国27年(1938)2月,日本侵略军侵占扬中,县国民政府解散,汉奸顾仙痴等组成伪政权,称"扬中县地方治安维持会"。民国28年(1939)3月,江南抗日义勇军挺进纵队进驻扬中;5月,成立扬中县国民政府,县府设在长旺乡龙王庙。民国29年(1940)1月,日伪军再次侵占扬中,县国民政府解散,顾仙痴等重组伪政权,称"扬中县地方自治委员会"。是年2月,扬中县抗敌委员会成立;4月,扬中县抗日民主政府成立,属镇(江)、丹(阳)、武(进)、扬(中)4个县抗敌委员会领导。民国30年(1941)1月,扬中县抗日民主政府改属镇澄区行政督察专员公署;4月,改属江南第四行政督察专员公署。民国33年(1944)12月,扬中县抗日民主政府改属苏中第五行政专员公署。民国34年(1945)7月,中国共产党领导抗日军民消灭日伪政权,扬中县全境光复。是年11月5日,扬中县抗日民主政府奉命北撤。12月,扬中县国民政府进入县境,属江苏省第五行政督察专署管辖。

1949年4月,扬中县人民政府在江都县嘶马区鲍家庄成立,隶属于苏南行政公署镇江专员公署。4月22日,中国人民解放军横渡长江,扬中解放。1955年5月1日,扬中县人民政府改称扬中县人民委员会,隶属苏南行政公署镇江专员公署。1956年2月,改属扬州专员公署。是年11月28日,复归镇江专员公署。1958年9月,改属常州专员公署。1960年7月,改归镇江专员公署。1967年3月27日,成立中国人民解放军江苏省扬中县军事管制委员会。1968年3月14日,撤销扬中县军事管制委员会,成立江苏省扬中县革命委员会。1981年5月8日,扬中县革命委员会改称扬中县人民政府,属镇江地区行政公署。1983年3月1日,江苏省实行市管县体制，扬中县属镇江市。1994 年 5 月 13 日，经国务院批准，扬中撤县设市，更名为扬中市，隶属镇江市管辖。 （摘自《扬中市志》）

【区域人口】 扬中市下辖新坝镇、油坊镇、八桥镇、西来桥镇 4 个镇，三茅街道、兴隆街道 2 个街道以及扬中经济开发区，全市户籍人口 279641 人，比上年减少 1396 人，其中男性人口 136557 人，女性人口 143084 人，性别比 95.44。年内出生 1378 人，省内迁入 3117 人，省外迁入 1066 人，合计增加 4183 人；死亡 2420 人，迁出省内 3820 人，迁出省外 717 人，合计减少 4537 人。年末常住人口 31.59 万人。 （公安局 朱昌盛）

注释：兴隆街道与扬中经济开发区合署办公，管辖区域一致。

【扬中方言】 扬中处于北方方言与吴方言区域的中间地带，先民来自四面八方，尤以周边地区和长江沿岸各省为多，有着五方杂处、六邑分治的历史背景。其方言基调虽属北方方言的江淮方言，但又有着众多江淮方言罕见或未有的语言现象。

移民文化对扬中方言的形成影响较大。方言称呼“老老奶奶”（祖父母）、“公公婆婆”（外祖父母）等，生产生活用语“摘麦”“钉耙”“筲箕”等与苏北话同。方言“往是往”（反正如此意）则为吴方言“横竖横”发音。方言“一刻丫工夫” 等同镇江话，“起暴”“上冻”“一古纳塌”“萝卜缨子”等同南京话，“庚朝”（今天）、“瘦头”、“吃生活”（受罚）等同上海话。带“头”字的方言词“里头”“苦头”“滑头”等，带“子”字的方言词“茄子”“领子”“信壳子”等，带“鬼”字的方言词“酒鬼”“小气鬼”等均同湖南话。疑问句句尾缀用“嘎”与湖北话一致，如“上学嘎”“喝粥嘎”等。方言“逢人配”“隔食病”“细来小去”等则与四川话无异。

本土方言也有差异。请人家中小坐，上洲说 “玩玩”，中洲说“戏戏”，下洲则说“耍耍”。上洲公信桥一带说丹徒大路话，而与之相距一两个埭的丰裕桥一带却有明显的泰兴腔调。

古汉语及古典小说语言是扬中方言形成的重要源头。标志性方言“杲昃”，出自《诗·卫风·伯兮》“杲杲出日”和《荀子·哀公》“君平明而听朝，日昃而退”，以太阳东升于树木之上（杲），与太阳西斜（昃）代指“东西”。俗语“丢了笊篱舞扫帚”“听了风就是雨”等在《红楼梦》曾出现，“大意失荆州”源自《三国演义》，“前不巴村，后不巴店”等在《水浒传》可见到。至于称有点本事的人为“猴”，则与《西游记》神通广大的猴王孙悟空形象关联。生产生活实践直接影响着扬中方言的形成和发展。每逢汛期，扬中堤外江水高过头顶，故有俗语“脚踩一只盆，头顶一江水”形容，意在警示人固堤防险。“何福寿漂鱼花——（大水）冲掉八塘（喻彻底失败）”“魏天宝唱麒麟——出口成章”等歇后语均源自扬中真人真事。方言成语“众志成桥”由成语“众志成城”翻新，反映 1994 年扬中人民集资建造长江大桥之壮举。20 世纪 80 年代末，大全集团董事长徐广福“要么第一，要么唯一”的企业追求，在扬中广为流传，现已成为扬中人民敢为人先的精神写照。

此外，西风东渐，新词语大量涌入，被方言和普通话同时采用；普通话推广、人民文化程度提高和对外交流频繁，说普通话的人越来越多，对扬中方言文化产生较大影响。如爹爹妈妈、老老奶奶的传统称呼被普通话爸爸妈妈、爷爷奶奶代替；相互见面招呼“你吃嘎了吗”等，基本上被“你好”“早晨（中午、晚上）好”等文明用语代替；时髦女子受到诸如衣着、发型方面的夸赞，一改表示谦虚的“哪里哪里”等惯用语，代之以普通话“谢谢”或“谢谢您”。 （摘自《扬中市志》）

【扬中特产】

河豚 古称“赤鲑”“鯸鲐”，生活于海中，属淡水洄游类鱼。扬中素有产出，俗称“本江豚”，“长江三鲜”之一。扬中民谚称“河豚不过镇江水”。每年 3—5 月清明节前后，境内长江水域有洄游河豚孵化、繁衍。人们捕而烹食，肉质鲜美，食后百味逊色。虽河豚卵、肝、血液、眼睛有剧毒，中毒或死亡者屡见不鲜，但食者不断。扬中河豚文化丰富。民间有“拼死吃河豚”“河豚不药扬中人”的俗语。1950 年前后，扬中年捕捞河豚量 3.5 万千克。后因江水污染严重，年产量逐年锐减，1980—1990 年，年均产量仅 500 千克。1991—1996 年，年均产量不足 150 千克。2000 年后，扬中沿江已很难寻觅河豚踪迹，似有灭绝之势。20 世纪 90 年代中期起，扬中分别在新坝镇、三茅镇、油坊镇开展河豚养殖试验，获得成功。

鲥鱼 扬中“江中三鲜”之一，属淡水洄游鱼类。每年谷雨到夏至间，鲥鱼由太平洋经东海入长江，溯江而上产卵孵化，繁衍后代。鲥鱼入江后膘肥体壮，吞食虫藻后体质更加肥壮，体重一般为 2~5 千克，最重 8 千克。沿江民众应时捕食，肉肥鲜美，内含蛋白质、脂肪、铁质、钙、磷、核黄素等，营养价值高。明清时期，本江鲥鱼为官府贡品。明代诗人何景明（1483—1521）《鲥鱼》诗云：“五月鲥鱼已至燕，荔枝卢橘未应先……白日风尘驰驿骑,炎天冰雪护江船。”据传,清康熙皇帝南巡至镇江焦山品尝鲥鱼,觉得“齿颊留香”,故有“鲥鱼食后齿留香”之说。据统计年鉴记载,1966—1980 年,扬中商业收购鲥鱼 23.25 万千克,年均收购 1.55 万千克,其中 80%以上出口到美国、日本等国家,中国香港等地区。1986—1996 年,扬中鲥鱼产量逐年锐减,2006 年已不见有鲥鱼入餐。长江扬中段鲥鱼近乎灭绝。

刀鱼 “江中三鲜”之一,又称“鲚鱼”,属淡水洄游鱼类,栖息于近海。古《竹枝词》云:“才交正月浦春鲚,赶上灯时价值高。试看纤鳞谁得早,过江先去进商豪。”刀鱼形似刀,体侧扁,尾部长,全身银白色,口大有胡子,端位、腹部有棱鳞,雌大雄小。进入长江早于其他洄游鱼类,每逢阳春三月溯江而上,孵化繁衍。渔民应时纷纷张网捕捞,江上出现一幅“春汛捕捞图”,水面上帆樯点点,江滩上密布罾罟。刀鱼体重较轻,渔民说:“过斤者为‘头刀’,属上品;半斤以上者为‘二刀’,半斤以下者为‘毛刀’。”刀鱼捕捞期一般是惊蛰至端午前后。1950—1964 年,县商业收购 69.73 万千克,年均 4618 千克。20 世纪 80 年代,长江水体污染日趋严重,刀鱼产量逐年减少。1986—1995 年,平均年产 3000 千克。1996—2000 年,年均近 2650 千克。2001—2006 年,年均 2000 千克。清代诗人朱彝尊诗中“京口刀鱼尺半肥”的“头刀”不见,“二刀”尚少,多为每条 100 克以下的“毛刀”。

人工养殖刀鱼基地 (融媒体中心供图)

秧草 学名“黄花苜蓿”,又名“三叶菜”“黄花草”“草头”。为一年生或越年生草本植物,被子植物门,豆科,苜蓿属。其茎平卧或倾斜,三出复叶,叶表面浓绿色,总状花序,腋生,每花序有黄色小花 2~6 朵,蝶形花冠。荚果螺旋形,有钩状刺,种子肾形,黄褐色。史料载,秧草原产印度和地中海沿岸,为上好的牧草。西汉时期,张骞从西域带到中原种植。南宋时期,抗金名将韩世忠从中原带到扬中(时称小沙),命部下种植饲马。秧草还是优良的绿肥。扬中成洲以来,农户连年种植。大田种植方法一般有两种:一是辟一方田单种。来年,这秧草田就作为水稻育秧的秧田,其秧草经沤制便成秧田基肥;二是秧草与元麦夹种,元麦收摘后,将枯黄的秧草茎(筋)踩埋在犁沟内,用作水稻田基肥。

在扬中,秧草是绝佳的蔬菜,味道鲜美,营养丰富。与河豚、刀鱼等江鲜一起烹饪,“只食秧草不食鱼”。扬中解放前数百年间以及解放后的计划经济时期,由于粮食匮乏,经常闹春荒。青黄不接之际,民众常以秧草充饥,因此秧草曾一度被扬中人称为“救命草”。改革开放以后,随着农业科技的发展,发现秧草含有多种维生素、氨基酸和微量元素,其中维生素 K 含量高于其他蔬菜,有较高的医药价值和保健作用。秧草对肿瘤有抑制作用,能降血脂、抗凝血、防出血、清内热。它含有的植物皂素,和人体内的胆固醇结合,可促进排泄,从而降低胆固醇含量,保护动脉壁,对防治冠心病有功效。秧草含糖量低,是糖尿病、心脏病患者的佳蔬。21 世纪,扬中充分利用秧草资源,开发特色农产品,并形成种植规模。运用冷藏贮运技术和高科技手段,同时将鲜秧草和咸秧草推向全国乃至世界。 (摘自《扬中市志》)

经济社会建设

【概况】 2021 年,扬中市实现地区生产总值(GDP)550.77 亿元,可比增长 11.1%。其中,第一产业增加值 17.51 亿元,增长 4.5%;第二产业增加值 289.07 亿元,增长 12.8%;第三产业增加值 244.19 亿元,增长 9.6%。人均地区生产总值 17.44 万元,比上年增长 12.65%。三次产业构成由上年同期的 3.35:51.5:45.15 调整至 3.18:52.48:44.34。一般公共预算收入占 GDP 比重的 6.9%。

(马万鹏)

【农业】 2021 年,扬中市完成农林牧渔业总产值 31.73 亿元,比上年增长 5.32%。其中种植业产值 16.96 亿元,增长 6.66%;林业产值 1.74 亿元,增长 1.18%;牧业产值 3.71 亿元,增长 2.34%;渔业产值 5.6 亿元,增长 5.95%。粮食播种面积 10.12 千公顷,增播 4.29%;粮食总产量 7.28 万吨,增产 1.57%,其中秋粮总产量 5.23 万吨,减产 1.27%。油料种植面积 780 公顷,增播 22.65%;油料总产量 2116 吨,增产 26.18%。蔬菜种植面积 3.95 千公顷,减少 16 公顷。主要农产品中,肉类总产量3883吨,增长4.95%;家禽出栏73.93万只,增长8.32%;禽蛋产量3659吨,增长49.96%;水产品总产量7512吨,增长6.13%。农业节能减排效果明显。农用化肥施用量3191吨,下降0.6%;农膜使用量109吨,增长4.8%;农药使用量184吨,下降4.7%;农用柴油使用量356吨,增长2.3%。

特色渔业健康稳定发展。扎实做好渔业管理工作,全力推进渔业高质量发展,强化培育特色渔业新亮点,积极调整养殖结构,推进高效生态渔业建设。全年水产放养面积1280公顷,完成水产品总产量7512吨,新增池塘生态化改造100公顷,全市特色水产工厂化养殖面积达16.8万平方米,河蟹标准化养殖面积526.67公顷,刀鱼特色化规模养殖55万尾。（马万鹏）

【工业】 2021年,扬中市规模以上工业企业实现产值684.36亿元,比上年增长40.33%;完成工业增加值179.22亿元,可比增长17.4%。规模以上工业企业实现销售收入680.42亿元,利税56.63亿元。全社会用电量18.27亿千瓦时,增长8.04%,其中工业用电量11.1亿千瓦时,增长8.97%。年末销售亿元以上的工业企业111家,十亿元以上的企业11家。作为工业经济中坚力量的"三十强"工业企业,在稳定发展中持续发力,"压舱石"作用凸显。全市"三十强"工业企业实现销售377.16亿元,占规模工业比重的55.43%。美科太阳能、蜂巢动力等重点企业增势迅猛,带动作用明显。

主导产业支撑明显。智能电气、新能源、汽车零部件、临港装备制造四大产业规模以上产值达488.94亿元,占全部规模工业的71.44%。智能电气行业在创新转型上实现新突破,规模以上产值302.5亿元;新能源行业迎来新的发展机遇,规模以上产值79.19亿元;汽车零部件行业在蜂巢易创扬中产业园全面投产后异军突起,规模以上产值71.52亿元;临港装备制造行业规模以上产值35.73亿元,其龙头企业新韩通船舶重工年产值26.79亿元。（马万鹏）

【固定资产投资】 2021年,扬中市完成固定资产投资108.77亿元,比上年增长18.1%。其中,制造业投资73.4亿元,增长30.7%,占固定资产投资比重为67.48%;服务业投资34.43亿元,增长5.1%,占固定资产投资的31.65%。

房地产行业下行压力加大,行业及相关产业链均承受较大压力,但总体保持稳定发展态势。在库房地产企业34家,完成房地产开发投资29.76亿元,增长4.6%。完成商品房施工面积198.11万平方米,下降14%。商品房竣工面积30.12万平方米,下降43%。商品房销售面积50.62万平方米,增长17.2%,其中住宅面积40.56万平方米,下降1.55%。商品房销售额44.33亿元,增长27.1%,其中住宅销售额31.58亿元,下降3.66%。（马万鹏）

【国内贸易】 2021年,扬中市实现社会消费品零售总额156.49亿元,比上年增长17.4%。其中批发业商品销售额增长38.4%;零售业商品销售额增长19.2%;住宿业营业额增长7.6%;餐饮业营业额增长23.9%。实现限上批发业商品销售额90.9亿元,增长50.2%。（马万鹏）

【开放型经济】 2021年,扬中市多元化开拓国际市场,推进品牌、海外仓等外贸新业态的孵化培育,提升企业国际市场竞争力。鼓励企业建立国际营销机构,搭建全球营销网络。开展银企对接,推动金融机构加大外贸信贷支持。用好出口信用保险政策,扩大小微企业统保覆盖面,规避贸易风险。实现进出口总额41.5亿元,比上年增长29.8%。其中出口总额为38.1亿元,增长29.9%。（马万鹏）

【财政】 2021年,扬中市实现财政总收入126.23亿元,比上年下降2.13%,一般公共预算收入38.01亿元,增长8.55%。在一般公共预算收入中,税收占比80%。全年财政支出134.69亿元,下降31.91%,其中一般公共预算支出66.29亿元,增长13.41%。（马万鹏）

【金融】 2021年,扬中市金融机构本外币存款余额808.29亿元,比年初增加76.84亿元,增长10.51%。其中居民存款余额429.32亿元,比年初增加43.38亿元,增长11.24%。金融机构本外币贷款余额734.39亿元,比年初增加112.26亿元,增长18.04%。其中中长期贷款417.57亿元,比年初增加86.27亿元,增长26.04%;短期贷款284.76亿元,比年初增加15.15亿元,增长5.62%。

全市拥有保险业企业33家,保费收入14.92亿元,比上年增长5.62%。其中财产险收入2.75亿元,下降1.99%;人身险收入12.17亿元,增长7.51%。赔付额3.85亿元,下降1.79%,其中财产险赔付2.04亿元,增长2.07%;人身险赔付1.81亿元,下降18.59%。

（马万鹏）

【科学技术】 2021年,扬中市强化创新主体培育,通过全国科技型中小企业评价499家,通过省高企培育入库 93 家；组织申报高企 169 家，通过认定 99 家，高企总数达 302 家；获评省创新百强企业 1 家，苏南国家自主创新示范区瞪羚企业 3 家。加强研发机构建设，新增省工程技术研究中心 4 家，西安交通大学国家技术转移中心扬中材料应用研究院落户。完善孵化器体系，新增省级众创空间 2 家，获批镇江市级众创空间 2 家，扬中市智能电器科技创业服务中心获国家级、省级科技企业孵化器绩效评价双 A 类(优秀)。集聚创新创业要素，先后组织大型产学研活动 15 场，签订产学研合作协议近 100 项，3 个高端外国专家引进计划获国家外国专家项目立项资助，争取镇江市级以上科技资金 3000 余万元，推动企业自主创新和产业转型升级。加速“科技+金融”融合发展，连续获批“苏科贷”优秀 A 类合作地区，“苏科贷、高企贷”成为扬中科技金融工作的特色品牌，累计为企业提供贷款 3.44 亿元，解决 70 余家科技型中小微企业融资难题。（马万鹏）

【教育】 2021 年，扬中市优化教育资源供给，建成云腾幼儿园、第二幼儿园、青苗幼儿园；完成童心幼儿园食堂综合楼、三跃中心小学原址改建工程，加快推进第一幼儿园、复旦上雅园配套幼儿园、吾悦广场配套幼儿园及城西小学。获评江苏省幼小衔接试验区。现有各级各类学校 60 所，其中幼儿园 25 所、小学 15 所、初中 8 所、九年一贯制学校 1 所、特教中心 1 所、体育学校 1 所、普通高中 2 所、中等专业学校 1 所、成教中心 6 所；在校学生 3.8 万人，其中幼儿园 8372 人、小学 1.68 万人、特教 94 人、初中 6946 人、普通高中 4138 人、中等专业学校 1726 人。九年义务教育对象入学率 100%；小学、初中在校生巩固率均为 100%；初中升高中段比例为 60%。（马万鹏）

小学开学 （融媒体中心供图）

【文化】 2021 年，扬中市公共文化服务提质增效。文化馆实现整体易地搬迁，新场馆设有民俗展厅，音乐、舞蹈、器乐、书法等功能室，为文艺人才提供创作舞台；市图书馆增设城东分馆，图书馆服务功能进一步完善。开展文艺节庆活动，繁荣公共文化生活；持续开展“我们的节日”主题活动，举办第十八届河豚文化节，策划组办情景党课——《信仰的力量》，承办“百年百场”江苏省优秀群众文艺展演，举办第二届太平文化旅游周；开展“全国文明城市创建文艺巡演”活动，举办扬中市原创群文作品评选、十佳歌手大赛；开展“五个一百”红色系列主题活动；开展全民艺术普及“六进”活动 200 场次。举办开展社教活动 336 场，扩大文化惠民影响力；组织开展“周末戏相逢”戏曲巡演 48 场，原创锡剧《太平洲上》分别进社区、工厂、学校开展演出，组织戏曲进校园活动 8 场；培育文艺队伍 84 支，开展 628 场辅导活动，“文艺播种计划”实现村村全覆盖。（马万鹏）

【卫生】 2021 年，扬中市深化医药卫生体制改革。有序实施市精神病防治院、市中医院综合大楼、八桥区域医疗卫生中心 3 个国债项目和三茅街道社区卫生服务中心、油坊镇卫生院 2 个专项债项目，加快推进市人民医院院区改造，启用城西社区卫生服务中心，医疗资源配置进一步优化。提升医疗服务能力。推动市人民医院县级医疗中心和三级医院建设，引进、培育新技术、新项目 7 个，建成东南大学附属中大医院肾脏病学专家刘必成教授等 5 个名医工作站，通过镇江市临床重点专科复审和二级甲等医院复审。加大县级胸痛、卒中、创伤中心建设力度，市人民医院建成国家级胸痛中心。强化人才队伍建设，引进医务人员 52 名，其中博士 1 名、硕士 6 名，委托培养农村订单定向医学生 16 名，缓解人才紧缺难题。坚守疫情防控底线要求不动摇，通过做好人物同防、新冠疫苗接种、核酸采样检测、对外支援等工作，从严从紧做好疫情防控工作。（马万鹏）

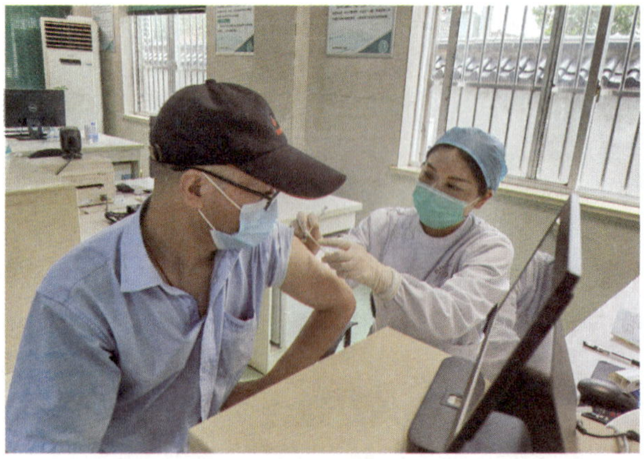

新冠疫苗接种 （卫健委供图）

【体育】 2021年,扬中市新建体育场地设施面积6.22万平方米,投入资金1500万元。市级体育公园天禾体育公园完成二代智能健身器材、篮球场、乒乓球场的施工。建成村级体育公园6个、健身广场9个,完成健身步道约11.8千米、健身路径17套。举办"天禾旅游"2020—2021扬中足球冠军联赛、"中海粮油杯"2021西来桥"我要去舞龙"节庆活动、2021年江苏省老年人体育节扬中分会场开幕式、2021年第五届机关四人制篮球比赛、"5·19"全国老年人太极拳大联动活动,承办2021"省长杯"卡尔美江苏省青少年校园足球联赛、2021年江苏省健身瑜伽项目一线社会体育指导员技能再培训等赛事和活动。现有体育协会22个,俱乐部22个,各类协会发挥各自的优势和作用,服务社会,为群众参加体育活动提供平台。 (马万鹏)

【城市建设】 2021年,扬中市交通功能不断完善。完成238省道八桥段部分路幅5.29千米大中修,新改建农村公路6.8千米,农路管养和绿化美化力度加大,县道X354滨江大道、X202环岛线被评为2021年江苏省"美丽农村路"样板路和"平安放心路"样板路。创新长效管理,率先推行市、镇、村三级农村公路路长责任制管理体系;优化群众出行路线,关注企业职工通勤和特殊人群需求,增设特教中心、蜂巢易创等站点,调整3条公交线路,新购置20辆新能源公交车;移址新建并启用幸福二桥治超站,完成交通管辖范围内65座桥梁的安全"体检",对西复线桥和联合村4组桥两座四类桥梁采取限制通行和拆桥改涵措施,对连接扬中和常州的重要桥梁——幸福大桥设置限高设施。被交通运输部命名为"城乡交通运输一体化示范县",创成"四好农村路"全国示范县、省级农村物流达标县。

城市治理不断优化。科学布局非机动车停放区域,规范共享助力车管理,加强停车泊位建设,新增停车泊位600余个。深化"智慧停车"系统管理,提升停车泊位使用效率,城区停车泊位平均占用率下降至30%。推进城乡生活垃圾分类和治理,建成20个镇江市级垃圾分类达标小区,生活垃圾无害化处理率100%。开展公厕管理专项提升行动,新建及改造公厕8座,开展"星级公厕"评比,提升公厕管理服务水平。围绕创文要求,细致开展城市市容环境整治"百日攻坚"行动,强化背街小巷及户外广告专项整治,对脏、乱、堵等行为强制入轨,组织各类整治293次,取缔店外经营727家、流动摊点831个,清理垃圾176余吨。加强道路扬尘污染防治,规范渣土运输公司化运作,严格建筑垃圾处置审批流程,从源头上管控抛洒滴漏、带泥行驶等行为。突出夜间市容及施工管理,保持严查违法建设的高压态势,查处市区违法建设313处,强制整改和拆除违法面积7840余平方米,拆除明珠湾、南园小区等100余处存量违建1500平方米,维护扬中城市规划管理秩序。 (马万鹏)

【环境保护】 2021年,扬中市深入打好污染防治攻坚战,制定全市突出环境问题项目化整改清单,省考断面水质达标率等指标持续向好,获评省生态文明建设示范县(市、区)。持续加强走航溯源监测,开展挥发性有机物、扬尘治理、电镀行业专项整治,完成一批重点大气污染防治项目。城区水环境综合治理工程基本竣工,推进排水许可证发放,加快城镇污水提质增效达标区建设,建成区黑臭水体全面消除。有序推进沿江一公里化工企业整治,完成兴隆港务生态环境问题整改。加强空气质量管控,$PM_{2.5}$年均浓度33.4微克/立方米,空气优良天数比例77.3%。 (马万鹏)

【人民生活】 2021年,扬中市全体居民人均可支配收入53719.5元,比上年增长9.3%。其中,城镇居民人均可支配收入65232.4元,增长8.6%;农村居民人均可支配收入35818.8元,增长10.3%。居民消费呈恢复性增长,人均生活消费支出30185.7元,增长22%,其中城镇居民33486.6元,增长19.8%;农村居民25053.2元,增长26.2%。 (马万鹏)

【社会保障】 2021年,扬中市城乡低保标准提高至每人每月820元,特困人员供养标准每人每月1070元;散居孤儿养育津贴每人每月1982元。残疾人"两项补贴"覆盖3600余名困难残疾人和重度残疾人。全市标准化及以上居家养老服务中心达66家,建成2家集居家、机构、社区于一体的养老服务综合体,打造10分钟服务圈半径。养老机构积极提档升级,全市有养老机构30家,其中养老护理院3家。养老床位3525张,每千名老人拥有养老床位数45.2张,护理型床位占比72.27%。 (马万鹏)

中国河豚岛

综 述

【概况】 2005年11月18日，中国烹饪协会授予扬中市“中国江鲜菜之乡”称号。2010年11月15日，中国烹饪协会授予扬中“中国河豚美食之乡”“中国河豚烹饪科研基地”牌匾。2012年12月17日，中国民间文艺家协会授予扬中“中国河豚文化之乡”称号。2016年2月16日，扬中河豚食俗入选江苏省第四批非物质文化遗产代表性项目名录。2004—2021年，扬中市连续举办18届河豚文化节，节庆名称从江鲜美食文化节、江鲜美食旅游文化节、江鲜旅游文化节、江鲜美食节逐步演变为河豚文化节，以文化发展助推经济繁荣，招商洽谈、对外推介、项目集中签约等形式的扬中“河豚经济”初步形成。2011年，28国驻华使节寻访“中国河豚岛”，各国驻华大使馆联合授予扬中“最值得驻华大使馆向使节推荐的中国河豚岛”称号，“中国河豚岛”城市品牌首次打响。扬中在宣传河豚文化上举措多样，举办国际河豚烹饪大赛、全国河豚烹饪精英赛以及长三角、江苏省河豚烹饪赛事等烹饪大赛，交流积累河豚烹饪经验；开发河豚包子、河豚水饺、河豚圆子、河豚真空包装、河豚香米、河豚化妆品、河豚酒、河豚字画等衍生产品。编辑出版《江鲜飘香》《扬中河豚菜谱》《芳菲河豚岛》《美味“杀手”》《清水扬中河豚情》《扬中二十一味》《扬中河豚记忆》等书籍，举办“放歌河豚岛”文艺晚会、河豚节摄影大赛，河豚文化逐步沉淀；央视《味道》《走遍中国》《地理中国》《消费主张》等栏目先后播出《河豚复活记》《河豚上餐桌》《夺命河豚热销的背后》《中华原产地——扬中河豚》《舌尖上的春天：长江江鲜》等节目，以河豚为主题的城市外宣专题片提升扬中河豚影响力。河豚文化使得“中国河豚岛”成为世界认识扬中、扬中走向世界的一个地域标识、城市品牌。 （史志办）

【第十八届河豚文化节活动成果通报】 2021年，扬中市第十八届河豚文化节以“正是河豚欲上时”为主题，筹划文娱互动、经贸招商、美食文化、旅游推介4个方面、60余场活动，全方位展示河豚文化、岛城风情、营商环境以及奋进势头。河豚文化节延续“云上办节”的方式，整合扬中知名餐饮单位信息，搭建线上平台统一推介宣传，“云过节”“云销售”变成趋势，城市品牌知名度和影响力不断提升。

以豚兴业项目招引正加速跑起来。坚持“文化搭台，经贸唱戏”，借力河豚文化的东风，牢牢把握长三角一体化带来的新机遇，深化经贸洽谈与项目合作，实现同频共振、共赢发展。坚持“请进来”和“走出去”并重，先后赴北京、上海、苏州、武汉等地开展集中招商推介；邀请宝能集团、日本丸红等世界500强，中铁工业、中储粮等知名央企来扬参观考察。开展“项目招引、推介扬中”宣传语线上征集活动，广大网友热情投稿，征集到“扬帆兴业 情有独中”“招商扬名立万 投资一见中情”等700余条宣传语，提高社会参与度。坚持招大引强、招新引优的追求不动摇，与伊顿、奥克斯等大型企业，与清华、复旦、华东理工、西安交大、上海电力等高等学府达成合作意向。签约项目37个，总投资116亿元。持续深化产业链招商，围绕四大主导产业，紧盯上下游关联企业，举办工程电气、新能源、临港装备制造、汽车零部件专题招商活动，助推全市产业补链、延链、强链；签约项目中物联网、5G应用等新兴产业。

以豚为介文旅融合正加速火起来。根据游客大数据分析，节庆期间接待游客人数近90万人次，其中“回头客”近35万人次，新游客近55万人次。1—4月累计实现餐饮销售近8亿元、线上销售超1亿元，主要酒店入住率近70%，扬中生态旅游从“一日游”向“深度游”转型。开展“豚岛寻香”餐饮名店大型直播行动，全媒体展示河豚烹饪名店风采。举办全国河豚烹饪大赛、“美食之旅”扬中专列一日游、网红寻味“河豚岛美食之旅”等活动，推介江心岛城的地道美味，领略河豚之乡的文化韵味。扬中养殖河豚远销全国28个省市，实现江浙沪皖5小时新鲜直达，实现河豚特色引领舌尖产业大跨越。近年来，扬中坚持“绿水青山就是金山银山”理念，注重生态保护和乡村旅游融合发展，以园博园、滨江公园为核心的南部如意湾旅游度假区，以长江渔文化风情小镇、友好传统村落为核心的北部滨江旅游休闲区，以栏杆桥老渡口、陈履生博物馆群为核心的三江湾乡村旅游集聚区日益成熟，城乡面貌焕然一新，文旅业态持续丰富，一站式满足游客个性化需求。举办长江增殖放流活动，放流珍贵鱼苗 60 万尾。建成国内首家河豚文化展示馆，拍摄制作全景展示扬中河豚文化的主题电影《正是河豚欲上时》，擦亮"河豚文化之乡"品牌。利用 120 千米绿色江堤，举办第十一届"行进河豚岛"户外运动嘉年华，通过自驾游、徒步、迷马、骑行等形式，让游客在江堤画廊感受水韵风情。

以豚扬名城市文化正加速活起来。河豚文化节旨在打造一场推介盛典，开幕式在新江苏、中江网、荔枝云 3 个省级平台直播，录制视频在"学习强国"全国平台展播，近百万网友互动浏览；央视二套《消费主张》《正点财经》《第一时间》等栏目相继播出《鲜美河豚引客来》等专题节目，面向主流消费人群，多角度、广视域展示扬中特色。《人民日报》、新华网、央视网、国际在线、澎湃新闻、《新华日报》、《香港商报》等近 60 家媒体，报道扬中河豚文化节开幕盛况；江苏卫视《游遍江苏》栏目聚焦产业文化，摄制专题片；《解放日报》、上观新闻、《新民晚报》等多家上海主流媒体，深度报道扬中特种水产养殖成果。宣传部门累计在央视网、央视影音、央视频、今日头条、抖音、快手等媒体平台发布作品百余条，播放量超 500 万次，联合举办"强国·新江苏拍客发现扬中"摄影大赛、"微聚河豚岛"微作品大赛。掌上扬中 App、《扬中日报》、扬中新闻、"微扬中"与"扬中发布"微信公众号开设专栏"扬中市第十八届河豚文化节——数说河豚节"，以数字和数字背后的故事，展示河豚文化节阶段性成果。市民的"云上意识"逐渐增强，扬中人自发拍摄推介短视频，宣传河豚文化。

（融媒体中心）

主流媒体文化宣传 （融媒体中心供图）

河豚·风俗

【河豚捕捞】 扬中渔民在长期捕捞实践中，逐步形成两类河豚捕捞法：卡钩法，钩尖处向内折弯且稍有撇斜，装小虾等饵料，河豚吞食饵料，钩身卡住其口腔；滚钩法（又称排钩法），滚钩不放饵料，贴近水底敷设，拦江设置两三道"回"字形钩帘，多钩共同发挥作用，游经的河豚身体触碰到滚钩，出于习性鼓气被多个钩子钩住。卡钩法、滚钩法渔具均由纲线、钩线构成。卡钩法正常在纲线上每隔 1 米挂 1 根钩线，滚钩法每隔 10 厘米挂 1 根钩线，钩线长度在 15 厘米左右。春季河豚贴在水底游动产卵，使用坠子和浮子保证钩子投放至距离江底 4~6 厘米的位置，纲线两头用石块固定抛入江中。扬中老一代渔民制作纲线、钩线工艺独特，纲线、钩线由黄麻编织，制作时加入栲树皮。栲树皮浸泡捶碎，煮至发红析出胶状物，加入烧熟捏细的猪血，将编好的纲线、线钩线放入栲树皮汁中浸泡，浸透后晒至发挺。此项工艺制作的渔具具有牢实、耐磨、防腐、入水变软变柔、离水变挺变硬的特点。

扬中渔民捕捞有固定习俗和禁忌。捕捞河豚等江鲜讲究时令，落潮时起钩、下钩。渔民出江要看日子、敬香、磕头、放爆竹，祈福多打点鱼，保佑太平无事。渔船由丈夫掌舵，意为一家之主；妻子在后面划桨或摇橹，头上扎一块"手捏子"（方巾），意为"打鱼不能光头"。女人不能到船头、不能跨渔网，怀孕和经期的女人不能上船。捕捞到很小的河豚直接放生，反映扬中先民朦胧的生态保护意识。

（文联）

【河豚宰杀】 宰杀河豚工具包括水桶、腰子盆、菜刀、剪刀、砧板、畚箕、草木灰等。水桶用来盛活河豚、装水；腰子盆用来漂洗杀好的河豚鱼体；菜刀和剪刀是剖杀河豚必备的刀具；砧板是杀河豚的案板；畚箕里装的草木灰则是拌污废弃物的主要材料。

开背宰杀法 也称古法。沿河豚脊背，由上而下轻轻切开，分为两片，依次取出河豚的肝脏、胃、肠、鳃、气囊，雌性河豚的卵巢，雄性河豚的精囊、心脏，清除干净紧贴在脊骨两边的肾脏（扬中人称为"达子血"），用剪刀刀尖挖出河豚眼睛，一对对放好，以备清点。河豚的内脏除精囊（扬中人称"肋"）没有毒，其他部位均有毒性。

扒皮剖肚法 宰杀的主要工具是剪刀，将河豚皮整张取下，刮尽皮刺。宰杀方法为挖眼、环切皮肤、切口、撕皮、剖肚、挖鳃、取内脏、剔脊血、分拣、漂洗。环切河豚皮肤，经里皮插入腹鳍的窝眼，朝河豚尾柄方向拽，河豚皮被全具扒至尾鳍处或被整皮拉下。

宰杀的弃留 宰杀河豚的弃与留事关河豚食用者的生命安危。河豚的毒素是自然界最毒的神经毒素之一，主要分布在血液、眼睛、鳃、肾脏、肝脏、卵巢以及其他内脏。扬中人宰杀河豚通常将河豚鱼体、肝、肋与河豚眼、鳃、肠、子、脊血等分两处存放。清点河豚眼珠，所有河豚废弃物，特别是河豚子，用草木灰拌污，投入粪缸作无害化处理，抑制苍蝇和蛆虫繁殖，也可深埋或焚烧。

河豚肝含剧毒，去毒可食用。河豚肝的处理方法：摘去河豚胆，划“十”字刀去除河豚肝的结缔膜，剪去河豚肝的四周边角，排尽毛细血管血，剪断肝脏的主动脉血管，高温烹饪解毒、去腥。 （文联）

【河豚食用】 2004年8月，扬中市河豚协会起草出台《河豚安全食用操作行业规范》，详细规定加工操作间、加工人员、原料、宰杀清洗、烹饪、卫生、质量检验管理和中毒应急措施等涉及河豚食用的各个环节。扬中食用河豚注意事项包括：河豚皮表面带有小毛刺，食用时应将皮反卷，不用嘴嚼，直接吞服；要防止被河豚鱼骨刺破嘴及食道，河豚的骨刺含有毒素，骨刺坚硬，如不慎被刺，伤口较难愈合；吃剩的河豚鱼如再次食用，避免再次回锅，采取蒸、微波炉加热。按照扬中的风俗习惯，食用河豚讲究程序。河豚端上桌前，厨师得先尝，以示对客人的尊重；上桌后，主人先吃一口，数分钟后请宾客动筷，这是扬中人招待客人的规矩。品尝河豚时，主人将河豚最鲜美营养的部分夹给客人，即河豚肋(精囊)、皮、嘴唇3部分。食用完河豚后，河豚汤加竹笋或秧草，拌米饭或煮面条。 （文联）

河豚·味道

【河豚焐秧草】 河豚焐秧草也称明宫河豚，是江苏省级非遗保护项目“扬中河豚食俗”重要菜品之一，被评为“全国十大江鲜名菜”。据《明宫史》记载，食河豚是明朝宫廷里继上元节之后的一项重要活动，后来民间发现秧草与河豚同煮，风味绝佳，传入宫中，深得明太祖朱元璋喜爱，遂流行于宫廷。“明宫河豚”已有600余年历史。制作方法是洗净河豚肝熬油，放入河豚，烧煮20分钟放入砂锅，文火烧煮30分钟。起锅，煸炒秧草，放入砂锅。将砂锅里的河豚放入秧草砂锅，待秧草焐烂后，放调料起锅。河豚焐秧草，河豚甘美，肥而不腻，秧草鲜香，软糯可口。 （摘自《扬中二十一味》）

【红烧河豚】 红烧河豚是江苏省特色名菜。制作方法是炒锅上火烧热，入油、葱结、姜片煸香，入河豚、五花肉、鲜笋片煸透后烹绍酒，入酱油、绵白糖，加入河蚌、火腿、蟹黄油、母鸡、五花肉吊制的膏汤，入虾子、精盐，大火煮沸，小火焖透后收稠汤汁装盘。红烧河豚色泽微黄，鲜香肥嫩，具有味鲜甜、汁浓醇的特点。

（摘自《扬中二十一味》）

【白汁河豚】 白汁河豚由特级河豚烹饪大师蒋开和研制，属江苏菜。白汁河豚中的白，最能反映这道汤菜的实际观感和内在品质。制作方法是炒锅上火烧热入油、葱结、姜片煸香，入河豚、鲜笋片、火腿片、虾子，加入用河蚌、蟹黄油、母鸡、五花肉吊制的膏汤，大火烧开后放酒，煮透熟后加盐上桌。白汁河豚汤汁色泽白美，鲜腴润口，豚香中能品尝出阵阵奶香味，具有消肿、降血压、去胃疾、恢复体力、调节免疫系统等功效。

（摘自《扬中二十一味》）

【河豚鱼丸】 扬中陈耿父子受福建知名小吃鱼丸启发，开发河豚衍生产品，制作河豚鱼丸。陈氏父子赴韩国考察鱼糕产品，学习其模式，打造河豚系列食品。经福建海洋研究所营养分析表明，河豚不仅味鲜，而且鱼肉中含蛋白质、维生素、锌、硒等多种营养元素，蛋白质含量极高。陈氏父子与研究所推荐的专业河豚养殖机构合作，研制便携食用的河豚鱼丸，就河豚产品提出创新，将扬中秧草融入河豚衍生品，制作三叶草馅河豚鱼丸。 （新闻中心）

【“豚岛寻香”餐饮名店大型直播惠民行动】 2021年3月，扬中市河豚协会、扬中市融媒体中心联合打造“豚岛寻香”餐饮名店大型直播惠民行动。“中国河豚网”推介各种名店名厨的简介，通过“掌上扬中”展示、报纸专栏推介、微信推送、广播专栏、电视专栏、网络直播全媒体展示岛内数十家河豚烹饪名店风采。融媒体主持人走近河豚烹饪大师，领略河豚之乡的文化韵味。活动增加线上服务环节，通过线上发布，整合扬中知名餐饮单位信息，搭建线上平台统一推介宣传，方便外地游客“一键查询”，吸引消费者在线购买、到店用餐；实施线上销售与“饿了么”“美团”等电商以及“盒马鲜生”“沃尔玛”等企业平台合作，提供更便捷的方式品尝河豚美食；推出线上优惠，通过消费券，鼓励市民与家人、朋友共享美食盛宴。活动期间直播5场，每场观众均在3万人左右，观众通过直播与主持人线上互动，通过手机了解名店名菜，登录“淘最扬中”微信公众号购物平台，抢购各大饭店餐饮优惠券。惠民行动参与商家包括君泰饭店、汇丰河豚馆、大不同酒家、春满源大酒店、迎宾楼大酒店、园梦圆大酒店、周仔大酒店、南湖人家、豚王阁家庭农场(仪禾大酒店)、锦江丽岛大酒店、江之源、三里香餐厅、福海大酒店、长顺河豚馆、西沙湾星空酒店、丰景楼饭店、周福记大酒店、富能大酒店、长江大酒店、喜来宴大酒店、朝阳湖生态酒店、君豪大酒店、紫元春酒店、豚师傅河豚简餐、白玉兰酒店等。(融媒体中心)

【全国养殖(控毒)河豚鱼烹饪邀请赛】 2021年4月8日,全国养殖(控毒)河豚鱼烹饪邀请赛在市行政中心广场举行。比赛由扬中市河豚协会、市商业联合会主办,江、浙、沪、皖等省市的50余名厨师参加。现场比赛要求每名参赛厨师在40分钟内用大赛组委会统一提供、宰杀的河豚为主食材,烹制红烧河豚。50余名厨师分为3批参赛,比赛采取现场操作评分和菜肴作品评分相结合的方法,邀请数名具有国家级评审资格的评委、10位市民评委参加。按照专家评委和市民评委综合打分,相加计算选手总分,其中专家评委占70%,市民评委占30%。按总分高低,评选出"特金奖"和"金奖"数名,"特金奖" 获得者在扬中市第十八届河豚文化节闭幕式上接受颁奖。 (融媒体中心)

4月8日,全国养殖河豚鱼烹饪邀请赛

(融媒体中心供图)

河豚·文化

【第十八届河豚文化节】 2021年3月13日—4月30日,扬中市举行第十八届河豚文化节。文化节以"正是河豚欲上时"为主题,举办文娱互动、经贸招商、美食文化、旅游推介等4个方面、60余场活动。文娱活动方面,河豚节开幕式首次添加直播带货环节,在开幕式后放流河豚等鱼苗20万尾,以"唱支山歌给党听"为主题举办闭幕式晚会。经贸招商方面,秉持"节庆搭台、经贸唱戏"的办节宗旨,重点实施专场对接和项目集中签约活动;美食文化方面,以"展现扬中风貌、弘扬河豚文化"为主题,举办全国养殖河豚烹饪大赛、书画摄影作品展、户外运动嘉年华,开展市外扬中河豚美食旅游文化节、"美食之旅"扬中专列一日游等旅游推介活动。文化节期间, 招商专业团队先后赴多地开展集中招商推介,邀请知名央企到扬中参观考察,深化产业链招商,举办多场专题招商活动,与多家高校达成合作意向。集中签约项目37个,总投资额116亿元。(融媒体中心)

3月13日,扬中市第十八届河豚文化节开幕式

(融媒体中心供图)

【"河豚美食之旅" 扬中专列一日游】 2021年4月10日,扬中市迎来首批"河豚美食之旅"扬中专列一日游的客人,连云港灌云、南京、淮安、扬州等周边城市200余名携程随团游客们参观博物馆、南湖农场、友好传统村落等景点,感受到本土民俗风情和岛城独特魅力。 (管新婷)

【"行进河豚岛" 户外运动嘉年华活动】 2021年4月11日,"行进河豚岛"户外运动嘉年华举行,400余名户外运动爱好者参加活动。活动由扬中市旅游协会主办、野驴户外运动承办,是"行进河豚岛"的徒步篇。运动爱好者身着带有河豚标识的蓝色参赛服,举着队伍标旗,从奥体中心出发,沿滨江大道、江堤,到达园博园风帆广场,行走5.8千米。 (融媒体中心)

【第十一届"寻访中国河豚岛"越野自驾游】 2021年4月25日,扬中市举办第十一届"寻访中国河豚岛"越野自驾游活动,上海、福建、湖北、江西等16个省市,蒙古族、回族、苗族、布依族、汉族等11个民族的200多名自驾游爱好者,是扬中首次迎来的多地区、多民族的自驾游游客。车友沿着宜禾路—238省道—园博大道,抵达江苏省自驾游基地,游览渡江文化园、参观陈履生博物馆群,深入了解扬中的人文历史和发展历程。(管新婷)

【河豚文化展示馆】 2021年，河豚文化展示馆落成。展示馆位于新坝镇永平村，建筑面积400平方米，是国内首家以河豚为主题的文化展示馆。馆舍以永平村自然风光为背景，以江南水乡古典建筑风格为基调，展馆分为河豚渊源、河豚知识、河豚食俗、河豚节庆、河豚翰墨、河豚经济6大板块，全方位呈现扬中河豚文化。河豚文化馆致力于开发出更多实用玩具、饰品等文创产品，把发展壮大河豚文化作为文化园的发展形态和动力，着眼于经济与文化的融合与协调发展，挖掘、提升河豚文化旅游内涵，打响河豚文化生态旅游品牌。

(融媒体中心)

河豚文化展示馆　　(吉战顺摄)

河豚·产业

【长江渔文化生态园】 长江渔文化生态园位于扬中三茅街道兴阳村。项目占地133.33万平方米，是一个集长江渔文化名贵鱼类繁育、养殖、销售、科普展示，长江渔文化研究，以及农业观光体验、旅游休闲、生态餐饮酒店等于一体的综合性新型农业项目，依托扬中"中国河豚美食之乡""万里长江第一岛"的文化优势和资源优势，以河豚为主题的长江渔文化科技园。园区分为河豚文化主题广场、长江渔文化生态餐厅、渔文化垂钓体验区、湖畔烧烤景观区、果蔬观赏采摘园五大区域，内设生态酒店、木别墅、智能大棚、苗圃基地等设施。

(倪娜)

【江之源渔业有限科技有限公司】 镇江江之源渔业科技有限公司成立于2011年9月，主要从事长江刀鱼、河豚、鲥鱼等特种水产养殖，年养殖刀鱼150万尾、河豚鱼200万尾、其他品种鱼400余吨。河豚鱼主要养殖品种为暗纹东方豚，是大海洄游长江的唯一品种。江之源连续10年承担政府的河豚鱼放流项目，每年放流各种规格河豚鱼苗100万尾左右，另有100万尾以不同规格走向市场，其中80万尾以河豚斑子(二两左右)出售，20万尾大河豚(七两以上)在河豚节销售。市场以扬中、靖江这两个全国最大的河豚集散地为主。扬中市江之源生态养殖1.3平方千米，河豚占有0.27平方千米。江之源生态园占地200万平方米，投资3.5亿元，专业从事生态农业，集高新农业研发与实验、名贵水产品养殖与销售、温泉度假休闲服务等于一体。园区依托独特的江滩湿地自然景观和江鲜资源优势，借助"中国河豚岛"的招牌，深度开发2250米深的温泉地热资源，加快发展生态度假游、休闲渔业游，建设温泉度假村，是江苏省四星级乡村旅游点。 (朱雨佳)

【江苏豚岛食品有限公司】 江苏豚岛食品有限公司是扬中市首家规模化现代工艺的食品加工企业，是一家经国家有关部门批准并取得品牌注册商标的河豚鱼深加工企业。生产的主要产品包括红烧河豚鱼、白汁河豚鱼、酸辣甜河豚鱼、金汁河豚鱼、剁椒河豚鱼、河豚鱼狮子头、河豚鱼排、红烧河豚酱、麻辣河豚酱、河豚鱼包子、河豚鱼皮丝、白汤河豚鱼、河豚鱼寿喜锅、河豚鱼佛跳墙。2021年，豚岛食品有限公司打开线上销路，让"云销售"变成一种趋势，总产值1218万元。(朱雨佳)

【中国镇江扬中招商大会暨第十八届河豚文化节项目集中签约仪式】 2021年4月30日，中国镇江扬中招商大会暨第十八届河豚文化节项目集中签约仪式举行，集中签约项目37个，总投资额116亿元。第十八届河豚文化节期间，全市招商专业团队先后赴北京、上海、苏州、武汉等地开展集中招商推介；邀请日本丸红、宝能集团等世界500强企，中铁工业、中储粮等知名央企来扬参观考察，坚持招大引强、招新引优，深化产业链招商，与伊顿、奥克斯、中储粮等企业举办多场专题招商活动；与清华、复旦、华东理工、上海电力等高等学府达成合作意向。集中签约的37个项目中，总投资1亿美元或10亿元以上产业项目就有5个，由乡贤引进或直接投资的项目16个，总投资33亿元。 (融媒体中心)

4月30日，第十八届河豚文化节项目集中签约仪式

(吉战顺摄)

中共扬中市委员会

综 述

【概况】 2021年，扬中市委坚持系统思维，强化统筹协调，持续推动各方面各领域工作争先进位。地区生产总值增长10%以上，完成一般公共预算收入38亿元，工业应税销售突破1000亿元，高质量发展取得新的进展，“十四五”发展实现良好开局。

聚力产业强市，经济发展稳中有进。项目招引建设成效显著。集中力量推进四大产业链招商，标龙·蓝色智谷扬中产业园、双扬特种精密轴承等项目落户，累计签约亿元以上项目71个，有效促进产业链加宽、延长、变强。83个市重点产业项目开复工率100%，完成入库投资62.5亿元。完成全口径外资9000万美元、进出口总额38亿元。实体经济稳健发展。新增市场主体6271户，其中新设立有限公司2813户，注册资本总额210.7亿元。新增“四上”企业173家，净增高新技术企业31家。组建新型电力（新能源）装备产业联盟。蜂巢易创第1000万台发动机顺利下线。产业转型加速突破。战略性新兴产业、高新技术产业产值占规上工业比重分别达50%和72.4%。“才聚江洲”人才新政效应逐步显现，引进院士1名、国家级人才6名，落户高层次人才创业项目13个，招引大中专毕业生4000余人。资本市场“扬帆领航计划”成果显著，威腾股份、大全能源在科创板上市，通灵股份募集资金规模创镇江IPO（首次公开募股）新纪录。美科太阳能入选2021全球独角兽榜，亿阀集团实现扬中市企业主导修订国际标准“零的突破”，士林电气获评国家级“专精特新”“小巨人”企业。吾悦广场建成运营。营商环境持续向好。全力打造“中意百分百”营商环境服务品牌，营商便利度综合评价位居镇江首位。强化知识产权保护运用，新授权发明专利187件，和成显示获中国专利金奖。精准落实各项惠企政策，全年新增减税降费4.25亿元，实体经济企业贷款增长12.5%。

聚力乡村振兴，城乡融合速效齐升。乡村产业提质增效。积极恢复生猪生产、促进农资稳价保供，全年新建高标准农田2平方千米，特种水产养殖面积占比88%，获评“国家级电子商务进农村综合示范县”。乡村治理卓有成效。持续推进农村人居环境整治，创成省级生态文明建设示范村5个，新治村、利民村入选全国乡村治理示范村，获评全国村庄清洁行动先进县。出台《扬中市农村宅基地建房管理办法》，“房地一体” 农村不动产登记发证率达90%以上。建立长江禁捕“一机四防”机制（禁渔执法机制，加强人防、技防、群防、预防建设），“十年禁捕”起步好、管得实。基础设施不断完善。丰乐桥险工段应急治理工程全面竣工，何家大港、江堤加固及兴隆港闸应急改造工程基本完成。农村河道长效管护工作绩效评估连续三年位居全省涉农县（市、区）前列。

聚力文明创建，城市品质更富内涵。启动实施文明城市创建“三年行动”，制定完善长效管理考核办法，发布“部门创建质量指数榜”“镇村文明风尚榜”，各层各级创建执行力显著增强。全面推进“红色引擎”工程，集中开展广场“白改黑”、文明交通等六大专项行动，通过国家卫生城市复审暗访。扎实推进新时代文明实践全国试点，组织开展文明火炬万人接力等活动，社会文明程度实现新的提升。深入推进文化惠民，大型原创锡剧《太平洲上》入选省紫金文化艺术节汇演剧目，三江湾文旅集聚区、北部滨江休闲区建设进展顺利，“江岛一日游”入选省乡村旅游精品线路。

聚力绿色发展，生态环境持续改善。空间布局不断优化。兴隆港产城融合发展区建设加快破题。国土空间总体规划、“多规合一”实用性村庄规划、生态保护和修复规划加快编制，国土空间规划近期实施方案、土地征收成片开发方案编制完成。全年盘活存量建设用地1.47平方千米。生态治理压茬攻坚。省考断面水质达到或优于Ⅲ类比例、$PM_{2.5}$平均浓度等指标位居镇江前列，兴隆港务等突出环境问题整改销号，创成省生态文明建设示范市。严格落实能耗“双控”（能源消费总量和强度双控）要求，坚决遏制“两高”项目（高耗能、高排放项目），“一企一策”推进沿江1千米化工企业整治，全年单位GDP能耗下降2.8%，美科新能源创成国家级绿色工厂。加快推进“五水联治”，城区水环境治理主体工程基本结束，

"厂站网"一体化运维体系初步建立,农村生活污水治理稳步实施。城市更新有序推进。实施南园小区改造提升工程,完成老旧小区弱电管线整治33个、二次供水泵房改造65个。创成全国城乡交通运输一体化示范县、"四好农村路"全国示范县,城北公交客运站投入运营。对违章建设保持"零容忍",整改拆除违法建设2.5万平方米。

聚力共同富裕,民生福祉不断增进。城乡居民人均可支配收入分别增长8.5%和9.2%。全面保障重点群体就业,新增城镇就业7000余人,城镇登记失业率控制在2.01%以内。积极推进镇江"幸福家园"村社互助工程试点,首批发布慈善项目10个,募集资金110余万元。稳步推进"县管校聘"改革、"双减"试点工作,全面推进高品质学校集群发展,建成云腾幼儿园、第二幼儿园、青苗幼儿园,获评江苏省幼小衔接试验区。优化医疗卫生服务供给,市精神病防治院、中医院综合大楼、八桥区域医疗卫生中心建设有序实施,城西社区卫生服务中心交付使用,基层诊疗量占比综合指数位居镇江前列。医保电子凭证市内扫码结算功能全面开通,医保异地直接结算全国联网。新建标准化居家养老服务中心3家,创成省级居家和社区养老服务创新示范区。获评全省残疾人工作先进市。

聚力风险防范,社会大局和谐稳定。疫情防控扎实有力。落实常态化疫情防控措施,高效开展"敲门行动""核酸检测应急演练",继续保持"零疑似、零确诊"。完成南京、扬州疫情支援。推动新冠病毒疫苗接种,12岁以上人群首针接种率92.89%。安全生产稳妥有序。高标准对接安全生产"三年大灶",积极创建省级安全发展示范城市,生产安全事故、死亡人数实现"双降"。金融风险有效防范。年度化债和"削峰"任务基本完成,国企改革三年行动正式实施,企业互保联保风险得到有效控制,金融生态环境综合考评位居镇江前列。社会治理平稳有序。深入推进"红色网格"建设。以"平安法治先进村(社区)"创建为抓手,加强重复信访、信访积案化解,获评江苏省信访积案化解突出单位。扎实推进司法改革,常态化开展"扫黑除恶"专项斗争,重拳整治电信网络诈骗,公众安全感99.5%。

聚力全面从严治党,党的建设走深走实。精心组织庆祝中国共产党成立100周年系列活动,全市上下爱党爱国爱社会主义氛围更加浓厚。深入开展党史学习教育,全面实施基层党建"书记项目",扎实推进"我为群众办实事""两在两同"建新功行动,以"江洲星火"党史学习教育馆为核心的初心锤炼阵地链条基本形成。正确用人导向更加鲜明,选派44名干部赴一线学习锻炼,评选表彰12名"实干担当先锋",干部队伍干事创业活力充分激发。市镇两级党委完成换届,"党小组+"模式不断深化,专业化组织员队伍建设经验获中组部推介。全面落实意识形态工作责任制,主流意识形态领域健康向上、思想舆论环境平稳向好。坚持刀刃向内,扎实开展政法队伍教育整顿。全面压实管党治党责任,常态化推进正风肃纪反腐,风清气正的政治生态不断巩固。(丁鹏程)

【市委办公室工作】 2021年,中共扬中市委办公室围绕市委决策部署,高标准建设"坚强前哨"和"巩固后院",完成各项目标任务。以"专精特新"为导向,常态化开展评稿议稿、经验交流、调查研究等活动,高质量完成市第十三次党代会、市委十三届二次全会、全市领导干部务虚会等各类大会文稿500余篇,《依靠人民群众,共创共享"江中明珠"更大荣光》《奋力实现"三量齐升",共同续写城市荣光》在《群众》《创新》等杂志刊登。强化调查研究,放大"四色智库"品牌效应,完成《乡村旅游:为产业振兴插上新翅膀》等精品调研报告40余篇,为市委决策提供"智囊保障"。发挥党委信息主渠道作用,全年报送信息被省委办公厅、镇江市委办采用146篇,编辑《扬中信息》56期、《决策参考》24期。严格规范文件的签收、登记、传阅、归档等环节,精准对接反馈书记交办文件,各类公文处理实现"零差错"。发挥改革深刺激、强刺激作用,持续扩大改革政策惠及面和传播度,形成"一网联盟"救助等一批改革样板。完善"大督查"格局,发挥系统性、联动性、复合式督查作用,推动市委重点工作落地生根。规范党内法规,备案及时率100%。加强档案管理,深入推进档案信息化建设。全力做好密码通信保障工作,办理电报3600余份;统筹推进安可替代工程和大OA(办公自动化)系统试点工作,完成全市78家单位114台国产化电脑替代,全面提升党委信息化建设管理水平;筑牢安全防线,全面推行风险防控四项机制,完成中国共产党成立百年大庆安保、妥善应对台风"烟花"、拧紧疫情防控链条等国家安全重点工作,风险防控科学化水平有效提升。(丁鹏程)

重要决策

【全面推进乡村振兴 加快农业农村现代化建设的实施意见】 2021年3月26日,中共扬中市委、扬中市人民政府印发《关于全面推进乡村振兴 加快农业农村现代化建设的实施意见》,提出到2021年底,粮食面积和产量稳中有升,生猪产能继续恢复,水产、畜禽、蔬菜等重要农产品生产平稳发展。乡村产业高质量发展,沿江沿238省道布点发展生态休闲农业,串点成线、连线扩面,推动“接二连三”(推动农村一二三产业融合发展),提升综合效益。乡村建设行动全面启动,开展农村人居环境整治提升五年行动,创成一批乡村振兴示范村、农村人居环境优胜村、特色田园乡村、美丽宜居村等精品村。城乡融合发展步伐加快,农村改革不断深化,农村集体经济不断壮大,城乡居民收入差距进一步缩小,农村社会和谐稳定,乡村振兴综合示范取得初步成果。(丁鹏程)

【实施“才聚江洲”助力产业强市的若干意见】 2021年6月4日,中共扬中市委、扬中市人民政府印发《扬中市关于实施“才聚江洲”助力产业强市的若干意见》,提出建立人才引育系统工程、打造更具吸引力的人才载体、强化市场化的聚才模式、提供暖心周到的服务保障,建设优良的人才发展生态,打造活力充沛的创新创业人才集聚高地,助力“干出产业强市争雄势、托起江中明珠新荣光”。 (丁鹏程)

【扬中市资本市场扬帆领航计划】 2021年7月5日,中共扬中市委、扬中市人民政府印发《扬中市资本市场扬帆领航计划》,提出按照“储备一批、培育一批、上市一批”的工作思路,以筛选、培育上市后备企业为重点,以提升上市服务水平为保障,着力培育一批符合国家产业政策、主业突出、成长性好、带动力强的企业上市。力争到2024年底,全市新增62家上市挂牌企业,培育20家上市挂牌后备企业。 (丁鹏程)

【“两在两同”建新功行动的实施方案】 2021年9月2日,中共扬中市委印发《关于在全市党员干部中开展“两在两同”建新功行动的实施方案》,提出全市各基层党组织在高质量发展上“讲情怀、争荣光”,各级领导干部在联系群众上“讲情怀、争荣光”,广大党员在爱岗敬业奉献上“讲情怀、争荣光”,着力推动全市党员干部增强“四个意识”、坚定“四个自信”、做到“两个维护”,引领带动全市上下以更加高昂的政治热情、更加炽热的为民情怀、更加务实的工作作风,贯彻新发展理念,构建新发展格局,推动高质量发展,为创造“江中明珠”更大荣光努力奋斗。 (丁鹏程)

【扬中市法治社会建设实施方案】 2021年11月18日,中共扬中市委印发《扬中市法治社会建设实施方案(2021—2025年)》,提出坚持党的集中统一领导,坚持以人民为中心,坚持尊重和维护宪法法律权威,坚持法治、德治、自治相结合,坚持权利和义务相统一,引导公民依法行使权利、依法享有权利、尊重他人权利,坚持社会治理共建共治共享,形成符合时代特征、体现扬中特色、具有扬中特点、人民群众满意的法治社会建设生动局面,全力建设信仰法治、公平正义、保障权利、守法诚信、充满活力、和谐有序的社会主义法治社会,助推法治扬中、法治政府建设走在前列,为续写江中明珠新荣光营造良好的法治环境,为到2035年基本建成法治社会奠定坚实基础。 (丁鹏程)

重要会议

【全市安全生产工作会议】 2021年2月2日,扬中召开全市安全生产工作会议,全面总结2020年工作情况,研究部署下一阶段专项整治工作。会议要求,全市上下要深入贯彻新发展理念,统筹好发展与安全,提升本质安全水平,以实际行动提升“平安扬中”的含金量,为“十四五”开好局、现代化建设起好步提供坚强保障。 (丁鹏程)

【全市产业强市暨优化营商环境大会】 2021年2月19日,扬中召开全市产业强市暨优化营商环境大会。会议要求,全市上下把全部身心和目标聚焦到产业发展、优化环境上来,干出产业强市争雄势,托起江中明珠新荣光。会议指出,要蓄势发力,找准产业强市新路径;要造势奋进,打造营商环境新品牌;要扬势而上,展现创新创业新风采。会议强调,各级各部门要拿出“开局就是决战、起步就是冲刺”的斗志,甩开膀子“跑起来”,鼓足自信“强起来”,让扬中早日成为要素集聚的“磁场”、企业发展的“沃土”、投资兴业的“宝地”。 (丁鹏程)

【党史学习教育动员会议】 2021年3月9日,扬中召开全市党史学习教育动员会议。会议指出,要深入学习贯彻习近平总书记在党史学习教育动员大会上的重要讲话精神,按照中央、省委和镇江市委部署要求,学史明理、学史增信、学史崇德、学史力行,在学党史、悟思想、办实事、开新局中砥砺初心使命,扛起责任担当,以“跑起来”的激情全面开启现代化新征程,以优异的成绩献礼中国共产党成立100周年。会议强调,党史学习教育贯穿2021年,全市上下要迅速掀起热潮,把开展党史学习教育作为重大政治任务抓紧、抓实、抓细;要抓好组织推进,各级党组织扛起主体责任,抓好组织落实、弘扬过硬学风;要坚持学以致用,推动党史学习教育与贯彻新思想相结合,与产业强市、城乡融合、乡村振兴、城市创建等重点任务相结合,在以史鉴心、凝聚党心、汇聚民心中推动高质量发展走在前列。 (丁鹏程)

【全国文明城市创建动员会】 2021年3月20日,扬中召开全国文明城市创建动员会。会议指出,创成全国文明城市是市委、市政府在“十四五”规划开局对全市人民作出的庄严承诺。会议要求,在创建思路上突出“准”,在整治提升上突出“实”,在城市建管上突出“细”,在群众满意上要突出“真”。会议强调,全市上下要保持初心使命、连续作战,满怀信心、合力奋战,把抓好创建作为检验能力担当最好的“试金石”,三年如一日,打好主动仗。 (丁鹏程)

【全市农村工作会议】 2021 年 3 月 27 日,扬中召开全市农村工作会议,深入贯彻中共十九届五中全会,中央、省、市委农村工作会议精神和习近平总书记重要讲话指示精神。会议指出,立足新阶段,“三农”发展的压舱石、蓄水池、稳定器作用越来越突出。全市上下要认清“国之大者”,深刻认识到抓好新时代“三农”工作是一项政治性极强、全局性极强、群众性极强的工作,审时度势、统筹考虑、一体谋划、为民办事,进一步提升做好新时代“三农”工作的责任感、使命感。会议要求,推动新时代扬中“三农”工作高质量发展,要坚持特色发展,促进农业高质高效;要聚焦绿色生态,促进乡村宜居宜业;要强化保障服务,促进农民富裕富足。会议强调,全市上下要进一步勇立潮头、勇闯新路,奋力开创新时代扬中“三农”工作新局面。 (丁鹏程)

【全市党建工作会议】 2021 年 4 月 7 日,扬中召开全市党建工作会议。会议指出,全市各级党组织和广大党员干部坚定不移加强党对高质量发展的全面领导,以党建工作“跑起来”,提速扬中发展“强起来”,为托起“江中明珠”新荣光提供坚强保障。会议要求,全市各级要将“勇闯新路”融入党的建设全过程、贯穿经济社会发展各领域,扎实推进党建引领产业强市、乡村振兴、文明创建等重点工作,加快扬中高质量发展新的步伐。会议强调,抓党建关键在于各级各层责任上肩、工作上劲,要紧紧抓住“融党建”这一关键方向、“一把手”这个关键少数、“守纪律”这个关键保障,在大抓落实、真抓落实中把“最大政绩”抓出最优成效。 (丁鹏程)

【中共扬中市委十二届十次全会】 2021 年 5 月 15 日,中共扬中市第十二届委员会第十次全体会议召开,研究市委换届有关事宜。全会指出,市委换届是在“两个大局”交织、“两个一百年”交汇、“两个五年规划”交接的关键节点上进行的,承担着扬中勇立潮头、勇闯新路,跑好社会主义现代化建设新征程“第一棒”的时代重任,影响深远、意义重大。全会要求,五年一次的换届,要把严的标准、严的举措落实到各方面、全过程,强化正面引导,全面报道“十三五”以来全市经济社会发展成果,引领社会各界凝聚共识、汇聚力量,做到换届发展两不误两促进,努力使换届的过程成为干事创业、加速奔跑的过程,不断增强领导集体的引领力、创造力、凝聚力和战斗力。 (丁鹏程)

【庆祝中国共产党成立 100 周年座谈会】 2021 年 7 月 2 日,扬中召开庆祝中国共产党成立 100 周年座谈会。会议指出,回顾中国共产党百年历史、重温扬中革命发展史,学党史、悟思想必须要真正弄懂“马克思主义为什么行”,始终做到信仰如山;真正弄懂“中国共产党为什么能”,始终做到信念如铁;真正弄懂“中国特色社会主义为什么好”,始终做到信心如磐。会议要求,全市各级党组织和党员干部要对照党的精神谱系、对照习近平总书记“三德”要求、对照扬中“四千四万”精神内涵,来一场思想“再检视”、作风“再洗礼”、精神“再提振”。要把准斗争方向、砥砺斗争意志、增强斗争本领,进行新时代“伟大斗争”;要锻造城市“硬实力”、提升城市“软实力”、涵养城市“暖实力”,推进新时代“伟大事业”;要把“党建引擎”建得更加坚强有力、把党员干部队伍锤炼得更加担当有为、把扬中的政治生态打造得更加风清气正,建设新时代“伟大工程”;要善于引领群众、深入联系群众、倾力造福群众,激荡新时代“伟大梦想”。会议强调,全市上下要进一步在学习领悟中坚定理想信念,在奋发有为中践行初心使命,积极推动产业强市行稳致远、城乡融合示范引领、高质量发展走在前列,闯出“江中明珠”的“新荣光”,以优异成绩向中国共产党成立 100 周年献礼。 (丁鹏程)

【中共扬中市第十三次代表大会】 2021 年 7 月 25 日,中共扬中市第十三次代表大会在市政大礼堂开幕。大会的主要任务是,回顾总结市第十二次党代会以来的工作,研究部署今后一个时期扬中发展的目标和任务,选举产生新一届市委和市纪委,动员全市上下争先高质量发展,领跑现代化征程,为创造江中明珠更大荣光而努力奋斗。市委书记张德军代表中共扬中市第十二届委员会向大会作题为《争先高质量发展、领跑现代化征程,为创造江中明珠更大荣光而努力奋斗》的工作报告。报告中总结过去五年,扬中聚焦“强富美高”总目标,取得的发展成效和经验。张德军指出,今后五年,扬中发展总的指导思想是:高举习近平新时代中国特色社会主义思想伟大旗帜,对标“强富美高”,坚持稳中求进,统筹好发展与安全,争先高质量发展,领跑现代化征程,全力打造智慧制造城、绿色生态岛、平安幸福洲,奋力谱写“强富美高”新扬中建设的现代化篇章,不断创造江中明珠更大荣光。巫晓辉代表中共扬中市第十二届纪律检查委员会向大会作题为《以新发展理念引领正风肃纪反腐，为扬中现代化建设走在前列提供坚强保障》的工作报告。大会由贾晟主持。 （丁鹏程）

【"决战四季度"项目招引建设暨综合考核推进会】 2021年10月14日，扬中召开"决战四季度"项目招引建设暨综合考核推进会，进一步对标对表、争先赶超。会议指出，在决胜全年的冲刺阶段，项目建设是重中之重，各地各级要抢抓四季度的"黄金期"，把项目工作、经济运行抓得更紧、更牢，主动盯上去、跟上去，确保交出一份满意的年度答卷。会议要求，全市上下要把握新发展理念"总遵循"、牵牢项目"牛鼻子"、筑牢企业发展"顶梁柱"、凝聚考核问效"强合力"，以时不我待的紧迫感和只争朝夕的精气神，求真务实、狠抓落实，奋战100天、决胜四季度，全力冲刺打好"收官战"，奋力交出"十四五"开局之年的过硬答卷。 （丁鹏程）

【中共扬中市第十三届委员会第二次全体会议】 2021年12月29日，中共扬中市第十三届委员会第二次全体会议在市政大礼堂举行，深入贯彻中共十九届六中全会、中央经济工作会议和省第十四次党代会、省委经济工作会议、镇江市第八次党代会精神，全面落实市第十三次党代会部署要求，总结2021年扬中市经济社会发展情况。全会提出，2022年全市工作的指导思想是：高举习近平新时代中国特色社会主义思想伟大旗帜，紧扣"强富美高"总目标和高质量发展总要求，坚持稳字当头、稳中求进，知重负重、苦干实干，主动担起"争当表率、争做示范、走在前列"重大使命，锚定"三大定位"，聚焦"三量齐升"，抓牢"四件大事"，奋力谱写"强富美高"新扬中现代化建设新篇章，以优异成绩迎接中共二十大胜利召开。全会强调，知重负重、苦干实干，是这次全会精神的核心要义，也是顺应发展大势、切合扬中实际、引领各项工作的行动纲领。全市上下要在学深悟透上下功夫，在步调一致上快行动，在干事创业上亮实招，夺取更加过硬的高质量发展成果。

（丁鹏程）

党史学习教育

【概况】 2021年，扬中市深入学习贯彻习近平总书记关于党史学习教育的重要论述精神，认真贯彻落实习近平总书记、党中央决策部署和江苏省委、镇江市委工作部署，把开展党史学习教育作为重大政治任务，围绕"学史明理、学史增信、学史崇德、学史力行"的要求，坚持高站位统筹谋划、高质量扎实推进、高标准示范带动、高水平办好系列庆祝活动、高要求开展巡回指导，推动全市党史学习教育取得显著成效。 （黄琳）

【学党史】 2021年，扬中市委常委会发挥"头雁效应"，将旗帜鲜明讲政治融入党史学习教育各环节各领域，围绕"四史"、习近平总书记在庆祝中国共产党成立100周年大会上的重要讲话、中共十九届六中全会等重点内容，开展市委理论学习中心组学习16次。全市各级党组织和党员干部开展学习，高质量开好专题组织生活会、专题民主生活会及主题党日活动。聚焦青少年学生，开展全市性"思政新课堂"主题教育活动7期，举办"马克思主义·岛城青年说""节日里的党史"等系列主题活动600余场。"国歌探秘"系列课程得到镇江市委书记马明龙批示点赞。 （马键俊）

【悟思想】 2021年，扬中市领导带头开展学习研讨、撰写理论文章，带头深入基层宣讲中共十九届六中全会精神和省、镇江市党代会精神等。成立"市委宣讲团""青少年党史学习教育宣讲团""退役军人宣讲团""巾帼宣讲团"等宣讲团队33支，运用"线上+线下""集中+点单"等形式，开展各类宣讲活动2000余场，覆盖党员群众73万余人次。用好用活遍布江洲大地的红色资源，构建以"江洲星火"党史学习教育馆为主体的"1+X"初心锤炼体系。策划"永远跟党走"大型情景党课、"信仰的力量"大型文艺演出，"百年辉煌"系列书画展、摄影展、图片展、文学征文等活动，原创大型锡剧《太平洲上》巡演54场次，获评省紫金文化艺术节剧目奖。 （马键俊）

【办实事】 2021年，扬中市认真落实"我为群众办实事""两在两同"建新功等工作要求，县处级领导干部排定"一人一重点、领办解难题"项目36件，乡科级领导干部领办难题项目404件，办结率100%。围绕防疫防汛、项目建设、创文创卫、乡村振兴等重点工作，组建"学亚夫、做亚夫"先锋团队212支，主动领办实事项目648个，办结率100%。将"我为群众办实事"与文明实践群众"点单"、市民观察团建议办理、党群议事等创新机制深度融合，严格落实"三单三表三员"制度（三单：列出调研清单、明确"解难题"清单、制定"学亚夫、做亚夫"先锋行动清单；三表：建立群众需求表、过程监督表、完成评估表；三员：组建帮办员、监督员、评议员），确保实事落地、对账销号。 （马键俊）

【开新局】 2021 年,扬中市制定印发《做强“红色引擎”,推进产业强市、乡村振兴、文明创建高质量发展的实施意见》,在百年党史中感受红色血脉、汲取红色经验,提出党建引领“三项行动”(产业强市、乡村振兴、文明创建)。推进党建引领产业强市,组建红色“铁堡垒”71 个、“红色帮办”先锋队 300 余支,掀起项目引建热潮。推进党建引领乡村振兴,巩固深化党建引领农村人居环境整治成果,通过各级“书记项目”,引领发动基层党员群众参与农业项目招引、基层治理、乡村文明培育。推进党建引领文明创建,全面推动党员亮身份、当示范,落实“路长包干制”、党员“双报到制”,实现创建为民、创建靠民。 (马键俊)

【党史学习教育宣讲报告会暨第八届“江洲读书节”活动】 2021 年 4 月 22 日,扬中市举行党史学习教育宣讲报告会暨第八届“江洲读书节”活动,邀请扬中乡贤、国家博物馆原副馆长、中国汉画学会会长陈履生作党史专题讲座。以“新中国革命历史题材的美术创作”为主题,展示近 60 幅革命历史题材的名家美术作品,详细剖析中国共产党成立、长征、开国大典等不同历史时期的创作故事、历史过往,通过美术解读和党史叙事的双重视角、双重语境,带领与会人员回溯党的光辉历程,领略红色之美和共产党人的信仰之力。就深入抓好党史学习教育、开展好“江洲读书节”系列活动,会议要求各地各级抓牢党员领导干部这个“关键少数”,推动读书学史“跑起来”;聚焦青少年、学生这个“关键群体”,推动读书学史“热起来”;用好“我送亲人过大江”等“关键资源”,推动读书学史“活起来”。(融媒体中心)

【党史学习教育馆开馆暨线上党员教育活动】 2021 年 6 月 29 日,扬中市举行党史学习教育馆开馆暨“学百年党史 行万里征程”线上党员教育活动启动仪式。“江洲星火”扬中党史学习教育馆设置革命烽火、如歌岁月、江洲崛起、勇闯新路、初心使命 5 大篇章,系统展示扬中地方党组织百年奋斗发展史“学百年党史 行万里征程”线上党员教育活动启动后,以“记忆 100”线上党建小程序为载体,融合各地党建文化、党建品牌、历史建筑、代表人物等党建成果,开展形式多样的线上党员教育活动。“江洲星火”党史学习教育馆开馆,成为镇江“学百年党史行万里征程”线上党员教育活动的“第一站”。在“抓融合”上做文章,让红色资源发挥乘数效应;在“强品牌”上下功夫,以红色文化涵养岛城气质;在“开新局”上闯新路,用红色血脉点燃奋斗激情,共同开辟“江中明珠”新的更大荣光。 (融媒体中心)

【“两优一先一示范”表彰大会暨“信仰的力量”情景党课】 2021 年 6 月 27 日,扬中市“两优一先一示范”表彰大会暨“信仰的力量”情景党课在市影剧院举行。活动通过赞先进、温誓词、听党课,动员各级党组织和广大党员干部学史明理、向史而新、开拓奋进,用红色血脉开辟“江中明珠”新的更大荣光。1.9 万名网友在线观看。情景党课分为 “人间正道是沧桑”“东方风来满眼春”“民族复兴中国梦”3 个篇章,通过音诗画、情景表演、诗朗诵、歌舞、合唱等表演形式,唱响共产党好、社会主义好、改革开放好、伟大祖国好的时代主旋律。大会表彰全市“两优一先一示范”并为先进基层党组织代表、优秀党务工作者代表、优秀共产党员代表、示范党小组代表颁奖。 (融媒体中心)

6 月 27 日,“两优一先一示范”表彰大会

(融媒体中心供图)

组织工作

【概况】 2021 年,扬中市委组织部坚决落实上级和市委决策部署,在服务中心大局中扛起“组工担当”,在应对风险考验中展现“组工作为”,为全市高质量发展提供坚强组织保证。在大战大考中践行初心使命,构筑起守护“江中明珠”的“红色防线”;在强基固本中转化组织优势,开展党建引领三大行动;在产业强市中锻造执政骨干,鼓励激励干部赴一线学习锻炼;在招才引智中汇聚发展动能,实施“才聚江洲”系列行动。做好江苏省和镇江市“两优一先”推荐表彰工作,召开全市“两优一先一示范”表彰大会,评选表彰优秀党员 60 名、优秀党务工作者 40 名、先进基层党组织 40 个、示范党小组 60 个,巡演《信仰的力量》实境党课,线上线下近万名党员群众接受教育,完成“行走的党课”专题活动,高质量举办“七一”座谈会。在严管厚爱中激发担当作为,连续四年获得江苏省高质量发展先进县(市、区)。 (组织部)

2021年扬中市中共党员基本情况一览表

表1

项目		党员数	
		总数(人)	在岗职工(人)
总计		23906	13464
预备党员		679	612
女性		6032	4357
少数民族		24	21
年龄	35岁及以下	4655	4057
	36~45岁	4676	4040
	46~55岁	5208	3938
	56~60岁	2528	1429
	60岁及以上	6839	0
入党时间	1937年7月7日—1945年9月2日	2	0
	1945年9月3日—1949年9月	8	0
	1949年10月—1966年4月	1035	0
	1966年5月—1976年10月	1852	0
	1976年11月—2002年10月	9936	4780
	2002年11月及以后	11073	8684
学历	研究生	458	438
	大学本科	7011	6297
	大学专科	4558	3385
	中专	2128	978
	高中、中技	4116	1535
	初中及以下	5635	831

（田晏如）

【党建引领“三大行动”】 2021年，扬中市高效推进产业强市“红色领跑”行动，组建红色“铁堡垒”71个、“红色帮办”先锋队300余支，全力助推“一号战略”。系统推进乡村振兴“红色领先”行动，深化“党小组+”建设，全市1141个党小组建到村头埭尾、小区楼栋、群众身边，有效构建覆盖镇街区、村社区、机关部门、“两新”组织、市属企业、重大项目，“党委—党支部—党小组—党员—群众”为主的新时代“六域五级”基层组织体系。扎实推进文明创建“红色领航”行动，开展机关党员“双报到”，全市8409名机关党员亮身份、践承诺，管好自家、带动大家，党群齐心跑出现代化建设“加速度”。相关做法在《新华日报》、《组织人事报》头版、省委《信息专刊》推介，获镇江市委书记马明龙批示肯定。 （祝晋）

【“才聚江洲”系列行动】 2021年，扬中市委、市政府印发《扬中市关于实施“才聚江洲”助力产业强市的若干意见》《大学生“荟扬”计划(2021—2025)》《产业工人“聚扬”计划(2021—2025)》，夯实“1+X”人才政策体系。牵头组织赴吉林大学、上海电力大学等18所高校开展招才引智对接活动近20场，达成科技人才合作协议36项。高品质举办2021年扬中市高层次人才创新创业大赛，13个参赛项目在扬中注册落户，释放“以赛引才”效能。引进院士1位、国家级人才10位，入选国家级重大人才工程1人，江苏省“双创计划”6人，镇江市“金山英才”计划11人、1个团队。搭建扬中(杨浦)飞地孵化中心、西交大国家技术转移中心扬中材料应用研究院、华理工技术转移扬中分中心等引才平台，建立

“1+1+N”型校企联合研究生工作站,开启校地融合新篇章。(蔡亦男)

【城乡基层党组织提升工作】 2021 年,扬中市全面开展村(社区)“两委”换届“回头看”。85 家村(社区)集中展示“我为群众办实事”,赴上海交大举办全市村(社区) 党组织书记乡村振兴专题培训班,联合完成 9 名“第一书记”选派工作,强化村(社区)定额干部管理,全市新增省“百名示范”书记 1 人、镇江“千名领先”书记 4 人。稳步推进城市基层党建工作,持续深化社区工作者职业体系建设,全市符合条件的社区工作者待遇保障落实率 100%。(祝晋)

【选人用人】 2021 年,扬中市委组织部完成市镇两级党委换届,乡镇党委委员均全票当选,市“两委”委员平均得票率 99.5%,比上届高出 1 个百分点。紧抓换届契机,选派年轻干部进入乡镇领导班子,乡镇领导班子平均年龄较换届前下降 2.5 岁。深入贯彻落实 “九项举措”,评选表彰 12 名“实干担当先锋”。出台《干部赴一线学习锻炼暂行办法》,首批选派 44 名优秀年轻干部赴项目招引、文明创建、乡村振兴等一线历练。印发《关于加强干部考察工作体系建设的意见 (试行)》,建立以“日常考察、专项考察、纪实考察”为核心的“三位一体” 干部考察工作机制,切实提高干部工作的精准性、实效性。(施超)

【综合考核提档升级】 2021 年,扬中市委组织部印发《扬中市 2021 年度综合考核实施办法》《2021 年度镇(街、区)综合考核实施方案》《2021 年度市级机关综合考核实施方案》“1+2”综合考核文件体系,实体化运作考核工作专办,定期集中办公,持续健全完善考核工作推进机制。印发高质量《考核工作专报》15 期,产业项目招引建设通报 8 期,展现实干奋进姿态,晾晒推进考核动态。开展综合考核重点加分项专项培育工作,梳理“省级真抓实干督查激励通报”培育项目 17 项,落实考核工作专办挂钩联系机制,定期推进调度,年终评比中有 10 个项目获镇江市向上推荐,3 个项目获得省级督查激励通报。(刘良忠)

宣传工作

【概况】 2021 年,扬中市委宣传部始终自觉围绕大局谋划发展,立足现实改革创新,深情礼赞百年风华,激情书写江洲华章。党史学习教育。用好“江洲星火”党史学习教育馆为核心的 28 个红色阵地, 开展情境课堂 2313 场,形成蜂鸟驿站、“三维”学史霞满江洲、“岛城青年说”等基层学习品牌。212 支“学亚夫、做亚夫”先锋团队领办实事 648 个, 形成 “便民星期三”“星级公厕”“直播助农”等众多特色品牌。围绕党史学习教育、习近平总书记“七一”重要讲话、中共十九届六中全会等主题,开展市委理论学习中心组学习、专题读书班、专题党课、理论宣讲等学习宣传活动,持续推动学习宣传贯彻习近平新时代中国特色社会主义思想走深走实。文明城市创建。全力推进“党建引领文明创建”,城区 92 个小区党小组建设全覆盖。健全完善党员干部“路长制”管理,组建百人“市民观察团”,创新实施各行业各领域“篦、晒、比、赛”,提升群众“获得感”。新闻舆论宣传。借力上级新闻媒体平台,开展江苏艺术家“长江行”采风、“强国拍客进扬中”等活动,《57 载 2500 件红色藏品七旬党员免费开放红色记忆展》获全国县级融媒体中心优秀作品三等奖。全面落实“黑白清单”双向管理机制。优质文化供给, 建成邻间书房、“学习强国”线下体验馆等阅读新空间 54 家,埭上书屋 291 个,擦亮“江洲读书节”“岛城书会”等读书品牌。举办第十八届“河豚文化节”,承办镇江市金山文化艺术节闭幕式,开展“五个一百”系列红色文化活动 900 余场,大型原创锡剧《太平洲上》获省紫金文化艺术节剧目奖。(黄琳)

原创锡剧《太平洲上》 (融媒体中心供图)

【主题宣传】 2021 年, 扬中市委宣传部构建以 “报、网、微、端、屏”全媒体融合的立体化、精准化、全覆盖的大宣传格局。开展“奋斗百年路 启航新征程”主题采访报道,开设“奋斗百年路 启航新征程”“永远跟党走 江洲好故事”“勇闯新路江洲潮”等专栏专题,围绕党史学习教育、产业强市、“扫黑除恶”、河豚文化节等重大主题,召开新闻发布活动 14 场次,“微扬中”微信公众号推送信息 1082 条,总阅读量超 400 万人次,为新时代

扬中高质量发展提供强大舆论支持。（罗欲凯）

【城市外宣】 2021年，扬中市宣传部紧扣党的建设、产业强市、乡村振兴、创建全国文明城市中心工作，借力借势新华社、央视、《人民日报》客户端、《光明日报》客户端等中央重点新闻媒体平台，开展江苏艺术家“长江行”采风、“网眼看镇江 聚焦加速跑”、“第三届微聚河豚岛”等活动。央视《新闻联播》用稿1篇，《新闻直播间》用稿2篇，《经济信息联播》《中国新闻》《天下财经》《正点财经》《第一时间》《探索发现》等栏目用稿10篇，其他中央级主流媒体用稿76篇，省级主流媒体用稿418篇，推介扬中高质量发展的新亮点、好经验。

（罗欲凯）

【新闻管理】 2021年，扬中市委宣传部坚持移动优先，做优做强移动传播矩阵，微信公众号“微扬中”注册用户数8.8万人，推送1082条微信，总阅读量400.29万，爆款微信超过100条，做到图文、图解、短视频、海报、音频等多形式全方位展现。移动客户端“掌上扬中”自2020年10月上线以来，注册用户7.6万人，稿件上载总数1.8万条，单日上载数平均60条。注册今日头条号、抖音号、视频号、企鹅号、百家号等多个商业平台账户。（罗欲凯）

【网络宣传】 2021年，扬中市委宣传部、网信办围绕“建党百年”“产业强市”“乡村振兴”“文明创建”“疫情防控”等主题，依托“两微一端”开设专题专栏，开展“我的电影党课”党史课堂网络竞赛等活动，强化网上正面宣传，持续传播正能量，官方新媒体指数均在镇江辖市区名列前茅。组织开展“网眼看镇江 聚焦加速跑”走进扬中等网络宣传活动，举办“微聚河豚岛”短视频大赛，通过网络平台推介扬中在乡村振兴、产业强市等特色亮点。（施雯）

宣传员化身“云端”主播 （融媒体中心供图）

【阵地建设】 2021年，扬中市委宣传部强化“学习强国”学习平台供稿工作，策划“强国拍客进扬中”活动，提升新闻宣传的感染力、影响力，“学习强国”全国平台用稿18篇，江苏平台用稿417篇，位列镇江市8个辖市区之首。原创稿件《57载2500件红色藏品 七旬党员免费开放红色记忆展》获“学习强国”学习平台全国县级融媒体中心优秀作品三等奖，系全年镇江市唯一获奖作品。（罗欲凯）

“强国新江苏拍客 发现扬中”摄影大赛投稿作品

（融媒体中心供图）

【网络安全】 2021年，扬中市全面落实《党委（党组）网络安全工作责任制》，组织开展“网安2021扬中行动”，在重要节点开展网络安全检查，全面体检全市重点单位的关键信息基础设施、政务网络和系统，检查整改安全风险287个。精心举办网络安全宣传周活动，通过开展线下启动仪式、主题日、社会面宣传及网络知识竞赛、“两用一心”志愿服务等活动，全面普及网络安全知识，增强网络文明意识。落实《网络信息内容生态治理规定》，深入推进“清朗”“净网”系列专项行动，有力打击网络违法违规行为，全年约谈网站1次，发放整改函3份，关停违法违规账号181个。（艾愉翔）

统战工作

【概况】 2021年，扬中统一战线贯彻落实中央、省委和市委关于统战工作的决策部署，坚持问题导向，聚焦重点突破，各项工作保持良好发展态势。开展“同心同向一百年 坚定不移跟党走”主题系列活动，组织党外人士开展“扬中统战初心寻访”，新的社会阶层人士开展“传承革命精神，坚定红色初心，争当领跑先锋”主题实践。通过网络问卷调查、知识测试、活动现场抢答等方式宣传《中国共产党统一战线工作条例》。走访港澳台侨企业，与企业共谋发展。持续开展暖侨服务，配合镇江市委统战部开展“暖侨关爱”——送医进侨企义诊活动。成立扬中市欧美同学会(留学人员联谊会),举办留学归国人员创新创业经验分享会。扬中市新联会与三茅街道新联社区结为共建单位。开展“两个健康”促进行动,发挥民营经济统战工作协调机制作用,常态化开展服务民营企业活动,打造民营经济统战工作“四季暖扬”特色品牌。承办镇江市企业家沙龙新型电力(新能源)装备专场活动,利用江洲商学院等平台,培优建强民营企业家队伍。(倪旭杰)

【新联会主题实践活动】 2021年4月20日,扬中市新的社会阶层人士联谊会开展“传承革命精神,坚定红色初心,争当领跑先锋”主题实践活动。活动先后到茅山爱国主义教育活动中心、赵亚夫事迹馆和镇江市退役军人就业创业示范基地,通过联系新阶层各群体人士,内建外联、强化合作,做好桥梁和纽带作用,引导新阶层人士当好建言献策的智囊团、创新创业的排头兵、服务民生的急先锋、舆论引导的风向标。(倪旭杰)

4月20日,中共扬中市委统战部与新的社会阶层人士联谊会开展主题实践活动 (统战部供图)

【扬中市欧美同学会成立】 2021年5月8日,扬中市欧美同学会(扬中市留学人员联谊会)成立大会暨第一次会员大会召开。联谊会第一次会员大会听取联谊会筹备工作报告,审议并通过联谊会章程和选举办法(草案),选举产生联谊会第一届理事会理事、监事,会长、副会长、秘书长。江苏环太集团有限公司、江苏旺捷大数据公司总裁王艺澄当选为联谊会会长。大会聘请上海上迈新能源科技有限公司董事长施正荣和中国医学科学院苏州系统医学研究所研究员张为国为联谊会名誉会长。施正荣和张为国通过贺信、视频方式,向联谊会的成立表示祝贺。(倪旭杰)

【初心寻访活动】 2021年9月10日,扬中市委统战部组织全市统一战线成员代表赴镇江市丹徒区世业洲开展“同心向党一百年,坚定不移跟党走”初心寻访主题活动。活动先后前往永茂村农户家中和四季春农业园参观学习,重温习近平总书记在镇江视察时提出的重要指示精神。参观卫星民族村、民族工作展示馆,听取有关民族团结进步创建,发展现代高效特色农业实现乡村振兴,实现共同富裕的经验做法和创新举措。寻访活动参观冷遹纪念馆,学习了解冷遹少年立志、投身革命、爱国救民,兴办实业、造福百姓的传奇人生。(倪旭杰)

【留学人员创新创业分享会】 2021年9月22日,扬中市委统战部牵头举办“逐梦青春,创赢未来”主题留学人员创新创业分享会。分享会上,扬中市欧美同学会(留学人员联谊会)会长、环太集团总裁王艺澄,国科创新投资总监包珂申,江苏蔚来咖啡有限公司总经理马超分别讲述创新创业故事,为与会留学人员创新创业提供借鉴。人才办、经发局、科技局就人才引进、项目需求、产学研用等方面的政策文件现场解读。(倪旭杰)

台湾事务

【概况】 2021年,扬中市台湾工作办公室贯彻中共十九届五中全会精神、习近平总书记在《告台湾同胞书》发表40周年纪念会上的讲话以及习近平总书记视察江苏重要讲话指示精神,落实政治责任、创新交流形式、提升履职能力。拓展新空间,推动扬台经济融合。帮助台企,利用长三角一体化发展的机遇,及时完善产业链及配套延伸,激发企业发展新活力,提升企业核心竞争力;加强与商务、农业、文化旅游等部门合作,借势借力,构筑招商平台,抓住各类招商契机,以上海、福建、苏州等地为重点开展小分队招商活动,向台商推介扬中的亮点和优势,争取与一批有质量、有资源的协会、团体及知名台商建立常态化联系机制,全力寻求与台商的交流合作机遇。利用市台协会的人脉、信息资源优势,以商引商,以台引台,引荐优质台企投资兴业。拓展新内涵,推动对台交流融洽。持续深化“做台湾人民工作”的政治内涵,结合《中共中央关于制定国民经济和社会发展第十四个五年规划和2035年远景目标的建议》中提出的“要加强两岸基层和青少年交流”的要求,以对口台湾交流区域为主要工作阵地,以“基层一线、青年一代的新生代、新面孔”为主要工作对象,通过采取线上线下交流相结合、岛内岛外交流相结合的方式,开启两岸基层和青少年交流新模式;以在扬创业就业的台湾青年为重点,注重人文关怀、丰富精神家园、保持联系畅通，加强交流、交往、交心，提升其归属感和认同感。拓展新成效，推动惠台服务融畅。按照习近平总书记对对台干部队伍要“对党忠诚、业务专精、纪律严明”的要求，强化政治引导、加强教育培训，提升服务水平，打造一支政治坚定、思想稳定、作风过硬的对台工作干部队伍。持续开展“台企台商台胞大走访”活动，推动相关惠台政策落地、落实、落细，真正做到政策指导上用心、服务台企上真心、服务台胞上贴心。贯彻落实好《江苏省涉台投诉求助协调工作办法（试行）》，规范涉台投诉求助协调工作的办理流程，明确工作职责，健全工作机制，下沉工作触角，及时化解各类涉台矛盾纠纷，切实维护和保障台企、台胞、台属的合法权益。认识意识形态工作在对台工作中的极端重要性，把意识形态工作体现在对台工作的每一个环节。通过组织开展涉台宣传月活动，普及宣传涉台政策法律法规，提高全社会涉台相关政策知晓率。发挥市台协会和市台胞台属联谊会的桥梁纽带作用，紧密联系在扬台商台胞台属，帮助台属解当前对台政策。重大节日组织在扬台商台胞台眷开展餐叙联谊、文体娱乐等活动，营造“两岸一家亲”的氛围。（印震震）

【镇江市台协扬中联委会暨扬中市台属联谊会换届】2021 年 9 月 2 日，镇江市台协扬中联委会暨扬中市台属联谊会召开换届大会，选举产生新一届班子成员，扬中市常驻台胞台商和部分台属代表参加大会。大会选举产生新一届台协联委会会长 1 人，副会长 3 人，秘书长 1 人，理事 16 人；台属联谊会名誉会长 1 人，会长 1 人，副会长 2 人，秘书长 1 人，理事 15 人。（印震震）

【面塑视频教学活动】 2021 年 12 月 25 日，西来桥小学与台湾青少年开展线上面塑视频教学活动。活动在镇江市文广中心举行，西来桥小学学生与台湾青少年线上视频连线，在老师的指导下，学会使用简单工具，以及用切、搓、揉、捏的手法塑造鱼的形象，让两岸青少年享受手工制作乐趣，领略中华民族传统技艺之美。（印震震）

机构编制工作

【概况】 2021 年，扬中市委编办坚持党管机构编制、优化协同高效、机构编制刚性约束、机构编制瘦身与健身相结合的原则，统筹推进综合行政执法体制改革，深化基层“三整合”改革成效，深化公益类事业单位改革，发挥机构编制基础性保障作用，规范编外用工管理，推进机关事业单位机构编制评估工作，做好机构编制统计工作、事业单位登记管理工作、市级机关服务高质量发展工作，优化全市机构职能体系建设和执政资源配置，提高各类机构组织贯彻落实党的决策部署效率和机构编制资源使用效益，市域治理体系和治理能力现代化水平稳步提升。（范靖）

11 月 18 日，机构编制核查工作培训部署会（编办供图）

【公益类事业单位改革】 2021 年，扬中市委编办根据上级改革要求，开展深化公益类事业单位改革。扬中学习试点地区改革文件，咨询上级编办和试点地区改革口径和要求，准确把握扬中市改革方向和弹性空间，宣传改革信号，提早与改革重点、难点部门对接，逐步谋划改革方案。摸清底账，在全面掌握涉改事业单位机构、编制、经费渠道、人员、机构规格、分类结果等基本信息的基础上，科学拟订公益类事业单位改革计划，经过多次沟通磨合，报经市委编委会议审议后形成扬中市公益类事业单位改革方案，按照规范程序稳步抓好改革方案的逐步落实工作。（范靖）

【机构编制保障】 2021 年，扬中市委编办发挥机构编制基础性保障作用。强化渔政监管执法力量，在市农业综合执法大队增挂渔政监督大队牌子，在各镇（街、区）畜牧兽医站增挂渔政执法中队牌子。完善禁捕退捕工作职责体系，明晰相关部门渔政监管执法职责分工，统筹基层禁捕退捕人员力量。在严守编制总量红线的基础上，立足“进出相当、留有余地、逐年补录”的原则，以有限的编制资源向基层一线、重点领域倾斜为用编导向，结合部门亟须专业需求，统筹兼顾优秀青年人才选调培养计划、政策性安置需求，核定并下发 2022 年行政（参公）用编计划和事业用编计划。落实市委编委会议精神和上级相关要求，按照规定程序印发纪委监委、巡察办、公安局 3 个部门“三定”规定。根据职能变化，结合乡村振兴、文物保护、审批服务、国企监管、行政复议体制改革等重要领域实际需求，调整农业农村局、经济发展局、行政审批局、财政局、司法局等12个部门相关机构编制事项。通过"单位自查、群众监督、数据比对、实地核实、数据更新"5个环节,组织开展机构编制核查,准确掌握全市机关事业单位及其所属单位机构批复及实际设置、编制核定及实有人员、领导职数核定及配备、实名制系统维护等基础数据信息。(范靖)

【编外用工管理】 2021年,扬中市委编办规范编外用工管理。会同人社局和财政局,制定《关于开展全市机关事业单位编外用工规范管理工作的通知》《扬中市级机关事业单位编外用工管理办法》,为机关事业单位规范编外用工管理提供政策依据。调查2009年以来各镇(街、区)和市级机关各部门自行使用编外用工情况,报经市委编委会议审议,与人社、财政联合下发化解任务单。加强各单位编外用工限额管理,以规范文件为依据,以实际需求为指导,核定全市50余家部门(单位)编外用工限额数量,在限额有空缺的基础上,把关部门报送的编外用工使用计划。(范靖)

【机构编制评估】 2021年,扬中市委编办有序推进机关事业单位机构编制评估工作。建立健全机构编制监督检查联动机制,将机构编制工作纳入巡视巡察范围,机构编制评估报告作为巡察报告的一部分,同步向被巡察单位反馈、推进整改。对民政局、残联、教育局、行政审批局、融媒体中心、文体广电和旅游局、经济发展局7家民生部门开展评估,查找问题并提出相关建议80余条。(范靖)

【机关赋码与事业单位登记管理】 2021年,扬中市委编办印发《关于开展2020年度事业单位法人年度报告公示工作的通知》,全市265家事业单位按要求在网上提交年度报告,报告提交率、审查通过率均100%,并在扬中市人民政府网站公示。印发《关于开展2020年度事业单位信用等级评价工作的通知》,联合法院、信用办、公安局、财政局、人社局、审计局、税务局、市场监管局、人民银行扬中支行9个信用监管部门,评价248家事业单位2020年度信用情况,并将评价结果在"信用中国(江苏·扬中)"网站公示。在全市事业单位中开展事业单位法人公示信息"双随机、一公开"抽查工作,抽取8家事业单位现场检查。印发《事业单位法人登记告知书》,270家事业单位签署并报送《事业单位法人承诺书》,51家举办单位签署并报送《举办单位承诺书》。对全市事业单位法人证书开展日常登记管理,事业单位设立登记6家、变更登记66家、注销登记33家。完成全市机关群团统一社会信用代码证书管理维护工作,办理统一社会信用代码证书信息变更29家。(范靖)

【市级机关服务高质量发展考核】 2021年,扬中市委编办根据市考核办统一部署,做好市级机关服务高质量发展考核工作。印发《2021年度市级机关综合考核实施方案》,依托《市级机关服务高质量发展考核任务分解表》,强化部门考核,确保各项任务件件有落实。推进市级机关服务产业项目考核,以重大项目册和签约项目册为基础,实现全市项目建设清单化管理。(范靖)

机关党建

【概况】 2021年,扬中市委市级机关工委以提升组织力为重点夯实基层基础,以提高贯彻新发展理念、构建新发展格局能力为目标加强干部队伍建设,以严格正风肃纪、提高作风效能为抓手巩固发展良好政治生态,践行"三个表率"(在深入学习贯彻新时代中国特色社会主义思想上作表率,在始终同中央保持高度一致上作表率,在坚决贯彻落实中央各项决策部署上作表率),打造模范机关。组织开展"文明创建 青年先行"演讲比赛、"传承红色精神 重温党史党迹" 青年风采展演、"我们的国歌"征文竞赛和微党课展评等主题活动,编排《党建领航 初心如磐》机关党建宣传画册。组织机关工作人员深入村(社区),开展"敲门行动";抽调32名机关干部,组建青年突击队,充实交通管控查验卡口;组织发动512名志愿者坚守社区防控一线;发动机关党员投身文明交通志愿服务和路段长执勤。开展"服务高质量发展十佳品牌"评比,开展十佳志愿服务队伍(项目)评选。扬中市委市级机关工委有基层党组织59个,其中机关党委2个,机关总支部10个,机关党支部47个;党员1932人,其中年内发展新党员117人,预备党员77人。(董军林)

【党员素质提升】 2021年,扬中市委市级机关工委把党史学习教育同贯彻落实中共十九届五中全会精神紧密结合起来,认真落实做好"六专题一实践"(专题学习、专题培训、专题党课、专题宣讲、专题研究宣传阐释、专题民主生活会和组织生活会、"我为群众办实事"实践活动),持续抓好习近平新时代中国特色社会主义思想学习,进一步增强"四个意识"、坚定"四个自信"、做到"两个维护"。以党员干部需求为导向,立足实际,突出实效,先后组织入党积极分子培训班、发展对象培训班、党务干部培训班3个集中培训班次,切实提高党

员干部教育培训工作质量。（董军林）

6月30日，《党建领航 初心如磐》机关党建画册首发式暨“我们的国歌”主题微党课展评（机关工委供图）

【支部建设】 2021年，扬中市委市级机关工委聚焦机关基层组织党建重点环节，着力解决党建领域存在的突出问题，继续深化小支部大联盟和片区联动互学互评制度两大党建抓手，扩大党建融合范畴，共享机关党建资源。12家机关党组织分别与6个镇、街（区）、12家民营企业党组织进行结对共建。通过逐一走访、实地调研，听取结对企业意见和建议，准确把握民营企业发展需求，助推企业高质量发展，共同探索政企党建共建新思路。推进党支部质量提升工程，组织向上申报新一轮四星级党支部，集中整治软弱涣散党组织，推动机关星级党组织提质升级。推进基层党建“书记项目”，将其纳入机关党建考核范畴。建好用好组织员队伍，采取“1+N”分片挂钩联系方式，组织员深入基层旁听组织生活，参与指导党建工作。（董军林）

【效能提升】 2021年，扬中市委市级机关工委针对主导产业和重大项目设置功能型党小组，组建“红色帮办”先锋队，开设一窗受理、一岗通办“红色专窗”。启动“我为效能把一脉”之“优化营商环境”监督报告评比活动，深化“百员联百企”主题活动，联合多部门开展走访调研，帮助企业解决实际困难。持续开展“效能零距离”座谈，面对面交流作风效能建设工作情况，推介作风效能特色做法和典型事例。建立“一员联一村（社区）”作风效能监督网格，联系走访85个村（社区），组织作风监督员定期不定期明察暗访。全年累计开展常态化督查9次（其中专题督查6次），通报问题70余个。（董军林）

老干部工作

【概况】 2021年，扬中市老干部工作坚持以习近平新时代中国特色社会主义思想和习近平总书记关于老干部工作的重要论述为指导，紧扣中心大局，聚焦主责主业。多措并举开展党史学习教育，坚持为离休干部“送学”上门。印发《扬中市离退休干部党建工作议事协调会议制度》，明确2021年度成员单位办实事项目19个。开展异地安置离休干部管理服务，定期对跨省安置的6名离休干部开展慰问走访。“涉老社团党建工作一体化建设项目”入围江苏省老干部工作创新重点项目。打造“霞满江洲”离退休干部党建之家，建立全市老年人才服务中心和15个功能型分中心。持续开展银发志愿服务，开展“开启新征程 银发再出发”“银发建新功 为霞耀江洲”系列志愿服务活动。保障离休干部看病就医绿色通道管理常态化、加强离休干部家庭医生签约服务规范化，提高离退休干部医疗待遇，落实离休干部和遗属特殊困难帮扶补助。做好老干部工作信息化平台基本信息更新维护工作。创成省级“六有一提升”（有党的组织、有领导班子、有组织活动、有作用发挥、有工作制度、有工作保障）示范党支部1个，省“百佳离退休干部党支部”1个，镇江市级示范党支部19个，示范支部覆盖率67%。（韦庆燕）

【涉老社团党建工作一体化建设】 2021年，扬中市打造的“涉老社团党建工作一体化建设项目”入围江苏省老干部工作创新重点项目。项目坚持“全要素结合、一体化管理、项目化推进”的发展思路，形成“1+10+X”（“1”就是成立市涉老社团党总支；“10”就是在10个涉老社团成立10个党支部；“X”就是在10个涉老社团挑选若干名党性强、威信高、熟悉党建工作、服务意识好的老同志担任各基层涉老社团的“党建工作指导员”）、“4+4+4”（“四同”“四统”“四会”）、“9+9+9”（以9个社团党支部为载体，成立9个不同功能的老年人才服务分中心，分别组织实施9个发挥老年人才作用特色项目）模式，分别实现组织建设、工作机制、作用发挥体系化、标准化和常态化。经过调查研究和总结提炼，形成《政治建团 举旗定向 合能聚力推进扬中市涉老社团党建工作一体化建设》调研报告，编印《扬中市涉老社团党建工作一体化工作法》手册。通过项目的实施，涉老社团党建工作政治引领力、组织凝聚力日益增强。截至年末，项目获评江苏省老干部工作创新优秀项目、镇江社科应用研究三等奖。（韦庆燕）

【离退休干部党建之家开馆】 2021年12月28日，扬中市举办全市离退休干部党建之家开馆仪式暨2021年度老干部时政知识学习班，离退休干部党建之家投入使用。扬中市在老干部活动中心原有的基础之上，打造“霞满江洲”离退休干部党建之家，总面积1200平方米，设功能展厅1个和“江洲银柳”“江洲金桥”“江洲丹桂”政治生活室3个，为全市老干部提供初心传承、形象展示、互动学习的综合性党建活动阵地。开馆以来，市级机关离退休干部第一、第二党支部，三茅街道离退休干部第一党支部，市涉老组织党总支，市老年人钓鱼协会等单位，相继到政治生活室开展“启航新征程，我看两会新亮点”主题党日、年度工作总结会、情况通报会等活动，场馆累计接待参观学习的老干部、机关党员400余人次。（韦庆燕）

【老年人才项目】 2021年4月，扬中市建立全市老年人才服务中心，依托6个镇(街、区)和9个涉老社团建好15个功能型分中心，发挥各中心落实老年人才项目作用。印发《关于建立全市老年人才库的通知》，建成“全市老年人才库”，入库老年人才671名，其中镇(街、区)259人，涉老社团(组织)412人，涵盖经济发展、教育科技、文化医疗、现代农业、环境保护、城市治理六大领域。各分中心发挥牵线搭桥作用，采取项目化运作模式，“一社团一亮点”“一中心一品牌”确定年度重点项目，鼓励引导老年人才开展结对服务。市级中心统一开展申报项目管理考评、表彰奖励、宣传报道等；分中心具体负责项目的立项申报、组织实施等。市关工委围绕“三扶两创”(扶志、扶技、扶创业，创建创业示范基地、评选创业之星)“三万”(括注代指)工程，组织开展各类培训班10余期，受众1400人次。市老科协紧盯长江生态大保护，实施“类江鲜品质”生态养殖技术示范与推广项目，培植水产示范基地3家，编印2万余字的特种水产养殖专辑。市老体协通过“银健扬中”三年行动，打造老年健身“特色团队”320个，引领5万名老年人乐享健康人生。市老年协会推行老年志愿者互助养老，创建“省居家养老示范地区”；市老年大学(老干部党校)推进全市老年学校村(社区)全覆盖工程，将老年人由传统的家庭养老转变为社团主导的文化养老，进而成为社会主义先进文化建设的主力军。市老年协会助创“省居家养老示范地区”项目获“最佳老干部志愿服务项目”，2人获评“最美老干部志愿者”。老科协分中心“特种水产生态健康养殖技术示范与推广”项目和油坊镇分中心“优质专用糯稻开发”项目分别获评镇江市“银辉闪耀”老年人才服务项目二等奖、三等奖。（韦庆燕）

【银发志愿服务】 2021年，扬中市举办老干部与共青团第二季“牵手助跑”活动，融入镇江市“曦·夕行动”青老牵手传帮带大格局，30名老干部组成6个指导组牵手42个团组织，跑出老干部与共青团事业发展的“双赢”局面。印发《关于在全市离退休干部党员中开展“两在两同”建新功行动的实施方案》，围绕“我为群众办实事”主题实践，开展“开启新征程 银发再出发”“银发建新功 为霞耀江洲”系列志愿服务活动。市场监管局支部42名老同志参与“市容管理志愿者”，助力城市“双创”治理；油坊镇支部成立科普惠农工作站，向市民无偿科普农业种植技术并赠送特种瓜果种子3000余份；八桥镇成立“银耀八桥 五星增辉”志愿服务团，启动系列“银辉”志愿服务活动，从老党员、老教师、老科技工作者的实际出发组建若干服务小分队，开展防诈骗宣传、民法典宣传、政策咨询、科技服务等10项为民服务活动，累计开展志愿服务近千次。《让“党旗红”与“银发白”交相辉映》先后在《中国老年报》和省委老干部局《情况交流》上刊载。（韦庆燕）

【医疗待遇落实和困难帮扶工作】 2021年，扬中市出台《关于进一步加强离休干部看病就医工作的通知》，就保障离休干部看病就医绿色通道管理常态化、加强离休干部家庭医生签约服务规范化。人民医院、中医院为离休干部提供一站式导诊服务9人次，优先安排住院4人次。联合市卫健委、医保局出台《关于在离退休干部中开展家庭病床服务的通知》，启动“依护家”家庭病床试点工作，7名失能、半失能离休干部和1名正处级退休干部受益。离休干部家庭医生签约工作采取上门签约和电子签约相结合的方式，与35名离休干部签约(含非财政供养的军转、垂直部门，异地安置的离休干部)，应签尽签，签约率100%。家庭医生为离休干部上门服务320余人次，预约转诊2人次；居家养老服务人员协调、处理服务需求事件60余起，财政支付费用17.62万元。联合市委组织部、市卫健委与市医保局协调，放宽离休干部用药目录、医用材料目录和诊疗项目范围，明确规定制度范围内的医药费实报实销，医保目录乙类药品自付部分由财政兜底，从源头上减轻离休干部的自付医疗费用负担；提高补助标准，扩大补助范围。落实“提高享受副司级医疗待遇”标准报销医疗费的相关规定，4名离休干部符合规定均已落实到位。落实《扬中市离休干部和遗属特殊困难帮扶补助暂行办法》，慰问因病或家庭变故造成的困难离休干部及遗属27人，发放慰问金3万余元。（韦庆燕）

【离退休干部特色服务】 2021年，扬中市突出党史学习教育主题，编排、印发老干部学习资料6期、400余册，开展“微党课”“微宣讲”等“陪读”“陪学”活动20人次，确保老同志学习常态、思想常新。组织市四套班子老领导参加市第十三次党代会和市内外学习考察7次。召开庆祝全国第9个老年节暨全市老干部情况通报会。联合市老干部党校（老年大学）举办全市副科(局)级及以上离退休干部教育培训班、支部书记和社团负责人专题学习班、党史学习研讨会、集中荣誉退休仪式等教育培训7场次，受众700余人次。邀请原镇江市人大常委会副主任、扬中市委书记陆朝银作主题报告2场。组织全市离退休干部党支部书记、涉老组织负责人、老年协会会长赴句容铁军营开展党课实境教育，向全市离退休干部和涉老支部发出《学史力行倡议书》。在40余家涉老支部开展“回望百年路，助跑加速度”“学党史、赞家乡、颂党恩”等主题党日活动。在全市老干部党史学习教育中，涌现出一批“学史典型”，表彰10名“党史学习教育先进个人”和10名“银发生辉”志愿服务先进个人，刊登在《扬中日报》向全社会通报表扬。联系市财政落实中国共产党成立100周年离休干部补贴增发事项，解决好14位企业离休干部的养老待遇费用，为“光荣在党50周年”老党员颁发纪念章。统筹安排好老干部合唱团排练厅、老年大学基层办学等办实事项目。 （韦庆燕）

【离休干部信息化管理工作】 2021年5月12日，扬中市委组织部与老干部局联合印发《关于做好全省老干部工作信息化平台基本信息更新维护的通知》，就完善离退休干部信息、业务功能栏目内容维护、提高平台使用效率等方面作出部署。12月15日，贯彻镇江市局要求，老干部局下发《关于做好省离退休干部信息化平台更新维护工作的通知》，要求各单位完善更新省离退休干部服务管理系统的基本信息，充实“不忘初心”“银发生辉”“文化养老”“精准服务”四大板块的活动内容，及时更新离退休人员新增、去世等信息。利用培训班、支部联系活动、四项结对联系等时机，推广“中组部老干部局”公众号、“江苏老干部”公众号、“江苏老干部”手机App、“镇江南山金秋”、“扬中老干部”微信公众号等平台媒体，提升老干部工作影响力。 （韦庆燕）

党校工作

【概况】 2021年，扬中市委党校贯彻《中国共产党党校(行政学院)工作条例》，认真落实全国、全省及镇江市党校校(院)长会议精神，扎实开展党史学习教育，全面建设一流“红色党校”。 （蔡亚奇）

【培训工作】 2021年，扬中市委党校全力实施“培训提升”工程，根据市委干部培训工作要求和全市干部培训计划，举办各类主体培训班9期，培训学员3620人次，学员满意率98%。突出培训主题，坚持把习近平新时代中国特色社会主义思想作为干部培训的第一课、必修课，确保理论教育和党性教育不低于70%。深化教学改革，坚持教学创新，强化互动研讨，推进“头脑风暴”，运用结构化方法，推进“案例式、模拟式、体验式”等教学手段进课堂。打磨精品专题，深入开发本土红色资源，着力打造多个具有扬中特色的系列微党课，其中“人民的力量——我送亲人过大江”“传承‘四千四万’精神 续写‘江中明珠’新荣光”2个专题分获“新思飞扬”扬中市第三届理论宣讲大赛一、三等奖，“人民的力量——我送亲人过大江”获镇江市“永远跟党走 奋进新征程”基层微宣讲二等奖；“做一个思想清醒的人——提升党员干部意识形态能力”进入镇江市党校系统精品课决赛，并获评优秀课。 （蔡亚奇）

10月25日，全市新任领导干部暨中青年干部培训班 （融媒体中心供图）

【科研调研工作】 2021年，扬中市委党校坚持紧扣“教研咨一体化”布局，推行“全生命周期”管理。课题立项聚焦市委、市政府中心工作以及群众盼望解决的热点难点问题，尤其是“提升产业层次”“强化区域协同”等重大实践课题，找准切入点，精准设置选题，全年立项调研课题15项，其中省委党校课题2项，镇江社科院课题3项，镇江市委党校课题8项，扬中市委交办课题2项。扎实推进调研，开展“市情调研镇区行”活动，组建16个课题小组走进基层，深入镇街区、村(社区)调研60余场次，掌握第一手资料。成果转化多样，“浴血奋战 百折不挠——革命战争时期扬中基层党组织战斗力研究”系列课题、《扬中市打造多元

“飞地经济”的现实路径》、《用“绣花功夫”扮靓“江中明珠”——扬中提升城市精细化管理的实践与思考》获市领导批示。《高水平全面小康社会背景下防范返贫长效机制研究——以扬中为例》获江苏省党校(行政学院)系统第十届优秀决策咨询三等奖。《扬中率先探路社会主义现代化建设研究》获镇江党校系统课题结项一等奖,另有4项课题分获二、三等奖。全年在国家级、省级以上刊物发表理论文章26篇,其中《人大复印资料》转载1篇,《新四军时期陈毅如何做统战工作》获全省党校(行政学院)系统第十届优秀科研成果三等奖,《坚持以人民为中心是中国共产党亘古不变的价值追求》获陕西省社科界第十五届(2021)学术年会二等奖。　(蔡亚奇)

【理论宣讲】　2021年,扬中市委党校发挥新时代文明实践中心理论宣讲“红色”平台牵头单位的作用,统筹各成员单位举办各类活动272场次,受众3万余人次。开展党史学习教育专题学习研讨12次，学习交流12人次,党小组累计开展研讨活动6次,学习交流12人次,“扬中党校”微信公众号推送352期党史学习教育学习内容。集中力量办好两期全市科级领导干部党史学习教育进修班,打磨《中国共产党的百年奋斗历程与经验启示》等党史新专题,纳入主体班教学。组织开展“‘四史’宣讲基层行”书记项目,开展党史、“七一”重要讲话精神,十九届六中全会精神等专题宣讲164场,受众2万余人,“‘四史’宣讲基层行”项目获2021年扬中市新时代文明实践创意项目大赛二等奖。1人入选全省党史部门党史学习教育辅导团,5人入选全市党史宣讲团,1人被表彰为全市“青年讲师团”先进个人。(蔡亚奇)

【县级党校发展联盟成立】　2021年5月20日，江苏省首家“县级党校发展联盟”在扬中市揭牌成立。“县级党校发展联盟”是由扬中市委党校为牵头组织单位,初步形成的两层联盟形式。联盟成员分为合作层和实践层两个部分,其中合作层包括省内外12家党校、35家扬中市“四色智库”成员单位;实践层包括12个特色鲜明的村(社区)、12家企业。通过组建“县级党校发展联盟”,旨在整合资源,发挥优势,合作开展教学培训,协作开展课题研究,聚力加强队伍建设。成立大会上,参会领导为“县级党校发展联盟”揭牌;发布年度重大课题《扬中率先探路社会主义现代化建设研究》,为江苏省社会科学院区域现代化研究院副院长、研究员丁宏颁发课题专家聘书;合作层12家党校与扬中市委党校进行电子签约仪式;为“县级党校发展联盟”实践基地代表授牌;联盟合作单位代表(南京溧水区委党校、扬中市经济发展局、八桥利民村)交流发言。联盟成立以来,联盟微信公众号设专栏详细介绍13家县级党校和现场教学点,持续发布联盟党校成员最新信息报道,发布相关信息20余条,实现联盟信息共享借鉴;坚持“引进来”“走出去”相结合,与泰兴党校、南京溧水党校合作办班,整合干部培训资源,加强校际合作;完成联盟发布重大课题1项,获镇江市党校联盟(镇江市情研究中心)结项课题一等奖。　(蔡亚奇)

5月20日,“县级党校发展联盟”揭牌成立
(党校供图)

【《学习参考》《市情研究》编发】　2021年,扬中市委党校针对基层党员干部时政学习需要,编辑编发《浴血奋战 百折不挠——革命战争时期扬中基层党组织战斗力研究》等5期《市情研究》。印发《百年征程波澜壮阔 百年初心历久弥坚——庆祝中国共产党成立100周年》等12期《学习参考》,为机关部门和基层党员干部提供第一手学习材料。　(蔡亚奇)

【信息宣传工作】　2021年,扬中市委党校在《江苏党校报》《镇江日报》等省市级刊物发表宣传稿件38篇。楼道党课、工地党课、云端党课、云团课等获“学习强国”、《新华日报》、“交汇点”等媒体点赞。在《镇江信息专报》《扬中通讯》《决策参考》《扬中信息》等镇江市委、扬中市委内参上发表信息稿件13篇。承担“智荟扬中”微信公众号的审稿、运行和管护工作,编辑“智荟扬中”微信公众号15期。　(蔡亚奇)

扬中市人民代表大会

综 述

【概况】 2021年,扬中市人民代表大会召开常委会会议7次,主任会议18次,听取和审议"一府两院"工作报告13项,作出决议、决定19项,开展执法检查2项、视察活动17次,依法任免国家机关工作人员53人次。扬中市十七届人民代表大会第五次会议有代表182人,其中女性代表39人。市人大常委会把保障经济发展、促进民生改善、发挥代表作用、提升履职能力作为工作重点,紧扣高质量发展大局,围绕推动产业强市战略实施、推进乡村振兴发展、推动创文创卫、代表议案建议督办、依法开展换届选举等方面,依法行使职权,较好地完成市十七届人大五次会议确定的各项任务。

(张慧)

【法律监督】 2021年,扬中市人大常委会维护党领导法治建设的主导地位,履行法律监督职责。审查通过"八五"普法规划,作出相应决议,要求以习近平法治思想统领普法宣传,强化保障措施,提高普法精准度。述职评议公职人员4人,实现十七届人大任命干部述职评议全覆盖。以促进司法公正为目标,调研法院审判机制改革、审议检察院公益诉讼工作,促进法检"两院"完善工作机制,提高办案质效,维护公平正义的司法生态;视察平安扬中建设,出台规范性文件备案审查规定,处理人民群众来信来访,切实助推严格执法、全民守法,彰显人民代表大会制度在社会治理中的制度优势。开展《中华人民共和国老年人权益保障法》《中华人民共和国精神卫生法》执法检查,聚焦老年人和精神障碍患者等弱势群体,强化政策引导、完善体制机制、加大资金投入,提高服务保障水平。 (张慧)

【经济监督】 2021年,扬中市人大常委会落实国有资产报告制度,专题审议国有自然资源资产管理情况,查找国有自然资产管理中存在的主要问题,促进国有自然资产管理效益提升。依法开展国民经济和社会发展计划、财政预算决算的审查监督,推动同级审计问题整改,批准2021年市级预算调整。持续关注债务化解和国企改革。

(张慧)

【代表作用发挥】 2021年,扬中市人大常委会畅通代表知情知政、建言献策渠道,邀请代表参加常委会会议、工作评议、议题调研、执法检查等活动701人次,代表履职主体意识进一步增强。组织统一接待选民日活动,348名四级人大代表在67个选民接待点接待选民1590人次,现场解答问题527条,收集民情民意701条,均按要求交办处理。持续完善代表联系群众、履职公示等制度,推动市人大代表述职工作全覆盖。推进"三联三助"(联系选民,助推民生改善;联系选区,助推社会治理;联系企业,助推经济发展)主题活动,助力民生改善、乡村振兴和产业强市,为贫困人员提供扶持资金33万余元,为乡村振兴和企业发展提出合理化建议283条。开展"民呼我应"主题实践活动,引导代表紧扣民生、发展两大主题,广泛听取意见,建言献策,推动问题解决,用实际行动为扬中高质量发展助力加油。

(张慧)

重要会议

【十七届人民代表大会第五次会议】 2021年1月13—15日,扬中市十七届人民代表大会第五次会议召开。会议听取和审议市人民政府工作报告、市人大常委会工作报告、市人民法院工作报告、市人民检察院工作报告,审查和批准市国民经济和社会发展第十四个五年规划和2035年远景目标纲要(草案)(书面)、市2020年国民经济社会发展计划执行情况和2021年国民经济社会发展计划的报告(书面)、市2021年财政预算(草案)的报告(书面),审议市政府关于市十七届人大四次会议代表建议办理情况的报告,票决 2021 年市政府十件民生实事。会议补选贾晟为市人民政府市长,补选康珺为市人民检察院检察长,补选朱天森、刘国斌、陈健、季广华、郭建中为市第十七届人民代表大会常务委员会委员。（张慧）

1 月 13—15 日,扬中市第十七届人民代表大会第五次会议召开（人大办供图）

【十七届人大常委会第二十七次会议】 2021 年 2 月 26 日,扬中市十七届人大常委会召开第二十七次会议。会议审议通过 2021 年市人大常委会工作要点,听取市政府关于《扬中市镇村布局规划(2020 版)》编制情况的报告,举行民法典专题讲座,就做好新一年工作提出要求。（张慧）

【十七届人大常委会第二十八次会议】 2021 年 4 月 26 日,扬中市十七届人大常委会召开第二十八次会议。会议作出接受朱秀才辞去扬中市第十七届人民代表大会代表职务请求的决定,听取和审议市政府关于 2020 年市人大常委会相关审议意见落实情况的报告、关于 2020 年度全市国有自然资源资产管理情况的专项报告、关于 2020 年度环境状况和环境保护目标完成情况的报告,审议关于 2020 年度全市国有资产管理情况的综合报告。会议通过相关人事任免事项。（张慧）

【十七届人大常委会第二十九次会议】 2021 年 6 月 30 日,扬中市十七届人大常委会召开第二十九次会议。会议作出关于任命刘永利为扬中市人民政府副市长的决定、关于接受孙冬梅辞去扬中市人民政府副市长职务请求的决定,听取和审议市检察院关于公益诉讼工作情况的报告,听取市人大常委会执法检查组关于检查老年人权益保障法实施情况的报告,听取 3 位镇江市人大代表的述职报告并开展测评。会议通过有关人事任免事项,组织宪法宣誓。（张慧）

【十七届人大常委会第三十次会议】 2021 年 8 月 26 日,扬中市十七届人大常委会召开第三十次会议。会议作出关于接受陈波涛辞去扬中市人民政府副市长职务请求的决定,听取和审议市政府关于上半年国民经济和社会发展计划执行情况的报告、关于扬中市 2020 年财政决算(草案)的报告、2020 年财政预算执行和其他财政收支审计工作的报告、关于“加快实用性村庄规划落地落实,促进农村建房规范管理”重要建议办理情况的报告,作出关于批准扬中市 2020 年财政决算的决定,审议通过《市人大常委会规范性文件备案审查办法》,审查“八五”普法规划并作出相关决议。会议对 8 位同志开展述职评议,通过相关人事任免。（张慧）

【十七届人大常委会第三十一次会议】 2021 年 9 月 22 日,扬中市十七届人大常委会召开第三十一次会议。会议听取、审议并表决通过关于市镇两级人民代表大会换届选举问题的决定以及扬中市市镇选举委员会组成人员名单。（张慧）

【十七届人大常委会第三十二次会议】 2021 年 10 月 28 日,扬中市第十七届人大常委会召开第三十二次会议。会议听取、审议并表决通过市政府关于“发挥岸线优势,做强临港产业”重要建议办理情况的报告,市政府关于“加强土地资源管理,提高节约集约利用水平”重要建议办理情况的报告,市政府关于代表建议办理情况的报告,听取市人大常委会执法检查组关于《中华人民共和国精神卫生法》贯彻实施情况的执法检查报告。会议通过相关人事任免事项。（张慧）

【十七届人大常委会第三十三次会议】 2021 年 12 月 30 日,扬中市第十七届人大常委会召开第三十三次会议。会议作出关于任命汪少华为扬中市人民政府副市长的决定、关于接受陈晓斌辞去扬中市人民政府副市长职务请求的决定、关于表彰 2021 年度优秀代表议案、关于表彰 2021 年度人大代表建议办理工作先进单位和先进个人的决定,听取、审议并表决通过市政府关于 2021 年财政预算调整(草案)的报告、关于“全面推进乡村振兴,建设宜居宜业新农村”议案办理情况的报告,听取市人大常委会关于规范性文件备案审查工作情况的报告,审议市人大常委会工作报告,讨论决定市十八届人大一次会议有关事项。会议通过相关人事任免事项。（张慧）

重要工作

【政情通报会】 2021年7月22日，扬中市人大常委会组织召开市政府工作情况通报会。市长贾晟代表市政府通报政府工作。部分市人大代表分别围绕农村人居环境长效管理、健全防范返贫机制、医疗卫生服务体系建设、岸线开发、居家养老服务、政务服务等话题专题发言。 (张慧)

【统一接待选民日活动】 2021年11月12日，扬中市人大常委会开展“各级人大代表统一接待选民日”活动。全市348名四级人大代表深入各镇(街、区)67个选民接待点，集中接待选民，面对面听取意见和建议，详细了解基层群众的心声和诉求。活动接待选民1590人，收集民情民意701条，现场重点解答问题527条。 (张慧)

11月12日，统一接待选民日活动 (人大办供图)

【老年人权益保障法执法检查】 2021年5月，扬中市人大常委会启动《中华人民共和国老年人权益保障法》执法检查。检查组召开专题座谈会，召开卫健委、民政局、司法局、油坊镇等11个部门和镇(街区)分管领导参加的座谈会，组织社会建设委部分委员和部分市人大代表视察广宁社区标准化养老服务中心、兴阳村养老院、开发区和油坊镇敬老院，听取部分基层老年协会负责人介绍活动情况，形成执法检查报告，就加强宣传教育、注重规划引领、突出投入效应、强化队伍建设等方面提出审议意见。 (张慧)

【精神卫生法执法检查】 2021年9月，扬中市人大常委会开展《中华人民共和国精神卫生法》执法检查。召开卫健委、残联、医保局、教育局等10个部门参加的座谈会，组织部分市人大代表视察扬中市特殊教育中心、市精神病防治院，听取精神病防治院负责人专题汇报全市精神卫生工作情况，形成执法检查报告，就加大宣传教育力度、不断完善组织建设、加大财政资金投入、加强专业人才队伍建设、增强工作合理等方面提出审议意见。 (张慧)

【市镇两级人大换届选举】 2021年9月，扬中市启动市镇两级人大换届选举工作。9月23日，扬中市组织召开全市市镇两级人大换届选举工作会议。市委批转《市人大常委会党组关于做好全市市镇两级人民代表大会换届选举工作的意见》，成立市换届选举工作领导小组。依法设立市选举委员会，下设办公室，分设秘书、组织、宣传、选举事务、选民资格审查、后勤保障6个组。任命4个镇选举委员会组成人员，依法批准三茅街道、兴隆街道(经开区)、市级机关工委3个选举工作领导小组组成人员。换届选举分六个阶段：9月—10月15日准备阶段；10月16日—11月20日宣传发动和选民登记核对阶段；11月21日—12月3日提名推荐和协商确定代表候选人阶段；12月4—9日组织介绍代表候选人情况阶段；12月10—16日投票选举代表阶段；12月17日—2022年1月31日召开新一届人大一次会议阶段。10月11日，举办全市市、镇两级人大换届选举工作培训班，学习贯彻落实好相关法律法规和中央、省市委有关文件和会议精神，安排部署市、镇人大换届选举工作。划分105个市级人大代表选区和97个镇级人大代表选区。常委会加强组织协调和督查指导，研究解决选区划分、协商提名、介绍代表候选人、投票选举、疫情防控等难点问题，推动换届选举依法有序开展。截至12月10日，全市选举产生新一届市人大代表200名、镇人大代表272名，代表整体素质进一步提高，结构更为优化。 (张慧)

9月23日，全市市镇两级人大换届选举工作会议召开 (人大办供图)

议案建议办理

【概况】 2021年，扬中市十七届人大五次会议期间，收到代表提出的议案和建议197件。其中，代表10人以上联名提出的议案43件，被确定为大会议案1件、重要建议3件（“全面推进乡村振兴，建设宜业宜居新农村”议案，“加快实用性村庄规划落地落实，促进农村建房规范管理”“发挥岸线优势，做强临港产业”“加强土地资源管理，提高节约集约利用水平”3件重要建议）。从答复情况看，在规定期限内均已书面答复代表。从反馈意见看，代表对建议书面答复情况表示满意的195件，表示基本满意的2件。从办理结果看，代表建议中所提问题已经解决、基本解决的75件；所提建议已列入计划，正在实施或近期将实施的110件；所提建议受客观条件制约暂时难以办到，有待创造条件解决的12件。 （张慧）

【议案办理情况】 对于“全面推进乡村振兴，建设宜业宜居新农村”议案的办理。市政府分管领导多次通过看现场观摩、专题汇报、集中督查等形式推进议案办理工作。召开全市农村工作会议、农村工作领导小组扩大会议，建立领导挂钩乡村振兴联系点制度，制定《扬中市2021年度推进乡村振兴战略实绩考核实施方案》，将乡村振兴纳入年度镇街区和机关部门高质量发展考核。出台《关于全面推进乡村振兴加快农业农村现代化建设的实施意见》及相关配套文件，完善政策体系，推进农村承包地“三权分置”改革，大力培育新型农业经营主体，汇聚乡村振兴强大合力。加快农村一二三产融合发展，严格落实耕地保护制度，健全防止致贫返贫监测帮扶机制，夯实富民强村发展根基。因地制宜开展“多规合一”实用性村庄规划编制工作，优化完善“八位一体”运行维护机制，全力推进四项治理，打造美丽宜居乡村典范。全市农村生活垃圾集中收运率100%，农村生活污水处理设施行政村覆盖率100%，无害化户厕普及率95%，畜禽粪污综合利用率98%，清淤疏浚各类河道297条。“‘四个一’扎实推进村庄清洁行动”入选江苏省农村人居环境整治典型案例，农村人居环境整治工作被评为江苏省第一等次，全年新建美丽宜居乡村8个，建成省级特色田园乡村、省级传统村落各1个。 （张慧）

【重要建议办理情况】 对于“加快实用性村庄规划落地落实，促进农村建房规范管理”重要建议的办理，市政府立足职能，加大政策保障，进一步规范农村建设管理，促进农村社会稳定。制定农村宅基地建房管理办法，明确和规范农村宅基地建房管理中的各主体职责、申请审批程序、建设标准、建设管理、违法责任的认定和处置，增加宅基地退出和转让内容，具有较强的指导性和操作性。科学稳妥开展镇村布局规划和实用性村庄规划编制，全市1617个自然村，确定规划发展村庄60个（集聚提升类村庄22个，特色保护类村庄10个，城郊融合类村庄28个），搬迁撤并类村庄644个，其他一般村庄863个。

对于“加强土地资源管理，提高节约集约利用水平”重要建议的办理，市政府高度重视，制定《扬中市批而未供和闲置土地清理工作方案》，进一步减少存量土地。严格执行《关于进一步加强土地资源节约集约利用工作的若干意见》，强化土地供应管理，不断提高供地门槛，以土地硬约束倒逼产业快升级。各地在加强土地规划、计划管理，推进“三集中”的基础上，采取腾仓土地、增资扩股、提高建筑容积率、建设标准厂房等途径，为经济发展提供用地保障。加大整改力度，推进违法用地查处，落实违法用地综合整治三年行动，切实推进整改存量违法用地。

对于“发挥岸线优势，做强临港产业”重要建议的办理，市政府高度重视，明确由政府办主办，市政府分管领导牵头办理落实。市政府主要领导参与，专题研究临港产业项目招引、转型升级、生态治理等。融入全省港口一体化发展格局，调优《镇江港总体规划》扬中港区规划布局，加快编制《镇江港扬中港区国土空间规划》《扬中市国土空间总体规划（2020—2035）》。成立临港产业链招引组，由市委市政府主要领导任总链长，政府分管领导任链长，相关镇（街区）、部门分管领导任副链长。近两年，招引临港产业链项目13个，总投资92亿元。结合平台公司转型发展，推动港口岸线资源整合。开展全市各类码头及相关沿江企业专项整治，推进长江干流岸线项目清理，加快整治沿江突出环境问题。 （张慧）

扬中市人民政府

综 述

【概况】 2021年,扬中市地区生产总值533亿元,可比增长10%以上,完成一般公共预算收入38亿元,规模以上工业总产值675亿元,增长37%。

推动量质齐升,经济运行稳中向好。工业应税销售首次突破千亿大关,完成一般公共预算收入38亿元,规上工业总产值675亿元,增长37%。深化招商改革,围绕四大主导产业,组建社会化招商队伍,开展精准招商。举办河豚文化节集中签约、城市发展推介会等重大招商活动,引进亿元以上项目71个。以"链长制"为抓手,编制新型电力、新能源"五图六清单",四大主导产业实现销售700亿元,增长40%。战略性新兴产业、高新技术产业产值占规上工业产值比重分别达50%、72.4%。企业培育聚动能。企业上市取得历史性突破,大全能源、威腾股份、通灵股份相继在科创板、创业板上市。开展规模企业培扶、高企培育等提升行动,新增"四上"企业173家,净增高新技术企业31家,士林电气获评国家级"专精特新""小巨人"企业,6家企业获得国家"两化融合"贯标评定,香江科技获评省级服务型制造示范企业,22家企业成功申报省星级"上云"企业。

突出城乡融合,城市面貌提档升级。加快编制国土空间总体规划、实用性村庄规划。科学划定"三区三线",合理确定空间结构,提高空间利用效率。高效运营扬中至镇江市区通勤公交,城北公交次枢纽投入使用,创成全国城乡交通运输一体化示范县、"四好农村路"全国示范县。推进统购商品房安置,加快征收拆迁扫尾。实施老旧小区微改造,有序推进幸福花苑一期维修加固,完成综合管线整治项目33个,基本完成二次供水设施改造和铁皮港应急水源地达标建设,自来水深度处理工程投入使用,节水型社会示范地区创建通过省级验收。加强既有房屋安全管理,解危D级危房4.26万平方米,建成应急避难场所6个。出台农村宅基地建房管理办法,完成"房地一体"农村不动产登记2.2万户。实施增绿补绿行动,建成区绿地率提升至36.8%。深入开展农村人居环境整治,农村生活污水治理覆盖率35%,完成农村户厕"回头看"整改任务,获评全国村庄清洁行动先进县,创成全国乡村治理示范村2个、省级特色田园乡村1个。

聚焦急难愁盼,民生福祉不断增进。民生支出占一般公共预算支出比重的80%。就业保障逐步完善。鼓励各类市场主体创造就业岗位,新增城镇就业7000余人,城镇登记失业率控制在2.01%以内。充分发挥富民创业贷稳市场、稳就业作用,发放创业贷款4057万元,扶持创业2109人,创业带动就业8751人。稳妥推进义务教育"双减"试点工作,高考成绩取得历史新高。第二幼儿园、云腾幼儿园、市二中教学综合楼建成并投入使用。城西社区卫生服务中心交付使用,市精神病防治院、中医院综合楼、八桥区域医疗卫生中心项目开工建设。医保异地直接结算实现全国联网,城乡居民基本养老保险保障水平位列镇江首位。新增标准化居家养老服务中心3家,获评全省残疾人工作先进市。文化馆、图书馆城东分馆搬迁入驻。新增体育公园6个、健身步道10千米。开展文化惠民活动300余场,原创锡剧《太平洲上》入选省紫金文化艺术节汇演项目。"江岛一日游"入选省乡村旅游精品线路。 (魏安岐)

4月10日,扬中市召开高质量发展综合考核总结表彰大会 (融媒体中心供图)

2021年扬中市十件实事进展情况一览表

表2

序号	项 目	1—12月进展情况	主办单位	协办单位	完成情况
1	医疗资源优化提升工程,原址新建市中医院综合楼,异址新建市精神病防治院,原址新建八桥区域医疗卫生中心	①原址新建市中医院综合楼:完成门诊病房综合楼监理和桩基、土建、安装招标,正在进行桩基、土建进场前准备;②异地新建市精神病防治院:完成基础梁、承台钢筋浇筑;③原址新建八桥区域医疗卫生中心:完成地下室基坑支护,正在进行土方开挖和桩基承台钢筋绑扎、立模	卫健委	财政局 住建局 自然资源和规划局	达序时
2	江堤加固及兴隆港闸改造工程,加固长江堤防1012米,拆除原兴隆港闸,移址新建兴隆港闸	兴隆港闸主体及水下工程全部完工,已通过通水验收;四墩子港堤防填筑基本完成	水利局	—	完成
3	完善标准化居家养老服务体系,新建标准化居家养老服务中心3家,打造功能完善的标准化居家养老服务中心,使用面积600平方米,场所符合“无障碍”要求	完成年度标准化居家养老服务中心3家建设任务,使用面积均在200平方米以上,各功能室齐全,场所符合“无障碍”要求	民政局	住建局 残联	完成
4	老旧小区环境改造提升工程,危房改造除险80户、二次供水设施改造升级20座、私拉乱接杆线综合整治16个小区、智能充电棚建设150个(接口1500个),停车管理、物业管理优化提升,进一步提高城乡基础设施水平	①完成南园小区改造;②完成西来桥幸福花苑一期5栋楼维修加固;③完成二次供水泵房设施改造升级23个;④完成柳竹新村、田园小区、江洲小区等33个小区的管线整治;⑤新建智能充电棚150个;⑥开展物业服务收费信息公开专项整治工作,签订物业服务企业收费信息公开承诺书26份,检查市场化物业管理小区53个,规范人防工程电动汽车充电设施安装	住建局 水务集团 三茅街道	人防办 供电公司 电信公司 移动公司 联通公司 广电网络公司	完成
5	肺癌社区筛查项目,对全市40至75周岁无症状参保居民全面实施公益性肺癌预防性筛查	新增市中医院、新坝中心卫生院为肺健康筛查点;全市累计筛查8926人,确诊肺癌14人,均得到有效救治	卫健委 医保局	各镇(街、区)	达序时
6	第二高级中学教学综合楼新建工程,新增学位1600个,建筑面积7300平方米	竣工交付	教育局	住建局 自然资源和规划局	完成
7	何家大港闸站工程,拆除何家大港闸,在原址下游535米处新建闸站	水下工程通过通水验收,场房施工及内部装潢基本完工	水利局	—	完成
8	城西路网拓展延伸工程,包括祁家路、联盟路南延、新民南路南延、南江路西延工程,进一步拉开城市西南框架,优化路网结构	①祁家路因项目资金未落实,暂缓实施;②新民南路南延工程已竣工;③南江路西延工程:灰土层、水稳层及粗沥青层施工结束,道路工程正在扫尾;④联盟路南延工程已竣工	市政园林工程处	自然资源和规划局 新坝镇 三茅街道	①未达序时;②至④完成
9	全民健身设施扩容工程,新建体育公园、健身路径、运动场、篮球场、足球场等体育场地5万平方米	全年累计新建体育场地设施面积6.2万平方米:市级体育公园(天禾体育公园)已完成二代智能健身器材施工,配置篮球架、乒乓球台等体育设施;建成村级体育公园6个、健身广场9个、健身步道10千米、健身路径17套;民主村笼式足球场安装到位,基本建成新民路篮球场	文体广电和旅游局	各镇(街、区)	完成
10	城西小学新建工程,学校为6轨36班,建筑面积1.8万平方米	正在建造清洗池、冲洗台,即将进行桩基静载测试	教育局	住建局 自然资源和规划局	达序时

(魏安岐)

重要会议

【市政府全体(扩大)会议】 2021年9月9日,扬中市人民政府召开全体(扩大)会议。会上,各副市长围绕分管领域部署下半年重点工作;三茅街道、市财政局、市商务局、绿洲新城分别就城市建设、财税增收、产业招商以及平台转型进行表态发言。会议强调,要认清形势,走稳自己的路,坚定不移落实产业强市一号战略,统筹好安全和发展两件大事。要增强忧患意识,抓住主要矛盾,有针对性地加以解决,学会舍得、艰苦奋斗,走稳党代会定下的发展之路,让扬中重焕荣光。咬定目标,办好自己的事。要加强疫情常态化防控;进一步落实产业强市战略,加快重大项目建设、推行链长制、加快园区整合提升,围绕"四大主导产业"聚焦,突出"含金量""含绿量""含技量";加快城乡融合,推进城市绣花式、织补式更新,以产业兴旺带动乡村振兴,补强薄弱环节;深化污染防治攻坚;防范重大风险隐患。要锤炼作风,恪守自己的心。强化党性修养,要以新思想定向领航,提高政治判断力、领悟力、执行力;提高应对风险挑战能力,要学会算账、多谋实事、动真碰硬、善于创新;筑牢群众观念,要做到问题在基层发现、政策在基层落地、工作在基层推进;形成工作合力,要不断提升修养胆识,扩大眼界心胸;铆足艰苦奋斗劲头,要厉行勤俭节约、建立长效机制、永葆廉洁本色,为强富美高新扬中建设作出更大贡献。 (魏安岐)

【市政府常务会议】 2021年,扬中市人民政府召开常务会议17次。

1月5日,召开2021年市政府第一次常务会议。会议内容包括,传达学习中央农村工作会议精神;听取2021年民生实事备选项目情况汇报,研究《扬中市镇村布局规划》;研究2020年财政预算调整报告和2021年财政预算编制方案;研究幸福花苑三期三标段安置房回购价相关事项;研究金州水务股权合作相关事项;研究住房保障标准调整相关事项;研究提高乡镇工作补贴标准;听取《政府工作报告》起草情况汇报。

1月27日,市政府召开第二次常务会议。会议内容包括学习习近平总书记在省部级主要领导干部学习贯彻党的十九届五中全会精神专题研讨班开班式上的重要讲话;学习《江苏省城乡网格化服务管理办法》;研究春节前欠薪防范工作;听取2020年安全生产专项整治"一年小灶"工作情况汇报;审议并原则同意江苏银佳企业集团有限公司、香江科技股份有限公司为2020年度扬中市市长质量奖获奖单位;审议并同意《扬中市突发公共卫生事件应急预案》和《扬中市改革完善医疗卫生行业综合监管制度实施方案》;审议并原则同意《扬中市国有企业公司制改革工作方案》;审议并原则同意《扬中市财政投资项目评审管理办法》和《扬中市财政投资项目购买服务付费办法》。

2月24日,市政府召开第三次常务会议。会议内容包括学习习近平总书记在中央政治局第二十五次集体学习时关于加强知识产权保护工作的重要讲话精神;审议并原则同意《关于进一步深化安全生产三年专项整治工作的实施意见》和《2021年各镇(街、区)党委政府和市安委会成员单位履行安全生产工作责任考核评价指标》;审议并同意《2021年市政府规范性文件工作计划》;审议并同意《2021年扬中市人民政府重大行政决策事项目录》;研究并原则同意对全市三、四级智力,精神残疾人发放生活补贴;审议并原则同意《关于强化市级财政预算追加管理的实施意见》;审议并原则同意《关于扬中市级光伏发电补贴政策有关事项的通知》。

3月27日,市政府召开第四次常务会议。会议内容包括学习习近平总书记在春季学期中央党校(国家行政学院)中青年干部培训班开班式上的重要讲话精神;学习《中华人民共和国长江保护法》;审议并原则同意《扬中市打造"中意百分百"服务品牌优化营商环境的工作方案》;研究并原则同意推进"园区保"业务和参股江苏信保集团;研究并同意兑现留扬过节人员政策补贴;研究并原则同意追加城西派出所警营文化室等用房项目建设预算;研究并同意增加全市重点党报党刊兜底经费临时专项;研究并原则同意增加全市政法队伍教育整顿工作临时专项;研究并原则同意追加2021年企业离休干部相关补贴财政预算。

5月6日,市政府召开第五次常务会议。会议内容包括学习习近平总书记在广西考察时的重要讲话;学习《国务院关于进一步深化预算管理制度改革的意见》;审议并原则同意《扬中市资本市场扬帆领航计划》;审议并原则同意《扬中市突发事件总体应急预案》;研究并原则同意调整重度残疾人护理补贴相关政策事项。

5月13日,市政府召开第六次常务会议。会议内容包括研究并原则同意居住区配套园"缴费代建"历史遗留问题解决方案;审议并原则同意《关于实施"才聚江洲"助力产业强市的若干意见》。

6月10日,市政府召开第七次常务会议。会议内容包括学习5月31日中央政治局会议精神;审议并原则同意《扬中市农村宅基地建房管理办法》(草案);审议并原则同意《扬中市城镇污水处理提质增效行动实施方案》。

6月29日,市政府召开第八次常务会议。会议内容包括学习习近平总书记关于安全生产的重要论述;学习《江苏省水环境区域补偿工作方案(2020年修订)》;审议并原则同意《关于全面落实国务院安委会开展深化江苏安全生产专项整治指导工作扬中实施方案》;审议并原则同意《关于进一步优化征收拆迁工作机制的实施意见》《关于统购商品房用于房屋征收拆迁安置的指导意见》;审议并原则同意《扬中市债券领域风险防范处置专项工作机制方案》;审议并原则同意镇江江之源科技有限公司退堤损失及相关费用补偿方案;审议并原则同意《扬中市公办幼儿园备案制教师管理实施办法(试行)》;审议并原则同意解除2019-5号地块出让合同。

8月5日,市政府召开第九次常务会议。会议内容包括学习习近平总书记关于统计工作的重要指示批示和有关文件精神;学习《省安全生产委员会、省防汛抗旱指挥部关于切实加强城市安全工作的通知》;审议并原则同意《扬中市党政领导干部防范和惩治统计造假、弄虚作假责任制实施办法》;审议并原则同意《关于扬中市2020年财政决算(草案)的报告》;审议并原则同意《扬中市人民政府关于加强内部审计工作的意见》;研究并原则同意进一步提升政务服务便利度的相关事项。

8月20日,市政府召开第十次常务会议。会议内容包括学习8月17日习近平总书记在中央财经委员会第十次会议上的重要讲话精神;审议并原则同意《扬中市既有房屋危房解危工作意见(试行)》;研究并原则同意提高城乡居民基本养老保险基础养老金最低标准;研究并原则同意门楼牌制作有关事项;研究并原则同意西来桥治安卡口执勤用房建设的相关事宜;审议并原则同意《关于在全市公民中开展法治宣传教育的第八个五年规划(2021—2025年)》;听取2020年下半年审计发现问题整改工作情况汇报。

9月8日,市政府召开第十一次常务会议。会议内容包括学习习近平总书记在中央全面深化改革委员会第二十一次会议上的重要讲话精神;学习新修订的《行政处罚法》;研究并原则同意调整2021年义务兵家庭优待金等标准的相关事项;审议并原则同意《吾悦广场项目奖励资金兑付方案》;审议并原则同意《关于加快创建高比例新能源示范城市的实施意见2020年政策兑现方案》。

9月23日,市政府召开第十二次常务会议。会议内容包括学习习近平总书记在中央党校中青年干部培训班开班式上的重要讲话精神;学习《关于实施城市更新行动中防止大拆大建问题通知》的主要精神;学习《江苏省信访工作约谈办法(试行)》的主要精神;审议并原则同意《关于进一步落实"过紧日子"要求严格财政支出管理的通知》;听取关于做好2021年度食品安全工作专项考核的汇报;研究并原则同意增发2020年度教师奖励性补贴;研究并原则同意划拨党史学习教育经费。

10月17日,市政府召开第十三次常务会议。会议内容包括学习习近平总书记在纪念辛亥革命110周年大会上的重要讲话精神;学习《江苏省水域保护办法》;研究并原则同意医保政策大市统筹和扬中地方险种过渡事项;听取扬中市2021年1—9月份消防安全形势分析评估汇报;研究并原则同意新坝镇人民政府、西来桥镇人民政府、三茅街道办事处办公驻地迁移程序补办相关事宜;研究并原则同意加快推进"数字扬中一期"项目建设工作;审议并原则同意《扬中市行政复议体制改革实施方案》;审议并原则同意《淮阴工学院合作共建协议》。

11月6日,市政府召开第十四次常务会议。会议内容包括学习习近平总书记在中共中央政治局第三十四次集体学习时的重要讲话精神;学习上海等地疫情防控经验;听取全市安全生产形势分析汇报;审议并原则同意《关于处理不动产登记历史遗留问题的若干意见》;审议并原则同意《扬中市全面推行林长制工作方案》;研究并原则同意调整城乡居民基本养老保险缴费补贴标准;研究并原则同意统购商品房相关事宜;研究并原则同意有能集团在大航有能公司的股权竞拍事项。

11月20日,市政府召开第十五次常务会议。会议内容包括学习习近平总书记在第四届中国国际进口博览会开幕式上题为《让开放的春风温暖世界》的主旨演讲;学习《关于部分债务沉重地区违规兴建楼堂馆所问题的通报》;学习《关于党委(党组)网络意识形态工作责任制相关文件精神》;审议并原则同意《扬中市镇(街、区)招标采购管理办法》;研究并原则同意2021年新冠肺炎疫情防控专项经费事项;研究并原则同意扬中、白水结对协作框架协议及2021年度支援白水县财政援助资金事项;审议并原则同意《扬中市党政机关公务用车管理办法》;研究并原则同意大津二期码头项目造价增加相关事项;研究并原则同意西来桥镇原荣昌及闸瓦厂区相关资产处置事项;研究并原则同意第十三次党代会专项经费事宜。

12月11日，市政府召开第十六次常务会议。会议内容包括学习习近平总书记在12月6日中共中央政治局会议上的重要讲话精神；学习《关于甘肃随意更改新冠肺炎病例上报信息有关情况的通报》；审议并原则同意《扬中市供水价格调整建议方案》；听取2021年度信访工作及下一阶段重点工作汇报；审议并原则同意《扬中市乡镇（街道）权力清单（法定权力事项）》；审议并原则同意《城乡居民基本养老保险基础养老金二次提标的方案》；审议并原则同意《关于进一步减轻义务教育阶段学生作业负担和校外培训负担的实施意见》；研究并原则同意追加2021年城管局支出预算和垃圾转运中心项目经费预算。

12月31日，市政府召开第十七次常务会议。会议内容包括学习中央和省委经济工作会议精神；学习《关于严格会风会纪有关事项的通知》；学习《江苏省2022年元旦春节期间新冠肺炎疫情防控工作方案》文件精神；学习《住建部关于广州市大规模迁移砍伐城市树木有关问题的通报》；学习省委副书记、代省长许昆林在安全生产电视电话会议暨省安委会全体（扩大）会议上的讲话精神，审议并原则同意《省第二十安全生产巡查组反馈意见整改方案》《镇江市第三巡查组反馈意见整改情况报告》；听取人大代表议案建议办理情况、2021年度民生实事完成情况和2022年度民生实事初排情况的汇报；研究并原则同意修订《完善困难残疾人生活补贴和重度残疾人护理补贴制度实施办法》；听取"扫黑除恶"斗争常态化工作的情况汇报；审议并原则同意《关于扬中市2021年国民经济和社会发展计划执行情况与2022年各项计划安排意见的报告》；审议并原则同意扬中市《2021年财政预算调整（草案）》和《2022年财政预算（草案）》；听取《政府工作报告》起草情况汇报。 （魏安岐）

政务服务工作

【概况】 2021年，扬中市政务服务中心深化政务改革、创新服务举措，创建"阳光审批快优通"服务品牌，以服务品牌为统领，带动转变服务理念，打造审批效率高、服务质量优、群众获得感强的一流政务营商环境。政务服务中心各窗口受理各类行政审批服务事项6.09万件，其中即办件4.67万件，承诺件1.42万件；8—12月，7个政务服务分中心受理各类行政审批服务事项62.65万件，其中即办件62.23万件，承诺件4161件；各镇（街区）为民服务中心受理各类行政审批服务事项3.06万件，其中即办件1.53万件，承诺件1.53万件。公共资源交易中心完成各类招投标项目199个，比上年增长40.14%，交易金额60.95亿元，增长21.85%，通过交易活动节约增值资金1.86亿元，增长24.41%。"12345"热线受理话务业务6.73万件，直接办结3.41万件，三方通话2133件，派送工单3.11万件，办结3.11万件，办结率100%，满意率99.87%。 （吉文瑶）

【全域政务服务新体系构建】 2021年，扬中市实施政务服务中心提升改造工程，增设投资建设一站式服务中心、公安服务专区，优化功能布局。强化全市政务服务一体化管理，构建"1+7+6"（1个政务服务中心，7个政务服务分中心，6个为民服务中心）全域政务服务新体系，推动政务服务事项向各级实体大厅集中，打造"15分钟政务服务圈"。完善考核细则，实现各级政务服务平台挂牌、着装、管理、考核"四统一"，整体提升全市政务服务窗口综合服务水平。 （吉文瑶）

【"一窗通办 收审分离"改革】 2021年，扬中市推进"一窗通办 收审分离"改革，实施政务服务中心提升改造工程，优化大厅资源配置，按照"前台综合受理、后台分类审批、统一窗口出件"的模式，对全市517项政务服务事项开展"一窗综合"服务，对专业性强、审查有特殊需求的538项事项设置部门综合专窗8个，实现部门事项"一口受理"。 （吉文瑶）

9月2日，扬中市召开"收审分离""证照分离"改革工作推进会 （融媒体中心供图）

【高频事项跨省办】 2021年，扬中市创新异地办理模式，与上海宝山、甘肃酒泉、山东临沂罗庄、陕西白水等14省、22地签署"跨域通办"合作协议。建立"异地代收代办、属地审批、就近取证"服务模式，最大限度解决企业群众异地办事"多地跑""折返跑"等难题，实现"异地可办""就近能办"。 （吉文瑶）

【公共资源全流程电子交易】 2021年,扬中市深化拓展"不见面交易"类型和覆盖范围,实现工程建设领域"不见面"开标全覆盖。完善国有产权线上交易流程,实现国有房屋出租和国有建设用地使用权交易项目全流程网上交易。实现农村产权交易"三期"平台正式上线运行及政府采购从"现场开标"走向"线上开标"。

(钟音子)

【招投标领域营商环境优化】 2021年,扬中市建设数字见证评标室,借助网络、视频、通信等手段,即时履行见证服务职能,开启评标数字见证模式。升级改造开评标区域监控设备及机房基础设施,强化交易过程"全覆盖、痕迹化"管控。上线评标专家智能评标终端平台,增强评标客观性、独立性、规范性。 (钟音子)

【热线平台管理】 2021年,扬中市开展新一轮热线整合工作,完成"12345"热线与公安"110"互联互转,走访、摸排司法等热线成员单位,交流探讨"双号并行"整合模式,开展政务服务热线常规拨测,畅通政务服务渠道。做好平台功能升级,规范和压缩工单办理周期,优化平台知识库建设,提高"12345"在线服务效能。强化"一企来"企业服务专席建设,更新平台语音导航、设置服务专席及政策专员库,推进政务服务"好差评"回访工作,畅通政民互动渠道。 (卢建军)

"12345"热线平台"一企来"服务专席

(行政审批局供图)

应急管理

【概况】 2021年,扬中市制定落实2021年市领导安全生产重点工作任务清单和安全生产联系点制度,按照"党政同责、一岗双责"的要求,把安全生产履职情况纳入年度述职述廉述法内容。市政府与6个镇(街、区)、45个部门(单位)签订安全生产目标管理任务书,压实属地监管责任。按照"一岗双责"、重点工作清单要求,在重大节日和春季复工复产、夏季高温等重点时段开展安全生产大检查,及时发现治理安全隐患,确保重要时间节点的生产安全。重点开展桥梁涵洞、高处、动火、有限空间等危险作业,外包施工工程,燃气安全大排查、大整治等行动,保持安全生产高压态势,排查整治安全事故隐患。组织6个督导组对6个镇(街、区)和24个重点部门和单位开展安全生产督导,反馈43条问题隐患和8个工作建议,年内全部完成整改和推进。做好镇江市危险化学品使用安全治理专项巡查,巡查组反馈问题12条,隐患63条,逐一明确责任主体、整改措施和整改期限,确保巡查整改工作迅速开展,抓紧落实整改,完成整改。发生生产安全事故9起、死亡4人,事故起数和死亡人数比上年下降43.8%、50%,连续两年实现事故起数、死亡人数"双下降"目标,全年未发生重大火灾事故,未发生较大以上及有影响的生产安全事故,安全生产形势继续保持平稳态势。 (许菊琳)

【工业企业安全生产风险报告】 2021年,扬中市开展工业企业风险报告工作,按照要求提前完成348家规上企业和7323家规下企业的安全生产风险报告工作任务。成立工作专班,细化时间节点和阶段性工作目标任务,建立日汇总、周通报工作机制,组织各镇(街、区)对照镇江市下发的扬中市规上、规下企业2个名录多轮沟通、核查、完善。专题辅导各镇(街、区)、规上企业的联络员,针对填报中反馈的个性问题,深入企业,开展面对面指导,提高审核通过率。结合扬中实际,选树2家典型企业先行填报,邀请专家审核,形成工程电气和电镀行业填报模板。要求企业利用自身力量开展风险辨识并完成填报,不得通过购买第三方服务的方式完成填报工作,避免廉政风险。 (许菊琳)

【危化品使用安全专项治理】 2021年,扬中市推进危化品使用安全专项治理工作。排查出危险化学品使用单位1426家,上报系统审核通过单位1426家,实现上报率100%,检查危化品使用单位2231家(次),排查出各类隐患2456条,全部完成整改。协同市纪委、监委,督查指导各镇(街、区)和行业部门专项治理工作,对配合度较差的单位开展专项执法检查,立案查处一般工贸企业使用危化品的单位16起,处罚金额59.98万元。

(许菊琳)

【省级安全发展示范城市创建】 2021年,扬中市开展省级安全发展示范城市创建工作。通过"建立组织体系、加强源头治理、突出文化引领、强化科技支撑”的“四轮驱动”,全面完成“1+3+1”(用好1个应急管理综合应用平台,抓好源头治理、过程管理、应急救援3个方面全过程管理闭环,建好1个特色安全文化体系)的创建任务。通过扬中自评、镇江复评和省级台账审核,完成省级现场考评,建成“生命体验馆”“人防体验馆”等特色安全文化基地以及18家“全国综合减灾示范社区”。将“智慧消防管控平台”“智慧工地”等模块功能整合接入公安、交通、应急和水电气、危化企业等数据资源,打造扬中市应急管理综合应用平台,配备5G布控球和应急指挥箱,通过室外的可视化调度、室内的智能化调度,实现“安全风险”“监督监管”“危化品风险”“应急指挥”数字监管一张网,形成问题发现、整改督查、长效监管的数字化闭合链。全面开展城市安全风险辨识与评估,排查辨识风险源1399处(其中,重大风险源67处,较大风险源154处,一般风险源622处,低风险风险源556处),绘制安全风险源分布图,实现不同区域、不同等级、不同类别风险源分类管理。 (许菊琳)

【安全生产专项整治】 2021年,扬中市实现“一年小灶”和“三年大灶”的无缝衔接,将“一年小灶”安全生产专项整治行动领导小组调整为三年行动工作领导小组,明确各牵头部门第一责任人职责。重点围绕专项整治方案、深化实施意见以及国务院安委会帮助指导方案中的重点工作任务,深入开展隐患排查整治,排查出安全隐患1.77万条,整改率97%。加强过境运输车辆监管,建成幸福二桥治超点,整合过境车辆监管体系。加强“智慧工地”建设,实现政府投资规模以上工地的全覆盖,提升建筑施工现场安全管理水平。全面消除何家大港水利通江闸站4类隐患整改;完成养老机构消防设施提档升级建设。推进油坊镇消防站建设,一次性招录12名专职消防人员,完成600平方米新营房建设。加强既有房屋安全管理,解危D级危房4.26万平方米。扎实开展燃气安全整治,普及安装燃气泄漏保护装置。全面排查全市桥梁安全隐患,摸清402座底数,针对发现隐患桥梁,逐一落实防控和整改措施。抓实外包作业专项整治,严厉打击外包作业违法违规行为,立案处罚15家,处罚金额41.5万元。 (许菊琳)

【安全生产执法监管】 2021年,扬中市安委办根据《关于切实加强安全生产监管执法工作的通知》要求,定期督查调度全市17个安全生产重点部门的监管执法情况。全年,17个重点监管执法部门检查企业4994家次,立案1596件,行政处罚1091余万元。其中,省应急执法系统内执法监督检查企业193家,立案查处186起,事前立案数与检查企业数占比96.37%,事前处罚273.49万元,其中5万元以上案件16起。把安全生产问题处置监管平台运行纳入全年目标考核,定期督促推进平台隐患问题录入,整改闭环工作,及时做好平台运行预警监控,每周将各镇(街、区)市各有关部门平台运行情况公布、提醒。监管平台累计录入问题隐患5193条,办结5141条,办结率99%。 (许菊琳)

【安全生产基层基础建设】 2021年,扬中市6个镇(街、区)按照要求设立安监机构(除经开区为安监部以外,其他乡镇改革为综合行政执法局,增挂安监办牌子),配备办公场所和装备,配足安全监管执法人员,乡镇安监机构有工作人员40名。其中,行政编9人、事业编15人、其他16人,持有执法证人员23名,取得注安师证书3人。按照网格化管理要求,扬中市83个行政村(社区)均配备专(兼)职安全员,协助开展安全监管工作。 (许菊琳)

【应急协同机制应用】 2021年,扬中市减灾办协同各相关部门建立天气预警预报机制,接到气象台发布气象预警信息后,市应急管理局第一时间发布气象灾害应对工作提示单,利用扬中发布、掌上扬中、应急小广播等各类平台第一时间向险区人员发布天气预警信息。年内,扬中市遭受强对流风雹灾害和台风影响2次,造成1.06万人受灾,紧急避险转移1949人,农作物受灾面积1325.9公顷,一般损房961间,直接经济损失约2796.64万元,未造成人员伤亡。 (许菊琳)

【应急预案制度制定】 2021年,扬中市制定市级总体应急预案1个,专项应急预案38个(自然灾害类应急预案9个、事故灾难类应急预案19个,公共卫生类应急预案4个,社会安全类预案6个),涉及部门20个。相关职能部门按规定及时地修订和完善应急预案,每年组织防汛、防内涝、抗震、消防等各类突发事件演练。坚持“险时救援,平时防范”的工作方针,贯彻“预防与应急并重,常态与非常态结合”的应急工作原则,预计3年内,形成以消防救援队伍、武警部队、民兵为骨干力量,危化品事故、建筑工程事故、抗洪抢险、气象灾害等26支专业应急救援队伍为基本力量,125人的应急救援专家队伍为智库力量的应急救援队伍体系。加强各类救灾物资和装备设施的统筹保障,全市现有物资储备库(点)98处,其中市级储备库4处,各镇(街、区)、部门、村(社区)储备点94个(村级84个),涉及防汛防旱、环保处置、灾后救助等各类应急物资 16 余万件,基本满足扬中市应对各类突发事件工作的需要。严格执行 7×24 小时应急值班值守制度,构建及时畅通的信息报送渠道,确保第一时间有力有效的应急处置。 (许菊琳)

【第一次全国自然灾害综合风险普查】 2021 年,扬中市根据国家部署,在全市范围开展第一次自然灾害综合风险普查,市应急管理局成立市普查工作领导小组,召开全市风险普查工作推进会,印发《扬中市第一次全国自然灾害综合风险普查工作方案》,组织全市 93 名灾害信息员及市普查成员单位科室负责人开展普查知识培训。截至 2021 年年底,完成灾害风险评估与区划工作,形成普查成果管理应用一张图,摸清扬中市自然灾害风险隐患底数,其中应急系统普查总数据量 2198 条,包括承灾体 151 条,减灾能力 1321 条,历史灾害 726 条。 (许菊琳)

【省市督导巡查整改】 2021 年,扬中市做好江苏省、镇江市督导巡查组反馈安全生产问题隐患及工作建议 128 条(省第十一督导组分两批次反馈 24 条,镇江市第三督导组反馈 4 条,省第二十安全生产巡查组反馈 25 条,镇江市委第三专项巡查组反馈 75 条)整改工作。市安委办及时制定整改工作方案,定期督促跟进,具体隐患全部整改。复旦科技园项目用电、防护、告知牌设置等 61 条安全隐患,即查即改,全部完成整改。针对贯彻落实新发展理念还不到位、风险隐患排查整治存在"上热下冷"现象等共性问题,落实推进并形成相关制度长期坚持。 (许菊琳)

【隐患排查治理】 2021 年,扬中市安委办围绕全年安全生产工作部署、安全生产责任制落实、企业复工复产、全国"两会"期间应急值守等 8 项内容,在全市范围内开展春季安全生产隐患排查治理活动,排查问题隐患 725 条,4 月全部整改完毕。对全市烟花爆竹零售经营户开展联合执法检查,现场核查全市主动申请烟花爆竹换证的 71 家零售店,以换证为契机,彻底解决全市"零售地点与储存地点位于住宅楼同一栋楼内"等问题,换发新证 65 家。 (许菊琳)

【"百团进百万企业千万员工"活动】 2021 年,扬中市组织"百团进百万企业千万员工"活动。组织开展学习宣讲 95 场次,覆盖企业数 2944 家,培训安全管理人员和企业人员 6500 余人次,在《扬中日报》和微信公众号等媒体上开辟专栏,发表镇(街、区)党政负责人说安全署名文章。培植安全生产宣传"五进"(进企业、进农村、进社区、进学校、进家庭)活动示范点,制定安全宣传"五进"活动点标准,各镇(街、区)分别培植 2 个村(社区)及 5 家企业。组织企业负责人、安全员线下培训班 11 期,参培考试人员 3080 人次;组织高压电工、低压电工、熔化焊接与热切割作业人员、高处安装、维护与撤除作业人员等特种人员考试 52 场,参加考试 3991 人次。 (许菊琳)

【新《安全生产法》宣传培训】 2021 年 9 月 1 日,新《安全生产法》正式施行。扬中市应急管理局在微信公众号上选登新《安全生产法》修订背景、权威解读、重大意义等内容,开设"以案释法"专栏,曝光一些安全生产违法违规行为,普及安全生产法律知识。把新《安全生产法》纳入领导干部学法的重要内容,扬中市 6 个镇(街、区)和市安委会成员单位党委(党组)中心组全部组织学习新《安全生产法》。做好安全监管人员专业培训,组织 3 次全市负有安全生产监督管理职责的部门、镇(街区)安全生产监管人员解读宣贯培训班。

(许菊琳)

【安全生产月宣传活动】 2021 年 6 月,扬中市开展第 20 个"安全生产月"宣传教育活动。6 月 16 日,市安委办在中央商场门前广场开展"安全生产宣传咨询日"集中宣传。在《扬中日报》专栏、扬中电视台等主流媒体,每周 1 次报道安全月活动动态,宣传安全生产法律法规、应急管理及安全生产等知识。举办扬中市"金海新源杯"第二届安全生产技能大比武组织安全技能大比武。各镇(街、区)、各部门开展应急演练。安全生产月期间,开展演练 690 余场次,参与 4.12 万余人次。

(许菊琳)

6 月 16 日,安全生产月广场咨询活动

(应急管理局供图)

【"119"消防宣传月启动】 2021年11月8日，扬中市举办"119"消防宣传月启动仪式暨社会单位消防安全标准化管理现场会。会上，为增强干劲、激励奋进，表彰一批消防先进集体以及先进个人；与会人员集体观看扬中市新城吾悦商业管理有限公司消防安全标准化管理示范片，对社会单位如何落实消防安全责任、规范消防设施管理、完善微型消防站建设、强化防火知识宣传以及开展火灾隐患自查自改自纠工作进行直观、细致的学习交流。会后，参会人员现场观摩消防器材装备展示，参观吾悦广场消防体验馆、少儿消防绘画获奖作品等。 （融媒体中心）

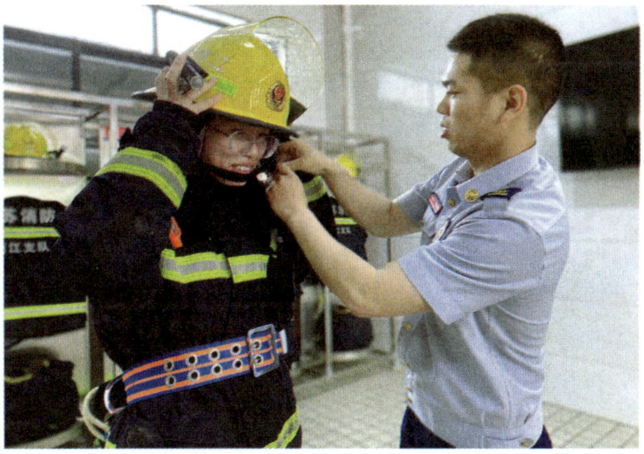

消防安全培训 （融媒体中心供图）

2021年扬中市火灾综合情况表

表3

项目		火灾综合情况				消防队出动情况			战斗成果	
		起数	死亡人数	受伤人数	直接损失（万元）	出动起数	出动人次	出车辆次	抢救人员	抢救财产价值（万元）
合计		219	0	2	237.06	363	2454	514	18	627
一季度	小计	54	0	2	36.87	85	600	114	5	157
	1月	4	0	1	11.5	21	147	29	2	57
	2月	36	0	1	15.8	42	260	46	2	62
	3月	14	0	0	9.57	22	193	39	1	38
二季度	小计	46	0	0	37.85	79	530	115	5	110
	4月	17	0	0	4.67	30	203	44	1	34
	5月	12	0	0	2.01	15	104	23	2	32
	6月	17	0	0	31.17	34	223	48	2	44
三季度	小计	42	0	0	113.67	96	677	144	3	185
	7月	14	0	0	73.27	34	236	51	2	76
	8月	12	0	0	9.48	27	196	41	1	49
	9月	16	0	0	30.92	35	245	52	0	60
四季度	小计	77	0	0	48.67	103	647	141	5	175
	10月	10	0	0	1.66	21	138	31	3	37
	11月	19	0	0	5.25	26	161	36	0	46
	12月	48	0	0	41.76	56	348	74	2	92

（许菊琳）

【安全生产责任保险推广】 2021年，扬中市召开专题会议部署、推进重点行业领域安责险制度试点工作。制定印发《扬中市重点行业领域安全生产责任保险推行试点工作实施方案》，联合保险公司到各镇（街、区）试点企业开展宣传。各镇（街、区）、部门上报试点企业68家。截至12月底，高危行业企业100%续保，新增鼓励类46家企业参与投保安责险，新增鼓励类企业保费72.2万元。 （许菊琳）

机关事务工作

【概况】 2021 年，机关事务管理中心提升管理水平、优化服务质量。加强公务用车管理，开展公车“一车一档”、“一车一油卡”、封存停驶、定点停放、公车使用等方面的纪律检查。开展节能工作专项检查，增强干部职工节约意识。加强和规范办公用房管理，开展党政机关办公用房专项巡检，推进事业单位办公用房使用情况摸底调查。建立完善一系列安全生产工作责任制；与驻园区 29 家单位及本中心下属单位签订安全责任状，签约率 100%。规范食材采购、提升食堂管理水平。健全会议中心的管理制度，完善考勤制度、卫生制度、内部管理制度、工资标准等。 (蔡森)

【公务用车管理】 2021 年，扬中市印发《关于开展公务用车“一车一档”“一车一油卡”专项检查的通知》《关于进一步规范公车管理工作的通知》，开展公车“一车一档”、“一车一油卡”、封存停驶、定点停放、公车使用等方面的纪律检查。建立统一的车辆运行管理台账，下发公车台账表，要求各单位根据台账模板规范本单位公车台账。车改办强化公车检查常态化、规范化机制，营造不想违纪、不敢违纪的氛围，持续打造风清气正的用车环境。1 月，市机关事务管理中心联合纪委、财政局对全市公务用车节假日封存停驶定点停放情况开展检查，重点对特种作业车辆进行检查。检查组抽查 4 个单位的 56 辆公务用车，其中抽查特种车 41 辆，重点了解特种作业车辆油箱升数和日常管理情况。将公车管理作为重点监督事项，推动制度完善和管理创新，杜绝车轮上的腐败。规定公车外出必须登记，明确事由及去向；严格实行保险、维修、加油“三定点”；严格执行定点停放和节假日封存停驶；严禁非工作时间、非工作原因擅自使用公车等。车辆管理实行“一车一档”，加油实行“一车一卡”，按规定登记用车时间、事由、地点和里程等信息，按月统计并公示车辆的油耗、维修等运行费用，全面掌握公务用车使用情况。紧盯派车、加油、维修等关键节点，重点监督车辆使用审批程序，让公车使用全过程留档留痕，切实加强公务用车痕迹化、可追溯管理。注重安全教育，严禁公车私用，确保行车安全。 (蔡森)

【办公用房管理】 2021 年，扬中市加强和规范办公用房管理。机关事务管理中心联合财政、经发部门出台《扬中市党政机关办公用房专项巡检管理办法》。会同财政、经发等清房领导小组其他成员单位组成专项巡检组，统筹推进巡检工作。与市纪委市监委、市财政等部门联系沟通，确定巡检计划。事前通知受检单位，明确政策依据、检查重点，要求务必提高站位，严格对照要求、标准做好自查自纠工作，切实做到不越“底线”、不踩“红线”。7 月，开展党政机关办公用房专项巡检，实地测量科级领导办公室 13 间。推进事业单位办公用房使用情况摸底调查，根据镇江市《关于开展事业单位办公用房管理情况书面调研的通知》，对扬中市事业单位进行摸底调查，据各单位上报数据统计，事业单位办公用房使用面积 77.69 万平方米。开展行业协会商会脱钩改革有关行政办公用房管理工作，联合民政局要求全市 24 家协会商会上报，24 家行业协会全部完成清理腾退。 (蔡森)

【公共机构节能】 2021 年，扬中市根据《关于开展节能工作专项检查的通知》要求，成立检查组开展节能工作专项抽查。以全国公共机构节能宣传周、全国低碳日、世界水日等为载体，组织开展节约能源资源宣传实践活动。定期举办以低碳节能为主题的知识讲座活动，增强干部职工节约意识、环保意识和生态意识，营造崇尚生态文明、践行绿色发展的良好氛围。持续开展定期检查、不定期抽查和跟踪督查，及时通报存在问题并督促整改，制度化、常态化开展机关节能工作。组织开展专业节能知识培训，累计组织 8 期、20 人参训。推进节约型机关建设，引导创成国家级节约型机关 28 家。健全资源节约管理制度，强化能耗、水耗等目标管理，督促各单位建立能源资源台账，做好能耗分析。 (蔡森)

节能宣传周 (机关事务管理局供图)

【餐饮服务】 2021 年，扬中市机关事务管理中心重点开展规范食材采购、提升食堂管理水平专项监督。实地查看食材采购台账、出入库管理情况。定期邀请食品检验专业机构，现场抽样检测，考察食材供应商5家。听取各方对食材采购相关工作的意见和建议，重点对食材采购程序是否规范、采购活动中工作人员作风问题等，排查食堂食材采购和管理工作中的廉政风险。针对检查发现潜在供应商缺少、询价机制不到位的问题，纪检组将持续关注食堂动态，强化采购活动监督，发挥监督“探头”作用，压实主体责任，着力督促提升机关食堂的服务品质。根据季节特点创新菜肴，在翻新原来菜品的基础上确保每周都能推出一个新菜，定时定期推出包子、馒头、花卷、蛋黄酥等多种面点，提供优质外卖服务；开设苏宁小店，满足机关职工的日常生活所需。 （蔡淼）

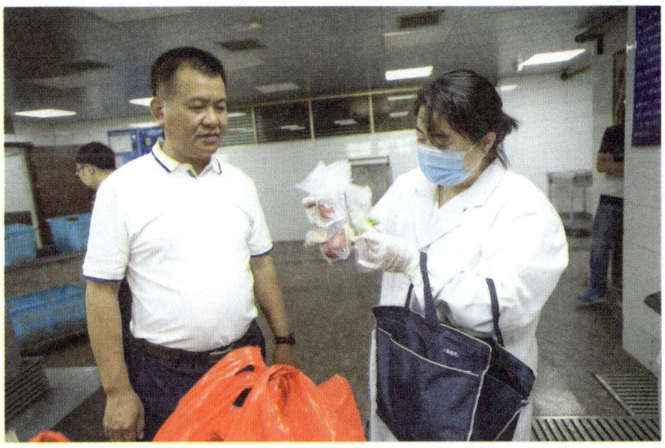

食材采购管理 （机关事务管理局供图）

【物业管理】 2021年，扬中市机关事务管理中心强化物业管理监督工作。加大对物管、消防、绿化、设备维护等外包服务的监管力度。严格执行财务管理制度，仓库精细化管理，杜绝浪费。为园区停车场车棚增加照明系统，满足夜间停车需求。集中解决行政审批局、大礼堂、档案馆乱停乱放的问题，规划停车线。 （蔡淼）

信 访

【概况】 2021年，扬中市信访局统筹推进重复信访治理、重点矛盾攻坚、重大活动保障等工作，全市信访工作保持总量平稳、持续向好的态势。全国两会、中国共产党成立100周年、十九届六中全会等重要节点，均实现零失控、零进京、零登记。及时妥善处置恒大业主、电影放映员、退捕渔民等多起涉众型群体矛盾，3个镇（区）实现零人赴省进京。躬身入局，主动牵头，会办疑难复杂信访事项。国家交办72件重复信访事项，化解71件，化解率98.6%；省交办55件城乡建设领域信访突出问题，化解47件，化解率85.5%；均完成目标任务。全年开展督查5轮，发放情况通报12期，发出信访风险警示函、重点人员交办函、信访事项督办单等30余件，报送《信访专报》4期，推动信访工作取得实效。 （于洁）

【案件办理质效提升】 2021年，扬中市信访局落实“1539”工作法（“1”即每天做到日日清，“5”即每周5天做到周周明，“3”即每月30天做到月调度，“9”即每季度90天做到季清零），推进“四办解难”（急事急办、简事快办、繁事精办、难事认真办）举措，办结时限由法定2个月缩减至平均10个工作日，办案时限和质量实现双提升。继续推行上下午分时接访，上午接待初信初访，下午重点约访老户，集中精力攻坚难案，群众走访量比上年降低31%；来访群众和越级登记人数实现双下降。 （于洁）

【信访工作机制完善】 2021年，扬中市出台《关于进一步加强和改进信访工作的意见》，量化规定领导包案制、联席会议制、首问负责制等。提级调整信访联席会议组成人员，市委书记、市长带头，明确各级“一把手”是信访工作第一责任人，推动形成“领导干部人人抓信访”的工作格局。制定《扬中市信访稳定工作约谈办法（试行）》，对约谈情形、程序等进行明确规定，反向约束，倒逼责任落实。全年市委常委会、市政府常务工作会议先后4次专题听取相关汇报。 （于洁）

【业务办理机制规范】 2021年，扬中市强化业务规范化、标准化建设。安排专人定期不定期“网上巡视”，对普遍性问题采取精准培训、全过程演练等形式增强培训实效；对个性化问题，通过点对点、面对面的沟通指导，提高整改效率。录入要素不全、分类不准、调查处理结果不详细等问题得到根本性解决，信访事项及时受理率、按期办结率100%，一次性化解率90.5%，群众满意率82.43%。将信访工作列入高质量发展考核体系，以考核为“指挥棒”“红绿灯”，推动“三项治理”、网上信访、规范办理等工作。考核与督查有机结合，对各镇（街、区）考核中的弱项指标和努力方向提出建议，及时查漏补缺、补短强弱。 （于洁）

政协扬中市委员会

综 述

【概况】 2021年,扬中市政协就“科学利用岸线资源,推动临港产业高质量发展”“城区地下停车空间开发利用”组织专题调研和常委会协商议政。围绕学前教育普及普惠、优化营商环境、城市管理综合执法能力建设、农村人居环境整治、精准招商、抗疫特别国债建设项目推进情况6个课题,组织主席会议调研视察、民主监督和协商议政活动。发挥专委会“专”的优势和履职基础性作用,就食品安全监管、江滩两违整治和规范化建设、促进就业工作、自来水事业发展、基层法庭工作、部门提案办理工作、公共体育设施建设、创新驱动发展战略实施情况、职工文化阵地建设9项工作,组织委员与相关部门开展对口协商,提出合理化建议。组织委员听取市政府关于全市上半年经济社会发展情况、市政协十届五次会议以来委员提案办理情况的通报,听取全市纪检监察工作情况通报。认真做好提案和反映社情民意信息工作。2021年,扬中市政协委员174人,其中中共界29人、民主党派界8人、无党派界16人、经济界26人、工商联界23人、工会界6人、团委5人、妇联5人、科协4人、文化艺术界5人、科技界5人、教育界10人、新闻出版界3人、医疗卫生界8人、农业和农村7人、社会福利保障3人、侨台界6人、民族宗教界4人、特邀1人。 (胡婕)

2021年各地政协考察扬中情况一览表

表4

时间	考察单位	交流内容
3月23日	江苏省镇江市政协	调研“加快推进镇江数字产业融合发展”工作
3月26日	江苏省苏州市张家港市政协	学习考察“特种水产养殖”工作
3月31日	江苏省镇江市政协	调研“推进全域旅游示范区建设和加快推进文化产业建设”工作
3月31日	江苏省南京市溧水区政协	考察“优化教育布局,促进城乡教育均衡发展”工作
4月21日	江苏省镇江市政协	开展“共抓长江大保护——政协委员民主监督在行动”主题活动
4月27日	山东省枣庄市驿城区政协	考察学习“招商引资和项目建设”工作
5月13—14日	上海市崇明区政协	学习考察“提高社情民意信息工作质量”工作
6月3日	安徽省芜湖市繁昌区政协	学习考察“建立‘散乱污’企业整治及长效监管机制”工作
6月17日	江苏省镇江市政协	调研“有事好商量”协商议事工作开展情况
6月18日	江苏省南通市如东县政协	学习考察“农业产业发展”工作
9月7日	江苏省政协	民主监督“实施好长江十年禁渔保护修复长江生态”工作
9月9日	江苏省泰州市靖江市政协	考察学习“文化研究”工作

续表 4

时间	考察单位	交流内容
11 月 2 日	江苏省政协	“推动健康筛查进社区,加快健康江苏建设进程”重点提案督办
11 月 22 日	江苏省镇江市政协	推进富民强村帮促行动
11 月 24—25 日	江苏省宿迁市政协	考察调研“乡村振兴”工作
12 月 27 日	江苏省镇江市政协	调研“委员企业和富民强村”工作

(胡婕)

重要会议

【市政协十届五次会议】 2021 年 1 月 12—14 日,扬中市政协十届五次会议召开。会议听取和讨论市委书记张德军所作的《共同托起“江中明珠”新的荣光》的讲话;赞同市长贾晟所作的政府工作报告及其他报告;同意市政协主席施健华所作的常务委员会工作报告和副主席黄成刚所作的提案工作报告;表彰 2019—2020 年度优秀政协委员, 市政协十届四次会议以来的优秀提案,提案承办先进单位、先进个人,优秀社情民意信息员,先进委员活动小组;审议通过提案和委员联络委员会关于十届五次会议提案初步审查情况的报告; 于德祥当选市政协十届委员会主席,蒋相根当选市政协十届委员会副主席,陈廷荣、吴昌松当选为市政协十届委员会常务委员。审议通过市政协十届五次会议提案初步审查情况的报告,通过大会决议。 (胡婕)

1 月 12—14 日,政协扬中市第十届委员会第五次会议举行 (融媒体中心供图)

【市政协常委会会议】 2021 年,扬中市政协十届常务委员会举行 4 次常委会会议。

4 月 14 日,举行十届二十三次常委会会议。传达学习全国“两会”精神;审议决定辞去、增补委员及有关人事事项;动员部署聚“四心”促“四高”活动(聚政治同心,促政协党建高质量;聚合作初心,促团结民主高水平;聚全局中心,促主责主业高效能;聚服务本心,促自身建设高标准);动员部署在委员中开展“牢记嘱托,担当作为”主题活动和“有事好商量”协商议事工作。

7 月 22 日,举行十届二十四次常委会会议。听取市政府关于上半年全市经济社会发展情况的通报;审议通过《科学利用岸线资源,推动临港产业高质量发展的建议案》;审议决定有关委员和人事事项。

10 月 21 日,举行十届二十五次常委会会议。审议通过《推进地下停车空间开发利用的建议案》;听取市政府关于市政协十届五次会议以来委员提案办理情况的通报。

12 月 23 日,举行十届二十六次常委会会议。表彰十届五次会议以来的优秀提案,提案承办先进单位、先进个人,优秀社情民意信息员,先进委员活动小组;听取 2021 年度全市纪检监察工作的情况通报;协商决定市政协十一届一次会议召开的时间、地点、参加对象和议程; 讨论修改十届政协常委会工作报告和提案工作报告;协商决定有关人事任免事项;审议决定十一届市政协委员人选等。 (胡婕)

【市政协主席会议】 2021 年, 扬中市政协召开 12 次主席会议。

1 月 28 日,召开十届五十次主席会议。协商讨论 2021 年市政协重点协商课题;协商讨论《对“一府两院”工作报告意见的汇总》;研究确定年前主要工作安排;研究有关财务事项。

2 月 23 日,召开十届五十一次主席会议。协商决定《扬中市政协 2021 年工作要点》;协商决定市领导领衔督办重点提案;研究确定 3 月份主要工作安排;研究确定市政协领导班子成员工作分工。

3 月 30 日,召开十届五十二次主席会议。传达学习全国“两会”精神;讨论决定市政协党组《关于开展“聚‘四心’促‘四高’”活动的意见》;讨论决定市政协《关于巩固提升“有事好商量”协商议事工作的实施意见》;讨论决定市政协《关于开展“牢记嘱托,担当作为”主题活动的意见》;协商讨论有关委员和人事任免事项;协商决定十届二十三次常委会会议召开的时间、地点、对象及议程;研究确定4月份主要工作安排。

4月29日,召开十届五十三次主席会议,研究确定5月份主要工作安排。

5月20日,召开十届五十四次主席会议。专题视察学前教育普及普惠工作,实地察看市三环幼儿园、油坊幼儿园,听取市教育局关于全市学前教育工作的情况通报。

6月22日,召开十届五十五次主席会议。民主监督优化营商环境工作。实地察看新坝镇便民服务中心和供电公司项目施工现场,听取市经济发展局、市行政审批局、市市场监督管理局关于近年来在优化营商环境方面开展的工作以及下一步工作打算;协商决定市政协十届二十四次常委(扩大)会议召开的时间、地点、参加对象和议程;协商讨论有关委员和人事事项。

7月15日,召开十届五十六次主席会议。专题协商城市管理综合执法能力建设工作。实地察看南园市场、美食一条街,听取市城管局关于全市城市管理综合执法能力建设的情况通报。

8月31日,召开十届五十七次主席会议。专题视察农村人居环境整治工作。实地察看联合村、联盟村公共空间以及明华村五虎圩治理改造情况,听取市农业农村局关于农村人居环境整治工作的情况通报。

9月28日,召开十届五十八次主席会议。协商决定十届二十五次常委会会议召开的时间、地点、对象及议程;协商讨论《关于推进地下停车空间开发利用的建议》;听取各专委会关于本届政协以来本委工作的情况汇报;研究讨论委员履职报告和提案工作情况的报告;通报新坝镇、西来桥镇政府办公场所搬迁和三茅街道办事处驻地迁移历史遗留问题的处理情况;研究确定10月份重点工作。

10月28日,召开十届五十九次主席会议。专题协商精准招商工作。实地察看新坝镇驰威电气、火蓝电气、双扬装备三家项目建设现场,经开区库柏耐吉电气、精诚工科汽车零部件生产车间,听取市商务局关于近年来项目招引工作的情况通报。

11月23日,召开十届六十次主席会议。专题视察推进抗疫特别国债项目建设工作。实地察看市中医院、八桥区域医疗卫生中心、市精神病防治院3个项目的建设现场,听取市卫健委关于项目进展情况的通报。

12月15日,召开十届六十一次主席会议。协商决定十届二十六次常委会会议召开的时间、地点、对象及议程;讨论市政协十一届一次全会召开的时间、地点、参加对象和议程;讨论修改市政协常委会工作报告和提案工作报告;研究确定十届五次会议以来的优秀提案,提案承办先进单位、先进个人,先进委员活动小组,协商议事工作先进个人,优秀社情民意信息员;协商讨论有关委员和人事任免事项。

5月31日,市政协召开驻会主席办公会,研究确定6月份主要工作安排,讨论财务事项。7月1日,市政协召开驻会主席办公会,研究确定7月份主要工作安排,讨论修改《充分利用岸线资源,大力发展临港产业的建议》。7月30日,市政协召开驻会主席办公会,研究确定8月份主要工作安排。9月1日,市政协召开驻会主席办公会,研究确定9月份主要工作安排。10月29日,市政协召开驻会主席办公会,研究确定11月份主要工作安排,讨论研究《扬中民俗》相关事宜。12月6日,市政协召开驻会主席办公会,研究确定12月份主要工作安排。 (胡婕)

【市政府、市政协重点工作交流会】 2021年2月28日,扬中市政府、市政协联合召开重点工作交流会。市政协通报2021年市政协主要工作安排,其中包括安排“科学利用岸线资源,推动临港产业高质量发展”“推进地下停车空间开发利用”2次常委会专题协商;就学前教育普及普惠、优化营商环境、城市管理综合执法能力建设、农村人居环境整治、精准招商、抗疫特别国债建设项目推进情况6个议题,组织主席会议协商、监督、视察等活动。依托专委会,组织开展对食品安全监管、江滩两违整治和规范化建设、促进就业工作、自来水事业发展、基层法庭工作、部门提案办理工作、公共体育设施建设、创新驱动发展战略实施情况、职工文化阵地建设9项工作的委员履职活动;听取市政府关于全市上半年经济社会发展情况的通报、关于市政协十届五次会议以来委员提案办理情况的通报、全市纪检监察工作情况通报;民主评议市交通局提案办理工作;认真做好提案和反映社情民意信息工作;在全体委员中开展“牢记嘱托,担当作为”主题活动,开展“聚‘四心’促‘四高’”党建活动,“书香政协·同心筑梦”读书等活动。市长贾晟通报市政府年度重点工作。 (胡婕)

参政议政和提案工作

【概况】 2021年,扬中市政协提案和委员联络委员会征集到委员提案197件,经审查,立案155件。所有提案中，属于城乡建设管理方面的54件，占34.8%；教卫文旅方面的28件，占18.1%；经济建设方面的30件，占19.4%；农村工作、政法民政和社会保障方面的34件，占21.9%；其他方面的9件，占5.8%。在规定时间内，提案全部交办完毕，答复率100%。交由46家承办单位办理，所立提案在规定时间内全部办复，答复满意率100%。从委员反馈情况看，落实满意率99.5%。2021年，市政协继续施行市领导领衔督办重点提案制度，民主评议市交通运输局提案办理工作，对提案办理实行办理答复和办理结果的"双满意度"评价。全年市政协收到委员反映的社情民意信息46条，编发简报30期，向省、镇江市政协报送信息16条。姚毅、郭伟英、吴荣凤、蔡巧珍、常三五、顾俊被市政协评为2021年度优秀社情民意信息员。姚毅、郭伟英、卢伟被镇江市政协评为反映社情民意信息工作先进个人。（胡婕）

【关于科学利用岸线资源，推动临港产业高质量发展的建议案】 2021年4—7月，扬中市政协就科学利用岸线资源，推动临港产业高质量发展进行专题调研。在分析扬中岸线资源利用及临港产业发展现状的基础上，指出港口岸线开发还存在规划、产业、配套3方面的突出问题提出5点建议。建议强化机遇意识，放大港口岸线后发优势。明确当前形势下，扬中临港产业面临的发展机遇，坚持走特色发展、错位发展之路，主动寻求与其他港口的联动发展，借助合作实现共赢。科学规划布局，推动港口岸线高效利用。以港产城一体化发展思路做好顶层设计，绘好临港产业发展蓝图。坚持多规融合，促进港区总体规划与城市总体规划、国土空间规划等相协调。加大项目招引，打造产业集群新增长极。找准临港产业项目的招引方向，多方拓宽产业项目招引渠道，进一步完善临港产业链条，搭建精干高效专业的招引团队，争取早日形成产业链条完备、竞争力持久的临港产业集群。加强综合治理，提高港口岸线产出效益。加快完善港区配套设施，推动现有码头转型升级，整合港口岸线资源，切实提高岸线利用水平和效率。通过强化组织保障、健全配套政策、创新运营模式、优化体制机制，提升临港产业持续发展能力。（胡婕）

【关于推进地下停车空间开发利用的建议案】 2021年7—10月，扬中市政协就推进地下停车空间开发利用进行专题调研。在分析全市地下停车空间开发利用现状的基础上，针对存在的城市规划的前瞻性不够，导致老城区地下停车空间开发建设低效；现有资源的合理化使用不足，导致地面停车与地下停车空间利用失衡；小区停车管理的适众性不强，导致各项运营工作不符合群众现实需求；城市管理的科学化水平不高，导致地下停车空间未发挥最大资源效应等问题提出4点建议。建议发挥规划引领作用，助推地下停车资源深度挖潜，进一步增强规划的前瞻性，规划建设的统筹性和地下空间规划的综合系统研究，推进地下空间资源的综合开发。强化地面停车监管，倒逼车辆停放主动下地入库。通过充分发挥价格杠杆作用，扩大智慧停车收费范围，加强对违规停放行为的整治力度等措施，倒逼车辆下地停放，提高车位的周转使用效率。改革小区停车管理，满足业主多元停车服务需求，明晰产权，尝试推行物权登记，提高新建住宅小区车位配比，挖掘已建小区地下停车空间，通过提高小区地下停车位租赁数量占比提高小区地下车位使用效益，完善地下停车基础设施建设。加强政府统筹协调，提高地下停车资源利用效率，组建市级层面的领导小组，协调解决重点难点问题，进一步理顺管理体制机制，构建无盲区监管，强化文明停车素质教育，营造规范停车秩序。（胡婕）

【市政协专题考察食品安全监管工作】 2021年4月15日，扬中市政协民主监督食品安全监管工作。实地查看一点点奶茶店、杨国福麻辣烫、美团外卖扬中平台公司，听取市市场监管局相关工作开展情况通报。提出坚持以人民为中心的发展思想，高度重视食品安全监管工作，与时俱进，加强对新事物的学习研究；做好外卖商家的日常监督管理，督促落实主体责任，确保食材、生产场所干净卫生，为消费者提供健康食品；督促外卖平台加强骑手的安全管理，加强学习培训，不断提高交通安全意识。（胡婕）

【市政协专题考察江滩"两违"整治和规范化建设工作】 2021年4月22日，扬中市政协考察长旺作业区江滩"两违"整治和规范化建设工作。实地察看磊金建材标准化建设现场、长旺码头标准化建设现场、绿洲建材江滩"两违"整治拆除现场，听取市绿洲新城公司和油坊镇相关工作的情况介绍，生态环境局、市交通运输局及市水利局结合本部门职能通报相关情况。提出将安全理念融入园区建设中，梳理安全生产责任边界，明确企业的安全生产主体责任；贯彻绿色发展理念，坚持严格按规划推进园区建设，加强园区生态型研究，落实江滩岸线生态保护工作；加强信息互通与技术支撑，落实扬尘、噪声、垃圾等闭环管理举措，将园区建设成为整洁、绿色、高效的示范区。（胡婕）

【市政协专题考察促进就业工作】 2021年5月27日,扬中市政协专题考察促进就业工作。实地察看八桥镇永兴村创业孵化基地、油坊镇长旺街社区豚宝网络科技有限公司,听取市人社局关于促进就业工作的情况通报。提出加快政策落地生效,拓宽受益主体范围;加大平台共建共享,提高信息有效利用;推动重点群体就业,保障托底岗位供给;持续优化就业环境,助力企业稳岗留人;实施人才储备计划,倡导新型用工理念。(胡婕)

【市政协民主评议自来水事业发展工作】 2021年6月17日,扬中市政协民主评议自来水事业发展工作。实地察看鸣翠山庄二次供水泵房改造工程、二水厂制水一体化设施和深度处理设施改造现场,听取市住建局和相关部门工作情况通报。提出理顺管理体系,妥善处理乡镇水厂收购后的人财物衔接;健全联动机制,加强沟通协调,坚持优势互补、协同共治;加大宣传力度,提升公民节约、保护水资源和依法用水的意识等建议。(胡婕)

【市政协专题考察基层法庭工作】 2021年7月14日,扬中市政协专题考察扬中法院基层法庭工作。实地察看新坝法庭建设运行情况,听取全市人民法庭工作的情况通报。提出提升政治站位,深入贯彻习近平法治思想,把社会主义核心价值观融入日常工作中,维护人民法官的良好形象;提升司法能力水平,履行好审判主责,树立法治权威;提升司法为民水平,创新举措,便利群众诉讼;提升队伍专业素养,做好人民法庭干警选拔培养交流工作,提高法庭队伍革命化、正规化、专业化、职业化水平。(胡婕)

【市政协民主评议市交通运输局提案办理工作】 2021年8月18日,扬中市政协民主评议市交通运输局提案办理工作。听取市交通运输局关于提案办理工作的情况介绍。提积极解放思想,吸取提案中的好思路、好建议,对落实有难度的提案努力创造条件逐步推进,真正让提案办理协商成果转化为服务发展、改善民生的实事工程等建议。(胡婕)

【市政协专题考察公共体育设施建设工作】 2021年10月13日,扬中市政协考察公共体育设施建设工作。实地察看新治村健身步道、园博园天禾体育公园、油坊镇会龙村多功能运动场,听取市文体广电和旅游局关于公共体育设施建设工作的情况通报。提出加大宣传推广力度,从青少年抓起,让全民健身的理念深入人心;多措并举,动员社会力量参与公共体育设施的建设和维护;经常性开展赛事活动,通过各类赛事浓厚全面健身氛围;下功夫补齐人才不足的短板,培养引进一批懂体育、善经营、会管理的体育专业人才。(胡婕)

【市政协专题考察创新驱动发展战略实施情况】 2021年11月16日,扬中市政协专题考察创新驱动发展战略实施情况。实地察看江苏万创灭菌设备科技有限公司、扬中酵诚生物技术研究有限公司、扬中市威柯特生物工程设备有限公司、江苏中天电气有限公司。提出在新发展战略格局中找准实施创新驱动发展战略的目标定位,补短板、强弱项,全力保持扬中在科技创新领域内的先进位次;重点引导产业和企业科创能力提升,着力解决产业关键核心技术"卡脖子"问题,坚持把服务企业作为科技创新的重要抓手;突出人口红利和人才支撑,引入适用之才、定向培育急需之才、激励挖掘本土之才,激发全社会支持创新、崇尚人才的好风气等建议。(胡婕)

【市政协专题考察职工文化阵地建设工作】 2021年12月13日,扬中市政协专题考察职工文化阵地建设工作。实地察看工人文化宫改建现场、新坝镇劳动风采展示馆、威腾集团党群活动中心,听取市总工会关于职工文化阵地建设的情况介绍。提出突出工人文化宫"主阵地"和各镇(街、区)及骨干企业的示范带头作用;着眼高质量服务,做好职工慰问、困难帮扶等软件提标工作;增强职工的归属感与凝聚力;聚焦品牌建设,通过创新活动形式、加强阵地联动、做好广泛宣传等建议。(胡婕)

【"有事好商量"协商议事工作】 2021年,扬中市政协推进"有事好商量"协商议事工作,促进协商议事"常态、实效、规范、创新"发展。全年,新建、升级各类协商议事室119家,开展"村规民约"、民生专题协商议事活动290余场次,推动老旧小区线缆整治下地、浮玉小区基础设施建设等一批民生实事的落地见效,提升政协参与基层社会治理的实际效能。注重加强协商议事工作宣传,5次协商活动入选省、镇江市政协协商议事典型案例汇编。在"学习强国"App、《新华日报》、新华网等镇江市级以上媒体刊载宣传报道稿件37篇。(胡婕)

纪检监察

综　述

【概况】 2021年，扬中市纪委监委深入贯彻落实习近平新时代中国特色社会主义思想和中共十九届六中全会精神，增强“四个意识”、坚定“四个自信”、做到“两个维护”，担责尽责服务大局，用心用情维护民生，坚定坚决推进“三不”（不敢腐、不能腐、不想腐），有力有效深化监督，自觉自律锻造铁军，为全市实现“十四五”发展良好开局提供坚强保障，全面从严治党群众满意度继续保持镇江各市、区前列，在市（区）纪检监察工作高质量发展考核中获得“第一等次”。（陈彩云）

【审查调查】 2021年，扬中市高压反腐强化震慑遏制，受理各类信访举报241件次，运用监督执纪“四种形态”处置各类问题线索559件次，第一、二、三、四种形态占比分别为63.5%、29.2%、1.4%、5.9%。探索和运用“室组地”模式，以高效联动助力高质办件，立案239件，比上年增长8.1%，自办案件178件，占比74.5%，严肃查处教育、政法、金融、国企、粮食购销等领域一批典型案件，留置14人，移送检察机关起诉11人，挽回经济损失2000余万元。创新机制推动整改落实，坚持深化以案促改，用活纪检监察建议，建立两个建议落实成效综合评估机制，推动被建议单位整改落到实处、取得实效。制发纪检监察建议22份，推动相关单位落实整改措施69条，制定完善制度机制16项。加强教育营造廉洁氛围，协助市委组织召开领导干部警示教育大会，结合政法队伍教育整顿、村（社区）换届开展集中廉政教育，拍摄警示教育片《底线》，用“身边事”警醒“身边人”。开展以案说纪说法，孙维浒、朱秀才、赵宇等典型案例在《中国纪检监察报》和中纪委网站刊载。打造“江洲清风廉连看”系列品牌，制作发布廉政海报、微视频、微动漫8期。（陈彩云）

重要会议

【中共扬中市第十二届纪律检查委员会第六次全体会议】 2021年2月7日，中共扬中市第十二届纪律检查委员会第六次全体会议在市行政中心会议中心江洲厅举行。全会传达学习习近平总书记在中央纪委五次全会上的重要讲话和中央纪委、省市纪委全会精神，审议通过巫晓辉代表市纪委常委会所作的《坚持政治引领 强化纪法保障 全力护航扬中现代化新征程》工作报告。会议表决通过市纪委十二届六次全会《工作报告》和《决议》。（陈彩云）

2月7日，中共扬中市第十二届纪律检查委员会第六次全体会议召开（融媒体中心）

【全市领导干部警示教育大会】 2021年1月8日，扬中市召开领导干部警示教育大会。与会人员观看扬中市警示教育片《迷失的初心》。会议要求，全市各级党员干部要吸取腐败分子的前车之鉴，把“初心”作为不变的坚守，把“使命”作为人生的信念，把接受“监督”作为干事创业的护身符，永葆初心、勇闯新路。强调要把准政治建设的“总开关”，时刻不忘身份；要磨砺担当奋进的“铁肩膀”，时刻不忘责任；要打好正风反腐的“持久战”，时刻不忘斗争。（陈彩云）

【理论学习中心组党史学习教育专题读书班封闭学习会】 2021年7月13—14日，扬中市纪委监委理论学习中心组党史学习教育专题读书班封闭学习会举行，学习会以学习研讨和现场教学相结合的方式，学习习近平总书记“七一”重要讲话精神等内容，参观红色基地，观看微纪录片，开展交流研讨，从百年党史中汲取智慧力量，努力推动纪检监察工作再上新台阶。 （陈彩云）

【中共扬中市第十三届纪律检查委员会第一次全体会议】 2021年7月28日，中共扬中市第十三届纪律检查委员会第一次全体会议召开。受中共扬中市第十三次代表大会主席团的委托，巫晓辉主持会议，市纪委委员出席会议。会议应到纪委委员15名，实到委员15名，符合规定人数。会议通过《中国共产党扬中市第十三届纪律检查委员会第一次全体会议选举办法》。全会选举产生中共扬中市第十三届纪律检查委员会常务委员会委员、书记、副书记。巫晓辉当选为中共扬中市第十三届纪律检查委员会书记，王东升、丁建东当选为副书记。 （陈彩云）

7月28日，十三届一次会议选举产生新的一届纪委领导班子 （纪委供图）

【全市新任领导干部集体廉政谈话】 2021年11月11日，扬中市对2019年9月以来新任领导干部开展集体廉政谈话，引导新任领导干部进一步强化思想认识、筑牢勤廉防线。会议强调，作为领导干部要坚定理想信念，永葆对党忠诚的政治本色，强化共产党人的精神支柱和政治灵魂，不断夯实党团结统一的思想基础，始终做到理论武装入脑入心，理想信念坚如磐石，“两个维护”见行见效；要强化责任担当，知责尽责，担当有为，赓续自强不息的精神血脉，争做“越是艰险越向前”的先锋闯将；要坚持廉洁从政，强化作风建设，严格规范权力运行，牢固树立底线意识，坚决筑牢拒腐防变的思想防线。就“领导干部经济责任”相关内容作专题讲解；观看警示教育片《坚守初心，慎用权力，让“三高一争”的政治生态更加清朗》。所有新任领导干部围绕此次廉政教育培训专题学习内容开展知识测试。 （陈彩云）

【反腐败协调小组会议】 2021年12月3日，扬中市委召开反腐败协调小组会议。会上，市纪委监委、市委政法委、市公安局、市人民检察院、市人民法院等相关成员单位围绕职能职责作交流发言。会议提出，统一思想，提高政治站位。认真贯彻落实协调小组部署和要求，综合运用纪律、法律等手段惩治腐败，有效防范腐败行为；加强协作，增强工作质效。有效整合办案资源，形成“共同发力，整体作战”的工作格局，做好查办案件“后半篇文章”，实现查案一处、教育一片的效果。健全制度，强化联动保障。针对多维度、多领域等复杂案件，协调小组办公室应制定切实可行的联合办案方案，排定具体任务、合理分工安排。 （陈彩云）

党风廉政建设和反腐败斗争

【政治监督】 2021年，扬中市重点围绕长江禁捕退捕、安全生产、换届选举、粮食安全等中心工作开展监督检查2300余次，发现问题319个。扎实推进粮食购销领域腐败问题专项整治，严肃查处提前轮换储备粮、“数字粮”、“转圈粮”等问题，立案9人，留置1人。严把换届候选人资格审查关，廉政意见回复754人次，提出否定性意见6人。开通优化营商环境投诉举报绿色通道，针对不动产登记、开办企业、工程项目建设审批等服务项目，开展监督检查100余次，以“小切口”聚力解决营商环境领域痛点、难点问题16个，营商环境评价结果位居镇江各市、区前列。围绕上级通报及日常监督中发现的问题，向23个党组织抄报廉情49件。对管党治党主体责任缺失、监督责任缺位等履责不力的15名领导干部问责，其中党纪政务处分10人，问责党组织2个，通报典型问题11起。深化运用容错纠错机制，对2项备案事项实施容错纠错，有效调动党员干部干事创业积极性。 （陈彩云）

【专责监督】 2021年，扬中市纪委监委优化监督模式，构建“室组”联动协作监督模式，健全信息互通交流机制，实现问题线索处置等方面信息共享，提高处置效率和办件质量，破解跨领域、跨区域监督办案面临的困境。提升监察成效，发挥监察员办公室扎根基层、贴近群众的优势，紧盯基层公权力运行强化监督，围绕群众关心的居民建房、征地拆迁、集体三资等方面开展专项监督，推动监察员办公室工作从“有形覆盖”到“有效覆盖”。立案64件，政务处分45人，通过“走读式”谈话，移送检察机关起诉2人。用好智慧监督，坚持“边建边用、边用边完善”的工作思路，推进“扬清风”智慧监督系统建设运用，着力提升发现问题的高效性和精准性。在“私车公养”和尊老金发放等民生资金专项监督中，发现重点问题线索19个，转立案17件，实施党纪政务处分17人。 （陈彩云）

【执纪为民】 2021年，扬中市集中整治公务接待、公车使用、津补贴发放、会议培训等方面突出问题，发现问题线索15条，向9个党组织交办相关问题20个。锲而不舍纠治“四风”，紧盯重要节点和关键环节，通过廉政提醒、现场检查、印发通报等形式推动作风建设落到实处。全年查处违反中央八项规定精神问题33件、40人，其中党纪政务处分37人，通报曝光典型案例16批、20起。坚持民生问题导向，以村居“集体钱”、医保“救命钱”、老人“养老钱”、农民工“辛苦钱”以及停车难等11类群众“急难愁盼”事项为小切口，开展“立项式”监督，督促整改问题120个。查处群众身边腐败问题54起、70人，通报曝光典型问题20起。推动制定《扬中市农村集体财务管理实施细则》，杜绝农村集体资产租赁交易领域新的问题发生，历年来形成的近亿元存量欠缴租金基本解决到位。常态化开展“扫黑除恶”斗争，完善“打伞破网”长效机制，围绕群众身边“涉黑涉恶”腐败、充当“黑恶”势力“保护伞”、工作推动不力及失职失责3类重点问题，查处党员干部15人，立案9人。坚持同政法机关密切合作、协同作战，推动建章立制，铲除“黑恶”势力滋生土壤。

（陈彩云）

【政治巡察】 2021年，扬中市纪委监委落实“党委一届任期内巡察全覆盖”要求，完成十二届市委第九轮巡察反馈，对市市场监督管理局党委、市水利局党总支开展巡察“回头看”，发现问题681个，移交问题线索26条，立案查处9人。全力督导巡视巡察问题整改，协助市委对全市37个牵头部门所负责的巡视整改任务落实情况督查，印发履行巡视整改政治责任提醒函13份。开展巡察整改业务指导，督促指导被巡察单位细化问题871个，落实整改措施2000余条。坚持纪巡联动，开展巡察整改专项督查，发放巡察整改落实情况督办函3份，推动20项具体问题深入整改，实现十二届市委巡察整改督查全覆盖。开启十三届市委巡察，坚持政治巡察定位，围绕“系统巡、巡系统”，确立9个市级单位和2个学校作为首巡对象，对市教育局及下属58所学校开展系统性巡察，首次将省扬高中、扬中二中单独作为常规巡察对象，深化党组织领导下的从严管党治校。首次将党建带团建队建、统战、机构编制等内容纳入巡察监督清单，全面压紧压实被巡察党组织主体责任，深入查找政治偏差。首轮巡察发现各类问题295个，移交问题线索6条，推动立行立改事项15个，提出意见建议40条，向市委报送专题报告2份。 （陈彩云）

【队伍建设】 2021年，扬中市以“学”赋能强化思想淬炼，深入学习习近平新时代中国特色社会主义思想，围绕中共十九届六中全会、省市党代会以及上级纪委全会精神，开展中心组理论学习8次，引导纪检监察干部坚定捍卫“两个确立”、践行“两个维护”。深入推进党史学习教育，组织开展“学党史、守初心、担使命”党史党纪法规知识竞赛、演讲比赛等活动30余场，开展“我为群众办实事”实践活动，领办并推动解决教育医疗、危房改造、困难群体帮扶等民生问题20个。围绕疑难复杂信访化解、审查调查安全等主题开展“点餐式”培训，常态落实轮岗交流、跟案跟训、跟班见习等机制，选派40余人次参加留置案件办理、巡察和信访接待，提升纪检监察干部业务素养。以“规”治纪强化监督管理，制定《扬中市纪检监察干部行为规范》，强化对工作、生活、家庭、社交行为的“硬约束”，对照“八严禁”、《扬中市纪检监察干部队伍建设负面清单》开展自查自纠，对苗头性、倾向性问题及时进行提醒纠正，做到关口前移、抓早抓小、防微杜渐。开展纪检监察干部队伍建设问卷调查，召开自身建设大会，深入查摆党性修养、能力素质、工作作风、廉洁自律等方面存在的问题，明确整改举措，持续推动队伍建设从严从实。以“人”为本注重暖心关爱，开展“清风伴秋月、家书传温情”活动，邀请南京市中医院专家为干部家属义诊，慰问生活困难、罹患疾病的党员，将组织的关怀和温暖落到实处。打造“廉润江洲、清风护航”服务品牌，“廉心”志愿服务队常态化开展创文创卫、无偿献血、助学扶困等志愿活动，彰显纪检监察机关服务群众、奉献社会的优良形象，市纪委监委“青年扬帆 清风护航”青年集体获镇江市“青年文明号”称号。 （陈彩云）

民主党派·工商联

民主党派

【概况】 2021 年，扬中各民主党派发挥人才智力优势，履行参政议政职能，切实加强自身建设，主动参与民主监督，组织开展社会服务活动，增强各党派基层组织的凝聚力和战斗力。市委统战部策划民主党派成员共建“同心园”主题活动，打造党外知识分子实践创新基地，协助民主党派基层组织完成换届工作，牵头市各民主党派围绕乡村振兴开展联合调研，调研成果得到市委主要领导专门批示。截至年末，扬中民盟、民建、农工党、九三学社 4 个民主党派有成员 97 人，其中民主同盟会盟员 51 人，民主建国会会员 13 人，农工民主党党员 20 人，九三学社社员 13 人。有镇江市人大代表 3 人，镇江市政协委员 9 人，扬中市人大代表 2 人，扬中市政协委员 18 人。 (倪旭杰)

【民盟扬中支部升格暨换届大会】 2021 年 10 月 18 日，民盟扬中支部升格暨换届大会召开，民盟扬中支部 40 余名盟员参加会议。会议宣读《民盟扬中支部升格为民盟扬中总支的决定》，审议并通过民盟扬中支部第一届支部主委王家裕代表第一届民盟扬中支部所作的工作报告，选举产生以周亚东为代表的第一届民盟扬中总支领导班子。 (倪旭杰)

【民建扬中支部第二次会员大会】 2021 年 4 月 30 日，中国民主建国会扬中支部第二次会员大会在扬中市住建局举行。大会报告民建扬中支部第一届委员会工作，选举产生中国民主建国会扬中市第二届支部委员会，张开华任民建扬中支部第二届委员会主委，阮立恒、陈宗任民建扬中支部第二届委员会副主委，何光敏任民建扬中支部第二届委员会委员。 (倪旭杰)

【农工党扬中基层委员会成立】 2021 年 9 月 27 日，农工党扬中支部换届大会暨农工党扬中基层委员会成立大会在扬中市统战展示馆党派之家召开。会议审议并通过江苏民脉律师事务所主任丁忠代表第一届农工党扬中支部作的工作报告，梁新歌代表农工党镇江市委会宣读《关于同意成立中国农工民主党扬中基层委员会的决定》。大会选举产生新一届农工党扬中基层委员会领导班子，丁忠当选为主委，孙奎俊为副主委，郭祥林、马鸿亮、张跃清为委员。基层委员会下设医卫支部和综合支部两个支部。 (倪旭杰)

【九三学社扬中支社换届】 2021 年 9 月 3 日，九三学社镇江市委员会扬中支社召开换届大会。会议通过选举产生新一届主委、副主任、委员。于德跃当选支社主委，徐彩凤当选支社副主委，左志鹏、胡张林为支社委员。 (倪旭杰)

【民主党派联合调研】 2021 年 8 月 19 日，扬中市委统战部组织市各民主党派就扬中乡村振兴战略实施情况开展联合调研。联合调研组一行先后实地考察新坝镇联盟村和立新村农业基地，分别听取联盟村和立新村在农村生态环境整治和现代化农业生产相关工作的介绍。座谈会上，市农业农村局介绍当前扬中乡村振兴战略实施整体情况。市各民主党派结合前期各自开展实地调研情况和自身专业领域出发，从农村环境提升整治、农业产业发展、农村人才引进、资金保障、土地规划、城乡融合发展等多个角度提出意见和建议。 (倪旭杰)

8 月 19 日，各民主党派就扬中乡村振兴战略实施情况开展联合调研 (统战部供图)

工商联

【概况】 2021年，扬中市工商业联合会有基层商（协）会27家，其中镇（街、区）商会6家，行业商（协）会总数12家，会员总数2910个。扬中市工商联获全国“五好”县级工商联称号。召开工商联（商会）第十三次会员代表大会，选举产生工商联（商会）新一届领导班子。召开青企会二届一次会员代表大会，通过市青企会一届理事会工作报告和财务工作报告；选举产生扬中市青企会新一届领导班子。与安徽省六安市舒城县工商联签订长三角一体化市县工商联战略友好合作协议。与油坊镇共同指导成立油坊镇会龙商会，成立商会党组织，带动村级经济发展。持续实施“创二代”培育工程，推动“新时代企业家精神师承计划”，新结成新型“师徒关系”3对，在思想、本领、经营、成长等全面提升年轻企业家素质。制定落实《关于扬中市“两个健康”促进行动的实施意见》（非公有制经济健康发展、非公有制经济人士健康成长），帮助民营企业家和民营企业的成长发展。推进市级机关党组织分别与12家民营企业党组织开展党建结对活动，通过党员联动、实事联办、帮困联助等方式，进一步增强机关党建的活力和民营企业党组织的战斗力。（温剑）

【工商联第十三次会员代表大会】 2021年12月10日，扬中市工商联（商会）第十三次会员代表大会召开。会议审议通过工商联第十二届执委会工作报告；选举产生扬中市工商联（商会）第十三届执委会委员和新一届市工商联（商会）领导班子；选举产生出席镇江市工商联（总商会）第十三次会员代表大会的代表。（温剑）

【“两个健康”促进行动】 2021年5月27日，扬中市召开“两个健康”促进行动工作会议。会议向市青企会颁发全国“四好商会”的牌匾，颁发“纳税人之家”匾额、师承关系结对证书、统战专属项目信息库联络员聘书，举行新坝镇立新商会党组织揭牌仪式；市工商联等三家单位作表态发言。“两个健康”促进行动围绕“强产业、强信心、强队伍、强作用、强活力”展开，促进非公有制经济健康发展和非公有制经济人士健康成长。围绕“强产业”，发挥商协会人脉广泛、乡贤会聚、信息多元的优势，鼓励民营企业提升发展层次；围绕“强信心”，打造民营经济“四季暖扬”统战服务品牌；围绕“强队伍”，实施优秀民营企业家培育计划，助推产业强市战略深入实施；围绕“强作用”，引导民营经济代表人士担当作为，切实为广大工商联执委和民营经济人士当表率；围绕“强活力”，对照“班子建设好、团结教育好、服务发展好、自律规范好”的“四好”商会建设标准，推进“四好”商会建设。（温剑）

【油坊镇会龙商会成立】 2021年6月19日，油坊镇举行会龙商会成立大会，70家企业加入商会。会上，会龙村作商会筹备工作报告，工商联宣读《关于成立扬中市油坊镇会龙商会的批复》，通过表决选举产生会龙商会第一届理事、会长、常务副会长、副会长、秘书长、副秘书长。会龙商会作为油坊镇成立的第二家商会，将推进商会规范化建设，加大对会员企业服务力度，回应会员企业所想、所盼、所需，及时帮助会员企业协调解决发展困难和问题，做到“会员有求、商会必应”，致力打造温馨的“商会之家”。商会以乡情为纽带，以活动为舞台，共享信息、共商合作、互通有无，搭建会员与会员之间的“互利共赢之桥”；注重以建设家乡为己任，为家乡招商引资、招才引智出谋划策、牵线搭桥，搭建会员与家乡之间的“共谋发展之桥”。（温剑）

6月19日，会龙商会成员合影 （油坊镇供图）

群众团体

扬中市总工会

【概况】 2021 年，扬中市有基层工会组织 736 家，其中独立建会企业 614 家，村(社区)联合工会 82 家，行业工会 5 家。6 个镇(街、区)全部建立总工会，局(公司)工会工作委员会 21 家，直属基层工会 26 家。围绕庆祝中国共产党成立 100 周年，发挥工会“大学校”作用，在全市广大职工中开展“拧成一股绳 永远跟党走”主题宣传教育活动。深入开展“双进”活动(劳模精神进校园、思政教师进企业)，举办“庆七一·礼赞建党 100 周年”思政课堂集中宣讲活动。实施典型培育工程，成立全市劳模义工团，擦亮劳模管理服务品牌，成立劳模创新工作室 2 家。5 名个人被评为江苏省劳动模范和先进工作者，评选表彰扬中市“五一劳动奖状”“五一劳动奖章”“工人先锋号”“金牌员工”等先进集体和个人。开展“工会常伴贴心送温”慰问活动，走访慰问部分特困职工代表。联合社会公益组织，为 30 余名困难职工赠送爱心家具，为 2 名特困职工家庭子女建设梦想小屋。开展“红心向党吾益有爱 工会进万家”活动，慰问一线抗疫人员、城市跑男——“快递小哥”、水务一线施工人员等一线职工 150 人，发放慰问物资及慰问金 7.3 万元。开展“与法制同行 为劳动护航”工会劳动法制宣传活动，组织法律服务志愿者送法进企业、进工地、进社区 6 场次。召开全市工会系统集中建会“百日攻坚行动”现场推进会，对 11 家小微企业完成集中建会工作，新建工会 19 家，发展会员 1500 余人。在全市非公企业中开展“职工好食堂”星级评定活动，命名威腾集团食堂等 12 家单位为扬中市首批“职工好食堂”星级单位，大全集团食堂等 6 家单位获评镇江市总工会“工会好食堂”。严格执行小微企业工会经费返还政策，工会经费全年返还 4361 户，返还金额 522.8 万元，返还率 99.5%以上。 (王越)

【庆“五一”国际劳动节大会】 2021 年 4 月 29 日，扬中市召开庆祝“五一”国际劳动节大会。会议授予镇江苏惠乳胶制品有限公司等 8 个单位扬中市“五一劳动奖状”，授予徐慧等 8 人扬中市“五一劳动奖章”，授予现代重工(中国)电气有限公司配电盘生产部陆用安装班等 10 个集体扬中市“工人先锋号”，授予王海峰等 20 人扬中市“金牌员工”称号，颁奖表彰江苏省劳动模范和先进工作者在内的先进个人和集体。会议要求各级党组织要加强和改进对工会工作的领导，全力支持工会工作，为工会履职创造良好环境和充足条件。各级工会组织要大力推进工会组织自身建设和改革，真正成为职工群众有事想得起、办事找得到、有难靠得住的“职工之家”。社会各方面要进一步崇尚劳动、尊重劳动者，让劳动光荣蔚然成风，让广大劳动者成为新时代最幸福的高光群体。 (王越)

【职工法律援助工作站成立】 2021 年 5 月 12 日，扬中市在人社局仲裁院设立职工法律援助工作站，延伸工会法律服务触角。全年为 65 名职工提供专业法律服务，承接案件 83 件，调解成功 44 件，撤诉 14 件，为职工挽回经济损失 148.5 万元。 (王越)

5 月 10 日，“庆祝建党 100 周年·礼赞劳模”书画摄影展开展 (总工会供图)

【产改工作“360”计划品牌】 2021年6月11日，扬中市召开产业工人队伍建设改革联席会暨工作推进会，制定下发《关于成立新时代扬中产业工人队伍建设改革“帮帮团”的通知》。作为产业工人队伍建设改革全省试点巩固单位和镇江全面试点市，扬中将产改纳入市委全面深化改革总体部署，制定实施产改“360”计划，统筹推进“产改工作提升年”各项任务，推出职工之家阵地建设、“劳模百家讲坛”、工会会员卡等举措，各镇(街、区)全部建立产改联席会议制度，在全市企业推广实施红色示范引领、技能蓝领晋档、英才名匠创新等“六大行动”，成立产改“帮帮团”，设立产改观察员，及时掌握产改试点工作推进情况，协调解决企业在产改工作中遇到的困难和问题，有针对性地组织专业技术人员开展上门服务，为更多产业工人实现“工”到“匠”的转变搭建平台。首次开评扬中市职工“三十佳”(技术创新成果、先进操作法、合理化建议)活动。联合市人社局和镇(街、区)组织开展“富康杯”职工食堂厨师、家庭服务业等各类技能竞赛7场。总工会获2021年镇江市产改工作优秀项目一等奖和先进集体。 (王越)

【工人文化宫改建工程开工】 2021年6月13日，扬中市工人文化宫改建项目开工。项目位于中兴路92号，主体工程列入市总工会2021年重点建设项目。预计2022年6月底前完成土建和装饰工程。工人文化宫是市总工会下属公益性事业单位，是团结引领广大职工群众“听党话，跟党走”的重要活动阵地之一。(王越)

【职工互助互济保障计划】 2021年，扬中市职工互助互济保障参保人数4.48万人次，投保金额142.52万元；惠及职工182名，累计赔付金额100.33万元。开展“老会员二次慰问”“老会员家属慰问”“准妈妈慰问”，给27名老会员送去慰问金7.4万元。打造“有难工会帮”服务品牌，秉承“无病我帮人，有病人帮我”的互助理念，汇聚全体互助保障会员的爱心正能量，传递给每一位会员，减轻家庭经济压力，为职工会员撑起一把爱的“保护伞”。总工会获评2020年度全国基层职工互助保障工作考核优秀单位。 (王越)

【“拧成一股绳 永远跟党走”主题活动】 2021年，扬中市开展“文化大篷车”暨思政“双进”主题活动、“把一切献给党 礼赞建党100周年” 全市首届职工读书节活动、“庆祝建党100周年 礼赞劳模” 图片展暨第二届全市职工书画摄影展、“同心向党 共迎华诞” 全市机关单位职工广播体操工间操云比赛、“经典咏流传 歌声献给党”工会干部红色歌曲歌咏比赛及“新时代新风采”庆祝中国共产党成立100周年职工乒乓球赛“六大活动”迎接中国共产党成立100周年，参与职工4000余人次，以活动凝聚职工士气，投身全市产业强市的新实践。 (王越)

共青团扬中市委员会

【概况】 2021年，扬中市有基层团组织948个，其中团总支26个，团支部821个，毕业生团组织58个，乡镇街道团委6个。有团员1万余人，其中新发展团员428人。聚焦全国县域共青团基层组织改革试点，综合评估位列全省96个县(市、区)第六位，获评2021年度全省共青团工作先进单位。动员794个支部、10.45万人次青少年参加党史学习教育。举办扬中市“学党史、强信念、跟党走”主题团日、主题队日和听“90后”“00后”讲党史微团课大赛，组建“青年讲师团”“红领巾巡讲团”，发布60余期“马克思主义·岛城青年说”节目，开展宣讲332场。创作情景剧《五四·觉醒》，举办“青春赞歌献给党”青年才艺大赛，打造6处团员实境教育课堂基地。通过“十大杰出青年”“我们身边的好青年”“最美中学生”“两红两优”寻访，用先进典型引领青年。建好用活“青年学习社”和线路。打造三茅街道“初心学堂”、八桥镇 “红船”“红旗”3家青年学习社和新坝镇“我送亲人过大江”青年学习社线路。“四千四万”精神青年学习社被命名为第四批江苏省省级 “青年学习社”。出台《关于进一步加强全市共青团干部队伍建设的实施意见》，聚焦“选任、培育、考核、使用”四个环节，明确公开考录、公开聘用、公开选拔、深化挂(兼)职机制“四条路径”，启动老干部与共青团“牵手助跑”第二季活动，实施“三单四度五反馈”考评制度，全面完成乡镇、村(社区)团组织换届。深化“三站四联五机制”团代表联络站机制，新建8个“青年之家”，成立“3+X”(娱乐型、技能型、服务型社团为基础)青年社团12个。探索“1+2+N”区域性非公团建格局，推动“两新”组织建团提质扩面，新建非公领域团组织80个、社会组织团组织7个。制定加强团教协作的10条意见，全市所有中学均建立“六有”团校，全面推行“双述双评”积分入团，摸排团员的违法犯罪情况，给予开除团籍处分6名。出台《扬中市党建带团建、队建重点工作巡察清单(试行)》，新增青年发展专项经费8万元。新坝镇团委获“全国五四红旗团委”。改革经验入选《团中央县域改革案例选编》。开展“请党放心 强国有我”主题队日、“回信记心间 争做好队员”等各类活动332场。市实验小学少先队大队获评“全国优秀少先队集体”,外国语小学获评“全省优秀少先队集体”。全面实施“分批入队”规范举行新队员入队仪式。召开中国少年先锋队扬中市第五次代表大会,新建社区少工委5家,开展“红领巾一小时”助力“双减”行动,打造科普、运动、阅读、手工等形式多样的“红领巾社团”。定期开展辅导员培训,组织开展优秀辅导员、优秀少先队员的评选表彰。开展“诵读学传”系列活动,发布《扬中市青少年社会实践基地研学地图》,利用好红色基地进行研学活动。承办省少年儿童研究会中学少先队专业委员会第十一次年会、“菁菁杯” 江苏省第六届微团课大赛。持续推进“青雁归巢”行动,协办青年创业大赛,建立青年联络站,开展“青年学子家乡行”活动,组织“青年文明号”“青年突击队”大比武活动,实施“一号一队一项目”结对,5人获评镇江项目攻坚和服务先锋,市场监管青年文明号与蜂巢易创核心零部件项目青年突击队优秀青年代表登上《中国共青团》杂志封面。市城管综合执法大队获评全国青年文明号。启动青年企业家“接力棒”工程,开展“对话青商”“青商大讲堂”等活动30余场次,完成青年商会换届,组织青年企业家开展南湖党史学习教育、走进高创园、“精益管理、智能制造”培训考察等活动,提高青年企业家综合素质,助力扬中企业转型升级。举办青年电商技能、短视频制作培训班,开展“安全生产、青年在行动”集中服务、“青春四进 建功乡村”助农直播、“粽情端午·为爱同行”青年交友联谊等活动16场。制作《扬中青年城市宣传片》《扬中青年办事一本通》,服务青年创新创业。开展“梦想改造+”关爱计划,通过“520荧光夜跑”、定点捐赠等形式募集资金50余万元,建成27间“梦想小屋”。募集“暖冬行动”款物5万余元,满足微心愿200多个。筹措“圆梦行动”资金6.5万元,助力13名高中毕业生大学梦。慰问67名一线抗疫工作者,向结对的陕西白水县捐赠14万元。开展全省“社区青春行动”试点工作,打造“五青五联”品牌,组建“青春业委会”,组织青年圆桌会每月至少开展1次“青年说事”,举办“爱心暑托班”等公益项目,推出《青年公益银行积分手册》,推动青年从社会治理的“旁观者”变成“参与者”。持续实施“小青萌”志愿者行动,动员300余名大学生向村(社区)报到,组建交通、卫健、公安等青年战“疫”突击队,6000余人次参加“河小青”、疫情防控、防汛等志愿服务。 (吴云、朱润哲)

【共青团扬中市十九届四次全委(扩大)会议】 2021年1月29日,共青团扬中市十九届四次全委(扩大)会议召开。会议回顾总结2020年共青团工作取得的成绩,全面部署2021年工作,表彰2020年度全市共青团“创先争优”活动先进典型。会议举行2021年度第一期“岛城青年说”,3名团干部作交流发言。团市委书记陈健作《永葆跟党初心 勇担青春使命 为扬中奋力开启现代化建设新征程贡献青春力量》工作报告。

(吴云、朱润哲)

【“一线有我 号队出列” 青春建功产业强市行动】 2021年3月1日,扬中团市委承办镇江市“一线有我号队出列”青春建功产业强市行动启动仪式。发布《青春建功产业强市行动方案》,成立青年文明号产业强市服务联盟,为市级重大项目青年突击队代表授旗,启动“一线有我 号队出列” 青春建功产业强市行动。2021年,全市各级团组织深入开展“青春建功产业强市行动”,组建青年突击队建功在重大项目建设第一线,组织青年文明号服务在重大项目建设第一线,创建青年安全生产示范岗守护在重大项目建设第一线,培育青年岗位能手奋战在重大项目建设第一线,为助力产业强市贡献青春智慧和力量。 (吴云、朱润哲)

3月1日,镇江市“一线有我 号队出列”青春建功产业强市行动启动仪式在扬中举行(融媒体中心供图)

【老干部与共青团“牵手助跑”活动】 2021年5月13日,扬中市老干部与共青团“牵手助跑”活动总结汇报会暨第二季活动启动仪式举办。会议为老干部指导组颁发“团建指导员”聘书,各老干部指导组与相关团组织签订《“牵手助跑”第二季活动意愿书》。自全市老干部与共青团“牵手助跑”活动开展以来,老干部指导组与各镇(街、区)围绕“牵手助跑”五大行动,开展“牵手助跑”五大指导,举办形式多样的主题活动。第二季“牵手助跑”活动,镇(街、区)和机关部门团干部将在老干部的指导下,组建“8090后”理论宣讲“轻骑兵”,开展“益堂团课”大赛,打造红色“青年学习社”线路,以小切口讲好“四史”故事,引导广大青年坚定理想信念,增进

党和国家的政治认同、情感认同。（吴云、朱润哲）

【“梦想小屋”项目】 2021年5月26日，扬中市举行“梦想小屋”首批集中交付仪式，8间“梦想小屋”完成交付，“梦想小屋”建设工作取得阶段性成效。“梦想改造+”关爱计划是2021年全省共青团系统的重点项目，扬中市共青团“我为群众办实事”的重点项目，计划分两年时间募集100万元建设60间“梦想小屋”。经广泛走访，逐一入户调查，综合考量房屋状况、改造意愿、群众口碑等因素，全市27间房列入2021年度“梦想小屋”改造计划。项目聚焦6~16周岁的事实无人抚养儿童、散居孤儿等困境青少年，针对居住条件简陋、生活设施缺乏的实际状况，以“梦想小屋”建设为抓手，打造干净整洁的学习生活环境，提供持续系统关心关爱，帮助健康快乐成长，及时把党和政府的温暖通过“梦想小屋”传递给处于生活困境的“事实孤儿”群体。截至6月10日，27间“梦想小屋”全部改造完成。（吴云、朱润哲）

【微团课大赛】 2021年7月9—14日，扬中市举行“学党史、强信念、跟党走”微团课大赛，各镇（街、区）、部门、村（社区）团组织负责人及团员青年代表近200人参加。经过遴选、初赛的激烈角逐，12个微团课进入决赛，12组参赛选手们用“青言青语”“微课微剧”等传播方式，话说扬中青年的使命与担当、奋斗与奉献。比赛产生一等奖2名、二等奖4名、三等奖6名。（吴云、朱润哲）

【村企结对帮扶捐赠活动】 2021年10月28日，白水—扬中村企结对帮扶捐赠仪式采取“云端”会议的形式举行。扬中市青年联合会、青年商会、欧美同学会等6个单位向白水6个村捐赠现金14万元。

（吴云、朱润哲）

【扬中市青年论坛】 2021年11月1日，扬中市委组织部联合团市委共同承办扬中市第一期青年论坛活动。青年论坛的主题为“助力三大行动、展现青春担当”，各镇（街、区）、市级机关部门的百余名年轻干部参加活动。通过“自荐+组员推荐”的方式选举出各组组长，通过个人风采展示的方式，8名年轻干部围绕主题进行演讲，5位导师针对演讲点评。现场评选出“优秀风采奖”4名，授予荣誉证书。（吴云、朱润哲）

【中国少年先锋队扬中市第五次代表大会】 2021年12月16日，中国少年先锋队扬中市第五次代表大会举办。全市各校的少代会代表、少先队辅导员、少先队工作者、少先队员145人参加。大会表彰扬中市十佳少先队员以及扬中市十佳少先队辅导员；审议通过中国少年先锋队扬中市第五次代表大会关于少代会扬中市第四届工作委员会工作报告，选举产生扬中市第五届少工委，选举王家新、陈健担任扬中市第五届少工委主任，徐嘉莲担任常务副主任；“扬中市少先队工作学会”揭牌。（吴云、朱润哲）

【“青年之家”揭牌】 2021年12月20日，扬中市举行“青年之家”（吾悦广场店）揭牌暨《扬中青年办事一本通》发布仪式。团市委按照“有阵地依托、有项目支持、有运营力量、有制度规范、有资源保障”的要求，推动全市“青年之家”向着标准化、规范化、实用性和可持续的方向发展。扬中打造市、镇、村三级各类“青年之家”30余个，实现6个镇（街、区）全覆盖，推动具备条件的线下实体“青年之家”入驻云平台，开展活动230多场次，成为扬中青年身边触手可及的“温馨家园”。在市人才办的指导下，扬中团市委联合相关部门，汇总各领域办事服务信息，编写《扬中青年办事一本通》，解读落户安居流程，满足青年群体个性化、多元化的办事需要，方便青年人才在扬中更好的工作、生活。吾悦广场加入“江洲英才服务联盟”，青年人才社团举行授牌仪式，“十佳青年突击队”和“十佳青年文明号”获奖代表作为第一批“青年之家体验官”接受颁奖。（吴云、朱润哲）

扬中市妇女联合会

【概况】 2021年，扬中市直属妇联组织28个，其中镇（街、区）妇联6个，市级机关妇工委1个，其他机关部门妇联组织21个（15个改建妇联，6个妇委会）。启动“巾帼领秀”项目，开展商务礼仪培训、巾帼直播培训班、红色创业沙龙、民法典讲座等活动；实施“乡村振兴巾帼有为”项目，服务妇女增收，深化“岗村结对”，助力人居环境整治，促进乡村治理有效；开展“女企业家环岛行”系列活动，“爱岛爱家”系列主题活动，推进“三全”社区家庭教育支持行动；开展“巾帼好声音”宣演活动，评选一批优秀项目和优秀组织，推出“巾帼好声音·永远跟党走”项目；举办“激昂巾帼争雄志·勇立潮头建新功”纪念“三八”国际妇女节111周年活动，组建三八红旗手宣讲团，命名三八红旗手工作室；开展全市村（社区）妇联换届工作现场会，推进妇联组织建设，推动妇女参与基层民主管理；举办“党史学习教育进家庭”知识竞赛，将党史学习教育与先进典型宣传相结合，开展特色主题宣讲活动，开通3条红色亲子研学线路，为更多家庭提供高质量的实境式、体验式红色课堂；召开“家宁计划”项目发布暨“彩虹桥”维权工作站成立仪式，发布“家宁计划”项目并为项目颁发专项扶持资金10万元；设立“黄玫瑰”环卫女工驿站，联合市城管局开展“关爱环卫女工，共享城市文明”公益项目。（季 颖）

【“三八”国际妇女节111周年纪念活动】 2021年3月8日，扬中市妇联在市政大礼堂举办“激昂巾帼争雄志·勇立潮头建新功”纪念“三八”国际妇女节111周年活动。活动分“战疫·勇毅本色”“奋斗·勇立潮头”“引领·勇闯新路”3个篇章，表彰抗击新冠肺炎疫情扬中市三八红旗手24人，抗击新冠肺炎疫情扬中市三八红旗集体16个，2019年度扬中市三八红旗手10人，2019年度扬中市三八红旗集体10个，扬中市三八红旗手标兵8人；成立三八红旗手工作室3家（镇江市三八红旗手王樱工作室、省级三八红旗手匡艳工作室、全国三八红旗手季成辰工作室）；组建三八红旗手宣讲团（由市级三八红旗手标兵领衔）。（季 颖）

3月7日，扬中市纪念“三八”国际妇女节111周年活动 （融媒体中心供图）

【寻宝博物馆开心学党史主题活动】 2021年4月3日，扬中市妇联联合民政局开展“一颗红心爱党爱国”之寻宝博物馆开心学党史主题活动。活动面向困境未成年人，将党史学习教育与困境儿童帮扶行动相结合，组织24名社会妈妈带领结对儿童参与，通过参观博物馆、听老党员讲党史故事、趣味猜灯谜、完成红色拼图等形式，帮助孩子们树立正确的世界观和价值观，让困境儿童在游乐中学习党史知识，强化爱党爱国信念。（季 颖）

【镇江市首家巾帼党性教育基地揭牌】 2021年4月21日，镇江市首家巾帼党性教育基地——红旗公园揭牌。活动现场，扬中市三八红旗手标兵、红旗村党委书记刘美红围绕“百万雄师过大江”“扬中七烈士革命精神”“八桥革命斗争史”“不忘初心”主题，开展户外党性教育实景课。红旗公园是镇江市级爱国主义教育基地，基地创建于2014年10月，占地面积1公顷，设有游客活动区及缅怀先烈区，缅怀先烈区设有渡江战役七烈士墓、大事记、英烈榜、红色地图、党史长廊。截至2021年年末，扬中市有镇江市巾帼教育基地4家，分别是扬中市渡江文化园、八桥镇万福村拥军园、扬中市初心政治生活馆、八桥镇红旗公园。（季 颖）

【扬中市村（社区）妇联换届工作】 2021年4—5月，扬中开展村（社区）妇联换届工作。市妇联印发实施意见，召开专题部署会议；各镇（街、区）成立村（社区）妇联换届选举工作领导小组，具体指导、协调各村（社区）开展筹备工作。4月21日，扬中市村（社区）妇联换届工作现场会在八桥镇红旗村举行。截至5月30日，81个村（社区）妇联完成换届。村（社区）换届选举工作结束后，市妇联及时收集、掌握有关工作情况，指导做好有关资料档案的整理和归档工作，适时组织新上任人员上岗培训。（季 颖）

【“巾帼领秀”项目】 2021年，扬中市妇联启动“巾帼领秀”项目，开展商务礼仪培训、巾帼直播培训班、红色创业沙龙、民法典讲座等活动。4月29日，扬中市“巾帼领秀”项目举办首场活动——商务礼仪培训，邀请专业商务礼仪老师为企业家培训商务礼仪。9月10日，巾帼主播培训开班，培训为期3天，采取小班化教学。10月24日，举办红色创业沙龙活动，融入党史学习教育，强化对女企业家群体的思想引领。11月18日，举办民法典专场讲座，讲座围绕“民法典时代下婚姻家事法和财富管理”主题，通过以案释法的形式，串联起民法典婚姻家庭编与继承编中的知识点，分析离婚冷静期、夫妻共同财产分配、“忠诚协议”、父母为子女出资购房归属等问题。（季 颖）

【党史学习教育进家庭】 2021年5月14日，扬中市妇联联合教育局、史志办举办“党史学习教育进家庭”知识竞赛，各镇（街、区）、市级机关分7个赛区，经过初赛推选出7组家庭进入决赛，角逐出一、二、三等奖。将党史学习教育与先进典型宣传相结合，开展特色主题宣讲活动，以江苏省五好家庭先进事迹为蓝本，讲述榜样家庭三代人心系国防、爱国爱党的情怀，通过现场访谈的形式，邀请家庭成员现场分享优良家风。组建140人的寻访员队伍，通过“月寻、季推、年选”的方式，挖掘更多家庭典型；探索“社区+学校”家庭教育协同融合新模式，链接教育资源，实现家庭教育资源交流共享；开通3条红色亲子研学线路，为更多家庭提供高质量的实境式、体验式红色课堂。 （季颖）

【新时代家教家风实践基地揭牌】 2021年5月31日，扬中市庆“六一”传统文化艺术汇报活动上，9家新时代家教家风实践基地揭牌，分别是扬中博物馆、陈履生博物馆群、渡江文化园、油坊镇鸣凤村方家埭、扬中市党性锤炼中心、西来桥糯文化艺术馆、三茅街道友好村宽新圩传统村落基地、南湖农场红色记忆馆、经开区福源孝文化园。新时代家教家风实践基地着力于引导广大家庭建设好家庭、涵养好家教、传承好家风，为青少年提供“推门可见、社区可感、家家参与”的家庭教育氛围，助力全市“双创”工作。 （季颖）

【社会妈妈新项目发布】 2021年5月30日，扬中市妇联召开“大手牵小手，相约一起走”2020年社会妈妈品牌提升项目结项暨2021年新项目发布仪式。联合“社会妈妈”，成立社会妈妈量子融合成长营，推出“资源共享台，社会妈妈力量大”“暖心空间站，亲情陪伴处处见”“兴趣漫游园，陶冶情操视野宽”“特色镇村行，关爱活动送下乡”“成长微心愿，物质精神双温暖”“凝心又聚力，九九公益久久爱”6个系列活动，为结对孩子提供更优质的资助和更贴心的帮扶。 （季颖）

【“彩虹桥”维权工作站成立】 2021年6月17日，扬中市妇联召开“家宁计划”项目发布暨“彩虹桥”维权工作站成立仪式，保障妇女的合法权益，护航家庭平安幸福。会上，扬中市发布“家宁计划”项目并为项目颁发专项扶持资金10万元；“彩虹桥”维权工作站揭牌；与调解员签订聘用协议并颁发聘书；为律师、心理咨询师颁发聘书。“家宁计划”婚姻家庭纠纷预防化解服务项目以广宁社区为试点，通过婚姻家庭矛盾排查走访调查、情绪保健小组、和宁家庭评选、家宁故事征集宣传等方式，预防冲动离婚或逃避婚姻问题，提升家庭幸福度。“彩虹桥”维权工作站成立，专职接待妇女信访、调处婚姻家庭矛盾纠纷，“彩虹桥”维权工作队伍由2名法律专家、1名心理专家、5名资深调解员组成，为妇女日常维权和矛盾调处提供专业的法律指导以及心理疏导。 （季颖）

【巾帼好声音永远跟党走”宣演活动】 2021年6月24日，扬中市举办“百年党史巾帼红，奋楫扬帆新征程——巾帼好声音永远跟党走”宣演活动，推出“百年党史巾帼说”“榜样引领巾帼情”“文明实践巾帼行”3个子项目，分别围绕党史学习教育、巾帼榜样引领、新时代文明实践工作开展系列活动。 （季颖）

【“汇聚微光 助豫平安”倡议】 2021年7月25日，扬中市妇联、市女企业家协会紧急筹措的首批爱心物资发出，支持河南省抗洪救灾，帮助受灾群众渡过难关。妇联通过江苏省妇女儿童福利基金会与河南当地联系，市女企业家协会会长单位——宜禾股份有限公司捐赠一批价值25万元的爱心衣物，包括牛仔服、衬衫、休闲裤等，计46箱，1000余套(件)。妇联主动对接省妇女儿童福利基金会，第一时间发布“携手同行，助豫平安”倡议书，号召全市广大家庭积极行动起来，奉献爱心，援助灾区，筹集到善款2.01万元。 （季颖）

【“黄玫瑰”环卫女工驿站揭牌】 2021年9月15日，扬中市妇联以“家驿站”为主阵地，设立“黄玫瑰”环卫女工驿站，联合市城管局开展“关爱环卫女工，共享城市文明”公益项目。“黄玫瑰”环卫驿站内设有饮水机、冰箱、微波炉、应急药箱、阅读区、公益课堂等，为一线环卫工人提供遮风避雨、歇脚休息的场所。 （季颖）

【女企业家协会第三届二次全体（扩大）会议】 2021年12月8日，扬中市女企业家协会第三届二次全体(扩大)会议在无锡召开，市女企协、巾帼创客联盟40余名女企业家参加会议。会议将高新技术企业、旅游新业态的学习考察与年终总结相结合，组织会员探访博雅控股集团国际干细胞联合研究中心、考察无锡村伴竹院民宿，激励女企业家守正创新、锐意进取，为扬中高质量发展贡献更多巾帼力量。会议总结扬中市女企业家协会、市妇联“巾帼领秀”项目，表彰2021年度“最具活力会员”，邀请与会企业家就2022年相关工作开展交流探讨，与会人员建言献策，初步形成扬中市女企业家协会2022年工作思路。 （季颖）

【妇联第十五届六次执委(扩大)会议】 2021年12月22日，扬中市妇联第十五届六次执委(扩大)会议召开。会上按照《中华全国妇女联合会章程》和《妇女联合会执行委员会委员替补、增补及常务委员会委员增补的规定》相关要求，增、替补市妇联十五届执行委员会委员12名，选举奚彩为第十五届妇联副主席。会议表彰“优秀妇联组织”、“优秀妇女工作者”、年度优秀妇联执委等优秀组织与个人。会上，3位妇联执委代表结合

本职工作表态发言。　(季颖)

扬中市科学技术协会

【概况】　2021年,扬中市科学技术协会(以下简称科协)聚焦科技科普工作,围绕服务科技工作者、服务创新驱动发展、服务全民科学素质提高、服务党和政府科学决策主线,着力开展科普宣传,推进科技智库、科技工作者之家建设。创成镇江市科普教育基地4家、科普惠农服务站4家、基层科普先进单位3家、专业(产业)科普馆3家、精品科普教育基地1家,新建“江洲科普大讲堂”10家、“科技志愿服务驿站”5家、“科普金牌讲师工作室”5家。联合新时代文明实践科技服务蓝色平台成员单位投资近20万元新建科普长廊。培育新建企业科协(工作站)8家,创建企业海外工作站2家。被中国科协表彰为2021年“全国科普日”活动优秀组织单位,被省科协表彰为2021年科技活动周暨江苏省第33届科普宣传周活动优秀组织单位,获省级优秀海智基地称号。市科协党支部第一党小组被扬中市委评为“示范党小组”。　(郭明霞)

【科普教育工作】　2021年,扬中市科协开展科普宣传周、广场咨询活动、科普大篷车巡展、科普讲座、科技下乡、科普知识有奖竞答、科普文艺汇演等群众性科普活动百余场次,发放科普宣传图书、手册等资料万余份,惠及城乡群众2.5万人次。与教育局、学校联合,承办第二届“诗词里的科学”挑战赛(镇江地区),开展“盛世创享、强国有我”扬中市第三届科技游园会暨2021年小学生科技节、“感受科技风潮”科普旅游研学活动、科普阅读分享会、江豚保护专题讲座等各类校园科普活动,举办青少年机器人科技竞赛、金钥匙科技知识竞赛、科技创新大赛等各类竞赛活动。科普讲师团队伍扩充至166人,每个村(社区)建有科普志愿者队伍,科普中国注册科普员140人,科普志愿者1182人。其中,长旺中心小学、省扬高中、市第二高级中学被评选为2021年镇江市青少年校园科学工作室,分别获资金奖补0.3万元;明珠小学、云腾国际幼儿园获2021年青少年科技创新科研项目评审入围奖,分别获资金奖补1万元。9月份,指导三茅街道科协举办“大科普照亮生活,强科技高质发展”江洲科普行活动,承办特种水产高效养殖技术培训和“梦溪科普田间课堂”活动。选送的科普剧分获江苏省第七届优秀科普剧三等奖和镇江市“梦溪科普秀”优秀科普剧一、二等奖。　(郭明霞)

【科技创新动能激发】　2021年,扬中市培育新建企业科协(工作站)8家,创建企业海外工作站2家,促成华强新能源与德国西门子合作,以及华扬乳胶对外交流。依托扬中海智基地、企业海智工作站,开展海智对接活动2场,接待海外高层次人才来扬考察和开展科技项目合作交流。围绕增强企业自主创新能力,多次深入乡镇(街、区)、企业,摸排需求情况,推行专利信息资源库应用,为旭世机械设备有限公司等3家企业成功申办专利资源库账号,指导和培训企业技术人员应用好资源库,助力企业技术研发。　(郭明霞)

【科技智库建设】　2021年,扬中市科协实施学会例会和目标管理制度,出台《扬中市科协所属学会规范化管理办法(试行)》。督促市档案学会、市老科协按期换届,协助市土木工程学会变更负责人,帮助市农金学会办理申请注销手续,实现“僵尸学会”的有序退出。参与全市智库建设,上报扬中市委办调研文章1篇;上报镇江市科协建言献策课题4篇,其中1篇获三等奖,1篇获优秀奖;申报镇江市优秀科技论文(专著)1篇获评。市老科协老科技工作者围绕全市工作重点、转型升级难点、民生关注热点问题,撰写的调查报告有3篇获市领导批示。　(郭明霞)

【科技工作者之家建设】　2021年,扬中市科协依托红色科技咖啡馆,邀请江苏科技大学教授郭昭昭,为村(社区)科普员、科技辅导员以及企业科技工作者作《中国共产党领导科技事业的光辉历程与伟大成就》主题宣讲报告。组织科技工作者代表赴淮安周恩来纪念馆、周恩来故居和盐城新四军纪念馆等地开展实境党史学习教育,增强科技工作者政治引领,激励科技工作者凝心聚力、实干担当。在第五个全国科技工作者日,市四

6月21日,小学生科技节开幕式　(融媒体中心供图)

套班子领导带队慰问11位一线优秀科技工作者代表，勉励其在各自领域更好发挥科技支撑和引领作用。选树基层典型，李飞获评“2021年镇江市创新争先成绩突出科技人物”，席涛等4人获得“镇江市青年科技人才托举工程”资助，王先荣、金正凤被省科协评为2021年“科创江苏”企业创新达人、镇江市“企业创新达人”。设立江苏省科技工作者状况调查站点——扬中站点，反映科技工作者建议和意见5篇，主动参与全省科技工作者专项状况调查。 （郭明霞）

扬中市归国华侨联合会

【概况】 2021年，扬中市归国华侨联合会发挥侨联组织作用，在招商引资、维护侨益、扶贫帮困、抗击疫情等方面，团结凝聚归侨侨眷和海外侨胞爱党爱国爱家情怀，开创新局面、迈上新台阶，被中国侨联评为全国侨联系统抗击新冠肺炎疫情优秀集体。强化对侨界群众的思想政治引领作用，加强党建带侨建工作，推进基层组织建设，开展庆祝中国共产党成立100周年系列主题活动，加强侨联自身建设、阵地建设，深化侨联改革，加强对外联络联谊，开展维护侨益、爱侨护侨等工作。召开侨联六届十一次全委会，开展“喜迎三八、学习党史”联谊活动、“浓情五月天 致敬母亲节”活动、“凝聚侨心 诗意远方”重阳节联谊活动，举办《扬中革命故事与家书》专题讲座、“知识产权强企策略实施”专题讲座，主办“侨心向党同心逐梦”庆祝中国共产党成立100周年文艺演出，在春节、中秋、重阳等节点慰问侨胞，营造知侨情、暖侨心、解侨困的工作氛围。 （陈薇）

【“扬中革命故事与家书”专题讲座】 2021年4月1日，扬中市侨联联合扬中博物馆文博讲坛举办“扬中革命故事与家书”专题讲座，侨眷代表和侨联机关全体人员参加讲座。主讲人倪加辉介绍扬中革命英烈的英勇事迹和馆藏的英烈资料。与会人员深受鼓舞，表示要继承先辈的荣誉与使命，汲取奋进之力，增强信心勇气，在自己的工作岗位上，以更加昂扬的精神状态和奋斗姿态，助推扬中高质量跨越发展。 （陈薇）

【“浓情五月天 致敬母亲节”活动】 2021年5月7日，扬中市侨联和江苏美科“微侨家”开展“浓情五月天 致敬母亲节”活动，组织部分侨界母亲到句容参观学习。组织参观句容微侨家“茅宝葛根园”，交流学习微侨家建设；参观句容特色乡村“得撒石磨豆腐村”，感受新时代乡村建设成果；游览句容伏热花海，体验大自然美景。让空巢母亲们，特别是子女长期在国外的侨眷母亲们能感受到亲情关爱，弘扬中华美德，进一步发挥侨眷桥梁纽带作用，传递家乡政府和人民对侨胞们的亲情乡谊。 （陈薇）

【“侨心向党 同心逐梦”文艺演出】 2021年6月23日，镇江市侨联、扬中市委统战部、扬中市侨联共同主办“侨心向党同心逐梦”庆祝中国共产党成立100周年文艺演出举行。文艺演出立足侨界自身特点优势，创作展演《十送红军》《我和我的祖国》等节目，回顾和讴歌百年来党取得的光辉业绩和伟大成就，铸牢统一战线成员听党话跟党走的坚定信念，弘扬侨界与党同心的赤子情怀。活动开展党史知识、《中国共产党统一战线工作条例》及侨法知识互动竞答，为优秀归侨侨眷先进个人颁发荣誉证书。 （陈薇）

【“我为群众办实事”走访慰问】 2021年8月，扬中市侨联组织机关工作人员开展“我为群众办实事”走访慰问活动。侨联深入全市75周岁以上的高龄侨眷和部分空巢、孤寡、困难的老年侨眷中走访慰问，详细了解高温酷暑期间的身体、生活状况，倾听其对侨联工作的意见和建议，送上慰问品和慰问金。向侨眷赠送《中国共产党简史》，让侨眷学习传承中国共产党在长期奋斗中铸就的伟大精神，叮嘱注意防疫防暑、保重身体，有困难随时向侨联组织寻求帮助。通过走访慰问增强侨联组织的凝聚力，推动侨联事业的发展。 （陈薇）

【“知识产权强企策略实施”专题讲座】 2021年9月24日，扬中市侨联联合市知识产权局举办企业（侨企）“知识产权强企策略实施”专题讲座。部分重点企业及30余家涉侨企业人员参加培训。培训特邀江苏省知识产权局产业促进处处长丁岚主讲，就企业为什么要重视知识产权、企业知识产权工作如何去开展、如何提高项目申报率等作讲解，通过培训提升侨企自主创新和保护能力，强化企业实施和加强保护知识产权战略意识。 （陈薇）

扬中市文学艺术界联合会

【概况】 2021年，扬中市文联有作家协会、书画家协会、音乐舞蹈家协会、戏剧曲艺家协会、摄影家协会、民间文艺家协会、电影电视家协会7个专业协会，会员总数400余人,其中国家级会员27人,省级会员100余人,镇江市级会员170余人。全年新增省级会员9人,书画家协会会员王美玲、李茂平、高蓬梅加入江苏省美术家协会,蒋湘春加入江苏省书法家协会,民间文艺家协会会员张康伟、奚彩军、葛颂春、王广贤加入江苏省民间文艺家协会,摄影家协会会员姚生禹加入四川省摄影家协会。文联有公安文联和西来桥镇文联2家团体会员。文联围绕中心、服务大局开展文艺活动。4月,举办“强国·新江苏拍客 发现扬中”摄影大赛、“相约河豚岛”江苏省花鸟名画家邀请展,在更高层次、更广范围宣传推介扬中;5月,举办扬中市“庆祝建党100周年·礼赞劳模”书画摄影展;6—7月,举办“百年辉煌”庆祝中国共产党成立100周年书画展、史料图片展、剪纸展、摄影展、征文大赛等系列文艺活动;8—9月,参与主办第十六届社区(农民)文化艺术节相关活动;10月,召开扬中市文联第九次代表大会;11月,江苏省文艺家到扬中开展“长江行”系列采风活动;12月,召开九届二次全委会,传达学习第十一次全国文代会、第十次全国作代会精神。结合党史学习教育,文联以“文艺轻骑兵”志愿服务提升行动为抓手,深入推进文艺“六进”,开展文艺志愿服务50余场。注重人才培养,强化创作扶持,50余件文艺作品在省级以上平台发表、参展、获奖。 (陈茜)

【“强国·新江苏拍客 发现扬中”摄影大赛】 2021年4月8—9日,扬中市文联与“学习强国”江苏学习平台、中国江苏网·新江苏客户端、扬中市委宣传部联合举办“强国·新江苏拍客发现扬中”摄影大赛。江苏各地的30余名拍客参加。活动以“发现扬中”为主题,组织拍客走进江之源、蜂巢易创扬中产业园、大全集团、滨江公园、陈履生博物馆、八桥镇利民村、油坊镇鸣凤村等地,感受产业发展,领略乡村振兴。拍客用相机、无人机多角度记录下扬中在聚焦产业强市、弘扬河豚文化、倡导文明风尚、推动乡村振兴等方面的发展成就,全方位展示扬中的发展之美、生态之美、人文之美、和谐之美。 (陈茜)

【“相约河豚岛”江苏省花鸟名画家邀请展】 2021年4月29日,“相约河豚岛”江苏省花鸟名画家邀请展在扬中市博物馆开幕。展览由江苏省美术家协会花鸟画艺委会、江苏省青年美术家协会花鸟画艺委会、扬中市委宣传部、扬中市文联、江苏天禾旅游发展有限公司主办,展出由江苏省花鸟画名家28人及扬中本地作者12人创作的68幅作品。活动是扬中市第十八届河豚文化节的子活动之一,是推动扬中文艺发展的一次高水平交流。 (陈茜)

【扬中市“庆祝建党100周年·礼赞劳模”书画摄影展】 2021年5月10日,“庆祝建党100周年·礼赞劳模”书画摄影展开展。活动由扬中市委宣传部、扬中市总工会、扬中市文联联合主办。展览征集到近200幅书画摄影作品,精选出70余幅优秀作品集中展出。参展作品内容丰富,主题鲜明,或赞颂劳动之美,或讴歌时代风尚,集中展示广大职工群众昂扬向上的精神风貌和各行各业火热的生产生活。 (陈茜)

【扬中市庆祝中国共产党成立100周年书画展】 2021年6月21日,“百年辉煌”庆祝中国共产党成立100周年书画作品展在行政中心一楼大厅开幕。活动由扬中市委宣传部、扬中市文联、扬中市融媒体中心等单位联合主办,在三茅街道港联社区、西来桥镇文体中心、新坝镇联合村巡展。参展作者及广大书画爱好者200余人参加活动。展览是党史学习教育特色活动之一,是新时代文明实践重要活动之一,展出书画艺术家和爱好者创作的主题作品约80件,包括书法、篆刻、中国画、油画、版画、剪纸、综合材料等各种门类。以丰富的艺术形式讴歌百年党史,呈现时代变迁,用生动的笔墨线条弘扬红色文化,礼赞江洲之美,展现新时期扬中勇立潮头、勇闯新路的生动实践。 (陈茜)

【庆祝中国共产党成立100周年扬中史料图片展】 2021年6月30日,“百年风华 江洲荣光”庆祝中国共产党成立100周年扬中史料图片展在扬中市行政中心一楼大厅开展。活动由中共扬中市委组织部、宣传部,扬中市史志办、文联、档案馆、融媒体中心联合主办,是扬中市庆祝中国共产党成立100周年系列活动之一,也是扬中市党史学习教育“行走的党课”特色活动之一。史料图片展设置4个篇章,包括“历经烽火、走向光明”“艰苦奋斗、探索前行”“弄潮逐浪、自强不息”“勇闯新路、续写荣光”,展出图片300余幅,集中展现中国共产党成立以来扬中市政治、经济、社会、文化、生态等各方面的辉煌成就。 (陈茜)

【庆祝中国共产党成立100周年剪纸展】 2021年7月4日,“红星向党”庆祝中国共产党成立100周年剪纸展在市文化馆新馆展览厅开展。活动由扬中市文联、扬中市文体广电和旅游局、扬中市教育局主办,扬中市民间文艺家协会、扬中市文化馆承办。活动展出江苏省扬中中等专业学校和扬中市丰裕中心小学的师生创作的近100幅剪纸作品，生动还原中国共产党从1921年中国共产党成立至今百年党史中伟大的历史瞬间，用剪纸艺术展示中国共产党筚路蓝缕、砥砺奋进的光辉历程，献礼党的百年华诞。（陈茜）

【扬中市庆祝中国共产党成立100周年摄影作品展】2021年7月12日，“百年辉煌 继往开来”扬中市庆祝中国共产党成立100周年摄影作品展在行政中心一楼大厅开幕。活动由中共扬中市委宣传部、扬中市文联、扬中市融媒体中心联合主办，扬中市摄影家协会承办，在大全集团、威腾集团等重点企业巡展。展览是党史学习教育特色活动之一，文联“百年辉煌”系列文艺活动之一。扬中市文联和市摄影家协会先后组织3次大型户外采风活动，摄影家进村入企。活动收到参赛作品500余幅，精选146幅作品入展。展览分为“党建风采”“经济发展”“城市建设”“乡村振兴”“人文之光”5个篇章，通过富有表现力和感染力的摄影艺术形式让广大群众感受百年巨变，感受时代变迁。（陈茜）

7月12日，扬中市举行庆祝中国共产党成立100周年摄影作品展（融媒体中心供图）

【扬中市文联各文艺家协会换届】2021年9月10—23日，扬中市作家协会、书画家协会、音乐舞蹈家协会、戏剧曲艺家协会、摄影家协会、民间文艺家协会、电影电视家协会7个文艺家协会完成换届。各文艺家协会分别召开会员代表大会，总结上届协会工作，制定未来五年的工作规划，选举产生新一届协会主席团及理事会成员。（陈茜）

【扬中市文联第九次代表大会】2021年10月27日，扬中市文学艺术界联合会召开第九次代表大会，扬中市委书记张德军，镇江市文联党组书记、主席、市文艺界党委书记张志耕出席会议。会议回顾八次文代会以来扬中市文联各项工作和成绩，主席方泽华代表第八届委员会作题为《奋进新征程 抒写新荣光 凝心聚力推动扬中文艺事业高质量发展》的工作报告；会上审议并通过《扬中市文学艺术界联合会第八届委员会工作报告》，修改《扬中市文学艺术界联合会章程》，选举产生扬中市文联第九届委员会委员和新一届文联领导班子。方泽华当选为新一届文联主席，方莹莹、赵阳、左菁华、冯义成、马健、马强当选为副主席。（陈茜）

【江苏省文艺家“长江行”系列采风活动】2021年11月10日，江苏省摄影、美术、书法、戏曲等领域的13位艺术家到扬中开展“长江行”系列采风活动。文艺家先后参观镇江江之源渔业科技有限公司、陈履生博物馆群和渡江文化园，近距离感受长江生态修复和绿色发展的新风貌、特色产业助力乡村振兴的新局面以及人民生活幸福、经济高质量发展的新成果，用艺术的方式记录江岛扬中的发展之美、生态之美、人文之美。（陈茜）

【“文艺名家讲坛”公益讲座】2021年，扬中市文联举办“文艺名家讲坛”活动3场。6月22日，特邀镇江市政协文化文史委主任、镇江市文联副主席、作家协会主席蔡永祥作《讲诗词 话党史》宣讲，用诗词回顾中国共产党的百年发展史，弘扬革命精神，汲取奋进力量。11月18日，邀请中国书法家协会会员、镇江市书法家协会副主席许能俊到扬中讲座，以《传统书法经典作品的笔法解析与建构》为主题授课，与扬中书法爱好者互动交流。11月27日，特邀《东方文化周刊》视觉总监、高级美术师、《中国摄影报》专栏主笔刘冻，以“专题摄影的创作解读”为主题开展摄影知识讲座，现场示范指导。（陈茜）

【文艺志愿服务活动】2021年，扬中市文联整合文艺资源，提升重点活动质量、志愿服务实效及志愿队伍素质，开展文艺志愿服务50余场。落实“艺心扎根”乡村文艺播种计划，在新坝镇联合村、市图书馆开展“写春联 送福字”活动，组织庆祝中国共产党成立100周年主题展览到基层巡展，参与主办扬中市第十六届社区(农民)文化艺术节相关活动。推动“艺起传薪”传统文化进校园项目，走进省扬高中、扬中中专、实验小学、新坝中心小学等中小学校开展书法、篆刻、戏曲、剪纸等优秀传统文化宣传推广及志愿服务活动20余场。深化“艺路书香”公益阅读活动，以“讲诗词 话党史”为主题举办文艺名家讲坛，向驻地武警官兵、优秀残疾人代表、部分中小学校及村（社区）赠送文艺书籍及书画作品。开展“艺展风华”走进产业工人采风展示活动，与市总工会联合举办全市职工书画摄影大赛及作品展，组织文艺家赴大全集团、蜂巢易创等重点企业参观采风、积累素材、开展创作，展示产业工人风采。与扬中市委宣传部、扬中市残联、教育局、融媒体中心、慈善总会联合主办“自强不息 同心筑梦”扬中市残疾人艺术作品展，展现新时代残疾人的艺术风貌。与扬中市文明办、教育局联合主办“遇见·文明扬中”亲子摄影作品征集活动，助力文明城市创建，引领文明风尚。扬中市戏剧曲艺家协会的原创现代大戏《太平洲上》在全市各村（社区）巡演50余场。扬中市文联、市摄影家协会和城管局联合举办“精绣芳洲 光影城事”扬中城市管理主题摄影大赛。扬中市民间文艺家协会常态化开展“非遗在身边”剪纸、竹编、竹笛、糊塑等民间文艺进校园、民乐赏析课等活动，传承传播民间文艺和非遗文化。（陈茜）

扬中市残疾人联合会

【概况】 2021年，扬中市残联围绕全市工作大局，全面贯彻上级工作要求，不断优化残疾人社会保障和服务体系，用实干实绩增强信心，用大爱真爱凝聚合力，用务实举措推进发展，全面开启新时代事业发展新局面。全年推动残疾人就业增收，72家福利企业安置1931名残疾人就业，非福利企业安置175名残疾人就业，机关事业单位安置37人，有就业能力和就业愿望的残疾人就业率达95%；残疾人就业保障金征收入库851万元。举办盲人按摩、残疾人美甲创作等培训活动，为211人次残疾人提供专业技能培训。建成镇江市级“残疾人之家”示范点2家，吸纳辅助性就业130余人，精简优化就业帮扶基地10家，吸纳80名残疾人就业。新增5名残疾儿童纳入系统管理；完成白内障复明手术80例，为395名精神病患者提供免费服药服务，为7名贫困精神病患者提供住院补贴，总金额2.7万余元，市镇两级实施困难残疾人临时救助，投入资金12.5万元，人均救助金额达1500元；推进“家电圆梦”公益助残项目，发放家电69台（套）。完成实名制托养415人，为油坊镇20户低收入家庭进行改造，为150名贫困残疾人适配辅具。（韩传会）

【残疾人“自强模范”“爱心助残先进”评选颁奖活动】 2021年5月16日，扬中市举行残疾人“自强模范”“爱心助残先进”评选颁奖活动。此次活动由市残工委联合市委宣传部、市融媒体中心、市慈善总会组织开展，经过深入排查、认真评选、调查公示，筛选评树出三大类先进典型，包括邹丽娟等10名“残疾人自强模范”，祝小燕等10名“爱心助残先进个人”，市特殊教育中心学校等10个“爱心助残先进集体”。（韩传会）

【“自强不息 同心筑梦”扬中市残疾人艺术作品展】 2021年6月，扬中市举办“自强不息 同心筑梦”扬中市残疾人艺术作品展。此次活动由市残联联合市委宣传部、市教育局、市文联、市慈善总会、市融媒体中心共同举办，征集书法、美术、摄影作品和手工艺品100余件，从中评选出一、二、三等奖及优秀奖作品。9月29日，“自强不息 同心筑梦”扬中市残疾人艺术作品展在市行政中心开幕，宣读残疾人艺术作品征集活动评奖结果并向获奖者颁发获奖证书，向社会各界展示扬中残疾人艺术发展成果。（韩传会）

【“智慧残联”平台建设】 2021年，根据省、镇江市残疾人“十四五”规划关于建设“智慧残联”的工作要求，结合扬中对残疾人工作规划发展的方向，推进建设具有扬中特色的综合性公共服务平台。主要涉及手机终端服务平台、有线电视专属频道、网络管理平台和视频监控平台等4个方向。市残联依托“居家托养服务项目”先期建成“视频监控平台”，并通过改版微信公众号逐步完善“手机端服务平台”，其他功能后续将逐步建设推进，实现人员管理网格化、办理业务便捷化、质效评价实时化、服务监管过程化，提升服务质效、提高监管能力，打通为残服务“最后一公里”。（韩传会）

【持证残疾人基本状况调查工作】 2021年9月，扬中市残联启动持证残疾人基本状况调查工作。持证残疾人基本状况调查旨在全面了解持证残疾人基本状况，特别是需求信息，为促进服务精准化、便利化提供数据支持，调查持证残疾人的基本信息、住房、教育、就业、社会保障、基本医疗与康复、无障碍、文化体育等方面的基本状况和服务需求。此次调查首次采用“横向部委数据、业务系统数据校验”，对残疾人的基本信息与其他部委的数据强制性效验，启用“全国残联服务信息化平台”，调查数据与“残疾人证跨省通办”“康复”“教育就业扶贫”等系统实时联通，全面提高质量控制，状况调查管理系统通过数据检查和对比功能对每一单位的当年数据处理进度情况及相对上年的变动情况进行检查对比，并予以提示。（融媒体中心）

【首家企业残协暨残疾人就业培训基地成立】 2021年11月23日，万宝电气集团残疾人协会成立暨残疾人就业培训基地揭牌签约仪式举行。万宝电气集团是扬中首家成立残协和就业培训基地的企业，现安置残疾员工57人，根据残疾员工各自的能力特点提供生产一线岗、辅助岗、保洁、文员、技术岗等岗位。活动中，万宝残协第一次会议选举产生第一届主席、副主席、委员并分别与市残疾人就业管理中心、市特殊教育中心签订就业培训协议、校企合作协议。 (融媒体中心)

扬中市红十字会

【概况】 2021年，扬中市红十字会有基层组织24个，团体会员单位5家，会员5000余人，注册志愿者170人，志愿服务组织8个，总服务时长1.6万小时，应急救护培训基地1个，冠名红十字医院1家，应急救护培训师资26人。“博爱送万家”“博爱万人捐”“爱心一元捐”“大爱相髓——白血病关爱项目”为红十字传统品牌救助项目，常年开展募捐筹资、人道救助、公益性应急救护培训、造血干细胞捐献、遗体器官捐献等工作。

(刘彩霞)

【人道救助工作】 2021年，扬中市完成募捐筹资61.35万元，发放人道救助款49.3万元。实施“博爱送万家”救助项目，下拨镇(街、区)救助金21万元，配套发放省、市红十字会下拨的救助物资3.7万元。将平时困难群众救助工作纳入常态化“博爱送万家”活动，救助大病困难群众36人次，发放救助金9.1万元。实施“爱心一元捐”救助项目，救助全市17所学校患病师生37人，发放救助金9.4万元。实施“大爱相髓——白血病关爱”救助项目。救助白血病患者5人，帮助2名患儿申请总会“小天使基金”，2人获得项目资助。开展河南水灾救灾工作，募集救灾款4.18万元，全部汇缴灾区。完成对口扶贫支援陕西白水县红十字会，拨付扶贫款10万元。 (刘彩霞)

【救护培训工作】 2021年，扬中市红十字会继续实施公益性应急救护百万培训项目，打造“红十字救在身边”品牌。开展应急救护培训70余场，完成救护员培训801人，普及性培训8016人。对所有师资开展星级评定，新增师资注册率100%，利用率80%以上。选派5名志愿者参加镇江市应急救护师资初训班培训。提升救护培训质量，抽检合格率达80%以上。 (刘彩霞)

【捐献造血干细胞工作】 2021年，扬中市红十字会开展造血干细胞捐献宣传工作，宣传捐髓“无损健康，救人生命”的理念。举办培训22场次，发放宣传资料2500份，制作宣传展板12块，媒体宣传稿件3篇，接受宣传人次1.8万余人次。开展血样集中采集2次，完成血样采集57份，再动员12人，实现成功捐献1人，9位志愿者实现配对捐献。全市参与无偿献血2957人次，采血96.15万毫升。 (刘彩霞)

9月，造血干细胞捐献志愿者欢送会 (融媒体中心供图)

【遗体器官捐献工作】 2021年，扬中市红十字会做好遗体器官捐献的宣传咨询、接待和登记工作，组织遗体捐献亲属参与“博爱传承，生命永恒”缅怀公祭活动，开展遗体器官捐献宣传活动6次，累计登记遗体捐献志愿者100余人，接待遗体器官捐献咨询26人次。(刘彩霞)

【博爱家园建设】 2021年，扬中市红十字会在江洲路社区“博爱家园”、新联社区“博爱家园”的基础上，新增新坝立新村、联合村2个“博爱家园”，依托“博爱家园”建设，建立红十字志愿服务队，开展养老照护、应急救护知识培训、人道救助等志愿服务工作。 (刘彩霞)

【红十字会组织建设】 2021年9月29日，扬中市红十字会召开第四次会员代表大会，选举产生新一届理事会和监事会。表彰2015—2020年红十字工作先进集体、先进个人和优秀基层组织，回顾总结第三届理事会所开展的工作和取得的成绩，谋划部署未来五年红十字事业发展的目标任务和思路举措。大会聘请市委书记、市长为名誉会长，选举产生会长、常务副会长、副会长、兼职副会长、挂职副会长、监事长。建立理事会决策、监事会监督的新型治理结构。深化内部改革，加强内部管理，增设监事会办公室内设机构，股级建制，健全依法决策、依法执行、依法监督工作机制。(刘彩霞)

军 事

人民武装

【概况】 2021年,扬中市人民武装部(以下简称扬中市人武部)党委坚决贯彻党中央、中央军委和习近平总书记决策部署,在镇江军分区党委和扬中市委的坚强领导下,围绕庆祝中国共产党成立百年,突出举旗铸魂强引领,瞄准备战打仗强能力,深化改革创新强质效,坚持重心下移强基础,从严正风肃纪强保证,人武部全面建设呈现新气象,全市武装工作再上新台阶。(朱伟华)

【思想政治工作】 2021年,扬中市人武部深入学习贯彻习近平新时代中国特色社会主义思想和习近平强军思想,持续深化党管武装工作,坚定维护军委主席负责制;召开市委常委议军会,研究规范国防动员领域组织领导、关系协调、检查督导、综合评估等各项机制。坚持把抓好党史学习教育作为贯穿全年的重大政治任务,突出学习好中国共产党成立百年庆祝大会、中共十九届六中全会等重要精神,组织集中学习16次和专题研讨3次,通过开展百则故事"颂党恩""我为群众办实事"等主题实践活动,推动解决民兵训练基地水网增压改造和万福村、东来村挂钩帮建等实事项目,提高学习教育的针对性和实效性。(朱伟华)

【练兵备战工作】 2021年,扬中市人武部坚决贯彻统帅训令,落实党委议战议训,研究备战打仗有关工作,切实立起大抓练兵备战鲜明导向。根据任务特点修订各类方案计划,经常性组织拉动演练,始终保持规范良好的战备状态。组织民兵应急连排轮训备勤和防汛抢险分队、公路护路分队等集中训练,提升应急应战能力。组织专武干部参加省军区、军分区集中培训,选送民兵骨干参加"四会"(会讲、会做、会教、会做思想工作)教练员封闭拓展式训练,基层武装工作队伍训练成果受上级肯定。(朱伟华)

【国防动员工作】 2021年,扬中市人武部联合市政府下发民兵组织整顿工作方案,重点把住规模、布局、编兵单位、保障等关键要素,突出"在位率"建实应急力量,围绕"对口率"建优专业力量,着眼"贡献率"建强特殊力量,完成基干民兵整组任务,年度民兵工作量化考核排名位列镇江第一、全省第三。对接经济发展局、统计局等业务部门,协同完成国防动员潜力数据采集核查工作,为上级首长机关指挥决策提供重要数据支撑。适应"一年两征"新形势,精准发动大学生入伍,为应征青年提供"一站式"服务保障,完成新兵征集任务。(朱伟华)

【精准抓建工作】 2021年,扬中市人武部贯彻军委基层建设会议精神,依据新修订《军队基层建设纲要》,组织党委委员挂钩帮建,结合主题教育形成3篇调研成果,为精准抓建基层提供重要参考。学习运用省军区正规"四个秩序"(正规战备、训练、工作、生活秩序)专题集训成果,强势推进人武部"四个秩序"规范化建设。对照《基层武装部规范化建设》要求,指导镇(街、区)人武部抓好"三室一库"(办公室、资料室、执勤室、战备器材库)改造升级,基层人武部规范化建设全部达标。开展"学习贯彻新条令""百日安全竞赛"等活动,落实安全分析、情况通报、风险评估等制度,规范军车、油料管理和运行秩序。严格疫情防控各项措施,针对镇江周边风险叠加的严峻形势,精准抓好人员管控、营区封控、防疫消杀、体温检测等工作,坚决做到"零感染"。(朱伟华)

武装警察

【概况】 2021年,武警扬中中队以习近平强军思想为指导,始终聚焦百年大庆主线,深入贯彻总队、支队两级党委决策部署,围绕"凝心聚力开新局、紧张快干抓规范、聚焦大庆保稳定、对照目标求实效"工作思路,坚

决听党指挥,狠抓练兵备战,扎实打牢基础,聚焦中心任务,中队建设呈现稳中有进、向上向好发展的发展态势。 (华斐)

【思想政治工作】 2021年,武警扬中中队着眼中国共产党成立百年抓引领,深入学习贯彻习近平总书记"七一"重要讲话精神和中共十九届六中全会精神,精心组织党史学习教育,认真落实习近平总书记最新重要讲话、指示批示随到随学机制,统筹抓好开年教育、主题教育、新兵教育、经常性教育和战斗精神培育,组织读书演讲、知识竞赛、歌咏比赛、表彰联欢和革命电影晚会等活动,纪念中国共产党成立100周年大庆氛围浓厚,铸魂育人扎实有效,部队高度纯洁巩固。 (华斐)

人民防空

【概况】 2021年,扬中市人民防空办公室(以下简称扬中市人防办)围绕"战时防空、平时服务、应急支援"使命任务,推进人防建设。加强警报网点建设,全市有固定防空警报终端、移动警报终端若干,组织"9·18"警报试鸣,完成各人防专业队整组,新组建人防指挥工程抢险抢修专业队伍,科学按纲、按战、按岗开展训练。推进人防工程建设,开展人防工程标注标识工作。加强平战结合项目的维护管理。规范人防行政审批,营造良好营商环境,办理各类审批项目65件,办结65件,办结率100%。持续推进开展"双随机、一公开"和"互联网+监管"工作。开展人防宣传教育进企业、进社区、进机关、进学校、进网络、进乡镇"六进"工作,在全市乡镇(街道)、8所学校、20个社区开展宣传教育工作,在社区设立人防器材库,增强国防观念和防空意识。发挥人防教育体验馆宣教作用,通过观看操作、信息查询、实景体验等方式,学习防空防灾知识,提升群众自救互救能力。 (刘芳)

【"5·12"防灾减灾宣传】 2021年5月12日是第13个全国防灾减灾日,扬中市人防办联合"六进"单位,围绕"防范化解灾害风险,筑牢安全发展基础"主题,开展宣传活动。组织东来村、长旺街社区、长胜村开展防空减灾宣传。各社区通过横幅、电子屏、宣传栏向居民普及防空减灾知识,发放人防知识读本1000余本、宣传单2000余份。开展"防空减灾进校园"宣传活动,组织外国语中学部分年级学生300余人次参观人防教育体验馆,通过现场观看视频、体验防灾科技,增强学生防空减灾意识,提高自救互救技能。开展广场宣传活动。在城区扬中商城门前,设立宣传展台,向市民发放人防知识读本、宣传纸杯及应急包,宣传人防法律法规及防空减灾知识。开展防灾减灾进企业。组织开展全市人防工程安全生产大检查,全面检查人防工程水、风、电、消防、排污系统。组织人员参观应急减灾和救援博览会、长江三角国际应急减灾和救援博览会,学习应急救援前沿科技,提高应急保障能力水平。 (朱江)

"5·12"防灾减灾宣传 (人防办供图)

【第33届科普宣传周开幕式暨广场活动】 2021年5月22日,扬中市第33届科普宣传周开幕式暨广场活动启动,主题为"百年回望:中国共产党领导科技发展"。人防办开展人防知识和法律法规的科普宣传,结合自身实际,设立咨询展台,摆放人防科普知识展牌供市民参观,现场向市民发放人防知识读本、人防法律法规读本500余本,宣传纸页600余份及部分应急包。 (朱江)

【人防工程标识标注】 2021年,扬中市人防办开展人防工程标识标注工作,对照江苏省人民防空工程标识技术规定,在各人防工程入口处和内部设置人防工程指示牌、示意图,标识人防墙体、车位等。"人防墙体,严禁破坏"等提示语也时刻提醒着居民要保护好战时护佑生命的"地下长城"。 (刘芳)

【人防疏散演练】 2021年9月16日,扬中市人防办组织外国语中学部分班级师生在人防教育体验馆开展疏散演练活动。活动分两个部分:第一部分辨别不同类型的警报声,由教室场景经过空袭过后的残破街道,疏散至人防工程内,听到警报声后有序疏散。第二部分是由室外疏散至人防工程内,人防移动指挥车拉响防空警报,学生分两路纵队,由室外向人防工程内疏散并关闭人防门。活动进行人防工程内各类设备的使用方法讲解,包括防护门的使用、如何辨别防空警报种类、如何防化洗消、如何排风滤气等。在人防体验馆内,学生通过观看操作、信息查询、实景体验等,生动、立体、全方位地学习防空减灾知识,感受防空减灾过程。人防办为每位学生发放人防知识读本、人防宣传资料及部分宣传品。通过疏散及宣传教育活动,提升学生的防空减灾意识和自救互救能力。　(刘芳)

组织疏散演练　(人防办)

双拥共建

【概况】 2021年,扬中市按照新时代党的建设总要求,加强退役军人事务工作,建立健全组织管理体系、工作运行体系、政策制度体系。促进加大就业创业力度。定期组织退役军人专场招聘会,鼓励社会团体多接收安置退役军人,同等条件优先录用退役军人;组建扬中市退役军人创业指导团队,力推退役军人创业孵化基地建设;举办退役军人创业培训等,引导退役军人自主创业。增强安置政策刚性执行,压实机关、事业单位、国有企业接收安置退役军人主体责任,开发更多适宜退役军人的工作岗位,提高安置质量。完成军转干部、符合政府安排工作条件退役士兵安置任务。严格落实优待抚恤政策。持续开展春节、“八一”期间的慰问和走访活动,落实好各类优待抚恤补助标准,做好伤残军人、参战参试等人员核查认定工作,建立完善退役金、抚恤金、优待金等标准自然调整机制,做好军休干部、伤病残退役军人移交接收工作,提升军休服务质量。持续浓厚拥军褒扬氛围。配合市委市政府慰问驻镇、驻扬各部队,组织志愿者到军营开展共建联欢,完成部队办实事项目,部队帮助解决难题。组织接待“烈士陵园祭扫”活动,主动上门为退役军人及烈军属家庭悬挂光荣牌,坚持敲锣打鼓送喜报制度,开展“最美退役军人”和“最美拥军人物”评选活动。发挥“市、镇(街区)、村(社区)、优抚联络员”四位一体的网格化管理模式优势,优抚对象联络员定期上门服务,对退役军人思想动态风险研判,矛盾纠纷第一时间处置。定期印发退役军人事务局信访专报。　(陶慧萍)

【优待抚恤】 2021年,扬中市做好优待抚恤工作,及时准确发放各项抚恤补助金,保障优抚对象生活待遇。及时准确拨付在职残疾军人抚恤金和参战人员、老兵、老烈属、老复员军人遗属、补差人员生活补助金,拨付水电气补贴和付优抚对象节日补助金,发放企退专项慰问金。完善优抚服务措施。开展走访慰问活动,春节和“八一”慰问各类优抚对象,重点慰问优抚对象代表及困难退役军人,普遍慰问重点优抚对象及领取定期定量补助的老兵、满60周岁的烈士子女,拨付慰问金;向各类优抚对象发放荣誉性慰问品,组织重点优抚对象开展短期疗养活动,各镇(街道)组织优抚对象参加短期疗养活动。做好新增优抚对象身份确认工作。为老兵申报生活补助、退役残疾军人提交换发残疾军人证申报,申报带病回乡退伍军人待遇提交材料。为扬中市在职、在乡残疾军人申报更换新版残疾军人证,符合换证条件的残疾军人证换证率100%。　(陶慧萍)

【就业创业安置】 2021年,扬中市做好退役军人就业创业安置工作。完成全市部分退役士兵基本养老保险集中补缴“清零”工作。发放自主就业退役士兵一次性经济补助金,发放下岗、失业转业志愿兵(士官)生活困难补助,发放医疗保险补助和企业军转干部地方性补贴。以就业创业为根本,推进退役士兵就业创业工作。举办春季退役军人专场招聘会,完成镇江市首届“创业之星”评选工作,完成高质量发展考核退役军人就业创业率的考核任务。　(陶慧萍)

【双拥共建工作】 2021年,扬中市以争创省级双拥模范城为契机,以“九创”工作为抓手,召开市双拥工作领导小组成员会、双拥工作座谈会、双拥“九创”推进会、“九创”重点工作督办会等,出台2021年双拥工作实施意见,列出33项年度重点工作,明确各单位的任务目标,指导全年双拥工作。高标准做好全国退役军人示范服务中心(站)考核验收工作,首批参加创建的七家退役军人服务中心(站)全部通过考核验收。春节期间,配合市委市政府慰问驻扬各部队，组织志愿者到军营开展共建联欢活动。联合市妇联“兵妈妈”工作室，组织开展“兵妈妈”庭院围聊会、为“兵妈妈”免费体检等活动；长江拥军社开展“2021致敬老兵行活动”、共度端午节、军民争做雷锋、慰问应征入伍新兵等活动，融洽军政军民感情，浓厚拥军氛围。推荐获评省双拥示范基地1个，省“最美拥军人物”1人。 （陶慧萍）

【退役军人返乡欢迎大会】 2021年9月18日，扬中市举行2021年退役军人返乡欢迎大会。欢迎大会由返乡的退役军人合唱《整装再出发》开幕。大会分为3个篇章：光荣返乡、激流勇进、壮阔征程。欢迎仪式上，市委书记张德军代表市委、市政府向全体返乡的退役军人表示热烈欢迎，向退役军人志愿者领队授旗，寄语退役军人，退役不褪色、永远跟党走，投身家乡的经济发展中去，为家乡高质量发展再立新功。 （陶慧萍）

9月18日，扬中市举行2021年退役军人返乡欢迎大会 （退役军人事务局供图）

【退役军人专场招聘会】 2021年3月20日，2021年市退役军人春季专场招聘会在市人力资源服务大厅举行。专场招聘会由扬中市退役军人事务局、扬中市人力资源和社会保障局主办。招聘会上，有金融、电力、机械、物业管理、运输物流、房地产开发等26家规模企业参加，现场提供服务、销售、管理、保安、车间工等就业岗位。全市各镇（街区）退役军人进场求职，其中若干退役军人与用人企业达成初步就业意向。 （陶慧萍）

【烈士公祭活动】 2021年9月30日，扬中市在烈士陵园举行公祭活动，缅怀革命英烈、追思不朽忠魂、颂扬崇高精神，汲取争先高质量发展、领跑现代化征程的奋进力量，不断创造江中明珠新的更大荣光。市委书记张德军整理花篮缎带并宣读祭文，市长贾晟主持烈士公祭活动。公祭仪式上，奏唱中华人民共和国国歌，少先队员代表献唱《我们是共产主义接班人》，武警官兵向革命烈士敬献花篮，全体人员向烈士纪念碑行三鞠躬礼。市四套班子领导出席活动，各镇街区、市级机关各部门党政主要负责人，离退休老干部、烈士家属、青年团员、党员义工、社会团体和学生代表约700人参加活动。公祭结束前，所有人员瞻仰烈士纪念碑，在散葬烈士墓区向烈士献花。 （陶慧萍）

9月30日，烈士公祭活动 （退役军人事务局供图）

【退役士兵返乡“一站式”报到】 2021年9月，扬中市秋季退役士兵返乡报到工作在退役军人服务中心启动。市退役军人事务局探索退役士兵报到、落户、社保接续、教育培训、复学复读、信息采集、政策咨询、预备役登记等事项“一站式”服务机制，公开报到流程，实现一门受理、多部门联办、高效办结，提供专业化、人性化、亲情化服务。开展全员适应性培训、就业创业培训、技能培训和学历培训等工作，全面助力退役士兵迈好工作转轨、事业转型、人生转折的关键一步。

（融媒体中心）

法 治

政法委及综治

【概况】 2021年，扬中市政法系统开展政法队伍教育整顿，推进“扫黑除恶”专项斗争和重点行业整治，探索县域社会治理创新，政法各项工作迈上更高水平。法治建设满意度91.32%，群众安全感99.5%，持续保持镇江前列。矛盾纠纷多元化解、平安法治先进村(社区)创建等特色工作得到镇江市委分管领导高度肯定并在镇江推广。 (何雪峰)

【综治平安建设】 2021年，扬中市全面加强市委对社会治理和平安建设的组织领导和统筹协调，出台系列文件，健全架构，明细职责。高位构建贯通市、镇(街道)、村(社区)三级平安建设组织推进体系，构建“1+N”(1指代平安建设五年纲要；“N”指平安扬中责任制，平安法治考核任务书，平安法治村(社区)创建实施方案等)制度体系，搭建平安扬中建设的“四梁八柱”。推进社会治理现代化先进镇、街道创建，新坝镇、经开区(兴隆街道)获镇江市表彰。探索“平安法治先进村(社区)”创建活动，评选出首批10个村(社区)。开展“红色网格”建设，全面激活网格内的“红色细胞”。成立“扬中网格学校”，完善网格员常态化培训体系，网格化服务管理群众知晓率和满意度保持镇江前列。 (何雪峰)

【法治建设】 2021年，扬中市委政法委依法推动47家企业有序退出市场，民商事案件平均审理天数比上年下降34.43%。组织政法各单位参与涉“恒大”楼盘等纠纷处置，主动研判风险、提供法律意见。推进涉案企业合规改革试点工作，对4家企业相关涉案人员开展羁押必要性审查，打造“信得过”服务高质量发展品牌，全力当好助力产业强市的“店小二”。制定法治扬中、法治政府建设规划，有效落实党政主要负责人履行法治建设第一责任人制度。被省委依法治省委员会表彰为“争创全国法治政府建设示范市县先进地区”，市法治宣传教育领导小组被表彰为“2016—2020年全国普法工作先进单位”，全市民主法治示范村占比56.5%。 (何雪峰)

【“扫黑除恶”工作】 2021年，扬中市推进“扫黑除恶”专项斗争，相继突破胡某某恶势力犯罪集团案、杨某某恶势力犯罪团伙案。制定《扬中市关于常态化开展“扫黑除恶”专项斗争巩固专项斗争成果的实施意见》，建立健全扫黑除恶斗争5项机制。破获涉黑涉恶九类案件37起，扣押涉案资产240余万元，公诉“九类案件”犯罪嫌疑人82人。群众对“扫黑除恶”的满意率明显提升，省委政法委领导专题督导时给予充分肯定。(何雪峰)

【红色网格建设】 2021年，扬中市开展红色网格建设，出台《“红色网格”建设方案》，在全市基层治理的最小单元格内，注入“红色基因”，激活“红色细胞”，实现党的组织和工作在网格全覆盖，努力实现“四个一”(统筹治理“一盘棋”、上下联动“一条心”、凝聚共治“一股劲”、服务居民“一家亲”)。7月13日，扬中市委政法委召开“三官一律”(法官、检察官、警官、律师)进网格暨“红色网格”建设现场推进会，对全市14个“红色网格”试点村(社区)授牌。截至年末，全市建成红色网格14个。 (何雪峰)

红色网格试点村太平村 (政法委供图)

【重点行业整治】 2021年，扬中市聚焦信息网络、自然资源、交通运输、工程建设、金融借贷五大行业领域整治，以打击为先、防控为基、监管为重、立制为本、明责为要，带动重点行业领域整治持续深入开展，破获网络犯罪案件58起，抓获犯罪嫌疑人163人，追缴涉案金额9407万元，查获各类交通运输违法行为100余起。 （何雪峰）

【政法队伍教育整顿】 2021年3月9日，扬中市政法系统深入开展为期半年的政法队伍教育整顿。高标准完成学习教育、查纠整改、总结提升各个环节工作，得到中央第六督导组、省驻点指导组的肯定。有序有效推进党史学习教育和政法队伍教育整顿融会贯通、贯穿全年、覆盖全警，开展政治轮训118期，覆盖5090人次。坚持“开门搞整顿”，突出问题导向、群众导向，累计召开各类征求意见座谈会64场、新闻发布会9场。开展谈心谈话957人次，全市有30名干警主动说明问题；处理处分违纪违法干警29人。综合运用“六查”（举报线索核查、涉黑涉恶案件（线索）倒查、重点案件评查、涉法涉诉案件清查、法律监督专项检查、智能化数据排查）工作法，核查涉法涉诉信访案件线索218件，办结率100%。聚焦“6+1+N”顽瘴痼疾（6指整治违反防止干预司法“三个规定”问题，整治违规经商办企业和配偶、子女及其配偶违规从事经营活动问题，整治违规参股借贷问题，整治有案不立、压案不查、有罪不究问题，整治违规违法减刑、假释、暂予监外执行问题，整治法官检察官离任后违规从事律师行业充当司法掮客问题；1指扬中市选定的执法司法不严格不规范、群众对政法机关和执法队伍工作满意率不高问题；“N”指政法各单位选取1个自身存在的突出问题），强化数据比对和分析研判，政法单位组织排查相关信息1636条，建立问题清单，排查整改“病灶”89个。一体推进“查、改、治、建”，出台正风肃纪、执法司法制约监督、素质能力提升、政法干部交流轮岗等建章立制文件77份。聚力教育整顿“回头看”和做好“后半篇”文章，全面落实省驻点指导组反馈意见整改，结合扬中实际，细化制定整改措施26条，全部落实到位。健全完善重点涉法涉诉信访案件督办、涉法涉诉信访问题办结化解、司法救助等工作机制，强化“三个规定”（《领导干部干预司法活动、插手具体案件处理的记录、通报和责任追究规定》《司法机关内部人员过问案件的记录和责任追究规定》《关于进一步规范司法人员与当事人、律师、特殊关系人、中介组织接触交往行为的若干规定》）宣传贯彻落实，以教育整顿成效助推各项任务落地落实。政法队伍呈现新气象，涌现出一批先进典型。 （何雪峰）

【扬中市网格学校成立】 2021年9月29日，扬中市委政法委与扬中市委党校联合成立扬中市网格学校，首批10名特约讲师获颁聘书，6家网格学校实践基地授牌。网格学校以“1+6+N”为载体开展网格员培训。“1”即一个培训中心，以课堂培训的方式对全市网格员开展集中授课；“6”即六家“实践基地”，在立新村、会龙村、八桥村、西来桥村、友好村、双跃村分别设立网格学校实践基地，配备“基地辅导员”；“N”即若干名特约讲师，专门聘请10名特约讲师，面向网格员开展辅导授课，推进网格员向“全科、全能”的方向迈进。扬中的网格员队伍建设迈向规范化、专业化、职业化。截至年末，网格学校举办培训3场，累计培训网格员400余人。 （何雪峰）

9月29日，扬中市网格学校成立 （政法委供图）

【扬中市法学会换届】 2021年12月16日，扬中市法学会第二次会员代表大会召开。会议听取第一届理事会工作报告，就第二届理事会建议人选说明，通过选举办法并选举产生第二届理事；听取市法学会第二届常务理事会组成人员建议人选的说明，选举产生第二届会长、副会长、秘书长、常务理事，审议相关决议（草案）；通过第一届理事会工作报告等决议。会议选举市委常委、政法委书记王汉英担任扬中市法学会第二届理事会会长，选举常务副会长1名、副会长6名、秘书长1名、常务理事25名。 （何雪峰）

法治政府建设

【概况】 2021年，扬中市以法治政府建设示范市创建为抓手，深入推进法治政府建设，推动依法治市工作和“法治扬中”建设再上新台阶。市委全面依法治市委员会办公室统筹法治扬中、法治政府、法治社会一体化建设，重点以争创全国法治政府建设示范市为抓手，通过

谋划部署，扎实推进实施；8月，被命名为全国法治政府示范创建先进地区。（包拥琴）

5月13日，市委全面依法治市工作暨全国法治政府示范创建推进会议召开（融媒体中心供图）

【行政复议体制改革】 2021年，扬中市司法局推进行政复议体制改革，制定扬中行政复议改革方案，市政府主要领导切实履行第一责任人职责，把行政复议规范化建设列入市政府重要议事日程，主持研究行政复议体制改革事项，听取行政复议重大案件专题汇报。经多方争取、沟通，为行政复议体制改革保障编制、经费、规范化场所，实现复议案件统一受理、统一审理、统一决定，加强行政复议规范化建设，如期完成行政复议改革。全年收到行政复议申请30件，受理27件，2020年结转1件，已办结26件，其中终止20件，维持4件，驳回2件，行政争议实质性化解率76.9%。（包拥琴）

【行政规范性文件清理】 2021年，扬中市司法局在全市范围内完成五次行政规范性文件清理工作，包括一次常规清理和四次专项清理。常规清理行政规范性文件123件，其中废止和宣布失效11件，待修订13件，继续有效99件；四项专项清理工作分别涉及长江流域保护、行政处罚法、计划生育和外商投资等方面的行政规范性文件。（陈浩南）

【行政执法证件换证考试】 2021年10月，扬中市司法局组织全市各行政执法单位梳理报送执法证年检和申领人员名单，38个行政执法单位，944名行政执法人员参加线上培训。12月12日，司法局对交通运输局、农业农村局、文体广电和旅游局、应急管理局、市场监管局5个综合执法部门启动首批全国统一样式行政执法证件核发工作，186位行政执法人员集中闭卷考试，提高全市行政执法人员履职水平。（高欢）

公　安

【概况】 2021年，扬中市立刑事案件1748起，破刑事案件572起，破案率32.7%；查获刑事作案成员762人，公诉529人，抓获网上在逃人员54人，查处治安行政案件2791起、治安行政处罚595人。严厉打击整治各类经济犯罪，立经济犯罪案件30起，抓获犯罪嫌疑人45人。开展矛盾纠纷滚动排查调处工作，配合相关部门有效化解劳资、安全事故、环境污染等各类矛盾纠纷1800余起。（朱昌盛）

【车管业务】 2021年，扬中市公安局车管所办理注册登记汽车2850辆、“三小车”（电动车、燃油助力车、摩托车）286辆，检验汽车6559辆、“三小车”466辆，新办“三小车”驾驶证335本，汽车驾驶人补、换证13253本，审验驾驶人2283人。截至2021年年底，全市机动车保有量7.87万辆，登记机动车驾驶人14.6万人。（朱昌盛）

【道路交通事故分析】 2021年，扬中市接报道路交通事故类警情15684起，其中受理4910起，死亡18人，伤1138人，直接经济损失85.37万元，事故起数比上年上升11.7%，死亡人数下降28%，伤人数增长22.63%，直接经济损失下降25.73%。事故特点：从人的角度分析，肇事者以青中年为主，受害人以中老年为主。交通肇事者中，41~50岁、51~60岁为交通肇事人员年龄集中段，致10人死亡，占总死亡人数的55.56%。交通事故受害者中，31~40岁年龄段交通事故死亡人员3人，占总死亡人数的16.67%；61岁以上年龄段交通事故死亡人员9人，占总死亡人数的50%。从车辆角度分析，汽车、非机动车肇事情况较为突出。驾驶汽车肇事发生交通事故15起，致15人死亡；驾驶非机动车肇事发生交通事故1起，致1人死亡。从道路角度分析，238省道、县道是引发交通死亡事故的重点路段。238省道发生的道路交通死亡事故7起，致7人死亡，分别占总数的38.89%、38.89%；县道发生的道路交通死亡事故5起，致5人死亡，分别占总数的27.78%、27.78%。从交通违法行为角度分析，机动车肇事违法行为中，不按规定让行、观察疏忽、醉酒（饮酒）驾驶、肇事逃逸等重点违法行为是致人死亡的主要原因。非机动车肇事违法行为中，闯红灯、路口不按规定让行、横过机动车道未下车推行等重点违法行为是致人死亡的主

要原因。 (朱昌盛)

12 月 2 日，第十个“全国交通安全日”主题活动暨扬中市道路交通安全宣传教育基地揭牌仪式（公安局供图）

【长江“禁捕”执法整治】 2021 年，扬中市公安局抓实抓细长江禁捕执法整治宣传、打击、防控等措施，查获非法捕捞违法行为 36 起、违法人员 37 人，其中立刑事案件 5 起，抓获涉案犯罪嫌疑人 10 人，转交渔政执法部门行政处罚 31 起、26 人；查扣渔获物 320 千克。 (朱昌盛)

【公共安全专项整治】 2021 年，扬中市公安局组织开展道路交通、群租房、危险物品、寄递物流、重点目标等安全隐患专项整治行动，全市未发生重大安全事故。排查整改各类道路交通安全隐患 107 处，现场查处各类道路交通违法行为 8.36 万起。排查群租房 200 余户，发现整改安全隐患 152 处。检查涉危单位 165 家次，发现整改安全隐患 31 处。检查寄递业网点 100 余次，发现整改治安隐患 82 处。检查重点目标单位 500 余次，发现整改安全隐患 23 处。严格校园安全监管，发现整改安全隐患 21 处，在 52 家中小学校和幼儿园设立护学岗。 (朱昌盛)

【执法规范化建设】 2021 年，扬中市公安局以省公安厅“六六战略”(六大警务、六大工程)实践示范点、全省执法办案管理中心等级创建为契机，全力推进“执法办案管理+合成作战” 融合机制建设，“执法办案管理+合成作战”互融互促双提升项目获评镇江市公安局“十佳改革创新项目”，被镇江市公安局以现场会的形式进行推广。组织开展全市公安机关第四届执法技能大赛，全国法律职业资格考试、高级执法资格考试通过率在镇江领先。连续 8 年被江苏省公安厅评为“执法办案示范县级公安机关”。 (朱昌盛)

2021 年扬中市暂住人口情况统计表

表 5 单位：人

	合计	性别		暂住时间				来自地区				居住处所						
		男	女	半年以下	半年至一年	一年至五年	五年以上	省内		省外		租赁房屋	单位内部	工地现场	旅店	居民家中	自购房屋	其他
								乡村	城镇	乡村	城镇							
合 计	56758	36425	20333	8423	8037	34139	6159	18089	1270	31023	6376	1803	5743	1762	66	42687	2193	2504
务 工	45144	30141	15003	7734	6921	26722	3767	14483	907	25298	4456	1131	5340	1723	49	33548	1439	1914
录(聘)用	14	7	7	0	4	10	0	10	0	4	0	0	7	0	0	6	1	
投资经商	2098	1248	850	164	156	1369	409	621	61	1037	379	282	61	2	1	1402	202	148
务 农	3207	1871	1336	32	68	1893	1214	1011	110	1441	645	68	131	13	5	2712	64	214
服 务	2113	970	1143	216	358	1454	85	594	45	1207	267	184	91	4	9	1623	127	75
就 读	2012	1109	903	148	204	1334	326	582	54	1043	333	86	60	11	0	1640	144	71
随迁学龄前子女	82	42	40	21	14	46	1	17	1	51	13	0	0	0	0	73	4	5
治病疗养	11	7	4	1	4	6	0	7	0	3	1	0	0	0	0	10	1	0
投靠亲属	470	221	249	64	138	261	7	195	17	225	33	8	9	2	0	374	67	10
探亲访友	355	104	251	8	42	246	59	125	18	174	38	8	9	0	1	310	19	8
其 他	1252	705	547	35	128	798	291	444	57	540	211	36	35	7	1	989	125	59

说明：统计时点为 2021 年 6 月 30 日 24 时。 (朱昌盛)

检 察

【概况】 2021年,扬中市检察院坚持"以精取胜"的主基调,以精准履职、优化服务为主线,重教育、抓整顿,促优势、补短板,创精品、强素能,推动"四大检察"(刑事检察、民事检察、行政检察、公益诉讼检察)全面协调充分发展。全年受理公安机关提请批准逮捕案件123件、165人,经审查批准逮捕102件、127人,受理移送起诉案件378件、536人,经审查提起公诉321件、489人。3件案件入选全国、全省典型案例或被公开发布,获得"全国检察机关扫黑除恶专项斗争优秀集体""全国检察宣传先进单位""江苏省文明单位"等称号。(丁泰)

【民企发展护航】 2021年,扬中市检察院在办理民企及关键岗位人员涉罪案件过程中,通过实地走访、调取资料等方式,主动开展办案影响评估7次,制发刑事风险提示函5份,降低企业违法风险。发挥认罪认罚从宽、羁押听证等制度机制。探索企业合规工作,研究课题《涉案企业刑事合规路径探析》被省检察院立项。组织开展涉企普法活动4次,赠送《企业常见法律风险防控手册》200余份,提高企业家和员工的风险防范意识。(丁泰)

【"断卡"专项行动】 2021年,扬中市检察院办理非法开办贩卖电话卡、银行卡等审查逮捕案件7件、10人,一审公诉案件5件、15人。组织14名法治副校长走进辖区内大、中专院校开展"断卡"行动进校园活动,提高学生防范电信网络诈骗的意识与能力,遏制校园电信网络诈骗持续高发态势。依法对公安部挂牌督办的一起受骗人数超600人的重大电信诈骗案31名被告人提起公诉,促使其中9名被告人在检察环节退赃15.8万元。(丁泰)

【未成年人司法保护】 2021年,扬中市检察院持续落实"一号检察建议",办理性侵未成年人犯罪5件、5人,均及时提供司法救助及心理疏导。与公安局、教育局共同会签入职查询文件,对全市3647名在职及拟入职教职员工开展入职查询,确保不存在性侵类违法犯罪记录。5月,办理的全省首例检察机关支持起诉异地撤销监护权案获法院宣判,案件通过"异地协作+综合救助+支持起诉",严惩性侵未成年人犯罪,成功解决被害人监护缺失问题,促使其被纳入困境儿童保障体系。(丁泰)

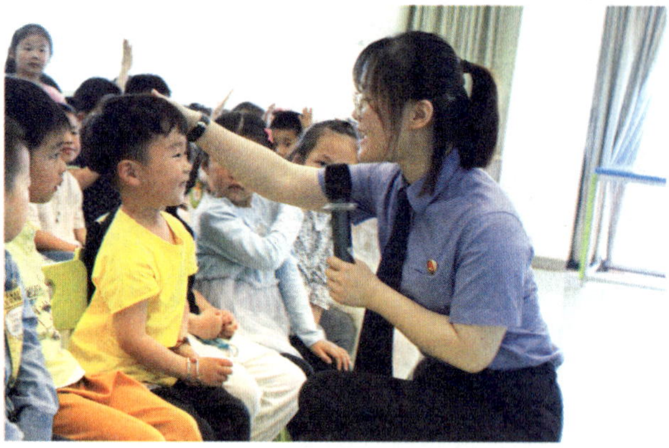

5月25日,"知心姐姐"团队开展普法进校园"快闪"活动 (检察院供图)

【社会矛盾化解】 2021年,扬中市检察院落实"群众信访 件件有回复"制度,妥善处理115件群众来信来电来访,回复率100%。全面推动检察听证工作落地落实,5名院领导、1名部门负责人主持开展听证会9次,邀请人大代表、政协委员、人民调解员40余人次,内容涵盖行政公益诉讼、羁押必要性审查、司法救助等案件,以检察履职新方式提升检察办案新成效,确保公正履职。常态化落实刑事和解制度,强化内外联动,推动刑事和解平台高效运行,全年成功调解刑事案件14件。(丁泰)

【民事行政检察监督】 2021年,扬中市检察院受理民事监督类案件18件,行政监督类案件4件。办理的"江苏某银行申请执行监督案"入选最高人民检察院第二十八批指导性案例。根据虚假诉讼办案团队真实办案经历编排的舞台剧《当"障眼法"遇上"火眼金睛"》在省、市检察院案例讲述会上获奖。跟进监督一起行政非诉强制执行案,协同法院执行罚款106万元,及时挽回国有资产损失。针对一起当事人不服残疾评定行政复议纠纷案,会同扬中市司法局多次调解,市残联为当事人再次复评,成功化解行政争议。(丁泰)

【公益诉讼】 2021年,扬中市检察院受理公益诉讼案件线索91件,立案审查71件,履行诉前公告程序22件,制发诉前检察建议书48件,提起行政公益诉讼1件。持续开展"长江大保护"专项行动,办理的"镇江市水利部门违法履行长江采砂监管职责行政公益诉讼案”被省检察院发布为公告案例。贯彻落实最高人民检察院“公益诉讼守护美好生活”专项监督活动，聚焦食品、药品、环境领域存在的问题，及时制发检察建议，取得良好的监督效果。探索公益保护新领域，提请市政府印发《扬中市消防安全专项整治三年行动实施方案》，推动道路、消防、安全生产、公共卫生等领域存在的痼疾得到及时整治。 （丁泰）

法 院

【概况】 2021年，扬中市人民法院受理各类案件7833件，比上年分别增长13.55%，办结7397件，增长16.09%。办案质效持续向好，综合质效水平位于镇江法院系统第一方阵。依法惩治刑事犯罪，保障更高水平的平安扬中建设，受理各类刑事案件347件，审结334件，结案率96.25%。牢固树立“法治是最好的营商环境”理念，围绕“中意百分百”营商环境服务品牌制定相应配套司法举措，提升“执行合同”和“办理破产”指标。服务供给侧结构性改革，通过破产清算使47家企业有序退出市场，清理债权债务10.18亿元，盘活闲置土地、厂房面积25.12万平方米。发挥民事审判纠纷调处、定纷止争功能，妥善审结各类涉民生案件733件。参与民法典“百场宣讲、百案释典”，组织民法典宣讲活动26场，发放《“漫”说民法典》等普法宣传手册3000余份，引导群众学典、用典。全年执结案件3987件，执行到位金额5.51亿元，有财产可供执行案件执结率100%。争先创优氛围浓厚，13个集体和个人获市级以上表彰。 （何维玉）

【案例入选江苏法院破产审判典型案例】 2021年2月22日，江苏省高院发布2020年江苏法院破产审判典型案例，扬中法院报送的佳明新材料科技有限公司、镇江昆泰新材料科技有限公司破产清算案入选。案件是人民法院在破产审判中贯彻绿色原则的典型案例。佳明新材料科技有限公司（以下简称佳明公司）、镇江昆泰新材料科技有限公司（以下简称昆泰公司）是两家位于江苏省扬中市的新型材料生产企业。受环保监管政策收紧、行业竞争加剧以及自身盲目扩张、经营不善等因素影响，2家企业先后进入破产程序。2家企业遗留下来大量环境有害物，其中佳明公司存放危化品472瓶（每瓶500毫升）、危险废物10.5吨、固体废物605吨，昆泰公司存放有危化品29.3吨。上述物品存放地点距离长江仅400余米，有害物处置稍有不慎，就可能对长江生态环境造成破坏。人民法院受理佳明公司、昆泰公司破产清算案后，在了解到2家企业存在大量危化品和固废物并有可能对长江生态环境造成严重污染后，第一时间主动向地方党委政府报告，会同相关部门就环境有害物对长江沿岸生态环境造成污染的潜在风险进行评估，要求管理人拟订处置预案，协调联络自然资源和规划、环保、公安等政府部门，明确职能分工，依法高效有序开展危化品和固废物移除工作，确保处置工作合法合规，协调属地公安机关做好危化品处置监管工作，由属地派出所出动警力，对处置工作进行全程监督并录像，确保移除、处置过程不发生污染事故，避免对长江沿岸生态环境造成破坏。 （何维玉）

【破产审判工作】 2021年，扬中市人民法院树立“法治是最好的营商环境”理念，围绕“中意百分百”营商环境服务品牌制定相应配套司法举措，提升“执行合同”和“办理破产”指标。服务供给侧结构性改革，通过破产清算使47家企业有序退出市场，清理债权债务10.18亿元，盘活闲置土地、厂房面积25.12万平方米。强化破产案件审限管控，推进简单破产案件6个月内审结，“三无”案件（无财产、无人员、无公司）平均审理周期降至80天。创新“限价+竞争+摇号”破产管理人选任方式，为圣灏公司破产清算案节约管理费用400余万元。强化善意执法理念，审慎办理保全案件，广泛适用“活封活扣”措施，尽可能减少诉讼对企业经营产生的影响。 （何维玉）

【“我为群众办实事”竞赛成果展评】 2021年7月1日，扬中市人民法院举行“我为群众办实事”竞赛成果展评活动。各支部推选出10名选手，聚焦加强涉民生案件执行、优化诉讼服务、提升审判质效、强化司法宣传等内容，汇报所在支部践行“我为群众办实事”活动的成效，全面展现、检验党史学习教育和队伍教育整顿成果，彰显扬中法院人的司法担当和为民情怀。

（何维玉）

【执行难题破解】 2021年，扬中市人民法院执结案件3987件，执行到位金额5.51亿元，有财产可供执行案件执结率100%。巩固拓展综合治理执行难格局，加强与公安等部门的联动协作，建立更加完善的“查人找物”配合机制。常态化开展集中执行，针对金融债权和涉农民工工资、抚养赡养等重点涉民生案件开展专项执行29次，出动干警334人次。推进执行模式数字化转型，切实整改辅助事项办理模块、标的物精细化管理系统等信息化工具运用不足问题，推进“854 模式”(原由办案法官独自承担的线上线下查人找物等 8 项事务性工作，改由执行指挥中心集约化、标准化、精细化办理；指挥中心为办案人员提供视频会商等 5 类技术服务，承担繁简分流、案件质效、执行案款、终本案件等 4 项贯穿执行全过程的管理职能)迭代升级。加大强制执行力度，及时向公安机关移送拒执犯罪线索，被告人张某某因拒不执行判决被判处有期徒刑九个月，实现打击拒执犯罪“零的突破”。9 月 23 日，扬中法院开展涉民生案件凌晨集中执行行动。重点选取民众关心的追索劳动报酬、抚养费纠纷、交通事故赔偿等 9 件涉民生执行案件，对有能力履行而拒不履行的被执行人加大执行力度。行动出动 16 名执行干警和 4 辆警车，拘传 7 人，执结 2 案，达成执行和解 5 案。镇江市广播电视台《法眼新观察》、镇江市委政法委和扬中法院官方抖音号全程直播，直播 2.5 小时累计吸引 90 余万人次观看，近万人留言、评论。 (何维玉)

【多元化纠纷解决机制】 2021 年，扬中市人民法院主动融入党委领导的诉源治理格局，引入第三方力量参与调解，建立完善“党委主导、政府推进、法院配合、全民参与、各类调解组织协同”的多元化纠纷解决机制。加大对“法官进网格”工作的督导考核力度，在全市各镇(街、区)设立法官联络点 14 个、巡回审判点 17 个、审务工作站 6 个，组织员额法官、法官助理 67 人结对网格化解矛盾纠纷，大量纠纷化于未发、止于未诉。坚持把非诉讼纠纷机制挺在前面，诉前分流案件 4445 件，比上年增长 14.55%。健全调解员和审判员协同调解机制，实行审判员参与诉前调解、调解员协助诉中调解，提高诉前分流案件调解成功率。 (何维玉)

【“谁执法谁普法”普法责任制】 2021 年，扬中市人民法院落实“谁执法谁普法”普法责任制，推动普法工作转型升级。法院坚持普法工作与法治实践相结合，把法治宣传教育融入法治实践全过程，在法治实践中加强法治宣传教育。把普法融入执法的全过程，案件审理过程即为普法过程，普法由静态变成动态，法律由“纸上的法”变成“现实中的法”。通过公开庭审，明理析法，零距离感受司法权威，普及法律知识。2021 年，开展法院开放日、巡回审理、就地办案、新闻发布等活动 40 余场。落实“谁执法谁普法”责任，参与民法典“百场宣讲、百案释典”，组织民法典宣讲活动 26 场，发放《“漫”说民法典》《民商事典型案例选编》《企业经营法律风险提示 100 条》《婚姻家庭典型案例选编》《防范“套路贷”虚假诉讼法律常识手册》等普法资料 3000 余份。坚持“公开是常态，不公开是例外”，扎实做好裁判文书上网、互联网直播案件工作，庭审直播 2507 场，公布裁判文书 1754 篇。 (何维玉)

4 月 29 日，扬法青年“五四”普法暨爱民实践活动
(法院供图)

司 法

【概况】 2021 年，扬中市司法局坚持以深化改革为抓手，以助力经济社会高质量发展为己任，凝心聚力展作为，加压奋进显担当，司法行政工作持续走深走实。2021 年，扬中市被省委依法治省委员会办公室表彰为“争创全国法治政府建设示范市县先进地区”；扬中市法治宣传教育领导小组被表彰为“全国‘七五’普法先进集体”。扬中市司法局先后被省司法厅表彰为“全省司法行政系统高质量发展先进单位”；被镇江市委表彰为“法治镇江先进单位”；司法行政整体绩效位列镇江第一。完成行政复议、社区矫正体制改革，获得省、市肯定；法律援助事项范围“负面清单”试点工作被中央电视台专题报道；后续照管、援法议事工作经验做法被全省推广；社区矫正工作受到省厅领导批示肯定；矛盾纠纷多元化解机制被镇江召开现场会推广。法治实事普惠大众，推进政府合同文件合法性审查，启动“八五”普法，推进“法援惠民生·拓展工程”，开展“律政先锋公益行”志愿者服务团队，落实 8 件惠民实事项目，打通为民服务“最后一公里”。政法队伍教育整顿及“回头看”活动深入推进，党史学习教育走深走实，“四风”问题有效整治，队伍面貌焕然一新。 (胡张林)

【律政先锋公益行】 2021年5月29日，扬中市举行“律政先锋公益行”专项行动推进会。扬中成立法律服务小分队6支，根据不同服务对象、服务内容制订具体服务计划，开展服务活动，采取一定方式督促常态化开展公益法律服务，引导和发动广大律师崇德向善、投身公益，承担社会责任。全年开展现场咨询服务1900余次；法治宣传350场次，发放宣传资料1000余份；为200余家企业提供“法治体检”；化解矛盾纠纷270起，涉及金额2300万元；参与处置突发事件32件。（高欢）

【优化律师行业管理】 2021年，扬中市开展律师行业突出问题专项治理，建立一村（社区）一法律顾问服务管理平台。一比一培优“律师进网格”，加大监督考核力度，线上服务端实时考核。举办防止干预司法“三个规定”律师行业宣讲会，召开“律师执业风险防范”研讨会，强化风险管理。扬中律师协会撤销协会党支部，成立5个律师事务所党支部，围绕律师党建重点工作、中心任务，强化党建引领、深化主题教育，推进律师行业党的建设。 （高欢）

【社区矫正工作规范化建设】 2021年，扬中市紧抓社区矫正体制改革，市镇两级成立社区矫正委员会。8月27日，扬中召开全市社区矫正委员会第一次全体（扩大）会议，解读社区矫正委员会工作规则、委员会办公室工作细则和委员会成员单位工作责任清单等。创新探索社区矫正帮扶工作站建设。11月，联合、丰裕、永勤、德云四个村（社区）矫正教育帮扶工作站挂牌运行。推行社区矫正“133”模式，强化社区矫正对象矫治帮扶。推行“1+1+2+N”后续照管模式，打造后续照管工作省级贯标示范点。 （高欢）

【法援惠民生】 2021年，扬中市司法局深化“法援惠民生·拓展工程”和法律援助“负面清单”试点，深度扩大法律援助事项范围，工作经验在省厅、司法部法援工作会议上交流。黄某某赡养纠纷提供法律援助案被省法律援助中心评为妇女儿童维权典型案例，被司法部案例库录用；王某某排除妨碍纠纷提供法律援助案被央视CCTV-12专题报道。 （高欢）

【公证服务优化】 2021年，扬中市司法局在民政局设立公证受理点，为当事人办理财产协议公证和未成年人教育抚养费的赋予强制执行公证，解决离婚当事人之间的财产纠纷。推行公证业务网上办理，通过视频会签、邮寄材料等方式远程签订代理手续，办理公证案件200余件。搭建网上办证系统，结合省司法厅出台的部分涉外案件跨省通办要求，在全国范围内受理学位证书、毕业证书、驾驶证书等涉外公证案件300余件，全年办理公证1900余件。 （郭林森）

【“法律明白人”培育工程】 2021年，扬中市法宣办将“法律明白人”培育工程纳入扬中市“八五”普法规划，以“每个网格培育1~2名‘法律明白人’”为目标，印发《扬中市“法律明白人”培育工作的实施意见》。建立市、镇、村三级管理模式，出台服务管理规定。以政法委综治中心网格数据为基础，重点从村（居）《两委》干部、调解员、大学生“村官”、综治网格员等人群中选拔，强化法律明白人队伍建设。创新“118+N”法律明白人培育会龙经验，“1”分别为创建“法润公益”联盟、建立指导员制度；“8”为发挥法律明白人“八大员”作用；“N”为开展N项活动。扬中市登记在册法律明白人331人，网格覆盖率100%，其中大专以上学历占81.2%；经过系统培训，授发全省统一编号的“法律明白人”资格证书。 （高欢）

【基层法治建设】 2021年，扬中市研究制定“八五”普法规划，全面启动“八五”普法，创新“三单两书”制度强化“谁执法谁普法”责任制落实，采取网络投票全民评选2021年度“十佳普法成员单位”。三茅街道滨江村、新坝镇新治村、油坊镇会龙村3个国家级民主法治示范村（社区）通过复核。扬中市“援法议事”工作经验在全省作交流发言，“援法议事工作站”建设实现村（社区）全覆盖，建设全国首家县级禁戒毒教育体验馆，打造兴商隆礼法治文化示范园。 （高欢）

【矛盾纠纷化解】 2021年，扬中市完善社会矛盾调解纠纷多元化解工作机制，实体化运行非诉讼纠纷服务中心，强化市、镇、村三级调解组织建设，设立金融商贸行业专业性调委会，实现家事调解工作室镇（街、区）全覆盖，矛盾纠纷多元化解经验为镇江现场会提供样板。全年调解纠纷4609件，调解率和调解成功率位列镇江第一。 （顾祥云）

经济管理

财 政

【概况】 2021年，扬中市全口径财政收入127.51亿元，比上年下降2.64%，其中一般公共预算收入38亿元，比上年增长8.54%；政府性基金收入53.69亿元，增长0.61%；社会保险基金收入5.94亿元；国有资本经营收入6.92亿元，增长22.09%。全口径财政支出134.89亿元，下降31.7%，其中一般公共预算支出66.23亿元，增长13.32%；政府性基金支出为61.76亿元，下降47.27%；社会保险基金支出5.94亿元；国有资本经营支出9614万元，增长162.25%。一般公共预算支出中，民生支出53.11亿元，占一般公共预算支出比重80.19%。

积极财政政策对冲疫情影响成效明显，税源经济活力加快复苏，应税销售总额同比增长32%，完成税收收入30.4亿元。根据全年经济发展形势，动态做好收入组织工作，全年完成一般公共预算收入38亿元，增长8.54%，增幅明显加快，位居镇江前列。巩固“三保”支出在预算保障中的首要位次，切实发挥财政基石作用，实现基本民生、运转和工资等方面的支出22.18亿元。加强对重大战略任务的财力保障，保持适度支出强度，实施100万元以上重点专项项目166个，投入资金13.87亿元。实行限额管理行政运行成本，市本级“三公”经费和一般性支出同比分别下降21.06%、25.27%。调入资金16.42亿元，实现一般公共预算收支平衡。持续加大对上争取力度，全年争取上级转移支付资金7.2亿元，加强预算执行情况动态监测，盘活沉淀存量资金2.55亿元，库款保障水平稳定在合理区间。

执行各类惠企政策，新增减税降费规模4.25亿元，缓征税费2.52亿元，发放各类涉企奖补资金1.67亿元。发放转贷周转金、“苏科贷”等，政策性融资规模40亿元以上，实行“小微贷”“园区保”。安排专项资金1470万元，保障“才聚江洲”人才新政实施。科技领域投入2.98亿元。加大支持“三农”工作，兑现市委一号文件2119万元，增长10.87%，发放各类涉农补贴1316万元。运用政策性农业保险防灾减灾，保额规模850万元，理赔590万元。水利基础设施建设维护投入1.01亿元，开工新建兴隆港、六圩港等闸站，做好全市各类河道、农田水利设施管护。实施农村“一事一议”公益性项目13个。拨付全国文明城市创建专项资金1040万元，解决投入不足类问题23件。安排487万元，针对背街小巷、交通秩序等重点领域，支持“六大专项行动”集中开展，其中维修出新道路5.6万平方米。安排172万元，推进33个小区更新，完成多个老旧小区的居民线缆整治工作。

社会保障领域投入7.45亿元，增长4.78%，城乡居民基础养老金、城乡最低生活标准、残疾人两项补贴、孤儿基本生活保障、特困人员护理补贴、义务兵优待金等普惠性社保政策继续提标。支持全民参保计划深入实施，全市参保人员规模14.05万人。养老领域投入2600万元，增长16.23%，新建9家标准化居家养老服务中心。为高龄或失能半失能老年人购买养老服务，完成160户适老化改造。就业创业领域投入2020万元，增长7.9%，实现城镇新增就业8000人、扶持创业2109人，向1391家企业发放稳岗返还资金460万元。教育领域投入9.7亿元，增长3.37%，完成6所学校的新建或搬迁改造，向6404名学生发放助学金427万元。环保领域投入7277万元，持续打好蓝天、碧水、净土“保卫战”，消除4个农村黑臭水体，空气质量优良天数增长1%。深入推进河道“两违”整治，投入资金7855万元，建设现代渔业园区应急工程，完成涉河建设项目切滩退堤任务。投入资金5046万元，保障人居环境提升行动，农村生活污水治理工程完成总体进度的35%。

跟进保障省内疫情反复处置，投入资金3700万元，为高质量完成中高风险地区人员隔离转运、全员核酸检测演练、聚集性疫情处置应急演练、疫苗接种等多项任务提供财力支持。落实疫情防控常态化要求，医药卫生领域投入4.72亿元，通过国家卫生城市复审，加快推进市人民医院院区改造，城西社区卫生服务中心正式投入运行。完成年度债务化解任务，实现隐性债务余额与政府性债务率“双下降”。足额安排债券还本付息资金，保证到期债务按时偿还。建立短期周转资金池，牢牢守住不发生流动性风险的底线。启动融资成本“削峰计划”，推动84%的存量融资票面利率下降至10%以内，超额完成年度任务，新增融资票面利率控制在8%以内。严格执行财政承受能力论证机制，坚决杜绝无收益的公益性项目市场化融资。配合省市县三级联动专项巡视巡察，全年安排各类涉粮资金3663万元。投入资金582万元，支持高标准开展安全生产“三年大灶”。投入资金944万元，完成101栋危房解危工作。投入资金543万元，支持全国第一次自然灾害风险普查顺利实施和第七次人口普查。

严格执行涉及预算重大事项向市委、市人大、市政府报告制度，推进预决算信息及时准确公开。提请市政府出台《关于强化市级财政预算追加管理的实施意见》，全年预算追加事项和金额同比下降40%。在镇江范围内率先出台《关于进一步落实“过紧日子”要求严格财政支出管理的通知》，提升预算约束刚性。发挥绩效管理对优化财政资源配置和提高财政资金使用效益的促进作用，全面推行绩效目标前置，未编制或未通过审核的项目一律不纳入预算保障，清理小零散项目44个。抓好预算绩效运行监控，及时纠正目标运行偏差等问题69个。实施绩效评价任务217个，涉及资金9.45亿元，分别增长704%、115%。评审财政投资项目64个，节约财政资金1.38亿元。配合开展清理规范公务员工资津贴补贴工作，发挥委派会计制度优势，维护统一的公务员收入分配秩序。完成国企监管职能承接，加快推动国企改革，完成三年行动计划的80%以上，67家全民所有制企业实现公司制运营。深化政府采购体制改革，促进中小企业发展，中小微企业承接采购项目占年度总项目数的69%。（王家伟）

【国有资产管理】 2021年，根据中央和省、市深化国有企业改革重要决策部署及《扬中市国有企业公司制改革工作方案》，推进全民所有制企业公司制改革工作。截至2021年年底，68家全民所有制企业全部完成改制工作，其中注销35家，32家改制为有限责任公司，1家实施破产清算。策应人大国有资产监督制度化规范化的改革举措，切实贯彻市政府向市人大常委会报告国有资产管理情况制度并长期坚持执行，4月26日在第十七届人大常委会第二十八次会议上代表市政府作《关于2020年度全市国有资产管理情况的综合报告》。按照财政部、省财政厅统一部署要求，精心组织、系统谋划、严格落实，高质量完成2020年度行政事业性国有资产报告工作。（左鹏）

【住房公积金管理】 2021年，扬中市住房公积金新开户人数3480人，归集资金6.1亿元，提取资金3.6亿元。向953户职工发放个人贷款2.9亿元，个贷比率85.49%，个贷逾期率0.13‰。截至2021年年底，缴存总额46.74亿元，缴存余额18.92亿元，发放贷款33.1亿元，贷款余额16.18亿元，公积金覆盖率70%以上。（童晓燕）

【住房公积金业务改革】 2021年，扬中市加强住房公积金业务改革，网厅业务实现服务零距离。通过在网络媒体、广播、电视、报纸等媒体宣传，在楼盘、企业、社区、银行现场宣传，在中心业务大厅宣传，多种形式进行宣传推广网厅业务，推动账户签约率及办理率。截至2021年年底，628家企业开通单位网厅业务，汇缴资金2.75亿元，通过个人网厅申请个人业务3956件，办理2304件，提取资金3683万元。网上业务的开通节约职工的时间，深化不见面审批服务改革，实现“让信息多跑路，让职工少跑腿”的零距离服务，按揭贷款抵押惠及更多职工。截至2021年年底，17家楼盘与中心签约，发放361笔按揭贷款，金额1.1亿元。（童晓燕）

税务

【概况】 2021年，扬中市税务局全面落实各项减税降费优惠政策，全力以赴开展组织收入工作，税费收入量稳质优，征管质效稳步提升，税收营商环境持续优化。全年累计组织税费收入73.86亿元，比上年增长12.4%，其中税收收入累计完成53.99亿元，增长6.9%；社会保险费以及非税等收入征收19.87亿元，增长30.9%；完成一般公共预算税收收入30.40亿元，增长8.56%。实施减税15.55亿元，其中征前减免13.54亿元，退库减免2.01亿元。积极开展风险应对，累计完成各类风险应对任务330户，提示提醒面100%，总成效1.69亿元，入库成效8351.1万元。持续加强税费协同共治，接收22个成员单位涉税信息209万余条，核实产生税源1.22亿元，入库税款5748.7万元。深入开展税收分析，摸清重点行业、重点企业的税源变化情况，以税资政促发展，确保应收尽收。深入企业走访调研，问需纾困，解决、协办相关问题18个，特服号接听、解决涉税问题3842条。稳妥推进征管改革,形成扬中市税务局调研报告,制订改革方案。分类有序推进所得税汇算清缴,做好电子专票推广工作,平稳落实城镇垃圾处理费、水土保持补偿费等非税收入划转工作。持续优化税收营商环境,拓展“非接触式”办税缴费方式,大力推广“江苏税务”App应用,助推掌上办税模式,非接触办税率96.06%。 (杨瑞文)

税务工作人员深入医用乳胶手套生产车间开展税收服务 (国税局供图)

【“非接触式”办税】 2021年,受疫情影响,外地纳税人无法到场办理业务,扬中市税务局贯彻省局疫情防控期间“非接触式”办税缴费工作要求,加强“不见面”服务,保障纳税人、缴费人的安全和身体健康。“12366”纳税服务热线成为主阵地,针对异地纳税人咨询跨区域涉税事项办理电话较多的情况,引导纳税人通过电子税务局完成事项办理,实现办税“无接触”;针对资料不齐全的情况,采取先审核再补全的方式容缺办理,确保纳税人“只用跑一次”。“非接触”“不打折”服务涉及跨区域涉税事项、延期申报、简化流程、涉税信用等业务,推行“涉税事、网上办、非必要、不窗口”,确保税费办理秩序的稳定。全年,“12366”纳税服务热线日均接听咨询电话50个,满意率100%;其他如电子税务局、“江苏税务”App、自助办税终端等“非接触式”办税率96.06%,为新办纳税人提供“非接触式”UKey发行邮寄服务314次。 (杨瑞文)

审 计

【概况】 2021年,扬中市审计局完成审计项目33个,查出违规和管理不规范金额21.1亿元,审计促进政府节约资金2084.7万元,促进整改金额11.8亿元,审计建议被采纳21条,移送案件线索2个,3人受到党纪政纪处理。提交审计结果报告18篇,报送审计专报、要情7篇,被批示6篇。获镇江市“五星”党支部、镇江市文明行业、先进基层党组织等荣誉称号,1个项目被评为全省优秀审计项目,3个项目被评为镇江市优秀项目,16人次获得省委巡视工作先进个人、镇江市“五一巾帼标兵”等荣誉称号。 (陈颖)

【财政预算执行审计】 2021年,扬中市审计局聚焦全市“六稳”“六保”工作,在财政预算执行审计中统筹开展减税降费、“放管服”等审计项目,按季度上报重大政策措施落实情况跟踪审计汇总报告。开展政府隐性债务审计,全面核查隐性债务化解工作的真实性、合规性,向市政府提出意见建议2条。重点关注2020年一般性支出、三公经费等支出情况,促进清理不明款项2.9亿元,协助盘活存量资金0.94亿元;对重点民生资金,如抗疫支出、稳就业支出、渔民退捕资金等重点审计,关注资金使用的合规性和绩效性,“同级审”工作报告在人大常委会会议上获得全票通过。做好延伸审计,促进相关单位出台文件4个。 (陈颖)

民生项目现场审计 (审计局供图)

【政府投资审计】 2021年,扬中市审计局结合市委、市政府民生工程,紧抓政府投资审计工作。开展公共投资审计项目5个,涉及总投资额约9.2亿元,终止过去“以审代结”的做法,进一步规范投资审计工作。重点开展社会关注的“五水联治”项目审计,延伸调查相关单位10家,发出审计取证单170份、审计查证单12份,编写审计底稿105份,出具征求意见稿7份,报告反映10大类3个问题,提出合理化建议5条。 (陈颖)

【经济责任审计】 2021年,扬中市审计局完成经济责任审计项目10个,年初开展一次性集中告知会议,通过审计督查回访确保问题整改到位。聚焦把好领导干部经济责任的“起步关”,向21名新任领导干部寄发“一封信”及审计常识宣传手册,利用专题会议讲解“任期经济责任谈话”内容。对2020年审计的10名领导干部开展等级评定，促进市委、市政府出台《扬中市党政领导干部离任经济责任事项交接工作办法》。（陈颖）

【国有企业审计】 2021年，扬中市审计局对1家国有企业开展审计，重点关注经营管理、资产保值增值等方面情况，针对企业内部管理薄弱环节提出建议，促进企业出台制度规范管理。创新审计监督专员制度，向7家平台公司派驻审计监督专员，开展日常监督指导，按季度将相关情况汇报给市政府。指导企业落实审计整改，督促整改问题2个，收回资金3000万元。推动国资部门出台《关于公有房地产租金底价的价格认定结论书》等制度文件，解决部分国有企业房产对外出租困难的情况，促进国有资产保值增值。（陈颖）

【内部审计】 2021年，扬中市审计局聚焦服务乡镇，强化内部审计指导，坚持每季度召开内审工作例会，集中开展一次财经法规专题培训，乡镇审计办围绕各镇（街、区）重点工作，按照新形势下的内部审计工作要求，遵循查错纠弊，维护法纪，促进管理。全年完成内部审计项目1069个，其中财政财务收支审计12个，固定资产投资审计1033个，经济责任审计24个。查出违规违纪金额1660万元，促进增收节支5120万元，党纪政纪处分2人。（陈颖）

【村（社区）财务收支审计】 2021年，扬中市审计局统一编制行政村（社区）财务收支审计工作方案，完成村（社区）财务收支审计5家，查出管理不规范资金229.33万元，提出审计建议8条；促进市委办、市政府办及时完善《扬中市农村集体经济组织“三资”管理制度》，下发《扬中市村（社区）干部十不准》和《关于全面推行村级财务“双代理”工作的实施意见（试行）》等管理制度通过审计，村（社区）干部财经纪律和法治意识明显增强，村级财务管理水平不断提高，重大违纪违规问题明显减少。（陈颖）

统 计

【概况】 2021年，扬中市统计局用数据说话，为发展服务，加快推进统计现代化改革。开展国民经济运行监测分析，定期开展高质量发展考核监测、“两个收入”（城镇居民人均可支配收入、农村居民人均纯收入）监测、突出贡献企业监测等工作，拓展统计监测评价内容和范围。服务好节能“双控”（能耗总量和强度）工作，提升预警预判效率，提高重点行业、重点企业跟踪服务能力。紧盯中心任务，做实统计参谋，编印统计资料千余册，提供统计数据万余条。聚焦热点和重点，做好专题调研，为市委、市政府科学决策提供精准判断和可行建议，加强经济形势研判预警。稳步推行地区生产总值统一核算，持续优化突出贡献企业评选办法，积极探索“四上”（规模以上工业企业、资质等级建筑业企业、限额以上批零住餐企业、国家重点服务业企业）企业培扶入库试点，利用高质量发展考核指标体系助推扬中市科学发展、转型发展。坚持将普法宣传渗透到统计工作的每个环节，开展统计执法检查、数据质量核查，推动统计法律法规进镇入企、进村入户。开拓联合村法制主题公园统计宣传阵地，开展统计法进基层活动，打造统计开放日品牌。打造基层统计宣传平台，建立健全基层驻点服务机制，开辟“住户之家”，健全部门沟通协调机制，夯实各部门数据质量主体责任，开展高质量发展指标综合评价。密切与税务、市监等部门对接，做好数据资料比对和“四上”企业调查库培育。（马万鹏）

【服务型统计建设】 2021年，扬中市统计局致力于更好地服务于社会公众、调查对象和统计基层。拓展数据发布渠道，创新数据发布形式，丰富统计公开内容，打造基层统计宣传平台，满足社会公众对更丰富的统计产品、更透明的统计流程、更清晰的统计数据解读的需求。建立健全基层驻点服务机制，深入一线调研，倾听企业诉求，了解企业运行情况及行业走势，摸排企业运行中需要协调解决的问题。开辟“住户之家”，详细了解调查户的家庭收入、开支、出行、教育等情况。推进基层统计规范化建设，督促基层从统计人员配备、统计服务、统计法治建设等方面全面提升，壮大基层统计队伍，督促统计协管员岗位补贴待遇的落实。（马万鹏）

统计法宣传 （统计局供图）

【法治型统计建设】 2021年,扬中市统计局着力提高数据质量。推动出台防范和惩治统计造假、弄虚作假责任制实施办法,开展统计执法检查、数据质量核查,提升全市统计数据的真实性、准确性、科学性。切实增强统计法治意识。坚持将普法宣传渗透到统计工作的每个环节,推动统计法律法规进镇入企、进村入户。编印发放统计法治宣传作品1000余册,扩大统计法治的知晓率和影响力。推进统计信用建设。健全基层统计人员诚信档案,开展红名单企业推荐试点,构建统计守信激励机制,营造诚实守信的统计环境。 (马万鹏)

【统计监测服务乡村振兴】 2021年,扬中市印发文件《关于全面推进乡村振兴,加快农业农村现代化建设的实施意见》,着力于乡村振兴,重点部署"三农"工作,首次对统计"三类"农情点(农情村、测产点、遥感点)开展奖补。明确统计"三类"农情点所在村稻麦种植面积和总产均不低于上一年度的,一次性奖励2万元。通过激励措施,全面提振各镇、村粮食生产工作的热情与责任,推动统计监测服务于乡村振兴各项工作。江苏省抽中的扬中市农情调查村2个,主要统计监测两村稻麦生长情况和播种面积;测产村8个,主要是监测测产村样方中的稻麦两季主要农作物亩产;遥感点15个样本村,遥感图像监测每个村划定的3个样方180亩的地域面积变化情况。 (融媒体中心)

【统计开放日活动】 2021年9月,扬中市举办以"赓续红色血脉 奋进统计未来"为主题的统计开放日活动,将党史学习教育和统计工作结合,开展百年党史学习教育、统计法律法规宣传。活动中,统计部门工作人员、全市优秀普查员、辅调员代表等集中参观郭克生事迹陈列馆、联合村法治园,开展游园活动,通过趣味有奖竞猜,学习党史、统计法律法规和文明城市创建等知识。 (融媒体中心)

统计开放日活动 (统计局供图)

【统计法治主题公园开园】 2021年11月,扬中市统计局联合新坝镇联合村打造的统计法治主题建成开园,该园是江苏省首家户外统计法治主题公园。公园占地5500平方米,为开放式公园,公园以"用数据说话为发展服务"为核心,将统计法律法规、统计指标解读、古今说法等法治文化植入基础景观内,形成"一核三治长廊百问"游览体系。公园设计将统计元素与园林艺术融合,展示统计文化内涵,彰显法治力量。

(融媒体中心)

国有资产监督管理

【概况】 2021年,扬中市地方金融监督管理局协调推进交投、大航、大行、天禾等平台间接入股江苏信保集团,为平台公司发债和银行融资提供专项增信,降低融资成本。全面完成43家市属全民所有制企业公司制改革。序时推进国企改革三年行动,定期召开国企改革工作会议,通报改革进展,协调解决相关遗留问题,改革工作得到省国企改革第一督查组的高度肯定。11月,市委、市政府进一步理顺工作机制,市地方金融监督管理局不再承担履行出资人职责,主要做好国有企业贷款、融资等活动的协调、监管以及国有企业金融风险防范处置组织协调工作。金控集团按照"整合资源、产融结合、错位竞争、循序推进、稳健经营"的部署要求,持续深化对全市实体经济的金融服务和资金支持。实现综合收入5.6亿元,利润总额1471.13万元,担保余额4.64亿元,还贷周转金额39.23亿元,小额贷款累计放款1.91亿元,融资租赁新增投放7300万元,贸易现金流5.24亿元,集团总资产规模20.22亿元。

(徐子国、朱静)

【经营业务】 2021年,金控集团投资的通灵股份在深交所创业板上市,高投毅达基金投资的江苏纽泰格科技股份有限公司首发申请获创业板上市委员会通过;投资的领誉纤维、江苏蓝鲸新材料、云企制造等一批项目相继投产,其中江苏蓝鲸新材料有限公司的研究成果"超高压电性能的透明铁电单晶"获得2020中国十大科技进展奖项;管理的基金累计考察对接项目23个,完成尽调入库项目11个,落户扬中项目5个,涉及新材料、新能源、智能制造等多门类和行业。 (朱静)

【金融服务】 2021年,金控集团联合"政银担"协同发力,推进"园区保""小微贷"产品,向小微企业发放低成本、低门槛、高效率的贷款，支持企业创新创业和转型升级，改善小微企业融资环境。"小微贷"签约合作协议银行7家，白名单企业50家，累计业务52笔，放款额度1.17亿元，切实缓解小微企业融资难、融资慢、融资贵等问题。集团利用政府性担保机构的优势，加大落实与合作金融机构风险共担的机制，推进区域内金融机构的全覆盖合作，在转贷服务、银行存款等方面优先予以支持。贯彻实施金融政策，制定"一户一策"帮扶措施，对500万元以下的担保费率下降至1%/年，500万元以上的降至1.5%/年。转贷公司全年为553户企业和商户提供841笔周转金，帮助企业节约成本360余万元，获得市政府颁发的"支持实体经济贡献奖"。(朱静)

【金开产业基金】 2021年7月5日，扬中金开产业投资合伙企业(有限合伙)(简称"金开产业基金")在中国证券投资基金业协会完成备案。金开产业基金由金控集团全资子公司扬中市金控基金管理有限公司任基金管理方，总规模2000万元，专项投资于江苏美科太阳能科技有限公司。金开产业基金注重发挥资本市场功能，促进产融结合，先后组建鑫城产业基金、人才科技基金等基金产品，投资江苏领誉、蓝鲸新材料、江苏云企等一批企业，布局先进制造、新能源、新材料等产业。(朱静)

【普惠金融政银企座谈会】 2021年11月25日，扬中市"服务小微、助力双创"普惠金融政银企座谈会在金控集团举行，政、银、企3方面对面交流，加强对接合作。政府办、财政局、地方金融监管局、人行领导及全市18家银行负责人、青企会代表参加会议。座谈会上，金控集团下属企业扬中金控基金管理公司与财政局签订资金池托管协议。(朱静)

自然资源管理

【概况】 2021年，扬中市自然资源和规划局坚持节约集约用地，严守耕地红线，提升土地利用效率，盘活用地资源。召开农村宅基地建房管理工作会议，《解读扬中市农村宅基地建房管理办法》中有关宅基地审批管理和规划建设管理方面的政策。开展"世界湿地日"宣传、测绘法宣传日暨国家版图意识宣传周等活动。启用新版林业植物检疫系统，针对首次出现的较大面积美国白蛾集中消杀，开展越冬代虫情调查。林木采伐许可实现"一日办"，提升服务质量，为群众提供便捷高效的政务服务。改革工程建设审批领域，靠前服务、并联办理、数字赋能，让扬中工程建设项目审批迈入"小时制"。发布"蒲公英"党建品牌，以及全系统145名党员全力落实125件为民实事，推出系列为民便民服务硬核举措。(孙柳燕)

【节约集约用地】 2021年，扬中市挂牌出让工业用地9个批次、58宗、100.2公顷，成交金额6.66亿元。挂牌出让经营性用地3个批次、25宗、73.49公顷，成交金额44.88亿元。上报5个批次、191宗、65.5公顷，完成闲置土地处置13.31公顷，批而未供处置105.07公顷。编制2021年土地储备计划和2021—2035年土地储备专项规划，完成拆迁安置房的统购工作，统购商品房963套，完成安置房选房工作，选定安置房466套。(孙柳燕)

【生态建设与修复】 2021年，扬中市加强耕地保护，开展永久基本农田核实整改补足工作，及时上报阶段性成果。开展三调耕地质量分等调查工作，完成初步成果和质检工作。完成造林面积30.8公顷，其中新增造林13.67公顷，完善提高农田林网500公顷，四旁植树9万株，湿地修复13.33公顷，新建省级绿美村庄5个。(孙柳燕)

农田 (融媒体中心供图)

【执法监察管理】 2021年，扬中市自然资源和规划局开展违法用地整改三年行动、违法用地"清零行动"，严厉制止、严肃处置违法违规用地行为。截至2021年年底，违法用地综合整治"三年行动"完成整改47宗、43.46公顷，整改率95.24%。"清零"行动已完成整改13宗、5.33公顷，整改率42.83%。(孙柳燕)

【自然资源权益维护】 2021 年,扬中市自然资源和规划局强化项目事前指导,将审批串联办理转变为并联办理,推进"流程再造",方便企业"拿地即开工",逐步实现"三证齐发"常态化。实现工程建设审批系统与自然资源审批系统互联互通,压缩审批时限,提高办事效率。压缩不动产登记时限,常见业务"即来即办",复杂业务最长 2 个工作日内办结,办理登记业务 4.9 万余件。推广"线上苏小登"品牌,实现常见不动产登记类型全省、全国通办。推出"周六我在岗"延时服务,常态化开展"交房(地)即发证",完成"房地一体"农村不动产权登记 25109 宗,实现登簿率 100%;发放"房地一体"不动产权证书 20892 本,发放率 92%。 (孙柳燕)

【林木采伐许可"一日办"】 2021 年,扬中市自然资源和规划局针对林木采伐申请"办证繁、办证慢、办证难""来回跑、不方便"等问题,多措并举,破解阻点,实现"一日办"。林木采伐许可制度是实现采伐限额管理、确保生态平衡发展的重要宏观调控手段。自然资源和规划局将服务前移,行政审批窗口和基层中心所联动,将帮办代办服务向基层延伸落实到行动上,由中心所工作人员提供"替跑腿"服务。按照"最多跑一次"的要求,制订告知书,通过窗口、政务服务网站公开发布,一次性告知采伐申请人办理条件、申请材料和服务流程,让群众办事少跑腿、不折腾。全面清理林业政务服务事项,梳理后再压缩办理时限,将林木采伐许可证的办结时限从法定的 20 个工作日压缩为 1 个工作日,提高办事效率。 (融媒体中心)

【越冬代虫情调查】 2021 年 11 月,扬中市自然资源和规划局在全市范围林区开展林业有害生物越冬后基数调查。推进越冬虫情调查工作,突出以美国白蛾和杨树舟蛾越冬蛹为重点,设立踏查线路、标准地及标准株,做好调查记录,将越冬代虫情调查结果与历年比较,综合分析研判,科学指导林业有害生物防控工作,最大限度降低灾害损失。在友好村美国白蛾发生区,选取虫情严重的水杉林开展实地调查,发现美国白蛾越冬代蛹主要分布在枯枝落叶层、杂物堆、垃圾堆、地表浅土层等处,通过喷药防控,防治效果明显。在新宁村江滩内外杨树舟蛾发生区,选取曾发生危害的杨树防护林,调查杨树舟蛾越冬蛹的分布情况,发现杨树舟蛾虫口密度低,符合近几年杨树舟蛾发生为害较轻的特点。 (融媒体中心)

市场监督管理

【概况】 2021 年,扬中市市场监管局以"四个最严"(最严谨的标准、最严格的监管、最严厉的处罚、最严肃的问责)原则,守牢食品药品、特种设备、重要工业品质量安全底线。5 月 17 日,扬中市市场监督管理综合执法大队挂牌成立,整合市质量技术监督稽查大队、市食品安全监督所、市知识产权保护办公室等部门的执法职责,组建成市场监管综合执法大队。完成高质量考核各项指标,发明专利拥有量完成目标任务的 103.6%,企业年报率 96.9%,营商环境综合考核位列镇江第一方阵。小微企业质量提升工作获得市场监管国家总局、江苏省市场监督局的肯定并建议向全国推广。质量管理提升和知识产权真抓实干项目作为重点培育项目上报江苏省市场监管局。 (王海燕)

5 月 17 日,扬中市市场监督管理综合执法大队挂牌成立 (市场监管局供图)

【质量强市建设】 2021 年,扬中市加大培育质量发展标杆企业,江苏亿能电气有限公司获评镇江市市长质量奖,镇江市华银仪表电器有限公司获 2021 年度扬中市市长质量奖企业,江苏银佳企业集团有限公司、江苏亿能电气有限公司获省质量信用等级 AAA 级,江苏万奇电器集团有限公司、江苏海晟涂料有限公司、江苏锋芒复合材料科技集团有限公司获 AA 级。推进小微企业质量提升行动,小微企业质量提升"扬中路径"得到国家总局和江苏省质量监督局的肯定并建议向全国推广,9 月受邀参加国家总局主办的中国国际中小企业博览会活动并作交流发言。 (王海燕)

【标准领先战略】 2021年，扬中市推进标准领先战略，亿阀省级标准化试点项目和大全凯帆、西门子母线2个国家级标准化试点项目通过验收。斌扬、大全参与起草的2个国家标准正式发布。亿阀集团主导修订一项工业阀门类国际标准实现扬中市企业国际标准零的突破。大全长江电器成为镇江市唯一通过江苏省市场监督局评估的能源管理体系认证优秀获证组织。

（王海燕）

【知识产权强县工作】 2021年，扬中市17家企业通过本级优势企业培育升级项目验收。完成专利质押融资18件，融资1.774亿元。指导镇区、企业、协会申报并实施省、市知识产权项目，扬中高新区通过省级示范园区验收。大全集团获批2021年江苏省高价值专利培育升级项目，和成显示获第二十二届中国专利金奖。

（王海燕）

【放管服改革工作】 2021年，扬中市做好信用监管工作，年报率96.9%，位列第一方阵。高质量完成全市“双随机、一公开”检查任务，部门联动抽查率居镇江首位。推进证照分离改革，引导个体经济发展，新增个体户3331家，引导个转企90余家。开辟外资登记绿色通道，服务伊顿母线等外资项目落户，新增外资企业17户，比上年增长70%。 （王海燕）

【食品安全监管】 2021年，扬中市加强食安办建设，落实党政同责，调整新一届食安委成员单位，加强部门联动，发挥综合协调作用。加大食品三小行业的整治力度，开展学校和校园周边、网络订餐、保健食品、长江禁捕、进口冷链疫情防控等各类专项整治17个。加大食品抽检力度，抽检总量3289个批次，抽检比例千人10.4批次，超过省标、市标线；抽检转立案的数量86件，加强威慑力；快检总量超3万批次，总体合格率99%以上，疑似不合格32批次，报法检27批次，不合格4批次，不合格处置率100%。全面提速“11610”（1家市食品快检中心，配备1辆食品快检车，6家基层分局食品快检室，14个农贸市场和11所学校均设置食品快检点）食品快检体系建设，升级学校食堂“食品安全提标工程”，拓展“互联网+食品”新型监管模式。扬中市食品安全总体形势良好，11月，完成扬中市第二轮省级食品安全示范城市跟踪评价考核。 （王海燕）

【药械安全监管】 2021年，扬中市依法开展药械经营行政许可、医疗器械备案工作，确保各环节依法依规，完成各类药械许可事项102家次，医疗器械经营备案及变更28家次。开展不良反应监测工作。强化药品安全监管，严格疫苗、特殊药品和易制毒药品管控，组织开展疫苗储存运输和预防接种专项整治、新冠病毒疫苗专项、新冠病毒检验检测试剂专项、含兴奋剂药品生产经营整治、医疗器械质量安全风险隐患排查治理等专项整治工作，保障辖区药械市场安全可控。全面加强疫情防控，拉网式排查全市零售药店，要求零售药店严格落实防疫各项措施，强化防疫药械质量红线。药械安全整体水平稳步提升。 （王海燕）

【特种设备安全监管】 2021年，扬中市按照江苏“一年小灶融入全国三年大灶”的要求，开展特种设备安全隐患排查治理和安全生产专项整治行动，深化省级安全生产示范城市创建活动。检验各类特种设备2595台（套），举办特种设备作业人员培训班2期，培训321人。全市未发生特种设备安全生产责任事故，市场监管领域安全生产态势总体平稳可控。 （王海燕）

【重点工业品质量安全监管】 2021年，扬中市开展翻新轮胎、成品油质量、燃气器具及其配件产品质量安全监管专项检查。开展辖区内电动自行车、电动三四轮车生产销售企业以及维修经营者执法检查，严禁生产、销售不符合国家标准的电动自行车以及非法改装、拼装、篡改电动自行车。自主开展烟花爆竹、燃气具配件、特种劳动防护用品监督抽检工作，查处不合格产品，排查各类销售单位300余家。 （王海燕）

【市场秩序规范】 2021年，扬中市深化放心消费创建，推广线下实体店无理由退货承诺制度，申报镇江市放心消费先进示范单位5家，快速处理投诉举报1850件，办结率和满意率100%。5月，出台《市场监管领域违法行为举报奖励暂行规定》，鼓励群众投诉举报，参与市场监管工作。市场秩序监管全面加强，开展长江禁捕、民生领域“铁拳”行动、两反两保等专项执法行动，持续加强涉企收费、水电气收费和新冠病毒检测等重点领域价格监管。全年立案查处各类案件241起，移送公安机关立案侦查2件。 （王海燕）

农 业

综 述

【概况】 2021年，扬中市粮食播种面积1.05万公顷，产量7.7万吨，蔬菜播种面积3933.33公顷。全面推广高效绿色节本技术，新增高标准农田200公顷，全市高标准农田面积6200公顷。特种水产养殖规模持续壮大，河豚工厂化养殖面积16.8万平方米，江蟹标准化养殖面积480公顷，刀鱼特色化规模养殖保持稳步增长，总体规模55万尾。加快生猪恢复生产，推进规模养殖场补栏增养计划，全市生猪存栏2.25万头、出栏4.01万头。加快推进农业农村重大项目建设，组织实施重大项目12个，计划总投资21.5亿元，计划完成投资8.16亿元；实际累计完成投资8.34亿元，投资完成率100%。挖掘各地资源禀赋，布点发展特色高效农业、生态休闲农业、农旅融合农业，推动农业产业“接二连三”，提升综合效益，累计建成高效设施大棚164.26公顷。深入推进农村改革创新，制定《扬中市农村宅基地建房管理办法》，规范农村村民住房建设。持续推进农村承包地“三权分置”改革，规范土地经营权流转行为。稳妥开展“政经分开”改革试点，推进政经组织功能分开、组织成员分开、议事决策分开。推动村集体经济组织增收，指导15个村通过资源利用、资产运营、提供服务等多渠道发展壮大村集体经济。巩固拓展脱贫攻坚成果同乡村振兴有效衔接，针对3个经济相对薄弱村，因村制宜排定拟建项目，落实富民强村行动挂钩。严格落实“四个不摘”（不摘政策，不摘责任，不摘帮扶，不摘监管）要求，持续开展脱贫攻坚“回头看”，健全防止致贫返贫监测帮扶机制，做到动态清零。持续改善农村环境，持续深化党建引领农村人居环境整治行动，结合“两在两同”建新功，带动群众广泛参与农村人居环境整治。创新实施农村人居环境整治“星级评定提升行动”，优化完善“八位一体”运行维护机制，实现农村环境的常态化治理、长效化管护，创成省级特色田园乡村1个、省级传统村落1个，实现镇江首家美丽宜居村庄全覆盖。扬中市“‘四个一’扎实推进村庄清洁行动”入选江苏省农村人居环境整治典型案例，农村人居环境整治工作被评为江苏省第一等次，获评全国村庄清洁行动先进县。扎实推进“四项治理”，全市农村生活垃圾集中收运率100%，农村生活污水处理设施行政村覆盖率100%，无害化户厕普及率95%以上，开展畜禽粪污资源化利用巩固提升行动，畜禽粪污综合利用率95%以上，废旧农膜回收率90.2%，农药包装废弃物回收率100%，秸秆综合利用率96.8%。组织开展长江渔业资源增殖放流活动，放养各类鱼苗约70万尾。（徐冰）

【农产品质量安全监管】 2021年，扬中市全面落实地方政府属地管理责任和生产主体首要责任，建立健全农产品质量安全长效监管体制机制，严把“产”“管”两道关，农产品质量安全水平稳步提升。生猪产地屠宰检疫2.54万头，屠宰检疫生猪4.68万头，肉羊7510头；养殖和屠宰环节年抽检尿样4560份，均未发现“瘦肉精”阳性。开展畜禽产品中抗菌药物残留和兽药残留专项监测抽样工作，抽检畜禽产品173份。生猪规模场无害化处理生猪194头，病死肉羊392头，病死禽类1.27万羽，无害化处理率100%；屠宰环节检出病害猪及产品折合152头，100%按要求无害化处理中心集中处理。加大农产品农药残留检测力度，开展本级例行监测442批次，合格率100%；开展监督抽检204批次，合格率100%；省级例行监测抽检213批次，合格率99.06%；省、市级例行监测抽检213批次，合格率99.06%；省、市级监督抽检43批次，合格率97.67%；乡镇开展蔬菜农残速测2.98万批次，合格率100%。对涉及农产品质量安全违法违规行为始终保持高压态势，坚持检查、检测与执法查处打击相结合，遏制农产品质量安全突出问题。开展对禁限用高毒农药、“瘦肉精”、畜禽屠宰、兽用抗生素和农资打假等专项整治行动，出动执法人员727人次，检查生产企业经营企业647家次，立案查处农产品质量安全案件7起，保障农产品质量安全，全市未发生一起重大农产品质量安全事件。

（于永忠）

种植业

【概况】 2021年，扬中市粮食总产量7.28万吨，其中水稻总产4.77万吨，单产635.2千克；三麦总产1.99万吨，单产357.4千克。实施省级水稻绿色高质高效创建，建立千亩示范片5个，集中育秧比例100%，完成机插秧面积4133.3公顷，占全市水稻面积的82.6%。主推南粳3908、南粳5055、武运粳31、扬麦28、镇麦12号等优良品种，扩大良种覆盖面，全市良种覆盖率95%以上。重点技术推广机插秧技术、秸秆全量还田技术、精确定量栽培技术、病虫害绿色防控技术和测土配方施肥技术。推广优质食味品种、集成应用绿色高效技术、示范稻田综合种养模式、探索粮食产业开发和融合发展等关键环节。园艺种植面积1853.33公顷，其中蔬菜播种面积5.93万亩次，果树、花卉720公顷。新增蔬菜连栋大棚面积3.47公顷，果树新增连栋大棚面积3.33公顷。

（沈静、王华）

【蔬菜种植业】 2021年，扬中市引进推广扬中秧草、黑龙3号长茄、千禧、金珠樱桃番茄、萧美十九号线椒等多个蔬菜新品种，示范推广种草水旱轮作技术、玉米秸秆还田技术、地膜减量替代技术、穴盘、营养钵育苗技术等多项蔬菜种植新技术，累计推广面积200公顷。扬中市八桥镇利民村农地股份专业合作社的“鑫惠农”牌甜瓜获得第三届江苏“好西(甜)瓜”评比金奖。

（王华）

【果树产业】 2021年，扬中市引进推广果树新品种新技术。推广新品种3个(白玉枇杷、红美人柑橘、翠冠梨)，新技术4项(病虫害绿色防控技术、枇杷设施防寒技术、梨开心形整形修剪技术、果园生草栽培技术)。累计推广面积93.33公顷。云标果园的“田云标”牌霸红枇杷获得第四届江苏省精品枇杷评比金奖。（王华）

【地膜残膜回收利用】 2021年，扬中市推进废旧农膜回收利用工作，结合实际情况成立3家废旧农膜回收点，开展农膜集中治理。回收废旧棚膜76.73吨，废旧地膜8.56吨，农膜回收率90.2%。完成地膜减量替代技术试验示范及地膜土壤残留原位监测。农业农村局与市场监督管理局、扬中市生态环境局开展农膜联合执法监督15次。

（王华）

【病虫害专业化防治】 2021年，扬中市农药使用量184吨，比2015年(246吨)下降25.20%。主要农作物专业化统防统治覆盖率70.18%。推广病虫害绿色防控技术，主要农作物绿色防控产品使用面积占比85.48%。新建省级水稻病虫绿色防控示范区1个，核心面积66.67公顷，辐射面积666.67公顷；果蔬病虫绿色防控示范区各1个，核心面积6.67公顷，辐射面积66.67公顷；扬中市级水稻病虫绿色防控示范区1个，核心面积66.67公顷，辐射面积666.67公顷。示范区内绿色防控产品使用面积占比100%，核心区内农药使用量较常规区下降20%以上。

（常琳）

【测土配方施肥技术推广】 2021年，扬中市主要农作物测土配方施肥技术覆盖率90%以上，完成土样采测90个，更新土壤有机质、pH值、氮磷钾中微量元素等基础数据，结合主推品种开展稻麦侧深施肥、有机肥部分替代化肥、肥料利用率等试验6个，优化作物氮磷钾中微量元素营养配方比例和田间运筹。扩大测土配方施肥技术的应用效果和示范带动作用，建立“测土配方、化肥双减“示范区6个，在示范区内选择种植大户、家庭农场等新型农业经营主体承担示范任务，优选配方肥、缓控释肥料、有机类商品肥等物化产品，实行试验、示范、对比“三田”(试验田、对比田、示范田)配套，树牌标识。集成推广侧深施肥、机械化施肥、减量施肥等技术，控肥、增效、提质效果明显。

（吴文军）

养殖业

【概况】 2021年，扬中市生猪行情大起大落，年初至年中一路快跌至低谷，后期逐步上涨至盈亏点附近。随着生猪复产工作的开展，生猪生产呈稳步上升态势。生猪年末存栏2.25万头，比上年增长24.66%，年出栏4.01万头，下降16.28%；蛋鸡行情平稳，蛋鸡产业盈利水平较高，年底家禽存栏38.46万羽，下降1.18%，家禽出栏77.83万羽，增长14%；受羊反刍兽疫疫情的影响，山羊存栏0.44万头，增长5.71%，年出栏1.41万头,增长6.77%。生猪规模养殖比重96.08%,其中生猪大中型规模养殖比重75.06%;蛋鸡规模养殖比重84.83%;肉禽规模养殖比重100%。2021年,扬中市水产养殖面积1280公顷,其中特种水产养殖面积1127公顷;新增池塘生态化改造面积100公顷;水产品总产量7512吨,其中养殖产量7360吨;渔业总产值5.6亿元。 (沈明华、高峰)

【长江增殖放流活动】 2021年3月13日,扬中市开展鱼类增殖放流活动,向长江放流河豚等各类苗种20余万尾。7月17日,在长江扬中段暗纹东方鲀刀鲚国家级种质资源保护区开展渔业增殖放流活动,放流河豚夏花50万尾,河豚亲本0.2万尾,投入资金94万元。 (高峰、顾明荣)

【生猪生产恢复】 2021年,扬中市按照统一要求开展恢复生猪生产工作,生猪存栏2.25万头,比上年增长24.66%,其中能繁母猪存栏0.24万头;出栏生猪4.01万头,增长16.28%。全市有生猪养殖户641个,其中大中规模场10个、小规模场56个,存栏生猪1.49万头;小散户575个,存栏0.7万头。镇江思建新建项目后备舍、妊娠舍、产房、种猪舍的生产设施安装结束,洗消中心完成建设。项目总投资2500万元,已投资2450万元,投资完成率98%。 (沈明华)

【养殖污染治理】 2021年,扬中市有13个规模养殖场和55个小规模养殖场列入治理清单。规模养殖场和小养殖场治理率均为100%;新建化粪池661.7立方米,干粪堆积场582平方米。检查认定规模场1个,小规模养殖场6个。畜禽粪固体污产生总量1.2万吨,资源化利用量1.17万吨,利用率97.5%;畜禽液体粪污产生量2.52万吨,资源化利用量2.46万吨,利用率97.62%;畜禽粪污综合利用率97.34%。全市规模养殖场粪污处理设施装备配套率100%。 (沈明华)

【重大动物疫病防控】 2021年,扬中市畜禽养殖户按免疫程序免疫实行集中强免和补免制度,确保应免畜禽免疫密度100%,做到应免尽免。累计免疫猪瘟活疫苗3.13万头份,猪口蹄疫合成肽疫苗3.69万毫升,高致病性猪蓝耳疫苗1.24万头份,高致病性禽流感疫苗30.27万毫升,鸡新城疫苗25.23万羽份,羊口蹄疫A/O二价苗1.26万毫升,羊小反刍兽疫苗1.3万头份。开展非洲猪瘟疫病专项防控工作,从严落实落细非洲猪瘟常态化防控措施,实现"外防输入,内防发生"的目标。全市全年未发生重大动物疫情。 (沈明华)

农业机械

【概况】 2021年,扬中市贯彻落实省政府《关于加快推进农业机械化和农机装备产业转型升级的实施意见》《关于全面推进乡村振兴》加快农业农村现代化建设的实施意见》等文件精神,加快实施农机"两大行动"(农业生产全程全面机械化推进行动、农机装备智能化绿色化提升行动),推进农业机械化由主要粮食生产环节向设施农业、林果业、渔业、畜牧业、农产品初加工等农业生产其他领域拓展延伸,满足现代农业生产日益增长的农机需求。全市农作物耕种收水平稳定在96%,特色农机化率65.5%,农机装备水平和农机服务能力进一步增强。 (朱维忠)

【农机购置补贴政策】 2021年,扬中市新增85马力以上拖拉机36台,插秧机39台(其中侧深施肥装置16台),联合收割机24台,高效自走式植保机32台,植保无人机32台,其他各类农机具200台(套)。享受中央省级补贴资金192.52万元,地方财政作业补贴资金38万元。 (朱维忠)

【秸秆机械化还田】 2021年,扬中市继续采取行政检查、社会监督和第三方核查相结合的监督机制,完成省级秸秆机械化还田补助工作任务。完成稻麦秸秆机械化还田面积9002.67公顷,其中夏季4412.67公顷,秋季4590公顷;补助资金135.04万元,秸秆机械化还田率89%。 (朱维忠)

【农机报废更新】 2021年,扬中市加快老旧农机的淘汰和报废,发展先进适用、高效低耗的农机装备。完善农机报废更新补贴政策,促进农机装备提档升级。全年办理报废更新机具23台,发放补贴资金23.27万元。 (朱维忠)

【农机具综合保险】 2021年,扬中市全面推进农机综合保险,对纯农用作业的拖拉机、联合收割机各级财政给予80%的保费补贴。参保农机综合保险的各类农业机械342台。 (朱维忠)

【农机教育培训】 2021年,扬中市有150余人次的农机基层人员参加省、市、县组织的各类农机化专业知识业务培训。通过岗位业务知识和技能培训,农机管理队伍的工作能力和业务水平得到提升, 全市农机专业技术人才队伍逐步增强, 为推进农机化高质量发展提供人才保障。 (朱维忠)

【农机安全生产】 2021年,扬中市贯彻落实省、市关于农机安全生产专项整治工作要求,以农机合作社、家庭农场、农机大户等为重点,严格农机安全生产主体责任的落实。与市委政法委联合发文,将农机安全生产融入基层社会治理综合网格,健全农机安全监管网络。开展“铁牛卫士”“两打一清”等农机执法行动。检验合格上道路拖拉机167台,核发驾驶证18本,期满换证76本;检验农田作业拖拉机192台,联合收割机91台,登记注册拖拉机49台,联合收割机24台,核发跨区作业证85张。组织执法行动82次,出动173人次,检查机具496台,纠正违法行为67起。做出简易警告处罚16次,罚款4次计350元。 (朱维忠)

农业经济体制与经营管理

【概况】 2021年, 扬中市继续深化农村综合改革,激发“三农”发展活力。加强农村宅基地管理与改革,严格落实《扬中市农村宅基地建房管理办法》,健全宅基地管理制度,强化指导和监督,促进宅基地管理制度化、规范化。推进农村土地“三权分置”改革,按照“落实集体所有权、稳定农户承包权、放活土地经营权”的要求,规范土地流转行为, 细化和落实农户承包地 “三权分置”办法,持续推进土地股份合作,提升农业适度规模经营水平;持续推进农村集体产权制度改革,用好农村集体产权制度改革成果, 探索赋予农民对集体资产股份更多权能,强化集体经济组织服务功能,完善内部治理结构,规范农村各类产权交易进场入市,推动农村集体资产保值增值。 (陈劲旭)

【农村宅基地管理和改革】 2021年,扬中市开展宅基地“一个窗口”审批试点,指导新坝镇试行一个窗口对外受理、多部门内部联动运行的宅基地用地建房联审联办制度, 试点工作取得一定成效, 推动全市审批工作,经验做法在镇江市宣传推广。制定宅基地建房管理办法。9月,《扬中市农村宅基地建房管理办法》出台实施,研究制定《一户一宅“户”的认定指导意见》,为扎实规范有序推动宅基地建房管理工作提供制度保障。开展宅基地建房管理宣传培训,印发《农村宅基地管理宣传手册》,组织部门具体负责同志分乡镇开展宅基地管理法律政策和业务知识培训,提高镇、村两级工作人员业务素质和工作能力,做到全市审批标准、发证标准、监管标准、执法标准相对统一。通过扬中热线等媒体多渠道、多形式宣传农村宅基地建房法律法规和政策规定,解答群众普遍关心的热点难点问题,引导村民在住房建设中自觉遵守管理办法。全市6个镇(街、区)均依托镇级为民服务中心(行政审批局),建立一个窗口对外受理、多部门内部联动运行的农村宅基地用地建房联审联办机制, 成立宅基地建房管理专项工作组或建房管理办公室。全市审批宅基地338宗,批准面积4.56公顷。 (陈劲旭)

【农村土地“三权分置”改革】 2021年,扬中市加强土地承包和流转管理,组织镇村农经人员学习《中华人民共和国农村土地承包法》《农村土地经营权流转管理办法》等农村土地承包法律政策, 准确把握法律政策要求,强化管理和服务,严格落实土地承包法律政策,规范土地经营权流转行为。持续推进土地股份合作,鼓励和引导农户将土地经营权转化为股权,采取“保底收益+按股分红”等方式,组建以村集体为经营主体的土地股份合作社,发展农业适度规模经营。全市有12个村组建土地股份合作社,土地经营权入股面积533.33公顷。(陈劲旭)

【农村集体产权制度改革】 2021年,扬中市指导村级股份经济合作社搞好收益分配, 主要是指导三茅街道新民社区股份经济合作社做好2020年度分红工作,合作社通过召开成员代表大会,审议、批准股份经济合作社理事会年度工作报告和收益分配方案, 确定每个成员分红60元,成为扬中首家开展成员分红的村级股份经济合作社, 让更多村级股份经济合作社成员享受村级集体经济发展成果,共享改革红利。做好合作社理事长变更登记,针对村“两委”换届后的班子调整情况,及时做好村级股份经济合作社法定代表人变更登记工作, 为村级集体经济组织开展生产经营活动提供合法支撑。 (陈劲旭)

【家庭农场培育】 2021年,扬中市开展示范家庭农场创建活动,下发《关于开展2021年扬中市级示范家庭农场认定工作的通知》,经自主申报、镇级调查、市级核实,11家家庭农场被认定为扬中市级示范家庭农场,做好镇江市和省级示范家庭农场申报推荐工作, 新增镇江市和省级示范家庭农场分别为6家和3家, 发挥示范带动作用。加强家庭农场名录信息管理,按照家庭农场名录管理制度要求,及时把符合条件的种养大户、专业大户纳入家庭农场名录系统,做好家庭农场名录系统信息填报和动态更新工作。在乡村振兴实绩考核中,家庭农场名录信息录入率104%、准确率100%、示范家庭农场占比25.8%。加大财政扶持力度,引导财政资金通过以奖代补、先建后补等方式,支持家庭农场改善生产条件、提升经营水平,增强市场竞争力,全年17家家庭农场获得中央农业生产发展专项资金支持,奖补资金185.5万元。 (陈劲旭)

【农村集体"三资"管理】 2021年,扬中市农业农村局会同纪委开展农村集体经营性资产租赁发包的专项清查整改行动。通过走访、座谈等多种形式对问题进行整改情况"回头看"专项行动,追缴欠缴租金1857.5万元,防止集体资产的流失。全面梳理全市资产租赁承包合同,梳理出正在执行的合同1221份,整改不规范合同121份,全部录入平台,利用平台的资产、资源合同模块,及时发出租赁款收缴和经营性资产交易预警,建立完善、规范的资产信息化管理体系,提高经营性资产和资源有效利用率。制定下发《扬中市农村集体组织财务管理办法》《扬中市农村集体组织财务管理办法实施细则》,加强组级资金、资产、资源和财务收支的规范化管理。 (郭江云)

【农村产权交易市场建设】 2021年,扬中市严格按照《关于全面推广农村产权线上交易的通知》要求,组织建设农村产权线上交易市场,建立"互联网+产权交易+移动支付"服务平台。农村产权交易工作有序开展,全年完成交易2905笔,成交金额2.12亿元。 (郭江云)

【精准扶贫】 2021年,扬中市筑牢防返贫机制,巩固拓展脱贫攻坚成果同乡村振兴有效衔接,坚持不放松、不懈怠,围绕"六个精准"要求,坚持"四个不摘",全面解决"两不愁三保障"突出问题,紧盯"扶贫领域专项治理",聚焦巡视督查问题整改,强化动态监测管理,坚决防止返贫现象。 (张丽)

农业产业化发展

【概况】 2021年,扬中市农业产业化经营组织、规模逐步扩大,辐射带动作用明显增强。有各类农业产业化经营主体678家。按组织类型划分,龙头企业22家,其中省级农业龙头企业3家,镇江市级农业龙头企业11家,扬中市级农业龙头企业8家。农民专业合作社317家,其中国家级专业合作社5家,江苏省级专业合作社7家,镇江市级专业合作社22家,扬中市级专业合作社15家,普通合作社268家。家庭农场339家,其中江苏省级示范家庭农场25家,镇江市级示范家庭农场49家,扬中市级示范家庭农场13家,普通家庭农场252家。 (姜金立)

【农业招商】 2021年,扬中市依托现代农业园区,围绕特种水产、特色蔬果、粮油加工、休闲观光等农业产业,以农业一二三产业融合为导向,开展农业招商和宣传推介。通过农业项目推介会、以商引商、网上发布、拜访客商等形式,引入2个农业农村重大项目签约并落地,总投资10.2亿元。组织7家农业企业、2家农民专业合作社参加江苏农业国际合作洽谈会、镇江乡村产业项目招商推介会、南京农业嘉年华等活动,重点对秧草、红薯粉丝、优质大米、水产等扬中特色农产品进行推介和展销。 (姜金立)

【高标准农田建设】 2021年,扬中市投入高标准农田建设项目资金525万元,建设高标准农田200公顷。完成2020年度新坝镇、经开区高标准农田建设任务,完成2021年八桥镇高标准农田建设项目的招投标及实施工作。 (薛飞)

【高素质农民培育工作】 2021年,扬中市举办高素质农民培育培训班13期,培训合格人数1212人次,以提高培训实效为目的,创新培训方式,开展田间课堂组织现场观摩,培训后开展跟踪服务,帮助解决生产经营中的实际问题。开展以稻麦高产栽培技术为主要内容的农艺工培训10期,重点推广水稻优质高效栽培技术、水稻机插高产栽培技术、稻麦测土配方施肥技术等实用技术。举办水产养殖专业培训班1期,推广长江特色水产品种,传授高效渔业养殖技术。举办畜禽养殖专业技能培训班1期,传授家禽、生猪、山羊养殖的关键技术,非洲猪瘟防控、畜禽疫病防控及防治技术等。配合高素质农民培育项目的实施,采取"请进来、送出去"的办法,与农业院校合作,培训农业专家、青年农场主、新型职业农民、专业大户166人,提高劳动力持证水平。 (任凯)

【农业信息工作】 2021年,扬中市开展数字农业建设,新增16家物联网农业主体,全部对接省物联网信息平台。做好农业信息化服务,"12316"信息用户5974

户。利用现有的农业信息网和“12316”平台，开展宣传和信息服务，在省农业网站发布相关农业新闻和信息206条，发送“12316”为农服务短信23万条。做好全市农产品电子商务工作，农产品网上销售1776万元，比上年增长20.9%；“苏菜直通”信息上报2.04万条。举办电子商务培训班1期，培训110人次。发挥75家益农信息社作用，做好技术指导等服务7.5万人次。（任凯）

【基层农技推广体系改革与建设】 2021年，扬中市完善实施2020年度全国基层农技推广体系改革与建设补助项目，省农业农村厅下达扬中市全国基层农技推广服务体系改革与建设补助项目1个，培育农业科技示范户930户。根据方案要求，科学组织实施，在全市筛选出550户粮食种植户和100户园艺种植户、180户畜禽养殖户、100户水产养殖户作为示范户，在市、镇两级农技推广人员中遴选出93名技术人员作为指导员，向示范户生产提供入户到田进圈100天次指导。科教站做好示范户物化补贴的发放、指导员技术指导情况的督导工作，确保项目实施成效。发布《2020—2021年度扬中市农业重大推广计划》14项，建立农业科技示范基地3个（八桥镇万福村建设粮食种植科技示范基地，开发区福源村建设水产养殖示范基地，新坝镇江花家庭农场建设特粮特经示范基地），示范推广《2020—2021年度扬中市农业重大推广计划》5项，组织农民参加培训观摩4期300人次，主推技术到位率100%，支持1个国家级渔业科技示范基地建设。在基地建设中注重基地建设标准，增强示范效果。培训基层农技人员97人次，组织学员参加基层农技人员培训，其中部级班4人、省级班30人、县级班63人。推广“农技耘”手机App，注册用户4092户，在镇江市占比20%，新增1100户。以努力提高技术指导员使用率为抓手，提高广大农技人员和农业从业人员的参与度，提升服务质量与水平，制定扬中市“农技耘”使用考核奖励办法，确保“农技耘”使用活跃度。（任凯）

农村人居环境整治

【概况】 2021年，扬中市持续优化完善“八位一体”运维考核机制，创新开展农村人居环境整治星级评定，实现人居环境整治全域全时全覆盖。“‘四个一’扎实推进村庄清洁行动”入选江苏省农村人居环境整治典型案例，在镇江市全面推广，获评全国村庄清洁行动先进县。（郭培武）

【农村人居环境整治】 2021年，扬中市持续优化党建引领农村人居环境提升新路径，全面推广党小组长、村民组长“两长”融合机制，建强党小组、村民小组“双堡垒”，带动群众广泛参与农村人居环境整治。推进四项治理，全市农村生活垃圾集中收运率100%，农村生活污水处理设施行政村覆盖率100%，无害化户厕普及率95%以上，畜禽粪污综合利用率96.18%。推进农村水系治理，改造完成农村生态河道6条。以全市2037个村民小组为单元，按照“村自评、镇把关、市核查”步骤，创新实施农村人居环境整治“星级评定提升行动”，实行动态调整，优化完善“八位一体”运行维护机制，实现农村环境的常态化治理、长效化管护。（郭培武）

农业示范园区

【概况】 2021年，扬中现代渔业产业园区按照产业特色鲜明、规划设计科学、科技含量较高、物质装备先进、综合效益显著的农业产业园区建设总体思路，发挥政府、部门、企业作用，高质量、高标准建设示范基地。园区实现总产值2.98亿元，完成固定资产投资1.21亿元。（郭培武）

【江苏省扬中现代渔业园区】 扬中市现代渔业产业园位于扬中本岛北侧临江圩滩，园区由扬中本岛洲堤及外围堤包围组成，形似鸟头，中间有4条通江港河穿圩而过，自西往东分别为杜家港、营房港、中堡港和铁皮港，圩区顺流长度2.36千米，最大宽度1.53千米，总面积3.1平方千米。主要经营主体11家，其中省级农业企业1家，为镇江江之源渔业科技有限公司；镇江市级农业企业2家，分别为镇江市绿色农业科技有限公司、江苏豚岛食品有限公司；扬中市级农业企业2家，分别为扬中市环太生态农业有限公司、扬中市扬子渔业投资有限公司。水产品总产量2550吨，其中河豚104吨、螃蟹195吨、刀鱼4吨、其他水产品2247吨。2021年，渔业总产值2.78亿元，职工222人，人均总产值125万元。总面积3.1平方千米，养殖面积270公顷，其中工厂化河豚等养殖面积14公顷，螃蟹标准化养殖面积130公顷，刀鱼特色化养殖55万尾，其他长江珍稀鱼类养殖面积126公顷。园区新建4.5万平方米标准化水产养殖车间，全市工厂化养殖面积16.8万平方米，加快新技术研发引进和新品种更迭培育，打造全国水产养殖示范高地。（郭培武）

水 利

综 述

【概况】 2021年，扬中市水利建设总投入1.05亿元，完成总土方110.81万立方米、石方8.73万立方米、混凝土方1.82万立方米。开工建设扬中市六圩港闸站工程，实施扬中市何家大港闸站工程、江堤加固及兴隆港闸应急改造工程、丰乐桥险工段应急治理工程等，开展扬中市2021年度农村河道疏浚整治项目、镇江市沙家港闸站工程结余资金项目、镇江市沿江排涝泵站更新改造工程结余资金项目、扬中市第二轮河湖和水利工程管理范围划定项目等。全市新建各类灌溉、排涝泵站27座，新建机耕桥38座。疏浚县级河道2条、乡级河道10条、村庄河塘247条，实施生态河道建设6条、行政村小微水体整治13个，完成河道“两违、三乱、清四乱”专项整治。加强水利工程管理，提升小型水利工程、河道管护、闸站管理、堤防管护水平，在江苏省水利厅和财政厅公布的2020年度75个涉农县(市、区)农田水利管护工作、农村河道管护工作的考核中，农田水利管护工作获“优秀”等级第一名、农村河道管护工作获第一等次第二名。全年扬中市超警戒水位42天，做好防汛防旱工作，组建各类防汛抢险队伍96支，设置物资前移点15处。“烟花”台风期间，各通江闸(站)水闸排涝4632.55万立方米，泵站排涝692.22万立方米，抵抗内涝灾害。加强安全度汛风险防控和隐患治理，统筹抓好度汛隐患排查，及早落实防大汛、抢大险、救大灾的各项措施，全市安全平稳度汛。 (方新娟)

【水文情况】 2021年5—9月，扬中市总降雨量854毫米，比上年803毫米增加51毫米。7月，出现汛期最大月降雨量488毫米，占汛期总降雨量的57.14%；7月27日，出现汛期最大日降雨量155毫米。汛期(5—9月)超过警戒水位有37天，比去年减少39天。汛期沙家港（夏家港）水文监测点测得长江最高潮水位7.24米(7月26日农历六月十七06:32)，最低潮水位3.04米(5月9日农历三月二十八00:48)。汛期平均高潮水位5.47米，比上年5.66米低0.19米；平均低潮4.24米，比上年4.42米低0.18米；高低潮平均值4.85米，比上年5.04米低0.19米。7月下旬，“烟花”台风来袭，全市普降暴雨，时逢农历六月十八天文大潮，风暴潮“三碰头”，全市防汛防涝压力较大。雨量方面：据镇江市气象局数据，“烟花”台风期间累计降雨411毫米。7月28日零时至29日零时24小时内市区普降特大暴雨，降雨量272.7毫米，其中新坝镇降雨量309.3毫米，为镇

福源村 (鄂启贵摄)

江地区最大值。潮位方面：7 月 26 日(农历六月十七)，外江高潮水位 7.24 米，超警戒水位 1.24 米；7 月 28 日(农历六月十九)，外江高潮水位 7.08 米，超警戒水位 1.08 米；内港水位迅速抬高至 6.4 米左右。工情方面：7 月 29 日 2 时，暴雨基本结束，全市部分道路、小区和企业积水严重；7 月 29 日 8 时，交通基本恢复，道路基本畅通；11 时，道路积水基本消除，全市江港堤防没有出现严重险情，内河水位于 7 月 29 日中午降到安全水位。（于建兵）

水利工程建设

【概况】 2021 年，扬中市实施扬中市何家大港闸站工程、扬中市江堤加固及兴隆港闸应急改造工程、扬中市 2021 年度农村河道疏浚整治项目等；开工建设扬中市六圩港闸站工程；开展 2021 年农村基层防汛预报预警体系建设以及规划编制工作等。新建各类灌溉、排涝泵站 27 座，新建机耕桥 38 座。（冯逸群）

【何家大港闸站工程】 2021 年，扬中市实施何家大港闸站工程。工程主要建设内容为拆除原何家大港闸，移址新建何家大港闸站。闸站分侧布置，其中节制闸闸孔净宽 6 米，设计排涝流量 69 米 ³/秒，设计引水流量 71 米 ³/秒；泵站安装 4 台机组(2 台双向、2 台单向)，设计排涝流量 18 米 ³/秒、引水流量 9 米 ³/秒，总装机容量 1120 千瓦。总概算投入 5077 万元(其中省级以上配套 50%)，配备 60 个流量的水闸和 18 个流量的排涝、9 个流量引水的双向泵站，通水上部厂房的建设及电气、自动化的安装调试等。工程于 2020 年 11 月 20 日开工，2021 年 6 月，何家大港闸站工程水下工程通过省水利厅的水下工程阶段验收并开坝通水。（冯逸群）

何家大港闸站效果图　（融媒体中心供图）

【江堤加固及兴隆港闸应急改造工程】 2021 年，扬中市开工实施扬中市江堤加固及兴隆港闸应急改造工程。工程是扬中市 2021 年度重点水利工程、省政府提办的灾后水利应急治理工程项目。主要建设内容为油坊镇四墩子港段江堤加固长 745 米，经开区兴隆港段加固长 267 米；拆除原兴隆港闸，移址新建兴隆港闸，闸孔净宽 6 米，设计过闸流量 50 米 ³/秒、引水流量 40 米 ³/秒。工程于 2021 年 5 月开工；11 月，通过镇江市水利局组织的通水验收，上部主厂房施工和电气、自动化设备安装调试。（冯逸群）

【六圩港闸站工程】 2021 年，扬中市开工建设六圩港闸站工程。工程主要建设内容为拆除原六圩港闸，移址新建六圩港闸站。闸站分侧布置，其中节制闸闸孔净宽 6 米，设计排涝流量 70 米 ³/秒、引水流量 65.5 米 ³/秒，泵站安装 4 台机组，设计排涝流量 12 米 ³/秒、引水流量 6 米 ³/秒，总装机容量 840 千瓦。工程于 2021 年 12 月开工。（冯逸群）

【沙家港闸站工程结余资金项目】 2021 年，扬中市实施镇江市沙家港闸站工程结余资金项目。项目主要建设内容为：加固处理沙家港闸站外 200 米范围内堤防，河道清淤整治，其中沙家港闸站至环岛公路桥段堤顶迎水侧设钢筋混凝土挡浪墙，墙顶高程 10.15 米，两侧河坡高程 4.20 米处均设宽 2.0 米平台，长江侧河坡高程 6.00 米以下采用现浇混凝土护坡；环岛公路桥以南 40 米范围内护坡护砌，修复东侧破损浆砌石挡墙。项目于 2021 年 2 月开工，5 月完工。（朱爱城）

【镇江市沿江排涝泵站更新改造工程结余资金项目】 2021 年，扬中市实施镇江市沿江排涝泵站更新改造工程结余资金项目。项目涉及新坝镇、三茅街道、经开区、油坊镇和八桥镇，主要建设内容为翻建新坝镇陆家港涵洞和经开区老圩港涵洞、新建永勤港引水泵站、改造镇海排涝泵站以及新建拦污栅桥 2 座。项目于 2021 年 10 月开工。（朱爱城）

【省级水利工程、河湖管理与保护维修项目】 2021 年 5 月，江苏省财政厅、省水利厅下达扬中 2021 年度第一批省级水利发展资金暨省级水利工程、河湖管理与保护维修项目 149 万元。项目包括 4 个工程，即东新港闸站安全鉴定工程 20 万元，二墩港闸站、夏家港泵站、东新港闸站等标志牌标准化工程 11 万元，长江堤防新

宁段维修加固工程105万元，防汛巡堤查险工具购置13万元。截至年末，4个工程全部完工。（徐子国）

【堤防维修养护及除险加固工程】 2021年，扬中市环岛江堤公路管理所组织实施堤防维修加固工程。实施新坝镇新宁、立新段长3940米渗水应急处理工程；实施长江堤防堤顶道路维修3200平方米；实施长江堤防挡浪墙修复工程635米；实施长江堤防巡查道修复1256米，实施长江堤防滑坡应急处理工程286米。（金剑）

水利工程管护

【概况】 2021年，扬中市加强水利工程管理，小型水利工程、河道管护、闸站管理、堤防管护水平能力得到提升。2021年，在江苏省水利厅和财政厅公布的2020年度75个涉农县（市、区）农田水利管护工作、农村河道长效管护绩效考核中，扬中市农田水利管护工作获"优秀"等级第一名，农村河道长效管护工作获第一等次第二名。（方新娟）

【小型水利工程管护】 2021年3月，扬中市委农村工作领导小组办公室下发《关于加强村级公共服务"八位一体"运行维护机制建设的通知》，优化调整村级公共服务"八位一体"运行维护工作考核内容，将农田基础设施纳入"八位一体"考核，在百分考核表中占5分。水利局从第二季度开始，对全市各村（社区）固定沟、涵洞、泵站、机耕桥和机耕道等小型农田水利工程开展季度考核，考核对象由镇延伸到村（社区）。8月，江苏省水利厅、财政厅对75个涉农县（市、区）2020年度小型农田水利工程管理绩效评价，扬中市获得"优秀"等级第一名。9月，省财政厅和水利厅下发《关于下达2021年第二批省级水利发展资金的通知》，下达扬中市农田水利工程管护奖补资金160万元。7月，扬中市水利局和扬中市财政局下发《关于下达扬中市2021年度小型水利工程管护第一批补助经费的通知》，下达补助经费200万元。11月，扬中市水利局和扬中市财政局下发《关于扬中市2021年度小型水利工程管护考核情况通报和下达第二批经费的通知》，下达补助经费230万元。2021年，综合考评中八桥镇和油坊镇为优秀等次，奖励60元/公顷经费，三茅街道、新坝镇、经开区和西来桥镇为良好等次，奖励30元/公顷经费。（徐子国）

【农村河道管护】 2021年8月，江苏省水利厅、财政厅对75个涉农县（市、区）2020年度农村河道长效管护绩效评价，扬中被评定为第一等次第二名。全年完成县级河道疏浚2条（三跃港、光明河），乡级河道10条，村庄河塘247条，完成疏浚土方93.91万立方米。工程自2020年11月开始实施阶段，2021年6月完工，总投资931.03万元。按照《扬中市河道管护实施办法》和村级公共服务"八位一体"运行机制建设的要求，扬中市河道管理所开展全市河道管护工作的指导、监督和考核工作。（朱滢）

团市委"河小青"志愿服务行动 （团委供图）

【河长制】 2021年，扬中市级河长累计巡河183次、镇级河长累计巡河1507次、村级河长累计巡河4234次，发放市级河长巡河事项交办单45份、镇级河长巡河事项交办单84份。各责任单位均在规定时间内整改到位。市河长办按季度对河长制工作督查、考核，组织河长制督查考核6次。完成河道"两违、三乱、清四乱"（违法圈圩、违法建设，乱建、乱占、乱排，乱占、乱采、乱堆、乱建）专项整治，实施生态河道建设改造，开展小微水体整治。申报水利部"清四乱"督查系统项目1处，通过省级验收销号。按照生态河道建设规划的要求，完成双新河、营房港、丰收河、石桥河、庆丰渠、积善一排河6条生态河道建设任务。投资400余万元，实施新坝镇立新村、新坝镇五一村、新坝镇红联村、新坝镇丰乐桥村、三茅街道锦程村、油坊镇同德村吴家埭、油坊镇同德村、八桥镇利民村、八桥镇长胜村、八桥镇永兴村、八桥镇红光村、八桥镇永胜村、八桥镇八桥村13个行政村小微水体整治。（朱滢）

【堤防管理】 2021年，扬中市环岛江堤管理所负责江、港堤防的日常管理、防汛巡查及堤顶道路的养护工作120千米。按每2千米配备1名堤防管护员，对全市100千米堤顶道路、50余千米混凝土迎水坡、100千米巡查道实施保洁。长江堤防检查工作每周不少于2次，定期开展堤防考核工作。加大长江饮用水源地的保护，累计清理水源地长江滩涂垃圾漂浮物180余车、约320吨。组织实施护堤草修剪5次，累计修剪面积666.67平方千米。（全剑）

【水利工程管理范围划界工作】 2021年8月，扬中市第二轮河湖和水利工程管理范围划定2021年度项目开工。工程内容包括对首轮划界和2020年度项目剩余17条骨干河港的划界，由南京捷鹰数码测绘有限公司承担施工任务。12月，工程完工验收及审计。（徐子国）

【闸站管理】 2021年，扬中市水利工程管理处负责全市14座通江闸（站）及夏家港泵站等40座城区泵站的运行管理，通江闸站水闸总引水流量874.3米³/秒，水闸总排涝流量934.8米³/秒，泵站总引水流量42米³/秒，泵站总排涝流量96.6米³/秒；城区泵站总引水流量26米³/秒，总排涝流量103.9米³/秒。各水系闸（站）工程综合调度，编制《2021年度扬中市通江闸（站）控制运用及调度方案》《扬中市四类节制水闸控制运用及调度方案》，日常水系联动，生态补水，汛期提前预降河道水位，改善城区水环境。实施夏家港泵站护坡整治防护工程、二墩港闸站护坡整治工程、二墩港闸站2号及4号主机泵大修工程、团结港闸及长旺港闸工作闸门改造工程等维修养护项目；对中型闸（站）工程观测设施实施标准化完善，补充部分工作基点、垂直位移观测标点、河道断面桩及相应标识标牌。7月27—29日，"烟花"台风期间，各通江闸（站）水闸排涝4632.55万立方米，泵站排涝692.22万立方米，抵抗内涝灾害。（郭爱萍）

【长江非法采砂专项执法巡查】 2021年，扬中市加大打击非法采砂力度，开展专项执法巡查行动，调片打击、多部门联动巡查。组织开展长江禁采巡查活动256次，参加人员1720人次。其中水上巡查164航次，陆域巡查92车次。查获各类采砂船8条，立案调查1件（1艘违法停靠采砂船已结案；3艘为无主船，拍卖后拆解；2艘采砂船改造中，不具备采砂能力；2艘现场采砂，移交公安）。通过上下联动、部门联合行动，长江禁采工作取得实质性的成效。（潘奕池）

【"三无"船舶专项整治】 2021年，扬中市开展"三无"船舶专项整治。取缔采砂船，停泊点原有涉砂船舶30条，全部处置完毕。其中，拆解20条，依法处理5条，交镇江处置3条、移送公安2条，处置资料全部完善存档。（潘奕池）

防汛排涝

【概况】 2021年，扬中市水利局做好防汛防旱工作，加强安全度汛风险防控和隐患治理，统筹抓好度汛隐患排查，及早落实防大汛、抢大险、救大灾的各项措施，维护全市人民生命财产安全和社会稳定。汛期超警戒水位37天，总降雨量854毫米，汛期沙家港（夏家港）水文监测点测得长江最高潮水位7.24米，平均高潮水位5.47米、低潮4.24米。全市组建防汛抢险队伍96支，设置15处物资前移点。组织实施穿堤建筑物专项检查工作、丰乐桥险工段应急治理工程，完成水下地形监测149.2千米。（于建兵）

【水下地形监测项目】 2021年，扬中市长江水下地形监测项目合同经费187.6万元，全年计划监测长度144.2千米。根据本年度汛前险情变化，监测单位于3月完成丰乐桥上下游段2.2千米范围的应急监测及分析；汛中监测兴隆弯道，比计划增加2.8千米，年内实际监测总长149.2千米，比计划增加5千米，提供预警分析报告4份：应急、汛前、汛中及汛后年度总分析报告。根据2021年定级为险工段的情况，向上争取治理资金，要求相关单位做好崩岸预警地段巡查、预警标志设置等工作。（于建兵）

扬中市防汛临时指挥部　（融媒体中心供图）

【物资储备及抢险队伍】 2021年，扬中市储备草包、编织袋、木材、杉木桩、铁丝元钉、块石、土工布、钢管、备用排涝设备等物资，签订抢险机械协议。逐一落实各镇(街、区)防汛用土，均在指定地点存放。部分单位储备装配式围井、吸水膨胀袋、装配式子堤、带管式子堤、三维复合滤垫等。防汛物资分别储存在扬中市级及各镇(街、区)防汛物资仓库，其中沙家港防汛物资仓库是市级存储防汛、抗旱、排涝等物资器材的主阵地，除常用物资外，储备应急发电照明设备2套、闸门方30.43立方米及防汛抗旱抢险应急车辆1辆、整体式移动排涝泵车3辆等。全市累计布置物资前移点15处，组建各类防汛抢险队伍，包括民兵抢险队伍、村(社区)群众抢险队伍、其他专业抢险队。5月中旬，开展防汛抢险队伍防汛知识培训;6月初，开展市级防汛抢险演练。保证各支队伍“召之即来、来之能战、战之能胜”。

(于建兵)

【灾情险情应急处置】 2021,扬中市坚持早发现、早处置，开展险情处置，一旦发现渗水、渗漏、滑坡、管涌险情，第一时间开展应急处置，控制发展态势。7月29日，受长江高潮水位及台风“烟花”影响，长江堤防出现滑坡险情，主要由于长时间雨水冲刷，堤坡含水量较大，背水坡坡比不足，导致滑坡险情发生，扬中市长江堤防出现滑坡险情4处，总长230米。分别为:新坝镇新宁段长江堤防，堤防桩号13+200,长30米;三茅街道友好村东风段长江堤防，堤防桩号30+150,长20米;八桥镇同胜村长胜段长江堤防，堤防桩号64+800,长80米;油坊镇油坊村六圩港通江港堤，堤防桩号74+500,长100米。险情发生后，扬中防指高度重视，第一时间到场处理，采取杉木桩固脚止滑，护坡体用彩条布覆盖，安排人员巡查，如有进一步险情立即汇报。

(于建兵)

【丰乐桥险工段应急治理工程】 2021年3月25日，扬中市新坝镇丰乐桥段江岸陡坎坍塌长度约50米。扬中市水利局组织水下地形监测，会商研判，专家分析认为，通过2020年工程实施防护，-5米以下河床变化不大，岸边0米线有接近5~11米崩退，上下崩窝有发展合并相连迹象，江岸陡坎距离堤脚由45米缩小至40米左右，进一步加大堤防安全威胁度，必须立即采取近岸防护措施，确保岸坡稳定和堤防安全。工程以控制岸坎进一步崩退、安全度汛为目的，对窝崩段岸坎实施应急治理工程，工程范围为桩号TPZL—CS3+800~CS3+890、TPZL—CS3+910~CS4+020。具体工程布置:窝塘岸坎前沿增设护坎，总长247米，护坎采用紧贴现状岸坎堆石填坡，堆石顶宽0.6米，堆石前沿按坡比1:1.5整理，堆石量约10.5立方米，总量2594立方米。堆石填坡护坎外侧设近岸抛石，与原抢险工程搭接5米，近岸抛石抛宽5.3~17米，抛石厚度0.8米，防护面积2410平方米，抛石量1928立方米。工程总抛石量4522立方米，核定工程经费156.46万元。工程于5月19日开工，6月2日完工。

(于建兵)

【东滨河涵洞抢险翻建工程】 2021年11月8日，扬中市三茅街道东滨河通江涵洞段堤身发生塌陷险情，长度16.8米、深度1.5米，经应急处置，险情得到及时控制，未造成人员伤亡。险情发生后，省、市领导高度重视，分别批示要求，控制险情，形成解决方案并组织实施，消除隐患。拆除重建东滨河涵洞，消除堤防坍塌险情，恢复涵洞的引、排功能，提升堤防的防洪能力。主要建设内容为:出险低涵扩大规模翻建，流量6.4米^3/秒;涵身为钢筋混凝土，涵洞净尺寸2米×2米，洞身长29.5米;涵洞采用水泥土搅拌桩基础，桩长8米;堤防加固长64米，堤顶宽8米，堤顶高程8.2米，迎水坡新建铰链式护坡，坡比1:3,背水坡采用草皮护坡，坡比1:2.5;堤顶沥青道路恢复448米。工程经批复概算291.17万元，于12月9日开工。

(于建兵)

【长江应急护岸工程】 2021年，长江扬中河段实施长江应急护岸工程。工程任务为除险加固太平洲左缘丰乐桥段、太平洲头右缘险工段已建护岸，落成洲右缘条崩段新建护岸，消除险情，维护该段河岸稳定。工程主要建设内容：加固护岸长度1714米，新建护岸长度505米，护岸面积12.89万平方米，抛石15.05万立方米。省厅印发项目初设批复，核定工程概算投资3402万元，省级以上补助2041万元，其余由扬中市负责筹措解决。

(于建兵)

工 业

综 述

【概况】 2021年，扬中市工业经济总体呈现稳中向好态势，完成工业应税销售1011.3亿元，比上年增长38%。其中规模工业企业实现产值684.36亿元，增长40.33%；实现工业增加值179.22亿元，增长17.4%。全社会用电量18.27亿千瓦时，增长8.04%，其中工业用电量11.1亿千瓦时，增长8.97%。智能电气、新能源、汽车零部件、临港装备制造四大产业规模以上产值488.94亿元，占全部规模工业的71.44%。新增年主营业务收入超50亿元企业1家、超40亿元企业1家、超30亿元企业1家、超20亿元企业2家、超10亿元企业4家。“三十强”工业企业实现销售377.16亿元，占规模工业的比重为55.43%。 （付超）

【重点产业项目】 2021年，扬中市固定资产投资持续平稳增长。一批重点产业项目开工建设，开展市领导挂钩、现场观摩、部门服务帮办、督查通报等系列举措，一切围绕项目干，一切围绕项目转。83个重点项目全部开复工，开复工率100%，其中44个新建项目，39个续建项目；完成投资85.77亿元，完成年计划的101.3%。46个项目竣工，其中工业投资项目41个，服务业项目5个。33个镇江市重点产业项目，全部开复工，开复工率100%；年计划投资41.98亿元，完成投资46.7亿元，完成年计划80.5%。省重大产业项目长城汽车核心零部件项目，年度计划投资12亿元，完成入库投资12.89亿元，完成年度计划的107.4%。蜂巢传动系统（江苏）有限公司年产10万台DHT变速器项目、中南高科·扬中智能制造产业园项目竣工投产，江苏火蓝电气有限公司巡检机器人及跟踪支架项目、江苏美科太阳能科技有限公司35吉瓦绿色高效超薄硅片项目开工建设。 （蒋文杰）

2月26日，镇江市重大产业项目现场会扬中市分会场开工仪式 （融媒体中心供图）

2021年扬中市重点工业项目表

表6 单位：万元

项目地点	项目名称	项目实施单位	建设内容及规模	开工时间	计划竣工时间	计划总投资	2021年计划目标	
							完成投资	序时进度
一、新建项目								
新坝镇	巡检机器人及跟踪支架	江苏火蓝电气有限公司	新征用地约2公顷，建设2幢高标准厂房和一栋5层设计研发综合楼，总计建筑面积3万平方米。主要研发、生产和销售电力巡检机器人及太阳能光伏跟踪支架、光伏“+”配套智能产品，购置专业设备50台（套）	2021.4	2022.12	30000	10000	部分竣工

续表 6

项目地点	项目名称	项目实施单位	建设内容及规模	开工时间	计划竣工时间	计划总投资	2021 年计划目标	
							完成投资	序时进度
新坝镇	量子云存储	江苏腾迈通信科技有限公司	新征用地 1 公顷，新建 7 层约 1.5 万平方米的研发生产基地，生产量子云存储设备及终端	2021.9	2022.6	20000	7500	部分竣工
新坝镇	精密研磨材料	江苏锋芒复合材料科技集团有限公司	一期在原厂区内新建高标准厂房两幢面积约 4 万平方米。二期在联合村新征地 2 公顷，建设 2 层约 1.5 万平方米厂房，主要生产金字塔布基研磨带、金字塔软膜片、海绵金字塔、研磨砂碟	2021.4	2022.6	12000	7800	部分竣工
新坝镇	中低压智能输配电设备研发制造	江苏弘历电气有限公司	项目盘活 1 公顷存量土地，新建 3 层、1 万平方米厂房，新上设备 30 余台(套)，生产中低压智能输配电设备，同时改扩建原厂区 1 万平方米厂房	2021.1	2022.3	10000	6000	部分竣工
新坝镇	铁路接触网紧固安全装置项目	江苏宏强电气集团有限公司	项目新建 1.5 万平方米标准化厂房，购置数字化机床 20 台(套)，生产铁路接触网零部件总成及防松紧固装置，项目达产后年增销售 2 亿元，税收 1000 万元	2021.7	2022.6	20000	5000	部分竣工
新坝镇	特种车辆防撞吸能装置组装基地	中交华安科技（天津）有限公司	项目新征地 1.33 公顷，总投资 1 亿元。新建 1 万平方米标准化厂房，新上用于特种车辆(大型危化品运输车辆)尾部的防撞、吸能装置，产品拥有 10 余项发明专利	2021.6	2022.3	10000	5800	部分竣工
新坝镇	电动工程升降车	东迈智能装备科技(镇江)有限公司	项目新征用地 1.13 公顷，新建 1 万平方米标准化厂房，购置专业设备，打造全球领先的电动工程车项目	2021.4	2022.3	10000	5000	部分竣工
新坝镇	特种耐火母线	江苏盈聚电气有限公司	项目收购盘活太平洋木业有限公司，占地 2 公顷，新建 1.5 万平方米标准化厂房，新上 2 条智能化生产线，生产矿物质火山岩耐火母线。项目达产后年增销售 2 亿元，税收 1200 万元	2021.4	2022.3	12000	6000	部分竣工
新坝镇	高铁专用槽式预埋装置	镇江阳光电气集团有限公司	项目新建标准化厂房 5000 平方米，新上高铁预埋件自动化生产线建设 3 条，等离子切割机、全自动滚丝机、全自动焊接机械手等专业设备 20 台（套），形成年产 6000 吨的生产能力。项目达产后年增销售达 1 亿元，税收 500 万元	2021.7	2022.6	6000	3000	部分竣工

续表 6

项目地点	项目名称	项目实施单位	建设内容及规模	开工时间	计划竣工时间	计划总投资	2021 年计划目标	
							完成投资	序时进度
油坊镇	环保材料脱硫钙粉	扬中华鑫环保科技有限公司	项目分二期实施，一期用地 2.55 公顷，新建厂房 2 栋，建筑面积 6 万平方米，新上物料机、磨粉机、自动传送机等设备 80 台套，建设年产 200 万吨重钙粉生产线 2 条。二期计划新建 5 层办公楼 1 栋，新上 80 万吨脱硫石膏再利用项目	2021.8	2022.12	30000	18000	竣工投产
油坊镇	高效多主栅光伏组件生产线绿色化提升改造	江苏绿能电力科技有限公司	利用现有厂房 1 栋，建筑面积 8000 平方米，新购置小牛串焊机，排版机，端焊机，金辰层压机，流水线等共 48 台(套)，对现有主栅组件生产线提升改造，建成年产 500 兆瓦的高效多主栅大尺寸太阳能光伏组件生产线	2021.2	2021.12	10000	10000	竣工投产
油坊镇	超细微粉	扬中市正丰新材料有限公司	用地 3.23 公顷，新建办公楼一栋，建筑面积 3000 平方米，新建厂房 23500 平方米，建设年产超细微粉 40 万吨、脱硫钙粉 20 万吨生产线	2021.6	2022.12	15000	10000	完成用地手续，厂房建设完毕，设备开始安装
八桥镇	装配式建筑新材料构件	江苏天舜金属材料集团有限公司	使用土地近 20 公顷，厂房 10 万平方米，3000 吨自备码头，完善供水、供电、供气等配套设施，购置主要设备 180 套(台)，主要生产叠合板、墙板、梁构件等，预计年销售 8 亿元	2021.6	2022.6	60000	20000	设备进厂安装调试
八桥镇	高性能铜及铜合金粉末	江苏大方金属粉末有限公司	新征土地 3 公顷，一期用地 1.33 公顷，新建生产车间及研发中心 2.3 万平方米，项目建成达产后，年产 3000 吨激光热熔增材制造用铜及铜合金粉末及高铁刹车片用 HGS 铜粉	2021.2	2022.6	20000	8000	主体厂房建成
八桥镇	高性能硅材料	镇江迪创新材料有限公司	一期租赁厂房 5000 平方米，新上高性能硅材料生产线。二期高创园征地 2 公顷，建设标准化厂房、研发中心及检测中心 2 万平方米，设计年产能 1.2 万吨	2021.6	2022.6	10000	5000	厂房建成
八桥镇	高性能硅胶玻纤复合布	镇江爱格复合材料科技有限公司	一期租用高创园 3000 平方米厂房，新上 6 条玻纤复合生产线，添置全自动设备 10 台(套)，年产量 100 万平方米，可新增销售 1 亿元，二期征地建厂房扩大产能	2021.1	2021.6	10000	4000	一期竣工投产

续表 6

项目地点	项目名称	项目实施单位	建设内容及规模	开工时间	计划竣工时间	计划总投资	2021 年计划目标	
							完成投资	序时进度
八桥镇	中低压一体化智能配电系统	江苏金利电气有限公司	利用现有土地,新建标准化厂房 2400 平方米,新上 3 条先进的数控生产线,购置各类数控设备 8 台(套),达产后销售 1.5 亿元,税收 760 万元	2021.7	2021.12	5000	5000	竣工投产
八桥镇	新型工业铝型材	江苏航鑫铝业有限公司	租赁厂房 6000 平方米,新上 2 条型材生产线,购置挤压机、长棒炉等先进设备 10 余台(套),达产后销售 1 亿元,税收 500 万元以上	2021.7	2021.11	5000	5000	竣工投产
西来桥镇	输配电辅件生产	扬中市标牌厂有限公司	项目总投资 1 亿元,一期投资 5000 万元,利用原有土地 0.7 公顷,新建办公楼 1 栋,购买激光雕刻生产线 1 条,用于标牌生产,购买电力安全器具生产设备若干台,用于电力安全器具生产	2021.3	2022.1	10000	5000	竣工投产
西来桥镇	EVA 无缝海绵卷芯	江苏宇博塑业有限公司	一期投资 5000 万元,租用厂房 5000 平方米。其中设备投资不低于 30%。二期征用土地 0.67 公顷,项目建成达产后,年销售 1.5 亿元	2021.2	2021.12	10000	2000	一期竣工投产
西来桥镇	气弹簧制造	江苏博特气弹簧有限公司	租赁厂房 2 栋,建筑面积 6000 平方米,购置全自动生产线 10 条、智能数控车床 40 台等	2021.1	2022.1	10000	9900	竣工投产
三茅街道	医学生物发酵设备	江苏丰泽生物工程设备制造有限公司	用地面积 1.33 公顷,建筑面积 1.5 万平方米,新建标准化厂房和研发楼 1 幢	2021.6	2022.6	10000	6000	完成主体工程建设
三茅街道	高压流体泵制造测试装备中心	江苏长凯机械设备有限公司	该项目用地约 0.87 公顷,预计新建标准化厂房 2 幢,办公楼 1 幢	2021.6	2022.6	10000	6000	完成主体工程建设
三茅街道	牙科器材专用产品	江苏牙宝宝医疗器械有限公司	用地 1.67 公顷,预计新建标准化厂房 2 幢,办公楼 1 幢	2021.6	2022.6	10000	6000	完成主体工程建设
三茅街道	德国巴斯夫工业汽车减震产品国产化	江苏华鑫泰科汽车配件有限公司	项目选址于扬中市三茅街道城北科技产业园内,利用原有土地新建 3 层标准化厂房 1 幢,建筑面积为 1680 平方米;购置进口水切割设备及相关配套设备 12 台(套),用于汽车行业专业减震器、变速箱阻尼相关产品的制造、设计、产品升级。该项目建成达产后年产值 5000 万元,利税 500 万元	2021.3	2021.12	5000	5000	竣工投产

续表 6

项目地点	项目名称	项目实施单位	建设内容及规模	开工时间	计划竣工时间	计划总投资	2021 年计划目标	
							完成投资	序时进度
三茅街道	电动车载电源产品项目	首帆能源科技江苏有限公司	项目新增用地面积 1.67 公顷，总建筑面积 2 万平方米，其中一期厂房、测试、仓库建筑面积 1.5 万平方米；二期展厅建筑面积 1500 平方米，研发、办公大楼建筑面积 3500 平方米；购置数控车床、折弯机器人等设备 25 台(套)，用于新能源原动设备制造(主要为电动车载电源产品)	2021.9	2022.12	10000	3000	桩基完工
经开区	年产 10 万台 DHT 变速器	蜂巢传动系统（江苏）有限公司	使用已建成生产车间 5.74 万平方米，新上组装线、电机装配线、测试台线各 1 条，以及改造轴齿车、总成工装、高位货架、滚筒货架、检测工装新投形状测量仪及粗糙度轮廓仪等设备 1242 台(套)	2021.1	2021.12	21200	21200	竣工投产
经开区	年产 10 万台 EG 发动机装配	蜂巢动力系统（江苏）有限公司	购置国际先进生产设备 60 台(套)，组建 EG 发动机装配线，项目投产后，预计年产 EG 发动机 10 万台	2021.1	2021.5	10000	10000	竣工投产
经开区	35 吉瓦绿色高效超薄硅片	江苏美科太阳能科技有限公司	利用现有存量土地及厂房，新征地 4.07 公顷，新建车间 2 栋、办公楼 1 栋、配套建筑，共计新增建筑面积约 10.8 万平方米，购置金刚线切片机、自动粘棒线、智能化控制流水线、脱胶机等设备约 700 台(套)，进行绿色高效超薄单晶硅片生产。项目分 3 期实施，一期拟购置切片机等生产设备，投产后可形成 15 吉瓦单晶硅片产能，二期拟建设厂房及相关配套设施，并购置生产设备，投产后可形成 10 吉瓦单晶硅片产能，三期拟购置全自动生产线等相关生产设备，投产后可形成 10 吉瓦单晶硅片产能	2021.3	2023.12	360000	20000	部分竣工
经开区	9AT 壳体	蜂巢传动系统（江苏）有限公司	使用蜂巢传动车间 2125 平方米，新上变速器壳体生产线、液力变矩器壳体生产线、中间壳生产线各 1 条，以及加工中心、清洗机、试漏机、三坐标测量仪等设备 16 台(套)	2021.7	2021.12	10000	10000	竣工投产

续表 6

项目地点	项目名称	项目实施单位	建设内容及规模	开工时间	计划竣工时间	计划总投资	2021 年计划目标	
							完成投资	序时进度
经开区	工业自动控制系统装置及高精轴承套圈加工制造	江苏亚奥精密机械有限公司	利用公司原有存量土地4900平方米，新建厂房9980平方米，购置全自动数控机床、圆锥切割机床、滚动轴承专用切割机床等生产设备30台(套),用于轴承生产机械自动控制输送设备及高精密轴承套圈生产	2021.3	2021.12	5000	5000	竣工投产
经开区	生物菌剂核心技术及关键设备的研发及产业化	扬中酵诚生物技术研究有限公司	拟利用尚昆生物现有厂房,依托于中国科学院上海生命科学研究院植物生理生态研究所,通过搭建环境微生物研究、开发和产业化应用平台,从污泥减量扩展到生物农药、天然修复和河道治理等微生物菌剂的系列产品开发应用。产品主要应用于城市污水厂和垃圾站厂等。项目引进国内外先进生产设备,建设微生物发酵和纯化生产线	2021.1	2021.12	10000	10000	竣工投产
经开区	智能电气产业化项目	江苏安华电气有限公司	新征用地0.77公顷,新建标准化厂房2栋，建筑面积7442.9平方米,新上数控剪板机1台、数控冲床1台、数控折弯机1台、激光切割机1台以及相关生产检测设备共计12台(套),进行环保型中压气体的绝缘开关柜、智能母线、桥架等电气产品生产(不涉及喷涂喷漆生产工艺及设备)	2021.5	2022.6	5000	3000	竣工投产
经开区	年产1万吨超高分子量聚乙烯板材	佳之健橡塑制品(镇江)有限公司	新征用地0.95公顷,新建2栋标准化厂房建筑面积约6300平方米,购置大型超高分子聚乙烯板材生产线、智能数控加工中心、万能摇臂铣、智能裁剪设备等生产检测设备26台(套),进行超高分子聚乙烯板材生产。项目建成后预计可形成年产1万吨超高分子聚乙烯板材	2021.5	2022.6	5500	3000	部分竣工
新坝镇	环网柜及充气柜技能改造	江苏大全长江电器股份有限公司	对集团西厂区约4万平方米的厂房进行重新改建和线路改造,预计新增自动化生产线3条,扩大环网柜和充气柜的产能	2021.1	2022.3	10000	5000	部分竣工

续表 6

项目地点	项目名称	项目实施单位	建设内容及规模	开工时间	计划竣工时间	计划总投资	2021 年计划目标	
							完成投资	序时进度
八桥镇	太阳能玻璃	扬中市昌宇安全玻璃有限公司	租赁 4000 平方米厂房，新上一条全自动太阳能玻璃生产流水线，年可新增销售 1.5 亿元	2021.1	2021.8	5000	4000	竣工投产
三茅街道	自动化热轧线	江苏省福达特种钢有限公司	利用原有厂房添置相关设备用于高速钢半连轧生产线技术改造升级	2021.3	2021.6	5000	5000	改造升级完成，并投入运营
二、续建项目								
新坝镇	中南高科·扬中智能制造产业园	中南高科产业集团	规划面积 6.33 公顷，建筑面积 7.7 万平方米，建设多层厂房、定制厂房、研发中试楼、配套设施等，待厂房交付后，入驻企业不少于 40 家，新增销售 5 亿元，税收 2500 万元	2019.5	2021.12	38000	4000	竣工投产
新坝镇	工业 4.0 智能智造共享工厂	江苏云企智造有限公司	总占地 4 公顷，分二期开发建设，一期占地 2.66 公顷，建设 1.5 平方米标准化厂房，购置 36 台(套)智能化设备，建设智能制造工厂	2020.3	2021.12	25000	5000	竣工投产
新坝镇	智能断路器及智能家居电器	江苏苏正智能电气有限公司	总占地 0.8 公顷，建设 2 栋六层厂房和 1 栋十层综合研发生产大楼，生产智能断路器及智能家居电器	2020.2	2021.12	10000	4000	竣工投产
新坝镇	智能输配电专用设备	邦电电气(江苏)有限公司	在新坝高新区内租赁 5000 平方米标准化厂房，购置绕线机、固化炉、空压机等 38 台生产设备，建设智能输配电专用设备项目	2020.5	2021.3	6600	2600	竣工投产
新坝镇	压电单晶	江苏蓝鲸新材料有限公司	与西安交通大学合作，租用大航集团 3000 平方米标准化厂房进行改建，购买 10 台单晶炉共同生产单晶新材料	2020.6	2022.8	15200	3000	竣工投产
新坝镇	精密机械设备	扬中市精鑫达电气有限公司	一期租用中南重工 6000 平方米厂房，新上电缆桥架成型机、冷弯成型机、冲孔机、盖板机、梯边机、梯撑设备、小规格桥架成型设备等 15 台(套)进行桥架设备的自动化流水线生产	2020.3	2021.4	8000	—	—
油坊镇	太阳能用铝合金边框扩产	镇江江岛新材料科技有限公司	用地 1.33 公顷，新建厂房 1 万平方米，购置 3 条自动化生产线	2020.9	2021.12	5000	1000	竣工投产

续表 6

项目地点	项目名称	项目实施单位	建设内容及规模	开工时间	计划竣工时间	计划总投资	2021 年计划目标	
							完成投资	序时进度
油坊镇	真空设备扩产	镇江德利克真空设备科技有限公司	新征用地 0.73 公顷,新建厂房 6000 平方米,购置进口自动化生产设备,生产 5G 配套装置	2020.11	2021.12	5000	1000	竣工投产
油坊镇	仪表管件阀门	江苏林诚电仪设备有限公司	用地 2 公顷,新建厂房及办公楼 1.5 万平方米,购置数控加工设备,生产仪表管件阀门	2020.5	2020.12	5000	—	—
八桥镇	福麟智能装备制造	江苏福麟智能装备制造有限公司	项目用地 14.07 公顷,二期建设 100~300 吨总装基地及管系车间 6 万平方米,添置各类设备 300 台(套)	2020.3	2022.6	60000	20000	建成 30000 平方米厂房,部分设备进场安装调试
八桥镇	船舶脱硫脱硝系统设备	江苏骅通船舶工程设备有限公司	用地 2.07 公顷,一期用地 1 公顷,建设 1.2 万平方米生产车间和五层 3500 平方米研发楼,购置自动化生产线设备 60 台(套),主要生产船舶脱硫脱硝设备	2020.3	2021.12	30000	8000	一期竣工投产
八桥镇	特种超高分子系列	江苏吉庆新材料科技有限公司	项目用地 2.03 公顷,建设两栋面积为 1.3 万平方米标准化厂房、一栋面积为 6600 平方米研发大楼,添置国内先进的大型挤出生产线三条,注塑生产线 10 条,数控车床、热熔焊机等设备 12 台(套);生产聚丙烯板材、大口径排污管道、层析柱及聚乙烯涉水管材	2020.9	2021.5	15000	5000	竣工投产
八桥镇	超高分子聚乙烯纤维	江苏领誉纤维科技有限公司	项目一期已建成 6 条防弹纤维生产线,项目二期用地 0.67 公顷,新建能源供应中心,新上 6 条高性能防弹纤维生产线	2018.3	2021.12	10000	5000	竣工投产
八桥镇	医用口罩	扬中市鸿运医药包装有限公司	占地 3.6 公顷,新建厂房 7 万平方米,其中净化车间 2 万平方米,新上检化验设备、配套系统、医用药筒及医用口罩生产线等设备	2019.3	2022.6	20000	5000	医用口罩生产线竣工投产
八桥镇	聚酰亚胺薄膜	江苏龙成绝缘材料有限公司	新征土地 1.33 公顷,新建标准化厂房 1.6 万平方米,新上聚酰亚胺薄膜自动化生产线 6 条	2019.12	2021.8	10000	4000	竣工投产
八桥镇	工程机械核心零部件	江苏河豚岛铝业科技有限公司	建设约 1 万平方米标准化厂房,新上 3 条智能化生产线,生产工程机械油缸缸筒、活塞、导向套和新能源汽车行李架、边框条及型材等	2020.3	2021.12	30000	5000	厂房建成,设备订购

续表 6

项目地点	项目名称	项目实施单位	建设内容及规模	开工时间	计划竣工时间	计划总投资	2021 年计划目标	
							完成投资	序时进度
八桥镇	气动管缆	镇江市速达气动管缆有限公司	租赁厂房 3000 平方米，新上 2 条尼龙管缆、防腐护套铜管缆生产线	2020.6	2021.6	10000	1000	全面达产
八桥镇	柏斯特新材料	镇江柏斯特电气有限公司	租赁厂房 5000 平方米，新上 6 条智能工程电气生产线	2020.6	2021.6	10000	1000	全面达产
西来桥镇	机器人研发生产	江苏璟胜自动化科技有限公司	用地 1.33 公顷，新建厂房和研发中心（建筑面积 1 万平方米）以及相应的生产设备	2020.5	2021.4	10000	2000	一期竣工投产
西来桥镇	超低温阀门研究中心	江苏亿阀股份有限公司	建设超低温阀门研究中心，购买立式和卧式加工中心、数控立式车床、全自动三坐标仪、全自动-196℃低温冲击试验机、阀门试压泵、阀门流量测试系统等国内外先进设备	2020.6	2021.6	6200	2200	竣工投产
西来桥镇	聚四氟乙烯缝纫线生产	镇江泊程新材料科技有限公司	新增土地 0.67 公顷，建设高标准厂房及配套用房 4100 平方米，新增 6 条生产线，设备投资额 1300 万元，年产聚四氟乙烯织带 220 吨	2020.5	2021.3	5000	2000	竣工投产
西来桥镇	30 万吨/年硫酸铵大颗粒造粒	镇江中远海运物流有限公司、大津清洁能源装备产业园有限公司	在大津清洁能源装备产业园新建 2 万平方米厂房，新建 3 条生产线，新购置机械设备及配套电器	2020.5	2021.3	8000	2000	竣工投产
西来桥镇	智能行吊设备生产制造	英瓦曼德起重设备（上海）有限公司	在大津清洁能源装备产业园新建 1.1 万平方米厂房，主要从事智能行吊设备生产制造	2020.5	2021.3	5000	1200	竣工投产
三茅街道	数字扬中	香江科技股份有限公司	新建 5 万平方米 17 层研发大楼和 0.5 万平方米数据中心，购置机柜 550 台	2018.8	2021.6	96000	30000	竣工投产
三茅街道	数据中心云计算配套智慧能源与机房环境系统	江苏量子电子科技有限公司	总规划用地面积 3.67 公顷，总建筑面积为 3.38 万平方米，新建厂房 4 栋。建成后将年产电池能量交换系统 2500 套、数据中心刀片式 UPS 储能系统 1500 套、模块化分布式储能数据机柜 1500 套、数据中心高压直流储能供电系统 1000 套、能源管理系统软件 500 套、数据中心高效热管制冷系统 1300 套的生产能力	2020.1	2022.1	30600	10000	竣工投产

续表 6

项目地点	项目名称	项目实施单位	建设内容及规模	开工时间	计划竣工时间	计划总投资	2021 年计划目标	
							完成投资	序时进度
三茅街道	智能电气产品研发、产品升级	江苏圣涛智能电气有限公司	总占地 1.01 公顷,新建标准化厂房 3 栋，建筑面积 1.2 万平方米；新建办公楼 1 栋，建筑面积 800 平方米；用于智能电气产品研发,环保型中压气体绝缘开关柜、防爆开关柜、智能环网柜,智能母线槽的制造、设计、产品升级。购置数控剪板机、折边机等设备 12 台	2020.4	2021.1	10000	6500	竣工投产
三茅街道	光伏电站用互联连接系统	镇江通利新能源有限公司	总占地 0.33 公顷,新建标准化厂房 2 栋,建筑面积 3000 平方米,购置电脑切线剥皮机、电焊机、超静音端子机等设备 63 台，用于光伏电站系统互联连接	2020.1	2020.12	5000	—	—
三茅街道	含铜、退锡废液回收及综合利用	江苏欣新环保科技有限公司	添置环保废液处理相关设备 20 台(套),用于生产线改造升级	2020.5	2020.12	5000	—	—
经开区	年产 20 万台 8HDCT 变速器	蜂巢传动系统（江苏）有限公司	用地 20.31 公顷，分 2 期实施。一期建设厂房 14.4 万平方米,购买 9DCT 生产及检测设备，计划于 2020 年 11 月竣工达产；二期新上 9HDCT 等生产线，计划于 2021 年 12 月竣工达产	2019.3	2021.12	324914	22500	竣工达产
经开区	年产 50 万套新能源汽车驱动电机及控制器建设	蜂巢电驱动系统(江苏)有限公司	用地 11.25 公顷，分 3 期实施。一期新建厂房 7.65 万平方米,购买生产及检测设备 520 台(套),投产后可形成 10 万台新能源汽车驱动电机、控制器生产能力,计划于 2020 年 11 月竣工达产。二期、三期项目各 20 万台产能生产线，计划于 2021 年 12 月、2022 年 12 月竣工投产	2019.3	2022.12	207620	25500	二期项目竣工达产
经开区	年产 100 万台 EPS	蜂巢智能转向系统(江苏)有限公司	用地 4.9 公顷,分 3 期实施。一期新建厂房 3.78 万平方米，购买生产及检测设备 110 台(套),投产后可形成 30 万台智能转向系统,计划于 2021 年 3 月竣工达产。二期、三期项目各 35 万台产能生产线，计划于 2021 年 12 月、2022 年 12 月竣工投产	2019.3	2022.12	112430	17000	二期项目竣工达产

续表 6

项目地点	项目名称	项目实施单位	建设内容及规模	开工时间	计划竣工时间	计划总投资	2021 年计划目标	
							完成投资	序时进度
经开区	年产 40 万套发动机壳体、28 万套变速箱壳体	精诚工科汽车零部件(扬中)有限公司	用地 8 公顷,新建厂房 9.32 万平方米,购买生产及检测设备 160 台(套)。分 3 期实施。一期为厂房及 30 万套发动机缸体、20 万套变速器壳体,预计 2021 年 3 月投产。二期为 30 万套发动机缸盖及油底壳、20 万套变速器配套阀体壳等发动机、变速箱相关产品,预计 2021 年 12 月投产。三期为 10 万套发动机壳体(含缸体、缸盖、油底壳等)、8 万套变速器壳体等,预计 2022 年 12 月投产	2020.1	2022.12	68000	15900	二期项目竣工投产
经开区	年产能 270 万件机加工	精诚工科汽车零部件(扬中)有限公司	用地 5.33 公顷,新建厂房建筑面积 3.25 万平方米,购买加工中心及检测设备 292 台(套)。分 3 期实施。一期为厂房及 90 万件发动机、变速箱壳体加工项目,预计 2021 年 3 月投产。二期为 80 万件发动机、变速箱壳体加工项目,预计 2021 年 12 月投产。三期为 100 万件发动机、变速箱壳体加工项目,预计 2022 年 12 月投产	2020.4	2022.12	43442	10100	二期项目竣工投产
经开区	年产 1500 节云轨高地铁内饰零部件	江苏荣胜长江塑业有限公司	用地 4.36 公顷,建设厂房 5.23 万平方米,新上生产及检测设备 90 余(台)套,建成后将形成年产 1500 节云轨高地铁内饰零部件项目的生产能力	2020.8	2022.6	30000	7000	厂房建设完成
经开区	智能型配网三相不平衡治理装置制造	江苏亿能电气有限公司	用地 3.73 公顷,新建厂房 4.6 万平方米,购置各类生产、检测设备 40 台(套)	2020.6	2021.12	20000	6000	竣工投产
经开区	ACM 复合材料电力塔杆生产	蕴能江苏有限公司	用地 2.67 公顷,建设标准化厂房及研发大楼 2.1 万平方米,购置各类生产设备 23 台(套)	2019.12	2021.6	15000	4000	竣工投产
经开区	△智能接线盒扩能	江苏通灵电器有限公司	新建厂房 6000 平方米,购置相关生产及辅助设备 100 台(套),项目投产后预计新增智能接线盒 600 万套/年	2020.4	2020.12	5000	—	—

(潘大伟)

智能电气产业

【概况】 2021年，扬中市有电气规模企业190家，实现企业产值302.5亿元，占规模工业比重44.2%，对全市规上工业产值增长贡献率24.4%。其中，大全集团完成销售85.12亿元，税收4.03亿元；亿能电气与伊顿公司开展股权合作，全年订单饱满，销售12亿元；威腾电气在科创板上市，完成销售11.4亿元；士林电气入选工信部第三批专精特新“小巨人”企业，完成销售5.7亿元。工业4.0智能智造共享工厂，一期1.5万平方米标准化厂房已全部建成，部分设备进入调试阶段。针对原材料价格上涨带来的行业利润不均的问题，召开工程电气企业家沙龙、新型电力(新能源)产业联盟大会，发出产业高质量发展倡议，签订产业链配套合作协议，提升本土产业链适配水平，行业规上利润14.91亿元，比上年增长22.3%。（付超）

【“我为扬中工程电气代言”主播选拔大赛】 2021年1月，“我为扬中工程电气代言”主播选拔活动落幕。1月1日，“爱电气”官方抖音号发布首部电气题材系列微电影《电气人》；1月5日，发布爱电气系列短剧。活动由扬中市属国有企业大航集团旗下大航电子商务有限公司(爱电气网)、扬中市融媒体中心共同主办，着力打造扬中“工程电气岛”城市名片，推广传播“扬中智造”。活动从海选到总决赛，持续3个月，250余名在扬中生活或工作的选手报名参与。比赛通过才艺展示、电气知识问答、现场命题演讲以及现场带货等形式，选拔出扬中工程电气代言人6人。选手在“爱电气”直播间，以“爱电气”官方抖音号、快手号为平台，宣传推广电气产品，讲解电气知识，跟随“爱电气”走进展会以及电气企业，利用新型传播渠道，为电气产品代言。（融媒体中心）

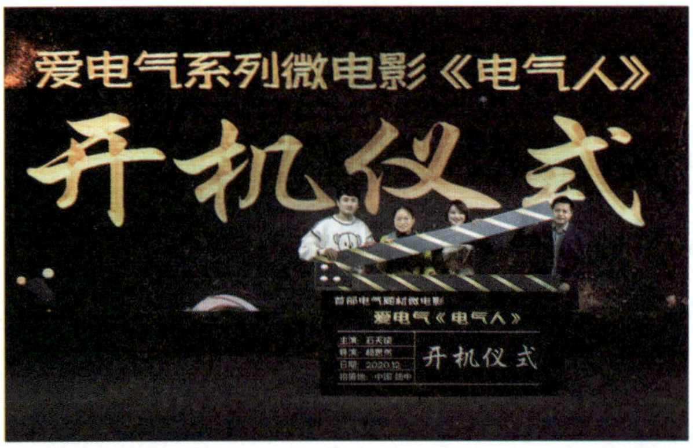

1月1日，“爱电气”官方抖音号发布首部电气题材系列微电影《电气人》（融媒体中心供图）

【江苏浪潮、江苏旺捷战略合作项目签约】 2021年1月18日，江苏浪潮、江苏旺捷战略合作项目举行签约仪式。浪潮与旺捷签约的战略合作项目分3期建设，项目以旺捷大数据中心为基础，整合浪潮全国IDC(Internet Data Center，是基于Internet网络，为集中式收集、存储、处理和发送数据的设备提供运行维护的设施基地并提供相关的服务)资源，打造长三角特色绿色数据中心和产业互联网基地。（融媒体中心）

【伊顿母线(江苏)有限公司成立】 2021年6月28日，亿能集团和伊顿公司合作成立的伊顿母线(江苏)有限公司举行揭牌仪式，亿能集团与伊顿公司携手共进、互惠共赢，成为扬中市转型升级、创新发展的新成果。此次成立伊顿母线(江苏)有限公司，双方判断精准、眼光长远，产生“1+1>2”的效果，两家企业在技术研发、市场开拓、全球化发展等方面深度合作，整合资源、优势互补，跑出企业发展“加速度”；经开区、各有关部门要靠前对接、务实作为、优化服务，做好各项保障工作，推动双方合作落地生根。（郭厶源）

【威腾电气集团股份有限公司在上海证券交易所上市】 2021年7月7日，扬中市威腾电气集团股份有限公司在上海证券交易所科创板上市，举行首次公开发行A股上市仪式，成功登陆资本市场，是扬中首家科创板上市公司。威腾集团，作为国内规模最大、产品系列最全、产业链最完整的母线产品制造商之一，公司产品被广泛应用于北京鸟巢、大兴国际机场、港珠澳大桥等多个国家重点工程，在行业内拥有较强的比较优势。威腾电气此次公开发行价格6.42元/股，发行市盈率23.33倍，发行股数3900万股，募资总额2.50亿元。（朱慧）

【奥克斯(扬中)智能制造产业园项目签约】 2021年9月9日，奥克斯(扬中)智能制造产业园项目签约。奥克斯(扬中)智能制造产业园项目围绕镇江市做大做强“四群八链”的总要求，按照“统一规划、突出主业、招商先行”的原则，着力打造专业化、高端化的智能电气元器件产业园，重点招引工程电气产业强链延链补链项目，致力提高智能电气产业链、供应链稳定性和竞争力。项目总投资约15亿元，总用地23.33公顷，其中一期用地7.27公顷。一期企业全面达产后，预计可实现销售9亿元，税收3300万元以上。活动现场，宁波奥克斯产业新城建设有限公司与牛津盈创股权投资有限公司签订合作协议。（融媒体中心）

新能源产业

【概况】 2021年，扬中市新能源产业探索转型发展，实现规上产值79.19亿元，比上年增长84.2%。新能源企业40余家，其中规模以上企业17家，7家光伏企业（大全、环太硅、荣德、美科硅、丰源、绿能、美科太阳能）进入工信部《光伏制造行业规范条件》名单。美科太阳能顺应高效单晶光伏产品快速发展的行业趋势，加快在单晶产品领域的布局，超薄单晶硅项目15吉瓦产能持续释放，完成销售45.9亿元；通灵股份深耕接线盒等配件的研发和制造，12月在深交所创业板首发上市，完成销售11.98亿元；太阳集团大尺寸组件、上迈柔性组件、希尔达组件边框等产值持续攀升。

（何锦璇）

【镇江市企业家沙龙新型电力（新能源）装备专场举行】 2021年4月28日，镇江市企业家沙龙新型电力（新能源）装备专场在扬中市举行，邀请企业家、业内人士共商行业发展前景，增进业内企业间的交流互鉴，在产业配套、技术探讨等领域加深合作，推动新型电力（新能源）装备产业向好向快发展。作为全国闻名的“工程电气岛”“绿色能源岛”，扬中市贯彻镇江“产业链集群高质量发展”要求，依托智能电气、新能源两大主导产业集聚优势，奋力激发企业创新创业活力，全面提升产业融合水平，产业基础高级化、产业链现代化的方向更加明确，特色更加鲜明。 （融媒体中心）

4月28日，镇江市企业家沙龙新型电力（新能源）装备专场 （融媒体中心供图）

【美科太阳能35吉瓦单晶硅片项目签约】 2021年1月18日，江苏美科太阳能35吉瓦单晶硅片项目举行签约仪式。美科太阳能35吉瓦单晶硅片项目分3期实施，一期15吉瓦、二期10吉瓦、三期10吉瓦。利用存量土地和厂房设施，新建厂房、仓库、办公楼15万平方米，购置切片机、自动粘棒线、智能化控制流水线、脱胶机等设备700台（套）。项目达产后可实现年销售180亿元，年利税10亿元，增加就业2000人。

（融媒体中心）

【镇江市新型电力（新能源）装备产业联盟成立】 2021年12月30日，镇江市新型电力（新能源）装备产业联盟成立大会在扬中市举行，镇江市新型电力（新能源）装备产业联盟揭牌。组建产业联盟旨在推动产业链企业优势互补和强强联合，提升产业核心竞争力，增强应对风险的韧性，为扬中高质量发展提供强力支撑。大会现场举行产业链集采合作框架协议签约仪式以及联盟成员单位研发平台共享、共性技术攻关、优质成果共享战略合作签约仪式。扬中市委、市政府全力打造新型电力（新能源）装备产业示范基地，借力数字赋能，推动“传统制造”向“智能制造”转变；借力科技创新，推动“核心受制”向“自主可控”转变；借力人才支撑，推动“人口红利”向“人才红利”转变；借力产业联盟，推动“单兵作战”向“合作共赢”转变；完善产业联盟相关配套服务，以规范化、制度化、市场化的体制机制，促进行业自律、推动公平竞争、实现共同提升。（融媒体中心）

【“绿色能源岛”建设】 2021年，扬中市“绿色能源岛”建设探索整市推进光伏发展新模式。并网工商业光伏项目65个，并网户用光伏1010户；建设经开区20兆瓦风电项目；118个光伏项目、9468户居民光伏发电项目享受市财政补贴。截至2021年年底，建设工商业光伏项目300余个，户用光伏1万余户，渔光互补项目2个，风电项目1个，新能源装机容量260兆瓦。美科太阳能、扬中印刷、通灵电器3家企业入选省级绿色工厂。

（何锦璇）

临港装备制造产业

【概况】 2021年，全球海运需求较新冠肺炎疫情暴发初期出现较为显著的回暖，扬中市船舶制造企业坚守发展定力，市场开拓初见成效、产品结构日趋合理，主要经济指标持续快速增长。临港装备制造行业规模以上产值35.73亿元，其龙头企业新韩通船舶重工年产值26.79亿元。江苏新韩通船舶重工有限公司年度完成交付超大型散货船3艘、大型海工船4艘；新韩通助力国家新能源产业发展,完成海洋风力发电钢结构制作加工 18 万吨,实现工业申报销售 25.79 亿元。福麟智能装备制造项目二期工程 6 万平方米厂房开工建设,预计 2022 年 5 月底前投产。船舶制造及海洋风电新能源钢结构制造加工业务订单计划排至 2024 年第一季度。大津重工持续深耕风电、海工项目、特种作业船舶的经营方向,签订包括欧洲、俄罗斯合同 38 份,完成项目开工 11 艘(含改装、维修项目),上船台 7 艘,下水 9 艘,交付 10 艘,实现工业申报销售 8.3 亿元;大津产业园二期码头项计划总投资 5 亿元,码头将建设 3 个 3 万吨级(兼泊 5 万吨)泊位,设计年吞吐量 2000 万吨。 (蒋文杰)

【三峡能源 001 自升式风电安装平台下水出坞】 2021 年 4 月 20 日,三峡能源 001 自升式风电安装平台下水暨命名仪式在新韩通重工举行。三峡能源 001 自升式风电安装平台是新韩通重工为三峡新能源打造的风电利器。新韩通优化改进生产技术,严格把控建造周期,用不到 2 个月的时间,完成龙骨合龙到下水出坞。该船将在缓解施工船舶压力、提升海上风电规模化运维等诸多方面发挥作用。 (黄琳)

4 月 20 日,三峡能源 001 自动式风电安装平台下水 (八桥镇供图)

【新韩通船舶重工造船总部大楼竣工落成】 2021 年 6 月 19 日,江苏新韩通船舶重工造船总部大楼竣工落成典礼举行。建筑面积 7356.1 平方米,总层高 7 层,是韩通集团造船板块研发及办公大楼。此次总部大楼的落成,是新韩通全面整合提升、打造总部经济的重要开端,更是企业致力于造船、海洋风电、港口贸易等综合性发展,助力扬中港产融合,加速港口经济“跑起来”“强起来”。 (黄琳)

汽车零部件产业

【概况】 2021 年,扬中市汽车零部件行业在蜂巢的全面投产后异军突起,实现规模以上产值 71.52 亿元。汽车零部件产业放大“磁场效应”,招引产业链上下游企业 20 家,加快推动汽车配套产业园规划建设。以高校院所、江苏大学汽车学院校友企业为牵引,持续深化交流,打造招才引智“强磁场”。整合政策、科技、金融等各方面优质资源,推动扬中汽车零部件产业持续、高效、健康发展。经开区举办高层次人才创新成果展示会暨首届汽车产业发展论坛,扬中市汽车零部件产业协同创新联盟正式成立;四大招商临时党支部签约汽车零部件产业园项目、新能源汽车电池托盘项目等 15 个项目,其中亿元以上项目 11 个,在 30 亿元项目上取得突破;汽车零部件产业园项目、新能源汽车电池托盘项目等 16 个项目相继签约。西来桥江苏奥联观光列车项目、汽车轻量化新材料生产项目启动建设。核心企业蜂巢易创完成工业申报销售 62.3 亿元。 (丁伟汉)

【长城汽车蜂巢动力第 1000 万台发动机下线】 2021 年 6 月 17 日,长城汽车蜂巢动力第 1000 万台发动机下线仪式及未来规划发布会举行。此次下线的第 1000 万台发动机是长城汽车蜂巢动力自主研发的 1.5T 缸内直喷汽油发动机,型号为 4B15C,集合连续可变气门升程、VGT 增压器、热管理模块、350bar 中置直喷、缸盖集成排气歧管等诸多发动机领域前沿技术。活动上,回顾长城汽车蜂巢动力成立 21 年来的发展历程,中国内燃机工业协会秘书长邢敏作《推进内燃机产业高质量发展》报告,长城汽车蜂巢动力研究院院长李健介绍企业在全球化战略、各平台产品技术优势和研发布局,为 24 家供应商代表颁发“真心伙伴奖”。 (郭么源)

6 月 17 日,长城汽车蜂巢动力第 1000 万台发动机下线仪式 (吉战顺摄)

商贸服务

综述

【概况】 2021年，扬中消费市场稳步复苏，实现社会消费品零售总额156.5亿元，比上年增长17.4%。其中，批发业商品销售额增长38.4%；零售业商品销售额增长19.2%；住宿业营业额增长7.6%；餐饮业营业额增长23.9%。实现限上批发业商品销售额90.9亿元，增长50.2%。商务局抓招商、稳外资、稳外贸、促消费，各项工作取得新进展。聚焦“一号战略”，加强招商谋划，加大招引力度，招商体制改革不断深化，招引形式更加灵活，项目招引管理更加规范。深入贯彻落实中央和省市关于“六稳六保”工作决策部署，以“稳量提质”为重点，全力推进开发开放，“三外”(外资外贸外经）工作呈现总量稳、质量升、服务优的趋势。坚定扛起商贸领域安全生产监管责任，健全安全生产监管体系，全面推进餐饮企业燃气安全等专项整治，扎实开展商场超市疫情防控，交出商贸发展最优答卷。 （奚松裕）

2021年扬中市重点服务业项目表

表7 单位：万元

项目地点	项目名称	项目实施单位	建设内容及规模	开工时间	计划竣工时间	计划总投资	2021年计划目标	
							完成投资	序时进度
一、新建项目								
新坝镇	中华第一河豚街	扬中市新城吾悦商业管理有限公司	河豚街总建筑面积1.28万平方米，以河豚特色餐饮作为主力店引入，打造扬中特色河豚文旅街区，争取成为扬中的网红旅游打卡景点	2021.1	2021.12	30000	30000	竣工投产
西来桥镇	大津产业园二期码头	大津清洁能源装备产业园	建造3个3万吨级的泊位，其中2个重型码头，1个通用码头	2021.1	2022.12	50000	20000	启动基建
三茅街道	品尚多精品商场	扬中市品尚多连锁超市有限公司	租赁新天地购物中心2万平方米商铺，建设精品商场超市。对地面、墙面等进行改造升级、装潢；对电气工程、弱电项目，安防监控及消防工程等系统进行购置安装；声学设计，包括隔音、噪声控制、扬声器布置等方案内容；配套设备，新添购置200吨制冷设备3套，真空包装设备10套，化验检验设备5套	2021.4	2022.4	5000	4600	部分竣工

续表 7

项目地点	项目名称	项目实施单位	建设内容及规模	开工时间	计划竣工时间	计划总投资	2021年计划目标	
							完成投资	序时进度
经开区	增压器研发项目	蜂巢动力系统(江苏)有限公司	投入研发人员 100 人，进行增压器的核心零部件的基础开发和整机集成匹配应用	2021.1	2021.10	10000	1000	研发人员到位，部分研发设备到位
经开区	江苏旺捷大数据中心及工业云平台	江苏旺捷大数据有限公司	租赁江苏美科硅能源有限公司 12 公顷工业出让土地，6 万平方米厂房及相关配套设施，通过购置 1 万台 IDC 机柜（一期 3000 台机柜，二期 3000 台机柜，三期 4000 台机柜）、185 套数据云存储模块、30 台柴油发电机等设备从而打造绿色环保、安全稳定、低能耗的大数据中心，依托大数据中心，开发应用于工业互联网的云平台，孵化吸引一批互联网企业以及规模工业企业入驻工业云平台，带动 100 亿元工业互联网应用产值	2021.4	2022.6	158000	10000	基本完成电力扩容改造、厂房改造，部分机柜开始运营
西来桥镇	镇江港扬中港区西来桥作业区润华物流通用码头内港池粮食发放功能提升	江苏润华物流有限公司	建设粮食码头卸粮罩棚（1.07 万平方米）、基础工程、装卸输送设备、供电系统及相关配套设施	2021.5	2022.6	5246	4000	主体结构完成
二、续建项目								
新坝镇	吾悦广场	扬中市新城悦盛房地产开发集团	项目位于迎宾大道南侧、新民路西侧、南江路北侧、金港大道东侧投资商业地块，总建筑面积 67.09 万平方米，计容面积 51.69 万平方米	2020.1	2022.5	100000	30000	竣工投产
西来桥镇	通发实业商业综合体	扬中市通发实业有限公司	通发商业综合体及配套设施，占地 1.47 公顷	2020.5	2024.6	7000	3000	启动基建

（潘大伟）

商贸服务业

【概况】2020 年，扬中市商务局在做好常态化疫情防控前提下，发挥消费引领作用，推动社零提升。成立商业场所疫情防控工作领导小组，建立局领导挂钩联系镇（街区）制度，对 42 家规模以上商超常态化开展监督检查，压实部门监管、属地管理和企业主体责任。4 月，商务局被镇江市委市政府表彰为抗疫先进集体。加强餐饮消费推介，开展“把年夜饭带回家”、“扬中招牌菜”评选、河豚文化节扬中美食专场推介等活动。组织企业抓住中秋、国庆等节日开展“消费促进月”活动，中央商场等商贸企业举办40余场促销活动。2021年5月,扬中作为"开展消费促进工作、推动高品位步行街建设、推进农产品流通现代化及产销对接、积极发展农村电商和社区电商成效明显地区"受到省政府办公厅督查激励表彰。 (奚松裕)

【供销合作】 2021年,扬中市供销合作总社完善配供体系。完成6家基层社"三会"(社员代表大会、理事会和监事会)制度建设;完成兴隆供销社"薄弱社"改造;在新天地闲置资产开拓新经营发展空间。利用基层低效闲置资产打造"禾丰农资仓储配送中心"项目,补齐农资配供网络短板。在油坊镇推进"农综社"创建试点工作,引导油坊供销社吸纳626名农民入社,在太平村供销社增加生活用品超市。深化"放心农资区域化共建"发展模式,与三茅、经开区、八桥、西来桥4个镇(街、区)签订合作协议,实现区域共建全覆盖。以信用领域为改革突破口,扩大与9家金融机构合作领域,在"农资惠"网点开设普惠金融服务点,推动金融服务下沉,发放500余张"乡村振兴卡",为38户种田大户发放小额信用贷款,累计金额612万元。完成5轮水稻用药"零差率"配供。覆盖面积超28万亩次,配供金额约385万元,为全市农户节省农药采购成本170万元。开展农药包装废弃物回收,各网点累计回收、归集各类农药包装废弃物148万件,回收率95%。推进农业社会化服务,以禾丰农资公司为牵头主体,成立禾丰农机专业合作社,统筹推进飞防植保、统防统治、农机作业等农业社会化服务,促进种田大户和现代农业有机衔接。全年实现飞防植保面积16.67平方千米,农业社会化服务面积19.33平方千米;在全市推广销售测土配方肥5500余吨,完成测土配方施肥覆盖面积5.6万亩次。组织三叶咸秧草、兴阳粉丝等农产品参加镇江市农产品展销会,举办"庆丰收、感党恩"中国农民丰收节活动,承办"'两在两同'助农销"农产品广场集市活动。扬中商城全面转型,与上海百富茂城市奥特莱斯签约。推出扬中"e"商城线上营销平台,上架2000余种品类,开设消费助农板块。东泰(月星)家居创新营销手段,整合实体商业服务平台优势,推出自建平台"月星品宅·设计师之家"。 (陶鑫)

【粮食收储】 2021年,粮食收储中心全力抓好两季收购,切实保护农民利益。收购小麦2.5万吨,稻谷1万吨,完成储备任务,烘干小麦1.06万吨,稻谷7960吨。中心流转土地2.13平方千米,开展绿色种植,实现租地种粮的最大效益化,"河豚香米"被认定为绿色食品A级食品,准许使用绿色食品标志。公司制改革全面完成,中心有11家全民所有制企业,注销其中两家"三无"企业,其余9家企业更改为国有独资有限责任公司。加强物资储备设施建设,改造联合老库罩进行,新建物资储备库,加强专项救灾物资的分类监管、更换和存放提高救灾应急保障能力。配合省、市、县三级做好粮食购销领域巡视巡察工作,聚焦责任、直面问题,畅通信访渠道,对于巡视巡察工作中反馈的问题,切实抓好整改工作。以巡查为契机,建立健全各项规章制度,提升粮食安全治理能力和水平,确保粮食从种到收"颗粒归仓",从储到销"毫厘不差",关键时刻"拿得出、用得上"。 (韩雨濛)

"河豚香米"品牌荣获绿色食品标志(粮食收储中心供图)

【石油贸易】 2021年,扬中市销售轻油8.93万吨,比上年增长7.18%,其中,零售7.53万吨,增长1.31%;直分销1.4万吨,增长55.56%。非油品营业额3034万元,增长6.94%。10月,中石化扬中三茅加油站综合汽服门店开业运营,成为中石化江苏石油首座综合汽服门店。自建自营汽服按照"人·车·生活"生态圈的规划要求,以三茅自营汽服为中心,逐步向周边油站辐射。 (李美凤)

【烟草专卖】 2021年,扬中市烟草专卖局(分公司)销售卷烟172万箱,比上年增长4.24%;含税销售金额7.95亿元,增长10.55%;单箱销售额4.6万元,增长6.38%。聚焦重点工作,推动网建工作纵深开展,加快形成具有区域影响力的"金丝利零售"商业流通品牌。保持打假高压态势,坚持"断源头、打团伙、抓主犯、破网络",发挥协作机制作用,严厉打击卷烟制假售假、走私贩私活动。全年烟草局查获各类涉烟案件153起,其中,5万~20万元案件11起,20万~50万元案件2起,50万~100万元案件1起,100万元以上案件1起。各类违规卷烟398.44万支,总案值519.65万元,破获网

络案件1起,判刑4人,有效净化卷烟市场。（周伟）

【商业集团】 2021年,扬中市商业集团有限公司把握发展“三新”,聚焦改革创新,聚力提质增效,统筹抓好发展和安全两件大事,推动全系统有效益、有质量、可持续发展。截至2021年年底,国有资产保值增值率103%,资产负债率70.5%,净资产收益率3.2%。2月,启动国有企业公司制改革,扬中市商业(集团)总公司确定涉改全民所有制企业18家,其中一级企业4家(商业总公司、通达商业大厦、商业对外贸易公司、真尤美时装公司),二级企业4家(通达商业总公司、五交化总公司、糖烟酒总公司、扬中大酒店),三级企业1家(万家乐商场),分支机构9家(通达鞋业分公司、通达副食品分公司、为民物业管理部、圆缘娱乐城、五交化劳动防护用品公司、江洲五交化分公司、五金化工公司、五交化商厦、五交化交电公司),实行一企一策,制定改革方案,推进章程修改、清产核资、专项审计、资产过户、行政审批、变更注销等各项工作。5月31日,经扬中市人民政府批准,扬中市商业(集团)总公司变更为扬中市商业集团有限公司,完成公司制改革类企业8家、注销类企业10家。9月,扬中市商业集团有限公司转段实施国企改革三年行动,聚焦8个方面、30项、78条改革任务,研究制定实施方案,细化分解任务清单,排出时间表,明确责任人,抓重点,补短板,建机制,推进各项措施落实,完成改革任务总量90%。扬中市通达商业有限公司调整经营布局、优化品牌结构、创新营销手段、提升服务质效,创效工程取得较好成绩,全年实现销售总额2.24亿元,比上年增加6.42%,获得“扬中市十强服务业企业”称号。改制后的金湖家和国际家居有限公司通过引优退差、推陈出新大调整,实现品牌签约率、商户入驻率、租金收缴率100%,完成年度合同租金收入745万元,增加145万元。江苏富康食品有限公司整体搬迁至新厂区后,先后办得生猪屠宰证、排污许可证、动物防疫条件合格证、环评报告书、消防验收许可证、羊禽集中屠宰资格证、动物产品进沪证;与盐城双胞胎、正邦集团签订合作协议,新增本地自营批发客户21家,新增集伙单位、饭店食堂43家,富康肉庄实现销售550万元,实现综合收入659万元。扬中市信达农村小额贷款有限公司小微贷业务提升风险防范能力,清收不良贷款,发放贷款3199万元,清收不良贷款200万元,金控集团股本金500万元全部到账。扬中市五交化有限公司、扬中市糖烟酒有限公司分别实现租金收入86.5万元、132.3万元。扬中第十八届河豚文化节期间,扬中市河豚协会、扬中市商业联合会联合主办全国养殖(控毒)河豚鱼烹饪邀请赛和扬中“招牌菜”烹饪评选大赛。扬中市商业集团有限公司分别被江苏省商业联合会、镇江商业联合会评为先进集体。（李鹏超）

【工业(集团)总公司】 2021年,工业(集团)总公司强化资产管理,奋力改革攻坚,谋划并实施总公司改革三年行动方案。同三星科技对接,推进民政福利企业退税收入上缴。通过实施项目化管理,加强对接协调,重点协调大航集团投资合作事宜。在绿扬集团依法破产工作上,对接破产管理人,要求履行职责,依法催收相关应收款项,协调银行、税务等部门,在政策许可范围内最大限度让利给企业职工,筹集200万元用于偿还职工债权,提高职工债权兑付率。完成小贷公司2020年不良贷款清收分配款45.25万元。开展东升集团土地收储、房屋搬迁工作,签订协议14户。做好创投基金盘活产权明晰工作,盘活资金671万元。做好原联合红旗中学土地房屋资产盘活工作,调整沿街门市房租金价格,收缴砖瓦厂房租,全年租赁收入完成25.95万元。梳理核销合并内部往来分类,及时调整账目,做到应收尽收。年内,总公司国有资产保值增值率103%,资产负债率未超过80%,净资产收益率3%,年度利润总额100万元。（陶俊达）

旅游业

【概况】 2021年,扬中市全域旅游工作有序开展,旅游总接待人数290万人次,旅游收入69.41亿元。大力发展乡村旅游,重点推进三江湾旅游集聚区、北部滨江休闲区、沿238省道乡村休闲带、西沙湾旅游度假区的项目建设。开展旅游节庆活动,举办第三届迷你马拉松、《行进河豚岛》户外嘉年华系列活动、第十一届“寻访中国河豚岛”越野自驾游、扬中市第四届乡村文化旅游节等;围绕“美丽镇江乡村游”,成功承办第三届美丽镇江乡村旅游嘉年华启动仪式;协办第四届八桥永胜红菱文化节、第二届经开区太平文化周,开展纪念中国共产党成立100周年“四百”红色系列活动。修编《畅游河豚岛》(2021)旅游宣传画册,邀请常州电视台来扬拍摄河豚主题美食栏目,参加第三届运博会“运河城市文旅精品展”及2021南京国际度假及房车展。（管新婷）

【立新村蒲草滘入选第四批江苏省传统村落名录】 2021年7月,江苏省住建厅发布关于第四批江苏省传统村落名录的公示,拟将54个村落列入第四批江苏省传统村落名录。镇江6个村落榜上有名,扬中市新坝镇立新村蒲草滀入选。传统村落是承载和体现中华民族传统文明的重要载体,也是乡村振兴的重要文化支点。近年来,为响应新坝政府号召,打造沿江全域观光,传承历史文化,立新村"两委"召开多次会议,并提交村民代表大会商量讨论决定:挖掘资源,改造人居环境,保护非遗旧址,打造蒲草滀人文自然观光景点。2018年10月以来,该村投资300余万元,完成河塘清淤、栽植蒲草、原生态萤光步道、生态停车场、休闲区广场、廊桥、蒲草滀民俗馆、仿建张玉书老师私塾馆、公厕AA级、无烟灶台区(露天烧烤)、蔬菜种植园、果木采摘园等工程项目,将蒲草滀打造成为立新村对外宣传的一张名片。

(融媒体中心)

【"天禾旅游杯"第四届乡村旅游文化节】 2021年4月28日,"天禾旅游杯"第四届乡村旅游文化节在长江渔文化生态园开幕,文化旅游节历时5天。扬中市坚持把乡村旅游作为乡村振兴战略城乡融合发展的重要内容,持续挖掘民俗文化,打造多个特色旅游区域,开辟生态旅游、文化旅游、红色旅游等多条旅游线路,乡村旅游发展态势良好。乡村旅游节在前三届原有活动的基础上,结合党史学习教育,将党史与大江风貌、渔乡风情,连珠串线,构建自然风情的零距离体验区,将渔乡本土美食与全国特色小吃相融合,形成舌尖上的饕餮盛宴;将乡村特色的民俗文化与露天KTV、知识竞赛深度融合,形成感官世界的立体交响。(融媒体中心)

【"扬中文旅·悦生活"抖音号上线】 2021年10月1日,"扬中文旅·悦生活"抖音号正式上线,包含随拍扬中、河豚烹饪、网红探店、非遗文化等系列,从人文美食、自然风光、非遗文创等方面深度宣传扬中文旅。截至12月,粉丝量突破2万人。(管新婷)

【扬中市16道菜肴入选"2021年镇江市百道乡土地标菜"】 2021年,扬中市有16道菜品入选"2021年镇江市百道乡土地标菜",包括八桥秧草烧河蚌、西来桥猪蹄、利民菜花鱼、扬中土鸡汤、河豚八宝饭等特色菜肴。通过深度挖掘乡土地标菜,激发乡村旅游消费热情,推进旅游与"三农"深度融合。(管新婷)

【"夜游"品牌特色】 2021年,围绕打造"镇江夜·美好"文旅夜间消费的主题,扬中市推出夜游——利民村,夜读——滨江驿站书吧,夜市——悦广场金街夜市,夜娱——星轶影城、爱尚铜锣湾KTV,夜宿——扬中菲尔斯金陵大酒店等夜游品牌。"夜游"品牌的打造,给游客们带来更多全新体验,旅游产品供给更丰富,得到游客和市场的广泛认可,激发文旅市场活力。(管新婷)

【扬中市2家企业文创产品被选为"镇江好礼"】 2021年,扬中市福豚文化传播有限公司的蓝釉鎏金河豚茶具、镇江芳洲文化旅游发展有限公司的河豚壶入选"镇江好礼",进一步彰显扬中文旅特色,扩大扬中文旅品牌影响力。2021年度"名城福地 镇江好礼"评测推荐活动由镇江市市场监管局、商务局、文广旅局、农业农村局、镇江市消费者协会联合开展,旨在提振消费信心,进一步畅通消费渠道,传承优秀传统文化,支持特色产业的传承与创新。(管新婷)

河豚工艺品 (融媒体中心供图)

信息服务业

【电信服务】 2021年,中国电信股份有限公司扬中分公司(以下简称"扬中分公司")服务领域从基础通信拓展到系统集成、网络安全、视频会议、智能制造、企业上云等方面,承担国民经济、社会信息化、企业信息化基础设施、运营保障、信息服务及应用开发等信息化建设重任。完善渠道体系,加强渠道间协同联动,提升基础服务能力。截至年底,建成电信三级营业厅1个,乡镇营业厅10个,合作厅55个,核心商圈门店13个。提升网络安全和运营保障能力,全市光纤覆盖率100%,乡镇均具备千兆带宽服务能力;开通5G站点92个,室分22套,部分场所和企业实现5G应用;光宽网络持续提速升级,新增10GPON(无源光纤网络)、OLT(光线路终端,用于连接光纤干线的终端设备)9台,扩容656个PON口,10GEPON(以太网无源光网络)端口占比由年初的40%提升到52%;全市实现千兆接入,全力支撑千兆用户发展。投资百万余元开展老旧小区和"背街小巷"线路整治和改造工程,完成33个老旧小区通信线路整治，整治户数9250户，其中电信完成9个小区，整治户数2508户；完成城区18条主干道路光设施维修和出新。“苏康码智慧闸机”系统在人民医院投入使用，“平安合伙人·反诈全民行”集中启动，“96110”预警劝阻电话开通。（顾耀民）

【移动服务】 2021年，中国移动通信集团江苏有限公司扬中分公司推进5G网络、数据中心等新型基础设施建设，实现扬中城区及新坝等重点乡镇区域的5G网络连续覆盖，已建成IDC数据中心（互联网数据中心）为B类机房标准，并通过三级等保认证，入驻政府信息化平台20余个。推进“城市光网”建设，宽带网络具备全光纤网络接入能力，推出“千兆”网络服务，宽带网速较大提升。扬中移动推进业务产品的线上化、数智化、云化，推动信息技术与社会各领域的融合。移动客户可通过“任我选会员”业务享受30余项会员权益，实现主流App会员月月随意切换；可享受个性化家庭Wi-Fi网络设计优化方案定制服务，结合智能门锁、“移动看家”、可视门铃等移动特色物联网产品，实现全屋联网，体验“智慧生活”。扬中移动在农业、交通、教育、工业、党政、医疗卫生等多个行业、领域完成“5G+”行业应用布局，建成“智能公交”、远程抄表、安全系统检控、云桌面等多个应用特色项目，推动扬中市的“智慧城市”建设，提升社会治理智能化水平。推进平安乡村示范村建设工程，做好村民宽带义诊，开展家庭安防宣传。创新开展“无线”监控接入方式，为村民提供安全方便的生活环境。拓展乡村的智慧农业、智慧养殖、智慧大棚等各种应用场景建设，以信息化手段为乡村振兴提供有效支撑。扬中移动完成新坝镇23个区块的差网整治工作，2.05万户家宽覆盖质量得到质的提升。（张亚静）

【联通公司】 2021年，中国联通扬中分公司以5G+工业互联网为抓手，强化创新业务转型。扬中联通助力大全集团完成镇江首个5G MEC（边缘计算技术）本地部署及融合应用。协助大全、旺捷集团等重点制造企业工业互联网标识解析二级节点平台运营升级。全年，扬中联通新建10个标准化小区，增加覆盖资源5000户，新增覆盖比上年增长30%，新增基站15个。公司开展“联通小燕”进社区活动20场，通过现场设点和扫楼方式，提供反诈宣传、免费上门测速、智能手机教学服务以及现场产品互动演示，提升用户感知。改善民生方面，建设完善三茅区域电瓶车充电桩项目，联合农商行解决老年人刷卡充电问题。根据市委、市政府要求，牵头及配合30个小区或路段飞线整治，为文明城市创建贡献央企力量。（朱静）

【邮政服务】 2021年，扬中市邮政分公司完成业务收入6449.57万元。实现寄递业务收入1132万元。特快业务实现收入417.58万元，增长18.86%。新开客户167家，累计形成新客户特快收入31.52万元，特快现费散户收入2.84万元，增长56.3%。快包业务实现收入590.74万元。快递包裹效益指标持续提升，边际贡献率20.33%，高于全区0.25个百分点。国际业务持续推进，发展邮关、商关业务，实现收入11.09万元。物流业务不断改善，拓展烟草、豚岛食品等项目，实现收入81.18万元，增长14.13%。实现代理金融收入4253.7万元，完成率101.33%，增长9.0%。储蓄业务余额规模25.62亿元，年均余额净增2.79亿元，增长28.2%，价值存款规模占比74%。中收业务发展持续转型，强化资产配置理念，提前四个月实现保费1.93亿元年度目标，其中长期期交保费3878万元，标保4.28亿元。非货币基金销量突破1亿元，偏股型基金定投净增805户，基金收入占比提升0.54%。资产净增5.31亿元，提升率13.3%。规模收单场景逐渐成型，与八桥镇“欢乐购”超市签订收单规模场景合作协议，率先在全区落地首个规模收单场景。邮务业务实现收入921.49万元。生肖贺岁季、新邮预订形成集邮业务收入166万元；销售“共筑中国梦”“王者荣耀”银铤等系列产品，形成收入65万元。函件业务质效并举，紧抓互联网媒体转型，实现收入127.94万元。报刊业务稳中有进，报刊大收订实现流转额1500万元，增长2.8%；实现政务图书销售收入43万元，完成市公司计划的258.62%。打造特色农产品体系，拓展销售模式，实现销售额256.53万元。叠加警邮、税邮等便民服务，实现增值业务收入9.01万元。推进网点转型，江洲路支局通过市分公司纯邮政转型示范标杆网点验收。累计建设警邮服务网点4个，税邮服务网点1个，持续提升便民服务覆盖率。家庭农场、合作社走访覆盖率100%。筛选“白名单”为农户发放“融资E”助农贷款456万元，助力销售农产品362万元。向农户推介销售惠农简易险28.44万元，健康险和养老险181万元。三级物流体系建设日益成熟。与多家快递公司达成“邮快合作”战略框架协议。建设八桥镇镇级物流运营中心，9个建制村村级服务站点。依托县乡村三级物流体系建设，助力扬中市达成“省级农村物流达标县”创建工作。构建“邮政自提点+社会自提点+智能包裹柜”自提网络，建成自提代投点107个，快递包裹自提率稳定在80%以上。分拨直投中心成熟运作。建设集邮政包裹、快递服务、便民服务等功能的邮乐购加盟站点195个，新增掌柜会员4230户。开展兴阳粉丝、江洲稻花香大米、永胜云牵紫糯米等农副产品的线上宣传与销售，销售额15万元。与农业农村局联合举办“优质农产品——社区行”活动，销售葡萄、黄桃等农产品3.5万元。获评“江苏省文明单位”“镇江市文明行业”“扬中市文明行业”。（蒋雯雯）

【绿色宣传活动】 2021年6月4日，在第50个“6·5”世界环境日来临之际，扬中市邮政分公司、生态环境局开展绿色宣传活动，印制环保宣传单页、“6·5”宣传挂画、环保手提袋1.5万份，制作微信有奖问答，举办“绿色邮路在行动”主题志愿者服务队出发仪式。活动采取线上线下相结合的方式宣传环保科普知识，利用邮政投递员“绿色邮路”志愿者，将环保理念通过绿色邮路带至千家万户。以倡导简约适度、绿色低碳的理念为切入点，依托自身资源优势，创意策划、多维联动积极开展，增强市民的生态文明观念和环保意识。

（蒋雯雯）

绿色邮路 （融媒体中心供图）

【中国共产党成立100周年邮票首发活动】 2021年7月1日，扬中市分公司开展中国共产党成立100周年邮票首发活动，发行《中国共产党成立100周年》纪念邮票1套20枚、纪念封1套1枚以及个性化邮票1套，纪念邮票总面值24元。（蒋雯雯）

【邮政新能源汽车启用仪式】 2021年7月19日，扬中市分公司联合邮政管理局举行新能源汽车发放仪式，11辆新能源汽车被投放到各营投部运输和投递使用，落实“绿色邮政”建设和邮政业绿色发展的部署要求，践行绿色发展“邮我先行”理念。新能源邮政汽车能耗低、排碳低、无污染，较现有车辆具有内部空间更大、续航里程更长、内部装饰更为舒适等优势。分公司为各驾驶员作车辆情况、证件资料、安全使用等相关事项说明，要求各驾驶员在充电和行车上时刻绷紧安全之弦。

（蒋雯雯）

现代物流业

【概况】 2021年，扬中市规模以上快递服务企业业务量累计完成610.54万件，比上年增长22.19%；业务收入累计完成0.62亿元，增长37.21%。规模以上快递服务企业快递业务投递量累计1873.67万件，增长14.67%，日均投递量5.13万件。同城快递业务量累计完成27.09万件，下降15.7%，同城业务收入0.02亿元，增长24.84%；异地快递业务量累计完成583.37万件，增长24.85%，异地业务收入0.37亿元，增长21.67%；国际及港澳台快递业务量累计完成0.08万件，下降70.38%，国际及港澳台快递业务收入累计完成0.002亿元，下降75.15%。全市依法取得快递业务经营许可证的企业6家、分支机构13家、末端网点47个。经营体制有国有、民营2种，分属9个品牌。全市货运量575万吨，增长7.1%，货运周转量6.72亿吨公里，增长9.3%。重点物流项目扎实推进，西来桥镇江苏农佰汇物流有限公司仓储物流项目已于2021年7月开工建设，立筒仓已完成基础部分建设。（钱佳晖、丁丽君）

快递分拣车间 （融媒体中心供图）

【城乡物流节点建设】 2021年，扬中市推动创建省级农村物流达标县。编制城乡物流服务发展三年行动计划，明确城乡物流服务发展一体化发展思路和目标。推进城乡物流节点建设，建设县级农村物流中心2个、乡镇农村物流服务站6个、村级农村物流服务点58个，实现乡镇农村物流服务覆盖率100%。

（钱佳晖）

2021 年扬中市快递业情况一览表

表 8

企业名称	企业法人	注册地址	企业品牌	企业性质	许可证号
扬中市韵达快递有限公司	孙长兵	江苏省镇江市扬中市三茅街道职中路 285 号(生美集团院内)	韵达	民营控股	苏邮 20210061B
扬中市申通快递有限公司	傅　什	江苏省镇江市扬中市三茅镇中桥村	申通快递	民营控股	苏邮 20201607B
扬中市瑞达快运有限公司	吴加根	江苏省镇江市扬中市三茅街道中兴路 91 号	天天快递	民营控股	苏邮 20201568B
扬中市中通快递服务有限公司	肖　敏	江苏省镇江市扬中市扬子西路联盟桥东侧	中通	民营控股	苏邮 20100450B
扬中市润通物流有限公司	郭明弘	江苏省镇江市扬中市三茅街道环城南路 36 号	百世快递	民营控股	苏邮 20191453B
扬中市古德速运有限公司	王　东	江苏省镇江市扬中市三茅街道风华路 24 号	圆通速递	民营控股	苏邮 20210085B

(钱佳晖)

【“邮快合作”协议】 2021 年 9 月 3 日,扬中市邮政分公司与多家快递企业举行扬中市“邮快合作”战略框架协议签约仪式,开启扬中邮政与快递企业实现资源整合共享的新篇章。邮政分公司与圆通、中通、韵达、极兔、百世 5 家快递企业达成合作。各方将发挥自身资源优势,加强互补,深度融合,进一步推进“快递进村”,扩展寄递农村市场,服务农村电商发展,为农村地区用户提供高效、便捷、多元化的用邮服务,助力快递服务乡村振兴战略。共同研究快件收投、处理、运送的业务流程、服务标准,制定有效的推进方案。扬中市邮政分公司以此次“邮快合作”战略框架协议签订为契机,在分公司《三级物流体系建设实施方案》基础之上,深化“邮快”融合,明确双方的资源共享、工作同步、相互协作,扎牢扎稳快递服务乡村末端,建立“行业国家队”优质品牌。 (蒋雯雯)

【快递员职业技能竞赛】 2021 年 12 月 18 日,首届扬中市快递员职业技能竞赛在扬中邮政邮件处理中心举行。比赛由扬中市总工会、人力资源和社会保障局、交通运输局、邮政管理局主办,中国邮政集团有限公司江苏省扬中市分公司承办。邮政、顺丰、中通、天天等 8 支代表队、35 人参赛。竞赛邀请到行业专家命题,由专家团队全程参与指导协调。组委会根据《快递业务员国家职业技能标准》命题,对快递员理论知识和实操技能两个方面考核。理论知识测试内容包括职业道德、快递业务基础知识、快递服务礼仪、邮政业安全知识,相关法律、法规和标准的规定,以及快件收寄派送、客户服务、快递信息使用与管理等;实操技能竞赛内容包括易碎品包装、禁寄物品识别、信息比对及异常处理等。 (蒋雯雯)

【润华物流通用码头内港池粮食发放功能提升项目】 镇江港扬中港区西来桥作业区润华物流通用码头内港池粮食发放功能提升项目位于西来桥镇幸福北路 2 号,总投资 5551.2 万元,2021 年 3 月开工,12 月竣工。项目为内港池雨篷工程,结合现有内港池布置及装卸工艺,新建内港池雨篷 3 跨,以及配套的皮带机输送系统,其中雨篷跨度自南向北分别为 27.2 米、45 米、41.5 米,柱距均为 8 米。雨篷平面尺寸为 114.5 米×95.8 米,建筑面积 1.07 万平方米。 (潘大伟)

开放型经济

【概况】 2021 年,扬中市对外贸易大幅攀升。多元化开拓国际市场,推进品牌、海外仓等外贸新业态的孵化培育,提升企业国际市场竞争力。鼓励企业建立国际营销机构,搭建全球营销网络。开展银企对接,推动金融机构加大外贸信贷支持。用好出口信用保险政策,扩大小微企业统保覆盖面,规避贸易风险。实现进出口总额 41.5 亿元,比上年增长 29.8%。其中,出口总额为 38.1 亿元，增长 29.9%。推进农村电商发展。打造扬中电商发展生态圈，推动电商与传统产业互融互通，形成立体发展优势。扬中市入选国家级电子商务进农村综合示范县建设名单，争取专项建设资金 1000 万元。 （奚松裕）

【外资外贸外包服务】 2021 年，扬中市帮助“三外”（中外合资经营企业、中外合作经营企业、外商独资经营企业）企业应对疫情影响，外向型经济稳中求进。外资利用稳量提质，与省商务厅驻海外经贸代表处建立常态化联系机制，组织江苏—日本新能源产业合作交流活动，采取“双线”模式，300 余名中日企业家面对面交流，为扬中新能源产业发展搭建更宽广的合作平台。全口径外资确认数 9934.88 万美元。对外贸易位次前移。开展出口信用保险专场对接，扩大小微企业统保的覆盖面，新增投保企业 20 余家。指导企业开展外贸梯次培育工作，爱士惟新能源创成镇江市级外贸品牌企业。鼓励企业建立国际营销机构，指导瑞克健身等企业布局欧洲市场。组织 2021 年度中央外经贸和省级商务发展专项资金项目申报，争取资金 1800 余万元。2021 年实现货物和服务贸易总额 72 亿元，比上年增长 23.1%，综合指数排名较上年度前移 2 位。服务外包持续增长，发挥服务外包政策资金的促进作用，推动服务贸易创新发展和服务外包转型升级，指导大津重工申报服务企业领军企业，美科太阳能、爱士惟、现代重工 3 家企业申报服贸重点企业。实现服务外包执行总额 4.29 亿美元。 （奚松裕）

【招商推介】 2021 年，扬中市贯彻执行“产业强市”战略，拓宽渠道，招大引强。瞄准产业含“绿”量、产出含“金”量、科技含“新”量三个“量”招引一批优质项目，双扬精密特种轴承等 7 个优质项目签约。签约亿元以上项目 71 个，落地 44 个，落地率 62%。组织 2021 年河豚文化节经贸活动，签约项目 37 个，总投资额 116 亿元。推动产业链招商，聘请 9 名产业链招引顾问，调整驻外招商布局，围绕“十个一”做好建链、强链、延链、补链文章。完善“招商云名片”，打造“不断线”“全天候”的线上招商平台，全年浏览量 5000 余人次。上报镇江亿元以上项目 29 个，计划总投资 217.4 亿元。 （奚松裕）

【国家电子商务进农村综合示范县创建】 2021 年，扬中市入选 2021 年度国家电子商务进农村综合示范县。扬中市围绕产品销售、居民消费、产业发展、应用普及、行业管理的总体要求，推进电子商务进农村，探索“政府+电商平台+运营商”的农村电商发展新模式，推动农村电子商务深入发展，依托“互联网”平台，建成 1 个市级公共服务中心，3 个市级配送中心，6 个镇级服务站，42 个村级服务点，市、镇、村三级综合服务体系基本形成，完善市镇村三级配送网络，打通农村物流“最后一公里”。支持和鼓励现有园区发展，促进信息、物流、人才等资源共享，引导企业加强标准化、品牌化建设，推进农产品品牌化、标准化、规模化生产。实施“全企触网、全民入网”工程，加快农村电子商务“三示范”（示范村、示范园区、示范企业）工程；以点带面，推进全市电子示范村、镇创建工作，成立扬中电子商务商会和扬中跨境电子商务协会，重点推动 B2B、B2C 跨境电子商务平台建设和境外海外仓建设；推动农村地区发展以配送为主的服务体系，建设一批全覆盖的物流配送体系设施，引导农村传统商贸流通企业广泛应用电子商务。坚持“政府搭台、企业唱戏”的原则，整合利用乡镇商贸中心、配送中心和供销、邮政服务网点等流通网络资源，多渠道为企业拓展业务，建立健全创新推动电子商务进农村发展机制和政策激励措施，助力推进全市电子商务的发展。多渠道开展农村电子商务从业人员培训和引进，提高基层政府、电商企业和农民推广应用电子商务水平。在县乡村三级物流配送体系、农村电商公共服务体系、农村现代流通服务体系、农村电子商务培训体系等重点体系建设方面获得中央财政资金支持，完善补齐农村电商短板，推动扬中市农村电商工作迈上新的台阶。

（融媒体中心）

扬中发展促进会

【概况】 2021 年，扬中发展促进会以第三届会员代表大会召开为契机，紧扣“服务扬中，服务扬中人”办会宗旨，持续在“促进扬中发展，促进扬中人发展”上发力。组织建设进一步加强，常州分会、三茅街道分会相继成立；财经分会召开第二次会员代表大会，“直属分会”和“财经分会”重新优化组合。乡贤回报家乡蔚然成风，黄树贤、刘小明等领导回乡指导工作，钱恒荣捐资建成华荣公园，匡建平将香港正上总部项目落户三茅街道，朱大龙、刘必成等专家助力扬中医疗专科建设。各分会乡贤积极为家乡发展建言献策，财经分会协同市招引办谋划项目招引，伟信教育发展基金会奖励优秀学生和优秀班级团队。名誉会长陆朝银先后为三茅街道中华村党员、市新任领导干部暨中青年干部培训班、镇江市

第21期中青班、市退休干部等作专题讲座，被镇江特聘为“青年成长导师”。 (朱圣福)

【香港正上总部项目落户三茅】 2021年3月29日，扬中发展促进会牵线的香港正上投资有限公司中国区企业总部项目落户三茅街道。三茅街道与香港正上投资有限公司签约合作。 (朱圣福)

【发促会第三届会员代表大会】 2021年5月2日，扬中发展促进会第三届会员代表大会举行，海内外的500余名乡贤欢聚一堂、畅叙乡谊、共话发展。会上，市委书记张德军为陆朝银颁发“促进扬中发展特别贡献奖”；选举产生新一届理事会领导班子；陆朝银代表扬中发展促进会第二届理事会作工作报告；新当选会长施健华讲话；殷方龙、蒋宏坤等发表热情洋溢讲话；包信和、钱锋、施正荣、方国才、王晓芳等作交流发言。会上宣读马伟明、蒋定之、倪强、沈仁道、丁国香、黄克修、陈金罗以及江苏省社会组织促进会发来的贺信；播放刘小明、徐留平、张邦鑫、曹贤华等发来的祝贺视频。 (朱圣福)

【“医院—社区糖尿病管培一体化”培训班】 2021年6月4日，“医院—社区糖尿病管培一体化”培训班(扬中站)在市人民医院开班。开班仪式上，朱大龙、母义明等内分泌专家现场分享糖尿病的预防、管理以及防治的最新知识和理念。2018年，朱大龙教授在市人民医院成立朱大龙工作站，项目落户扬中，连续4年组织培训班。该项目的实施，带动扬中糖尿病专业防治队伍的成长和内分泌专科建设的提升。 (朱圣福)

【“刘必成教授工作站”揭牌】 2021年6月17日，“刘必成教授工作站”签约揭牌仪式在市人民医院举行。刘必成教授作为肾脏专业领域内的领军人物，在慢性肾脏病进展机制及其诊断生物标志物研究、血液透析并发症防治研究上取得重大成就。该次“刘必成教授工作站”落户扬中，满足扬中专科发展需要，回应群众健康需求。揭牌仪式后，“刘必成教授工作站”专家团队开展一对一义诊。 (朱圣福)

【伟信教育发展基金发放】 2021年8月15日，扬中市伟信教育发展基金会2021年度优秀学生、优秀教育团队奖金发放仪式在省扬高中举行。奖励优秀学生20人，优秀班级团队4个，资助优秀贫困学生11名。授奖仪式后，2018—2021年获奖、受助的7名优秀学生代表作交流发言，介绍大学学习、活动情况，畅谈获奖后的诸多感受，表达将来回报家乡、建设家乡的心愿。 (朱圣福)

【发促会常州分会成立】 2021年9月26日，扬中发展促进会常州分会成立，125位在常州工作和生活的扬中乡贤加入新平台。会上，市人大常委会副主任、扬中发展促进会副会长王继兰宣读《关于同意成立扬中发展促进会常州分会的批复》；常州市工商联主席陆强、扬中发展促进会名誉会长陆朝银为“扬中发展促进会常州分会”揭牌。大会推选产生常州分会领导班子，吟飞电子(江苏)有限公司董事长范廷国担任常州分会会长。 (朱圣福)

9月26日，扬中发展促进会常州分会成立

(融媒体中心供图)

【发促会三茅街道分会成立】 2021年10月2日，扬中发展促进会三茅分会成立，200余位在外工作和生活的扬中乡贤参会见证三茅分会的成立。会上，市人大常委会副主任、扬中发展促进会副会长王继兰宣读《关于同意成立扬中发展促进会三茅分会的批复》；扬中发展促进会名誉会长陆朝银、三茅街道党工委书记童涛为“扬中发展促进会三茅分会”揭牌；推选产生三茅分会领导班子，省扬高中原校长、扬中发展促进会副会长郭桂华任三茅分会会长；市长贾晟向三茅分会成立表示热烈祝贺；孙宏才、戴庆华、王麟、杭祝鸿等乡贤发表讲话；马伟明为大会发来贺信；徐留平、陈履生、杜剑峰发来祝贺视频。 (朱圣福)

金 融

综 述

【概况】 2021年，扬中市地方金融监督管理局推进金融供给侧结构性改革，强化地方金融监管，增强金融精准服务能力。规范监管全市13家地方金融从业机构，发布地方金融从业机构白名单。牵头对驻扬17家银行、6家保险机构开展高质量考核，对34家保险机构开展经营目标管理考核。牵头召开政银企对接会，银企签约总规模60亿元。深入开展暖企大走访、民营企业服务月等专项活动，企业走访率、满意率均为100%。将打击非法金融指标纳入全市高质量发展考核，制定各成员单位考核细则，压实主体责任。拟订《扬中市债券领域风险防范处置专项工作机制方案》，重点引导企业规范发债行为，定期开展本息兑付风险排查、落实债券风险研判制度、加大对国有发债主体的审计力度。牵头召开金融安全领域年度总结协调工作会议，逐企业签订《远离非法集资活动承诺书》。多次召集债委会和融资会诊帮扶委员会，协调解决部分银行履约不到位情况，形成会议纪要11期。结合《防范和处置非法集资条例》的出台，开展非法集资宣传进机关、进社区、进企业、进商业大街"四进"活动。及时牵头处置"派客"保险事件，为市民有效止损上千万元。在镇江市"八城同创"金融生态环境综合评估中列镇江市第二名；列2020年省"金融生态优秀县"32位，在镇江辖市区中位居第一。 （徐子国）

【银行业概况】 2021年，扬中市有银行业金融机构18家。其中，政策性银行1家(农业发展银行)，国有商业银行4家(工商银行、农业银行、中国银行、建设银行)，股份制商业银行7家(交通银行、浦发银行、民生银行、中信银行、兴业银行、华夏银行、光大银行)，邮政储蓄银行1家，城市商业银行2家(江苏银行、南京银行)，法人农村商业银行1家，异地农村商业银行分支机1家(太仓农商行)，村镇银行1家(恒丰村镇银行)。 （陈菊英）

【存款】 2021年，扬中市金融机构本外币各项存款稳步增长。各项存款余额808.29亿元，比年初增加76.84亿元，增长10.51%，比上年多增12.89亿元。其中企业存款余额297.84亿元，比年初增加44.69亿元，增长17.65%，比上年多增1.54亿元；住户存款余额429.32亿元，比年初增加43.38亿元，增长11.24%，比上年少增3.31亿元，机关团体存款余额76.42亿元，比年初减少13.13亿元，下降14.66%，比上年少减11.26亿元。从存款结构来看，以住户存款为主，占各项存款的53.11%。 （陈菊英）

2021年扬中市金融数据一览表

表9

项目	余额(亿元)	比年初(%)	年初数(亿元)
金融机构存款余额	808.29	10.51	731.45
居民储蓄存款	429.32	11.24	385.94
金融机构贷款余额	734.39	18.05	622.13
中长期贷款	417.57	26.04	331.30
短期贷款	284.76	5.62	269.61
其中：单位贷款及透支	595.25	19.82	496.79
个人贷款及透支	139.12	11.01	125.32
票据融资	31.99	51.68	21.09

（徐子国）

【社会融资规模】 2021年，扬中市社会融资规模1068.88亿元，新增163.25亿元。其中，本外币各项贷款余额734.39亿元，比年初增加112.26亿元，比上年增长18.05%，多增18.18亿元；各项贷款中中长期贷款余额417.57亿元，比年初增加86.27亿元，增长26.04%。银行汇票、保函、信用证等表外融资余额122.67亿元，比年初增加24.48亿元，增长24.93%。金融支农支小力度不断增强。全市涉农贷款余额557.68亿元，比年初增加69.30亿元，增长14.19%；小微企业贷款余额245.77亿元，比年初增加45.31亿元，增长22.60%。（陈菊英）

2021年扬中市贷款分行业统计表

表10

行业	贷款余额(亿元)	比上年增减(亿元)	增幅(%)
A.农、林、牧、渔业	8.54	1.81	26.89
B.采矿业	0	0	—
C.制造业	194.93	16.64	9.33
D.电力、热力、燃气及水生产和供应业	2.42	–0.18	–6.92
E.建筑业	33.22	4.95	17.51
F.批发和零售业	59.41	13.34	28.96
G.交通运输、仓储和邮政业	3.13	1.39	79.89
H.住宿和餐饮业	0.82	0.25	43.86
I.信息传输、软件和信息技术服务业	3.12	0.50	19.08
J.金融业	0.86	0.86	—
K.房地产业	7.68	–3.47	–31.12
L.租赁和商务服务业	87.57	21.29	32.12
M.科学研究和技术服务业	1.94	0.40	25.97
N.水利、环境和公共设施管理业	157.86	29.77	23.24
O.居民服务、修理和其他服务业	0.36	–0.10	–21.74
P.教育	0.59	0.07	13.46
Q.卫生和社会工作	0.47	0.01	2.17
R.文化、体育和娱乐业	0.33	0.02	6.45
S.公共管理、社会保障和社会组织	0	0	–90.43
T.国际组织	0	0	0
对境外贷款	0.02	0	–11.11
个人贷款及透支	139.12	13.80	11.01
贷款总计	702.40	101.36	16.86

（陈菊英）

【货币政策贯彻执行】 2021年,人民银行扬中市支行加强货币政策工具传导,召开经济金融季度分析例会、银行行长联席会议等正确传导货币政策意图,确保货币政策落地生效。合理调控法人机构信贷规划,引导地方法人机构加大对小微企业、个体工商户等普惠金融领域的信贷资金支持。发挥再贷款、再贴现等货币政策工具的引导作用,为2家法人机构累计发放支农、支小再贷款额度18.83亿元,再贴现4.62亿元,优化存款市场利率自律。6月21日,将原由存款基准利率一定倍数形成的存款利率自律上限,改为在存款基准利率基础上加上一定基点确定。坚持金融服务实体经济,信贷结构转型升级。持续推动金融机构对中小微企业贷款延期还本付息和信用贷款两项政策工具落地,全市金融机构对4187户小微企业实施延期还本付息,累计金额61.71亿元,延期率87.42%。提供信用贷款27.21亿元,占新增贷款46.49%;优化货币信贷投入结构,科技金融、制造业贷款、普惠金融增速明显。科技贷款16.74亿元,比年初增长9.13%;制造业贷款194.93亿元,比年初增长9.34%;普惠金融贷款177.56亿元,比年初增长23.55%,高出全部贷款增速5.51个百分点。开展暖企大走访活动,对23家企业的信贷需求、降低贷款利率、提供政策优惠,金融机构对23家企业各类授信总额14.02亿元,用信总额11.36亿元。加强"两管理两综合一保护"工作。加强新设银行业机构中国光大银行扬中支行开业管理;组织综合评价辖内17家金融机构2020年度执行人民银行政策情况,确定"A类"机构4家,"B类"机构13家。开展2020年目标管理考核,对全市金融机构的信贷投放、涉农、利率执行等12项考核指标进行考核,调动金融机构支持地方经济建设,服务全市高质量发展。搭建平台推动政银企合作。牵头组织扬中市金融系统年度表彰暨政银企合作重点项目签约会,向银行推介政府和企业合作项目,促进经济金融健康协调发展,政银企合作项目签约金额36.01亿元。

(陈菊英)

【金融稳定工作】 2021年,人民银行扬中市支行持续开展企业担保圈、政府融资平台融资风险情况监测,前移金融风险防范关口,强化金融风险防控处置。扬中市金融机构通过核销、打包等方式处置各类不良贷款4.17亿元,不良余额5.04亿元,不良率0.69%,比年初下降0.13个百分点,不良贷款余额和不良率持续实现"双降"。强化金融监管职责,防范打击非法集资,牵头处置"派客"保险事件,推进电信网络诈骗防控工作,推进金融生态县创建工作,人民银行扬中市支行获得"2020年度金融生态县创建工作先进单位"。(陈菊英)

【外汇收支】 2021年,扬中市实现外汇收入6.49亿美元,比上年增长38%。其中货物贸易收入5.27亿美元,增长21%;非货物贸易收入0.07亿美元,增长7%;资本项目收入1.14亿美元,增长307%。外汇支出1.48亿美元,比上年增长59%。其中货物贸易支出0.58亿美元,增长32%;非货物贸易支出0.26亿美元,增长13%;资本项目支出0.64亿美元,增长146%。实现外汇收支顺差5.01亿美元,增长32%。 (陈菊英)

【外汇服务与管理】 2021年,外汇管理局扬中市支局强化窗口指导,做好涉外进出口企业的名录登记、内外资企业外债登记和境外放款等行政许可工作。落实全口径跨境融资宏观审慎管理政策要求,积极推介跨境融资管理模式。跟踪并监测分析中美贸易摩擦、新冠疫情及汇率波动对辖区涉外企业的影响,帮助企业有效规避汇率双向波动风险。全年对4家金融机构和3户企业资本项下业务开展现场核查,完成国际收支非现场核查1.05万笔,金额8亿美元。 (陈菊英)

【保险业概况】 2021年,扬中市保险事业稳中有进。截至年末,扬中市拥有保险业金融机构34家,保费收入14.92亿元,比上年增长5.44%,其中财产险收入2.75亿元,下降2.8%;人身险收入12.17亿元,增长7.5%。赔付额3.85亿元,下降0.01%,其中财产险赔付2.03亿元,增长21.6%;人身险赔付1.81亿元,下降18.8%。 (徐子国)

【金融服务与管理】 2021年,人民银行扬中市支行创新金融服务,完成扬中市职业年金征缴入库工作;在镇江三个县级市中率先推进农村金融综合服务站代缴城乡居民社保费工作。开展"国债恢复发行40周年"暨送国债知识下乡宣传活动,做好国债提醒兑付服务。抓好商业银行代理集中支付业务、财政直拨资金、国债发行销售的监管。加强支付管理与服务。通过召开扬中市优化营商环境开户服务通报会,开展账户服务收费情况暗访和调查,优化个人账户开户服务,加强风险防控督查等举措,促进支付环境进一步优化。组织辖内金融机构持续开展移动支付扩面增量工作,推广银联二维码收款、微信收款、支付宝收款等移动支付产品。加强征信服务与管理。新设扬中农商银行扬子支行为扬中市首个乡镇个人信用报告代理查询点。借助金融机构微信公众号、官方网站、手机银行等线上平台,积极普及征信知识。开展"3·15"消费者权益保护日、"6·14"信用记录关爱日等征信知识宣传工作。贯彻落实《关于进一步加强征信信息安全管理的通知》的要求,建立完善征信信息安全管理相关制度,开展征信信息安全情况自查。组织辖内经营范围内包含有"信用修复"等项目的3家企业开展征信修复乱象排查工作。加强农村信用体系建设。在全市范围内推进农村信用建设工作,依托江苏省农村经济主体综合信息管理系统,建立完善农户和新型农业经营主体信息采集、更新长效机制。对全市74个涉农村(社区)7.43万户开展信用户、信用村的评定工作。完成7.43万户建档,建档率100%,评定信用户6.01万户,信用户占比80.83%,评定信用村53个,占全部涉农行政村(社区)的71.62%,实现"信用户""信用村"评定工作在全市74个涉农行政村(社区)全覆盖。开展信用户授信、用信工作,对全市信用户授信50.13亿元,用信4.3亿元。加强人民币流通管理,推进金融消费者权益保护。完善普惠金融服务点现金服务功能,开展反假货币宣传和兑残活动,做好整治拒收人民币现金工作,开展违规使用人民币图样行为专项整治工作。开展消费者金融素养、普惠金融填报问卷调查及普惠金融指标体系报表填报。联合地方金融监管局和司法局成立扬中市金融消费纠纷人民调解委员会,提供金融知识咨询、开展金融知识普法宣传教育等服务,调解涉及金融类业务引发的投诉和事务纠纷。完成二代金融消费权益保护信息管理系统上线运行工作。 (陈菊英)

银行选介

【中国农业发展银行扬中市支行】 2021年,中国农业发展银行扬中市支行各项存款余额4.82亿元,日均存款余额6.39亿元;各项贷款余额29.4亿元。贷款总量中,所有贷款均为正常类贷款,贷款的占用形态均为正常贷款,无不良贷款占用。年末各项贷款的利息收回率100%。全年实现各项收入1.46亿元,各项支出1.05亿元,账面利润4040.57万元,FTP净利润3810.86万元,其中县储备粮油贷款4240万元,粮棉油收购贷款2100万元,农村基础设施中长期贷款26.27亿元。 (张书源)

【中国农业银行股份有限公司扬中市支行】 2021年,中国农业银行扬中市支行年末各项存款总量165.82亿元,增量16.02亿元;贷款业务突破百亿大关,各项贷款余额108.13亿元,增量15.75亿元。积极参与市重点工程和民生工程建设,获批项目3个,授信金额11.9亿元。深耕普惠金融,强推"一项目一方案一授权"新模式,强化政府增信类信贷产品和信用类贷款推广,年末普惠贷款余额17.4亿元,净增5.94亿元。继续保持"镇江市文明行业"称号,连续四年荣膺扬中市金融机构综合考核一等奖和扬中市"十强"服务业企业,支行营业室被中国银行业协会授予"2021年银行业营业网点文明规范服务千佳示范单位"称号。 (刘金)

【中国建设银行股份有限公司扬中支行】 2021年,中国建设银行股份有限公司扬中支行存款余额74.25亿元,贷款余额46.68亿元。聚焦把握城市更新重大需求,支持扬中城市更新建设。支持优质制造业、上市公司、专精特新"小巨人"等重点客群,提升服务实体经济质效。响应国家双碳减排政策,推行投资银行业务。助力乡村振兴,农户生产经营性贷款、苏农云贷等涉农贷款有序投放。年末公司类贷款余额37.63亿元,新增8.21亿元;其中普惠贷款余额10.03亿元,新增1.43亿元。年末全口径不良贷款率2.76%,下降0.49%。严格执行优质文明服务规范、柜面规范化服务流程,开展"优化环境、优化服务"柜面服务专项整治工作。开展存款保险、征信知识等公众教育活动,维护消费者权益,做好消费者权益保护工作。持续发挥网点"劳动者港湾"便民利民作用,为户外从业人员提供便利。开展善融扶贫购、慈善一日捐等活动,支行系统创镇江市文明行业通过复查。 (吴文君)

【中国工商银行股份有限公司扬中支行】 2021年,中国工商银行股份有限公司扬中支行实现拨备前利润1.71亿元,人均利润140万元;实现中间业务收入4878万元,各项存款46.94亿元,其中对公存款13.45亿元,储蓄存款33.49亿元;各项贷款余额57.97亿元,其中项目贷款比年初增加2.04亿元,普惠金融贷款增加0.93亿元。通过经营快贷、E抵快贷等一系列服务小微企业的创新产品,切实解决小微企业担保能力弱、融资成本贵的痛点难点,支撑小微实体复工复产。新增普惠客户87户,新增人行普惠贷款逾9300万元。扬中支行营业室获镇江市金融行业文明示范窗口。(左春燕)

【交通银行镇江扬中支行】 2021年，交通银行镇江扬中支行年末各项存款余额8.26亿元，存款日均8.86亿元。其中储蓄存款2.70亿元，日均存款余额2.87亿元；对公存款数5.56亿元，日均余额5.99亿元。普惠“两增”（普惠型小微企业贷款的增速和户数的增长）口径新增贷款8741万元。支行将资产质量管控作为经营管理工作的重中之重，坚决守住风险底线，平稳完成3户重组，重组额4417万元，未新发生逾期欠息等临期管理问题。全面完成分行普惠条线计划，新增客户均为扬中优质企业，全面稳住规模和质量不滑坡。 （杨海军）

2021年扬中市主要金融机构经营指标情况表

表11

金融机构	各项存款（亿元）	比年初增加（亿元）	比上年(%)	各项贷款（亿元）	比年初增加（亿元）	比上年(%)
农发行	4.82	–1.47	–23.37	29.40	0.70	2.44
工行	47.48	–5.37	–10.16	57.97	–0.36	–0.62
农行	165.82	16.02	10.70	108.13	15.75	17.05
中行	46.79	10.71	29.68	40.85	3.73	10.05
建行	74.26	6.03	8.84	46.68	7.93	20.46
交行	9.02	0.82	10.00	15.94	3.55	28.65
江苏	29.84	7.60	34.17	36.35	3.32	10.05
邮储	41.22	3.72	9.92	25.83	2.75	11.92
农商行	192.89	15.39	8.67	152.88	18.30	13.60
太仓	2.73	–1.22	–30.89	4.69	0.89	23.42
恒丰	17.87	0.57	3.29	17.83	0.61	3.54
浦发	24.82	–1.77	–6.66	13.44	–4.03	–23.07
民生	13.95	0.58	4.34	12.55	–0.76	–5.71
中信	38.47	1.72	4.68	59.81	11.22	23.09
兴业	33.10	3.99	13.71	32.92	9.82	42.51
华夏	20.02	7.96	66.00	18.70	3.69	24.58
南京	35.45	4.13	13.19	37.40	12.10	47.83
光大	5.53	5.53	—	23.04	23.04	—

（陈菊英）

保险公司选介

【中国人寿保险股份有限公司扬中支公司】 2021年，中国人寿保险股份有限公司扬中支公司有营业网点7个，从业人员近800人。全年实现保费收入7.7亿元，比上年增长12.2%，累计承保人次106.17万人。累计释放保单借款4亿元，给付案件1.91万件，给付金额9489万元。有效增强群众抵御风险的能力。 （杨玉）

【中国人民财产保险股份有限公司扬中支公司】 2021年，中国人民财产保险股份有限公司扬中支公司保费收入1.06亿元，比上年增长5.45%。其中传统非车险保费1088万元，增长29.52%；新兴非车险保费3048万元，增长7.13%；车险保费5704万元，增长0.03%；农险保费610万元，增长12.39%。处理赔付案件18.89万件，支付各险赔付款9306.72万元，赔付率80.93%，增长1.23个百分点。 （赵莲娣）

【中国太平洋财产保险股份有限公司扬中支公司】2021年,中国太平洋财产保险股份有限公司扬中支公司围绕《保险业金融机构支持扬中高质量发展考核暂行办法》立足长远,修炼“内功”,持续优化客户经营模式,发挥集约化效能,持续深化人才队伍建设。公司累计实现保费收入4295万元,其中车险保费收入3284万元,非车非农险保费收入875万元,农险保费收入136万元。全年累计发生赔款2335万元,赔案2875件,简单赔付率54.4%,做好金融机构服务乡村振兴工作,在险种创新、保险服务等方面为乡村振兴提供全方位的保险支持。被市金融稳定工作协调小组评为“扬中市金融系统2021年度综合考核先进单位”。（徐谋）

2021年扬中市保险业金融统计表

表12

类别	序号	名称	保费收入(万元)	赔付金额(万元)	缴纳税金(万元)	从业人数(人)
产险类	1	人保财险	10394	9292	1943753	65
	2	太平洋产险	4263	2801	1127013	27
	3	平安产险	2996	2063	833215	5
	4	紫金保险	1886	1042	760669	17
	5	中华联合	337	233	121008	5
	6	中国人寿产险	2266	1502	631289	13
	7	大地财产	693	395	248061	7
	8	永安财产	516	230	249821	8
	9	阳光财产	1313	879	533800	12
	10	华泰财产	32	29	0	1
	11	天安财产	958	495	323001	6
	12	泰山财产	32	70	371	1
	13	太平财产	479	401	121038	4
	14	华安财产	459	194	187275	1
	15	安诚财产	350	221	0	4
	16	浙江浙商保险	181	32	3001	2
	17	大家财产	149	93	0	1
	合计		27304	19972	7083315	179

续表 12

类别	序号	名称	保费收入（万元）	赔付金额（万元）	缴纳税金（万元）	从业人数（人）
寿险类	1	中国人寿	74220	9674	6788315	66
	2	太平洋人寿	7823	1948	53788	7
	3	平安人寿	6693	1258	223720	4
	4	人民人寿	1472	88	1978	5
	5	长城人寿	1483	57	0	3
	6	英大人寿	3604	85	51	4
	7	阳光人寿	3308	384	10687	3
	8	新华寿险	1785	212	3778	3
	9	泰康人寿	3146	384	4887	3
	10	太平人寿	1348	304	11678	3
	11	民生人寿	274	70	1217	1
	12	利安人寿	3053	285	33591	3
	13	华夏保险	5659	1197	0	8
	14	国联人寿	355	0	0	2
	15	富德人寿	7676	2173	127	5
	16	东吴人寿	554	26	540	3
	合计		122453	18145	7134358	123

（徐子国）

证券公司选介

【华泰证券有限公司扬中翠竹南路证券营业部】 2021年，华泰证券扬中翠竹南路证券营业部有员工 11 人，总客户数 3.23 万户，其中零售客户 3.03 万人，非零售客户 1951 人，新开客户数 3967 人，新增有效户 2223 人。全年股基交易量 666.28 亿元，股基佣金收入 1411.96 万元，私募基金产品保有量 5885.09 万元。基金投顾业务创新，实现基金投顾有效户覆盖 1475 户，授权总资产 3590.09 万元，借助基金投顾业务丰富客户资产配置的手段和方法，将资产配置理念传递给客户，提升客户体验，得到客户的认同。（王文欣）

【南京证券扬中江洲南路证券营业部】 南京证券扬中江洲南路证券营业部成立于 2000 年，坐落在扬中市江洲南路 8 号。2021 年，营业部有正式员工 9 人，有中级经济师资格的 4 人。为服务地方企业，营业部先后与辖区内 5 家企业单位联系，了解企业发展需求。客户通过网上交易软件轻松投资下单，提供电话委托、手机炒股等多重交易选择。营业部经过 10 多年的发展，围绕“服务当地经济，服务当地客户”的宗旨，定期举办各类投资者教育活动 6 场，滚动播放提示类风险词条 10 余条，累计受教育的投资者 60 人左右。（顾纪兵）

交通运输

综 述

【概况】 2021年，扬中市公路事业发展中心列管养境内公路总里程692.22千米（不含35省道高速公路8.98千米），路网密度平均每百平方千米占有公路316.13千米。按行政等级划分：国道523里程19.86千米，238省道36.72千米。农村公路县乡村道635.64千米（县道189.54千米，乡道236.32千米，村道209.78千米）。国道桥梁9座、2533.1延米，省道干线公路桥梁9座、3845延米，其中扬中一桥、二桥、三桥特大型公路桥梁计5157.1延米。农村公路桥梁44座，其中县道21座、838.86延米，乡道13座、445延米，村道10座、276.5延米。全市公路按技术等级划分：高速公路8.98千米，一级公路111.27千米，二级公路94.81千米，三级公路101.92千米，四级公路384.22千米。国省道按技术等级划分：一级公路52.99千米，二级公路3.61千米。农村公路按技术等级划分：一级公路58.27千米，二级公路91.23千米，三级公路102.94千米，四级公路383.20千米。

2021年，扬中市有港口（作业区）4个，泊位44个（万吨级11个），其中非装卸泊位8个（万吨级3个），在建泊位4个（4万吨级1个、3万吨级3个），使用岸线总长7860米，年货物吞吐量2690万吨。加快推进港口物流板块发展，依托“一港四园”发展规划，全速推进大津产业园二期码头建设、圣灏码头复工，积极招商引资，优化岸线资源，提升利用水平，推动港产城融合发展。践行绿色交通理念，统筹谋划，高效建成城北公交客运站并投入运营，更新20辆新能源公交车，为广大市民提供安全、优质、舒适、低碳的公共交通出行服务。

（钱佳晖、张君宇）

【交通运输疫情防控】 2021年，扬中市为牢固树立“疫情一日不除 思想一日不松”理念，严防疫情通过交通运输传播，推进客运、出租、货运、维修、驾培企业从业人员疫苗接种工作，客运行业一线从业人员疫苗接种率95%。督促重点行业安排一线从业人员按要求开展核酸检测，确保客运、公交、快递、港口、水运等企业一线从业人员检测覆盖率100%。组织开展有关疫情防控的学习培训，提高重点行业从业人员的实操能力。根据疫情防控形势，参与疫情防控期间的交通管控点值勤工作，严格履行岗位职责，强化值班值守责任，坚决守住“外防输入”防线。

（钱佳晖）

交通卡口防疫　　（融媒体中心供图）

运输管理

【出租车管理】 2021年，扬中市深化出租汽车行业改革，推动巡游出租汽车运价改革。12月28日，交通运输局组织召开巡游出租汽车运价改革听证会，邀请消费者代表、经营者代表、市人大代表、政协委员、相关领域专家等人参加，围绕巡游出租汽车价格的改革方案发表意见和建议。改革后，运价定价机制将由政府定价向政府指导价转变，由经营者综合考虑市场供需、运营成本、交通状况、服务质量、居民收入、驾驶员收入等因素，在基准价的基础上实行上下浮动。

（钱佳晖）

【客运管理】 2021年，扬中市交通运输局围绕道路客运转型发展三年行动计划方案。落实“十件实事、百项工作”任务要求，推进城北公交客运站打造成具备公交客运、长途客运、出租客运等综合换乘功能的枢纽性场站。围绕创建省级农村物流达标县的目标任务，推进乡镇客运站融合发展，创新交邮快合作模式发展，探索公交代运快件模式，打通“快递进村最后一公里”，开通303路、306路“交邮快融合”公交线路。加强客运安全生产管理，落实“三不进站、六不出站”和“三关一监督”安全监管要求，做好节假日、恶劣天气、重要时段的安全监管工作。优化客运线网体系，全面优化公交线网，新辟1条、优化4条公交线路；完善客运线路，实现镇江—徐州、丹阳—泰州、句容—靖江等客运班线设站停靠。（钱佳晖）

【货运管理】 2021年，扬中市新增货物运输业户105户，货运车辆190辆，审验货运车辆1486辆。注销货物运输业户48户，注销营运车辆187辆。提升道路货运行业安全生产管理水平，加快推进道路运输企业主要负责人和安全生产管理人员安全考核，做好道路货运“两证”审验工作。6月22日，对3辆车以上（含3辆车）货运企业车辆负责人和安全生产管理人员开展安全知识、法律法规和业务知识的培训，参评率和合格率均达到95%。（钱佳晖）

【机动车维修管理】 2021年，扬中市推进机动车维修经营“掌上备案”，召开机动车经营维修备案工作会议，发放一次性备案告知清单，备案53家维修企业，其中二类7家，三类46家。向城区沿街的维修业户发放《创建全国文明城市告知书》，引导汽修企业不占道经营，保持城区环境整洁，文明服务，不定期开展“创文、创卫”检查。在日常监管中，突出环境保护工作，开展VOCs（挥发性有机物）治理“回头看”，督促定期更换过滤棉等易耗品，保障治理效果。通过机动车维修行业协会推广《镇江市交通运输机动车维修企业危险化学品使用安全管理操作指南》，助推危化品治理向实质性推进。综合性能检测机构方面，因永舟集团破产，其永顺综检站，处于半关停状态，于12月关停，协调营运车辆异地检测，有序推进，未发生投诉等行业不稳定事件。依市场需求拟新增综合检测机构。（钱佳晖）

【驾培监管】 2021年，扬中市驾培行业开展“诚信驾培、满意学驾”活动，强化教练员素质教育，引导驾培机构遵纪守法、规范教学、用优质服务促进行业转型升级。加强道路运输从业人员从业资格证的档案管理工作，确保从业资格证档案网上查询、调档和电子化管理。落实道路货运驾驶员从业资格考试制度改革工作，根据从业资格培训资质确定凯达驾校培训点，实现从业资格考试“一次报名、一次培训、一次考核”的效果，避免重复培训，减轻学员负担，实现便民惠民。自3月份新规实施以来，从业资格考试合格有131人，其中6月15日以来申领电子从业资格证的有61人。（钱佳晖）

交通运输行政执法

【概况】 2021年，扬中市依法办理行政处罚案件126件，罚款数额102万元。行政强制案件35件。无处政复议、行政诉讼案件。公示处罚信息126条、许可信息105条，经法制审核处罚信息58条，抄告执法信息52条。对货运市场主体实施内部“双随机”检查计划2个，实施多部门联合“双随机”检查计划1个；查处超限货运车辆233辆次，实施卸驳载2774吨，查处非法营运车辆33辆，查处成品油非法经营车辆2辆。拆除违法违规设置限高限宽设施14处，优化33处。清理清除路障36立方米、占道经营摊点286处、非公路标志180块。梳理并完成整改5类、13条具体问题。出动检查人员541人次，检查企业272家次，查处并在安全监管平台录入各类问题及隐患101项，下发整改通知书173份，各类安全处罚案件5件，全部实现闭环，无发生职责范围内的安全事故。对违规道路运输企业、车辆严格实施“一超四罚”，约谈企业1家，停业整顿企业1家。（钱佳晖）

【货运执法】 2021年，扬中市确定重点货运源头单位10家，向社会公示名单，综合执法大队安装计量检定合格称重设备和视频监控设施，相关称重和视频数据接入镇江市级监管平台。开展危险货物运输安全专项整治，按照检查履职标准对扬中过境危货运输车辆资质、人员资格、运单使用情况、罐体检测情况等全面检查，检查车辆428辆，查处违章5起。查处各类危险货物运输案件21起，其中未经许可10起，不按规定使用电子运单10起，罐体未近期检测1起。（钱佳晖）

【客运执法】 2021年，扬中市加强全市客运市场的执法监督，组织开展“春雷行动”“天网”1号、2号等专项行动。通过违法线索排查，设立举报奖等方式深挖案源，依法查处非法营运客车3辆，实行“黑名单”管理，建立疑似非法营运车辆常态化研判检查机制，核查车

辆6辆。开展非法网约车专项整治，查处非法网约车12辆，约谈滴滴平台对平台非法经营行为实施处罚。（钱佳晖）

客运市场执法检查 （融媒体中心供图）

【路政管理】 2021年，扬中执法大队受理县道行政许可3件。加强国省道的日常巡查，联合巡查，及时清除各类路障，及时清除流动摊点，清除非公路标牌，确保公路安全及时畅通。（钱佳晖）

【超限运输治理】 2021年，扬中排查公示重点货源单位10家，实施每月2次巡查，监控系统安装率与镇江治超平台接入率100%。综合执法大队联合公安交警部门开展24小时驻点治超，出动执法人员1825人次，检查疑似超限运输车辆1137辆，实施处罚178起，记扣分645分，监督卸驳载车辆卸驳载2774吨，实施"一超四罚"2起。（钱佳晖）

交通工程建设

【概况】 2021年，扬中市完成238省道八桥段部分路幅5.3千米大中修。推进农村公路提档升级，新改建农村公路1.8千米，建立市、镇、村三级农村公路路长责任制管理体系。维修加固宜禾路双新桥。对幸福二桥设置限高设施，启用幸福二桥治超站，完善"一站两点"（幸福二桥治超站、扬中一桥治超点、扬中三桥治超点）布局，实施常态化24小时联合治超和流动治超。（钱佳晖）

【公路建设与养护】 2021年，扬中市公路事业发展中心坚持公路建养管并重的原则，坚持路域环境整治长效化，保持全市路况质量的稳定与路域环境的美化，经上级主管部门路况综合检测评定国、省干线公路路况综合指数(MQI)值96.44，路面破损指数(PCI)优良路率99.87%，路面平整度指数(RQI)优良路率92.01%。投入国、省干线小修保养经费664万元，修补路面坑塘，实施路面沥青灌缝。（钱佳晖）

【农村公路提档升级】 2021年，扬中市农村公路列养总里程635.638千米，其中县道189.538千米，乡道236.321千米，村道209.779千米，桥梁44座，县道桥梁21座，乡村道桥梁23座。实施路长制，打造特色农村公路、网红农村公路，用品牌规划引领全市农村公路的发展。县道环岛线、滨江大道被评选为2021年度江苏"平安放心路""美丽农村路"样板路。持续有序推进江堤公路安全生命防护工程项目三期，实施主要内容为交通标志、标线、护栏、警示桩、通视三角区、部分路侧结构物等。加大县道小修保养，投入188万元，修补沥青路面510立方米，修补道路坑塘351个，及时更新完善缺损的里程碑28块，更换百米桩261根。依据江苏省农村公路技术状况评定标准综合检测，全市县道优良路率93.0%，公路路况综合指数(MQI)评定92.3；乡村道优良路率98.3%，公路路况综合指数(MQI)评定90.6。（钱佳晖）

【镇江市2021年普通国省道路面大中修工程E标扬中段】 2021年，扬中市公路事业发展中心争取2021年普通国、省干线大中修工程(E标扬中段)并纳入省建设投资计划，加强大中修工程质量管理，助力临港产业发展。工程起自238省道永利桥，讫至扬中八桥加油站，施工车道里程单幅全长11.51千米，涉及路面中修、红绿灯路口车辙处置及桥面处置等内容，工程于2021年7月11日开工建设，10月18日完工，总投资约900万元。（钱佳晖）

【幸福大桥限高门架工程】 幸福大桥位于扬中市XZ23(原S238)线，是连接西来桥镇与小河镇的重要交通枢纽。该桥于1994年建成通车，由于建设年代久远，桥梁病害逐年加重，2020年的桥梁技术状况评定为三类，通过维修加固达不到原有承载能力，须对桥梁进行限载限速。为确保桥梁安全和人民生命财产安全，市公路事业发展中心根据市交通运输局《准予交通行政许可决定书》在幸福大桥扬中、常州侧各设一套限高门架，限高门架跨度为11.5米，高2.2米。建设相应警示标志及监控、照明设施。工程于2021年4月开工建设，2021年5月建成，工程总投资40万元。（钱佳晖）

【扬中超限检测站提质升级改造工程】 2021年，扬中市为落实交通运输部定点治超业务规范和技术要求、省治超办2021年全省公路超限超载治理工作要点，按照全国统一要求进行超限检测站标准化建设或改造，具备“货车必检”、不停车称重检测和全业务上线办理能力，统一超限检测站外观，全面提升联合执法服务效率和对外形象，启动扬中超限检测站提质升级改造工程。扬中超限检测站位于S238K77+380处，建于2020年，此次提质升级改造工程的主要内容是对站内货车专用道及电子抓拍系统、复检系统、视频监控系统、执法岗亭、站端管理机房及软件等进行升级改造。工程于2021年11月开工建设，12月30日建成并完成检定，工程总投资约72万元。 (钱佳晖)

【幸福二桥治超站投入使用】 2021年10月13日，幸福二桥治超站正式投入使用，扬中市形成“一站两点”布局，即幸福二桥治超站、扬中一桥治超点和扬中三桥治超点，实现普通干线公路治超站点全覆盖。扬中超限检测站是2010年省政府批准同意设立的全省87个公路固定超限检测站之一。项目总投资700万元，于2020年10月开工；2020年12月完成主体工程，占地3420平方米，设置货车专用通道和电子抓拍系统。

(融媒体中心)

【238省道扬中段路面大中修工程完工】 2021年10月，238省道扬中段路面大中修工程完工通车，累计实施改造里程5.3千米。大中修工程重点对S238K60+700~K62+900下行第二车道，K64+100~K65+030下行第二车道，K65+030~K67+198上行第一、二车道，K65+030~K67+198上、下行硬路肩进行维修，工程于7月12日开工，其间克服疫情、台风、暴雨等诸多不利因素的影响，在维修过程中还采用沥青热再生技术和GRAC沥青灌入式处置，提升红绿灯路口的抗车辙性能。 (融媒体中心)

城乡公共交通

【概况】 2021年，扬中市交通运输局全面优化公交线网，完善公交基础设施建设，改造和新建站台5座；科学布局公交线路，新辟公交线路1条、优化4条。2月3日，开通103路公交客运总站至文景广场城市公交线路，解决西城区市民的出行需求。3月，调整306路公交线路走向，增设特教中心站点，方便特教中心、残疾人康复中心、残疾人就业管理中心周边困难群众出行。9月，优化202路、206路、216路3条城乡公交线路走向，完善省重点项目建设的配套服务设施，解决蜂巢易创职工上下班的出行需求。提升服务水平，涌现好人好事114件，中扬公交获2020年度“先进集体”称号，105路获抗击疫情三八红旗集体称号，中扬公交退役军人志愿者服务队被评为扬中市“十佳”优秀志愿者服务团队。 (钱佳晖)

103路公交开通 (融媒体中心供图)

【城北公交客运站运营】 2021年12月26日，扬中市城北公交客运站正式运营。城北公交客运站位于三丰南路68号，明珠广场北侧650米、三丰南路东侧(原城北停车场)。项目被列为2020年民生工程建设项目，由城投公司投资建设，总投资约4000万元。该站总占地规模1.4万平方米，场地设60个公交发车及停车位，配备候车大厅、办公场所、员工休息室、检修间、食堂、充电桩、停车位等设施，可满足8~10条城乡公交线路，50~60辆纯电动公交车辆的始发、回转、候客换乘、停车、充电、小修保养维护。具备长途客车进站发车功能(长途发车位5个)和出租车换乘功能(出租发车位2个)。场站建有电动汽车充电桩(120千瓦)20组，同时满足40辆公交车充电；配备大型客车自动洗车机1台；修车库设有2个大型客车保养车间及配件仓库运营。始发线路包括公交106路、206路、208路、210路、212路和213路。 (钱佳晖)

城乡建设与管理

综 述

【概况】 2021年，扬中市住房和城乡建设局坚持统筹安排，对照高质量发展考核要求，有序推进民生实事项目，全面加强重点行业监管，主动提升城乡建设水平。加快老旧小区改造、推进应急避难场所建设、铁皮港应急备用水源地达标建设、危房排查解危、棚改等重点工作。新建污水管网120千米，提前完成四个达标区污水管网检查检测75千米，完成建成区污水管网检查检测21千米。完成海绵城市建设面积0.3平方千米；创成"美丽宜居村庄"8个，全市60个规划发展村庄美丽宜居乡村建成率100%。创成省级特色田园1个、市级2个，农村生活污水治理行政村覆盖率100%；"五水联治"工程项目进入江苏省美丽宜居城市建设第二批试点名单，被确定为水环境综合治理专项类试点项目。按照《保障农民工工资支付条例》严格落实建筑工地"八项制度"，会同人社部门及时处理建设工程领域欠薪事件。定期召开治水工作例会，强化建设各方主体责任和工程实体质量控制。城投公司聚焦聚力市场转型，稳步推进新能源产业发展，青海、白水170兆瓦、6座光伏电站全部建成投运并网发电，年发电量约2.4亿千瓦时。打造精品工程，服务民生福祉。加快推进机关一园、永战河加油站、西城区安置房二期建设。 (陈超、张君宇)

【村镇建设】 2021年，扬中市完成三茅街道中华村居民点等8个美丽宜居村庄建设，截至2021年年底，扬中市60个规划发展村庄的美丽宜居村庄建设全覆盖。三茅街道明华村居民点通过江苏省第八批特色田园乡村建设的验收；三茅街道友好村宽新圩通过镇江市第二批特色田园乡村建设的验收，创成省级特色田园乡村1个(三茅街道明华村居民点)、镇江市级特色田园乡村2个(三茅街道明华村五虎圩、三茅街道友好村宽新圩)。新坝镇立新村蒲草滘被命名为省级传统村落；新坝镇立新村蒲草滘、油坊镇鸣凤村方家埭被命名为镇江市级传统村落。 (陈超)

城乡规划

【概况】 2021年，扬中市自然资源和规划局强规划、促集约、保资源、优服务。高起点编制发展区总体规划，强化顶层设计，突出空间布局科学性。高质量编制落实

新治村 (融媒体中心供图)

镇村布局规划和实用性村庄规划。召开“多规合一”实用性村庄规划论证会，三茅街道营房村、经开区双跃村、兴城村、油坊镇鸣凤村、八桥镇利民村等5个村的实用性村庄规划通过论证，“多规合一”实用性村庄规划编制工作取得阶段性成果。开展“共绘苏乡”扬中市规划师下乡系列活动，驻村规划师服务扎根各村，在各村(社区)开展大规模的调研活动，以多种形式引导各行业各类人才参与村庄规划工作。将“存量规划”的理念深耕规划编制始终，通过闲置建设用地复垦、搬迁撤并村腾挪置换和全域国土空间整治等方式，为集体经营性用地、农村一二三产业融合发展争取空间；严格控制新增建设用地规模，公共服务设施等建设要体现集约节约的要求，逐步提高农村建设用地效率，着力保护耕地资源。开展测绘法宣传日暨国家版图意识宣传活动，普及测绘法律法规、国家版图和测绘知识。在《扬中日报》开设“扬中人文地图”栏目，推出各乡村人文地图，宣教扬中人文历史和景观。《扬中市城市停车设施专项规划》获2021年度镇江市优秀国土空间规划评选一等奖。 (孙柳燕)

【国土空间规划编制与管理】 2021年，扬中市国土空间总体规划编制基本形成初步方案，在三线初步划定的基础上，优化永久基本农田，调整省级生态管控区，确定建成区范围及城镇开发边界。编制“多规合一”实用性村庄规划，选取5个试点村进行高标准编制，以点带面推动全市村庄建设改造。除试点村外，有48个村(社区)启动村庄规划编制，部分村庄已形成初步方案。编制国土空间规划近期实施方案，在国土空间规划批准生效前，用以保障“十四五”近期重大项目建设用地需求。编制土地征收成片开发方案，在国土空间规划确定的城镇开发边界内的集中建设区，对一定范围的土地进行综合性开发建设活动。编制国土空间生态保护和修复规划，衔接国土空间规划，维护区域生态安全，提升城市生态品质，服务高质量发展。 (孙柳燕)

【“规划师下乡”活动】 2021年9月29日，“共绘苏乡”规划师下乡工作站授牌暨党建共建签约仪式在八桥镇利民村举行，利民村签订“共绘苏乡”规划师下乡党支部结对共建协议书。12月，自然资源和规划局在油坊开展“共绘苏乡”规划师下乡活动，围绕油坊镇实用性村庄规划编制，以建设“美丽宜居零碳示范小镇，乡村振兴先进模板”为目标，与规划设计团队沟通和交流，油坊镇10个村均已完成实用性村庄规划初步方案的编制，其中，会龙村、鸣凤村通过专家评审，其余各村也已形成较为成熟的规划成果。“规划师下乡”活动是提升村庄规划质量和基层干部规划意识及业务能力的务实之举。自然资源和规划局推进该项活动，深入基层，摸清群众诉求，发挥规划师作用，统筹谋划村庄发展目标、产业发展、用地布局、耕地保护、生态修复、居民点建设、人居环境综合整治等，编制出符合村域特色、贴近群众需求、禁得住时间检验的实用性村庄规划。 (孙柳燕)

规划师下乡 (融媒体中心供图)

城建重点工程

【第二高级中学教学综合楼新建工程】 第二高级中学教学综合楼是2021年十大重点民生工程之一，是镇江市民生工程以及省民生工程。工程于2020年11月桩基进场施工，总建筑面积7282.72平方米，由教学楼和体育馆两部分组成。教学楼设计4层，20个教学班级、10个教师办公室，另有美术、舞蹈、心理等专业教室。体育馆层高为13.8米，全框架钢结构，馆内长宽均为40米，占地面积1640平方米。体育馆内部设置两个标准篮球场。12月，项目土建工程已完成初步验收，较工程进度计划提前80天完成主体分部工程，现已进入装饰装修阶段。 (融媒体中心)

【第二幼儿园异地搬迁项目】 扬中市第二幼儿园创建于1991年10月，2021年6月异地搬迁至康宁路368号，新园占地面积8381平方米，建筑面积7543平方米，建设规模为5轨制15个班。二园以“回归本位 自然生长”为办园理念，以“乐健、向善、尚美”为培养目标，将幼儿教育的本质要求、儿童发展的时代需求与幼儿园长期积淀的文化内涵有机融合，培养“乐健、向善、尚美”的快乐儿童。1月，该园成立“匡明霞网络名师工作室”，利用名师资源，通过集中研讨、小组学习等方式充分发挥骨干教师和学科带头人在教学、科研和专业引领等方面的示范、辐射作用，提升教师的专业水平，提高该园的保教质量。5月，《新媒体技术在幼儿美术"PCK"中的有效应用研究》获准为江苏省现代教育技术研究2021年度重点课题。（融媒体中心）

【云腾幼儿园捐建工程交付仪式】 2021年7月22日，扬中市云腾幼儿园捐建工程举行交付仪式。云腾幼儿园位于新民路东侧，浩云湾小区西侧，是扬中首家由企业家捐资建设的全日制公办幼儿园，幼儿园由云腾投资集团有限公司于2019年捐建，总投资4550万元，占地面积9289平方米，建筑面积7652平方米，户外活动面积5232平方米，绿化面积2965平方米，5轨15班规模，可容纳学位450个。（融媒体中心）

云腾幼儿园 （融媒体中心供图）

【天然气高压管线穿江工程】 天然气高压管线穿江工程是2017年扬中市重点工程，2017年9月启动，因多方原因停滞2年，2020年复工，穿江管网2条，主要涉及长旺夹江、西来桥至二桥夹江段高压管线的穿江。常州与大港两条新的穿江高压管线投入运营，年天然气输气量3亿立方米。（融媒体中心）

公共事业

【供水】 2021年，扬中市完成供水量3536.10万立方米，比上年增长12.2%；水质综合合格率100%；事故处置及时率100%；设备完好率98.63%，生产调度指令完成率100%；新建管网长度为16.05千米，其中DN75（管道内径75毫米）以上新建管网长度2.17千米，DN75以下新建管网长度13.88千米。改造管网总长为33.86千米，其中DN75以上16.67千米，DN75以下17.19千米。全年完成售水量3085万吨，增长632万吨。（陈超）

【供电】 2021年，扬中全市全社会用电量18.27亿千瓦时，比上年增长8.04%；调度最高用电负荷35.81万千瓦，配网百公里跳闸1.35次。公司应急指挥中心建成投运。新型电力系统取得实效，建成绿电存储、中低压互联、光储直柔充微网、新型融合终端等多个全国首台首套试点工程。与扬中市经济发展局开展政企联合输电线路通道隐患专项排查，完成对110千伏万新线等线路保护区内多处施工隐患点综合治理。完成4个配网网格标准化改造，新投运10千伏配电线路13条，持续提升区域主配网供电能力。电力执法机制日益完备，联合经发局、公安、消防等成立扬中市电力行政执法联动办公室。建成投运扬中城北公交枢纽充电站，完成中海粮油永磁同步电机节能改造。推行报装接电"特快电力"服务，累计完成10千伏高压业扩项目113个，平均送电时长18.17个工作日，400伏低压非居民业扩项目443个，平均送电时长2.05个工作日。深入推进"我为群众办实事"，累计投资223万元为2316户居民和非居民用户新装增容，提升用户获得感、满意度。打造八桥高创园"开门接电"示范区，与园区内用户建立契约化服务制，园区内已送电高压用户11户，平均接电时间15.6个工作日，平均接电距离不足100米，降低园区客户接电成本。扬中高新区配售电有限公司累计完成市场化交易电量19.55亿千瓦时，为客户节约电费成本4898万元。通过村企支部结对，完成新坝君聚园电气化农场打造，助推联合村电气化水产养殖项目，实现优势互补。推进100千伏安及以上乡村电气化项目实施，完成兴达绝缘材料厂电窑炉替代、八桥镇长胜村水产养殖项目落实落地，实现"新农村、新电力、新服务"。（孙嘉男）

电网维护 （融媒体中心供图）

【燃气】 2021年，扬中市销售天然气7779.01万立方米，比上年增长21.5%。截至2021年年底，拥有在册居民用户8.19万户(本年新增4237户)，公建用户1385户(本年新增98户)，工业用户131户(本年新增15户)。为满足扬中市未来用气需求，推进完成天然气高压管线八桥段—镇江段、西来桥—常州段的穿江管线敷设，2022年实现与镇江高压气源的连通。扬中中燃建立较为完善的安全管控体系，建有SCADA(数据采集与监控系统)调度系统、GPS(巡线定位)巡线系统、24小时服务热线与值班制度。按年度计划开展入户安检，进行“四不两直”安全记分管控、安全警示教育、动态风险评估，增加场站反恐、报警设施等硬件投入，安全形势整体可控。开展拉网式排查场站、管网、燃气设施等安全隐患，实行主管部门与企业协同处理管道占压隐患，重点排查和整治餐饮用户安装切断阀报警器情况。截至2021年年底，扬中中燃累计安全运营3192天，未发生安全生产责任事故。 (陈超)

【城市路灯】 2021年，扬中市有主要干道和市政道路124条，其中95条道路安装高压钠灯7419盏，装电容量1766.4千瓦。29条道路安装LED灯5733盏，装电容量994.54千瓦。 (陈超)

【公共自行车】 2021年，公共自行车三期工程第一批到期并终止续建，截至2021年年底，建设站点75个，安装锁车器1800个，投放公共自行车1300辆，累计办卡2.25万张，总借还次数1889万余次，累计使用时间超过4555万小时。 (陈超)

建筑业和房地产业

【建筑业概况】 2021年，扬中市新增各类有资质企业67家。其中首次申请21项，重组、分立申请27家，增项申请19项。建筑业实现总产值47.28亿元，其中省外市场产值16.36亿元。引导企业创建精品工程、优质工程，申报江苏省优质工程奖“扬子杯”2项，获镇江“优质结构工程”奖9项，镇江市优质工程“金山杯”12项。加强安全工作的监管，有效降低行业伤亡率。通过创建省、市级文明工地推动安全生产，创建成“市级文明工地”12项，“省级文明工地”5项，“省级智慧工地”3个。推进绿色建筑与建筑节能，全市新建民用建筑全面按绿建标准实施，使用国有资金或者国家融资的大型公建项目的设计、建设，全面执行二星级以上的绿建标准。新增绿色建筑总面积45.83万平方米，新增可再生能源建筑面积26.14万平方米，其中太阳能光热建筑面积17.32万平方米，太阳能光伏建筑面积8.82万平方米。新增能效测评项目8个。完成既有建筑节能改造面积32.87万平方米，其中居住建筑1.54万平方米，公共建筑31.33万平方米。引导合同能源管理模式的公共建筑节能改造，有4个合同能源管理节能改造项目，建筑面积30.08万平方米。严把建设工程设计和施工的审查关，全年归集勘察设计合同131项，审查总建筑面积88.97万平方米，其中公建项目26个，总建筑面积18.07万平方米；居住项目41个，总建筑面积27.17万平方米。推广“四新”成果，推广应用预拌砂浆，推进装配式建筑的发展，强力推进“三板”的应用。全市范围内新开工装配式建筑面积16.39万平方米，占同期新开工建筑面积比例的55.01%。建设工程消防设计审查验收管理工作有序推进。办理设计审查项目37件，验收项目36件、备案项目76件，其中备案抽中验收项目21件，不合格复查项目5件。 (陈超)

【房地产概况】 2021年，扬中市有资质的房地产开发企业34家，其中二级资质20家(其中暂定15家)，三级资质13家(其中暂定13家)，四级资质1家。全市有房地产在建项目19个，在建施工总面积223.87万平方米，新开工面积27.22万平方米，商品房准予销售面积38.3万平方米，其中商品住宅面积31.23万平方米，商品房网上备案成交面积42.48万平方米，其中商品住宅面积28.48万平方米，房地产开发项目总投资56.50亿元。 (陈超)

城市管理

【概况】 2021年，扬中市以城市综合创建为抓手，以人民群众满意为目标，实干担当、加压奋进，城市管理水平稳步提升，城乡环境面貌显著改善。发挥党建“红色引擎”作用，举办庆祝“中国共产党成立百年”系列活动，打造“城事721”(7分服务、2分管理、1分执法)服务品牌，推进“我为群众办实事”实践活动，开展党员思想冬训和城管执法队伍规范化建设集训，营造创优争先工作氛围。投身全国文明城市创建及国家卫生城市复审，创新实行城市长效管理“AB岗”网格机制，制定《扬中市城管局城市长效管理“AB岗”网格督查管理制度》《扬中市城市管理局督查考核办法》《重大行政执法案件审理委员会工作制度》《行政执法案件线索管理制度》。科学布局非机动车停放区域，规范引导共享助力车企业管理，加强停车泊位建设，深化“智慧停车”系统管理；推进垃圾分类治理，建成20个镇江市级垃圾分类达标小区；开展“星级公厕”评比活动，提升公厕管理服务水平；围绕创文要求细致开展城市市容环境整治“百日攻坚”行动，强化背街小巷及户外广告专项整治，对脏、乱、堵等行为强制入轨；加强道路扬尘污染防治，规范渣土运输公司化运作，打击乱排乱倒；突出夜间市容及施工管理，保持严查违法建设的高压态势；统筹城乡一体，致力农村环境星级提标；开辟微信视频号、抖音号，加大城市管理宣传力度，营造良好舆论氛围，形成城管工作合力。扬中市城市管理综合执法大队被命名为第20届“全国青年文明号”。 （代明星）

【户外违规广告整治】 2021年，扬中城管局拟定《全市户外广告专项整治计划》，对20类户外广告设施设置整治工作细化分解、倒排工期。按照“一视同仁、一拆到底”的工作原则，对城区背街小巷违规户外广告设施设置开展集中“大扫除”。拆除主城区范围内违规破损店招标牌422余处、楼顶广告60块、跨街广告4块、墙体广告11处、落地灯箱81块、非交通标志标牌63处、店招堡垒16处、电信电话亭69处、城市小品9处、草坪字23块、道杆旗50处、废弃钢管20处、清理违章横幅360条。 （代明星）

户外违规广告整治 （鄂启贵摄）

【城东垃圾中转站揭牌】 2021年3月16日，扬中市城东垃圾中转站揭牌仪式在环卫处举行，承接城区垃圾收运压缩容量。城东垃圾中转站更新一台大型垃圾压缩设备和两辆配套使用车辆，配备完善的除臭设备，杜绝垃圾的二次污染，提高车载转运效率，降低垃圾清运的成本，提升城区垃圾收容体量，收容量由原来的每天20吨上升到100吨，保证城区垃圾做到日产日清。

（代明星）

【城市长效管理“AB岗”网格机制】 2021年4月19日，扬中城管局经过充分调研、细致谋划，创新实行城市长效管理“AB岗”网格机制，主要以“城管网格为区域、AB轮岗为形式、早晚高峰为时段、服务管理为核心”，全面加强重点时段、重要路段、关键区域的市容环境常态化服务管理工作。AB岗网格管理时间为：8:30—9:30、17:00—18:00，由机关科室人员分成AB两岗轮流至网格内管理市容秩序。 （代明星）

【“星级公厕管理员”评比活动】 2021年6月，扬中城管采用明察暗访、互评互查和群众监督相结合的记分方式，在27个直管公厕和3个农贸市场公厕中开展月评“星级公厕管理员”活动，挂牌公示并给予获评人员考核奖励，全面提升公厕精细管理、长效管理和服务水平。 （代明星）

【农贸市场改造】 2021年，扬中城管局秉持“疏堵结合、以疏为主”的服务理念，南园市场东侧49户门市房设置80厘米高的硬隔离防护栏，解决占道经营、流动摊点乱摆乱设现象。重新布局南园、翠竹园和中扬农贸市场，设计安装画面精美、内容丰富的灯箱公益广告150余块，在翠竹园菜市场率先安装行业分类发光导示标识牌。 （代明星）

【市容环境整治】 2021年，扬中城管局开展市容环境专项整治，组织各类整治293次，出动执法人员3915人次，取缔店外店727家，流动摊点831个，暂扣物品690件；清理卫生死角291处，清理垃圾176余吨。

（代明星）

【违法建设查处整治】 2021年，扬中市城管局查处市区违法建设313处，强制整改和拆除违法面积7840余平方米，拆除明珠湾、南园小区等100余处存量违建1500平方米，维护扬中城市规划管理秩序。

（代明星）

环境保护

综述

【概况】 2021年，扬中市以改善全市生态环境质量为着力点，坚定不移贯彻新发展理念，凝心聚力打好污染防治攻坚战，生态环境质量稳步提升。以“蓝天碧水净土”三大战役为抓手，提升“气质”“水质”“品质”。2021年，扬中市全年环境空气质量优良率77.3%，比上年增长1.3%。$PM_{2.5}$年均值33.4微克/米^3，下降6.4个百分点，位居全镇江市第一。扬中市2021年度地表水省考断面达标率100%，在全省63个县（市、区）地表水环境质量排名，位居第一。完善土壤污染重点监管单位名录，编制扬中市地下水污染防治分区划分工作方案，完成对涉镉等重金属超标在产企业和遗留地块的整治，重金属防控区污染防控和遗留污染地块风险管控，重点管控区域土壤和地下水隐患排查和自排查、自监测，清洁生产审核工作任务。强化环境执法监管，全面化解环境风险隐患，推进突出环境问题整改销号，加快推进全市农村生活污水治理，完成年度目标任务。 （宦玲）

【林长制】 2021年12月，扬中市印发《扬中市全面推行林长制工作方案》（以下简称《方案》），要求到2021年12月31日，全面建立责任明确、制度健全、监管有力、问效追责、奖惩严明的市、镇、村三级林长体系，构建党政同责、属地管理、部门协同、源头治理、全域覆盖的长效机制。《方案》明确，扬中市将全面推行林长制，构建“一环、二带、三网、多点”（环岛绿色生态廊道，扬中大道和238复线两条交通干线绿化风光带，水系林网、道路林网、农田林网三网提档升级，各类森林公园、绿美乡村、绿化示范村、绿化示范基地等多亮点纷呈）的林业发展空间布局；努力实现森林资源“一增、二保、三防”（增加森林蓄积量，保持森林覆盖率和林地保有量稳定，防控森林火灾、防治林业有害生物、防范破坏森林资源行为）的目标。到2025年，全市完成造林绿化面积36.67万平方米，抚育森林666.67万平方米，森林覆盖率保持稳定，森林质量持续提升，树种结构得以优化，林业生态得到充分保护；森林火灾受害率控制在0.3‰以内，主要林业有害生物成灾率不高于1.8%。2025年后，全面深化林长制，全市森林资源生态功能更加完善，生态效益更加显现，经济社会与生态环境协调发展。 （融媒体中心）

滨江公园 （融媒体中心供图）

环境质量

【概况】 2021年，扬中市集中式饮用水水源地水质、城市空气质量、地表水主要控制断面水质、噪声环境质量均达到功能区要求。全年整体环境质量保持稳定，环境指标进一步改善，全年优良天数282天，空气质量优良天数(AQI)比例77.3%；全市地表水省考断面、集中式饮用水源地和备用水水源地的水质达标率、优Ⅲ比例均为100%，长江扬中段水质保持Ⅱ类。市区区域环境噪声昼间时段平均等效声级57.1分贝，声环境质量总体较好，昼间声环境质量基本保持稳定。全市酸雨发生率为零，酸雨频率与2020年持平。一般工业固体废物产生量为1.73万吨，综合利用量1.73万吨，综合利用率100%；危险废物产生量1.1万吨，危险废物处置量1.08万吨，贮存量0.02万吨，规范处置率100%。 (宦玲)

【城区空气质量】 2021年，扬中市环境空气质量总体未达标，超标污染物为臭氧。环境空气中$PM_{2.5}$、PM_{10}、二氧化硫、二氧化氮、一氧化碳年均浓度分别为34微克/米^3、63微克/米^3、9微克/米^3、30微克/米^{3}和0.9毫克/米^3；臭氧日最大8小时滑动平均第90百分位浓度(以下简称臭氧浓度)为189微克/米^3。与上年相比，$PM_{2.5}$、二氧化氮和浓度分别下降5.6%、11.8%、一氧化碳浓度相持平，臭氧和PM_{10}、二氧化硫浓度分别上升1.6%、6.8%、12.5%。环境空气质量优良天数比率为77.3%，与上年增长1.3%。全市发生6次重污染天气过程。城区降尘年均值3.2吨/平方千米/月，低于地方标准(6.4吨/平方千米·月)。工业煤炭消耗总量6.51万吨，工业废气排放总量82.87亿立方米。二氧化硫年排放总量21.98吨，氮氧化物排放量80.38吨，颗粒物排放量284.50吨。 (宦玲)

【水质】 2021年，扬中市集中式饮用水水源取水口设置在长江主江断面，备用水水源地设置在丰裕铁皮港。每月监测一次，监测62项指标，饮用水水源水质达标率均为100%。6月对集中式饮用水水源取水口和备用水水源地源水水质进行采样全分析，监测指标为《地表水环境质量标准》(GB 3838—2002) 表1、表2和表3中规定的项目109项，达标率为100%。长江扬中段水质为优，5个监测断面水质类别均为Ⅱ类，与2020年相比，总体水质保持稳定。扬中监测全市10条主要通江河港，以《地表水环境质量标准》(GB 3838—2002)评价，6个河港水质达到Ⅲ类，占监测断面的60%；3个河港水质为Ⅳ类，占监测断面的30%，1个河港水质为劣Ⅴ类，占监测河港的10%，优Ⅲ类水质河港占比较上年有所下降。 (宦玲)

【噪声】 2021年，扬中市昼间区域声环境质量总体一般，噪声平均等效声级为57.1分贝，比上年下降1.7分贝。根据《环境噪声监测技术规范 城市声环境常规监测》(HJ 640—2012)评价，城市区域环境昼间噪声总体水平等级一般。扬中市1~4类区昼、夜间噪声值均能够达到相应功能区噪声标准。依据国家《声环境质量标准》(GB 3096—2008)评价，全市1~4类功能区声环境昼间达标率分别为96.9%、97.9%、100%、100%，夜间达标率分别为93.8%、96.9%、100%、93.8%。与上年相比，功能区噪声昼间平均达标率增长1.8%，夜间平均达标率下降2.1%。扬中市道路交通噪声昼间平均等效声级66.1分贝，减少1.3分贝。全市昼间道路交通噪声平均等效声级超出二级强度限值70分贝(A)的干道长度占总监测路长的8.9%，下降40.9%。 (宦玲)

环保建设

【概况】 2021年，扬中市加大环保投入，强化环境保护建设。严格依照环境保护相关制度开展工作。以生态创建促进市、镇、村三级环保基础设施改善，推进环保工作法治建设，提高依法监管水平，加大监测、监控能力建设和环保理念培育，取得良好的社会成效。创成6个省级生态文明建设示范村。推进全市农村生活污水治理，累计自然村治理率为40.37%。 (宦玲)

【监控能力建设】 2021年，扬中市开展"智慧眼"日常巡查工作，未发现破坏或者侵占保护区和其周边环境的行为。借助"蓝天卫士"科技护航秸秆禁烧，全年未发生大面积秸秆焚烧现象。完成重点排污企业、排污许可等要求安装在线监控的企业安装联网工作。镇江市安全生产问题处置监管平台现录入问题线索100条，办结率100%。 (宦玲)

【环保宣传】 2021年，扬中市结合"6·5"世界环境日、植树节、地球一小时日、生物多样性日、科普宣传周、安全宣传月、节能宣传周及低碳日等，主动对接绿色平台成员单位,开展生态环境保护和志愿服务活动宣传,营造全民关注环保、参与环保的良好氛围。在各级媒体发出"环保"声音,2021年,在《扬中日报》、扬中电台、电视台、镇江生态环境微信公众号、《江苏环境》杂志上开展生态环境宣传120篇,美苏"263"用稿6篇。在扬中市政府网站的环保窗口上报公示信息666条。(宜玲)

3月27日,扬中市"绿色WE来——地球一小时"活动
(融媒体中心供图)

环境管理

【概况】 2021年,扬中生态环境局全面落实污染防治工作责任,打好蓝天、碧水、净土三大保卫战。强化执法监管,着力解决突出环境问题。加强固废、辐射环境安全监管,防范化解环境风险隐患。推进企业信息公开,扩大绿色信贷覆盖面。优化办事流程,严把项目准入关,涉嫌违反"长江大保护"项目一律不受理。缩短审批时限,强化规划环评效力,督促工业园区完成规划环评编制审批工作。(宜玲)

【依法监管排污企业】 2021年,扬中市出动执法人员3504人次,标准执法1082厂次,快捷留痕503厂次,发现环境问题397次,立案查处环境违法行为47件,罚款金额390余万元。查封扣押3件、移送公安1件。查处大案要案2件,协办市级1件。全年未发生重特大环境污染和生态破坏事故。(宜玲)

【大气污染防治攻坚战】 2021年,扬中市实施重点大气污染防治项目,完成燃气锅炉提标改造、清洁原料替代、储罐治理、扬尘治理等46个重点大气污染防治项目;委托第三方实施臭氧防控驻场服务,对重点区域内工业企业、汽车维修、美容店、餐饮店开展微环境整治。围绕控制无组织废气排放、提升有组织废气治理、加强监测监控等方面,开展VOCs专项治理,完成对化工、印刷包装、船舶制造、汽车维修单位等企业治理任务。联合公安部门,开展机动车尾气路检工作,处罚尾气超标排放车辆52辆。做好扬尘治理、秸秆禁烧和重污染天气应急管控。(宜玲)

【水污染防治攻坚战】 2021年,扬中市通过加密监测、定期监测,推进断面水环境达标。调整三个省考断面断面长,由书记市长担任断面长,多次现场调研,推进断面水环境达标保障工作。聘请第三方完成扬中市城镇区域水污染物平衡核算,制定新冠肺炎疫情环保专项执法检查方案,配合卫生健康部门持续开展跟踪检查及帮助指导。以《扬中市汛期防范水质下降应对预案》为抓手,减少汛期排水对水质的影响。(宜玲)

【土壤污染防治攻坚战】 2021年,扬中市完善土壤污染重点监管单位名录,编制扬中市地下水污染防治分区划分工作方案。做好涉镉等重金属超标在产企业和遗留地块的整治,加强重金属防控区污染防控和遗留污染地块风险管控。开展重点管控区域土壤和地下水隐患排查和自排查、自监测。加强实施清洁生产审核,2021年列入省强制清洁生产审核14家企业全部通过专家评审。(宜玲)

【农业面源污染防治】 2021年,扬中生态环境局会同农业农村局对全市畜禽养殖场污染状况开展调查摸底。研究制定规模养殖场和小规模养殖场污染防治清单,明确治理目标及完成时间,对2020年通过检查验收过的养殖场进行"回头看",发现问题及时提出整改意见。规模养殖场污染治理率100%,小规模养殖场污染治理率100%,畜禽粪污资源化利用率97.27%。继续实施测土配方施肥工程和农药使用零增长工程,化肥施用量比上年下降1.15%,农药使用量下降4.66%,废旧农膜回收率90.2%,秸秆综合利用率96.76%。(宜玲)

【环境信息公开】 2021年,扬中市每日通过电视台和政府网站对外发布空气质量日报,通过扬中政府网站发布饮用水水源自动监测周报和手工监测季报。"6·5"世界环境日期间,通过扬中政府网站、《扬中日报》发布上年度《环境质量公报》。严格执行项目环评审批情况公示,全面公开行政处罚信息。开展企业环保信用适时评价,实行动态管理,通过江苏省生态环境厅网站公开

企业环保信用评级,360家企业进入参评系统，其中蓝色企业359家,红色1家,无黄色企业和黑色企业。（宦玲）

【辐射环境安全监管】 2021年,扬中市现场检查放射源使用单位2家，对2家探伤作业单位开展Ⅱ类射线装置检查，完成神力电源一枚Kr-85废旧放射源送贮工作。跟踪推进伴生矿企业中和渣解控工作,督促4家单位办理辐射安全许可证申领、变更手续,督促扬中蜂巢动力完成110千伏变电站的竣工环保验收。全市核技术应用单位年度评估上报率100%,辐射工作人员持证上岗率100%。（宦玲）

【危险废物监管】 2021年，扬中市完成所有危废经营、产生单位的《国家危险废物名录》危废类别变更和危废申报系统升级的衔接工作。开展全市危险废物处置专项行动,检查企业84家,排查整改环境安全隐患526个,整改率100%。全市重点监管产废单位在线申报率、危废处置率,医疗废物处置率均为100%,达到疫情防控的规范要求。（宦玲）

【环境问题整改】 2021年,扬中市做好省市交办问题整改。《镇江市2021年度突出环境问题整改清单》指出突出环境问题2件。扬中市兴隆港务有限公司码头油污和生产污水通过码头雨水口直接排入长江。兴隆港务于2021年11月10日通过省级销号验收工作。江苏坤全钢构科技有限公司，违规占用扬中沿江森林公园建设的生活及生产用房。虽然已经责令整改,违法建设厂房至今未完全拆除,现场仍存在钢结构框架。已向省厅上报销号材料。江苏省第一环境监察专员办公室交办扬中市重点环境问题4件,2件已完成销号,2件待销号。完成扬中市南扬化工有限公司、江苏宏达化工新材料有限公司生产车间、设备、储罐、搅拌釜等拆除,加快固废规范化处置(2021年年底)。南扬化工所有设备已拆除并全部清除出场规范处置。宏达化工新材料有限公司已将原生胶车间清理干净，混炼胶车间已全面停产。扬中市在全省54个县(市、区)中,臭氧浓度排名全省倒数第一；优良天数比率76%，排名全省倒数第三,比上年下降2.3%,未完成省下达的环境空气质量年度目标任务。喷涂、注塑等行业中小微企业挥发性有机物治理任务还有待进一步加强(2021年年底)。委托第三方,于4月8日进行臭氧驻场管控,所有发现问题交相关部门进行整改。立案查处4家涉嫌违法的企业；对全市2219家疑似涉VOCs企业开展排查，摸排出430家涉VOCs企业，初步掌握全市涉VOCs企业情况。47家治理设施缺失企业设施安装完成47家。采用活性炭吸附治理工艺的企业278家,全部更换到位。出台文件鼓励企业升级治理工艺，严格环评审批和验收备案。完成10家源头替代,采用低VOCs含量的原辅材料。完成立式固定顶罐治理设施的安装,全市城区餐饮单位油烟净化设施安装率100%。取缔小餐饮蜂窝煤使用设施。组建洒水抑尘班组,实现道路全方位、全覆盖巡回动态抑尘。对确需进入市区且尾气检测合格的货运车辆,方予以办理禁区通行证,并规定车辆行驶路线和时间。在扬中大道、238省道等货车集中通行路段以及学校周边,集中整治尾气排放超标的货车,凡超标排放的车辆一律进行现场处罚。每周两次对城区范围内6家加油站开展油气回收装置及加油机油气回收系统检查,不定期对全市加油站开展检查,各加油站油气回收装置均正常开启。要求15家加油站每年检测油气回收装置,出其油气回收装置检测报告。全市所有加油站油气回收装置已经完成检测。配合镇江市商务局、镇江市市场监管局季度抽检扬中市加油站油品，抽检样品质量均合格。加油站自动监测系统已经完成与省生态环境厅联网对接。摸排全市汽车维修企业,61家汽车维修企业，所有使用活性炭吸附的汽修企业完成活性炭的更换。现场抽查城区17家建筑工地的非道路移动机械使用情况。（宦玲）

【环境信访】 2021年，扬中生态环境局坚持执行24小时污染举报受理制度,通畅热线电话、定期接访等信访渠道,实现对敏感环境信访问题“早发现、早介入、早解决”。环境污染举报及信访640件,全部在承诺时间内给予调处和办理、反馈,做到调处率、结案率、反馈率100%,切实保障群众环境权益。办理答复人大建议和政协提案10件,代表和委员满意率100%。（宦玲）

园林绿化

【概况】 2021年,扬中市市政园林工程处以全国文明城市迎检为契机,以国家园林城市、国家卫生城市长效管理为抓手,各项重点项目、重点工作进展有序,为服务国家园林城市、卫生城市复检、文明城市创建夯实基础。精细化管理城市公园绿地,开展香樟落果、柳树飘絮问题专项整治行动。开展市政道路整治专项行动,常态化监管雨污水管网。开展“文明扬中,你我同行”为主题的第四届“最美庭院”系列评选活动，评选出最美庭院（阳台）12个，最美庭院式小区6个，最美绿色文明楼道6个，网友投票选出10大网红庭院。按期完成新民南路南延道路工程，保障吾悦广场按期开业。联盟路南延工程、恒大幼儿园西侧区间道路竣工。完成南江路西延工程道路沥青摊铺。（缪雪晴）

【城市公园绿地管理】 2021年，扬中市针对城市绿化管理中存在的不文明行为劝阻、设施维修、绿化养护等方面的薄弱环节，持续开展精细化管理。逐点逐线开展公园、广场、沿线绿地提升改造工作，累计完成绿地板块、宿根花卉补植、草坪、景观小品更新更换4.5万平方米，补植行道树及大乔木269棵、大灌木1667棵，城区树池更新盖板900余套。开展香樟落果、柳树飘絮问题专项整治行动，涉及树木3639棵，飘絮落果现象得到抑制，对管辖范围8000余棵乔灌木开展蛀杆害虫防治。在重要节点、各公园广场摆放鲜花近13万盆，庆祝中国共产党成立100周年。（缪雪晴）

【市政基础设施维护】 2021年，扬中市市政园林工程处开展市政道路整治专项行动。通过全面排查、梳理短板，针对沥青坑塘、人行道板、道路井盖下沉、路牙破损等存在的问题，通过“道板提升月”开展集中整治，累计维修摊铺沥青面积7.6万平方米，人行道维修1万平方米，路牙维修更新4000米，井盖下沉、异响整治近300座。（缪雪晴）

【污水管网监管】 2021年，城东、城南、城北片区水环境综合治理工程雨污水管网192千米建设施工结束，城区污水管网收集空白区已基本消除；完成18千米排水管网检测清淤高质量考核任务。累计完成雨水箅子清捞9852座，管网清淤201千米，管网检测42千米，常态化开展日常巡查管理工作。（缪雪晴）

【义务植树活动】 2021年3月12日，扬中市义务植树活动在经开区三跃社区长圩埭绿化景观工程示范基地举行。四套班子领导、近百名机关干部、志愿者参加。三跃社区长圩埭绿化景观工程位于经开区长征路南侧，占地6666.67平方米，种植金桂、早樱、紫薇等20余种苗木1000余株，草坪4800平方米。按照省、镇江市造林生产指导性计划要求，2021年，扬中市完成成片造林面积33.33万平方米；争创省绿美村庄（自然埭）5个；森林抚育面积166.67万平方米；新建、更新及完善农田林网控制面积500万平方米；四旁植树9万株，修复湿地面积13.33万平方米。（融媒体中心）

长江岸线管理

【概况】 2021年，扬中市完成航道维护6.14万座/天，维护失常航标86座次，器材有损更换149座次，器材无损更换209座次，航道巡查299次，航道航标正常率1000‰，航道尺度保证率100%，全辖区安全畅通，未发生航道维护责任事故。开展疏浚土生态化利用，配合镇江港发集团启动镇江区域内长江航道疏浚土综合利用试点工作，提供技术服务，打造好长江航道疏浚土生态化利用“镇江模式”。服务大津重工、大路水上机场、长旺作业区码头、常泰过江通道录安洲码头、常州自来水厂等辖区重点企业、镇江市港发绿色资源有限公司重点工程。严把航道维护质量标准，加强航道巡查，及时恢复失常航标，优化航标配布，为过往船舶、沿江企业提供良好航道条件。全年全辖区安全畅通，未发生航道维护责任事故。完成枯（洪）水期、春运、两会、冬奥会等特殊时段航道维护任务。（包波）

【长江干线数字航道系统】 2021年，长江干线数字航道系统全面应用，“数字化、智能化”服务的权重逐步加大，虚拟航标在12.5米深水航道的应用日趋成熟。市航道处提升太平洲捷水道数字航道服务品质纳入“为民办实事”项目清单，以“互联网+航道”发展主线，在太平洲捷水道小轮航道进行虚拟航标探索试点。太平洲捷水道上桥梁多、弯道多，通航环境复杂，自该段航道提升航道维护尺度后，水运通航效益日益彰显，尤其是水上过驳区取缔以后，扬中沿江码头的装卸需求突击增长，进港装卸和过境的船舶流量与日俱增，通航密度、水上安全风险不断增大。市航道处多次勘察航道现场，制定符合特定水域的航标配布方案，采用AIS虚拟航标与实体航标相互补的方式，提高助航服务效能，为临港企业打造更加绿色、更加安全的水上通道，提供更加智能的公共服务。（融媒体中心）

科学技术

综 述

【概况】 2021年，扬中市以创建省级创新型示范县(市)为契机，聚焦高新、突出主体、夯实基础、强化载体，深化重点领域和关键环节的改革攻坚，强化创新资源配置，优化创新生态环境，2021年扬中市科技局获评省科技统计工作成效突出单位，为全市高质量发展提供科技支撑。 (郭静)

【大全集团等获首届江苏省科技创新发展奖】 2021年7月，江苏省政府首届江苏省科技创新发展奖名单发布，授予50家单位(集体)“江苏省科技创新发展奖先进单位(集体)”称号，授予46家企业“江苏省科技创新发展奖优秀企业”称号，授予46人“江苏省科技创新发展奖先进个人”称号。扬中市大全集团有限公司获评优秀企业，扬中市科技局原局长、一级主任科员朱勇获评先进个人。 (郭静)

高新技术产业化

【概况】 2021年，扬中市对照高质量发展考核体系，突出创新队伍建设，将高企培育作为重中之重，通过规范科技服务市场、“暖企”走访行动、专家“一对一”指导等举措，打造创新型企业梯队。通过全国科技型中小企业评价499家；通过省高企培育入库93家，位列镇江市第一；组织申报高企169家，通过认定99家，通过总数和通过率位列镇江市第一。截至2021年年底，培育发展302家高新技术企业，实现高企培育新突破。 (郭静)

【3家企业获评2021年苏南国家自主创新示范区瞪羚企业】 2021年11月25日，江苏省生产力促进中心组织高新区建设促进服务中心发布2021年江苏省高新技术产业开发区独角兽企业和瞪羚企业评估结果，扬中市江苏中远环保科技有限公司、雷朋电气集团有限公司、江苏弘历电气有限公司获评“瞪羚企业”。 (郭静)

【2家企业获评2020年江苏百强创新型企业】 2021年3月，江苏省科学技术发展战略研究院、江苏省科学技术情报研究所评选发布“2020年江苏省创新型企业100强”名单，分别从创新投入、创新产出、创新绩效、创新管理4个方面对江苏企业创新发展水平进行综合评价，扬中市大全集团有限公司(第30位)、江苏和成显示科技有限公司(第66位)入选。 (郭静)

2021年度扬中市获批高新技术企业一览表

表13

序号	企业名称	所属地
1	威腾电气集团股份有限公司	新坝镇
2	镇江大全伊顿电器有限公司	新坝镇
3	镇江大全赛雪龙牵引电气有限公司	新坝镇
4	江苏华强新能源科技有限公司	新坝镇
5	江苏鸿承机电设备有限公司	新坝镇
6	镇江华扬乳胶制品有限公司	新坝镇

续表 13

序号	企业名称	所属地
7	浩翔电气集团有限公司	新坝镇
8	江苏海航电气科技有限公司	新坝镇
9	江苏宏强电气集团有限公司	新坝镇
10	江苏弘历电气有限公司	新坝镇
11	江苏中环电气集团有限公司	新坝镇
12	江苏威腾新材料科技有限公司	新坝镇
13	江苏新坝电气集团有限公司	新坝镇
14	大航有能电气有限公司	新坝镇
15	江苏连动电力有限公司	新坝镇
16	江苏中远稀土新材料有限公司	新坝镇
17	江苏宝航能源技术有限公司	新坝镇
18	江苏和达电子科技有限公司	新坝镇
19	江苏瑞利隆电气设备有限公司	新坝镇
20	江苏希柯智能电气有限公司	新坝镇
21	江苏昊高环保科技有限公司	新坝镇
22	利华(江苏)环境科技有限公司	新坝镇
23	江苏大航高华电气有限公司	新坝镇
24	江苏大润电力设备有限公司	新坝镇
25	江苏富友电力机械设备有限公司	新坝镇
26	江苏华鹏成套电气股份有限公司	新坝镇
27	江苏圣大中远电气有限公司	新坝镇
28	江苏太阳鸟照明电器有限公司	新坝镇
29	扬中凯悦铜材有限公司	新坝镇
30	扬中市祥龙电器有限公司	新坝镇
31	江苏华鹏电力设备股份有限公司	新坝镇
32	江苏开达电气有限公司	新坝镇
33	江苏鑫连城电气有限公司	新坝镇
34	镇江市长江电力设备有限公司	新坝镇
35	镇江施耐德电器有限公司	三茅街道
36	江苏万奇电器集团有限公司	三茅街道
37	江苏耐尔特钻石有限公司	三茅街道
38	江苏伟创晶智能科技有限公司	三茅街道
39	鼎圣集团有限公司	三茅街道
40	江苏瑞克健身用品有限公司	三茅街道
41	江苏中顺电气有限公司	三茅街道
42	镇江市隆盛工具有限公司	三茅街道

续表 13

序号	企业名称	所属地
43	扬中市宏飞镀业有限公司	三茅街道
44	江苏冠卓电气有限公司	三茅街道
45	江苏瑞浩电气有限公司	三茅街道
46	江苏瑞兴环保设备有限公司	三茅街道
47	镇江市得亨建设工程有限公司	三茅街道
48	镇江云龙电器设备有限公司	三茅街道
49	江苏固承支吊架科技有限公司	三茅街道
50	江苏康盛电气集团有限责任公司	三茅街道
51	江苏利宏原电力科技有限公司	三茅街道
52	江苏圣龙智能科技有限公司	三茅街道
53	扬中市福达绝缘电器有限公司	三茅街道
54	扬中市华鑫电源设备有限公司	三茅街道
55	扬中市天成密封科技有限公司	三茅街道
56	镇江英创电力电子有限公司	三茅街道
57	江苏华吉电气科技有限公司	三茅街道
58	江苏康盛风电科技有限公司	三茅街道
59	纽普兰能源科技(镇江)有限公司	三茅街道
60	扬中市旭禾管业制造有限公司	三茅街道
61	扬中市中强电仪配件有限公司	三茅街道
62	镇江市建成电器有限公司	三茅街道
63	江苏扬碟钻石工具有限公司	开发区
64	扬中市阀门厂有限公司	开发区
65	江苏亿能电气有限公司	开发区
66	江苏天辰新材料股份有限公司	开发区
67	江苏苏电电气科技有限公司	开发区
68	美嘉科技(镇江)有限公司	开发区
69	镇江市神龙电器管件有限公司	开发区
70	江苏大易材料科技有限公司	开发区
71	江苏华锦新材料科技股份有限公司	开发区
72	江苏美科太阳能科技有限公司	开发区
73	镇江昊通电气有限公司	开发区
74	江苏卓岸电源科技有限公司	油坊镇
75	江苏太阳科技股份有限公司	油坊镇
76	镇江裕太防爆电加热器有限公司	油坊镇
77	江苏绿能电力科技有限公司	油坊镇
78	扬中市宏辉橡胶制品有限公司	油坊镇
79	镇江朝阳机电科技有限公司	油坊镇
80	镇江市星翌交通设备配件有限公司	油坊镇

续表 13

序号	企业名称	所属地
81	江苏滔华金属材料有限公司	油坊镇
82	扬中蓝天电器有限公司	油坊镇
83	江苏大能电气科技有限公司	油坊镇
84	江苏全友电气有限公司	油坊镇
85	镇江智铭机械制造有限公司	油坊镇
86	江苏海天微电子股份有限公司	八桥镇
87	江苏华太电力仪表有限公司	八桥镇
88	江苏新韩通船舶重工有限公司	八桥镇
89	江苏吉庆管材有限公司	八桥镇
90	扬中市扬子铝加工有限公司	八桥镇
91	江苏恩菡新材料科技有限公司	八桥镇
92	扬中市宏为电缆材料有限公司	八桥镇
93	江苏亿阀股份有限公司	西来桥镇
94	江苏大津重工有限公司	西来桥镇
95	江苏神力电源科技有限公司	西来桥镇
96	扬中市兴鸿车辆配件有限公司	西来桥镇
97	扬中市飞达通信设备有限公司	西来桥镇
98	扬中市新富车辆配件有限公司	西来桥镇

（郭静）

科技计划

【概况】 2021 年，扬中市发挥科技计划的支撑引领作用，推动以智能电气、新能源、高端装备等为主导的特色产业集群向“高端高新高效”方向发展，根据国家、省市科技计划指南，组织企业联合高校院所提炼重点产业创新链、关键技术创新点，实施镇江市级以上项目 13 项、市本级科技项目 53 项，形成一批前瞻性、原创性科技创新成果。（郭静）

【3 个项目获 2021 年国家外国专家项目立项】 2021 年 12 月，科技部外国专家服务司公布国家外国专家项目立项名单，扬中市有 3 个高端外国专家引进计划获批立项，分别为：大航有能电气有限公司与江苏科技大学、日本专家合作开展的“输配电设备温度场智慧识别及故障精确定位技术合作研发”项目，蜂巢传动系统（江苏）有限公司与德国专家合作开展的“两档混合动力变速器研发及应用”项目，江苏明珠硅橡胶材料有限公司与乌克兰专家合作开发的“特种硅树脂”项目。（郭静）

【4 家单位获 2021 年度江苏省科学技术奖三等奖】 2021 年，江苏省人民政府发布《省政府关于 2021 年度江苏省科学技术奖励的决定》，爱士惟新能源技术（扬中）有限公司、江苏中能电力设备有限公司分别作为“高性能分布式光伏并网逆变器关键技术与产业化” 项目、“基于超低排放约束下的火电机组灵活性运行及深度调峰关键技术与装备”项目的第一完成单位获三等奖。宜禾股份有限公司、扬中人民医院分别作为“多功能高热防护有机特种纤维的关键技术与应用” 项目、“HPV 感染与盆底疾病以肛门直肠及宫颈病变为主的相关性系列研究”项目的参与完成单位获三等奖。（郭静）

【科技创新专项评审】 2021 年 10 月，扬中市科技创新专项经过指南发布、申报受理、形式审查、专家评审会等程序，在财政科技会商、局长办公会讨论，向市政府请示后，确定 2021 年度扬中市级科技创新专项工业类立项 26 项(成果转化类 11 项、重点研发类 15 项)、农业类立项 10 项、社会发展和软科学研究类立项 17 项。（郭静）

2021 年度扬中市获批镇江市级以上科技项目一览表

表 14

项目类别		项目名称	承担单位
国家	国家外国专家项目	输配电设备温度场智慧识别及故障精准定位技术研究	大航有能电气有限公司
	国家外国专家项目	特种有机硅树脂系列产品开发及产业化	江苏明珠硅橡胶材料有限公司
	国家外国专家项目	两档混合动力变速器研发及应用	蜂巢传动系统(江苏)有限公司
省级	重点研发	新型高效乘用车混合动力发动机研发	蜂巢动力系统(江苏)有限公司
	重点研发	时速 350kM 标准动车组智能高压电缆终端及其监测装备研发	江苏士林电气设备有限公司
	重点研发	稀土元素掺杂 PIN-PMN-PT 单晶的生长和性能优化研究	江苏蓝鲸新材料有限公司
	现代农业——重点及面上项目	新型储热式太阳能粮食产地烘储一体化系统及装备的研发	扬中灵平风机制造有限公司
镇江市级	重点研发计划——现代农业	长江特色鱼类刀鲚分子育种技术体系的构建与高产优质新品种选育	扬中聚龙江鲜专业合作社
		扬中特种水产产业分店后补助	镇江江之源渔业科技有限公司
	重点研发计划——社会发展	富血小板血浆诱导人脂肪干细胞与高密度聚乙烯构建组织工程软骨的实验研究	扬中市人民医院
		miR-144 纳米微粒复合物与胃癌发展相关机制研究	扬中市人民医院
		胸腹腔镜微创手术联合食管——胃三层包埋吻合在食管癌快速康复中的应用	扬中市人民医院
	重大科技专项	2.0L 混合动力发动机研发及产业化	蜂巢动力系统(江苏)有限公司

(郭静)

2021 年度扬中市科技创新专项一览表

表 15

类别	项目名称	承担单位
成果转化	超纯氮化钒/铬复合微粉和精密研磨材料关键技术开发及产业化	江苏锋芒复合材料科技集团有限公司
	MB 新型智能运维直流开关柜的研发及产业化	镇江大全赛雪龙牵引电气有限公司
	稀土多元合金镀层绿色表面处理技术的研发及产业化	江苏中远稀土新材料有限公司
	基于支持向量机逆软测量的光合菌发酵智能装备研发及产业化	江苏科海生物工程设备有限公司
	绿色建筑结构用纤维增强铝合金型材关键技术研发及产业化	扬中市扬子铝加工有限公司
	大规模微生物细胞发酵装置关键技术研发及产业化	汇森生物设备镇江有限公司
	大型电站磨煤机格栅型冷热风混匀装置研发及产业化	江苏中能电力设备有限公司
	高焓值废弃物资源化利用成套装备关键技术研发及产业化	江苏航天惠利特环保科技有限公司
	M10(182mm)单晶硅片关键技术研发及产业化	江苏美科太阳能科技股份有限公司
	新能源汽车电池用纳米气凝胶防火毡的研发及产业化	镇江长江汽车内饰件有限公司
	数据中心智能精密电源分配系统的研发与产业化	金海新源电气江苏有限公司

续表 15

类别	项目名称	承担单位
重点研发	基于边缘计算物联网技术的分布式智慧能源管理系统研发	大航有能电气有限公司
	基于互联网+智能化电厂管道支承组件在线监测系统研发	江苏福泰电力设备有限公司
	铁路接触网线恒张力弹簧补偿装置服役状态监控与诊断研发	江苏大力城电气有限公司
	智能配电网分钟级采集器关键技术研究	华北电力大学扬中智能电气研究中心
	基于混合组网技术在线监测及智能滑插结构的母线槽研发	镇江易拓电气有限公司
	基于新能源系统用变压器的反复短时工作制的研究和运用	中电电气(江苏)变压器制造有限公司
	微生物发酵关键参量软测量与智能装备研发	扬中市威柯特生物工程设备有限公司
	采用复合电镀法制备的精密切割金刚石线锯的研发	江苏中畅精密科技有限公司
	高纯高透大功率光学元件用硅胶制备关键技术的研发	江苏天辰新材料股份有限公司
	基于物联网的接地棒线移动驾驶舱的研发	江苏华维电力科技有限公司
	固态锂离子动力电池关键技术的研发	比斯特(镇江)能源科技有限公司
重点研发	HJT 电池用低温固化高密栅浆料研发及产业化	江苏正能电子科技有限公司
	印刷金属颜料用高光泽耐腐蚀铜金粉及其制备方法的研发	江苏大方金属粉末有限公司
	基于毫米波雷达探测技术的电磁液冷缓速器控制系统的研发	江苏瑞仁汽车部件有限公司
	高效长寿命串并联式中低压车用消防泵关键技术研发	扬中市通发实业有限公司
现代农业	江苏沿江地区糯稻品种筛选及绿色高质高效栽培技术研究与示范	江苏紫江生态农业有限公司
	葡萄果实春节前后成熟调控与一年两熟高效栽培技术研发	扬中市纪福葡萄种植专业合作社
	花鲈鱼菜共生绿色高效养殖模式应用与示范	扬中市郭氏家庭农场
	镇江地区车厘子高效栽培关键技术研发与应用	镇江市森羽农业科技有限公司
	黑斑蛙稻田生态健康养殖技术示范与应用	镇江市建祥稻蛙种养有限公司
	小龙虾与青虾错茬养殖关键技术集成应用与示范	扬中市渔旺渔业有限公司
	蚯蚓养殖循环农业技术研究与产品开发	扬中市三茅镇兴阳村农地股份专业合作社
	水网区域甜瓜新品种引进及栽培模式创新	扬中市八桥镇利民村农地股份专业合作社
	“优鲈 3 号”养殖技术应用与推广	扬中市福源种养专业合作社
	秧草专用缓释掺混肥料的研发与推广	扬中市新坝镇江花家庭农场
社会发展	构建猪肉生产安全与应急保障体系关键技术研究与应用示范	江苏富康食品有限公司
	基于 OCTA 监测江苏省长江沿岸地区高度近视人群脉络膜血管退变的相关临床研究	扬中市人民医院
	生物裂解耦合化学絮凝剂提高污泥脱水减量性能技术研发	扬中市碧澄环保科技有限公司
	基于新能源技术的“碳中和”绿色乡村建设与示范	扬中市长旺农地股份专业合作社

续表 15

类别	项目名称	承担单位
社会发展	秸秆生物碳固载脲酶菌生物强化修复农田土壤重金属离子污染研究	标优美生态工程股份有限公司
	河豚等特色水产品食品安全加工工艺研究及产品开发	江苏豚岛食品有限公司
	卡瑞利珠单抗联合化疗新辅助治疗可切除/潜在可切除的局部晚期食管鳞癌的前瞻性研究	扬中市人民医院
	胆汁酸、肠道菌群与晚期胃癌免疫联合化疗疗效相关性研究	扬中市人民医院
软科学研究	创新型示范县(市)建设路径探讨和对策研究	扬中泽熙科技服务有限公司
	扬中市高质量发展竞争力研究	扬中市统计局
	机关党建引领“三大行动”的探索与实践	扬中市委市级机关工作委员会
	关于扬中实施产业强市战略的思考与建议	扬中市老科技工作者协会
	面向学生核心素养形成的乡村学校学科教室建设的研究	扬中市三跃中心小学
	扬中市农村集体经营性建设用地入市研究	中共扬中市委党校
	档案信息化管理的安全性研究	扬中市档案馆
	引用长江水发展生态健康养殖的调查与研究	扬中市老科协农业农村局分会
	对老年人普及智能手机应用知识的研究与培训	扬中市老科协科普讲师团

(郭静)

产学研合作

【概况】 2021 年,扬中市围绕产业发展需求,推进产学研协同创新,促进产业链与创新链双向融合,加大长三角地区高校、产业对口院校的推介和对接力度,征集企业技术需求 122 项,以科技镇长团、技术转移中心、扬中市发展促进会教科文分会为依托,加强与高校院所精准对接,先后举办“扬中—吉林大学”“上海高校招才引智‘镇江日’扬中专场”“扬中—淮阴工学院”等产学研交流活动 15 场,签订产学研合作协议 100 项,推动校企建立长期战略合作关系(战略联盟)和共建产学研联合体并举的新提升。 (郭静)

【5 个产学研合作项目在河豚文化节签约】 2021 年 4 月 30 日,在第十八届中国·扬中河豚文化节项目集中签约仪式上,“应用于能源互联网的集成化储能型能量路由器的研制开发项目”“基于国产 FPGA 负荷预测模组的储能控制系统关键技术研发”“有机三废利用关键设备研发”“高温绝缘电器新材料的研发及产业化项目”“共建华北电力大学研究生培养基地及筹建软件学院战略合作协议”5 个项目集中签约。 (郭静)

4 月 30 日,中国镇江扬中招商大会暨第十八届河豚文化节项目集中签约仪式 (科技局供图)

【扬中—吉林大学产学研对接活动】 2021 年 6 月 7 日,扬中市—吉林大学人才科技对接会在吉林举行。扬中向吉林大学重点发布企业技术需求 92 项,3 个项目在对接会上集中签约,蜂巢动力系统(江苏)有限公司与吉林大学汽车工程学院签署产学研合作框架协议,江苏超宇电气有限公司与吉林大学就焊接工艺的优化签署项目合作协议,扬中市橡胶塑料厂有限公司与吉林

大学就氟橡胶的配方和工艺优化签署项目合作协议。（郭静）

【招才引智“镇江日”(扬中·上海)专场活动】 2021年10月9日，招才引智“镇江日”扬中专场活动在上海举办。活动中，扬中(杨浦)飞地孵化中心举行揭牌仪式，扬中市—上海电力大学飞地合作项目签约，扬中与华东理工大学进行深化合作签约，扬中驻上海招商局人才工作站、扬中驻华东理工大学人才工作站、扬中驻上海应用技术大学人才工作站揭牌，颁发“扬中市产才融合发展顾问”聘书。（郭静）

10月9日，扬中(杨浦)飞地孵化中心举行揭牌仪式（科技局供图）

【淮阴工学院—扬中校地合作交流会】 2021年11月4日，淮阴工学院副院长张有东等到扬中考察产业发展、科技创新、人才引育等相关工作。在校地合作交流会上，淮阴工学院与扬中市人民政府签订合作共建协议，与市人社局签订校地人才合作协议，与高新区签订共建研究生工作总站合作协议，与中天电气、亚奥机械、万威电气3家企业分别签订校企产学研合作协议。（郭静）

创新平台

【概况】 2021年，扬中市主动融入长三角一体化战略和南京都市圈，把打造高层次科技创新平台作为推动科技进步、创新发展、经济增长的关键举措和核心抓手，深度对接高校院所创新资源，从规划设计、专项资金和配套政策入手，强化对各类创新平台的激励引导，不断夯实创新基础取得明显成效。（郭静）

【西安交通大学国家技术转移中心扬中材料应用研究院揭牌】 2021年4月18日，扬中高新区的西安交通大学国家技术转移中心扬中材料应用研究院揭牌。研究院发挥西安交通大学资源优势，开展压电新材料技术研究和科技成果转化工作，引进、汇聚一批高层次人才，孵化出一批掌握产业关键核心技术的科技型中小企业，推动扬中传统产业的转型升级和新兴产业的培育发展。（郭静）

【2家众创空间获批省级众创空间】 2021年8月5日，江苏省科学技术厅发布《省科技厅关于公布2021年度省级备案众创空间的通知》，高新区的华扬众创空间、八桥镇的广善众创空间获批省级众创空间。华扬众创空间是由华北电力大学扬中智能电气研究中心2017年7月发起创立，并实际运营、管理的创新创业平台。广善创客空间是在扬中市人民政府、科技部门支持下，由八桥镇人民政府创办的综合创业生态体系型创新创业平台，众创空间项目于2019年8月正式运营。截至2021年年底，全市有6家省级众创空间。（郭静）

【新坝国家级科技企业孵化器获评优秀】 2021年12月13日，科技部火炬中心发布国家级科技企业孵化器2020年度评价结果。扬中2家国家级科技企业孵化器均通过评价。其中新坝科创服务有限公司获评A类(优秀)，扬中市科技创业服务中心获评B类(良好)。此次全国有1287家国家级科技企业孵化器参加评价，根据评价结果显示，获得优秀(A类)评价的孵化器有258家，镇江市有4家孵化器上榜。（郭静）

高新区华扬众创空间（科技局供图）

表 16

2021 年扬中市科技创新平台建设一览表

项目类别		项目名称	承担单位
国家级	国家科技企业孵化器评优	2020 年度国家级科技企业孵化器评价结果 优秀(A 类)	扬中市新坝科创服务有限公司
		2020 年度国家级科技企业孵化器评价结果 良好(B 类)	扬中市科技创业服务中心
省级	省科技企业孵化器	2019 年度江苏省科技企业孵化器绩效评价 A 类	扬中市新坝科创服务有限公司
		2019 年度江苏省科技企业孵化器绩效评价 B 类	扬中市科技创业服务中心
		2019 年度江苏省科技企业孵化器绩效评价 C 类	扬中新城科创服务有限公司
		2019 年度江苏省科技企业孵化器绩效评价 C 类	扬中市八桥船舶工业园建设有限公司
	工程技术研究中心	江苏省智能中压配电设备工程技术研究中心	江苏大全长江电器股份有限公司
		江苏省船舶总装建造智能化工程技术研究中心	江苏新韩通船舶重工有限公司
		江苏省(华太)超低温仪表阀门工程技术研究中心	江苏华太电力仪表有限公司
		江苏省冰区海域航行海工辅助船舶工程技术研究中心	江苏大津重工有限公司
	新型研发机构奖补	华北电力大学扬中智能电气研究中心新型研发机构奖补	华北电力大学扬中智能电气研究中心
	技术转移吸纳方奖补	技术转移吸纳方奖补	江苏新韩通船舶重工有限公司
		技术转移吸纳方奖补	大航有能电气有限公司
	研究生工作站	江苏省研究生工作站	江苏中能电力设备有限公司
		江苏省研究生工作站	长江三星能源科技股份有限公司
		江苏省研究生工作站	江苏大津重工有限公司
		江苏省研究生工作站	江苏华强新能源科技有限公司
		江苏省研究生工作站	江苏大全凯帆电器有限公司
		江苏省研究生工作站	江苏海纬集团有限公司
		江苏省研究生工作站	鼎圣集团有限公司
		江苏省研究生工作站	扬中市纪福葡萄种植专业合作社

(郭静)

科技金融

【概况】 2021 年,扬中市加速“科技+金融”融合发展,以“苏科贷”“高企贷”等省、市政策性科技金融产品为抓手,通过省、市、区共建风险补偿资金池,联合金融机构以低息贷款的方式强化目标管理,扩大服务供需,支持企业创新发展,取得良好成效。全年为企业提供贷款 3.44 亿元,解决 70 余家科技型中小微企业融资难题。(郭静)

【“苏科贷”绩效评估优秀 A 类地区】 2021 年 6 月,江苏省生产力促进中心发布《关于通报 2020 年度“苏科贷”合作地区绩效评估结果的通知》,扬中市在全省 78 个设区市合作区域中再次获评“绩效评估优秀 A 类地区”。江苏省生产力促进中心每年年初对各合作地区上一年度“苏科贷”的贷款规模、贷款增幅、贷款企业数、企业库管理、管理制度和不良贷款风险补偿情况等指标进行评分,并根据评估分值确定合作地区年度评估结果,2020 年度 27 个地区获评优秀。(郭静)

2021 年“苏科贷”贷款情况一览表

表 17

序号	贷款银行(总行)	企业名称	合作银行审批额度(万元)
1	南京银行	美嘉科技(镇江)有限公司	300
2		江苏中晟钻石工具有限公司	300
3		镇江市亚东高压电器厂	500
4		镇江领誉工程材料有限公司	500
5		镇江市飞航电气有限公司	500
6		江苏万奇电器集团有限公司	500
7		镇江泓德新材料科技有限公司	300
8	浦发银行	江苏金迪电子科技有限公司	300
9	华夏银行	江苏宇蓝自动化仪表有限公司	300
10	江苏银行	江苏长凯机械设备有限公司	400
11		江苏文昌新材料科技有限公司	229
12		江苏神飞电气科技有限公司	300
13		倍德力能源装备(江苏)有限公司	430
14		江苏鸿承机电设备有限公司	190
15		扬中市金坤电力设备有限公司	450
16		镇江市锶达合金材料有限公司	150
17		江苏扬碟钻石工具有限公司	450
18		江苏旭彤电气有限公司	180
19		镇江市长江机电设备厂有限公司	300
20		江苏欧尔特气门有限公司	200
21		扬中市宏飞镀业有限公司	300
22		江苏万创灭菌设备科技有限公司	500
23	中国邮政储蓄银行	扬中市华电电力设备有限公司	240
24		江苏康尔臭氧有限公司	300
25		江苏神力电源科技有限公司	200
26		镇江市酉泉机电设备有限公司	200
27		镇江翔轮磨具有限公司	120
28		镇江景宇管道设备有限公司	175
29		镇江市恒升达化工科技有限公司	300
30		镇江市博德电气设备有限公司	240

续表 17

序号	贷款银行(总行)	企业名称	合作银行审批额度(万元)
31	中国农业银行	江苏鼎荣电气集团有限公司	260
32		江苏海驰电气制造有限公司	220
33		江苏中远环保科技有限公司	300
34		江苏卓岸电源科技有限公司	300
35		江苏汇鑫电力科技有限公司	280
36		江苏伟创晶智能科技有限公司	300
37		江苏冠卓电气有限公司	200
38		江苏明冠电源科技有限公司	500
39	扬中农商行	利华(江苏)环境科技有限公司	300
40		江苏弘历电气有限公司	800

(郭静)

2021 年“高企贷”贷款情况一览表

表 18

序号	贷款银行(总行)	企业名称	合作银行审批额度(万元)
1	中国银行	扬中市华龙橡塑电器有限公司	1000
2		江苏宏明电气集团有限公司	1000
3		江苏鼎荣电气集团有限公司	800
4		镇江裕太防爆电加热器有限公司	700
5		镇江昌达电气有限公司	510
6		镇江春环密封件集团有限公司	300
7		江苏大方金属粉末有限公司	200
8		江苏培城电气有限公司	100
9		江苏荣威电气有限公司	1000
10	中国银行	镇江市清安电器有限公司	500
11		江苏永拓电气有限公司	200
12		镇江美杰超硬材料有限公司	200
13		扬中市永工密封件有限公司	1000
14		江苏泓彦塑料科技有限公司	800
15		江苏汇鑫电力科技有限公司	200
16		江苏新锐塑料科技股份有限公司	600
17		江苏大印电子科技有限公司	300
18		江苏冠卓电气有限公司	150
19		江苏亚奥精密机械有限公司	800

续表 18

序号	贷款银行(总行)	企业名称	合作银行审批额度(万元)
20	中国银行	镇江苏惠乳胶制品有限公司	500
21		江苏泰宇电气有限公司	780
22		镇江日辉电动工具配件有限公司	300
23		江苏大力城电气有限公司	350
24		江苏康尔臭氧有限公司	790
25		江苏佳鑫环保工程有限公司	300
26		江苏德顺祥电气有限公司	480
27		江苏新砺河磨具科技有限公司	300
28		江苏锋芒复合材料科技集团有限公司	1000
29		镇江华扬乳胶制品有限公司	500
30		江苏乾元飞达电力设备有限公司	600
31		江苏尚成电气有限公司	250
32		江苏新坝电气集团有限公司	480
33		江苏中环电气集团有限公司	500
34		江苏万威电气有限公司	700
35		江苏创大电气有限公司	400
36		镇江施耐德电器有限公司	1000
37		镇江市建成电器有限公司	800
38		镇江易拓电气有限公司	200
39		江苏弘历电气有限公司	750
40		江苏万宝航天电气有限公司	800

(郭静)

科技惠民

【概况】 2021 年,扬中市紧紧围绕农业、民生领域需求,突出农业科技支撑作用,培育农业科技型企业,加快农业园区载体建设,加速农业科技成果转化,为提高全市农业综合生产能力提供科技支撑。 (郭静)

【扬中灵平风机制造有限公司获批省重点研发(现代农业)项目】 2021 年 6 月,扬中灵平风机制造有限公司的“新型储热式太阳能粮食产地烘储一体化系统及装备的研发”项目获批省重点研发(现代农业)项目,与南京财经大学合作,推动新型储热式太阳能粮食产地烘储一体化系统及装备研发,解决因收获季潮粮烘干能力不足而造成损失的问题,确保产后节粮减损,对建设绿色环保的服务粮食产业,具有研究意义。 (郭静)

【“扬中特种水产产业分店”评为优秀科技超市】 2021 年,在江苏农村科技服务超市考评工作中,镇江江之源渔业科技有限公司“扬中特种水产产业分店”被评为优秀科技服务超市。三茅街道、八桥镇 2 家便利店被评为合格。分店及便利店围绕特种水产产业需求,以“总店—分店—便利店”三级科技服务超市网络体系为平台,以水产科学院+现代农业科技园+农业龙头企业+生产力促进中心+合作社为载体,以科技成果展示基地为样板,全年服务农民人数 2981 人次,服务乡镇的覆盖率 30%以上,发布各类农业新成果、新技术 65 项,举办各类活动 15 次,促成转化、示范、推广新成果、新技术 21 项,培训农民 1158 人次,带动大户 76 户,人均增收 2300 元以上。 (郭静)

教 育

综 述

【概况】 2021年,扬中教育以"更加规范、更高质量、更具特色"为目标,着力抓重点、补短板、强弱项、推改革、优治理,在办好人民满意教育的路上迈出坚实步伐。聚焦党建引领,高质量推进基层党组织建设,创成"四星"先进党支部14个、市级"先进基层党组织"3个、省中小学校党建品牌2个。加强党建带团建队建,"创新'八个一体化'建设 传承党团队红色基因全链条"获"全省中小学校统战与群团工作'同心育人'行动计划"优秀项目;完善风险防控机制,排查廉政风险点287个,制定规范流程并运行;修订《教育系统制度汇编》,进一步规范权力运行。聚焦社会关切,扎实抓好中小学生家庭作业、睡眠、手机、读物、体质五项管理改革,切实推进"双减"工作落实见效。深入推进新时代学校美育工作,获得江苏省第七届艺术展演一等奖7个,滨江小学"竹韵乡情"艺术工作坊代表镇江参加江苏省第七届中小学艺术展演活动,新坝中心小学和八桥中心小学获得全国中小学优秀传统文化传承学校。优化教育资源配置,建成云腾幼儿园、第二幼儿园、童心幼儿园食堂综合楼并投入使用,完成同德中学操场、三跃中心小学原址改建,建成青苗幼儿园、第二高级中学教学综合楼,完成复旦配套园土建,完成第一幼儿园土建并交付,加快推进文化新村幼儿园整体改建、城西小学新建及丰裕中心小学食堂综合楼建设工程。深化未成年人思想道德建设,开展校园周边"篦晒比赛"专项行动和"风尚工程"系列活动,提升师生文明素养。江苏省扬中高级中学《面向全体:高中数学差异化学习空间的建构》、外国语小学《儿童挑战性学习:支架建构与实践探索》及新坝镇中心幼儿园《农村园"一童一案"的十二年实践探索》获江苏省2021年基础教育类教学成果奖一等奖。

(文婷)

【大中小学思政课堂一体化】 2021年,扬中教育系统联合江苏大学、江苏科技大学成立两个"1+2+4+N"(即1所高校、2所中学、4所小学、扩展到学校所在的N个社区和家庭)大中小学一体化思政工作联盟,通过"资源共享、学科共建、人才共育、纵向贯通、横向融通",开展多种形式的思政课实践,形成大中小学一体化育人合力。

(文婷)

【体育质量提升工程】 2021年4月,扬中加入北京师范大学全国体育联盟(教学)项目组,启动学校体育质量提升工程。推行江苏省青少年体育"5621"计划(每个县至少推动5个运动项目,每个项目至少布局6所小学、2所初中、1所高中),推进"一校一品一特色"项目建设,利用课后服务过程中的大课间,保障初中1小时、小学1.5小时体育锻炼时间。举行全员运动会、阳光体育大课间评比、中小学生体质健康抽测等,以赛促进,以体育人。2021年,在镇江市学生身体素质调研中,扬中市高中和小学总体第一、初中总体第二。

(文婷)

【劳动教育】 2021年,扬中印发《扬中市中小学劳动教育实施意见(试行)》,明确劳动教育实施路径;下拨专项资金建设校园劳动实践基地,全市初中小学校内劳动基地实现全覆盖。3月,召开中小学劳动教育现场推进会。各校结合校园文化特色,打造校内、校外劳动基地,全面推进劳动教育课程建设,培养学生劳动技能,促进学生德智体美劳全面发展。兴隆中学"幸福田园"劳动课程基地入选江苏省中小学课程基地与学校文化建设项目。

(文婷)

【《扬中市中小学生社会实践基地研学地图》发布】 2021年12月10日,《扬中市中小学生社会实践基地研学地图》举行首发式,包含扬中本土的49个校内优秀场馆和校外优秀基地,涵盖文化、爱国、劳动、科技、安全、法治、综合7个类别,旨在建设一批具有良好示范带动作用的研学实践教育基地,开发一批育人效果突出的研学实践教育活动课程,打造一批具有影响力

的研学实践精品线路。 （文婷）

【扬中中央厨房项目签约】 2021年11月，扬中中央厨房项目正式签约。该项目由江苏帝禾餐饮企业管理有限公司投资建设，总投资约1.2亿元，计划分两期实施。一期投资约5000万元，用于规模化、系统化、现代化、智能化的生产加工厂房的建设；二期投资约7000万元，用于扩大产能，农产品培植以及专业培训等项目内容。建设“中央厨房”，实行统一配餐，建立标准化、规范化、数字化、工业化的餐饮经营生产运作模式，可以有效解决中小学学生午餐问题，是各级政府重点探索和推广的方向。扬中将统筹考虑“中央厨房”模式特点，结合市场需求和家长期望，有序推进，确保学生在学校吃得好、吃得健康、吃得安全。 （融媒体中心）

学前教育

【概况】 2021年，扬中市争创国家学前教育普及普惠县，完成3所民办园的省市优质园复审工作，省市优质园占比91.7%、优质园覆盖率97%，普惠性幼儿园覆盖率95.2%。发挥“6个1”研训功能，开展镇江市第一期幼儿园课程改革区域推进项目轮值研讨活动。发挥片区联盟协作功能，深入开展片区项目园实践研究。建立教师发展4个层级，优化课程游戏化实践探索路径，提升课程建设能力和水平。申报“江苏省幼小衔接实验区”，滨江幼儿园—滨江小学、油坊中心幼儿园—油坊中心小学为结对试点园(校)。 （文婷）

【幼小衔接推动】 2021年，扬中市申报为江苏省首批幼小衔接实验区。扬中确定24对幼小衔接双向结对校(园)，明确结对校园职责分工。由小学教研员、学前教研员、兼职教研员及骨干教师组成的“学科核心团队”，通过半日蹲点、查看资料、现场教研等方式，定期对结对校园进行工作指导，借助互联网云平台、“落地式家长学校”等渠道，构建家、园、校3方联动的协作育人体系，实现共学、共研、共建、共享的探讨式“云指导”，有效实施科学幼小衔接。 （文婷）

义务教育

【概况】 2021年，扬中市以创建全国义务教育优质均衡发展市为契机，整体推进义务教育课程和育人方式改革，全面提升教育教学质量。深入推进高品质学校集群发展，建立并完善教育联盟质量评估体系和保障机制，促进优质教育资源向薄弱学校辐射，提高教育教学质量。以《义务教育质量评价指南》为导向，构建绿色评价指标体系，促进学生全面发展。严格规范办学行为，重点围绕“五项管理”“双减”改革、心理健康教育等内容，以“四不两直”的方式开展常态化督查。 （文婷）

【“双减”工作】 2021年，扬中市全面推进“双减”工作落地见效。严格实施“5+2”课后服务模式，组织学生自主作业，开展体育活动、社团、分层辅导或兴趣小组，丰富内容上水平，强化条件有保障，吸引学生广参与，99%的初中生、98%的小学生参加课后服务，99%的学生及家长对课后服务表示满意。提高课堂教学质量，上好国家规定课程，实施随堂巡课检测制度；建立三级责任研训体系，推行市级层面学科“共案”、联盟学校“集备”和学校教师“个案”。开展6场课堂教学研讨会，邀请多名专家现场讲学，举行“实学”课堂内涵解读报告会，实现由“生本+双实”课堂到“实学”课堂升级的新样态。坚持压总量、控时间、调结构、提质量原则，加强学科组、年级组统筹，合理有效压减学生作业总量和时长，指导各校制定落地分层、弹性和个性化“作业单”。实施作业审批、行政蹲点、网上公示制度，率先在镇江市运行“义务教育学校书面作业公示平台”。规范校外培训行为。有序组织学科类机构消课、注销、转型，会同相关部门开展网格化监管，严肃查处超标超前培训、违反培训时间培训以及变相学科类培训等行为。全市48家学科类校外培训机构全部清零，压减率100%。12月17日，镇江市2020年省义务教育学生学业质量监测情况反馈和全市“双减”现场推进会在扬中市外国语小学举行。 （文婷）

【义务教育学校书面作业监管平台】 2021年11月8日，扬中市首家推出义务教育学校书面作业监管平台，全市各义务教育学校每日即时公布学生家庭书面作业，作业量接受广大家长和社会监督，只需识别平台二维码即可使用，使用平台不收取任何费用。打开平台链接，点开任意一所学校和年级，家长就可以看到当天的作业，除当天的具体作业内容外，平台还公布各项作业预计完成时长，便于家长更好地把握学生作业进度和完成效率。平台投入使用，引起社会广泛好评，中国教育在线频道专题报道平台使用情况。 （文婷）

普通高中教育

【概况】 2021年,扬中市第二高级中学创新开发特色发展路径,办好体艺特色班,高标准通过四星级普通高中复审;省扬高中继续围绕“高品质示范高中”的办学定位,对标新课标、新高考要求,提升办学质量。深入研究新高考制度下学校教学内容管理,高考质量持续保持增长,2021年拔尖学生培养取得历史性突破,江苏省扬中高级中学2人被清华大学录取、2人被北京大学录取,市二中2人被“211”高校录取。有序推进扬中市中学生发展中心建设,开展生涯教育师资培训,构建校本化的生涯教育课程体系。 (文婷)

【新高考适应性演练】 2021年1月23—25日,1263名高三学子参加由江苏省教育厅统一组织的新高考适应性演练,从命题、制卷、组考、评卷到志愿填报、录取等各个环节标准和要求都严格参照高考进行全流程模拟,帮助考生适应新高考模式,了解志愿填报与投档规则。4月23日,江苏新高考方案正式发布,采用“3+1+2”模式,总分值由480分变为750分,不分文理,语、数、外使用全国卷。 (文婷)

【二中通过江苏省四星级高中复审】 2021年11月25—26日,受江苏省教育评估院委托,以江苏省扬州中学校长严济良为组长的评估组对扬中市第二高级中学进行省四星级普通高中复审现场考察评估。25日,评估组召开复审自评说明会,听取第二高级中学校长陈大庆以《更加规范 更富内涵 更具特色 努力办更高质量的教育》为题的工作汇报。汇报后,评估组专家实地察看校园环境、校园设施、功能教室、学生活动等,深入课堂随机听课,了解教育教学情况。通过师生访谈、查阅资料、问卷调查、专项剖析等形式,对学校的教师素质能力、课程实施和学生发展等方面进行全方位、多角度、深层次的评估与分析。扬中市第二高级中学通过江苏省四星级高中复审。 (文婷)

特殊教育

【概况】 2021年,扬中市紧扣融合课程的主旋律,以“融合教育背景下的个别化教育”为切入口,推进特殊教育由公益性事业向专业性事业转变,探索“量身定制”式个别化教育。深化课程改革,开展“研学课堂”研究,申报镇江市“研学课堂”实验学校,制定“研学课堂”建设方案。申报1个省发展工程项目和1个省前瞻项目,完成前瞻项目的开项论证活动。建设“融合教学云平台”,实现融合教育与信息技术的深度融合。(文婷)

【江苏省基础教育前瞻性教学改革实验项目】 2021年9月17日,2021年度江苏省基础教育前瞻性教学改革实验项目《基于课程标准的融合教学区域实践探索》启动仪式暨开项论证活动在扬中市特殊教育中心校举行。该项目以扬中市为区域范围,针对随班就读学生的学习需要,以国家普通学校(幼儿园)课程标准(3~6岁儿童学习与发展指南)为依据,聚焦学科教学(学习活动),建构起基于标准改革的教、学、研、评一致的教学体系及其实践改革活动。项目从融合教育理论梳理、模型建构、工具开发、资源建设、机制建立5个方面进行建设,旨在实现促进随班就读学生的最优发展、提升融合教育教师的专业能力以及形成融合教学本土区域的经验样本的目标。 (文婷)

职业教育和社会教育

【概况】 2021年,扬中市加快江苏省扬中中等专业学校“智慧校园”建设,获省教学大赛三等奖1个、镇江市赛二等奖6个、三等奖2个,在镇江市技能大赛中获一等奖1个、二等奖2个、三等奖9个。深化产教融合特色项目,打造“智能实训工厂”,创建镇江市级智能电气制造专业体验中心。发挥校企合作“双主体”作用,培养高素质技能人才,2个项目获镇江市教学成果奖。各社区教育中心开展“科教惠民——村组行”活动,打造“金色阳光”社区教育品牌,成立“利民能量补给站”“普济·南湖农场”社会教育学习体验示范基地。 (文婷)

【校企合作联席会议】 2021年11月12日,扬中召开职业教育工作联席会议暨《江苏省职业教育校企合作促进条例》落实推进会议。会议强调,各单位要高度重视,将职业发展的理念融入平时工作中,将校企合作纳入工作规划中,加强协调合作,提高校企合作的参与度,切实加强校企合作建设,服务社会发展。 (文婷)

教育投入与建设

【概况】 2021年,扬中市实现教育支出10.11亿元(含教育费附加和地方教育附加费),其中一般公共预算教育经费占财政一般公共预算支出14.33%,财政预算内教育拨款8.24亿元(不含教育费附加和地方教育附加费)。征收1.19亿元,其中教育费附加7146万元,地方教育附加费4764万元。义务教育阶段生均公用经费比省基准较提高。小学省定标准为每生每年700元,扬中市按1100元执行;初中省定标准为每生每年1000元,扬中市按1300元执行,对小学不足600人的按600人拨付,初中不足500人的按500人拨付;非义务教育阶段的普惠性幼儿园(含普惠性民办幼儿园)按照每生每年650元、高中阶段每生每年1100元执行。在资助政策上,加大家庭经济困难学生的资助力度,资助6404人次,资助额427.84万元,其中高中资助835人次,资助率10.16%,资助额83.5万元;中职资助462人次,资助率13.94%,资助额46.2万元;初中资助1128人次,资助率8.18%,资助额81.41万元;小学资助2258人次,资助率6.87%,资助额123.88万元;学前资助1526人次,资助率9.25%,资助额76.3万元;特教资助195人次,资助率100%,资助额16.55万元。未发生一起学生因家庭经济困难而辍学案例。　(文婷)

【教育资源优化配置】　2021年,扬中市建成云腾幼儿园、第二幼儿园、童心幼儿园食堂综合楼并投入使用,完成同德中学操场、三跃中心小学原址改建,建成青苗幼儿园、第二高级中学教学综合楼,完成复旦配套园土建,完成第一幼儿园土建并交付,加快推进文化新村幼儿园整体改建、城西小学新建及丰裕中心小学食堂综合楼建设工程。　(文婷)

扬中市第二幼儿园　(教育局供图)

教师队伍建设

【概况】　2021年,扬中市着眼干部队伍和教师队伍的整体优化,强化干部队伍选拔任用,落实《领导班子和干部队伍建设考核细则》,坚持优化强化领导班子、提强补弱、缺岗补岗理顺体制、梯次培养储备人才四大原则,按照动议、民主推荐、考察、讨论决定、公示五大程序,优化干部队伍结构,提拔干部36人、调整交流61人、"实改虚"19人。实施教师队伍"金字塔"工程,抓实"特后备"团队,精准培养20名特后备成员;锻造"四有"好教师团队,9个团队先后赴无锡、南通、宜兴、淮安、句容等地跟岗学习培训;打造教研核心团队,各团队总结提炼和推广有效的教学研究成果。入选省教育家型校长培养对象1名,"苏教名家" 培养工程培养对象1名,新增省名师工作室主持人1名、正高级教师1名、特级教师1名。持续推进"1358"青年教师培养,让教师发展不"输在起跑线上";探索"高精专"模式,突出班主任、教研组组长及备课组组长能力培养;搭建"传帮带"平台,挖掘中老年教师的资源优势、经验优势。获评省教育系统先进个人1人、镇江市十佳教师6人、镇江市优秀教育工作者13人、镇江市骨干教师150人,获省赛课一等奖6人、二等奖6人、镇江市一等奖32人、二等奖42人。持续推进"县管校聘"改革,按照人社管总量、教育管分配的原则重新设置岗位,统筹使用延退女性高级教师和"双肩挑"人员岗位,全市有64个高级岗位公开竞聘,缓解岗位拥堵矛盾。　(文婷)

【幼儿园备案制教师招聘】　2021年7月14日,扬中发布《扬中市教育系统2021年公开招聘幼儿园备案制教师公告》,公开招聘20名幼儿园备案制教师。公办幼儿园备案制教师是指因保教工作需要,由市人社局、教育局统一招聘录用,安排到各公办幼儿园任教,实行劳动合同管理的非事业编制身份教师。　(文婷)

【特级教师后备人员高级研修班】　2021年,扬中市推进教师素养提升"金字塔"工程。2020年,扬中组建首批特级教师后备人员高级研修班,2021年4月,举行开班暨导师聘任仪式,聘请省特级教师、江苏第二师范学院、江苏教育行政干部培训中心教授严华银等6名首席专家及核心导师。"特后班"跨度为3年,导师团队按照"整体规划、个性指导、团队共研、训用结合、连续培养"的思路,为参训学员创设研修现场,通过深度学习、专题研讨、情境教学、课题研究、访学跟岗、示范提升、成果交流等方式,围绕师德师风建设、课堂教学能力、教育科学研究等方面培养。　(文婷)

文 化

综 述

【概况】 2021年，扬中市文化工作坚持高质量、高效率的工作目标，推动全市文化艺术和文博非遗事业的繁荣发展，严守惠民为民指向，各项工作目标任务均得到完成。文化场馆提质增效，文化馆实现整体易地搬迁，新场馆设有民俗展厅，音乐、舞蹈、器乐、书法等功能室，更好地为文艺人才提供创作舞台；市图书馆增设城东分馆，进一步完善图书馆服务功能。开展文艺节庆活动，繁荣公共文化生活，持续开展“我们的节日”主题活动，举办第十八届河豚文化节，策划组办情景党课“信仰的力量”，承办“百年百场”江苏省优秀群众文艺展演，举办第二届太平文化旅游周，开展“全国文明城市创建文艺巡演”活动，举办扬中市原创群文作品评选、十佳歌手大赛。开展“五个一百”红色系列主题活动，举办红色演出111场、红色展览105场、红歌传唱136场、百场红色体验158场、红色电影放映450场。开展全民艺术普及“六进”活动200场次；全市范围举办开展社教活动336场，进一步扩大文化惠民影响力；组织开展“周末戏相逢”戏曲巡演48场，原创锡剧《太平洲上》分别进社区、工厂、学校开展演出，组织戏曲进校园活动8场；培育文艺队伍84支，开展628场辅导活动，“文艺播种计划”实现村村全覆盖。 (徐晶)

【文艺成果】 2021年，扬中市在省级及以上发表、参展、获奖的文艺作品50余件。作协叶锦春、金国其、严峰创作的报告文学《滨江小村庄 心怀大国防》在《解放军报》发表，刘干的两篇散文入编交通运输部长江水利委员会《中国水运史话》，王文咏的散文《异乡的天空》在《农民日报》发表，姚毅的散文《幸福要靠自己干出来——父亲和我的“奋斗”史》刊登在《中国发展观察》杂志，在“学习强国”“强国号”发布，叶贵的散文《做人的责任》、周树新的散文《滋油圆子》在“学习强国”江苏学习平台发布。市书画家协会王中明作品《暖阳》入选第五届江苏省文华奖优秀美术书法作品展，方莹莹书法作品《诗经》入选第四届江苏省青年艺术周——“5·12”国际护士节慰问展演活动之“五月的鲜花”青年艺术精品展，方莹莹作品《明张岱陶庵梦忆散文选钞》、卜琳美术作品《芳华》入展第九届“百花争艳”江苏省女书画家作品展，陈文作品《七月，右邻》入选新时代·新使命·新征程奋进粤港澳大湾区——全国中国画、油画作品展。市戏曲家协会的原创现代大戏《太平洲上》在全市各村(社区)巡演50余场，入选江苏紫金艺术节会演剧目。市摄协吉战顺、肖广华、颜红梅、耿云等人的摄影作品在《中国摄影报》发表。市民协奚彩军4件玉雕作品分别获得第十五届玉石雕神工艺术大展暨2021年中国非物质文化遗产海派玉雕艺术邀请展特金奖、金奖、铜奖、优秀奖，耿月新竹编作品《九龙图》入展“春和景明”2021年江苏省文艺迎春大展。民间舞蹈《九狮图》和倪玉蓉剪纸《幸福新时代》分别获得江苏省第六届民间文艺奖优秀民间艺术表演奖和优秀民间工艺美术作品奖。 (陈茜)

【2处不可移动文物入选江苏省革命文物名录】 2021年4月20日，江苏省革命文物名录(第一批)公布，扬中市培根师范和挺进“江抗”会师合编广场2处不可移动文物入选最新公布的江苏省革命文物名录（第一批)。培根师范旧址位于油坊镇长旺村。1945年秋，抗日战争胜利，为纪念扬中抗日民主政权缔造者之一、扬中县抗日民主政府第一任县长李培根烈士，在此创办“扬中县培根简易师范学校”，简称“培根师范”，学员为乡村基层干部及社会知识青年，到1945年11月初新四军北撤时结业，培养一批革命骨干。2011年被评为江苏省文物保护单位。挺进“江抗”会师合编广场位于八桥中学校内。1939年10月，在苏州、无锡一带活动的由叶飞率领的江南人民抗日义勇军(简称“江抗”)奉命移师扬中，与管文蔚率领的“挺纵”会师合编。会师合编后，新四军挺进纵队投入紧张的整训，在扬中开展机智灵活的抗敌斗争，粉碎日伪利用长江天堑对长江南

北的严密封锁，保证新四军主力南北转战战略部署的顺利实施。 （融媒体中心）

文艺活动

【乡村文艺播种计划】 2021 年，扬中市进一步深化“乡村文艺播种计划”。招募文艺志愿者 76 人，对接基层文艺团队 86 支，组织“文艺播种计划”活动 628 场。规范培训要求，达成长期的培训效果，提升基层文艺团队水平，建立从“送文化”到“种文化”再到“创文化”的生态链。 （李永强）

【扬中市原创锡剧《太平洲上》】 2021 年 3 月，扬中市第一部原创现代戏《太平洲上》首演，该剧由市委宣传部、市文广旅、市慈善总会出品，成为扬中市首个被列为江苏省艺术基金大型舞台剧资助项目。《太平洲上》是扬中市第一部原创现代大戏，以“小人物、正能量、大情怀”为创作指导，以扬中市脱贫攻坚事例为原型，讲述江滨村党委书记林玉芬与前任老支书、村慈善工作站站长严宗慈扶持贫困户徐东保一家走出困境的故事。首演以来，在各村和社区巡演 54 场。10 月 28 日，扬中市原创现代锡剧《太平洲上》在镇江影剧院上演。该剧列为 2021 年江苏艺术基金大型舞台剧资助项目，获 100 万元资金支持；入选 2021 年江苏紫金艺术节会演剧目。 （李永强、姚江）

【江苏省“百年百场”优秀群众文艺作品巡演】 2021 年 5 月 28 日，江苏省庆祝中国共产党成立 100 周年“百年百场”优秀群众文艺作品巡演在扬中市影剧院举行。参加巡演的节目由江苏省近年来获得全国“群星奖”、江苏省“五星工程奖”和为该次主题教育活动新创作的群众文艺作品组成。节目讴歌党带领人民开展革命、建设、改革的光辉历程和丰功伟绩，表达人民群众传承红色基因、奋进崭新征程的坚定信心。演出以讲述形式串联，回顾党的百年历程，结合苏州评弹、吹打乐、淮海小戏、音乐快板等创新融合的文艺体裁，为观众带来一堂主题鲜明、内容丰富的党史课。 （姚江）

【扬中市庆祝中国共产党成立 100 周年党史学习情境教育活动】 2021 年 6 月 12 日，新坝镇三江湾旅游集聚区举行“唱支山歌给党听”扬中市庆祝中国共产党成立 100 周年党史学习情境教育活动。活动以党史学习教育为主题，设有光辉历程展陈区、红色文化传承区、童心向党展演区、重走长征体验区、小康生活互动区，群众可以在进入区域后感受不同的视觉冲击和红色体验，在潜移默化中学党史、悟思想、开新局。开展党史学教文艺活动，文艺演出由历史的选择、难忘的岁月、民族的脊梁、我们的旗帜、文明的光芒 5 个篇章组成。现场观众挥舞红旗，为活动点赞，为美好未来加油。 （姚江）

【全国文明城市创建文艺巡演】 2021 年 9 月 21 日，扬中市启动“全国文明城市创建文艺巡演”活动，以舞蹈、歌曲、戏曲、小品等群众喜闻乐见的方式，宣传文明创建、传播文明礼仪、唱响文明旋律，创作一批关于创文的优秀文艺作品，在全市举行 8 场主题巡演活动，为创建全国文明城市提供精神动力。 （姚江）

【第十六届社区（农民）文化艺术节】 2021 年 9 月 24 日—12 月 27 日，扬中市举办第十六届社区（农民）文化艺术节。社区（农民）文化艺术节以“百年拼搏路，奋进新时代”为主题，艺术节将文明城市创建、红色文化宣传、民族文化传统、乡村旅游推介等元素有机结合起来，开展文明城市创建暨公共文化服务基层行文艺巡演、“党史千村行”系列主题阅读活动、千人红色广场舞展示等艺术活动。 （李永强）

档案工作

【概况】 2021 年，扬中市以江苏省市县级国家综合档案馆业务建设评价工作为抓手，统筹推进党史学习教育和各项业务工作。围绕档案工作四个“好”（保管好、利用好、记录好、留存好）、两个“服务”（服务党和国家工作大局、服务人民群众）的目标任务，结合区域特色，加大对馆藏档案的开发利用力度，提高档案规范化管理水平，推动扬中档案事业再上新台阶。指导企业规范化建档，以小班教学模式，一对一精准指导，以点带面。以企业需求为导向，加大对民营企业的业务指导力度，帮助全市 30 余家民营企业规范化建档，多家企业创成省三星级以上档案室，天源华威创成省四星级档案室。开展“学亚夫、做亚夫——把成绩写在大地上”先锋行动，持续加强农村档案工作，指导乡镇及行政村档案规范化建设。 （朱薇）

【红色档案资源利用】 2021年,扬中市档案馆紧贴党史学习教育要求,最大限度发挥红色档案“资政育人”的重要作用,挖掘馆藏红色档案资源,开展系列红色档案资源利用工作。报送多份扬中地方特色档案史料参展“百年征程 初心永恒——中国共产党在江苏历史展(1921—2021)”,参与“江苏百件红色珍档”评选活动。《扬中人民捐款建设长江大桥功德簿》入选2021年“江苏省百件红色珍档名录”,在“学习强国”平台对扬中人民众志成城造大桥的扬中精神进行宣传报道。征集扬中重要人物档案资料参选“百年恰是风华正茂——江苏省百名重要人物档案征集展示活动”。深挖《群众导报》背后的故事,筹备省馆《光耀史册——中国共产党在江苏》短视频拍摄前期准备工作。 (朱薇)

【档案年检工作】 2021年,扬中市将档案工作纳入全市高质量发展考核体系,档案年检结果作为高质量发展考核中档案管理专项工作考核打分的重要依据。10月,扬中市档案馆通过“听、看、评”的形式,开展全市机关企事业单位、镇(街、区)、行政村档案工作检查。重点检查内容包括:档案库房是否符合要求、档案员是否持证上岗、档案是否集中保管、各类档案整理是否规范等。对存在档案整理、目录输入问题的单位现场指导,向2家单位下发整改通知书。 (朱薇)

【档案学会换届工作】 2021年4月30日,扬中市档案学会第四届会员代表大会召开。档案界100余名代表参加。会议公布《关于同意扬中市档案学会召开换届大会的批复》。会议审议通过包艳梅所作的第三届理事会工作报告,选举产生第四届理事会理事、常务理事、正副理事长、秘书长。唐健当选为新一届理事会理事长,作表态发言。 (朱薇)

【精准扶贫档案工作】 2021年,扬中市档案馆推进规范精准扶贫档案工作,服务脱贫攻坚,推进全市精准扶贫档案规范化管理、助力乡村振兴。年初,档案馆成立调研组,深入扶贫办及各镇、村开展精准扶贫档案专题调研,掌握精准扶贫档案工作现状,与市扶贫办联合印发《关于进一步做好精准扶贫档案工作的通知》,制定扶贫档案管理制度,明确工作要求,压实工作责任,确保文件材料收集齐全、整理规范。3月,通过以点带面、业务培训、实地指导等多种手段,推动扶贫档案工作落到实处。以经开区行政村为试点,创建1~2个可学、可复制的精准扶贫档案工作示范模板,全面铺开全市精准扶贫档案工作。截至年末,完成农业农村局、三茅街道、新坝镇、油坊镇、开发区、西来桥镇、八桥镇7家单位的扶贫档案接收工作,案卷目录2059条,卷内目录2.68万条,一文一件目录800条,TIF扫描件2.75万件,PDF扫描件4126件。 (朱薇)

【“6·9”国际档案日系列庆祝活动】 2021年,扬中市档案馆开展第14个“6·9”国际档案日系列庆祝活动。主题教育进校园。档案馆走进市外国语小学和实验小学,开展“档案话百年,记忆现今朝”主题活动,利用馆藏红色档案和老照片,介绍扬中的革命历史和飞速发展,激发青少年“爱党、爱国、爱家乡”的热情。开展《中华人民共和国档案法》知识竞赛。2021年1月1日,新修订的《中华人民共和国档案法》正式施行,为深入学习宣传和贯彻实施档案法,提高社会各界档案意识,市档案馆利用微信小程序,举办《中华人民共和国档案法》知识竞赛活动,营造知悉档案法、遵守档案法、运用档案法的良好氛围。多途径开展档案宣传。利用科普宣传周、“档案进校园”等活动,向社会各界发放档案文创产品和《中华人民共和国档案法》折页,介绍档案馆工作职能和馆藏档案;6月9日,在各镇(街、区)、企事业单位、行政村、社区的对外电子显示屏、网站发布“国际档案日”宣传标语,向市民发送国际档案日宣传短信,吸引社会各界进一步关注档案、走近档案,营造浓厚的活动氛围。 (朱薇)

【党龄档案查询工作】 2021年,中共中央办公厅印发《关于做好“光荣在党50年”纪念章颁发工作的通知》(以下简称《通知》)。《通知》明确“光荣在党50年”纪念章首次颁发对象,即颁发给健在的截至2021年7月1日党龄达到50周年、一贯表现良好的党员。自《通知》下发以来,档案馆陆续接待查询党员入党相关档案52次,查询到入党志愿书47份,为核实党龄提供证明,助力老党员领取“光荣在党50年”纪念章。 (朱薇)

【出生医学证明档案进馆工作】 2021年,扬中市档案馆完成出生医学证明档案接收进馆、数字化工作,联合卫健委,加强出生医学证明档案监管工作,将《江苏省出生医学证明档案管理办法》落实到常态监管,确保到期档案整理规范、无遗失。全年档案馆完成8家医院、保健院、卫生院出生医学证明档案(2006—2016年)接收进馆及数字化工作,2.8万份出生医学证明档案导入数字档案馆管理系统,方便市民查阅利用。 (朱薇)

史志工作

【概况】 2021年，扬中市史志办公室以“存史、资政、育人”为根本任务，拓展党史、地方志工作领域，较好地完成各项工作。着力提高《扬中年鉴》整体质量，《扬中年鉴(2020)》获2021年江苏省年鉴质量评审二等奖。继续深入推进镇村志、部门志的启动编纂工作，为各镇、村(社区)、部门提供业务指导。《永平村志》《五一村志》《立新村志》《广宁社区志》《新胜社区志》《同德村志》《西来村志》进入资料搜集阶段；《扬中市财政志》《扬中市住建志》《油坊镇志》《八桥镇志》《开发区志》《扬中市人民医院志》进入资料长编阶段；《新坝镇志》《扬中市审计志》送出版社审稿；《江苏名镇——新坝镇志》《公信社区志》《指南村志》《会龙村志》出版发行。地情研究工作和服务领域。深入挖掘扬中姓氏文化的起源和发展，《我从哪里来》获评江苏省市县地方志特色创新项目。持续开展志书年鉴“进社区、进学校、进企业、进乡镇、进军营、进机关、进网络”活动，向万福村、营房村、利民村、友好村、指南村、福源村、开发区初心馆、蜂巢易创、外国语中学、外国语小学等地赠送史志书籍500余册。打造党史学习教育基地，推广南湖农场建设“红色记忆馆”、“红色江洲”长廊、《紫石英号》故事廊的经验做法，引导社会力量、民间资本共同参与党史学习教育基地建设。开展“百年风华·江洲荣光——庆祝建党100周年史料图片展”、与妇联联合开展“学党史·传家风·育新人——庆祝‘5·15’国际家庭日暨党史进家庭知识”竞赛活动。 (张虹)

【《扬中年鉴(2021)》出版】 2021年9月，扬中市史志办公室编纂的《扬中年鉴(2021)》由方志出版社出版。主编姚建华、徐子平。该卷设特载、大事记、扬中概览、中国河豚岛、中共扬中市委员会、扬中市人民代表大会、扬中市人民政府、政协扬中市委员会、纪检监察、民主党派·工商联、群众团体、军事、法治、经济管理、农业、水利、工业、商贸服务、金融、交通运输、城乡建设与管理、环境保护、科学技术、教育、文化、卫生、体育、社会生活、镇·街·区、附录、索引31个类目，全书61.3万字，下设185个分目、923个条目，收录图片110幅，54张表格。卷首设产业强市、乡村振兴、文明扬中、同心抗疫4个图片专辑，卷末附组织机构及负责人、统计资料、重要文献。记述2020年度扬中市政治、经济、文化、社会、生态等方面的基本面貌、发展状况和各行各业情况。该卷特设中国河豚岛类目，下设综述、河豚·味道、河豚·文化、河豚·产业4个分目，展现扬中“中国河豚岛”城市品牌、地域标识，记述扬中独特的河豚文化、河豚经济。 (张虹)

【《会龙村志》发行】 2021年，《会龙村志》正式发行。志书由《会龙村志》编纂委员会主编，扬中市邮政分公司制作，设17章、58节、121个条目，22.7万字，合计发行1500本，随书发行“众志成桥、龙行天下”会龙精神个性化邮票1500枚。全书图文并茂反映该村自然概况、建置沿革、交通水利、工农业以及新农村建设等系列情况。 (蒋雯雯)

【《指南村志》出版】 2021年6月，《指南村志》编写组编纂的《指南村志》由南京大学出版社出版，主编田青，全书79.6万字。该志设历史沿革、自然地理、管理机构、群众团体、社会治安、民政事务、农业生产、工业商贸、土地资源、西滩变迁、基础建设、人口状况、村域教育、医疗卫生、沙滩文化、百姓生活、抗灾救灾、人物风采、浓浓乡情、村民简谱、指南功德簿21章，记述1918年围滩造田至2020年指南村百年发展历程。志首设序、指南村赋、凡例、概述、大事记，志末附编写后记。该志编写框架展现指南村独有特色，设沙滩文化章，记述指南村因地理位置形成“望影报沙、先人一步，迎潮奔滩、围垦拓荒”精神；指南简谱章做到组不漏户、户不漏人，经过张榜公开、征求意见、校阅修订，著写过程真正践行全民修志理念。 (张虹)

【《我从哪里来——扬中百家姓氏探源（续编）》出版】 2021年11月3日，《我从哪里来——扬中百家姓氏探源(续编)》发行。该书由扬中史志办和扬中民俗文化研究会联合编纂，由江苏大学出版社出版。续编收录黄、李、陆、孙、施等38个姓氏，47部家谱信息；补遗张、王、陈、朱等9个姓氏，19部家谱信息。篇首设扬中访谱、扬中家谱馆、《中国影像方志·扬中篇》扬中市民俗文化研究会部分；特稿收录《家谱生死劫》《鲜为人知的“江洲五凤”》；设扬中家谱艺文录篇，续编42万字。作为续集，新收录60余条家谱信息，加上首辑收录的50余条，总数超过100条；姓氏总数达到68个。续集沿用首辑的体例，每一个家谱对应一个章节，包含原籍、迁居扬中及其繁衍分布、祠堂、辈分排序、人物，家规、家训、家风等信息，是一本较为全面的扬中家谱提要。该书还附录与谱牒、祠堂文化相关的若干论文，以及在家谱中新发现的以“扬中家谱艺文录”为总题的扬中籍名

人撰写的诗文,丰富“续编”的内容。（张虹）

扬中家谱馆（史志办供图）

图书及出版管理

【概况】 2021 年,江苏凤凰新华书店集团有限公司扬中分公司实现营业收入 3500.58 万元, 利润 226.86 万元。做好全市党员党史学习书目的发行工作,累计发行《论中国共产党历史》1.91 万册,《毛泽东邓小平江泽民胡锦涛关于中国共产党历史论述摘编》1.9 万册,《习近平新时代中国特色社会主义思想学习问答》1.89 万册,《中国共产党简史》1.91 万册,《中华人民共和国简史》《改革开放简史》《社会主义发展简史》100 套,《江苏地方简史》579 册。在全市中小学生中,发行《写给中(小)学生的中国共产党历史》5164 册。在党员干部政治理论学习教育中,向全市党员干部发行《新征程面对面》1350 册,《党员干部家风读本》564 套,《江苏历代贤吏为官之道》887 册。做好“课前到书、人手一册”教材发行工作。发行幼儿教材 2.3 万册、小学免费教材 45.8 万册、初中免费教材 32.4 万册、高中教材 12.3 万册。开展“小康大美”第 32 届“江洲杯”扬中市青少年读书活动,开展名家讲座线上直播活动 21 余场,1500 人次参与互动。开展“新华悦读朗读者”公益活动 8 场,“凤凰姐姐讲故事”14 场,为参加的 100 余人次发放 75 折购书优惠券。参加“全民阅读春风行动”,向扬中市崇德小学捐赠图书 400 册,码洋 1.2 万元。（朱雪萍）

【印刷出版和电影行业监管】 2021 年,扬中市委宣传部印刷出版和电影管理科坚持做好对全市 54 家印刷企业、80 家出版物发行单位、4 家影院的日常监管及疫情防控常态检查。新增乡镇影院 2 家,有序推进农村电影公益放映,完成农村公益电影放映 696 场。按照“三管三必须”、属地管理原则,印发《扬中市危险化学品使用安全专项治理行动工作方案》,定期在全市范围开展新闻出版领域危险化学品使用安全专项治理行动,确保全市新闻出版和电影行业安全生产无事故。扬中印刷有限公司获省“先进新闻出版单位奖”、省“绿色工厂”称号。（姚青）

【“扫黄打非”专项行动】 2021 年,扬中市开展“扫黄打非”专项行动。下发 2021 年“扫黄打非”行动方案,明确职责分工,部署重点任务。深入开展“正道”“新风”专项行动,对全市各印刷企业、书店、复打印点、宗教等场所开展联合检查 116 家次, 收缴盗版出版物 156 册, 侦办贩卖淫秽物品牟利案 1 起, 追缴非法所得 140 万元。常态化推进“护苗·绿书签”活动进校园、进村社区,新增实验小学、第一中学“扫黄打非”“护苗工作站”,开设“网络安全课”255 节。市扫黄办和丰裕社区获评省“扫黄打非”工作先进集体,丰裕社区获省“扫黄打非”先进基层示范点;1 人获省“扫黄打非”工作先进个人荣誉称号。（姚青）

【全民阅读】 2021 年,扬中市印发《2021 年扬中市全民阅读工作要点》, 围绕 “阅读红色经典 传承红色基因”主题,举办第八届“江洲读书节”,开展农家书屋示范推广等全民阅读活动 800 余场次, 新增新阅读空间 4 家,打造“埭上书屋”“蜂鸟驿站”等基层阅读点 291 个,“伴阅成长 阳光悦读”项目获省级公益阅读推广活动认证,童学馆书吧获评镇江市最美阅读空间,江洲路社区、利民村农家书屋获评镇江市“四星级”示范书屋。10 人获评镇江市“优秀阅读服务志愿者”,20 人获评镇江市“阅读明星”。（姚青）

【版权管理】 2021 年, 扬中市委宣传部高质量开展版权管理工作,加强版权登记服务规范化建设。动员摄影家协会、美术、文学爱好者等参与版权登记工作,扩大登记覆盖面,完成 440 件作品版权登记量。结合第八届“江洲读书节”“4·26” 知识产权宣传周等活动, 各镇 (街、区)、各相关部门通过网络、宣传栏、电子显示屏、走进 30 强企业等多种形式,向市民解读相关法律法规,推进企事业单位软件正版化工作, 引导社会各界对版权保护意识的重视,提高公共维权意识和能力。（姚青）

融媒体建设

【概况】 2021 年,扬中市融媒体中心紧贴扬中市工作中心和发展大局,加快新型主流媒体建设,完善、升级网络宣传平台。“学习强国”App 累计采用稿件 281 篇,其中,全国平台用稿7篇。在《人民日报》及客户端、《光明日报》及客户端、新华社、新华网、《欧洲时报》等主流媒体用稿80篇;央视用稿5条,央视网用稿2条;央广网用稿13条;《新华日报》头版用稿5条。开设“庆祝建党100周年”“奋斗百年路 启航新征程”等20余个专题专栏;开展党史学习教育和庆祝中国共产党成立百年宣传,推出“永远跟党走”特刊,刊出100个广告特刊版面以及20个新闻特刊版面;推出党员人物故事“我的第二生日”15篇。依托荔枝云采编平台基本实现“多来源汇聚、多媒体生产、多渠道分发”新闻业态。荔枝云融媒体采编平台上载各类稿件9800篇;直录播第十八届河豚文化节开幕式、美丽镇江乡村游直播带货等活动36场,累计在线观看人次超过200万;承办全市突出贡献企业60强表彰大会等大型活动近30场;微扬中视频号原创作品220余条。“微扬中”注册用户数8.8万人,全年推送微信1238条,总阅读量496.7万,单条最高阅读量6.6万,爆款微信超200条,日活跃用户数量1万~2万人。“掌上扬中”App注册用户7.6万人,稿件上载总数1.8万条,单日上载数平均60条。“掌上扬中”App直通“12345”,苏康码查询、生活缴费、法律援助、驾驶证记分查询等功能陆续入驻。修订完善《扬中广播电视机房用电规程与应急预案》《扬中市广播电视安全播出应急预案》《滨江公园发射台用电安全管理制度》等制度。获评江苏省县市融媒体先进单位、镇江市2018—2020年度文明单位。 (王丹)

【融媒体中心一批作品获省县市区域报新闻奖】 稿件“江苏扬中:57载2500件红色藏品 七旬党员免费开放红色记忆展”获得2021年第二期全国县级融媒体中心优秀作品双月赛图文类三等奖,为镇江市县融唯一入选作品。在2020年度江苏省县市新闻中心系统好新闻评选中,通讯、消息、评论、新媒体均有作品获得一等奖,是全省参赛县级融媒体中唯一的大满贯。在江苏省新闻工作者协会主办的2020年度江苏省好新闻评选中,《看全国首个“江鲜之乡”如何保护长江》获好新闻文字作品通讯类一等奖,《熔喷布不该如此“疯狂”》系列评论为全省县级融媒体网络作品评论类唯一的二等奖作品。 (王丹)

【“百年百版”新闻创收行动】 2021年“七一”期间,开展“百年百版”新闻创收行动,推出“永远跟党走”特刊,设计制作100个广告特刊版面以及20个新闻特刊版面,每个版面各具亮点,形式丰富美观,亮点突出,为党的百年华诞献上一份厚礼。 (王丹)

【庆祝第22个记者节】 2021年11月8日,扬中市庆祝第22个记者节会议召开,总结成绩、表彰先进,动员广大新闻宣传工作者聚焦新时代、开启新征程,奋力迈出媒体深度融合发展的更大步伐。会议宣布表彰决定,授予孙静等10人“2021年度优秀新闻工作者”称号,授予《“四千四万”精神成就江岛奇迹》等10件作品“2021年度扬中新闻奖”称号,授予《扬中住建:办实事让群众满意做好事让百姓暖心》等20件作品“2021年度扬中新闻奖提名奖”称号,授予“微扬中”等10家新媒体“2021年度优秀新媒体”称号,授予“镇江日报社扬中分社”等20家集体“2021年度优秀外宣集体”称号,授予丁艺等36人“2021年度优秀通讯员”称号,并举行颁奖仪式;3位获奖代表发言。 (融媒体中心)

非物质文化遗产保护

【省级非遗项目优秀实践案例申报】 2021年,扬中市的《扬中河豚食俗融入文旅的探索和实践》入选省级非遗项目优秀实践案例。为深入贯彻落实《中华人民共和国非物质文化遗产法》,宣传展示近年来江苏非遗保护传承的成果,江苏省文化和旅游厅在2021年征集并遴选出20个保护传承优秀实践案例,组织开展集中宣介,优秀案例在交汇点新闻“水韵江苏 非遗荟萃”专题定期推出,以期引领和带动全省非遗资源和保护成果的共享利用,倡导非遗融入生活、服务人民、服务社会。 (姚江)

【2件作品获省第六届民间文艺奖】 2021年10月16日,江苏省文艺大奖第六届民间文艺奖评奖结果揭晓。扬中市2件作品入选,其中,永胜九狮图表演队选送的《九狮图》获优秀民间艺术表演奖,非遗传承人倪玉蓉的剪纸《幸福新时代》获优秀民间工艺美术作品奖。《九狮图》是镇江市级非遗项目,具有鲜明的扬中地域特色,与太平天国“天京事变”有历史渊源,烙有深刻的历史记忆。在历史传承中深受道家文化的影响,逐步形成既能展现小狮子矫健威武、灵活可爱,又融入武术套路和阵法调度的全新民间狮舞表演形式。主题剪纸《幸福新时代》由3幅作品组成,通过用上智能手机、自驾游、快乐广场舞3个场景,展现新时代下老年人的幸福生活,作品融入河豚、泰州大桥等元素,充满浓郁的生活气息和地域风采。 (姚江)

卫 生

综 述

【概况】 2021年，扬中市有各级各类医疗机构128个。公立医疗机构：二级甲等医院2所，疾病防治机构1所，专病防治机构3所(其中2个与基层医疗机构合署办公，无独立医疗机构执业许可证)，妇幼保健机构1所，乡镇卫生院4所，社区卫生服务中心3所，村(社区)卫生室(站)47所(暂停执业3所)，政府办厂校医务室(卫生站)4所。社会办医：护理院2所，小型医院1所，眼科医院1所，门诊部、诊室、医务室、卫生室等机构59家。全市医疗机构病床数1355张，每千人床位数为4.29张(标准≥4.63)；全市卫生技术人员2135人，其中执业(助理)医师880人，注册护士903人。每千人执业医师数和注册护士数分别为2.78（标准≥2.5)和2.49(标准≥2.86)。拥有镇江市级临床(中医)重点专科(建设单位)9个(市人民医院胸外科、肾内科、眼科、肿瘤科、消化内科，市中医院脾胃病科、儿科、针灸推拿科，建设单位为市人民医院普外科)，省级乡镇卫生院特色科室3个(新坝中心卫生院慢病科、八桥中心卫生院腹腔镜科、兴隆街道社区卫生服务中心骨伤科)。公立医疗机构(含2个二级医院和6个基层医疗机构)完成门急诊病人212.47万人次，其中二级医院122.06万人次、基层90.41万人次；出院病人4.16万人次，其中二级医院3.97万人次、基层1895人次；手术病人1.38万人次，其中二级医院1.35万人次、基层342人次。业务总收入9.57亿元。 (黄朝华)

【健康城市建设】 2021年，扬中市抓好国家卫生城市长效管理，通过国家卫生城市复审，全市城市卫生管理水平明显提升。开展以“清洁城乡，保障健康”为主题的爱国卫生运动，形成人人动手、全员参与、共建共治，共享健康环境的良好氛围。扎实开展健康教育与健康促进工作，开展健康教育宣传咨询活动135次，举办健康知识讲座211场次。推进省级健康镇、村(社区)创建工作，全市新建设省级健康村(社区)8个，省级健康村(社区)总数69家，建成率82.7%。在全市范围内持续推广使用“健康教育视频联播平台”，居民健康素养水平为31.7%。开展病媒生物预防控制工作。集中整治和消杀全市11家农贸市场33次，在城市范围内增设灭鼠毒饵站800余处，巩固和扩大病媒生物防制成果。加强控烟宣传力度，开展无烟机关创建工作，全年完成省级无烟机关单位创建42家，无烟机关覆盖率64.6%。扎实推进“厕所革命”，农村无害化卫生户厕总户数为7.2万座，普及率99.9%，高质量完成省级改厕任务和自行提升改厕任务，完成省人居环境改厕销号工作。 (张杰)

【扬中市医疗卫生基础设施建设项目集中开工】 2021年6月7日，扬中市举行医疗卫生基础设施建设项目集中开工典礼。2020年7月，市委、市政府决定实施市中医院综合科、辅助用房项目，市精神病防治院，八桥区域医疗卫生中心3个医疗卫生基础设施项目，纳入2021年十大民生实事，进一步夯实公共卫生基础，提升卫生应急能力，优化医疗资源布局，扩大健康服务供给。八桥区域医疗卫生中心依托八桥中心卫生院建设，项目占地1.07万平方米，总建筑面积1.33万平方米，新建医疗综合楼主体7层，局部地下1层，感染楼为1层，其中新建医疗综合楼1.22万平方米，感染楼210平方米，设计床位约100张。精神病防治院项目选址兴隆中心小学原校区，总用地面积1.98万平方米，总建筑面积1.45万平方米，门诊及综合楼5层，精神病住院楼5层，按二级精神病防治院标准设计，规划床位210张，项目建成后兼顾精神病防治、社区卫生服务、重大传染病临时隔离病区3项功能。中医院综合科、辅助用房项目总用地面积1.6万平方米，总建筑面积2.41万平方米，新建综合楼主体11层，地下1层，按三级中医院标准设计，规划床位300张。扬中市医疗卫生基础设施建设项目是推进健康扬中建设、完善服务体系的重要组成部分，各院将加强精神科、骨伤科、中医科等专科人才储备，拓展早癌筛查、医养结合、安宁疗护等服务内容，通过医共体内的各级医院的功能互补，为基层群众提供全方位、全生命周期的卫生健康服务。 （融媒体中心）

6月7日，扬中市举行医疗卫生基础设施建设项目集中开工典礼 （卫健委供图）

疫情防控

【概况】 2021年，扬中市持续落实好疫情防控各项工作。做好“人物同防”，开展重点人群、物品、环境“应检尽检”。10月1日开始，每周开展1次公共场所环境抽检（覆盖餐饮场所、宾馆、公共浴室等），每周对集中隔离场所进行环境检测，每月开展1次农村环境（覆盖各镇街区农村农贸市场、养老院、村卫生室、卫生间等）样本抽检。做好常态化疫情防控。疫情防控指导河豚文化节、发促会、中高考、吾悦广场开业、党代会、政协十届二十四次常委（扩大）会议、烈士公祭活动各类大型会议活动50余次。聚焦医疗机构、企业、学校、商场超市、宾馆等人群聚集性公共场所和疫苗接种点、核酸采样点、集中医学隔离观察场所等重点场所，开展多轮次疫情防控监督检查、“回头看”专项督查和卫生指导服务。推进新冠疫苗接种工作，规范推进3岁以上人群新冠疫苗接种工作。强化人员培训，组织医务人员对新冠肺炎诊疗方案、新冠肺炎防护指南、新冠肺炎防控消毒技术操作等规范加强培训工作，组织线上线下业务培训80余场次，培训1万人次。制定疫情防控相关制度，指导市人民医院、市中医院新冠肺炎发热门诊及隔离观察医院的改造工作。制定详细的院感防控督查细则，督查各级各类医疗机构228家。全面做好应急物资储备，防护物资储备满足医疗机构满负荷运转60天。通过线下开展卫生健康讲座60余次，印制发放新冠病毒肺炎防控知识宣传手册2万份，线上健康扬中公众号发布科普宣传、重点地区来扬返扬人员等疫情防控提醒100余篇。多方位结合，引导公众养成良好卫生习惯，加强身体锻炼，减少聚集，提高疫情防控意识。

（黄朝华、朱纪文、朱月利）

奥体中心集中接种点 （吉战顺摄）

【企业员工原地过年倡议】 2021年，扬中市新冠疫情防控指挥部办公室向全市企业员工发出倡议，鼓励省外务工人员留在扬中过年，倡议发出后，各家企业积极响应，鼓励员工“原地”过年，降低春节集中返乡疫情传播风险，保障节后用工需求。2月7日，总工会启动“工会五重礼 留扬过大年”活动，为留在扬中过年的外地员工送去福袋、水饺、口罩、跳绳等关爱物资。留扬“五福”包括福言、福字、福食、福兆（罩）、福康。通过向全市企业和职工发一次倡议书，倡议广大外来务工人员积极支持和配合疫情防控工作，尽量选择“留扬”过年，自觉做好个人防护；倡议企业灵活安排员工带薪错峰休假探亲，不折不扣落实春节福利待遇；倡议企业制定激励措施，通过发放过年红包、在岗津贴、灵活放假、在线拜年、快递年货等方式，使职工安心过年。江苏瑞克健身用品有限公司、扬中市宏飞镀业有限公司、环太集团、大力城电气、宜禾股份等多家企业制定相关细则，靠前服务，优惠待遇，用真“薪”和真情留人，鼓励员工在扬过年，避免跨域长途旅行，减少疫病感染风险。对于坚持返乡的员工，企业免费提供防疫物资，包括口罩、消毒液等，要求员工做好防护措施。各基层工会开展关心关爱活动，为“留扬”职工提供服务。各镇（街、区）总工会下属的工人文化宫、职工服务中心等活动阵地，在确保防控措施落实的前提下有序向外地员工免费开放，丰富“留扬”职工的精神文化生活。

（融媒体中心）

【“敲门”行动】 2021年8月1—3日，扬中市贯彻落实镇江市疫情防控指挥部部署安排，全面开展“敲门”行动，走访了解全市每户居民14日内行程轨迹、疫苗接种等情况,全市上下机关部门党员志愿者、社区志愿者、村民志愿者近4000人参与,确保"不漏一户、不漏一人"。按照网格化、地毯式排查的要求,上门发放《告知书》,签订《承诺书》,开展健康问询、行程轨迹核查工作,筛查重点人员。向区域内群众宣传疫情防控知识,动员群众,按统一要求落实防控措施,浓厚社会群防群控氛围。全市6个镇(街、区),346个网格摸排32.09万人。(融媒体中心)

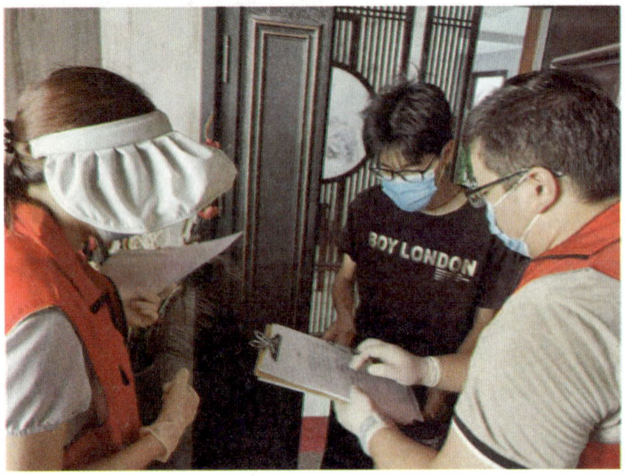

"敲门"行动 (融媒体中心供图)

【3个疫苗流动接种点投入使用】 2021年,扬中市在原有7个疫苗接种点的基础上,新增奥体中心集中接种点及3个疫苗流动接种点。流动接种点为经过改装的移动接种车,作为新坝中心卫生院,兴隆街道社区卫生服务中心,油坊镇卫生院接种点的延伸,全市投入3辆移动接种车,每辆车设置3个接种单元,配备医用冰箱、扫码枪、电脑等设备,采用移动网络接入信息平台,完成接种流程。每辆移动接种车配备工作人员10~15人,日接种服务能力750人次以上,主要服务于人员相对集中的企业、单位、社区等。(融媒体中心)

【支援南京、扬州核酸检测】 2021年,"德尔塔"毒株疫情发生以来,扬中派出33名医护人员出征支援南京、扬州,分别负责核酸采样以及检测工作。7月25日,第一批医疗队15人赴南京参与当地核酸采样工作,完成南京核酸采样任务后,于8月3日连夜转战扬州;7月27日,派出2名检验人员增援南京、扬州两地核酸检测工作;7月31日,增派5名流调队员出征扬州,与全省的流调专家合作追踪病毒轨迹;8月5日,第二批核酸检测采集队11人支援扬州核酸检测采集,随队携带防护服、口罩、面屏等防疫物资和防暑降温物资,深入扬州邗江区、经济开发区等中高风险地区,参加全员核酸检测,开展上门核酸采样工作。扬中市先后派出12名医务人员支援市外集中隔离点工作,医务人员化身健康管家、饮食配送人、心理辅导员、垃圾清运员,用专业技术守护生命安全。(融媒体中心)

医政管理

【医共体建设】 2021年,扬中市印发《扬中市医共体内部检验、检测结果互认制度》,在保证医疗服务质量和安全的前提下,减少医共体内部患者不必要的重复检查。印发《医共体双向转诊实施办法》,促进城乡优质卫生资源统筹共享合理利用。组织医共体单位参加人民医院举办的精细化管理活动汇报会,提升医院管理综合能力和工作效率。年内,医共体质量控制小组完成医共体单位质控检查并现场反馈24次,讲座28次,教学查房12次,专家坐诊90次;通过医共体成员单位间转诊绿色通道,实施双向转诊468例,其中上转320例,下转148例。下转康复联合病房患者122例,挂职基层医疗机构的专家团队到基层坐诊90人次、查房、手术44人次。(黄朝华)

【医疗行业监管】 2021年,扬中市批准执业登记医疗机构5所。落实"放管服"改革要求,坚持依法依规开展医疗机构设置审批、校验、不良执业行为记分管理等,强化事中事后监管。完成95家医疗机构校验工作,办理医疗机构变更19件,注销医疗机构2件,2家诊所核准抗菌药物开展静脉输注活动。严格医师、护士队伍管理,推进网上审批,简化审批程序,提高办事效率。完成医师注册57人、变更75人。护士注册9人,延续注册8人,变更46人。联合医保局、市场监管局开展不合理医疗检查和医疗乱象专项督查,治理不合理医疗检查行为和医疗乱象,落实持续改进,促进辖区医疗机构依法执业、健康发展。(黄朝华)

【医疗服务】 2021年,扬中市加强专科建设和推动专科发展,加强学术研究与人才培养,促进学术交流与成果转化,在原有专家工作室的基础上,新成立"赵广法教授工作站"等5个名医工作室,累计有31个名医工作室。专家常驻医院服务,借助省级医院学科优势,提高全市医院学科技术能力,全面提升整体医疗水平。扬中市人民医院建成国家级卒中中心,建立快速、流畅、高效的卒中绿色通道,成为"苏皖胶囊内镜联盟成员单位"。提升基层医疗机构服务质量,研究制定《扬中市基层医疗机构医疗质量安全核心制度提升年活动方案》,

落实各项规章制度，严格操作规程，规范服务行为，健全患者安全长效机制，保障医疗质量安全。（黄朝华）

刘必成教授工作站揭幕　（发促会供图）

【老龄医疗养护】 2021年，扬中市组织召开“庆祝全国第八个老年节暨全市老干部情况通报会”，表彰“尊老、敬老”先进单位和个人。印发《实施老年人运用智能技术专项普及培训方案》，专人负责扎实做好各项培训工作，完成老年人智能培训932人。组织扬中市人民医院、新坝中心卫生院、西来桥镇卫生院、怡和护理院4家医疗机构创建老年友善医疗机构，9月，通过市级验收，11月，新坝中心卫生院接受省级优秀等级老年友善医疗机构现场验收。完善市人民医院老年病科布局流程和服务内容，在西来桥镇卫生院家庭病房开展安宁疗护工作，开展安宁疗护19例。（黄朝华）

【中医药管理】 2021年，油坊镇卫生院中医馆创建成四级中医馆，新坝中心卫生院中医馆、兴隆街道社区卫生服务中心中医馆、西来桥镇卫生院中医馆被评为三级中医馆。拥有22个中医阁，建成率50%。年内，全市建成3个文化角，开展“中医药巡诊巡讲”31场，“中医药法、江苏省中医药条例宣传系列活动”3场，“岐黄校园行活动”2场。17人完成基层卫生技术人员中医药知识与技能培训工作。（黄朝华）

【平安医院创建】 2021年，扬中市医疗机构落实医疗责任险78.92万元，理赔33.36万元。发生医疗争议事件经第三方医疗纠纷调处23起，司法确认1起，调解成功率97%。全年未发生重大医疗责任事故和涉医违法犯罪案件。（黄朝华）

【对口支援】 2021年，扬中市持续完善城市医生晋升职称制度，城市医生晋升前必须到基层医疗机构对口支援，安排7名二级医院医生到基层医疗机构参加支援服务。组织做好东西部对口扶贫工作，安排2名医生进行为期6个月至1年的对口援藏、援疆，安排6名医务人员进行为期1个月至1年的对口援陕。（黄朝华）

【医学会的建设和管理】 2021年，扬中市整合医疗资源，切实履行行业学会智能，夯实自身建设，发挥学术交流、技术指导、督查提升作用，印发《关于表彰2020年度医学会优秀学组的通知》，发挥学会优秀学组的示范和引领作用。承办国家级继续教育项目《消化内镜学术会议》，举办镇江市级继续教育讲座11期，举办市内培训8期，各学组开展学术交流31次，各类质控活动12次。（黄朝华）

卫生、科技与教育

【卫生、科技】 2021年，扬中市申报镇江市重点研发计划(社会发展)项目，立项3项，申报镇江市社会发展指导性科技计划项目，立项10项。申报扬中市社会发展项目，立项3项，完成镇江市科技项目结题验收4项。全市各级医疗机构开展新技术新项目41项，受益群众8000余人次。全系统撰写科技论文110篇。其中，国家级期刊48篇，省级期刊62篇。开展在职医务人员的继续医学教育工作。承办国家级继续教育项目《消化内镜学术会议》。举办镇江市级继续教育讲座26期，培训学员4000人。（黄朝华）

【人才、专科建设】 2021年，扬中市加强人才培养，落实城市医生晋升职称前到基层医疗机构对口支援工作。新安排住院(全科)医师规范化培训16人，落实全科医生转岗培训2人。二级医院、乡镇卫生院(社区卫生服务中心)组织23名医务人员赴三级医院进行3~6个月的培训学习，二级医院接受乡镇卫生院(社区卫生服务中心)34人进修、培训。继续落实护士规范化培训考核、年轻护士临床工作能力考核和市级专科护士培养计划，39人通过镇江市临床护士规范化培训，通过率97.5%，组织6人参加江苏省专科护士培训，提升护理队伍能力和素养。在职卫技人员学历提升教育52人。扩大农村订单定向医学生招生规模，培养农村定向医学生16人，从源头上解决人员紧缺问题，确保人员“留得住”。全市有81名高中应届毕业生签订协议，市人民医院通过二级甲等综合医院复评，创建为中国基层胸痛中心。开展2021年度扬中市临床重点(特色)评审工作，扬中市临床重点(特色)专科由原来的9个增加至16个。开展中医馆等级评审工作，油坊镇卫生院中医馆被评为四级中医馆,新坝中心卫生院中医馆、兴隆街道社区卫生服务中心中医馆、西来桥镇卫生院中医馆3家中医馆被评为三级中医馆。年内,引进3个高层次专家团队,成立5个名医工作站,全市专家工作室数量31个。在镇江市市级临床(中医)重点专科中期考核中,市人民医院肿瘤科、肾脏内科、消化内科、眼科、胸外科,市中医院儿科、脾胃病科、针灸推拿被确定为镇江市级临床(中医)重点专科;市人民医院普通外科被确定为镇江市级临床(中医)重点专科建设单位。 (王晓霞、黄朝华)

疾病预防控制

【传染病防治】 2021年,扬中市严格执行传染病疫情网络直报制度,开展传染病监测。报告乙类传染病8种、465例,丙类传染病报告4种、325例,其他传染性疾病报告5种、399例。报告1例艾滋病死亡病例,无甲类传染病报告。规范开展肠道传染病防控,加强学校手足口、诺如、麻疹、水痘、流感等传染病防控,处置各类预警信息44条,及时处置率100%,填报及时率100%。开展突发公共卫生事件风险评估,突发公共卫生事件报告及时率100%,规范处置率符合相关要求。全年处置1起突发公共卫生事件,处置流感、水痘、手足口病等44起聚集性疫情。 (朱纪文、王伟)

【血吸虫病防治】 2021年,扬中市完成钉螺调查2120.64万平方米,新发现钉螺面积226.52万平方米,灭螺600万平方米,灭螺后钉螺死亡率95.11%,活螺密度下降率95.89%,开展血吸虫病检查1.34万人次,无急感病人。规范开展碘缺乏病防治工作,加强农贸市场、商场(超市)、居民户盐碘监测,加大碘缺乏病防治知识宣传和健康教育,完成人群碘营养调查及病情监测工作。继续做好疟疾防控工作,落实门诊血检疟原虫和血片互审。完成省级海鱼体内异尖线虫感染监测工作。 (朱纪文、王伟)

【艾滋病防治】 2021年,新发现和报告艾滋病病毒感染者/病人8例,累计发现艾滋病病毒感染者/病人158例,接受抗病毒治疗率98.6%。实施人群检测8.2万余人。扎实实施省级艾滋病综合防治示范区工作,健全防治网络、落实有效措施、创新特色工作。组建全市红丝带健康宣讲团,宣讲50余场次,受众人群4000余人次。创作沙画视频、防艾小品、抖音等寓教于乐艾滋病宣传作品,防艾沙画视频在社会组织防艾短视频创作大赛中获得三等奖。推广艾滋病自主检测投放机新项目,在乡镇等公共场所增加放置投放机10台,通过宣传和推广,投放机使用情况良好。探索社区共创共防策略,丰裕社区建立艾滋病综合防治示范社区。 (朱纪文、王伟)

【结核病防治】 2021年,扬中市发现活动性肺结核病人102例,病原学阳性64例,占活动性病人64.7%,2020年同期活动性肺结核患者成功治疗率94.3%。扬中市“五率”指标(结核病人报告率100%、病人转诊率100%、总体到位率99.5%、结核病人系统管理率100%、涂阳病人家属筛查率100%)保持高位达标。全面推进重点人群社区免费筛查,65岁以上老人体检的3.87万人次中,开展肺结核症状问诊3.87万人次,胸片筛查3.87万人次,胸片筛查率100%,发现胸片异常并转诊51例,确诊9例;纳入管理糖尿病患者7696人,开展相关结核病症状筛查,每季度按要求筛查结核病症状,完成糖尿病患者肺结核症状筛查3.42万人次。严格落实“三位一体”市、镇、村三级管理,规范、科学实施督导和随访管理,推行“易督导”肺结核患者信息化管理,规则服药率和规范管理率100%。继续执行患者关怀政策,为符合要求的患者发放营养和交通补助费用4.10万元。 (朱纪文、王伟)

【慢性非传染性疾病防治】 2021年,扬中市通过国家慢性病综合防控示范区复审。继续做好死因监测和“慢五”病登记。有序开展慢性病健康教育与健康促进,开展健康主题日活动,继续组织开展“三减三健”“万步有约”职业人群健走大赛活动,获得“全国优秀健走组织示范区”“江苏省内优秀健走示范区”“江苏省健走激励大赛先进单位二等奖”。全面展开慢性病患者自我管理工作,全市组建慢病患者自我管理小组10个,招募组员122人,完成基线问卷和评估调查各122份,开展小组活动100余次。根据省疾控中心要求,完成2018—2020年户籍居民死因漏报回顾调查和慢病防控资源配置调查。参加“健康镇江杯”健康科普作品评选,获得二、三等奖各一项。 (朱纪文、王伟)

【免疫规划】 2021年,扬中市严格执行《疫苗管理法》,落实疫苗管理各项制度,强化疫苗采购、储存、运输、分发各环节监管,规范处置过期疫苗,严格执行疫苗冷链信息化管理各项制度。召开疫苗遴选会议,及时调整产品供应目录。定期评估和上报全市冷链设备更新变动信息。开展计免相关疾病监测,未有麻疹确诊病例报告(排除病例1例)。继续做好疑似预防接种异常反应(AEFI)监测,规范开展调查、处置和报告66例AEFI(其中异常反应16例,偶合症5例)。按要求做好全市疫苗预防接种服务人员(轮训人员、新上岗人员)培训。(朱纪文、王伟)

【家庭医生签约服务】　2021年,扬中市继续将慢病管理作为有偿签约的重点,其中无偿签约服务包6个,有偿签约服务包15个,在全市所有村卫生室、"4+N"(签约服务原则上采取"4+N"的团队服务形式,"4"是指二级医院的专科医生、专业公共卫生机构医生、基层医疗机构的全科医师、村卫生室/社区卫生服务站的乡村医生,"N"是指社区护士、公共卫生医师、技师、药师等其他卫生专业技术人员,还可吸收健康管理师、心理咨询师、社工、社会志愿者等加入团队担任家庭医生助理)家庭健康责任团队和门诊医生中实施签约服务,常住人口34.48万人,签约13.95万人,常住人口签约率40.46%,建档立卡的贫困人口和计生特扶家庭做到应签尽签,老年人、孕产妇、0~6岁儿童、残疾人、慢性病等10类重点人群13.47万人,签约服务9.78万人,重点人群签约率72.61%,有偿签约1.73万人。(王毓彬)

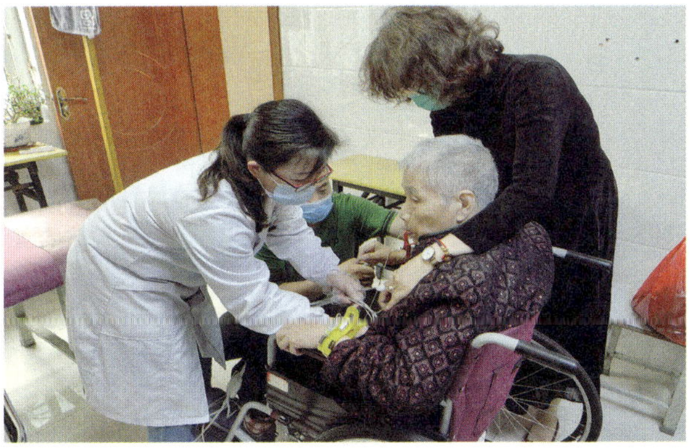

家庭医生　(卫健委供图)

【居民健康档案】　2021年,扬中市提高健康档案的工作质量,完善健康档案,删减档案信息不全,死档废档等,加强流动人口建档工作,建立电子健康档案29.66万份,建档率88.1%,健康档案使用率59.2%。(王毓彬、王伟)

【卫生应急】　2021年,扬中市疾病与预防控制中心科学应对和处置新冠肺炎疫情,规范开展流行病学调查、场所消毒和核酸检测工作。处置协查函65件,追踪、调查密切接触者等234人。参加和组织开展流调、消毒、检测等各类新冠防控业务培训、应急演练103次,检测各类人群、环境、冷链等核酸样本5129份。监测苏康码信息30.95万条,调查、反馈、转码黄码、红码人员1813人次。全年处置各类传染病疫情、食源性疾病和生活饮用水等突发公共卫生事件36起,各类预警信息42条。及时处置率100%,填报及时率100%,为及时处置各类传染病疫情或事件提供科学依据。扬中市疾病与预防控制中心根据突发公共卫生事件的特点,做好应急物资储备工作,增补更新部分防护用品、添置消杀药械、后勤保障设备等,拨付6万余元,为突发公共卫生事件应急处置的规范化、快速化奠定基础。(朱纪文、王伟)

3月31日,"接种新冠疫苗 守护健康家园"誓师大会(卫健委供图)

【学生常见病和健康影响因素监测项目】　2021年9月,扬中市卫健委、教育局联合开展学生常见病和健康影响因素监测与干预项目。监测范围包含5所学校(2所小学、2所初中、1所高中)、2所幼儿园,监测中小学学生数1810人,幼儿园学生168人。此次监测内容涉及学校卫生工作基本情况调查、学生近视等常见病监测、学校教学生活环境卫生监测。监测工作推进落实国家《综合防控儿童青少年近视实施方案》和《"健康江苏2030"规划纲要》对学校卫生相关工作的要求,掌握儿童青少年近视、肥胖等主要常见病情况和影响健康的主要因素,依托江苏省学生常见病和健康影响因素监测平台,开展学生近视等相关监测工作,掌握学生常见病和健康影响因素情况,为进一步采取针对性干预措施提供依据,保障和促进儿童青少年健康奠定基础。(王伟)

卫生监督执法

【法治建设】　2021年,扬中市坚持依法行政,深入推进卫生健康法治建设;加强行政监督,严格规范公正文明执法。加强制度建设,提高依法行政能力水平。召开医疗卫生行业综合监管会议1次,推进落实医疗卫生行业综合监管制度。履行职能，推进全面深化改革。

（朱月利）

【行政许可及处罚】 2021年，扬中市深入推进“放管服”改革，规范实施许可审批服务和办理行政处罚案件。办理卫生行政许可357件，其中放射卫生15件，医师执业注册130件，母婴保健技术服务执业许可8件，医疗机构校验95件，医疗机构注册及变更31件，注销1件，护士执业注册77件。办理行政处罚案件51件（一般程序19件，简易程序32件），其中非法行医处罚3件，医疗机构处罚4件，医师执业处罚3件，饮用水卫生处罚1件，职业卫生处罚18件，公共场所处罚19件，消毒产品处罚3件，罚没款金额28.44万元。行政处罚案卷分别获镇江市卫健委案卷评比一等奖和扬中市行政执法案卷评查一等奖。 （朱月利、童道静）

【非法行医】 2021年，扬中市保持打击非法行医高压态势，联合公安、市场监管部门开展3次集中整治行动，受理无证行医举报21件，查处21件，其中查实并实施行政处罚3起，罚款金额20.1万元，约谈告诫5人，申请法院强制执行1起。 （朱月利、童道静）

【“双随机”监督检查】 2021年，扬中市承担国家随机监督抽查任务117户，江苏省随机监督抽查任务55户，172户中任务关闭1家，任务完成率99.4%，任务完结率100%，处罚违法案件14起。双随机抽查结果均通过政府网站及健康扬中公众号予以公开。

（朱月利、童道静）

【公共场所卫生监管】 2021年，扬中市量化分级管理住宿业、美容美发业、沐浴业、游泳场所等公共场所，量化分级实施率100%。完成大中型住宿场所、游泳场所、集中空调通风系统等专项整治，按照创建国家卫生城市和文明城市标准要求，对照新冠肺炎疫情防控相关技术指南，督促各公共场所经营单位“两证”到位，建立并落实卫生管理制度，完善基础卫生设施，保证公用物品清洗消毒保洁工作规范运转、记录完整，严格执行公共场所内健康相关产品的采购索证，建立完善的公共场所突发事件应急预案和传染病报告的制度，加大对重点公共场所监管力度，检查公共场所单位1227户次。分别对全市住宿业、美容美发业和游泳场所单位举办4期、298人次的培训；发放各类宣传资料409份。行政处罚4家无证单位，罚款人民币1.45万元。

（朱月利、童道静）

【生活饮用水监管】 2021年，扬中市对全市集中式供水单位、直饮水供水单位、部分二次供水单位和涉水产品单位的负责人、卫生管理人员以及乡镇卫生监督协管员开展生活饮用水卫生管理工作培训，152人参加培训，发放材料152份，考核直接管控水人员129名，发放合格证129张，合格率100%，建档率100%。日常监督检查涉水产品生产企业、集中式供水单位、二次供水单位，加大监督抽检力度，督查集中式供水单位（含管道分质供水）和二次供水单位87户次，出具现场检查表125份，监督抽检样品123份，集中式和二次供水抽检合格率100%。及时处理西来桥镇末梢水中的游离氯和浑浊度超标问题，立案调查西来桥镇自来水厂，函告西来桥镇政府。与江苏省卫生监督所生活饮用水卫生监督处党支部开展“送法入企、普法惠民”主题党日和支部共建活动2次。设立各类生活饮用水水质监测点，监测全市10家生活饮用水制供水单位饮用水水质。在丰枯水期（3月及9月）、另两个季度监测城市饮用水及乡镇饮用水34项指标；其他月份常规监测12项指标。学校直饮水常规监测11项，二次供水半年监测1次12项常规指标。按照国家省市要求，网络直报34项指标样品监测结果。全年监测各类样品345份，合格309份，样品合格率89.57%；检测项次5552项，合格项次为5514项，项次合格率99.32%。每季度饮用水监测结果在市政府网站公示，每月形成饮用水通报，反馈给相关部门。 （朱纪文）

【职业健康监督】 2021年，扬中市狠抓职业病危害因素调查、职业病危害申报、重点行业专项整治，多措并举，扎实推进职业卫生健康监管。实施工业企业工作场所职业病危害因素监测33家，开展尘毒专项整治。联合省、镇江市卫健委化解2起反复信访举报事件。开展课题研究，发挥健康企业建设在职业病防治工作中的示范作用，创建成江苏省健康企业6家，镇江市健康企业2家。完成全市工业企业职业病危害现状摸底调查1860家。 （朱月利、童道静）

妇幼健康

【妇女保健】 2021年，扬中市产妇1349人，活产数1380人，建卡1349份，建卡率97.8%；其中非本省居住（1年以下）活产数192人，建卡率100%；早建数1317人，早建率97.6%；产前检查1349人，检查率97.8%，产前五次检查1332人，五次率96.5%；产后访视1334人，访视率96.7%；孕产妇死亡0人；全市助产医疗机构活产数 1061 人，住院分娩率 100%；剖宫产 757 人，剖宫产率 71.2%；无新生儿严重多发致残出生缺陷。完成 460 对适龄青年婚前保健服务，婚前保健率 90.7%，疾病检出率 11.9%。免费孕前优生健康检查适龄夫妇 874 对，检出高风险 373 例，对异常对象给出相应的干预措施及指导。（朱纪文、杨静）

【儿童保健】 2021 年，扬中市全年新生儿 1380 人，建卡 1380 人，建卡率 100%；纯母乳喂养 1195 人，纯母乳喂养率 86.6%。全市 0~2 岁儿童 5307 人，系管 97.3%，0~6 岁儿童 1.45 万人，健康管理 1.44 万人，健康管理率 99.1%；全市新生儿死亡 3 人，死亡率 2.17‰；婴儿死亡 3 人，死亡率 2.17‰；5 岁以下儿童死亡 8 人，死亡率 5.79‰。新生儿听力筛查 1060 人，筛查率 99.9%。新生儿遗传代谢性疾病筛查 1060 人，筛查率 99.9%，发现听力障碍 3 例，高促甲状腺激素病例 1 例。扬中市 24 家托幼机构卫生保健合格率 100%；保教人员体检 1119 人，受检率 100%；儿童入托体检 2667 人，体检率 100%；健康体检在园儿童 8196 名，体检率 100%。（朱纪文、杨静）

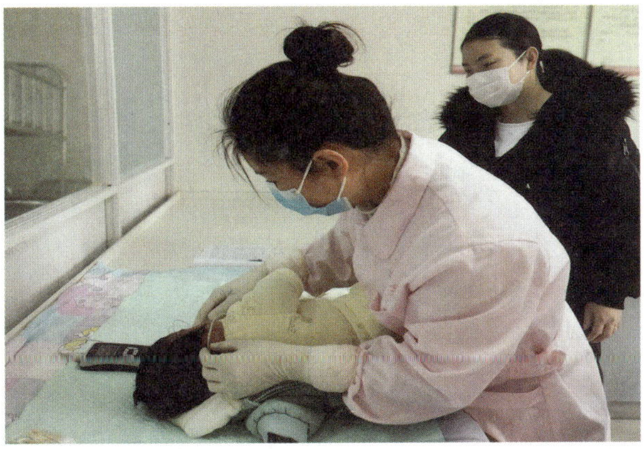

新生儿听力筛查 （融媒体中心供图）

【妇幼公共卫生服务项目】 2021 年，扬中市完成 2.35 万名农村妇女宫颈癌筛查，完成 2.38 万名农村妇女乳腺癌检查，确诊宫颈癌 1 例，乳腺癌 15 例；免费发放叶酸 1246 人。全市孕妇艾滋病毒抗体、梅毒初筛、乙肝表面抗原检测率 100%。规范治疗 3 名梅毒感染孕妇，为 38 名乙肝阳性孕产妇所生的 39 名新生儿免费注射乙肝免疫球蛋白。（朱纪文、杨静）

计划生育

【概况】 2021 年，扬中市上报出生人口一孩率 57.77%，比上年下降 0.29%。江苏省人口和计划生育综合信息平台人口数据逻辑关系准确率 98%以上，人口信息化建设达标率 99%以上。全年上报出生数 1056 人，减少 241 人，出生人口持续减少，往年出生补报 6 人。（杨全华）

【计划生育服务】 2021 年，扬中市组织实施“三孩”生育政策及配套支持措施，继续实施计划生育各项奖励扶助政策，发展婴幼儿照护服务，提升普惠托育服务水平。实行生育登记服务制度，全市生育登记 942 户(其中一孩 588 户、二孩 348 户、三孩 6 户)，再生育审批 21 户，出生 1056 人(其中三孩 5 人)。（曹丽蓉）

【计划生育利益导向】 2021 年，扬中市新增奖励扶助对象 823 人，发放农村部分计划生育家庭奖励扶助 4.16 万人次，发放奖励扶助金 1998.86 万元；新增特扶对象 75 人(其中独生子女死亡 44 人，独生子女伤残 31 人)，发放计划生育特别扶助 1759 人次，发放特别扶助金 717.34 万元(其中独生子女伤残特别扶助 627 人次，发放特别扶助金 229.36 万元。独生子女死亡特别扶助 1132 人次，发放特别扶助金 487.98 万元)。年内持“独生子女父母光荣证”企业退休职工一次性奖励 2031 人，发放一次性奖励金 609.16 万元。“持独生子女父母光荣证”城镇非从业人员 45 人，发放一次性奖励金 13.5 万元，发放独生子女父母奖励金 141.71 余万元。（曹丽蓉）

【计生困难救助】 2021 年，扬中市继续开展计生特殊困难家庭救助，救助资金 70 余万元。为全市“失独”家庭 565 人提供每年每人 500 元的“慈善关爱”保险。为全市 60 周岁以上 391 名失独老人购买意外伤害保险。继续实施失独第三代“润苗工程”帮扶工作，根据计生困难家庭的实际情况，为 100 名计生特殊家庭未成年第三代赠送“连心相伴”保险。（曹丽蓉）

【托育机构】 2021 年，扬中市托育机构提供托位数 828 个。做好托育机构登记备案，有 4 家托育机构在国家托育机构备案信息管理系统上通过审核，成功备案。深入实施省、市政府普惠托育民生实事项目，推动普惠托育服务提质扩面。1 家托育机构被评为 2021 年江苏省政府民生实事普惠托育项目。加强托育机构综合监管，定期组织开展联合执法检查，组织各类监督检查 7 次，接受上级部门监督检查 2 次。（曹丽蓉）

医疗机构选介

【扬中市人民医院】 扬中市人民医院（简称市人民医院）总建筑面积6.5万平方米，编制床位700张，实际开放床位710张，现有职工941名，其中在编职工591人，专业技术人员827人，高级专业技术职称136人，中级技术职称313人，博士1人，硕士生导师3名，硕士研究生52人，省、镇江市级有突出贡献的中青年专家3人，镇江市“169技术骨干”12人。设有临床科室36个，医技科室8个，其中胸外科、肿瘤科、消化内科、肾内科、眼科为镇江市临床重点专科，普外科为镇江市临床重点专科建设单位。医院总资产6.80亿元，资产负债率36.89%。医院全年完成业务收入6.36亿元，门急诊病人87.15万人次，出院病人2.91万人次，住院手术9679人次，三、四级手术占比61.87%，床位使用率88.4%。2021年，市人医坚守阵地，严格落实疫情防控措施。严把入口关，建立无码老人专用通道、职工专用通道和病房陪客通道，利用道闸系统实现智能检测，防止疏漏；添置负压救护车、负压担架、负压病房、专用方舱CT等专用设备，满足抗疫需求；完善发热门诊建设，规范核酸采样行为；强化应急队伍建设，充实防控力量；建成新冠肺炎病毒PCR实验室，完成核酸检测20余万人次；11名医护完成援宁援扬任务。坚持测温、验码、流调、陪客管理等常态措施，严格执行住院、手术、高危检查(内镜检查、牙科、眼科等手术前)的核酸检测制度，为扬中疫情防控托好底、把好关。围绕中心，持续夯实党建工作。将“党史学习教育”和“我为群众办实事”有机结合，开展各类技术宣讲、健康科普、义诊等健康促进活动35次，服务群众3800人次；上消化道肿瘤、大肠癌、肺癌等早筛活动惠及群众1.3万余人，发现肿瘤30例，癌前病变200余例；2名医务人员完成援陕援疆医疗工作。多措并举，稳步提升服务能力。开展“服务再提升”主题活动，全面创建“优质服务示范科室”，开展“方便就医”系列活动，成立患者服务中心和医保服务中心，整合职能、下沉服务，方便患者就医；建设“老年友善医院”，完善软件、硬件条件，多维度提供适老诊疗服务；购置3.0T磁共振，检查预约时间由一周缩减到当日完成。立足民生，纵深推进医改工作。新建心脏外科、肾内科等5个知名专家工作站；通过资源共享、人才下沉、技术帮扶，与各基层医疗机构建立专科协作；领办的城西社区卫生服务中心正式运行，带领八桥中心卫生院和油坊镇卫生院开展下消化道癌筛查；五大中心高效高质运行，服务基层10万人次；规范医保管理，建好国家医保谈判药品“双通道”；组建公共卫生科，实现公卫职能集中、高效管理。科学发展，全面加强医院管理。与上海康程医院管理公司合作，开展五大管理工具使用能力培训，13名内训师考核合格；对标三级医院要求，夯实二甲基础，病历质量持续提升，抗菌药物管理成效显著，完善不良事件管理，责任制整体护理有序落实，高分通过二甲医院评审。守正创新，加快推动专科建设。增设老年医学科，建成微无创中心，普外各专科实现细分，心脏和大血管外科、核医学科建设有序推进；通过镇江市级临床重点专科中期评审，升级改造“120”指挥中心，软硬件逐步配备到位；“胸痛中心”“卒中中心”相继获得国家认证，创伤中心通过镇江卫健委验收；胸外科“免管免禁”技术填补扬中空白，微创技术占比持续提升；新增扬大医学院硕导1人，在读博士、硕士68名。双管齐下，优化医院环境。信息化建设持续推进，电子票据系统和SPD(医用耗材精细化管理系统)系统、国家医疗保障信息平台陆续上线，影像中心进行标识标准化改造，标识更加清晰、醒目，患者就医舒适度明显提升；院内空间改造，增加车位90个，缓解患者停车难问题。 （郭莹）

【扬中市肿瘤防治研究所】 2021年，扬中市肿瘤防治研究所通过镇江市级医学临床重点专科评审，发表论文4篇，1篇论文获得镇江市优秀论文(专著)奖；3项科研项目分别获得国家癌症中心共同成长计划、镇江市科技支撑项目、扬中市科技支撑项目立项资助。继续与国家癌症中心合作，开展国家“十三五”重点研发项目“食管癌专病队列研究”后续工作。开展高精度肿瘤登记，年度报告新发肿瘤病例1526例(其中男性833例，女性693例)，报告恶性死亡病例841例(男性528例，女性313例)，获得2021年度全国肿瘤登记工作杰出贡献奖。通过全国早诊早治督导组验收及省疾控中心肿瘤登记检查，继续承担国家医改重大项目、扬中市重大公共卫生项目“上消化道肿瘤早诊早治”，完成油坊镇同德村、油坊村人群筛查2006例，发现上消化道癌25例，其中早期病例23例，癌前病变169例；推进医院门诊上消化道癌机会性筛查工作，规范检查8572例，发现高级别瘤变以上病例数513例。与八桥镇政府联合开展下消化道癌筛查工作，完成粪便初筛4000人次，372例阳性者参加免费肠镜检查，病理检查发现3例肠癌，110例癌前病变(上皮内瘤变)，增生性息肉53例，腺瘤4例。与医保局联合开展“绿色肺健康”肺癌早筛工作，低剂量 CT 初筛 3269 例，发现肺癌 13 例。

（华召来）

【镇江市急救中心扬中市分站】 2021 年，镇江市急救中心扬中市分站有专科医生 18 人（包含急诊科医师），跟车护士和担架员各 11 人，实行 24 小时值班制，出诊时做到一医一护一驾一担架，能熟练处置各种急危重症。急救站拥有救护车 11 辆，监护型救护车 9 辆，新购负压救护车 1 辆，配有急救药品、呼吸机、除颤机、吸引器等医疗设备，为快速、高效的院前急救提供有力保障。急救医疗站采取“120”“110”联动机制，利用“120”监控指挥系统进行科学、合理的调度。年内，急救医疗站处理急救电话 1.97 万次，出 5678 次，有效处置病人 4510 人次，3 分钟出车率 97%，平均急救反应时间 15 分钟，168 名医护人员完成各类保障任务 103 次，与红十字协作完成 11 次全民“自救、互救”急救技能培训，培训对象 1000 余人次。年内，急救站加强业务学习与技能培训，在镇江市第六届急救技能竞赛中获团体二等奖、医生和护士分别取得第一名好成绩。（侯艳）

【扬中市中医院】 扬中市中医院占地面积 1.7 万平方米，建筑面积 2.09 万平方米。编设病床 200 张，实际开放病床 260 张。现有职工 325 人，其中在编人员 187 人，高级职称卫技人员 41 人，中级职称 73 人，镇江市名中医 3 名、镇江市专业技术带头人 4 名、扬中市专业技术带头人 17 名，返聘退休中医专家 4 名。设有临床科室 15 个，医技科室 7 个，其中脾胃病科、儿科为镇江市中医临床重点专科，被确认为江苏省基层医疗机构中医特色专科，针灸推拿科、肛肠科、脑病科为扬中市中医临床重点专科，针灸推拿科被确定为镇江市中医临床重点专科。医院总资产 1.75 亿元，资产负债率 55.2%，业务收入 1.02 亿元，门急诊 17.88 万人次、出院 1.03 万人次、病床使用率 84.92%、手术 3762 人次。2021 年，市中医院根据疫情最新风险等级提醒，持续开展全员流行病学史、新冠病毒感染相关排查工作；加强入口管理，安装道闸，严格落实预检分诊、首诊负责、核酸“应检尽检”“一米线”“一医一患一诊室”等制度，组建多职能科室联合的院感巡查小组，持续开展“八排查”整改活动，发现问题及时整改，确保疫情防控常态化管理落到实处。9 名医务人员前往句容、南京、扬州支援 217 天；负责骏怡隔离点值守；邀请省中医专家组拟方，熬制防疫中药汤剂送隔离点；参与新冠疫苗接种及保障任务。中医院与 8 家三甲医院 15 个专科建立稳定合作关系，建成 6 个教授工作站，20 余名专家定期到院坐诊、手术。举办第十二届冬病夏治暨夏季养生节、第十三届膏方节，服务群众 3000 余人。活动期间，每月两次邀请省中医院名医堂专家坐诊，通过体质辨识，提供个性化夏治、膏方及养生方案。建成儿科中医经典病房，运用中医特色治疗疗法治疗小儿常见病；针灸推拿科新开展浮针、埋线治疗颈椎腰腿痛，探索推进针灸减肥、脊柱矫正项目，开展推拿治疗小儿肌性斜颈和小儿腹泻、小儿疳积，针灸治疗近视及耳鸣耳聋；推进中医大篷车乡村行、情暖桑榆志愿服务、结直肠癌筛查、前列腺癌筛查等健康惠民项目，每月深入各乡镇社区，举办义诊和健康讲座、发放问卷调查、开展预约登记，提高早癌发现率、治疗率，中医药服务能力明显提升。组织做好东西部对口扶贫工作，安排 3 名医务人员对口援陕，安排 1 名医务人员对口援藏。年内发表专业论文 8 篇，引进新技术新项目 8 项，镇江市科研项目《miR-183 的血清学及组织学检测用于早期食管鳞癌筛查的临床研究》9 月完成结题。消化内镜中心实施“双镜”（结肠镜和腹腔镜）联合下结肠多发性息肉及肠道肿瘤根治术，内镜下胃肠道息肉及早癌的 EMR、ESD 手术达到三级医院同质水平；外科开展首例肾脏肿瘤微创术、首例腹腔镜下保肾肾肿瘤切除术、3 例头颈肿瘤根治术；妇产科施行单孔腔镜下卵巢巧克力囊肿剔除术、宫颈子宫肌瘤剔除术、全子宫切除术、卵巢畸胎瘤剥除术及后盆腔重建术；骨科开展椎间孔镜、关节镜等微创技术，实现创伤、脊椎、关节、手外科全面发展。推进市中医院门急诊综合楼项目建设，截至 2021 年年底完成综合楼 90%的桩基工程建设，辅助用房完成地基浇筑。

（蒋长洪）

【扬中市新坝中心卫生院】 2021 年，新坝中心卫生院在职职工 127 人，其中卫生专业技术人员 102 人，取得高级职称卫生专业技术人员 43 人，中级职称 23 人，江苏省基层卫生骨干人才 3 人，扬中市基层卫生骨干人才 2 人。全年完成门急诊 23.08 万人次；出院病人 703 人次，病床使用率 84.04%。新坝中心卫生院落实各项疫情防控措施，守好前哨，完成卡口值守，14 个家庭医生服务团队参与居家隔离与监测工作。全年接种新冠疫苗 9.72 万针剂，完成核酸采样 8.02 万份。持续推进医共体建设，提高全院医疗质量和医疗文书书写水平。通过国家“优质服务基层行”活动第三轮申报评审。推广特色科室服务和创新项目，开展慢病筛查和肺健康筛查，促进慢病医防融合，举行中大康复专科联盟授牌仪式。推进“互联网+”家庭病床服务,院内医养老中心入住老人26人,平均年龄85岁。新建家庭病床60张,其中安宁疗护病床38张。开展重大公共卫生服务项目和基本公共卫生服务,完成65岁及以上年龄老年人体检7478人,重点人群家庭医生签约1.85万人;登记管理高血压患者6430人,规范管理高血压患者4309人;登记管理2型糖尿病患者2051人,规范管理糖尿病患者1422人;登记严重精神障碍患者281例,知情同意管理患者274例。完成妇女“两癌”筛查3263人,发现乳腺癌3例,宫颈高度病变6例;继续做好农村妇女增补叶酸预防神经缺陷项目,全年免费发放叶酸114人份;加大对艾滋病高危人群行为干预,完成检测任务。春、秋两季查螺面积602.75万平方米,灭螺面积499.88万平方米,用药13.18吨。深化党史学习教育成果转化,紧紧围绕“幸福新坝”(健康惠民工程)建设,开展“我为群众办实事”志愿活动20次,累计受益群众1800人次。 (唐琴)

【扬中市三茅街道社区卫生服务中心】 2021年,扬中市三茅街道社区卫生服务中现有在编职工99人,乡村医生及社会化用工33人。其中江苏省基层卫生骨干人才3人,扬中市基层卫生骨干人才2人。设有临床、医技科室26个。门诊24.5万人次,住院239人次,医疗收入776万元。开展基本医疗和公共卫生服务。全年接种新冠疫苗14.98万针次,核酸采样8660人次,流行病调查60人次,参与隔离宾馆管理工作,派出10名医务人员支援周边地区疫情防控工作。完成“两癌”筛查6953人次,发现乳腺癌6人,所有阳性病人均跟踪随访到位;完成叶酸补服233人次,“三抗”检测398人。做好艾滋病管理工作,全年HIV高危检测146人,干预场所66次,大型工地宣传1次,学校宣传讲座1次,发放材料150份,发放安全套1500个。按照“突出重点、分类指导”的原则,查螺面积403.6万平方米,灭螺面积22万平方米,血防血液检测2966人,粪便检测485人。完成65岁老年人健康体检9887人次。全年新生儿建卡515人次,建卡率100%。构建家医—社区卫生服务网络,无缝对接医疗服务和社区服务,启动家医工作室建设,新建扬子新村、锦程、新联、丰裕裕园、兴阳幸福之家、明华家医工作室,在普济村普济小区建成中医特色家医工作室。推进家庭病床建设,新建100张适老化改造病床,与南京康兮健康科技研究院签约合作,开发家庭病床心电监护平台,实现上线使用。 (徐洁)

【扬中市三茅街道城西社区卫生服务中心】 2021年7月,扬中市三茅街道城西社区卫生服务中心建成,是扬中市人民医院领办的具有独立法人的一级社区医疗服务机构。定编床位50张,设定编制100个,服务人口7万人。现有在编职工70人,乡村医生、人医下派、劳务派遣33人。在岗职工中有中高级职称42人,江苏省基层卫生骨干人才1人,扬中市基层卫生骨干人才1人。设置肛肠科、内科、外科、中医科、骨伤科、妇科、胃肠镜科等科室,拥有高精尖的医疗设备。7月15日起承担新冠疫苗接种任务,接种新冠疫苗5.09万剂次;7月23日起承担核酸采样任务,核酸采样2.53万人次;4名医务人员支援周边地区抗疫工作,管理回国人员22人。孕产妇保健建卡、系统管理30人,老年人体检和中医药服务2292人,学校体检8500名学生。9月29日起承担儿童计划免疫接种任务,接种1762人次。中心11月15日开诊,截至2021年年底,门诊2224人次,业务收入97.28万元(保健科除外),收住病人30人。将肛肠科列为特色专科重点发展,致力于建成省级重点专科。中心与人民医院形成发展共同体、管理共同体、利益共同体和责任共同体,实现医疗卫生资源共享,推动医疗人才、医疗资源精准下沉。 (丁美华)

11月15日,三茅街道城西社区卫生服务中心启用 (卫健委供图)

【扬中市兴隆街道社区卫生服务中心】 2021年,扬中市兴隆街道社区卫生服务中心在编职工92人,其中卫生专业技术人员78人,取得高级卫生技术专业高级职称26人,镇江市学科带头人2人,扬中市学科带头人5人。中心坚持“外防输入、内防反弹”总体策略,做好疫情防控常态化各项工作,率先完成全员核酸检测演练和全员核酸检测工作,按序有效推进新冠疫苗接种工作。全年完成门急诊10.73万人次,住院665人次,床位使用率95.8%,手术298人次。完成65岁及以上老年人体检工作 6454 人次，妇女“两癌”筛查 2159 人次；建立 3 万份居民健康档案，建档率 90.3%；高血压患者规范管理率 88%，糖尿病患者规范管理率 88.6%，重性精神疾病患者规范管理率 98.37%；传染病及时报告率、肺结核规范管理率、避孕药具发放和不良反应报告率均为 100%。 （耿昌瑜）

【扬中市精神病防治院】 2021 年，扬中市精神病防治院有床位 38 张，主任医师 1 人，副主任医师 1 人，住院医师 4 人，其中镇江市学科带头人 1 人，扬中市“321”培养人才 1 名。完成门诊 2.42 万人次，住院 167 人次。该院打造“从‘心’启航”志愿服务品牌，教育引导和行为干预全市青少年心理健康问题。先后对 5 所学校的 1200 余名学生、家长及老师开展心理宣教活动。该院加快推进扬中市精神病防治院（兴隆街道社区卫生服务中心）迁建项目工程建设进度，截至 2021 年年底，工程完成主体二层框架结构浇筑。 （祝勇）

【油坊镇卫生院】 2021 年，油坊镇卫生院在编职工 82 人，乡村医生 7 人。其中卫生专业技术人员 68 人，高级职称 15 人，中级职称 28 人，扬中市“321”工程学科带头人 7 人，省基层卫生骨干人才 2 人，扬中市基层卫生骨干人才 1 人。年内，完成门急诊 11.35 万人次，医药总收入 1301.16 万元，纯医疗收入 570.32 万元。中医内科年度门诊量增加明显，镇域外就诊率超过 60%，中药饮片收入 88.42 万元。消化科检查收入比上年增加 30 万元。投入 150 万元添置电子胃肠镜，常规开展无痛胃镜、无痛肠镜检查 1208 例。基本公共卫生年度考核指标如期完成，其中完成老年人体检 9260 人，家庭医生签约 2.9 万人；登记管理高血压病人 5556 人，糖尿病人 1565 人；慢性病面对面随访 2.83 万人次，新建家庭病床 65 张。接种新冠病毒疫苗 5.93 万针次。 （杨芬）

【八桥中心卫生院】 2021 年，八桥中心卫生院获特别抗疫国债资金 5000 万元，扶持建设八桥区域医疗卫生中心。年内，医院处于建设期，医疗业务用房为院内临街临时建筑，面积 2000 平方米，设置临时病床 11 张，在编职工 103 人，其中卫生专业技术人员 86 人，高级职称 34 人，中级职称 26 人，拥有镇江市“169”工程乡村优秀人才 4 人，扬中市“321”工程学科带头人 4 人，省级基层卫生骨干人才 4 人，本市级基层卫生骨干人才 2 人。乡村医生 8 人，其中在岗乡村医生 1 人，返聘 7 人。年内，完成门急诊 13.54 万人次，收治住院 109 人次，医药收入 1223.67 万元，其中医疗服务收入 583.04 万元，占比 47.65%。完成重点人群家庭医生签约服务 1.85 万人（其中免费包 1.52 万人，收费包 3341 人），高血压健康管理 4201 人，糖尿病健康管理 1224 人，慢病随访 2.17 万人次，精神病人健康管理 171 人，65 岁及以上老年人体检 5124 人；农村妇女增补叶酸 179 人，妇女“两癌”筛查 2460 人，下消化道肿瘤粪便潜血筛查 4000 余人，推送肠镜检查 380 人。落实新冠疫情防控措施，开展 2600 人村级大规模全员核酸检测 1 次，开展社会人群核酸采样 1.52 万人份，安排 6 名医务人员参与南京、扬州新冠疫情防控，开展辖区内全员新冠病毒疫苗接种 6.13 万针次。加强特色专科建设，新增建设基层特色科室 1 个（五官科），开展儿童视力康复训练项目，中小学生视力筛查 400 人，视力康复训练 14 人。拓展社会延伸服务，开设家庭病床 63 张，新建“镇江市级运动促进健康中心”1 个、“中医健康文化知识角”1 个，新增标准化家庭医生工作室 3 个。落实人才招引和培训计划，引进应届定向培养临床本科生 1 名、专科生 1 人，安排 6 个月以上进修培训 4 人。（祝贞贵）

【西来桥镇卫生院】 2021 年，西来桥镇卫生院在编职工 47 人，乡村医生 2 人。其中卫生专业技术人员 34 人，高级职称 10 人，中级职称 11 人，扬中市“321”工程学科带头人 2 人，镇江市“169”学术技术骨干 1 人，江苏省基层卫生骨干人才 1 人。全年完成门急诊 6.3 万人次，住院病人 72 人，全年完成业务收入 575 万元，医疗收入 242.91 万元，比上年增加 41.35 万元；医院总资产 1199 万元，净资产 887.6 万元。中医科被评为扬中市级特色科室，王中林名医工作室全年完成门诊量 134 人次，医疗收入 7.28 万元；严德铨专家完成门诊量 584 人次，中草药收入 8.88 万元。开展“互联网+”家庭病床、“互联网+” 慢性病智慧管理项目，完成 2746 名 65 岁以上老年人体检，新发现高血压病人 152 人，规范管理高血压 2434 人，规范管理率 99%；糖尿病建档 667 份，新发现糖尿病人 62 人，按照规范要求管理 2 型糖尿病患者健康 662 人，规范管理率 99.25%。健康教育、传染病防治（结核病艾滋病防治等）、儿童保健工作、妇女保健、老年人保健、慢性病管理、重性精神病患者管理等工作有序开展。14 类、55 项基本公共卫生服务项目成效显著。完成上消化道肿瘤筛查 200 例，家庭医生签约服务 8655 人，其中农村低收入家庭签约率 100%，慢性病、60 岁以上老年人签约率 100%。

（叶鸣）

体 育

综 述

【概况】 2021年，扬中市体育事业发展迅速，全民健身进一步普及。根据镇江体育局的相关文件精神，制定扬中市场地设施建设资金补助办法。根据镇江体育局的相关文件要求，向镇江市体育局申报一批全民健身体育工程项目，其中村级体育健身公园（多功能运动场）3个，笼式足球场1个，二代智能健身路径1套。新建体育场地设施面积6.22万平方米，投入资金1500余万元。市级体育公园天禾体育公园完成二代智能健身器材、篮球场、乒乓球场的施工。建成村级体育公园6个、健身广场9个，完成健身步道11.8千米、健身路径17套。举办"天禾旅游"2020—2021扬中足球冠军联赛、"中海粮油杯"2021西来桥"我要去舞龙"节庆活动、2021年江苏省老年人体育节扬中分会场开幕式、2021年第五届机关四人制篮球比赛、"5·19"全国老年人太极拳大联动活动、2021年扬中市城市业余联赛暨第二届机关游泳比赛，承办2021"省长杯"卡尔美江苏省青少年校园足球联赛、2021年江苏省健身瑜伽项目一线社会体育指导员技能再培训、镇江市第十六届运动会学生部象棋比赛、镇江市第十六运动会学生部和群体部羽毛球比赛等赛事和活动。扬中市有体育协会22个，俱乐部22个，各类协会发挥各自的优势和领军作用，服务社会，为群众参加体育活动提供平台。

（徐晶）

【体育产业】 2021年，扬中市奥体中心被评为第四批江苏省体育服务综合体，扬中城北公园被评为2021年度镇江市最具人气健身广场。扬中市奥体中心举办扬中市趣味游泳比赛、"明鹏车业杯"游泳比赛、"省长杯"少儿足球比赛、2021年江苏省健身气功精英培训班、扬中市第十二届男子篮球联赛等活动；健身馆"张译引瑜伽工作室""张凌龙减脂工作室"建成对外开放。中扬奥体体育产业有限公司全年完成营收970余万元，体育彩票全年发行9898万元。 （徐晶）

竞技体育

【扬中健儿省田径赛获佳绩】 2021年4月25日，江苏省青少年暨县组田径比赛在张家港市体育中心闭幕，经过5天的比拼，扬中市代表队以115分获得团体第15名，以3金、2银、3铜位居奖牌榜第14，继续保持在全省第一赛区。其中蔡旻璇获得女子甲组3000米和

晨练 （融媒体中心供图）

5000 米竞走金牌，赵铭涛、沈国伟、姚柯宇 3 人获得跳远团体金牌，李星宇获得男子 11 岁组趣味田径个人全能银牌，姚柯宇获得男子 11~12 岁跳远银牌，朱玲彤获得女子乙组 3000 米和 5000 米竞走铜牌，刘昊获得男子 11~12 岁组 800 米铜牌。（徐晶）

【镇江市第十六届运动会学生部象棋比赛】 2021 年 5 月 29—30 日，镇江市第十六届运动会学生部象棋比赛（小学、初中）在扬中市实验小学开赛。比赛由镇江市人民政府主办，扬中市人民政府承办，扬中市文体广电和旅游局、镇江棋院、镇江市棋类协会联合协办。全市 7 个辖市（区）的 73 名小棋手参加，比赛分 10 个组别，设有团体赛和个人赛两个项目。采用电脑积分编排赛制，赛制 7 轮。经过两天的角逐，扬中市代表队以总分 181 分荣获团体第一名，扬中市选手顾恺之、田丁匀、吴昕妮、朱恩丞分获幼儿男子组、儿童女子乙组、儿童女子丙组、儿童男子丙组第一名。（徐晶）

【2021“省长杯”卡尔美江苏省青少年校园足球联赛】 2021 年 6 月 18 日，2021“省长杯”卡尔美江苏省青少年校园足球联赛（小学乙组训练营）在扬中奥体中心闭幕。经过一个月的比赛，苏州市太仓市高新区第二小学足球队勇夺小学男子乙组总决赛冠军，淮安市浦东实验小学足球队勇夺小学女子乙组总决赛冠军。（徐晶）

【邹莉娟东京残奥会夺冠】 2021 年 8 月 29 日，扬中运动员邹莉娟在东京残奥会女子标枪 F34 级决赛上夺得金牌。第五投以 22.28 米的成绩成功卫冕，追平由她本人保持的该项目世界纪录，创造新的残奥会纪录。8 月 31 日，在东京残奥会田径女子铅球 F34 级决赛中，邹莉娟以 9.19 米的成绩夺得金牌，并打破由她本人保持的 8.82 米的世界纪录。（融媒体中心）

扬中姑娘邹莉娟东京残奥会夺冠（融媒体中心供图）

【扬中市第十二届男子篮球联赛】 2021 年 9 月 25 日，“古井贡酒·年份原浆古 20”杯 2021 年扬中市第十二届男子篮球联赛开赛，26 支队伍 500 余人参赛。本届篮球联赛由市总工会、市文体广电和旅游局主办，市篮球协会承办。比赛分为竞赛组和健身组，竞赛组采用 4×10 分钟的比赛方式，健身组采用 4×8 分钟的比赛方式，第一阶段比赛将根据比赛积分排定名次，积分高者进入第二阶段后进行交叉排位赛确定最终名次。赛程历经 4 个月，经过角逐，三茅街道长兴楼新蜂篮球俱乐部以 74:62 战胜西来风驰篮球俱乐部，夺得联赛冠军。（徐晶）

9 月 25 日，2021 年扬中市第十二届男子篮球联赛（融媒体中心供图）

【镇江市第十六届运动会学生部、群体部羽毛球比赛】 2021 年 9 月 10—15 日，镇江市第十六届运动会羽毛球比赛在扬中市奥体中心举办。镇江全市的 6 支学生代表队、12 支群体代表队，250 名队员参赛。经过角逐，扬中市运动员们获得学生部羽毛球比赛（小学、初中）儿童甲组男子团体第二名、儿童乙组女子团体第三名、羽毛球比赛（群体部）混合团体第三名。（徐晶）

【第六届残疾人羽毛球比赛】 2021 年 12 月 3 日是第 30 个“国际残疾人日”。扬中市第六届残疾人羽毛球比赛在残疾人体育训练基地（王成佳体育活动中心）开赛。此次比赛以镇（街、区）为单位进行团体比赛，新坝镇代表队等 6 支队伍参赛，经开区代表队、油坊代表队、三茅代表队获得前 3 名。（融媒体中心）

【2021 年江苏省老年人桌上冰壶球俱乐部联赛（镇江站）】 2021 年 12 月 4 日，江苏省老年人桌上冰壶球俱乐部联赛（镇江站）在扬中市老年人活动中心举行。本次活动由江苏省体育总会、江苏省老年人体育协会、镇江市老年人体育协会主办，扬中市老年人体育

协会、扬中市创优俱乐部、扬中市老年人活动中心协办。扬中市一队、句容市代表队、丹阳市代表队、镇江新区代表队、丹徒区代表队获得团体优胜奖;扬中市二队、京口区代表队、润州区代表队获得团体优秀奖;王进等5位男士、施兰美等5位女士获得男、女个人优胜奖;陈吕发等3位男士、严萍等3位女士获得男、女个人优秀奖。 (徐晶)

群众体育

【“体医结合”新路径】 2021年,扬中市文体广电和旅游局与市卫健委开展“体育+医疗”创新合作,探索“体医结合”发展新路径,在全市开展1个运动促进健康中心(市中医院)和3个运动促进健康服务站(市八桥中心卫生院、市三茅街道社区卫生服务中心、市新坝中心卫生院)试点工作。新创建的“1中心3站点”结合老年人具体慢病情况,开展体能测试,为老年人健身运动提供科学合理的建议,累计服务人数超千余人。 (徐晶)

【2021年省老年人体育节扬中分会场开幕式】 2021年4月7日,江苏省老年人体育节扬中分会场开幕式暨八桥镇老年人体育健身优秀节目展演活动在利民乡村大舞台举行。活动在欢乐腰鼓、柔乐球、健身操、太极拳等项目的集体展演开幕,八桥镇的14支代表队先后登场,表演广场舞、秧歌、柔力球等特色健身项目,展示出老年人积极、向上、健康、快乐的精神风貌。 (徐晶)

4月7日,江苏省老年人体育节扬中分会场开幕式

(融媒体中心供图)

【2021年第五届机关四人制篮球比赛】 2021年4月16日,“爱视家眼科 吴良材眼镜”杯2021年第五届机关四人制篮球比赛开幕,此次比赛由市级机关工委、市总工会、市文体广电和旅游局主办,市篮球协会、市奥体中心承办的。全市有24支球队200余名篮球爱好者参加比赛。经过6天72场比赛,金控集团获得冠军,新坝镇获得亚军,教育局获得季军。第四至第八名的单位依次是绿洲新城、住建局、大航集团、卫健委和应急管理局。 (徐晶)

【老年太极拳大联动八桥分会场】 2021年5月19日,八桥镇老年人体育协会、永兴村村“两委”、永兴村老年人体育协会在永兴村老年活动中心广场联合举行2021年全国老年太极拳大联动八桥分会场展演活动。八桥镇中老年太极拳团队、八桥镇志成太极拳俱乐部和各村太极拳团队集体展演气功八段锦、二十四式和四十二式太极拳、功夫扇等。 (融媒体中心)

【扬中市城市业余联赛暨第二届机关游泳比赛】 2021年9月28日,扬中市城市业余联赛暨第二届机关游泳比赛在扬中市奥体中心游泳馆举办。此次比赛有6个代表队,运动员由全市的40多名机关单位工作人员组成。经过角逐和统计,比赛成绩按团队积分排名:市政协代表队、教育局代表队及绿洲新城代表队分别荣获此次比赛的第一、二、三名。 (徐晶)

【扬中市千人广场舞、太极拳、健身气功大展演】 2021年10月16日,“颂歌献给党 幸福舞起来”扬中市千人广场舞、太极拳、健身气功大展演在奥体中心体育馆举行。本次活动作为全省百万人广场健身舞大展演的一部分,由扬中市文明办、扬中市文体广电和旅游局、扬中市体育总会主办,扬中市健身秧歌协会承办。活动得到广大健身爱好者们的响应,全市各镇(街、区)参加广场舞展演的900余人,参加太极拳、健身气功展演的400余人。 (徐晶)

扬中市千人广场舞太极拳、健身气功大展演

(文广体旅供图)

社会生活

收入与消费

【居民收入】 2021年，扬中市居民收入不断增长，全体居民人均可支配收入53719.5元，比上年增长9.3%。其中城镇居民人均可支配收入65232.4元，增长8.6%；农村居民人均可支配收入35818.8元，增长10.3%。 （马万鹏）

【居民消费】 2021年，扬中市居民消费呈恢复性增长，人均生活消费支出30185.7元，比上年增长22%，其中城镇居民支出33486.6元，增长19.8%；农村居民支出25053.2元，增长26.2%。 （马万鹏）

就业创业

【概况】 2021年，扬中市城镇新增就业8000人，城镇失业人员再就业5637人，城镇失业登记率控制在2.01%以内，就业困难人员再就业2720人。扶持创业2109人，创业带动就业8751人，发放创业贷款4057万元，新增农民创业436人，引领大学生创业359人。开展创业培训846人，城乡劳动者职业技能培训2146人，新生代农民工技能提升培训992人。 （常春）

3月，"春风行动"新春现场暨网络直播招聘会
（人社局供图）

【精准帮扶】 2021年，扬中市人社局通过分类提供岗位信息、就业、指导、创业扶持等服务，对就业困难人员实行"一对一"帮扶。累计发放灵活就业社保补贴1675万元，落实企业一次性吸纳登记失业半年以上人员及毕业年度高校毕业生就业补贴，为32家企业吸纳上述人员77人，累计发放补贴7.7万元。 （常春）

【创业服务项目申报】 2021年，扬中市人社局申报创建省级创业孵化基地1家，按评审程序通过镇江市初审。创成镇江市级创业孵化基地3家，入围省级优秀大学生创业项目4个，获"镇江市创业明星"称号2人，发放创业贷款4057万元，一次性创业补贴43.4万元。 （常春）

【"创响江苏"创业指导专家团——扬中行活动】 2021年，扬中市邀请江苏省创业服务协会副会长、"创响江苏"创业指导专家团首席专家王伟，到长旺社区电商产业园开展题为"返乡创业与创业致富路径"的讲座，围绕智慧农业发展、农业品牌创建、乡村数字经济培育、农业农村创业创新4方面内容为基层提供创业指导。 （常春）

【扬中市创新创业大赛暨中国·镇江国际菁英创业大赛线上选拔赛】 2021年9月29日，扬中市举办2021年扬中市创新创业大赛暨中国·镇江国际菁英创业大赛（扬中）线上选拔赛。该次线上选拔赛采用"10+5"模式，即参赛选手陈述10分钟，评委提问5分钟，20支参赛团队依次开展项目路演，推介新产品、新项目。李宏福博士的连续纤维智能化热塑复合材料产业化等10个项目晋级总决赛。 （融媒体中心）

【扬中市高层次人才创新创业大赛总决赛】 2021年11月9—10日，2021年扬中市高层次人才创新创业大

赛总决赛举行。22个创新创业团队参加比赛,“新型城市地下工程施工助剂材料的产业化”和“C级系列高温绝缘材料的研发及应用”两个项目获大赛一等奖。创新创业大赛启动以来,历经3个多月的组织,海内外多个国家或地区69个创业项目参赛,39个项目通过资格审查,其中博士学位27人,硕士学位12人,19人具有海外留学经历。经过线上选拔赛和上海专场赛2场分站赛的角逐,选拔出22个优质项目晋级总决赛,13个项目落户,5个项目洽谈落户中。活动上,新坝镇与“低成本微型燃机开发及产业化”以及“量子功能材料的晶体生长”两个项目团队分别签约;金控集团与“量子功能材料的晶体生长”项目团队签订投资意向协议;油坊镇与“新型城市地下工程施工助剂材料的产业化”“针对慢性病的中药透皮透黏膜新制剂开发”两个项目团队分别签约;八桥镇与“严酷环境下钢筋混凝土防护技术体系”项目团队签约;经开区与“C级系列高温绝缘材料的研发及应用”项目团队签约。

(融媒体中心)

11月9—10日,2021年扬中市高层次人才创新创业大赛总决赛 (融媒体中心供图)

人事人才

【概况】 2021年,扬中市开展事业单位人员公开招聘活动9次,发布招聘岗位191个,聘用136人。培养引进专科以上学历3934人,其中本科以上1720人,举办招聘活动35场,累计服务1293家(次)企业,提供就业岗位2.59万个,促成就业意向4627人,组织实施7条校园引才路线,走进省内外16所高校招揽人才,收到毕业生简历1196份,与近200名应届高校毕业生达成就业意向,开发就业见习岗位1554个,组织344名青年(含高校毕业生)参加就业见习。全年新增高技能人才485人,入选江苏省高技能人才专项公共实训基地1家、江苏省级乡土人才示范工作室1家、省级乡土人才大师工作室2家,获评江苏省企业首席技师1人,入选江苏工匠1人,获评镇江市首席技师2人,获“江苏省技术能手”称号2人。 (郭爱军 郑娅 王梅)

【“才聚江洲”系列人才新政发布】 2021年6月4日,扬中市委、市政府印发《扬中市关于实施“才聚江洲”助力产业强市的若干意见》《大学生“荟扬”计划(2021—2025)》《产业工人“聚扬”计划(2021—2025)》。6月7日,扬中市人才新政发布暨优秀青年人才选调培养计划启动仪式在吉林大学举行。启动仪式上,扬中市青年联络站(长春站)揭牌,人社部门通过政策宣传、就业指导向广大吉大学子发出“在扬中‘遇’见你”的邀约。重点企业推介会上,大全集团和蜂巢易创动力系统(江苏)有限公司展示企业特色与风采,现场与学生互动交流。扬中市推出的“才聚江洲”系列人才新政,通过生活补贴、项目激励、服务优化等组合而成的“大礼包”,吸引人才特别是全国高校毕业生到扬中市就业创业。符合条件的,可以享受每月最高1500元的生活补贴、1000元的租房补贴,最高100万元的购房补贴、全额契税补贴等政策;到扬中创业的人才除各种补贴外,享受项目资助、创业资助、金融贷款、场租优惠等扶持政策;扬中籍毕业生返乡就业创业,可以享受最高一次性奖励6000元。 (融媒体中心)

【引才补贴奖励】 2021年,扬中市发放引才补贴和考核奖励12万元。引进和培育的专业人力资源机构,在解决企业用工需求上成效明显,其中镇江智慧人力资源有限公司为扬中55家企业提供企业风控、团队建设等服务,江苏昆山仁信和辰星人力资源有限公司为扬中输送劳务人员700余人。 (郑娅)

社会保险

【概况】 2021年,扬中市企业职工参保人数10.02万人,养老金按时足额发放率100%,企业退休人员社区管理服务率100%,基金征缴收入8.07亿元,工伤保险参保人数7.99万人,基金征缴收入2425万元。机关单位参保人数8875人。城乡居民养老保险基础养老金发放率100%,参保人数3.16万人。全市有退休人员9.46万人,其中企业退休、离休人员3.5万人,机关事业单位离、退休人数4591人，城乡居民养老保险领取人数5.5万人。医疗保险参保总人数28.86万人，职工医保12.99万人、居民15.87万人。职工医保基金收入6.99亿元，支出5.47亿元，当期结余1.52亿元，累计结余16.46亿元；居民医保基金收入1.64亿元，支出1.70亿元，当期赤字0.06亿元，累计结余0.71亿元。

（施吉鸿、王玲玲）

【“人社服务365”品牌】 2021年7月1日，扬中市人社局推出“人社服务365”品牌，系全省首家在周末双休日提供便民政务服务的行政机关。在市人社局服务大厅东侧新设“周末服务大厅”，每周双休日（国家法定节假日除外）为广大企业和市民提供社保、就业、人才、劳动关系等业务咨询及基础性业务办理服务。另在“周末服务大厅”外设立“24小时人社自助营业厅”，结合“江苏人社” 网上办事大厅、“江苏智慧人社”App等线上智能服务平台，持续强化“人社服务365全年服务不打烊”的服务效果和品牌效应，让企业和群众享受到就近、真切、便捷、高效的人社服务。 （施吉鸿）

“人社服务365 周末不打烊”周末服务办事群众

（人社局供图）

【人社“心”社保服务品牌上线】 2021年，扬中人社坚持以人民为中心的发展思想，围绕“稳就业、强保障、聚人才、促和谐”的工作目标，以“‘心’社保 新服务 ‘心’陪伴”为活动主题，创新推出“心”社保服务品牌，聚力打造政策称心、参保安心、保障放心、领取省心和服务舒心的五“心”社保服务。推动各类群体依法参保、及时缴费，2021年新增企业参保3017人。居保扶贫全覆盖，全市困难群体实现100%参保登记、100%全额代缴、100%享受待遇。5月，人社局开通企业网上申报系统。7月，创新打造“人社服务365”品牌，率先推出“人社服务365全年服务不打烊”。9月，实行人社综合柜员制改革。12月，开办农商银行社保金融超市，打造城区步行15分钟、乡村辐射5公里的人社服务圈。 （施吉鸿）

【省人社一体化信息平台切换上线】 2021年5月11日，江苏省人社一体化信息平台在扬中正式切换上线，扬中人社信息化全面进入大集中、大服务、大数据时代。省人社一体化信息平台建设是一项复杂庞大的系统性工程，平台采用人社部最新的LEAF6.2架构，是纵向集中统一、横向集约整合、纵横联动协同的大平台。2021年，扬中开通网上办事事项221项，其中含办事186项，查询事项35项，涉及社会保险、就业创业、人事人才、劳动关系和社会保障卡5大板块。个人用户和单位用户大多数业务都可以在网上办理，减少疫情期间现场经办的压力，6个月时间，全市注册网上办事服务大厅单位数2190家，占全市总参保单位数的70%，实现人社业务在家办、随时办、自助办、掌上办。

（李满）

【综合柜员制改革】 2021年，扬中市人社局以打造人民满意的人社公共服务为目标，依托全省一体化信息平台，以“大厅咨询引导、前台综合受理、后台分类审批、限时办理反馈、全程公开透明、服务优质高效”为主要内容，推进完成综合柜员制改革，重新调整配置人社服务大厅，设置咨询引导台1个、全业务综合窗口6个、业务专窗6个，自助服务区1个，实现人社日常业务一窗办、一网办、全省办。 （王晓蓉）

综合柜员制改革窗口服务人员合影 （人社局供图）

【医保大市统筹】 2021年，扬中市按照国家、省、市关于推进医疗保障市级统筹的工作要求，围绕医疗保障基本制度、待遇标准、基金管理、经办管理、定点管理、信息系统“六统一”目标，有序推进实施医保市级统筹工作。10月，扬中市政府常务会议审议通过全面实施医保大市统筹的相关政策；12月8日，统一上线国家医保信息平台；2022年1月1日，全面执行镇江市级统筹政策。 （王玲玲）

【15分钟医保服务圈】 2021年，扬中市深化医疗保障四级网络建设，全市6个镇便民中心、85个村(社区)便民中心、6个镇医疗保障服务中心、45个村(社区)医疗保障服务站实现医保相关业务通办。打造“15分钟医保服务圈”省级1个(扬中市新坝镇行政审批局)、市级示范点2个(八桥镇为民服务中心、扬中市医疗保障新坝服务中心)。开展“上培下训、师徒结对”活动，建立督查考核机制，压沉基层承办业务量，各级基层平台办理医保服务事项万余件。 （王玲玲）

【全方位无缝监管体系】 2021年，扬中市全面打造“依法监督、合力监管、借力监管、群众监管”360°基金监管四大平台，推行医保基金网格化监管，全市划分为6个网格，实行分级管理。全年处理各类违规案件34件，其中行政处罚12件，解除定点零售药店协议1家，追回医保基金370万元，行政处罚300万元。开展扬中市第一届医保“四十佳”评选活动，评选出“十佳医保工作者”“十佳医保医师”“十佳医保护师”“十佳医保药师”各10人，营造模范履行医保服务协议、依法依规开展医疗服务氛围。 （王玲玲）

【药品耗材集中带量采购】 2021年，扬中市推进药品(耗材)集中带量采购，切实减轻群众医药负担。全年有5批国家集采和1批省集采169个品规药品、1批国家集采耗材（心脏支架）以及4批省市组织集采的药品(耗材)在扬中市落地。所有国家集采药品降价幅度在50%以上，减少相关药品支出1000余万元；耗材降幅在80%以上，其中心脏支架参与集采近300个，节约耗材支出200余万元。 （王玲玲）

【医保关爱项目】 2021年，扬中市探索疾病“预防前移”和医保服务“重心下移”，医保基金由被动支付向主动干预转变。“关爱肺健康·绿色呼吸”项目收官，实检8261人，肺癌确诊57例，提高肺癌早期诊断率及治疗率；“关爱失能人群·家庭病床”项目稳步推进，累计建床318张，实现看病不出门、医护能上门、药品送到人；“关爱亚健康·慢病管理”项目启动，组建全市慢病鉴定专家库，定期开展免费鉴定，规范引导用药，提高门诊慢性病的健康管理水平。 （王玲玲）

【医疗救助】 2021年，扬中市医保局联合民政、慈善、残联等部门，建立跨部门信息共享平台和多部门联合救助机制，实施医疗一网联盟救助，有效避免因病致贫返贫。完善医保三大“健康档案”，针对残疾、行动不便和长期随子女在外生活的参保人，建立“便民档案”，实行上门办、现场办、邮寄帮办；针对家庭困难、特别是因急难型大病导致经济困难的参保人，建立“帮扶档案”，主动适时综合救助；针对一个家庭多人患病的参保人，建立“爱心档案”，邀请专家开出家庭健康处方。全年实时救助3.32万人次，救助金额330.69万元，被镇江市委、市政府评为全市脱贫攻坚暨对口帮扶支援合作先进集体。 （王玲玲）

【“向日葵”医保服务品牌】 2021年，扬中市医保局打造“学亚夫、做亚夫——向日葵”先锋团队，持续开展健康义诊、政策宣传、咨询帮办、医疗帮扶、“梦想小屋”、爱心妈妈、关爱孤寡老人等近10项长期的公益活动。“‘向日葵’情暖寡孤老人”项目收官，志愿服务队先后赴三茅、西来、八桥、新坝、油坊和经开区敬老院，在重阳节、春节等重要节日向敬老院老年人赠送爱心羊绒衣300余件。“向日葵”服务品牌获“扬中市服务高质量发展十佳品牌”，“向日葵”医保志愿服务队获“镇江市最佳志愿服务组织”。 （王玲玲）

【医保电子凭证上线】 2021年1月，扬中市医保电子凭证正式上线，参保人员通过医保电子凭证在全市77家定点药店购药。医保电子凭证由国家医保信息平台统一签发，是基于医保基础信息库为全体参保人员生成的医保身份识别电子介质。可从支付宝、“我的医保”微信公众号以及“江苏医保云”App激活医保电子凭证。激活医保电子凭证后，市民通过手机二维码即可结算。 （融媒体中心）

【医疗保障人民医院分中心揭牌】 2021年12月，扬中市医疗保障人民医院分中心成立并举行揭牌仪式，医疗保障人民医院分中心正式对外运行，参保人员可在此享受便捷的“一站式”服务。2020年起，扬中市医保局在全市各社区卫生院成立医保服务中心，将医保经办服务延伸到基层医疗机构，作为扬中市最大的综合性二甲医院，市人民医院服务着全市所有参保者，承担医保基金70%左右的使用量。医疗保障人民医院分中心的经办流程、服务规范等与市医保服务大厅统一标准，可办理个人账户查询、异地就医备案、慢性病登记备案、特药登记备案、零星费用报销和新生儿参保等20余项医保业务，解决就诊参保人员的医保服务需求。 （融媒体中心）

民族宗教事务

【民族概况】 2021年，扬中市有23个少数民族，分别为土家族、回族、壮族、满族、侗族、蒙古族、瑶族、布依族、彝族、黎族、朝鲜族、苗族、仡佬族、土族、达斡尔族、白族、哈尼族、傣族、畲族、仫佬族、锡伯族、阿昌族、维吾尔族，人数559人。扬中市民族团结促进会，会员有32人。现有伊香源清真拉面馆21家。 （施奇）

【宗教概况】 2021年，扬中市主要有佛教、伊斯兰教、基督教等宗教。佛教信众5000余人，伊斯兰教100余人，基督教信众1200余人。全市依法登记的宗教活动场所18处，其中佛教4处，分别是太平寺、新坝镇老徊庙、新坝镇联合念佛堂、观音禅院；伊斯兰教临时礼拜点1处；基督教13处，分别是新坝镇2处、三茅街道1处、油坊镇6处、八桥镇1处、经开区3处。宗教活动场所现有教职管理人员28人，其中，佛教11人，伊斯兰教1人，基督教16人。各宗教活动场所均成立管理小组，分别负责传教、财务、宣传等各项事务。全市有宗教团体2个，市佛教协会会长由心和担任，市基督教三自爱国运动委员会主席由徐和娣担任。 （施奇）

【“民族团结一家亲 喜迎建党一百年”宣传月活动】 2021年6月，扬中市民宗局开展“民族团结一家亲 喜迎建党一百年”宣传月活动。侨台民宗组政协委员调研江苏省扬中中等专业学校“红石榴家园”，参观剪纸文化传承基地，了解云南学生学校生活、就业情况。推动省扬中专与蜂巢易创长城汽车签订校企合作，帮助解决少数民族学生就业问题。开展“颂党恩 庆百年”少数民族庆祝中国共产党成立100周年活动，展演乐曲《月光下的凤尾竹》。 （施奇）

【“红石榴家园”民族工作平台创建】 2021年，扬中市民宗局持续推动“红石榴家园”民族工作平台创建，扬中第二家“红石榴家园”民族工作平台在宜禾股份有限公司民族服装馆成立。民族服装馆展出各类民族服饰，展现各族服饰文化底蕴，民族特色鲜明。 （施奇）

【“固网强基”行动】 2021年10月，扬中市开展“固网强基”行动。历时三月研究制定下发《关于强化宗教工作“三级网络两级责任制”的实施意见(试行)》(扬委民宗领办字〔2021〕4号)。压实市委民族宗教工作领导小组成员单位、各镇(街、区)与各村(社区)主体责任，明确工作任务、目标、措施、责任、奖惩等。做到“网格脉络史上最清”“责任明晰史上最细”“依法依规史上最严”，完善上下联动、相互配合、协调有力的工作机制，确保宗教工作延伸到镇、落实到村、规范到点，全覆盖、高效率依法管理宗教事务，推进基层宗教基础建设迈上新台阶。 （施奇）

【宗教团体换届工作】 2021年9月25日，扬中市佛教协会第四次代表大会在扬中太平寺召开。会议听取并审议第三届理事会工作报告，通过新修订的《扬中市佛教协会章程》，选举产生协会第四届领导班子，太平寺负责人心和当选为新一届会长。10月11日，基督教三自爱国运动委员会召开第四次代表会议暨换届大会。会议审议并通过第三届领导班子所作的近五年工作汇报，选举产生以基督教中心教堂负责人徐和娣为主席的“三自会”新一届领导班子。 （施奇）

【民宗领域安全工作专项整治三年行动】 2021年，扬中市民宗局开展安全生产系列活动，全面完成民族宗教领域安全工作专项整治三年行动。严格落实部门监管责任，开展宗教活动场所安全检查22次，完成房屋安全鉴定12家，改善同善堂基础设施，伊斯兰教临时礼拜点完成搬迁，协调处理三茅街道康福弄基督教活动点房屋使用问题。针对安全工作存在的问题再梳理、再核查，闭环整改安全生产全部隐患。 （施奇）

2021 年扬中市宗教活动场所一览表

表 19

场所名称	负责人	地　点
太平寺	心　和	开发区双跃社区
新坝镇老甸庙	心　和	新坝镇新宁村
新坝镇联合念佛堂	心　和	新坝镇红联村
观音禅院	仁　智	国土公园
扬中市基督教中心教堂	徐和娣	开发区德云社区
新坝镇新坝基督教活动点	匡　燕	新坝镇新坝社区
新坝镇公信村基督教活动点	田成生	新坝镇公信 6 组
三茅街道康福弄基督教活动点	成兰芳	三茅街道春柳南路
开发区新星村基督教活动点	张纪珍	开发区新星村 12 组 207 号
开发区双跃村基督教活动点	丁兰凤	开发区双跃社区长征小区
油坊镇同乐村基督教活动点	倪小兰	油坊镇同乐村 8 组
油坊镇太平村基督教活动点	李明兰	油坊镇太平村
油坊镇老桥村基督教活动点	王桂英	油坊镇老桥村五组
油坊镇油坊村基督教活动点	朱霞芳	油坊镇油坊村七组
油坊镇鸣凤村基督教活动点	董秀芬	油坊镇鸣凤村 10 组
油坊镇老郎村基督教活动点	侯纪娣	油坊镇老郎村 17 组 127 号
八桥镇利民村基督教活动点	钱克龙	八桥镇幸福社区 4 组
三茅街道伊斯兰教礼拜点	马忠义	三茅街道扬中大道(环城东路段)530 号

(施奇)

民政事务

【概况】 2021 年，扬中市深入推进殡葬领域改革，调整全市节地生态用地规划，开展农村殡葬礼俗改革试点工作，持续推进殡葬领域突出问题整治工作。惠民殡葬减免 2391 户，惠民金额 549.93 万元。结婚登记 1426 对，离婚登记 422 对，收养登记 14 件。销售福利彩票 2800 万元，销量比上年增长 77%，即开票销量增长显著，增长 145%。办理社会组织登记 75 件，完成与扬州市广陵区、江都区的界线联检，年内收到人大代表建议和政协委员提案 5 件，办结率、满意率 100%。销售福利彩票 2800 万元，扬中市民政局婚姻登记处获得江苏省“三八红旗集体”。 (周轶群)

【儿童关爱之家建设】 2021 年，三茅街道提档升级“儿童关爱之家”，申创省级儿童“关爱之家”示范项目。项目通过购买社会组织服务开展运营，为辖区内的困境、留守儿童以及其他未成年人提供课业辅导、爱心暑托、家庭教育辅导、心理支持、康复训练等综合服务，打造运营社会化、项目品牌化的未成年人关爱保护阵地。扬中市有儿童“关爱之家”2 所。 (周轶群)

【留守、困境儿童排查】 2021 年，扬中市开展留守、困境儿童精准排查工作，通过“大数据+网格化+铁脚板”的形式，通过汇总、比对教育、公安、残联等部门掌握的生活困难需要帮助的儿童名单，逐一走访核实，确定 30 名留守儿童和 299 名困境儿童名册，对这些儿童开展风险评估，根据评估结果做好分级、分色管理，普通儿童为绿色低风险、需要关爱的儿童为蓝色中低风险、

需要兜底的儿童为黄色中高风险、需要紧急干预的儿童为红色高风险，因人施策，做好关爱保护，形成“一人一档”。（周轶群）

“雏鹰心向党 牵手共成长”儿童关爱活动

（民政局供图）

【丧葬礼俗改革】 2021年，扬中市在油坊镇同德村开展丧葬礼俗改革，通过开辟集中节地生态安葬点，宣传推广骨灰撒散等节地生态安葬方式，鼓励和引导群众采用骨灰堂存放、树葬、深埋等节地生态安葬方式，促进人与自然和谐发展。（周轶群）

【殡葬机构服务环境提升】 2021年，扬中市殡仪馆投入600余万元对火化炉加装环保尾气处理设备，添置环保型随葬品焚化炉，打造孝文化长廊。三茅街道璟春园投入80余万元维保焚化炉及除尘设备、消防设施，改造出新围墙，增加厚养礼葬、家风家训等宣传内容，文明殡葬氛围愈加浓厚。（周轶群）

养老服务

【概况】 2021年，扬中市60周岁以上老年人口8.02万人，占全市户籍人口总数的28.54%，扬中市已步入深度老龄化社会，养老服务需求更加旺盛。持续完善养老服务体系，优化高龄老年人尊老金发放管理流程，政府购买居家养老服务补贴方式更加科学合理，全市1.1余万名老年人享受政府购买居家养老服务。严格做好养老服务领域疫情防控工作，推动养老机构开展等级评定工作，油坊镇敬老院完成公办民营改革。委托第三方机构依托智慧养老服务信息平台，强化对居家养老上门服务全流程监管，提高居家养老服务水平和财政资金的使用效益。强化老年关爱服务，建立养老服务顾问制度，探索实施养老服务“时间银行”服务模式，加大社会力量的养老服务参与度。（周轶群）

【尊老金发放管理改革】 2021年，扬中市将79周岁及以上高龄老年人尊老由原来的市、镇、村（社区）三级审核审批调整为镇、村（社区）两级审核审批，由原来的每半年发放1次调整为每月发放1次，缩减申报审批流程，提高办事效率。（周轶群）

【居家养老服务建设】 2021年，扬中市建成标准化居家养老服务中心9家，居家适老化改造160户困难老年人，建成家庭养老床位100张。完成三茅街道、八桥镇、西来桥镇政府购买居家养老服务统一招标，全市79周岁及以上老年人享受普惠性居家养老服务的标准由50元/户/月调整为37.5元/人/月，补贴更精准。制订《扬中市居家和社区养老服务考核管理办法（试行）》，依据百分制考核管理办法对居家养老服务中心、老年人助餐点进行综合评估，补贴更科学。（周轶群）

中桥社区居家养老服务中心　（融媒体中心供图）

【养老服务监管】 2021年，扬中市成立江洲虚拟养老院，委托第三方专业服务机构运营管理，线上监管与线下服务相结合，全流程监管养老服务。开通“88512349（帮帮我12349）”养老服务热线，汇集上百家优质加盟商，24小时为老年人提供助餐、理发、家政服务、水电维修、康复理疗等服务，提升全市养老服务监管水平。（周轶群）

【老年关爱服务】 2021年，扬中市建立养老服务顾问制度，市、镇、村三级成立养老服务顾问中心、站点92家，吸纳各类顾问205名。完善养老服务“时间银行”制度，倡导“服务今天、享受明天”理念，鼓励“银龄互助”与“老青互助”，各镇、区设立时间银行服务站点，有志愿者400余人，开展各类养老志愿服务1200余人次。对全市所有分散供养特困老年人、重点独居老人、农村留守老人开展每月不少于1次上门巡访服务、每周2次电话问询服务。对300余名探访对象线下走访400余人次、电话关爱2000余人次，解决各类问题572件，一事一档、闭环处理。（周轶群）

【连锁养老机构创建】 2021年，扬中市新增1家省级机构养老连锁品牌机构——扬中幸福之家养老服务有限公司，连锁运营扬中市3家养老机构。培育1家居家养老连锁品牌机构——镇江聚力养老管理服务有限公司，连锁运营油坊镇范围内所有居家养老上门服务、居家养老服务中心和老年人助餐点，扬中市居家和社区养老服务的社会化、专业化水平持续提升，规模化优势逐步显现。（周轶群）

智慧养老服务中心信息化探访关爱（民政局供图）

【养老护理员职业技能培训班】 2021年12月，扬中市举办2021年养老护理员职业技能培训班，培训内容涉及老年人常见疾病护理、饮食护理、消防、食品安全等。全市近400名一线在岗养老护理员中，持有职业资格证书的300名左右，持证上岗率75%，与老年人不断增长的高质量护理服务需求很不匹配。举办养老护理员职业技能培训是养老护理职业化、专业化的必然趋势，更是应对人口老龄化、提高老年人幸福指数的迫切要求。此次培训加强养老护理员队伍建设，提高全市整体养老护理服务水平。（融媒体中心）

基层自治

【概况】 2021年，扬中市创新深化基层治理，实现民主协商议事会全覆盖，形成“民事民治、民事民议、民事民办”的村级议事协商新机制；举办第六届公益创投大赛，通过发挥社会组织示范引领作用，推动扬中市社会组织及公益事业高质量可持续发展。在镇江率先实现镇级社工站全覆盖，以社校共建模式首创建立校级社工室。与市人才办联合出台《扬中市社会工作人才引育计划》，发挥社工人才在社区建设、社会福利、慈善救助、司法矫正等领域的重要作用。（周轶群）

【创新社区治理】 2021年，扬中市58个村、27个社区居委会依法完成换届，实现民主协商议事会全覆盖，构建多元共治的议事协商机制和氛围。八桥镇利民村创新工作方式方法，形成“民事民治、民事民议、民事民办”的村级议事协商新机制，入选全国村级议事协商创新实验试点单位。新坝镇先行先试“基层两长制”，发挥党小组长和村民小组长在社区治理中的作用，激活基层治理神经末梢。（周轶群）

【社工人才发展】 2021年，扬中市加强社会工作服务阵地建设，在镇江率先实现镇级社工站全覆盖。完成统筹全市社工发展的为民社会工作服务中心设立登记，西来桥幸福社区率先成立村级社工室，扬中市第二高级中学以社校共建模式首创建立校级社工室。与市人才办联合出台《扬中市社会工作人才引育计划》，激发社工人才干事创业热情，发挥其在社区建设、社会福利、慈善救助、司法矫正等领域的重要作用。（周轶群）

社会救助

【概况】 2021年，扬中市全面提高民政对象保障标准，城乡低保标准提高至每人每月820元，农村特困人员供养标准提高至每人每月1070元，机构供养孤儿、散居孤儿基本生活费补贴标准分别提高至每人每月2587元和1940元。全年发放城乡低保金709.19万元，临时救助资金62万元，特困供养资金364.83万元。持续开展城乡低保专项治理，新增低保对象29户、48人，退出63户、99人。加强基层慈善组织能力建设，规范慈善资金的募集、管理和使用，慈善救助资金逾500万元。全面开展低收入人口认定工作，分两个批次开展排查认定，排查972户、2282人，认定低保边缘户60户、114人，支出型贫困家庭1户、4人。城乡低保835户、1088人，其中农村低保782户、1022人；城乡特困人员285人，其中集中供养对象182人；困难残

疾人生活补贴对象3150人，重度残疾人护理补贴对象2773人。 （周轶群）

【社会救助改革】 2021年，扬中市深化社会救助改革。修订完善扬中市临时救助申请审批套表，优化相关内容，简化审批程序和申请手续。把服务端口前移，在西来桥镇建立全市首家镇级“社会救助服务中心”，试点开展困难家庭救助帮扶综合评估；在八桥镇永胜村建立首家村级“社会救助服务站”，打造“家门口的救助”。 （周轶群）

【慈善救助】 2021年，扬中市在各镇（街区）挂牌成立慈善服务中心，成立慈善超市9家，投入110万元开展特殊困难对象生活物资救助，以慈善超市为阵地开展各类救助服务和宣传，惠及全市低保、特困和困境儿童对象1087人，打造百姓身边的慈善救助。率先在镇江地区开展“幸福家园”村社互助工程建设试点并召开镇江市现场推进会，将各村（社区）慈善工作站慈善资金募集渠道拓展到“线上”，逐步实现全市各村（社区）全覆盖。 （周轶群）

新坝镇慈善超市 （民政局供图）

【住房保障】 2021年，扬中市棚改项目为扬子新村旧城改建项目二期（货币安置），上报江苏省住建厅247套。出售经济适用房1套。出租公租赁房29套，其中中低下收入人群10套，新就业人群15套，外来务工人群4套。 （陈超）

社会公益

【麦田慈善基金会获“公益组织奖”】 2021年1月28日，在上海举办的第十届中国公益节上，扬中市麦田慈善基金会获2020年度“公益组织奖”。成立15年来，麦田慈善基金会先后发起“520”荧光夜跑、一双球鞋的暴走、满城放飞千纸鹤、“画出彩虹”公益绘画、“典”燃梦想、每周三去哪儿、山区教师培训、“金色麦苗”夏令营、皂亮未来、岁月留声机、小麦苗合唱团、妙笔生画、请听我说、小小朗读者等品牌项目和筹款活动。项目实施区域累计覆盖15个省，总筹款1500万元，受益人10万人。中国公益节是国内首个由大众媒体联袂发起的以“公益”命名的节日。活动旨在弘扬公益精神，倡导公益行为，搭建多方深度对话、合作沟通的平台，已成为中国公益慈善领域最具影响力的年度盛事，活动总体传播、覆盖和影响人群已超过6000万人次。 （融媒体中心）

【第七届“520”荧光夜跑活动】 2021年5月20日，扬中市举办第七届“520”荧光夜跑活动。活动全程5.2千米，54支参与队伍，数百名公益爱好者参加。作为一场公益徒步筹款活动，此次“520”荧光夜跑累计收到善款37.8万元，用于开展“梦想小屋”和“河马放映队”等公益项目。 （融媒体中心）

“520”荧光夜跑 （融媒体中心供图）

【“地球一小时”活动】 2021年3月27日，扬中市“绿色WE来——地球一小时”活动在市奥体中心北广场举行，通过绿色骑行的方式，为地球发声。此次活动由扬中市新时代文明实践中心、水利局、生态环境局、机关事务管理中心、麦田慈善基金会共同主办。活动前期，麦田慈善基金会通过微信平台招募近400名绿苗骑行者沿着奥体北广场、迎宾大道、太平桥、汽车站、翠竹南路、滨江大道、迎江大道这一路线骑行，通过骑行约30分钟的路程到达终点站奥体北广场。微扬中、麦田慈善基金会等官方微信平台就向全市发出倡议，宣传“绿色、低碳、环保”的公益理念，号召更多环保人士从自己做起、熄灯一小时、为地球发声，为把扬中建设成绿色、文明的江中小岛贡献力量。扬中市市政府、生态环境局、沙家港港闸等单位通过熄灯一小时方式,号召市民践行低碳环保的生活方式。

(融媒体中心)

【扬中市第六届社会组织公益创投大赛】 2021年7月1日,扬中市第六届社会组织公益创投大赛举行。此次大赛是民政系统深入践行"用心学党史、真心办实事"的一项重要举措,旨在通过发挥社会组织示范引领作用,推动扬中市社会组织及公益事业的高质量可持续发展,提升社会组织服务社会治理能力现代化建设水平。活动自开展以来,受到社会各界的广泛响应和积极参与,有17家社会组织参与项目申报,经初审,10个项目入围大赛复评环节。10个精品公益项目通过PPT演示,从需求分析、项目计划、团队力量、资金预算等方面对项目做简单介绍,并通过答评委问,做阐释和补充,最终,麦田义工服务社《"梦想小屋"关爱计划》、海川社会工作服务中心《寻找心灵的春天——护航青少年心理健康成长》、知心姐姐法律服务社《遇检未来》、阳光社区矫正心理咨询中心《阳光小屋 呵护心灵》、鑫雨亲子服务中心《心心相融 共建幸福新家园》项目以及长旺街社区服务站《点燃创业梦想 绽放巾帼风采》等项目获奖,活动通过发挥社会组织示范引领作用,推动扬中市社会组织及公益事业的高质量可持续发展。

(周轶群)

【麦田慈善基金会成为镇江首家公募基金会】 2021年7月,扬中市麦田慈善基金会(简称麦田慈善基金会)领取到慈善组织公开募捐资格证书,标志着麦田慈善基金会可依法向公众开展公开募捐活动。麦田慈善基金会起源于2005年10月,2015年4月注册为"扬中麦田义工服务社",2018年9月注册为"扬中市麦田慈善基金会",成立至今,始终致力于改善困境儿童的教育环境和生活状况,实现良性的转型和发展。2020年12月基金会被评为"AAA级社会组织",2021年6月基金会获得公开募捐资格。

(融媒体中心)

【"幸福家园"村社互助工程推进会】 2021年8月27日,镇江市基层慈善组织建设暨"幸福家园"村社互助工程建设推进会在扬中市召开。会议主要目的是深入提升基层慈善组织能力建设,推进镇江市"幸福家园"村社互助工程工作,借鉴扬中试点经验,以点带面,形成示范。会议解读市政府办公室转发的《关于切实推进"幸福家园"村社互助工程实施意见》主要精神。镇江市民政、慈善系统及相关部门的代表,实地参观三茅街道慈善服务中心和社区慈善工作站,观看扬中市"幸福家园"村社互助工程宣传片,听取经验做法介绍。2021年6月,扬中市在镇江市率先开展"幸福家园"村社互助工程试点工作,陆续发布9个项目,涉及养老、助困、助残和新农村建设等领域。9个项目平台注册村民6014人,累计捐赠人次3134次,线上募集项目资金92.25万元,平均每个项目募集资金10.25万元,取得阶段性成果。

(融媒体中心)

【第十届"一双球鞋的暴走"活动】 2021年10月6日,扬中市第四届公益文化节暨第十届"一双球鞋的暴走"活动正式启动。"一双球鞋的暴走"筹款50余万元,将为全国12个地区、90所学校的贫困生购买5100双球鞋。其中1188双是全市各镇(街、区)、各部门募集资金定向为白水县贫困学生添置的,这也是为持续走深走实"苏陕协作,白扬合作"之路,引导更多的社会组织、社会资源参与到与白水县的扶贫挂钩工作中来,不断擦亮"小城大爱 志愿扬中"的城市品牌。此次公益文化节时间跨度2个月,其间通过开展"志愿风采show"集中展播暨网络评比、"岛城公益汇"公益项目集中发布、"打开后备厢"爱心义卖、"'益'路有爱"大走访、志愿服务沙龙、"让爱传扬"志愿培训、道德讲堂精品示范课集中展示、第二季"烟头不落地 扬中更美丽"主题活动、"公益群英荟"新时代文明实践创意项目大赛等9个系列子活动,传播公益理念,培育志愿文化,推动新时代文明实践活动深入开展,动员更多市民争当文明志愿者、争做文明扬中人,掀起全市文明风尚新热潮。

(融媒体中心)

10月6日,第十届"一双球鞋的暴走"活动(融媒体中心)

【"益路有爱"彩虹夜市】 2021年10月23日,由市新时代文明实践中心联动多家公益组织发起的公益义卖活动在吾悦广场彩虹夜市拉开序幕。此次义卖活动是第四届公益文化节其中的一个子项目，10家公益组织和一些个人参加此次活动。此次义卖所筹得的善款将用于捐助扬中市的贫困家庭，前期市文明办开展大量调查，对于符合要求的家庭，开展上门慰问等活动。

（融媒体中心）

关心下一代工作

【概况】 2021年，扬中市各级关工委以“颂建党百年，做时代新人”为主题，以“五好”关工委创建为抓手，紧扣立德树人根本任务，坚持服务青少年正确方向，落实党建带关建工作机制，加强青少年思想政治引领，参与社会治理创新，推进关爱服务体系和关爱服务能力现代化。在省关工委和镇江市关工委成立30周年纪念表彰会上，市关工委和市民营经济关工委、八桥镇关工委被评为全省关心下一代工作优秀集体，市关工委和三茅街道关工委、兴隆街道恒跃村关工委、八桥镇长胜村关工委被评为镇江市关心下一代工作优秀集体。何振宇等4名“五老”被评为全省关心下一代工作优秀个人，蔡贞洋等15人被评为镇江市关心下一代工作优秀个人。

（朱斌 朱华庆）

【青少年党史学习教育活动】 2021年，扬中市各级关工委抓住庆祝中国共产党成立百年契机，紧扣“颂建党百年，做时代新人”教育主题，开展“四史”教育活动，使广大青少年明理、增信、崇德、力行，增强红色教育的时代性、针对性和吸引力、感染力，深化青少年思想道德教育。各级关工委组织“五老”宣讲员170余人，编写党史宣讲材料25篇，受众青少年3.9万人次，组织征文、演讲450余场次，寻访、践行活动1340余场次。关工委自编自导的舞蹈节目《红星向党》获镇江市“颂建党百年 做时代新人”老少同台文艺展演一等奖；在全省“童心永向党 筑梦新辉煌”创作演讲活动中，市关工委和新坝镇、八桥镇、三茅街道英雄社区关工委荣获优秀组织奖，曹玉清等5位青少年被评为优秀演讲者。在全省“童声齐颂建党百年”主题征稿活动中，30余位青少年获奖。开展“三走进三寻访”活动，组织青少年走进爱国主义教育基地、走进革命遗址旧址、走进先进基层党组织，寻访革命英烈故事、寻访时代楷模、寻访抗疫英雄，通过听一听、看一看、拍一拍、画一画等线上线下活动，使广大青少年真切感受到中国共产党成立100年来波澜壮阔的历史。各地通过参与江苏少年网“童心永向党，筑梦新辉煌”创作演讲以及“童声齐颂建党百年”主题征稿等系列活动。教育局关工委专门成立党史宣讲编写组，指导各校成立党史宣讲小组，通过集体备课、示范宣讲提高党史宣讲质量，在全省教育系统关工委表彰中，丰裕中心小学关工委获先进集体称号，教师薛裕水、徐华青被评为先进个人。在全省教育系统关工委“争做党的好少年”主题教育演讲比赛中，市实验小学赵彦杰“生命长堤 守护有我”演讲视频获小学组第一名。

（朱斌 朱华庆）

5月10日，“国歌探秘”主题活动汇报会和青少年党史学习教育主题成果展 （融媒体中心供图）

【党建带关建工作机制】 2021年，扬中市关工委落细落实党建带关建工作机制，加强党对关工委工作的领导。各级党组织坚持定期听取关工委工作汇报，转发或印发关工委工作意见，形成全社会共同关心、支持关工委工作的良好局面。把关工委工作纳入党政日常工作，列入党政考核之中，把校外教育辅导站纳入镇村精神文明实践所、站建设，加大关心下一代工作的推进、落实力度。市、镇、部门党委领导高度重视关工委工作，带头策划、参加关工委重大活动，深入基层指方向、办实事、解难题，为全社会关心下一代工作树标杆、聚力量。各村(社区)党委书记兼任关工委主任，加强党对基层关工委的组织领导。创新党建带关建举措，发挥党小组在关爱工作中的堡垒作用。在各级党组织的坚强领导下，关工委组织力、工作基础更加扎实，基层领导班子建设、“五好”村(社区)关工委的创建工作、“五老”工作队伍、关爱工作品牌、关工宣传工作得到加强。

（朱斌 朱华庆）

【校外辅导站建设】 2021年，扬中市关工委贯彻《关于进一步减轻义务教育阶段学生作业负担和校外培训负担的意见》，加强辅导站组织、功能、队伍、制度建设，聚力推进辅导站强内涵、提质量、上水平。全市站校结合率、站企结合率均实现100%,形成一站多校、一站多企结合的良好局面。暑期1000余名辅导员到站辅导,其中"五老"辅导员450余名,在职辅导员550余名,开展各类辅导活动近3000场次,吸引青少年近5万人次。推进布局调整,加强站点建设。方便青少年就近活动,推进辅导分站、点和家庭工作室建设。推进共建共享,加强合力建站。加强村站结合,把校外教育辅导站全面纳入镇村精神文明实践所、站建设之中,不断改善办站条件,提高活动质量。加强校站结合,发挥学校教育资源的育人功能,面向辅导站开放教育场所,拓宽青少年教育阵地。加强企站结合,组织青少年走进企业,加强实践育人,把企业打造成青少年思想教育的新阵地。组织广大"五老"走进企业,加强青工思想道德教育,推进民营企业关工委从"五有"向"五好"发展。广泛选聘司法干警、心理咨询师等专职人员和优秀共产党员、劳动模范等身边的先进人物到站辅导,加强师资力量,提高教育效果。坚持贴近实际,突出活动的针对性。各地针对当前青少年存在的生活自理能力和体质不强、学习动力不足、法治观念薄弱、心理脆弱耐挫力差的突出问题,通过家长子女同活动,开展法治讲座、心理咨询和辅导等系列活动,使广大青少年在活动中自我感悟、自我培养,争做讲道德、守法纪、会生活、能学习、身心健康、爱好广泛的新时代好少年。 (朱斌 朱华庆)

【预防和减少青少年违法犯罪工作】 2021年,扬中市各级关工委加强预防和减少青少年违法犯罪工作,参与社会治理创新,巩固零犯罪争创活动成果。组织"五老"学法,履行法定职责。组织学习新颁布的《中华人民共和国家庭教育促进法》和新修订的《中华人民共和国未成年人保护法》《中华人民共和国预防未成年人犯罪法》,切实履行法律赋予关工委的新职责。加强组织建设,夯实工作基础。加强公安派出所关爱工作站建设,组织老公安民警进校入站,为广大青少年普法维权。开展普法活动,增强法律意识。通过以案说法、模拟法庭以及参观禁毒教育馆等多种形式,使广大青少年知法、尊法、守法。加强心理教育,增强抗挫能力。组织、发动全市心理咨询师等专业人员走近青少年,开展心理教育辅导工作。关爱特殊群体,加强结对帮教。各地明确失学、失业、失亲、失能、失管、失足等"六失"青少年,逐个落实结对帮教工作,不让一个孩子掉队。顺应发展形势,参与社会治理。广大"五老"网吧义务监督员队伍不散,对营业性网吧监督不停,深入学校、家庭,针对"沉迷网络"的青少年开展结对帮教工作,组织开展校园周边环境监督,净化青少年成长环境。油坊镇高度重视预减工作,把青少年零犯罪、零受害争创活动纳入村(社区)"两委"总体工作部署,组织560余名"五老"开展结对帮教工作,一帮一、多帮一的机制健全,使全镇61名重点帮教对象没有一人违法犯罪。政法系统关工委发挥公检法司民"五老"优势,开展法治关爱活动。政法系统关工委和教育局关工委联合开展巡回法治宣讲24场次,受教育青少年3万人次,提高广大青少年的法治意识。法院关工委打造"康乃馨家庭工作室""朱沪生工作室",检察院关工委择优选聘16名"五老"检察干警担任"代理家长",公安局关工委着力"六失"青少年,组织公安老民警开展法治教育、落实结对帮教,司法局关工委深入推进法治进校园等活动,组织"五老"司法干警和驻村律师进校入站上好法制课,民政局关工委开展"爱润童心,助力成长"活动,巩固全市零犯罪争创活动成果。

(朱斌 朱华庆)

【"三扶两创"活动】 2021年,扬中市关工委开展学党史、学科技"双学"活动,提高"五老"科技工作者的政治素质和服务能力,深化"三扶两创"(扶志、扶技、扶创业和创建创业示范基地、评选创业之星)活动。开展"双学"活动,提升"五老"科技工作者政治素质和服务能力。通过加强党史学习教育,增强"五老"科技工作者投身"三扶两创"活动的责任感和使命感。通过组织参观和专题技术培训、讲座等形式提高"五老"科技工作者的科技服务水平。扩大创业规模提高创业效益。通过选定具有一定基础和规模的青年农民创业之星和创业示范基地,实施万亩优质糯稻高效栽培示范项目和万亩特种水产生态养殖示范项目及万头生猪生态养殖示范项目"三万"工程,组织具有中高级以上技术职称的"五老"专业技术人员和部分在职同志组成技术指导小组,采取线上和线下、定期和不定期、单线和多线相结合的模式,及时解决项目实施中的技术难题。树立新典型,推进"三扶两创"工作高质量发展。通过对10个青年农民创业之星、10个青年农民创业示范基地"双十"工程的动态管理,树立新典型,助推扬中农业高质量发展。开展调查研究,推广特色产业发展新模式。"五老"科技工作者广泛调查研究,撰写《利用长江水源 发展生态养殖》等13篇调研报告,以及"引长江水养殖,保养殖江鲜品质,发展扬中特色产业"等意见和建议,部分意见被纳入扬中"十四五"农业发展规划。

(朱斌 朱华庆)

镇·街道·区

新坝镇

【概况】 新坝镇位于扬中市西北部，下辖12个建制村，3个社区居委会，总面积49.2平方千米，总人口5.5万人。新坝是中国乡镇之星、全国文明镇、国家卫生镇、全国环境优美乡镇，全国先进基层党组织，国家级特色小镇，“长三角最佳文旅融合旅游小镇”。

产业经济基础雄厚。新坝是全国电力电气产业基地，江苏省扬中高新技术产业开发区核心区，高新技术产业产值占规上工业总产值的比例为80%，经济总量占全市工业经济份额的35%，2019年被科技部认定为“国家智慧电气高新技术产业化基地”。完成工业申报纳税销售283.81亿元，完成一般公共预算收入8.38亿元。龙头企业大全集团入选2021年中国制造业民营企业500强，获得中国电气工业领军企业称号。威腾电气、大全能源登陆科创板。

科技创新实力突出。与全国600多家科研院所、大专院校建立牢固的合作关系。全镇拥有高新技术企业97家、1家国家级技术研发中心、1家国家“863计划”成果转化基地。大全集团先后获得国家科技进步奖特等奖、中国工业大奖表彰奖等高水平奖项，大航智能电气获评苏南国家自主创新示范区“瞪羚企业”。和成显示两次获得中国专利奖金奖，拥有士林电气、锋芒集团、和成显示等一批行业专精“小巨人”企业。2021年，国家级科技企业孵化器再次获得国家级、省级绩效评价双“A类”(优秀)。

城乡环境美丽宜居。通过国家卫生镇复检。实施“精美新坝”工程，开展农村人居环境“突破提升月”专项行动。拥有陈履生博物馆群、栏杆桥码头、中国电气博物馆、中国职业装博览馆、中国民族乐器陈列馆等一批文化景点，建成梓阳植物园、新坝公园、渡江文化园、滨江湿地公园、蒲草滘等生态景观，全力打造“三江湾”旅游集聚区。获得“中国人居环境范例奖”及“江苏省生态文明示范镇”称号。新治村获评“全国生态文化村”“中国美丽休闲乡村”。

百姓生活物阜民丰。全面落实常态化疫情防控，全镇18岁以上人群新冠疫苗首针接种率96%。建成康乐年华新坝养护院，初步构建机构、居家、日照三者相融相促的新型农村养老模式。城乡居民就业率98.5%。出台《新坝镇高质量推进乡村振兴战略激励扶持政策》，拓宽农旅、文旅产业融合发展路径，村级集体收入平均增长6.5%。持续推进文化惠民，开展“我们的国歌”“火红的时代”等大型群众性文化活动。

社会环境和谐安定。全省率先出台实施基层“两长”队伍管理办法，首创“两长”融合参与社会治理，受到中央媒体高度关注。镇、村两级法治文化阵地15个。持续深化行政体制改革，推行“一门式”服务，深化网格化社会治理，“12345”、数字化城管工单办结率、满意率100%。开展矛盾纠纷大排查、大调解行动，初信初访化解率100%。获评“全国乡村治理示范镇”，新坝派出所创成全国首批“枫桥式公安派出所”。 (朱慧)

【中电大道北延道路通车】 2021年2月3日，扬中中电大道北延工程竣工通车。由于历史原因，该工程停滞长达4年，2020年7月，新坝镇重启该工程，通过6个月，打通城乡空间阻隔的“最后一公里”，打开城乡物流、人流融合的快速通道。 (朱慧)

【重点项目观摩推进会暨新坝镇(高新区)项目集中签约】 2021年2月5日，扬中市举行重点项目观摩推进会暨新坝镇(高新区)项目集中签约活动，现场观摩部分在建重点项目，集中签约8个重点产业项目。推进会暨签约仪式上，通报全市项目招引建设情况，新坝镇汇报新坝产业项目招引情况；计划总投资18亿元的江苏万创灭菌设备科技智能化瞬时灭菌系统设备项目、江苏乐仕电气科技5G移动通信基站“一体化”能源柜项目、江苏宏强电气集团高铁接触网紧固安全装置项目等8个项目集中签约。 (融媒体中心)

【项目攻坚“铁堡垒”工程】 2021年2月20日,新坝镇召开产业强镇暨优化营商环境大会,印发《关于实施项目攻坚“铁堡垒”工程的意见》,提出按照“项目推进到哪,临时党支部就建到哪”的原则,在全镇范围内实施项目攻坚“铁堡垒”工作,以临时党支部的“铁堡垒”点燃党建引擎,攻克项目建设难题。17个“铁堡垒”全年破解发展难题70余个,确保全镇各类项目快速推进。 (朱慧)

【党史学习教育名家讲座系列活动】 2021年,新坝镇组织开展“新坝党史学习教育名家讲座”系列活动。3月16日,“我们的国歌”公益讲座在扬中市新坝镇陈履生博物馆群开讲,中国人民解放军军乐团原团长、中国音协管乐学会主席、国家一级指挥家于海受邀开展专题讲座,全市各级党组织发动机关、农村、企业等党员、职工近2.3万人在线收看讲座直播。4月2日,党史学习教育镇江市委宣讲团成员江苏科技大学马克思主义学院教授郭昭昭以《百年来党的奋斗征程与伟大成就》为题为全体党员干部作专题讲座,讲座全面回顾中国共产党百年奋斗的光辉历程和逐梦之路,深刻阐述中国共产党为国家和民族作出的伟大贡献和中国共产党带领中国人民从站起来、富起来到强起来的艰辛探索和历史必然。4月23日,国家博物馆原副馆长、美术评论家陈履生讲授以《绘画中的百年党史》为主题,讲述包括《开国大典》在内的60幅不同历史时期的美术作品,通过美术解读和党史叙事的双重视角,生动再现中国共产党成立百年的光辉历程。 (朱慧)

3月16日,“我们的国歌”公益讲座在新坝镇陈履生博物馆群开讲 (融媒体中心供图)

【首届职工读书活动】 2021年4月14日,“把一切献给党”礼赞中国共产党成立100周年全市首届职工读书活动启幕仪式在新坝镇“劳动风采展示馆”开幕。各镇(街、区)工会干部以及职工阅读爱好者参加活动。活动中,总工会向部分企业职工代表赠送《把一切献给党》《浴血荣光》《红岩》等图书。活动现场发布2021年度各镇(街、区)总工会职工读书项目,开展思政趣答题活动,市总工会、镇(街、区)总工会及企业工会开展读书展示。 (朱慧)

【“绿色骑行 红色传承”骑行公益活动】 2021年5月1日,新坝镇举行“绿色骑行 红色传承”骑行公益活动。1000余名骑行爱好者参与,路线全程10.5千米,设置打卡点7个,包括渡江文化园、梓阳园、蒲草滧、陈履生博物馆、宿予民宿、三江湾驿馆、新治村道德文化园。此次活动将公益骑行与党史学习教育紧密结合,让“红色课堂”与骑行线路相结合,把“红色课堂”搬到网红打卡点,搬到村头埭尾,推进“沉浸式”“体验式”党史学习教育。 (朱慧)

【陈履生博物馆群教育中心启用】 2021年5月18日,新坝镇陈履生博物馆群教育中心启用。新设立的教育中心设书法篆刻教室、绘画教室、剪纸教室、摄影工作室、陶瓷工坊、竹编工坊、木工坊、印染织绣工坊、传拓工坊9个工作坊,全方位进行艺术教育、传授传统技艺,以弘扬中华传统文化和工匠精神。全年组织开展活动12场,接待约500人次。 (朱慧)

【“百年传承 筑梦前行”庆祝中国共产党成立100周年主题活动】 2021年6月30日,新坝镇举行“百年传承 筑梦前行”庆祝中国共产党成立100周年主题活动,回顾党的光辉历程,讴歌党的丰功伟绩,深化党史学习教育,表彰“两优一先一示范”先进典型。活动上,微党课“百年传承 筑梦前行”,微朗读《此间曾著星星火——记中共一大嘉兴南湖会议》重温共产党诞生的过程;舞蹈《我送亲人过大江》把观众拉回送解放军渡过大江的战火年代;情景剧《永远的初心》讲述了全国劳模郭克生身先士卒、艰苦创业的感人事迹。小品《斗酒》以父女斗酒的形式,讲述三代供销员传承“四千四万”精神的故事;音乐说唱《幸福新坝踏歌来》,骑上滑板车带着观众“逛”新坝。 (朱慧)

【项目招引建设现场推进会新坝镇(高新区)专场】 2021年8月25日,扬中市项目招引建设现场推进会新坝镇(高新区)专场召开,镇江双扬装备制造有限公司特种精密轴承项目、江苏驰威电气有限公司汽车发动机检测台架和智能母线项目正式开工。双扬特种精密轴承项目,主要生产轨道交通刹车轴承、机器人轴承等各类高精密轴承产品和轴承滚动体,产品将打破国外垄断、实现进口替代,项目将于明年上半年建成投产，全面达产后实现年销售5亿元、年纳税3000万元以上；汽车发动机检测台架和智能母线项目总投资1亿元，购置自动手臂液压折弯机、数控设备等专业设备20台(套)，用于汽车测试服务、智能输配电产品的研发与制造等，全面达产后年销售2亿元，税收1100万元。 （融媒体中心）

【“基层两长”队伍建设意见新闻发布会召开】 2021年9月10日，新坝镇“基层两长”队伍建设意见新闻发布会召开，推动农村党小组、村(居)民小组组长更好地组织群众、凝聚群众、服务群众，构建“基层两长”同管共治的基层治理新格局。现场就《新坝镇农村党小组管理办法(试行)》和《新坝镇加强村(居)民小组组长队伍建设的意见(试行)》制定的相关背景、出台过程和特色亮点进行介绍。“学习强国”App、新华网、人民网、新华报业集团、中江网、江苏广电总台、《镇江日报》、《扬中日报》等数十家媒体记者受邀出席活动，围绕主题现场提问；新坝镇党政主要负责人解读文件并回答记者提问。 （朱慧）

【党史知识网络大奖赛】 2021年9月5日，扬中市新坝镇推出首档“红色综艺”——党史知识网络大奖赛。新坝各村（社区）、机关企事业单位32支代表队，128名选手报名参与。经过预赛、半决赛，8支队、24名选手晋级决赛。1.2万名现场及线上观众观看党史知识网络大奖赛，激发全镇党员党史学习积极性，达到以赛促学的目的。 （朱慧）

【国庆主题晚会】 2021年9月29日，“火红的时代”2021年新坝镇、高新区国庆主题晚会在新坝体育馆内举行。晚会分“党旗鲜红”“产业长虹”“创业正宏”“时代火红”4个篇章，采用线上线下同步直播的方式，吸引6万余人同庆同欢，通过歌舞、情景剧、诗朗诵等表演形式，再现新坝火红的发展，展示新坝奋斗的精神。 （朱慧）

2021年新坝镇建制村、居委会情况一览表

表20

建制村、居委会名称	书记	主任	总人口(人)	工业产值(万元)	人均年纯收入(元)
丰乐桥村	施国平	施国平	2460	3500	32000
五一村	戴海旺	戴海旺	2598	15000	35000
立新村	肖　胜	肖　胜	3680	51000	45000
永平村	朱家明	朱家明	4400	125000	35000
红联村	郭兰彪	郭兰彪	4687	110800	38600
向阳村	朱　伟	朱　伟	2481	13200	45000
新坝社区	奚一培	奚一培	8835（集镇户籍3194人，农村户籍3608人）	215503	50000
联合村	陆建军	陆建军	3602	220000	45000
公信社区	郭荣根	郭荣根	2478	18500	31500
新宁村	陈国生（副书记）	—	2618	66324	45000
联盟村	周其勇	周其勇	2156	110000	24000
新治村	马　军	马　军	4376	43000	36000
新安村	陶　杰	陶　杰	3560	57600	43500
双新村	徐吉华	徐吉华	3260	112922	45000
新城社区	郭连华	郭连华	1500	—	25000

（朱慧）

2021年新坝镇主要经济社会指标一览表

表21

项目	数额	项目	数额
地区生产总值(万元)	2092846	私营企业数(个)	2500
一般公共预算收入(万元)	83840	当年新办三资企业(个)	2
工业总产值(万元)	2858031	实际利用外资(万美元)	3800
产品销售收入(万元)	2834580	进出口总额(万美元)	17692
农业总产值(万元)	51866	第三产业增加值(万元)	—
粮食总产量(吨)	17147	三产从业人员(人)	4375
水果产量(吨)	1428	个体工商户(户)	4100
水产品产量(吨)	1504	中小学校(所)	3
工业投入(亿元)	10.1	医院、卫生院(所)	2
工业用电(万千瓦小时)	11218	卫生室(个)	9
工业企业总数(个)	1371	职工年人均工资(元)	66000
三资企业数(个)	27	农民年人均纯收入(元)	43221

(王志斌)

2021年新坝镇骨干企业情况一览表

表22

企业名称	法人代表	工业总产值(万元)	销售收入(万元)	利税总额(万元)
镇江西门子母线有限公司	STEPHAN MAY	231912	230420	37251
扬中凯悦铜材有限公司	陈和平	169559	169606	4428
镇江默勒电器有限公司	徐广福	153631	142725	18284
江苏大全长江电器股份有限公司	徐　翔	102045	105426	15978
江苏锋芒复合材料科技集团有限公司	王荣生	60370	60357	7308
威腾电气集团股份有限公司	蒋文功	59126	59833	5821
现代重工(中国)电气有限公司	安宰汉	53416	52786	3705
江苏士林电气设备有限公司	陈红喜	51993	51584	6500
江苏宏强电气集团有限公司	吴玉林	49510	50207	3206
江苏华强电力设备有限公司	陈廷国	46898	47027	2732
江苏火蓝电气有限公司	乔东风	41963	41963	1038
大航有能电气有限公司	孙　伟	43269	39985	1679
江苏中环电气集团有限公司	王永贵	39870	39870	3789
江苏大全凯帆开关股份有限公司	徐广福	39420	36522	4223
江苏明珠硅橡胶材料有限公司	施纪洪	42172	35100	3181
江苏超宇电气有限公司	周怡琴	27625	26520	1614
镇江市电器设备厂有限公司	徐广福	23686	24272	764

续表22

企业名称	法人代表	工业总产值（万元）	销售收入（万元）	利税总额（万元）
向荣集团有限公司	张真明	22104	23595	–428
镇江苏惠乳胶制品有限公司	王学斌	25837	23422	3860
江苏海航电气科技有限公司	阮立恒	22344	22999	1568
镇江大全智能电气有限公司	葛　飞	23641	22955	3028
宜禾股份有限公司	马金芳	19071	22566	969
江苏大浪电气有限公司	赵利梅	22472	22189	2991
江苏华威线路设备集团有限公司	孙建国	20187	20205	665
镇江大全金属表面处理有限公司	徐　翔	17296	19994	3013
镇江大全赛雪龙牵引电气有限公司	徐　翔	21008	19885	3771
江苏新坝电气集团有限公司	陈　春	20723	19736	1755
江苏同力金属制品有限公司	黄　华	18653	17426	119
镇江市江岛电器制造有限公司	戴跃明	12305	16123	1950
江苏弘历电气有限公司	何红芳	16048	16062	1020
天源华威集团有限公司	孙和平	14843	13954	–538
江苏圣大中远电力科技有限公司	徐忠堂	12180	12179	863
江苏中远稀土新材料有限公司	奚新兰	11908	11908	992
镇江市赫敦电气有限公司	杜夫华	8477	11737	595
江苏华鹏桥架有限公司	吴　斌	12211	11569	601
江苏大全箱变科技有限公司	徐　翔	9395	11414	–1045
江苏飞跃橡胶有限公司	张卫萍	5362	11179	–96
江苏乐什电气科技有限公司	袁　静	11080	11080	882
江苏大全封闭母线有限公司	徐广福	10585	10870	460
江苏科源铝业有限公司	王　勇	10415	10415	385
江苏福泰电力设备有限公司	黄喜福	11251	9959	582
镇江东丰特殊合金有限公司	入交建太	9702	9884	360
开美数字技术(江苏)有限公司	张素平	9575	9576	72
江苏万威电气有限公司	袁春香	9165	9085	550
江苏云企智造有限公司	胡明亚	3559	8411	75
江苏创大电气有限公司	嵇庆宏	8394	8353	1026
镇江天源华威母线制造有限公司	黄庆东	8197	8197	1550
浩翔电气集团有限公司	殷浩翔	8037	8037	147
江苏华强新能源科技有限公司	陈　欣	7840	7687	1138
江苏大航高华电气有限公司	孙　伟	7507	7507	824
江苏国明浩辰电气有限公司	卞海霞	7391	7391	425

续表 22

企业名称	法人代表	工业总产值(万元)	销售收入(万元)	利税总额(万元)
江苏成城电气有限公司	阚小海	7259	7256	979
江苏江岛电气设备有限公司	葛恒翔	7209	7209	467
镇江市美盛母线有限公司	张金荣	7170	7065	682
江苏开达电气有限公司	陆纪才	6694	6694	533
江苏精鑫达电气有限公司	荣凯彬	6657	6657	457
江苏扬中印刷有限公司	印农春	4560	6226	4993
江苏华彤电气股份有限公司	赵　青	6229	6176	459
江苏华威电气化铁路器材有限公司	孙建国	5929	5953	–315
江苏银庆电气有限公司	周　莉	2427	5941	546
江苏大力城电气有限公司	仇玉林	5215	5714	209
镇江腾宇电能设备有限公司	王红军	5891	5213	445
江苏江城电气有限公司	解良华	5528	5048	–453
江苏帅天电气有限公司	郭　磊	4958	4958	239
镇江市中南电力设备有限公司	裴　斐	4955	4955	50
江苏康尔臭氧有限公司	乐　飞	4917	4917	419
镇江市飞利达焊料机电厂	胡金福	4515	4515	345
江苏培城电气有限公司	王　梅	4181	4193	323
通用美联集团有限公司	郭祥军	4138	4138	145
江苏明腾电气科技有限公司	周雅平	3892	3897	313
江苏大浪电气集团有限公司	王　超	3712	3712	754
镇江大全包装制品有限公司	徐　翔	3574	3574	615
江苏欣浪电气有限公司	刘珍美	3514	3514	43
苏正电气集团有限公司	丁孝鹏	3404	3404	–30
镇江浩宇电气有限公司	朱茂英	2591	3395	244
江苏尚成电气有限公司	陈　云	3381	3381	–24
江苏省华能电气有限公司	蓝厚勤	3385	3375	233
江苏国华电力器材有限公司	张加凤	3426	3031	210
江苏东方电热器制造有限公司	陶美华	3201	2536	–23
江苏省中原通用机电有限公司	朱陈根	1450	2122	66
江苏华能电站辅机设备有限公司	卢运升	1998	1996	209
镇江市飞龙电纺设备有限公司	陈定贵	1903	1903	200
镇江春卓电气有限公司	徐月琴	2119	1865	70
江苏宇恒电气有限公司	周汝飞	1996	1788	91
镇江纽普兰气力输送有限公司	姜爱明	2470	1719	–258

续表 22

企业名称	法人代表	工业总产值（万元）	销售收入（万元）	利税总额（万元）
江苏康祥实业集团有限公司	朱康洋	2279	1701	146
扬中市长江电器设备厂有限公司	陈纪明	1988	1637	126
镇江金阳机电有限公司	张有鹏	2295	1595	57
江苏乾元飞达电力设备有限公司	戚学林	1904	1523	-57
江苏宝顺电气有限公司	曹如宝	1497	1395	119
江苏鑫开源电气集团有限公司	张生红	1014	1014	-61
镇江华威电力设备有限公司	印德明	1931	436	-344
江苏永嘉新能源科技有限公司	赵纯亮	341	341	13
江苏宝航能源技术有限公司	施建中	84	84	-673

（王志斌）

油坊镇

【概况】 油坊镇镇域面积52平方千米，常住人口4.3万人，下辖10个建制村和2个社区。2021年，全镇完成年度各项目标任务。全镇实现应税销售总额114.25亿元，比上年增长39.7%，完成一般公共预算收入2.29亿元，增长14.5%。

产业强镇深入推进。经济指标稳中有进，全镇实现工业应税销售93.38亿元，增长36.3%，完成固定投资总额9.2亿元，54家规模以上工业企业实现总产值48亿元，增长55.96%，增幅位居全市前列。招商引资成绩显著，率先完成全年利用外资目标任务，举办项目集中签约活动4次，签约项目19个，其中10亿元重大项目1个，亿元以上项目13个，总投资23.5亿元，项目招引建设考核一、三季度位居全市第一。发展质效持续上升，强化规上企业培育，全年新增规上工业企业14家。长江盖业、上迈新能源等3家企业完成星级上云，绿能电力创成省级信用示范企业和省级智能工厂，沪运制版创成镇江市级绿色工厂。

乡村振兴卓有成效。探索“碳中和示范村镇建设”，公共机构及企业安装光伏电站1.86兆瓦，居民光伏屋顶安装535户。推进国土空间规划和实用性村庄规划编制，统筹推进土地整理工作，优化发展空间。以“八位一体”工作为抓手，扎实推进农村人居环境整治，投入资金1500万元。推进绿化品质提升，完成先锋工业区、中心公园等9处重要节点的绿化提升任务。开展农村生活污水治理，投入资金500万元；实施“强村”工程，盘活村集体资产，申报22个“一事一议”财政奖补项目和2个扶持村级集体经济发展项目，获批省级财政奖补资金205万元。

生态环境持续优化。强化规划编制，先锋工业区规划环评通过扬中生态环境局审批。开展市级以上环境专项治理行动4次，初步完成沿江1千米146个点位突出生态环境问题整改。全面推进园区环境专项整治工作，磊金建材、大地水泥封密运输廊道、长旺港口物流园道路封闭改造，有效管控园区扬尘、噪声等问题。依托新建空气监测自动站，先后开展臭氧污染专项检查、大气污染源督查等各类检查200人次，建立重污染天气生产调度令制度，严格执行秸秆禁烧制度，推动秸秆综合利用，全镇空气质量显著提升。推进水环境治理，新材料产业园工业废水实现“一企一管”。持续加大违章建设查处力度，拆除违建14处，面积2011平方米，有效遏制违建行为。

民生福祉不断改善。切实做好稳就业、保就业工作，新增城镇就业1300余人。完成新一轮慈善募捐，镇慈善分会资金规模首次突破1600万元。精准扶贫成效显著，407户建档立卡户全部实现脱贫并落实动态管理。建立健全社会救助体系,有序开展困难弱势群体救助工作,全年投入20万元,用于解决困难群众突发性、紧迫性、临时性基本生活困难。各项优抚待遇全面提标,建成退役军人服务站。有序推进养老服务机构建设,完成镇敬老院公办民营改革,居家和社区养老一体化运营体系逐步完善。

社会治理高效有力。推进“扫黑除恶”专项斗争,治安接警数稳步下降,公众安全感和满意度大幅提升。推进网格化服务管理中心规范化建设,创新打造“红色网格”阵地,建设经验在全市推广。切实加强矛盾调处和积案化解,完成中国共产党成立100周年安保维稳工作。严格落实安全生产工作责任制,扎实开展桥梁、燃气、危化品安全专项整治,油坊政府专职消防站正式揭牌入驻,“一企一档”管理模式、联合巡查机制获省市督导组肯定并在全市推广。

社会事业蓬勃发展。常态化抓好疫情防控,统筹推进新冠肺炎疫苗接种工作,接种率位居全市前列。为民服务中心便民高效,办理为民服务事项已超万件。致力助学兴教,油坊中心幼儿园获得江苏省幼小衔接示范校、镇江市首批融合教育基地称号,油坊中心小学获镇江市少先队工作先进集体称号。文化事业扎实推进,以中国共产党成立100周年为契机,深入开展“五个红色”系列文化活动,举办各类大中型文艺晚会及赛事15场,红色电影下乡120场,“家门口的舞台”文艺巡演广受好评。切实加强文体设施建设,投入资金300余万元,新增农民体育公园2个、健身路径3条,文体公园实现全覆盖。（包雍君）

【产业强镇、优化营商环境暨综合表彰大会】 2021年2月20日,油坊镇召开2021年产业强镇、优化营商环境暨综合表彰大会。大会表彰2020年度基层满意单位(10家)、基层满意个人(10名)、党建行政工作优胜奖(4家)、优质教育奖(2家)、突出贡献奖(3家)、二十强工业企业、经济贡献奖、发展速度奖、外向经济奖、高效农业奖、现代旅游业奖等,围绕产业强镇、优化营商环境,四家单位作表态发言。（包雍君）

【油坊镇春季重点项目集中签约仪式】 2021年3月5日,油坊镇2021年春季重点项目集中签约仪式举行。3个镇级招商分队以及村（社区）招商分队代表接受授旗;发放“招商大使”聘书;项目客商代表发言。集中签约项目8个,总投资6亿元,其中外资注入2500万美元,分别为江苏恒泽高端医疗防护用品项目、宁波铨铖高性能热塑弹性制品项目、江苏海纬电气核级智能电气及接地系统装置项目、扬中中燃生物质气化综合利用项目、镇江博业机械新型机械设备项目、厦门福冠橡食品级混炼胶项目、镇江鸿维绝缘材料项目、镇江凡风机电机械电机项目。项目包括高端医疗防护用品、高性能热塑弹性制品、核级智能电气项目等,突出向“存量”要效益,其中,4个项目利用原有闲置厂房改造提升,1个项目盘活闲置存量用地,盘活存量资源占比62.5%。（包雍君）

3月5日,油坊镇项目集中签约仪式举办

（油坊镇供图）

【油坊镇—西南交通大学交流合作对接会】 2021年4月20日,油坊镇与西南交通大学开展政产学研对接活动。西南交通大学科学技术发展研究院产学研合作办公室主任陈桂兵被聘为科技人才顾问创新合作机制,通过与企业和院所之间的密切合作,促进高校科技成果转化和产业化,在政产学研协同创新中助力油坊镇经济发展再跃新台阶。（包雍君）

【轻金属铜基复合材料项目签约】 2021年4月24日,油坊镇举办轻金属铜基复合材料项目签约仪式。项目总投资1亿美元,注册资本金4000万美元。项目拥有包括金属复合材料、等温态工艺和短流程生产设备与系统在内的全球原创技术,核心发明专利获得世界知识产权认证(PCT专利),具有效率高、产值高、利润高的工艺特征。项目一期计划投资1亿美元,新建厂房2万~3万平方米,计划年产1.2万吨铜基轻金属复合管、复合铜排等产品,2000~3000吨延伸产品,项目达产后,预计新增产值15亿元、纳税1.5亿元。同时,基于轻金属铜基复合材料良好的市场前景和强大的延链补链效应,项目投产后,带动下游产业链新增销售30

亿元~100亿元、纳税3亿~10亿元,逐步形成产值以百亿元为单位的新型铜基金属复合材料产业集群。

(包雍君)

【油坊镇三方合作签约仪式】 2021年5月10日,油坊镇人民政府与中核工程科技发展有限公司、奥亿核工业工程有限公司开展三方合作签约仪式,奥亿核工业工程有限公司揭牌成立,标志着核工业运维服务总包项目进入实操阶段。根据三方战略合作协议,未来5年,三方将在三废水泥固化线的运行与维护、核电检修服务,以及技术创新、核工业设备与技术的国产化替代、人才培养和技术队伍建设等领域方面全方位合作。

(包雍君)

【夏季项目集中签约仪式】 2021年7月12日,油坊镇2021年夏季项目集中签约仪式举行。现场签约6个项目,总投资7.5亿元。6个项目涉及新型建材、分布式光伏、装备制造、新材料等多个领域,其中2个项目充分盘活新材料产业园的闲置资源。其中铝蜂窝板材项目、新型绿色建材项目的落户,拉长建材物流园的产业链条;高性能混炼胶项目、车用隔热包装材料项目的入驻,盘活新材料工业园的闲置资源;50兆瓦屋顶光伏电站项目的建设,提升油坊镇光伏应用水平,为碳中和示范村镇建设提供样板;精密仪表电气制造项目的落地,提升先锋工业区机械加工产业的新标杆。

(包雍君)

【"碳中和·零碳村镇"建设】 2021年9月24日,油坊镇被中国能源产业发展年会组委会评为助力"碳达峰碳中和"能源行业零碳优质基地,是江苏唯一一家入选的乡镇。作为最早引进光伏产品制造和最早启动光伏应用的乡镇。油坊率先响应国家战略,探索推进"碳中和·零碳村镇"建设,全力建设一批多元化与个性化相结合、示范效应和经济效益明显的光伏应用项目,打造长三角生态文明和高质量可持续发展的示范样板。

(包雍君)

【"企航"党建微联盟成立】 2021年10月5日,油坊镇"企航"党建微联盟正式成立。围绕市委"两在两同"建新功行动和镇党委"党群零距离,耀你同行"行动要求,按照"党建引领、互联互助、凝聚人心、辐射周边、共同发展"的原则,依托同德商会平台,包括太阳集团、远东电讯、永丰电气、金茂伟业、长江盖业、润弛太阳能、万利制鞋、远方水务、同德商会9家"两新"党组织共同组建,覆盖21家非公企业、146名党员,辐射83家商会会员单位。

(包雍君)

2021年油坊镇建制村、居委会情况一览表

表23

建制村、居委会名称	书记	主任	总人口(人)	工业产值(万元)
振华村	王笃平	王笃平	3483	28039
油坊村	张林根	张林根	6869	89630
太平村	唐建军	唐建军	3509	40408
同德村	解　鹏	解　鹏	6851	121868
鸣凤村	陈兴云	陈兴云	4618	38289
振兴村	朱纪君	朱纪君	1026	63770
会龙村	王荣华	王荣华	4098	157235
邻丰村	王笃才	王笃才	3002	67475
老郎村	匡　勇	匡　勇	5612	46291
长旺村	陈太金	陈太金	2188	114676

(包雍君)

2021年油坊镇主要经济社会指标一览表

表24

项目	数额	项目	数额
地区生产总值(万元)	502500	三资企业数(个)	20
财政收入(万元)	41806	私营企业数(个)	923
工业总产值(万元)	933856	当年新办三资企业(个)	1
产品销售收入(万元)	930192	实际利用外资(万美元)	1300
农业总产值(万元)	35700	进出口总额(亿元)	1.1
粮食总产量(吨)	20614	三产从业人员(人)	25586
水产品产量(吨)	1945	中小学校(所)	3
工业用电(万千瓦小时)	29735	医院、卫生院(所)	2
工业企业总数(个)	923	卫生室(个)	10

(包雍君)

2021年油坊镇骨干企业情况一览表

表25

企业名称	法人代表	工业总产值(万元)	销售收入(万元)	工业增加值(万元)	利税总额(万元)
江苏太阳科技股份有限公司	冷青松	16317	16317	639	4373
江苏绿能电力科技有限公司	蔡会风	37657	37657	1292	10092
江苏正能电子科技有限公司	徐心元	16622	16743	512	4455
扬中市大地水泥有限公司	朱建丰	64914	64914	7723	17397
镇江远东电讯电机有限公司	陆宝富	22013	22051	1366	5899
江苏长江盖业有限公司	黄　磊	3625	3574	308	972
镇江金茂伟业工艺品有限公司	董菊萍	10566	11084	568	2832
江苏沪运制版有限公司	赵国平	6764	6856	1127	1813
镇江裕太防爆电加热器有限公司	王太峰	6255	6254	950	1676
扬中市太平洋仪表电器有限公司	董志强	4427	4427	810	1186
镇江嘉弘海绵有限公司	许红林	3313	3147	166	888
江苏润弛太阳能材料科技有限公司	季勇升	1988	1856	-632	533
扬中市橡胶塑料厂有限公司	蔡德扬	4646	4125	461	1245
扬中市鸿运制盖厂	陈正香	2810	2809	145	753
镇江市化剂厂	薛恒芝	3883	3883	-54	1041
江苏永丰电器仪表有限公司	解恒明	9794	9794	849	2625
江苏希尔达新材料有限公司	鄂洪章	22602	22679	426	6057
江苏金大地混凝土有限公司	刘双龙	5725	5725	213	1534
镇江化工仪表电器有限公司	黄乔年	3124	3124	316	837
扬中市中驰电气有限公司	张胜君	2279	2279	179	611
江苏欣安新材料技术有限公司	张　望	2032	2071	503	545
江苏美凯电气有限公司	张福生	3492	3492	276	936

续表 25

企业名称	法人代表	工业总产值（万元）	销售收入（万元）	工业增加值（万元）	利税总额（万元）
镇江飞天纺织科技有限公司	秦安清	7284	7284	435	1952
江苏荣安电仪设备有限公司	黄良荣	7749	7749	460	2077
江苏帅雅服饰有限公司	解恒明	4126	4126	316	1106
扬中市宏辉橡胶制品有限公司	陆纪才	4484	4271	543	1202
扬中市东风皮鞋厂	顾大明	2199	2199	199	589
江苏天晟新材料科技有限公司	朱　杰	2447	2447	–17	656
扬中市通达电器仪表配套总厂有限公司	顾卫星	2983	2954	316	799
江苏宏明电气有限公司	陈宏明	11288	11288	1100	3025
江苏全友电气有限公司	董　平	4952	4954	231	1327
扬中市华是塑胶有限公司	丁永明	3882	3883	331	1040
江苏科海生物工程设备有限公司	陈永琪	2004	2005	270	537
江苏吉星新材料有限公司	翟　虎	5824	5776	–2997	1561
镇江昌达电气有限公司	郭如海	5839	5839	364	1565
和昌电缆材料科技(江苏)有限公司	袁　敏	4093	4094	191	1097
江苏永拓电气有限公司	何宇龙	4911	4912	284	1316
扬中市华龙橡塑电器有限公司	冷柏平	11310	11275	1105	3031
扬中市格拉斯白炭黑化工有限公司	戴纪琴	6512	6614	744	1745
镇江市星翌交通设备配件有限公司	黄银平	4100	4075	576	1099
江苏颖尚密封件有限公司	王笃平	5494	5493	353	1472
扬中磊金建材有限公司	孙国华	37579	36830	3450	10071
镇江市明辉新材料有限公司	王双林	11119	11119	354	2980
江苏龙创新材料科技有限公司	徐君伟	15618	15618	356	4186
镇江朝阳机电科技有限公司	朱朝平	8123	7389	126	2177
镇江市德利克真空设备科技有限公司	匡国庆	7279	7301	722	1951
江苏天旺新能源科技有限公司	何爱群	12137	12137	228	3253
上迈(镇江)新能源科技有限公司	练成荣	12004	11740	–1218	3217
镇江弘通电气有限公司	陆纪荣	6378	6379	1219	1709
江苏万稼盛肥料有限公司	黄　勇	2028	2073	202	544
镇江泓德新材料科技有限公司	凌建国	4719	4472	83	1265
江苏上晨电气有限公司	姚　晗	2900	2900	204	777
江苏恒泽安全防护用品科技有限公司	黄春来	5478	5478	–406	1468
江苏航雅金属材料有限公司	杨　莉	5839	5839	447	1565

（包雍君）

八桥镇

【概况】 八桥镇位于扬中市东南部，镇域总面积55.6平方千米,其中陆地面积34.58平方千米,下辖9个建制村、2个社区,人口3.5万人。2021年,全镇完成工业销售108亿元,比上年增长31.83%,实现工业销售百亿元目标。一般公共预算收入1.98亿元,增长15.12%,规上工业总产值102.46亿元,增长45.62%。实际利用外资1300万美元,完成固定资产投资13亿元,制造业投资总额全市第二。装备制造、先进新材料、纸品包装"三大主导产业" 全年实现销售69.61亿元、增长38.38%,新兴产业产值占规上工业比重58%。规模骨干企业快速发展、支撑有力,天舜、新韩通工业销售分别超27亿元、25亿元，税收分别超4000万元、6000万元,飞达纸品、威同电气、扬子铝、春环密封等企业发展迅猛,12家企业增幅超40%,新增亿元企业4家,规模(工业)企业12家。

项目落地展现新成效。承办镇江市重点项目集中开工扬中分会场活动,开工4个镇江市重点产业项目、12个扬中市级产业项目,龙成绝缘、吉庆管材等14个项目竣工投产。推进招商体制改革,围绕主导产业组建招商联盟,开展产业链招商、乡贤招商推介等各类招商活动,引进中园慧创·扬中科创产业园、大合新型太阳能边框等重大项目,签约亿元以上项目13个,总投资38亿元。

科技人才激活新动能。加快高创园创新载体建设,落户江苏科技大学技术转移中心并实体化运行，高创园科技孵化器创成省级众创空间，新增入孵企业41家。企业自主创新能力不断提升,社会研发性投入2亿元,认定国家高新技术企业8家,新增省级工程技术研究中心2家,建成镇江市人才工作站3家。与合肥工业大学、东华大学、南京工程学院达成合作,签订产学研项目12个。引进国家级人才1人,入选省"双创计划"1人、镇江"金山英才"计划1人、扬中市"江雁计划"3人。

营商环境呈现新质态。深入推进 "党建+项目"建设,开展走听转办、惠民惠企温暖行等活动,设立"周五承诺兑现日",全方位服务企业发展,搜集企业各类难题,实际解决32条。深化全省基层"三整合"改革示范点建设,接受省级现场考评,完成镇为民服务中心升级改造,实现"一窗通办、一站办结",建立"领办、代办、帮办"制度,打造政企便民服务的优质品牌。

载体功能得到新提升。完成高创园、海工装备园、富民工业园环评编制工作,推动园区有序建设、绿色发展。持续完善高创园道路、管网等各类基础设施,引进高创园综合配套服务中心项目,完成永福路东延、二三期供水等工程,报批挂牌土地7.67公顷,推动园区腾地整理和环境整治，园区承载能力和整体形象得到进一步提升。

乡村振兴迈出新步伐。在全市率先打响"党建引领乡村振兴" 品牌，人居环境整治工作考核位居全市前列,被列为省金融支持乡村振兴试点镇,利民村、红旗村分别获评市乡村振兴示范村金奖和市人居环境优胜村金奖。扎实推进长胜、幸福200公顷高标准农田建设,高分创成省级绿色蔬菜产业特色镇、省级秧草特色镇。利民甜瓜获省甜瓜金奖,生态蟹获省首届"苏韵乡情"评选活动"十大金蟹奖"。幸福村创成国家森林乡村,红旗村、幸福村创成省级绿美村庄。

镇村基础设施更巩固。加快编制国土空间规划、镇村布局规划和实用性村庄规划,建成"共绘苏乡"规划师下乡服务站1个。基本完成集镇水环境治理任务,实施企事业单位内部雨污分流管网改造44家,提前完成集镇污水治理主干体系建设，与镇污水厂有序调试运行。集镇建成区网格化管理进一步提优,全时段巡查和日常保洁水平不断提升。提档升级幸福大道、永兴四组等农村道路,镇村路网逐步完善。持续推进居民点基础设施建设,完成永兴四期、长胜一期等小区基础配套工程,创成省级美丽宜居村庄2个。实施小微水体治理、泵站翻建等工程,疏浚农村河道39条、15千米。

生态环境彰显新面貌。加速实施农村生活污水治理,全面完成45个自然埭、600余户治理任务。完成利民纸品、中佳电器等企业燃气锅炉低氮改造。严格落实能耗"双控"政策,制定"一企一策"有序用电管控方案,有效遏制能耗快速上升。完成沿江一公里环境隐患摸排,整治问题点位94个。深入推进"长江大保护"战略,完成外江滩植树造林5.33公顷。严格落实长江"十年禁渔"计划,成立江堤网格管理队,查处违法捕鱼4起。扎实推进"金屋顶"工程,新增分布式光伏电站7兆瓦、居民光伏屋顶150余户。

富民增收持续发力。推进"万企联万村、共走振兴路"行动,创新开展村与企业、村与部门联建结对,实施共建项目27个,扶持村级发展增收增效、拓展路径。扎实推进农村集体资产租赁交易存在问题专项整治,全面清理积欠租金,规范租赁行为。严格落实就业创业举措,扶持创业38人,新增城镇就业848人。全力保障困难家庭基本生活,创成扬中市残疾人帮扶基地3家,发放低保金、"五保"金、重残生活补助金700余万元。

公共服务扩面提质。传承和弘扬广善文化，在全镇挖掘、培植一批善人善家、善事善行、善风善景，浓厚广善文化氛围。举办庆祝中国共产党成立百年文艺晚会，首发《广善芬芳》《红色八桥》红色书籍。高质量规划设计并启动新时代文明实践所建设，通过江苏省文明镇创建考核。在全市率先开展下消化道肿瘤筛查项目，实施儿童视力检测及康复工程，启动八桥区域医疗卫生中心建设。举行“向上向善，大爱八桥”大型慈善募捐，募集资金482万元，发布“幸福家园”项目5个。开展适老化改造，建成示范性养老服务中心1家，建成老年人助餐点9个。八桥小学花绳队在全国联赛再创佳绩。永胜村《九狮图》获江苏省文艺大赛表演奖。

社会大局和谐稳定。落实常态化疫情防控举措，做好公共场所和重点人员管理，加快推进疫苗接种工作，疫苗接种率96.3%。高标准开展安全生产三年整治，推进燃气、危化品、建筑工地等专项排查治理，推进既有房屋“危房解危”整治，全镇本质安全水平不断提升。有效防范金融领域风险隐患，完成政府隐性债务年度化解任务。常态化开展“扫黑除恶”专项斗争，扎实开展“八五”普法，有效化解各类信访矛盾纠纷，重拳打击网络诈骗犯罪。创新基层治理模式，推广永兴村契约式治理成果，利民村创成全国乡村治理示范村、省级民主法治示范村、省美丽家园省级示范点，并获批全国村级议事协商创新实验试点。（黄琳）

【广善大道通车】 2021年1月20日，八桥镇广善大道（原华生路）正式通车。2020年9月，广善大道提档升级工程启动，改造路段全长约1000米，宽10米，两侧设2米绿化带。工程起于广善路交会处，南至扬中大道。改造工程由表及里，重新铺设雨污管网，完善排水设施，实现雨污分流，通畅排水。（黄琳）

【八桥镇产业强镇暨“三新三实”主题实践活动动员大会】 2021年2月23日，八桥镇召开产业强镇暨“三新三实”主题实践活动动员大会（全面把握“新状态、新思维、新境界”工作要求，进一步厚植“求实、务实、严实”作风优势），激励全镇上下勇闯新路、善作善成，擂响“百亿八桥”铿锵鼓，闯出“产业强镇”新天地。会上，兑现《关于进一步推动“产业兴镇 实干强镇”的政策意见》《关于进一步激发基层动能 助推乡村振兴的意见》。（黄琳）

【江苏大方铜基粉末项目开工】 2021年2月26日，江苏大方铜基粉末项目在八桥镇高创园举行开工仪式。项目一期计划投资1.5亿元，新征土地3公顷，新建生产车间、配套库房及办公用房2.3万平方米。添置国内先进的铜粉生产线1条，其中熔炼炉、定制雾化系统、真空压滤机等各类配套设备50余套，生产国际先进的激光热熔增材制造用铜合金粉末及高铁刹车片用HGS铜粉；预计达产后年产量3000吨，可新增销售2.1亿元，与原生产体系合计预计可形成年销售5亿元。（黄琳）

【八桥镇12个重点项目集中签约】 2021年3月10日，八桥镇“项目兴镇”攻坚大会暨项目集中签约仪式举行，总投资9.1亿元的12个项目集中签约。集中签约仪式上，八桥镇多个行政村和相关部门递交项目招引任务书；为招商团队现场发放聘书；产业链招商、区域招商负责人代表、客商代表、乡贤代表做交流发言。现场签约的上海恒浥智能工厂项目、镇江春环半导体氟材料项目等12个项目，总投资9.1亿元，包括9个产业项目、2个科技人才项目和1个基金项目，包括重大自主创新项目、重点集成创新项目、产业转型提升项目、新兴材料产业项目，以及本土企业裂变扩张项目和外地企业落户项目。（黄琳）

3月10日，八桥镇“项目兴镇”攻坚大会暨项目集中签约仪式（八桥镇供图）

【“银耀八桥 五星增辉”志愿服务团】 2021年3月23日，八桥镇召开“银耀八桥 五星增辉”志愿服务团成立暨“银辉”志愿服务活动启动仪式。“银辉”志愿服务团主要由年龄相对较小、身体条件较好、文化水平较高、专业特长突出、有长期志愿服务意愿的老同志组成，搭建一批功能与特长兼备的“银辉”志愿服务平台，打造一批有特色、有亮点、有影响，面上可复制、可推广的志愿服务项目，放大“八桥银辉”的品牌效应，持续释放八桥老干部正能量。（黄琳）

【“下消化道筛查公益项目”启动】 2021年4月2日，扬中市“下消化道筛查公益项目”在八桥镇正式启动。

启动仪式后，扬中市肿瘤研究所副所长华召来为现场群众介绍项目情况，扬中市人民医院检验科主任汪峰开展生物样品采集方法的培训，扬中市人民医院内镜中心主任姚圣华讲解肠镜检查注意事项。（黄琳）

【八桥镇广场舞展演】 2021年5月13日，八桥镇在红旗村农民大舞台举行“礼赞新时代幸福舞起来”庆祝中国共产党成立100周年红色歌曲广场舞展演活动，回顾党的光辉历程，歌颂党的伟大成就。展演活动分为规定套路和自选套路，11支队伍参演。百余人展示集体广场舞《没有共产党就没有新中国》，各代表队轮番上台表演，展现新时代八桥人积极乐观、健康向上的精神风貌。

（融媒体中心）

【“广善创客空间”上榜省级众创空间】 2021年8月，江苏省科技厅公布2021年度备案省级众创空间名单，八桥镇“广善创客空间”上榜。广善创客空间备案成功并纳入省级科技企业孵化器的管理服务体系，八桥镇又一省级创新平台正式获批。（黄琳）

【“惠领先锋”主题实践活动】 2021年9月18日，八桥镇召开“惠领先锋”部署会。“惠领先锋”主题实践活动围绕党建引领“三个全覆盖”，即实现党建引领村企共建全覆盖，实现党建引领村与部门共建全覆盖，实现党小组和村民小组星级评定全覆盖。实施“惠党建强品牌、惠队伍强担当、惠企业强营商、惠项目强机制、惠群众强集体、惠乡风强治理”六大工程，引导全镇党员干部争当红色先锋、实干先锋、暖企先锋、招引先锋、为民先锋、文明先锋，全面掀起党群连心攻坚克难的实干热潮，奋力开启八桥跨越式发展新征程。（黄琳）

【惠领先锋·两长论坛】 2021年11月1日，八桥镇召开“惠领先锋·两长论坛”暨星级评定推进会，通过论坛的形式，优秀党小组长、村民组长代表分享工作方法和工作经验，为小组工作凝聚智慧、提供力量。会上，镇党委宣读星级党小组、星级村民小组命名决定，并为五星村民小组代表和五星党小组授牌。在“两长”访谈会上，6位“两长”代表分享工作中的所见所闻、所感所悟。近年来，八桥镇党委探索实践“两长共建、两网融合”行动，全镇95个党小组长、331个村民组长在协助村级工作、助力乡村振兴中发挥着至关重要的作用。围绕党建引领乡村振兴，八桥镇开展“惠领先锋”主题实践活动，全面建立健全党小组、村民小组考评体系，激发党小组和村民小组工作活力，形成争先争创的热烈氛围，实现党小组和村民小组星级评定全覆盖，打造基层党建“红色引擎”。（融媒体中心）

【中园慧创·扬中科创产业园项目签约】 2021年12月9日，中园慧创·扬中科创产业园项目签约。中园慧创·扬中科创产业园项目位于八桥镇扬中高新技术创新创业产业园内，总投资15亿元，集总部商务办公、中试研发、标准智能化厂房及综合配套为一体，致力打造全产业链智能制造科技产业基地。项目整体规划18.53万平方米，分2期建设，总建设周期4年，一期工程预计2022年7月开工。入园企业在全部投产5年内，年度工业销售预计超过14亿元，入库税收7000万元以上。（黄琳）

2021年八桥镇建制村、居委会情况一览表

表26

建制村、居委会名称	书记	总人口(人)	工业产值(万元)	人均纯收入(元)
长胜村	印金龙	3364	49422	35859
利民村	刘乔荣	3078	53392	
八桥村(社区)	祝启国	5208	69836	
幸福村	朱志银	5824	61902	
永胜村(社区)	李卫东	5032	60814	
红旗村	刘美红	2756	22190	
永兴村	施大年	3235	30044	
万福村	范永华	3533	27978	
红光村	吴月萍	4513	30497	

（王存霞）

2021 年八桥镇主要经济社会指标一览表

表 27

项目	数额	项目	数额
地区生产总值(亿元)	53.49	工业投入(万元)	134031
财政收入(万元)	33232	实际利用外资(万美元)	1300
工农业总产值(亿元)	112.62	第三产业增加值(万元)	127600
产品销售收入(亿元)	108.52	三产从业人员(人)	4759
粮食总产量(吨)	16119	个体工商户(户)	2325
粮经种植比例	75:25	有线电视开通数(户)	11623
水果产量(吨)	1831	有线电视普及率(%)	96.3
水产品产量(吨)	2218	农民人均纯收入(元)	35859

(王存霞)

2021 年八桥镇骨干企业情况一览表

表 28

企业名称	法人代表	工业总产值(万元)	销售收入(万元)	工业增加值(万元)	利税总额(万元)
江苏新韩通船舶重工有限公司	孟成君	267854.4	257854.5	53570.88	11886
江苏福麟智能装备制造有限公司	孟　坚	3826.31	3826.2	765.262	–242.4
江苏天舜金属材料集团有限公司	姚兰美	65646.6	65646.9	13129.32	1555.1
江苏森林建筑新材料股份有限公司	姚圣法	168100.5	168100.5	33620.1	9535
江苏恒昌新材料科技有限公司	朱　琳	33452.2	33452.2	6690.44	88.1
扬中市盛大实业有限公司	姚巧娣	3938.694	4270.7	787.738	91.4
镇江市华银仪表电器有限公司	季忠银	32024.9	29213.2	6404.98	4634.6
镇江中佳电器有限公司	季　娟	7922.6	7202.2	1584.52	1123.6
江苏大方金属粉末有限公司	方义强	23671.7	22716.5	4734.34	2147
江苏海天微电子股份有限公司	匡习龙	20334.8	20334.8	4066.96	1871.4
江苏华太电力仪表有限公司	陈道金	19727.305	19739.7	3945.461	2206
江苏利民纸品包装股份有限公司	周志辉	19926	19926	3985.2	–885.4
江苏利民纸业有限公司	刘平其	80862.6	80862.7	16172.52	–825.7
江苏金利电气有限公司	顾纪阳	22460	22418	4492	1858.5
江苏吉庆管材集团有限公司	朱加祥	8930.6	8930.6	1786.12	1172.8
镇江维纳特气门有限公司	金　龙	4849	4853	969.8	326.6
镇江维纳特气门科技有限公司	贾学川	8721	8233.2	1744.2	297
江苏欧尔特气门有限公司	徐冬英	2201	1979.4	440.2	7.9
扬中飞达纸制品有限公司	陈廷保	13233.8	13198.3	2646.76	1359
江苏巨信纸制品科技有限公司	陈星夷	2871.1	2871.2	574.22	101.6
扬中市华森密封件有限公司	季晓华	3095.5	3095.5	619.1	442.5
扬中市丰华塑电有限公司	张跃风	5226.54	5130.3	1045.308	287.9

续表 28

企业名称	法人代表	工业总产值(万元)	销售收入(万元)	工业增加值(万元)	利税总额(万元)
镇江龙成绝缘材料有限公司	丁兆龙	3282.8	3282.6	656.56	340.5
有能集团江苏威同电气设备有限公司	杨怀龙	44642.8	44667.4	8928.56	3340.4
扬中市扬子铝加工有限公司	张荣华	23980.4	23980.4	4796.08	1146.1
镇江春环密封件集团有限公司	刘　剑	15902	15739.2	3180.4	1400
镇江绿环机电成套有限公司	顾洪林	3872.5	3872.7	774.5	445.8
江苏省绿岛管阀件有限公司	许长友	4439.3	4451	887.86	430.9
江苏同庆车辆配件有限公司	陆廷宝	2231.5	2198	446.3	72.9
镇江市华成电子器材有限公司	孟明华	2443	2141.5	488.6	83.9
镇江宏宇厨具有限公司	匡习风	4658.3	4772.4	931.66	274.9
镇江苏海电力科技有限公司	韩高建	2860.5	2860.5	572.1	285.7
扬中市昌宇安全玻璃有限公司	江文霞	1920.1	1921	384.02	45.8
扬中普荣电器有限公司	张加文	5606.2	5606.3	1121.24	19.9
扬中鸿运医药包装有限公司	陈正香	4223.5	4223.2	844.7	304.3
江苏建豪建材有限公司	缪志贵	12076.1	12076.1	2415.22	607.5
江苏永旗电气集团有限公司	朱恩荣	3112.6	3008.8	622.52	150.6
扬中市永工密封件有限公司	耿惠珍	2584.8	2585.1	516.96	170.8
镇江市瑞政电力工程有限公司	施正华	1877.2	1877.2	375.44	175.7
镇江市晨阳电力设备有限公司	李立本	1851.1	1851.2	370.22	215.3
江苏凌通电气有限公司	姜士春	2643.7	2606.9	528.74	165.2
扬中市旭升电器配件有限公司	梅仁平	4090.4	4081.7	818.08	249.9
江苏河豚岛铝业科技有限公司	于永红	18368.9	18368.9	3673.78	-77.7
江苏航鑫铝业有限公司	陈道美	5197.5	5197.5	1039.5	-27.9
江苏锦禾服饰有限公司	孔　静	2057.7	2057.7	411.54	-2.4
镇江美杰超硬材料有限公司	于德怀	2220.5	2100.5	444.1	172.5
镇江丰成特种工具有限公司	陈启国	2020.5	2020.5	404.1	250.5
江苏远真包装制品有限公司	潘志平	3221	3117.1	644.2	166.2
江苏晨峰铝业科技有限公司	羊伟嘉	2689	2689	537.8	100.73
江苏米斯仪表科技有限公司	陆正冈	8890	8890	1778	467.9
江苏明荣电气科技有限公司	马贞美	7965	7965	1593	913
江苏骅通船舶工程设备有限公司	谷丽丽	1995.86	1924.34	399.172	74.62
江苏金波新材料科技有限公司	陈　霞	2286	2183.49	457.2	57.75

（王存霞）

西来桥镇

【概况】 西来桥镇位于扬中市东南部，总面积19.5平方千米，辖5个建制村、1个社区，总人口1.8万人。2021年，完成工业申报销售133.4亿元，比上年增长83.03%，完成一般公共预算收入1.02亿元，增长20.38%，两项指标增幅均居全市前列。实现固定资产投资9.39亿元，完成全年目标任务的116%。

项目建设持续推进。举办招商引资誓师大会、临港产业招商推介会，招引项目13个，新建项目开工率100%。璟胜机器人项目建成投产，智能行吊、泊程新材料项目竣工并试生产，6000吨/天蛋白饲料加工项目、大津产业园二期码头项目、江苏奥联观光列车项目、汽车轻量化新材料生产项目均启动建设。

创新发展持续加快。支持企业自主研发与科技创新，亿阀集团获"镇江市科技创新梦溪奖"，主导修订的工业阀门类国际标准实现企业主导修订国际标准"零的突破"，获评镇江市优秀人才工作站，邱利民团队入选镇江"金山英才"团队项目。5人入选镇江市"169工程"培养对象，6人入选"江雁计划"。完成6家企业高企入库，大津重工创成省级工程技术中心、省研究生工作站，3家企业创成镇江工程技术中心。签订产学研合作项目10个。

基础设施不断夯实。完成幸福花苑一期5栋楼加固维修。重启幸福花苑三期三标段建设，5号楼、6号楼主体结构全部封顶。污水处理厂全面正常运转，建成新垃圾中转站，餐厨垃圾处理终端和压缩设备试运行。推进"四好农村路"建设，维修改造部分村组道路。垃圾分类亭和垃圾分类箱实现全覆盖，完成集镇区域生活垃圾收运分包管理，处置垃圾1.02万吨，处置率100%。加强集镇路灯检修维护，提高集镇亮化水平。

美丽乡村展现新貌。以"两优一示范"创建为抓手，开展农村人居环境整治，新程村荷叶圩、西来村丁家腰沟埭和北胜村太平圩串点成线，成为连片风景。东来村大膀子圩、三新村团结河沿线、幸福社区八圩整体面貌刷新，人居环境整治呈现出"一村一景"的生动局面。新程村、东来村创成扬中市文明村，北胜村、幸福社区通过扬中市文明村（社区）复审，新程村、幸福社区创成镇江市文明村（社区）。开展道德模范、身边好人、"草根英雄"评选活动，戴中桂、陈静获评扬中好人。

环境保护持续发力。完成大津清洁能源装备产业园的规划和规划环评编制、报批工作。强化大气污染防治，投资近200万元建成环境空气质量自动监测站，督促10家企业升级整改废气处理设施。坚决打击"散乱污"企业，配合市生态环境局对5家环境违法企业实施行政处罚。排查整治长江岸线疑似生态问题86个。推进44个村民小组的生活污水治理工作，全过程介入监管，确保将农村生活污水治理做成"暖心工程"。

疫情防控慎终如始。积极应对复杂多变的疫情防控形势，快速、高效、有序开展西来村全员核酸检测压力性测试和常州旅居史核酸检测。发挥"大数据+网格化+铁脚板"机制，精准科学落实各项管控措施，坚决做到"应排尽排、应检尽检、应管尽管"。加强对润华物流码头涉外疫情防控的监管。将疫苗接种作为常态化疫情防控的重要措施。

应急管理常抓不懈。扎实推进安全生产专项整治三年行动。在全市首家完成工业企业安全生产风险报告申报，形成安全生产风险基础信息数据库。开展安全生产大检查6次、专项整治行动9次，排查并整改各类生产隐患1214条，闭环整改率100%。加强应急管理能力建设，编制完善应急救援预案，组织开展应急演练，动态更新应急物资储备。

村级经济发展壮大。深化村企结对，实施"万企联万村、共走振兴路"行动，全镇6个村（社区）结对企业近30家，联建项目超20个。抢抓镇江市富民强村帮促行动契机，强化各村与上级挂钩部门的项目、政策对接，增强村级集体经济的"造血"功能，各村集体经济收入每年增加20万~50万元。

民生保障不断完善。发放失地农民保障金765万元，老年补贴、农保退休金1272万元。加强对生活困难群众的救助力度，累计发放低保金86.58万元，惠及96户；发放重残生活补贴218.94万元，惠及256人；发放重残护理补贴31.8万元，惠及312人；发放特困残疾人救助金22.4万元，惠及21户；发放临时救济金15万元，惠及290户。推进老年人健康体检、"两癌"筛查、上消化道肿瘤筛查行动，不断提高群众健康水平。建成全市首家镇级社会救助服务中心，提升社会综合救助水平。推进实施敬老院提质工程公益项目，完善敬老院功能设施。建成中海粮油党性教育实训基地，举办2021西来桥"我要去舞龙"竞技赛、第五届"微爱五公里"趣味公益跑等各类文体活动，完成文艺播种计划培训43场次，开展"送红色电影下乡"活动51场次，进一步丰富群众文化生活。

社会治理不断深化。实施“锋领振兴”行动,依托162个党群议事室,引导机关、村(社区)全体党员干部深入基层一线,着眼解决群众的“烦心事、揪心事、操心事”。规范化运行集成管理指挥中心,加强部门之间横向协调联系,实现一平台管理、一网式查询、集成化推进。健全人民调解、行政调解、司法调解“三调联动”工作体系,排查化解矛盾纠纷557件,调解成功率98%。巩固和深化“扫黑除恶”专项斗争成果,推动社会治安形势持续向好。开展“治理重复信访、化解信访积案”专项工作,信访形势总体平稳向好。 (冯凯乐)

【招商引资誓师大会】 2021年2月27日,西来桥镇召开招商引资誓师大会。全镇上下以起步就要冲刺的状态,干出招商引资新业绩,抓出项目建设新突破,闯出特色发展新路径。持续招引临港产业项目,推动中海粮油与中储粮开展深度合作,着力延伸粮油加工产业链条;全面跟进与省港口集团的项目合作,针对性地引进装配式建筑、海工装备等项目。创新招商方式,聘请一批优秀企业家担任镇招商顾问,拓宽招商渠道。将闲置厂房转变为孵化基地,盘活存量资产,用好资源链。壮大乡贤经济,重点排摸在外企业家,形成“机遇清单”,逐一落实跟踪专班,争取更多带有乡情温度的项目落户、落地。针对各个在手、在建项目,继续落实“一个项目、一名领导、一套班子、一抓到底”的推进机制,按照项目建设计划,倒排工期、挂图作战,确保项目早建成、早见效,全面打开产业突破“动力阀”。会上,表彰2020年度服务经济发展有功企业、有功单位、先进集体和先进个人,举行西来桥镇招商顾问聘任仪式,新成立的9支招商分队队长递交招商任务目标责任书。 (冯凯乐)

2月27日,西来桥镇举行招商引资誓师动员大会 (吉战顺摄)

【华荣公园建成】 2021年1月17日,西来桥镇三新村华荣公园举办揭牌仪式。华荣公园由西来桥镇在外乡贤、一汽解放汽车有限公司总经理助理钱恒荣筹建,投资400余万元。华荣公园总占地面积6000余平方米,建有篮球场、乒乓球场、文化长廊、乡贤广场等配套设施,为村民提供集群众健身、文化休闲于一体的场所。 (冯凯乐)

【“我要去舞龙”竞技赛】 2021年3月14日,西来桥镇举办“中海粮油杯”2021西来桥“我要去舞龙”竞技赛,普及与传承非物质文化遗产。西来桥镇6支舞龙队参赛,各支队伍的龙跟着绣球展示扭、挥、仰、跪、跳、摇等造型。活动吸引1000余名市民观看。经过角逐,东来村代表队获得一等奖。 (冯凯乐)

【临港粮油食品加工储运项目签约】 2021年3月30日,镇江市在上海举行“2021年镇江(上海)产业项目暨人才招引推介会”,西来桥镇与华夏一号实业集团贸易有限公司签约临港粮油食品加工储运项目,项目总投资35亿元,用地26.67万平方米,利用岸线278米。 (冯凯乐)

【临港产业招商推介会】 2021年6月5日,西来桥镇举办临港产业招商推介会。会上,参会人员观看西来桥镇临港产业宣传片,西来桥镇相关负责人宣传推介临港产业,客商代表发言,9个项目集中签约。此次现场签约的跨江融合发展产业园项目、绿色建材产业园项目、粮油贸易合作项目、高端装备制造项目等9个项目,总投资30亿元,涵盖仓储物流、海工装备、车辆配件等领域。10月29日,西来桥临港产业招商推介会在上海举行。推荐会邀请中国船级社各会员单位,百余名行业企业家代表、各媒体单位现场参会。会上,西来桥镇向各船级社企业代表进行推介,寻求合作发展机遇。 (冯凯乐)

【中海粮油党性教育实训基地】 2021年7月,西来桥镇中海粮油党性教育实训基地开馆,成为扬中首家非公企业“乡村振兴”党性教育实训基地。中海粮油党性教育实训基地以园区大道的精神堡垒为起点,打造“复兴路”和“初心路”,寓意西来桥党群同心共筑中华民族复兴的中国梦,展现中海粮油“守护天下粮仓”的民族企业担当。室内展厅占地面积近300平方米,以“同心致远、联桥共建”为主题,分为序厅、红韵江海、“粮”帆

起航、红心远扬四大板块。（冯凯乐）

【西来桥镇社会救助服务中心成立】 2021年9月13日，扬中市首家镇级社会救助服务中心——西来桥镇社会救助服务中心举行揭牌仪式。西来桥镇社会救助服务中心主要承担各类社会救助、经济状况核对、信息采集、政策咨询、接受投诉举报等职责。西来桥镇成立社会救助工作联席会议制度，整合“大救助”资源，确保社会救助服务中心规范运行；制定社会救助服务中心管理办法、工作职责及规范，为全镇群众提供最低生活保障、特困人员供养、临时生活救助、慈善大病救助、社会捐赠接受等多方面救助服务。（冯凯乐）

【“百亿西来桥 启航新征程”庆祝盛会】 2021年10月2日，西来桥举行“百亿西来桥 启航新征程”庆祝盛会。市领导、西来桥镇骨干企业家代表、杰出乡贤代表参会。1—9月，镇销售总额102.8亿元。西来桥镇党委、政府全面融入全市“产业强市”大潮，应对经济下行、新冠疫情、防汛防台等交织叠加的非常形势，全力以赴抓招引，一招不让抓推进，港口经济框架逐渐拉开，经济运行继续保持高扬态势，工业申报销售提前四个月超额完成全年目标任务，销售总额突破百亿元大关，展现出西来桥速度。庆祝盛会结束后，西来桥镇召开新闻发布会，新华网、中新社、《新华日报》等媒体聚焦西来桥镇经济发展情况。（冯凯乐）

【西来桥镇产业链党建联盟成立】 2021年12月，西来桥镇产业链党建联盟成立，28家非公企业加入西来桥镇产业链党建联盟，凝聚党建力量、整合党建资源，强化“两新”组织党建工作，推动西来桥镇产业集群发展壮大。西来桥镇产业链党建联盟首批建立海工装备、粮油物流、新技术制造3个特色产业链党建联盟，其中包括江苏大津重工有限公司等8家海工装备企业、江苏中海粮油工业有限公司等6家粮油物流企业、江苏亿阀股份有限公司等14家新技术制造企业。构建“1+X+N”的开放式组织体系，通过各产业链已建立党组织的“链主”企业、已建立党组织的链上企业、拟培育建立党组织的链上企业等搭建产业链党建联盟，为非公企业和产业链发展出谋划策。建立联席制度，组建项目招引等6支产业链党建联盟团队为企业服务，聘请3位产业链党建联盟智库专家，为“两新”组织党建、项目落地、人才引进、企业发展、产业链壮大升级等问题提供解决方案。西来桥镇利用中海粮油党性教育实训基地等相关红色资源，全面推广“开放式主题党日”活动。利用非公企业闲置空间打造党群活动阵地，开展“午(晚)间课堂”、专题讲座、红色观影、观摩学习等党群一体化活动，开展市场联拓、物流共享、技术融创等活动，推动联盟内外企业共谋发展。各产业链党建联盟实施1~2个党建示范项目，培树一批党建工作先进典型；组建产业链党建联盟“先锋服务队”，投身乡村振兴、文明创建、防疫防汛、公益服务、脱贫攻坚等各项中心工作。会上，为首批3个特色产业链党建联盟成员单位授牌，为产业链党建联盟智库专家发放聘书，为安全护航、法治保障、项目招引、党群共建、经济服务、规划建设6个产业链党建联盟“帮帮团”授旗。举办首场“党建联盟聚合力 产业发展开新局”开放式主题党日活动，与会人员围绕如何发挥好党建联盟作用助推西来桥镇产业链发展壮大及“两新”组织党建工作交流座谈。（融媒体中心）

2021年西来桥镇建制村、居委会情况一览表

表29

建制村、居委会名称	书记	主任	总人口(人)	人均年纯收入(元)
东来村	沈大庆	沈大庆	1920	30500
三新村	陆红卫	陆红卫	3143	29500
新程村	顾大辉	顾大辉	3306	36000
西来村	施为民	施为民	4934	31000
北胜村	郭　凯	郭　凯	2120	31500
幸福社区	吴纪挽	吴纪挽	2758	29000

（冯凯乐）

2021 年西来桥镇主要经济社会指标一览表

表 30

项目	数额	项目	数额
地区生产总值(万元)	192300	三资企业数(个)	451
财政收入(万元)	17270	私营企业数(个)	281
工业总产值(万元)	1400700	当年新办三资企业(个)	123
产品销售收入(万元)	1334000	第三产业增加值(万元)	579
农业总产值(万元)	11789	个体工商户(户)	1821
粮食总产量(吨)	5908	中小学校(所)	2
水产品产量(吨)	458	医院、卫生院(所)	1
工业投入(亿元)	7.59	卫生室(个)	2
工业企业总数(个)	212	—	—

(冯凯乐)

2021 年西来桥镇骨干企业情况一览表

表 31

企业名称	法人代表	工业总产值(万元)	销售收入(万元)	工业增加值(万元)	利税总额(万元)
江苏中海粮油工业有限公司	陈志文	377388	341534	91328	4182
江苏亿阀集团有限公司	钱存根	54251	49007	13237	6999
江苏大津重工有限公司	占金锋	75000	69015	17325	4966
江苏新达能汽车部件有限公司	陈金虎	5006	5006	1206	77
江苏海晟涂料有限公司	陈廷生	10761	10326	2469	1753
江苏神力电源科技有限公司	白纪林	3880	3601	877	532

(冯凯乐)

三茅街道

【概况】 三茅街道是扬中市委、市政府驻地,西部毗邻新坝镇,东南与开发区接壤,北隔长江主航道与泰州市高港区相望。行政区域面积 78.12 平方千米,下辖 16 个建制村、17 个社区、252 个小区,户籍人口约 12 万人。2021 年,完成一般公共预算收入 11.97 亿元,新增固定资产投资 39 亿元,销售总额 436 亿元,其中工业销售总额 164 亿元。农村居民人均可支配收入 3.56 万元,城镇居民人均可支配收入 6.52 万元。

“双招双引”取得突破。集中力量招引项目,开展各类招商活动 20 余次,累计签约项目 24 个,投资总额 54.35 亿元,18 个项目形成实际投资,10 个项目实现正式投产。推进项目建设,排定市级重点产业项目 13 个,7 个新建项目全部开工,6 个续建项目稳步推进,香江数字扬中正式运营。科技人才齐头并进。加快高企培育,申报高新技术企业 40 家,通过 28 家,高企入库企业、高新技术企业创历史新高。搭建校企桥梁,组织高校专场人才对接活动 2 次,促成校企合作协议 25 项。获批扬中市科技计划项目 6 项,知识产权授权 906 件,发明专利授权 44 件。突出人才引领,全年入选省“科技副总”2 人,“双创人才”1 人;镇江市 “169 工程”5 人,“金山英才”4 人;扬中市“江雁计划”5 人。

文明创建深入推进。“四创建、三表彰”争先创优三年行动开局良好,创成优秀小区 47 个、星级楼道 85 个,示范带动效应全面激发,各层各级参与热情显著增强,为高分通过创文省考作出重要贡献。打造智慧物业，引入“翼安居”智慧物业平台，完成中扬康居苑等19个小区200处充电桩(棚)安装。

乡村振兴速效齐升。农村产业提质增效，实施营房村“云种植”、明华村智能大棚等6个省市级重点农业产业项目。开展“万企联万村”行动，建成指南村恒顺糯稻专供基地、友好村宽新圩生态农业旅游基地，促进村级集体经济增收。推进人居环境提升行动，打造永勤村年丰河沿线、兴阳村国字圩等示范点位，明华村五虎圩创成省特色田园乡村，北部沿江特色乡村旅游路线逐步成形。

环境保护富有成效。持续推进大气污染防治，加强24小时动态监管巡查，通过挥发性有机物(VOCs)专项检查；扎实推进两季秸秆禁烧和综合利用，秸秆利用率95%。强化涉水监管，完成联丰港水环境综合整治，省考断面水质全面达标。实施81个自然村生活污水治理工程，有效实现建制居民点污水治理全覆盖。健全城乡环境长效管理考核机制，落实垃圾分类清运制度，新增垃圾分类点99个，住宅小区垃圾分类覆盖率83%。

社会治理不断加强。从严从实防控疫情。推进新冠疫苗接种，12周岁以上人群首针接种率90.22%。高效开展“敲门行动”，累计排查5.9万户、15.6万人；完成营房村和扬子新村社区核酸检测压力测试，参加群众5000余人。全力防范安全风险。高标准对接安全生产专项整治三年行动收官战，积极创建省级安全发展示范城市，以“双随机”与“全覆盖”相结合，开展安全检查20余次，摸排生产经营单位508家，发现各类问题隐患150余条，整改率100%。强化建房管理，查处违章建设157处，拆除面积5500平方米。保障出行安全，检查疑似风险桥梁358座，拆除2座，维修加固18座。

民生实事认真落实。聚焦群众“急难愁盼”，推进年度十项民生实事，开展“122上门服务”，帮扶22户残疾家庭；关注特殊群体，为145名重点优抚对象、失独老人等开展助餐服务；提档友好村红色旅游教育基地，完成“四千四万”精神陈列馆、初心茶馆等配套设施建设，累计接待游客近10万人次。协同推进“五水联治”工程，完成风帆路、纬三路、三丰北路雨污水管网项目，纬四路雨污分流工程序时推进。 (姚境)

【产业强街暨乡村振兴推进大会】 2021年2月26日，三茅街道召开产业强街暨乡村振兴推进大会。会议表彰一批奋发有为、作风优良、业绩突出的先进集体和单位，兑现高质量发展、乡村振兴等一部分政策奖励，部署2021年各项重点工作。要求聚焦产业项目，跑出跨越发展新速度；聚力乡村振兴，塑造美丽乡村新面貌；强化大局意识，筑牢和谐稳定新防线；突出党建引领，谱写实干担当新篇章，撸起袖子加油干，铆足牛劲，冲刺在前，以优异成绩向党的百年华诞献礼。 (姚境)

【上海工具厂与福达特种钢战略合作签约】 2021年3月22日，江苏省福达特种钢有限公司与上海工具厂有限公司战略合作签约仪式举行。双方将集优质资源、集优质品牌、集优质技术，总投资5亿元，一期开展高速钢直柄轧制麻花钻产品生产，后续逐步延伸至其他工具产品，产生更多规模效应和协同效应，为三茅街道承接上海地区产业转移提供新契机，推进产业强街注入新动能。 (姚境)

【“洁美家园‘净’万家”文明实践项目启动】 2021年3月27日，“洁美家园‘净’万家”文明实践项目启动。号召各村(社区)文明实践站及广大志愿者身体力行，争当洁美家园的志愿者，锦绣三茅的守护者，时代新风的引领者，引导居民广泛参与到“洁美家园‘净’万家”文明实践活动中来，共同打造、共建、共治共享的文明创建新格局，为建设锦绣三茅、文明扬中贡献应有的力量。 (姚境)

【“行走党课”活动】 2021年6月19日，三茅街道开展“行走党课”活动。全体党政领导、各村(社区)书记走进永勤村荷花池、长江花城社区、鼎圣集团车间、友好村宽新圩红色教育基地，通过点位打卡、现场观摩、实境体验等形式的有机串联，分别建立农村人居环境整治、“双创”、项目建设3个行动支部，重温入党誓词，形成“边行走、边行动”的红色风景线，推进党史学习教育走深、走实、走心，激发投身乡村振兴、社区治理，文明创建、经济建设的热情。 (姚境)

【庆祝中国共产党成立100周年文艺晚会】 2021年6月28日，三茅街道“奋斗百年路 启航新征程”庆祝中国共产党成立100周年文艺晚会在滨江小学体育场举行，三茅街道33个村(社区)及企业的1000余人观看演出。晚会在歌舞《在灿烂阳光下》开幕，由忆党史、铭党恩、强党建、促发展四个篇章组成，通过微党课“传承”、小品《初心使命》、歌舞《少年》以及大合唱《我们走在大路上》等表现形式，多角度呈现中国共产党百年奋

斗征程和辉煌成就，带领群众追忆党的百年历史伟大成就，凝聚新时代奋进力量。 （姚境）

【三茅街道“敲门行动”】 2021年8月1—3日，结合疫情防控工作，三茅街道党员干部、网格员、志愿者全部下沉一线，开展“敲门行动”入户筛查。全面开展健康问询、行程轨迹核查，对核酸检测和疫苗接种情况再摸排，全力确保“不漏一户、不落一人”。累计排查5.92万户，摸排人数15.57万人，摸排相关人员196人，全部落实核酸检测或居家隔离措施。 （姚境）

【“头雁领航”村（社区）书记论坛开讲】 2021年8月28日，三茅街道召开主题为“党建引领文明城市创建”的第一届“头雁领航”村（社区）书记论坛。街道全体党政领导、各村（社区）书记、部分青年后备干部、相关职能部门负责人先后观摩优秀住宅小区示范点，在论坛现场交流文明城市创建过程中的心得体会，明确下一步工作方向。推动书记之间相互借鉴、优势互补，将“好经验”转变成“真本领”，把“示范点”扩面成“示范群”，以高度的责任感和紧迫感，为街道开展文明城市创建工作注入强大动能。 （姚境）

【庆祝第37个教师节表彰大会】 2021年9月7日，三茅街道举办庆祝第37个教师节表彰大会。长期以来，三茅广大教育工作者认真贯彻党的教育方针，教书育人、默默奉献，为提高全民素质、培养创新人才，为促进经济社会发展作出突出贡献。大会表彰“教坛新秀”“教学能手”“服务标兵”等60名优秀教师，3名教师代表分享作为教师的感悟，三茅街道党工委书记童涛从教育事业、教育队伍、教育发展3个方面分享个人感悟。（姚境）

【兴阳村第十五届文化艺术节开幕】 2021年9月19日，兴阳村第十五届文化艺术节开幕。晚会以党建引领乡村振兴为主线，反映村干部、党员下沉一线、联系村民，带头开展人居环境整治再提升的生动场面，发扬新时代党员继承祖辈们艰苦奋斗、不畏艰辛、全心全意为人民服务的精神。现场表彰兴阳村“最美庭院”“孝老爱亲”“热心公益”“爱岗敬业”“优秀企业” 等一批先进代表，体现兴阳村党建引领促发展，凝心聚力建兴阳的共同愿景。 （姚境）

【扬中市上飞工具有限公司揭牌暨上海集优与扬中市战略合作签约仪式】 2021年11月12日，扬中市上飞工具有限公司揭牌暨上海集优与扬中市战略合作签约仪式在三茅街道举行。此次签约，是上海集优深耕制造主业、加快转型升级的重要布局，是三茅街道承接上海产能转移的丰硕成果。双方后续将在资本、管理、人才、技术等方面加强对接，共享机遇，持续增强企业核心竞争力。 （姚境）

【城西社区卫生服务中心揭牌】 2021年11月15日，三茅街道城西社区卫生服务中心举行揭牌仪式。城西社区卫生服务中心的启用，填补扬中市城西片区医疗机构的空白，为城西片区群众带来更加便捷、优质、高效的医疗服务，促进扬中市医疗服务事业再提升。城西社区卫生服务中心位于中电大道与建设路交叉口东北侧，占地约1万平方米，是由市人民医院领办，具有独立法人的一级社区医疗服务机构。中心拥有数10台高精尖的医疗设备，设立肛肠科、内科、外科、中医科、骨伤科、妇科、胃肠镜等科室，定编床位50张，服务人口范围7万人。 （姚境）

6月28日，三茅街道举办庆祝中国共产党成立100周年文艺晚会 （融媒体中心供图）

2021年三茅街道建制村、居委会情况一览表

表32

建制村、居委会名称	书记	主任	总人口(人)	工业产值(万元)
民主村	郭宏军	郭宏军	3853	58000
指南村	田　青	田　青	2183	26700
兴华村	黄长军(副书记)	丁基彬	2140	37000
大众村	张建国	张建国	2995	14000
三桥村	王成余	王成余	2848	22900
锦程村	季　斌	季　斌	2529	14300
永勤村	顾大军	顾大军	2488	62800
企东村	张怀根	张怀根	4111	4200
滨江村	刘建忠	刘建忠	4613	9300
普济村	梅　欣	梅　欣	3760	17800
中华村	严荣斌	严荣斌	3504	30900
友好村	郭茂祥	郭茂祥	3364	47800
兴阳村	陆廷余	陆廷余	2937	44400
永和村	吴　斌	丁　鹏	3441	20400
明华村	印洪生	印洪生	2938	15600
营房村	冯义永	冯义永	1628	14500
新扬社区	王笃成	王笃成	6841	34100
新胜社区	卢建国	卢建国	3774	16600
港联社区	唐　庆	唐　庆	7581	3500
新民社区	田　楠	金红旗	3430	37800
丰裕社区	陈高健	陈高健	2740	84900
英雄社区	秦安荣	秦安荣	4198	34300
金星社区	郭道元	田勇平	2240	77000
中桥社区	朱照明	王　旭	3882	17700
广宁社区	王成美	谢祥洪	5132	39800
建设社区	郭俊峰	朱应声	8710	59900
同心社区	朱美玲	徐　明	5721	11100
扬子新村社区	陆廷军	蒋　勇	2302	—
文化新村社区	赵　敏	赵　敏	7425	—
江洲路社区	林先权	范　稳	10124	—
长江花城社区	马　云	左　麟	3163	—
新联社区	季成辰	季成辰	3059	—
中扬社区	张怀根	张怀根	606	—
集镇人口(含水上人口)	—	—	473	—

(姚境)

2021 年三茅街道主要经济社会指标一览表

表 33

项目	数额	项目	数额
地区生产总值(亿元)	170.04	私营企业数(个)	1519
财政收入(万元)	119600	实际利用外资(万美元)	2225
工业总产值(万元)	1650000	进出口总额(万美元)	8750
产品销售收入(万元)	1640000	第三产业增加值(亿元)	117.77
农业总产值(万元)	39301	三产从业人员(人)	107880
粮食总产量(吨)	11906	个体工商户(户)	1899
水果产量(吨)	2158	中小学校(所)	10
水产品产量(吨)	2274	医院、卫生院(所)	6
工业投入(亿元)	9.05	卫生室(个)	16
工业企业总数(个)	2219	农民年人均纯收入(元)	35566

(姚境)

2021 年三茅街道骨干企业情况一览表

表 34

企业名称	法人代表	工业总产值(万元)	销售收入(万元)	工业增加值(万元)	利税总额(万元)
香江科技股份有限公司	王志远	99398	94642	22861	10756
长江三星能源科技股份有限公司	刘建春	24821	17171	5708	3267
鼎圣集团有限公司	张开银	46890	37659	10784	5435
江苏省福达特种钢有限公司	顾炳福	35049	38441	8061	2812
中电电气(江苏)变压器制造有限公司	陆　瀚	58928	59206	13617	4167
雷朋电气集团有限公司	钟　星	36917	36554	8490	2893
江苏荣威电气有限公司	戴　震	20461	20390	4706	2470
镇江德利纺织制品有限公司	郭克元	50193	48857	11544	6706
镇江皆通承龙纺织制品有限公司	郭克元	34570	34570	7951	4724
江苏瑞克健身用品有限公司	朱庆豹	20200	19610	4646	6012
镇江市华阳机电制造有限公司	陈雨民	10771	10771	2477	1238
江苏中顺电气有限公司	杨　燕	14117	14117	3246	956
扬中市永新镀业有限公司	杜庆新	17554	17569	4037	576
扬中市南方矿用电器有限公司	陈广英	8703	8703	2001	1517
江苏康盛电气集团有限责任公司	倪建华	8587	8568	1975	330
镇江市长江机电设备厂	丁恒井	8109	8109	1865	870
江苏恒隆电气智能科技有限公司	严维祥	8994	8994	2068	892
江苏华中电器有限公司	印洪学	14327	16905	3295	1453
扬中市锦程金属表面处理中心	朱孝阳	8024	8025	1845	322
镇江港龙机电有限公司	高金保	6242	6243	1435	553
江苏宝丰电气有限公司	高金保	3386	3386	778	386
万宝电气集团有限公司	陈建军	26488	19428	6092	2108

续表 34

企业名称	法人代表	工业总产值（万元）	销售收入（万元）	工业增加值（万元）	利税总额（万元）
江苏浩威新材料有限公司	刘惠香	6888	6868	1584	435
江苏江洲汽车部件有限公司	蒋丰根	6895	6896	1585	328
江苏泰德环保设备有限公司	石冬林	3485	3485	801	260
扬中市三利石化机械有限公司	邱昌海	3367	3368	774	654
扬中中燃燃气发展有限公司	吴爱梅	27647	27950	6358	4786
江苏中天电气有限公司	苏　文	11547	11547	265	1021
镇江市惠普车辆配件有限公司	戴道圣	10227	10227	2477	879
扬中市海腾氟塑制品厂	季　明	8044	7090	1850	256
扬中市宏飞镀业有限公司	张秋红	7490	7490	1722	664
江苏扬子江制衣有限公司	童中连	5750	5750	1322	1412
江苏勇进电力设备有限公司	冷祥生	5569	5895	1280	1111
江苏大唐电器制造有限公司	唐瑞仙	5319	5306	1223	282
江苏万奇电器集团有限公司	马松涛	5278	5278	1213	274
江苏东升电器集团公司	陈志斌	5256	1752	1208	1239
江苏欣亚科技有限公司	张　欣	5204	5120	1196	50
镇江市建成电器有限公司	郭建明	5019	5019	1154	523
江苏百乐电器有限公司	孙　宏	4794	4464	1102	366
江苏永兴电能设备科技有限公司	张　伟	4702	4152	1081	345
扬中市弘宇机械制造有限公司	董祯祥	4573	4573	1051	483
江苏长凯机械设备有限公司	胡永波	4322	4366	994	172
扬中市荣昌汽配有限公司	常月兰	4190	4190	963	194
镇江施耐德电器有限公司	陈跃宏	3779	3778	869	279
扬中金州水务有限公司	严　肃	3756	5234	863	1974
扬中市美达电力器材配件有限公司	陈志美	3689	3692	848	137
镇江市华东化工电力设备总厂有限公司	冯锦辉	3603	3603	828	–418
镇江市耐尔特钻石有限公司	方国祥	3502	3502	805	125
镇江市兴生电器有限公司	孔宪祥	3493	3493	803	401
镇江华翔机电制造有限公司	栾建华	3464	3066	796	306
润圣集团有限公司	蔡拥军	3276	3277	753	192
江苏奇佩建筑装配科技有限公司	张茂先	3225	3263	741	589
镇江市扬子化塑制品有限公司	叶　祥	2959	2959	680	397
江苏中能电力设备有限公司	丁为平	2400	2400	552	285
扬中市神华电仪设备有限公司	蔡文华	2121	2121	487	139
江苏华吉电气科技有限公司	吴美珍	2025	2025	465	–40

（姚境）

江苏扬中经济开发区

【概况】 江苏扬中经济开发区位于江苏省扬中市东南部,下辖8个村(社区),总面积27.4平方千米,常住人口4.2万人,拥有深水岸线7.2千米。2021年,扬中经开区实现工业应税销售227亿元,比上年增加80亿元,增长58%;公共财政预算收入4.75亿元,增长10%;工业固定资产投资全年完成近24亿元,占全市三成以上。

强化项目招引建设,组建四大产业链招商攻坚先锋队,全年签约项目24个,其中30亿元以上项目1个,10亿元项目1个,亿元以上项目15个。切实提升企业自主创新能力,美科入选2021全球独角兽榜,获评国家级高新技术企业、省级绿色工厂。亿能获评省科技“小巨人”企业、镇江市市长质量奖。士林电气获评国家专精特新“小巨人”企业、省两化融合试点。通灵电器创业板上市,募集资金规模创镇江历史新高。认定高企11家,高企培育入库11家,科技中小型企业85家,发放“高企贷”1500万元,“专利贷”1.2亿元,创成省级“留创园之家”。不断加强高端人才引进,入选“江雁计划”6人,新增镇江金山英才3人、“169”培养工程8人、省“双创”人才1人。

提升区域品质内涵,高标准落实创文创卫工作部署,完成兴隆集镇道路修复、三跃集镇基础设施维修,助力国家卫生城市复审。推进港湾新城PPP安置房项目,港湾新城二期2、3地块建设工程已完成。全力打赢蓝天保卫战,开展金刚石等重点行业环保整治提升,燃气锅炉超低排放改造通过验收,巩固餐饮行业油烟治理成果。全面加强水环境治理,完成45个自然埭600余户农村污水治理,疏浚整治光明河、三跃港、永站河等骨干河港以及各村(社区)河道,区域水质明显改善。开展沿江环境整治,兴隆港务通过省级销号验收,沿江16家“散乱污”企业集中整顿,沿江一公里化工企业整治有序推进。

推进现代农业,落实惠农补贴工作,核实有资质的耕地面积5.53平方千米,发放惠农补贴100万元,建成水稻高质高效示范片3个,建成全市首个稻鳖共生示范基地,创成省级、镇江市级示范家庭农场各1家。强化农村产权流转交易管理,农村产权交易项目300余个,交易总额2000万元。提升农村人居环境水平,多个村(社区)获评农村人居环境整治优胜村,福源村获镇江乡村振兴(农业高质高效)先进集体、“美丽乡村”市级示范点。

增进民生福祉,提升百姓生活品质。推进“稳就业”,完成城镇新增就业2600人,城镇登记失业率2%,完成就业困难人员再就业440人。做好各类救助对象动态管理,累计发放救助资金420万元,开展慈善救助28万元,开工建设扬中市精神病防治院(兴隆街道社区卫生服务中心)迁建项目,高标准运营管理兴隆街道残疾人之家。完善抚恤补助标准动态调整机制,发放优待抚恤金200万元。落实常态化疫情防控措施,高质高效布置开展“敲门行动”、核酸检测压力性测试、全员核酸检测。持续推进民主法治建设,全面落实普法责任清单,深化“周行一善”品牌,新增法治文化阵地9个。全区信访形势平稳向好,连续3年在全市考核中位列第一,创成省级“人民满意窗口”。

深化网格化管理,推进社会治理提质增效,经开区(兴隆街道)被评为镇江市社会治理现代化先进街道。推进村(社区)智能化综治中心和网格化服务中心一体化建设,优化港湾新城智慧技防改造项目,筑牢安全防控“篱笆墙”。织牢安全责任网络,压实党政领导责任、部门监管责任、企业主体责任,布置各类检查300余次,检查企业250余家,完成30家执法线索上报任务,逐一梳理隐患,确保区域安全。推进安全生产三年大灶专项整治行动,聚焦桥梁、建筑施工、燃气、危险化学品等重点领域开展专项整治,举一反三举办培训班、全面推行规范化管理。

扎实推动党史学习教育知行合一,开展“七一”专题党课和党史宣讲。浓厚庆祝中国共产党成立100周年氛围,在线下开展“五进”红色文化、在线上开辟“党史微学堂”等本土专栏,开展“百年党史·我学我悟”等活动,拍摄《红色兴隆》等系列党建视频。办结“我为群众办实事”项目140余件,开展各类文明实践活动400余场,服务超10万人次。创新设置“文明实践·蜂鸟驿站”74个,“蜂鸟宣讲团”获市十佳优秀志愿服务团队称号。做大做强正面宣传,在各级主流媒体用稿440余篇,获评市优秀外宣集体。建立健全档案管理网络体系,创成省四星级档案室。新增镇江市文明村、文明社区、文明单位超10家,文明风尚榜综合排名多次位居全市前列。

(郭么源)

【经开区产业链招商项目集中签约】 2021年3月26日,经开区举行产业链招商项目集中签约仪式,向汽车零部件、临港装备、生物医药、新能源4个产业链招商临时党支部进行授旗。签约项目16个,其中产业类项目10个,科技人才类项目6个,累计总投资17亿元,全部投产后预计可新增销售45.1亿元/年,形成税收4.1亿元/年。

(郭么源)

【太平文化旅游周】 2021年9月30日，“幸福太平洲”扬中市第二届太平文化旅游周开幕式在经开区太平广场举行。兴隆中心小学及三跃中心小学展示诗词吟诵、器乐演奏、书法绘画、手工制作等传统文化节目。文化旅游周以“幸福太平洲”为主题，设置传统文化展示区和综合演出区域，开幕式吸引文化展示参观人流量3000人次，晚间演出观众5000人次，开幕式同步开通网络现场直播，在线观看直播的观众数2.16万。10月1日至5日期间，太平文化旅游周还举办一系列文化旅游活动，让游客全方位、多角度地近距离体悟传统文化，感受民俗魅力、选购农家美食，为国庆假期游玩增添趣味。 （郭厶源）

【非公企业“红锋”党建联盟】 2021年10月30日，经开区正式成立非公企业“红锋”党建联盟，由周桂根担任理事长，黄家波、钱纪明担任副理事长。“红锋”联盟将把经开区24家非公企业党支部以及8个村（社区）非公企业党支部联合起来，实现企业党组织“组织共建、党员共管、资源共享”，推进党组织班子建设、党员队伍建设、活动和资源载体建设，产生“1+1>2”的效果，助推各联盟单位抱团发展、合作共赢。 （郭厶源）

【标龙蓝色智谷扬中产业园项目签约】 2021年11月2日，标龙蓝色智谷扬中产业园项目举行签约仪式。标龙·蓝色智谷扬中产业园整体规划17.33公顷，其中一期供地11公顷，总投资额12亿元，总建筑面积约20万平方米。一期项目集总部商务办公、中试研发标准智能化厂房及综合配套为一体，将重点聚焦汽车零部件、高端制造、医药器械等产业方向。项目一期确保开工后18个月内完成，达产后将贡献税收4950万元。 （郭厶源）

【高层次人才创新成果展示会暨首届汽车产业发展论坛】 2021年11月21日，经开区举办“聚才强链 筑梦未来”经开区高层次人才创新成果展示会暨首届汽车产业发展论坛。扬中市汽车零部件产业协同创新联盟正式成立，蜂巢易创扬中产业园为理事长单位，江苏大学汽车工程研究院、汽车校友联盟平台、扬中市科技创业服务中心、江苏扬碟钻石工具有限公司为副理事长单位。活动集中签约9个项目。 （郭厶源）

11月21日，经开区举办高层次人才创新成果展示会暨首届汽车产业发展论坛 （经开区供图）

【江苏通灵电器股份有限公司创业板上市】 2021年12月10日，江苏通灵电器股份有限公司在深圳证券交易所创业板云上市，举行首次公开发行A股线上上市仪式，成功登陆资本市场。通灵电器在深交所创业板首发3000万股，发行价39.08元，募集资金11.72亿元，为镇江历史上募集资金规模最大的IPO，是实施注册制以来，镇江首家创业板IPO企业。 （郭厶源）

2021年扬中经济开发区建制村、居委会情况一览表

表35

建制村、居委会名称	书记	主任	总人口（人）
兴隆社区	张　峰	张　峰	4992
三跃社区	王正法	夏太君	4122
双跃村	张立华	张立华	2510
恒跃村	王世海	王世海	4118
新星村	鄂道林	鄂道林	3100
德云村	陆昌鹏	陆昌鹏	2291
兴城村	姚月萍	姚月萍	3074
福源村	徐纪荣	徐纪荣	3500

（黄振杰）

2021年扬中经济开发区主要经济社会指标一览表

表36

项目	数额	项目	数额
地区生产总值(万元)	560600	私营企业数(个)	1236
财政收入(万元)	453619	当年新办三资企业(个)	3
工业总产值(万元)	7330204	实际利用外资(万美元)	4003
产品销售收入(万元)	7517291	进出口总额(万美元)	15327
农业总产值(万元)	17235	第三产业增加值(万元)	157100
粮食总产量(吨)	6808	三产从业人员(人)	3175
水产品产量(吨)	778	个体工商户(户)	2731
工业投入(亿元)	21.6	中小学校(所)	3
工业企业总数(个)	321	医院、卫生院(所)	1
三资企业数(个)	27	卫生室(个)	5

(黄振杰)

2021年扬中经济开发区骨干企业情况一览表

表37

企业名称	法人代表	工业总产值(万元)	销售收入(万元)	工业增加值(万元)	利税总额(万元)
江苏环太集团有限公司	王禄宝	513074	459082	27426	6066
蜂巢动力系统(江苏)有限公司	陈晓亮	632727	623073	155224	4691
江苏亿能电气有限公司	周桂根	96791	119698	14080	8540
江苏尚昆集团	严荣飞	120173	119804	21400	9909
江苏天辰新材料股份有限公司	王栋葆	120478	116075	10989	5584
江苏银佳企业集团有限公司	姚建明	36796	71313	1562	1562
金海新源电气江苏有限公司	朱冬宏	55063	60877	10101	3255
江苏星河集团公司	匡锡和	24793	48775	4159	1332
爱士惟新能源技术(扬中)有限公司	张　勇	50766	49418	6371	5521
江苏荣胜集团	黄良胜	11421	11286	821	898
镇江市神龙电器管件有限公司	郭宏富	18402	17119	3221	1919
江苏亚奥精密机械有限公司	方国祥	11336	29991	1978	264

(黄振杰)

附 录

市级新任领导

马家胜,男,1969年6月出生,江苏扬中人,汉族,党校研究生学历,1991年1月加入中国共产党,1991年8月参加工作。1991年8月,扬中县(市)委组织部工作,历任办公室科员、副主任,干审科、干部二科副科长;1999年5月,任扬中市委组织部干部二科科长;2000年1月,明确为副局级组织员;2001年4月,任扬中市三茅镇党委副书记;2003年3月,任扬中市三茅镇党委副书记、镇长;2005年8月,任扬中市三茅镇党委书记;2006年7月,明确副县级;2011年5月,句容市委常委、纪委书记;2014年7月,丹阳市委常委、纪委书记;2016年6月,扬中市委副书记;2021年5月任扬中市人大常委会党组书记。

于德祥,男,1966年3月出生,江苏扬中人,汉族,党校大学学历,1984年7月参加工作,1995年11月加入中国共产党。1984年7月,任句容农校实验员;1989年6月,任扬中县农技推广中心技术员;1990年12月,任扬中县(市)科委科技培训中心副主任、办公室主任、主任助理;1998年2月,任扬中市科委副主任;2000年1月,任扬中市八桥镇党委副书记;2001年4月,任扬中市八桥镇党委副书记、镇长;2003年2月,任扬中市新坝镇党委副书记、镇长;2006年7月,任扬中市八桥镇党委书记;2011年1月,任扬中市副市长;2017年12月,任扬中市委常委、政法委书记;2020年11月,任扬中市政协党组书记;2021年1月,任扬中市政协主席。

蔡萍,女,1969年7月出生,江苏扬中人,汉族,党校研究生学历,1989年7月参加工作,1991年11月加入中国共产党。1989年7月,扬中县(市)妇女联合会工作;1994年12月,扬中市委办公室工作;2001年4月,任扬中市政府办公室副主任;2004年3月,兼任扬中市政府教育督导室主任;2006年7月,任扬中市人口计生委党组书记、主任;2007年12月,任扬中市政府副市长;2010年3月,兼任扬中市红十字会会长;2016年11月,任镇江市润州区副区长;2017年12月,任镇江市教育督导室主任兼市教育局党委副书记;2018年12月,任镇江市科技局党组书记、局长,镇江市知识产权局局长;2019年1月,任镇江市科技局党组书记、局长;2021年5月,任扬中市委副书记(保留正县级待遇)。

孙冬梅,女,1974年12月出生,江苏扬中人,汉族,党校研究生学历,1993年8月参加工作,1999年11月加入中国共产党。1993年8月,扬中县(市)妇联工作;1996年5月,任扬中市妇联办公室副主任;2002年5月,任扬中市委办公室秘书科科员;2002年11月,任扬中市委办秘书科副科长;2003年7月,任扬中市保密局副局长;2004年7月,任扬中市委办公室秘书科科长;2004年12月,任扬中市保密办主任、国家保密局长;2006年7月,任扬中市政府办副主任、党组成员;2008年2月,任扬中市计生委主任,党组书记;2011年3月,任扬中市八桥镇镇长、党委副书记;2014年8月,任扬中市八桥镇党委书记;2017年1月,任扬中市政府党组成员、副市长;2021年4月,任扬中市委常委、宣传部部长。

吴玉青,男,1974年4月出生,江苏扬中人,汉族,党校研究生学历,1994年5月加入中国共产党,1994

年7月参加工作。1994年7月,任扬中市委办公室科员;1999年12月扬中市委办公室副科长;2001年11月,任扬中市委办秘书科科长;2002年5月,兼任市保密局副局长;2003年5月,任扬中市委保密办、国家保密局主任、局长;2004年8月,任扬中市委办公室副主任;2007年2月,兼任市政府办接待办主任,任扬中市政府办党组成员、外事办主任;2007年3月,兼任市政府办副主任;2008年3月,任扬中市机关事务局局长;2010年4月,任扬中市机关事务服务中心主任;2010年6月,任扬中开发区工委副书记、管委会主任;2014年8月,任扬中市发改经信委党委书记、主任;2017年4月,任扬中市八桥镇党委书记;2019年12月,任扬中市新坝镇党委书记兼八桥镇党委书记;2020年3月,任扬中市新坝镇党委书记;2020年11月,兼任扬中高新区党工委书记;2021年7月,任扬中市委常委,新坝镇党委书记、高新区党工委书记。

文层耕,男,1972年2月出生,江苏扬中人,汉族,大学学历,1992年12月加入中国共产党,1993年7月参加工作。1993年7月,任武进县委宣传部工作;1993年9月,任扬中市政府办公室综合科秘书;1996年12月,任扬中市政府办公室综合科副科长;1998年3月,任扬中市政府办公室综合科科长;2000年7月,任扬中市政府办公室副主任;2003年3月,任扬中市政府办公室党组成员;2004年3月,兼任扬中市政府研究室主任;2006年7月,任扬中市新坝镇党委副书记、镇长;2010年3月,任扬中市委宣传部副部长、市文化广电体育局党组书记、局长;2013年8月,任扬中市油坊镇党委书记;2017年6月,任镇江高新区管委会副主任、党工委委员;2021年5月,任扬中市人大常委会党组成员。

刘永利,男,1984年7月出生,江苏睢宁人,汉族,在职研究生学历,2004年12月加入中国共产党,2006年8月参加工作。2006年8月,任镇江新区大港街道港南花苑社区主任助理;2009年7月,任丹徒区高桥镇党政办公室科员;2009年12月,任丹徒区政府办秘书科秘书;2011年2月,任丹徒区政府办综合一科副科长(主持工作);2012年1月,任丹徒区高桥镇党委组织委员;2013年7月,任丹徒区委组织员办公室副主任、区委组织部组织科长;2015年9月,任丹徒区高桥镇党委副书记、镇长;2016年5月,任丹徒区高桥镇党委副书记、镇长,高桥临港经济产业园党工委副书记、管委会主任(2018年8月至2019年2月,主持高桥镇党委工作);2019年2月,任丹徒区高桥镇党委书记;2021年5月,任扬中市政府党组成员、副市长;2021年9月,任扬中市政府党组成员、副市长,扬中市红十字会会长。

汪少华,男,1978年10月出生,江苏泰兴人,汉族,博士研究生学历,1999年3月加入中国共产党,2001年7月参加工作。2001年7月,任江苏大学京江学院辅导员;2006年12月,任江苏大学京江学院办公室主任;2011年6月,任江苏大学汽车与交通工程学院党委副书记、副院长;2017年5月,任江苏大学人事处副处长、人才工程办公室主任;2020年6月,任江苏大学汽车工程研究院党委书记;2021年10月,任扬中市政府副市长提名候选人,科技镇长团团长;2021年11月,任扬中市政府党组成员、副市长(挂职),科技镇长团团长。

组织机构及负责人

中共扬中市委员会

书　记　张德军
副书记　贾　晟
　　　　马家胜(4月免)
　　　　蔡　萍(女,4月任)
常　委　张永意
　　　　孙　健
　　　　卜兴荣(4月免)
　　　　巫晓辉
　　　　王汉英
　　　　潘　杰
　　　　孙丽君
　　　　陈祝平
　　　　孙冬梅(女,4月任)
　　　　吴玉青(7月任)

市委办公室

主　任　姚建华
副主任　郭　渝(女,3月免)
　　　　陈　薇(女)
领导班子成员　林　帅(3月任)
副主任　徐子平
　　　　贾子彬(3月免)
　　　　沈　韵
　　　　王秀德(3月任)
　　　　姚　婷(女,9月任)

合作交流中心

主　任　林　帅

研究室

副主任　姚　婷(女,9月免)

机要局

局　长　陈　薇(女)
副局长　马　健(5月免)
　　　　王　康(5月任)

国家密码管理局

局　长　陈　薇(女)

国家保密局

局　长　陈　薇(女)

市委组织部

部　长　孙丽君
常务副部长　徐昌桂(1月免)
　　　　　　郭建中(1月任)
副部长　薛　兵(9月任)
　　　　陈　钧(1月任)
　　　　王乔林(1月免)
　　　　吴昌松
　　　　贾子彬(6月任)
副科级组织员　施　超

市委"两新"工委

书　记　贾子彬(3月任)

党建办

主　任　吴昌松(5月任)

市考核办

副主任　王秀德(3月免)
　　　　刘良忠(11月任)

市委宣传部

部　长　卜兴荣(5月免)
　　　　孙冬梅(女,5月任)
常务副部长　蔡巧珍(女)
副部长　王晓东
　　　　李　波(女,5月免)
　　　　邹东平(9月任)
　　　　祝启彤

网信办

主　任　李　波(女,5月任)
副主任　郭泰莱(3月免)
　　　　陈　露(女,11月任)

精神文明建设指导委员会办公室

主　任　蔡巧珍(女)

精神文明建设指导中心

主　任　田明慧(9月任)

融媒体中心

主　任　王晓东
总编辑　蔡小俊(5月任)
副主任　夏福洪
　　　　解春玲(女)
　　　　戴维平
　　　　左菁华(女)
　　　　郭　岚(女)
　　　　徐彦玲(女)
　　　　蔡小俊(5月免)
网络中心主任　左元俊

市委政法委

书　记　王汉英
副书记　周　勇
　　　　殷　晗
　　　　戴振东
　　　　缪　剑
政治处主任　王国平(5月免)
　　　　　　朱江虹(女,9月任)
综治中心主任　凌　杨(女)

市委统一战线工作部

部　长　孙　健
副部长　朱建兰(女,3月免)
　　　　司晓玲(女,3月任)
　　　　赵徐平(女)
　　　　张　俊
　　　　杨全贵

民族宗教事务局

局　长　朱建兰(女,3月免)
　　　　司晓玲(女,3月任)
副局长　朱家生

台湾工作办公室

主　任　张　俊

市委机构编制委员会办公室

主　任　薛　兵
副主任　蔡　勇
　　　　黄　娟(女,5月任)
　　　　王　磊

事业单位登记管理局

副局长　黄　娟(女,5 月免)
　　　　吴艳燕(女,5 月任)

市委市级机关工委

书　记　陈　兵
副书记　徐美琴(女)
副书记　周小波(5 月免)
　　　　陆　庆(5 月任)
纪工委书记　朱孝卫

市委党校

行政学校校长　孙丽君
校　长　孙丽君
常务副校长　姚中庆(3 月免)
　　　　　　郭　渝(女,3 月任)
副校长　陈定春
　　　　郭伟英(女)
　　　　钱吕军
副科职干部　常燕萍(女)

机关事务管理中心

主　任　王乔林
副主任　倪明霞(女)
　　　　封　光
　　　　盛　峰(10 月免)
派驻纪检组组长　朱　炜
副主任　杨曜霞(女,12 月任)

信访局

党组书记、局长　王义波
党组副书记、副局长　吴江霞(女)
副局长　何光林(9 月免)
　　　　李卫国(9 月任)

档案馆

馆　长　唐　健(3 月任)
　　　　郭　渝(女,3 月免)
副馆长　姚纪才(3 月免)
　　　　孙烨婷(女)
　　　　包艳梅(女)
　　　　赵　剑(3 月任)

市委老干部局

局　长　陈　钧
副局长　马侦杰
　　　　马　旭(女)

史志办

主　任　张初明(3 月免)
　　　　徐子平(3 月任,兼)
副主任　顾大志
　　　　陈　健

扬中市人民代表大会常务委员会

主　任　冯锦跃
党组书记　马家胜(5 月任)
副主任　唐崇林
　　　　王继兰(女)
　　　　常　云
　　　　蒋金龙
党组成员　文层耕(5 月任)
党组成员、副处职干部　祝寒冰

人大办公室

主　任　施正裕
副主任　郭伟国(3 月免)
　　　　朱　伟
　　　　张　慧(女,12 月任)

财政经济工委

主　任　毛海金(3 月免)
　　　　丁　燕(女,5 月任)
副主任　王　凤

监察和司法工委

主　任　蔡国庆(3 月任)
副主任　冯煜蘋(女,5 月免)
　　　　王国平(5 月任)

环境资源城乡建设委

主　任　徐万军(3 月免)
　　　　郭伟国(3 月任)
副主任　陈廷明

科教文卫工委

主　任　戴桂平(11 月免)
　　　　黄海燕(女,11 月任)
副主任　黄海燕(女,11 月免)
　　　　施建明(11 月任)

人事代表联络工委

主　任　刘国斌
副主任　何　敏(女)

农业和农村经济工委

主　任　徐桂平(3 月免)
　　　　胡敏生(3 月任)
副主任　顾启伟

扬中市人民政府

市政府党组书记、市长　贾　晟
常务副市长　张永意
副市长　陈波涛(4 月免)
　　　　宫金生
　　　　孙冬梅(女,4 月免)
　　　　林成春
　　　　周　勇
　　　　仲　泉
　　　　刘永利(4 月任)
　　　　刘湘琴(女)
　　　　汪少华(10 月任)

办公室

主　任　瞿惠辉
副主任　王义波
　　　　张　钰
　　　　马意俊(3 月免)
　　　　姚　星
　　　　孟志强(5 月免)
　　　　夏　璟(女)
　　　　蒋　敏(女)
　　　　张　剑(3 月任)
　　　　方　舟(5 月任)

大数据管理局

副局长　姚俊洪(9 月免)
　　　　许方芳(女,9 月任)

外事办

副主任　张　剑(3 月免)

副主任　陈　刚(3月任)

经济发展局

党委书记、局长　仲　斌(3月免)
孙　斌(3月任)
党委副书记、副局长　何　勇
党委副书记　张正荣
党委委员、副局长　包勇军
黄贤成
党委委员　张德贵(3月免)
陆永生(3月任)
潘大军
副局长　孙　旭(女)

粮食和物资储备局

局　长　仲　斌(3月免)
何　勇(3月任)
副局长　郭振中

人社局

党委书记、局长　张　华(3月免)
童　峰(3月任)
党委副书记、副局长　施朝阳
党委委员、副局长　周　斌(3月免)
杨长秀(3月免)
宗加洪
蒋长春
李荣林(3月任)
就管中心主任　戴伟柱(3月任)
人才中心主任　蓝厚国
监察大队大队长　刘　巍
社保中心主任　姚　森(3月任)
戴伟柱(3月免)

医疗保障局

党组书记、局长　陆纪云(女)
党组副书记、副局长　施荣祥
副局长　吴永忠

医疗保险基金管理中心

主　任　冷新星(女)
副主任　黄高伟(援疆)
蔡　刚

行政审批局

局　长　高　琴(女)
副局长　朱耀宇
朱　莉(女)

政务服务中心

主　任　孔红梅(女)
副主任　朱　波
丁晓峰

公共资源交易中心

主　任　高　翔(5月任)

统计局

党组书记、局长　梅稳山(3月免)
吴培枫(3月任)
副局长　陆文龙(11月免)
汤小丰(9月免)
郭马莉(女,10月任)
王小燕(女)
徐　飞(11月任)

应急管理局

局　长　孙　斌(3月免)
王耀辉(3月任)
副局长　黄贤华
朱建中(5月免)
张泽民
孙　平(5月免)
姚俊洪(9月任)
施周泉(9月任,挂职)

安委办

主　任　孙　斌(3月免)
王耀辉(3月任)
党委委员、副主任　徐　良

安全生产监察大队

党委委员、大队长　陆九如(女)

市场监督管理局

局长、党委书记　童　峰(3月免)
陆学兵(3月任)
党委副书记、副局长　唐　立(9月免)
王　成(9月任)
党委委员、副局长　吴振军
李　红(5月免)
姚　俊
陶书斌
陈佩银
党委委员　王秋平
盛　艳(女,5月任)

知识产权局

局　长　童　峰(3月免)
陆学兵(3月任)
副局长　王秋平
城区分局局长　杨怀龙(5月免)
盛　艳(女,5月任)
新坝分局局长　陈永祥(9月免)
陆学龙(9月任)
兴隆分局局长　方　军
油坊分局局长　陈小军
八桥分局局长　盛　艳(女,5月免)
陈永祥(9月任)
西来桥分局分局长　陆学龙(9月免)
检验检测中心主任　陈红霞(女)

商务局

党组书记、局长　黄红兰(女)
副书记　郭明华
副书记、副局长　王　华
副局长　王　琪
黄　成(9月任)
外贸公司副经理　杨　凡(女)
招商中心主任　陆赵华

粮食收储中心

主　任　张正荣
纪检组长　潘照瑾(女)
副主任　印和平(女)
秦　鸿
赵文俊(5月免)
姚正慧(5月任)
郭马莉(女,10月免)
印锦兵(11月任)

工业集团总公司

总经理　刘良福

副总经理 魏 奇
郭纪俊
郭 霞
纪检组长 付 蓉

供销合作总社

主 任 刘 平
副书记、副主任 陆 俊
副主任 王存峰
唐 玲
刘 俊(3月免)
孙国庆(3月任)

商业集团总公司

总经理 金 红(女)
副总经理 陈国梅(女)
郭玉生
缪剑刚
纪委书记 朱 枫(女)
副总经理 张 勤(女,5月免)
王 剑
李鹏超(9月任)

住房和城乡建设局

党委书记、局长 殷新华
党委副书记、副局长 杨富森
耿海铭
党委委员、副局长 陈学兵
党委副书记 吴培枫(3月免)
徐万军(3月任)
祝瑞平(3月免)
党委副书记、副局长 翟 骏(3月任)
副局长 张开华
党委委员 蒋陈超
杨晨辉(3月任)
张惠萍(女)

房屋征收服务中心

主 任 成枝松(3月免)
杨晨辉(3月任)

地震局

局 长 陈学兵

市政园林工程处

党组书记 殷新华
主任、党组副书记 吴培枫(3月免)
徐万军(3月任)
副主任 朱新耀
张建荣
唐纪彬
景书红
王 凯(5月免)
纪检组长 周 萍(女)
副主任 严玉梅(女,9月任)

城市建设投资发展总公司

党委书记、董事长 方正和
党委副书记、总经理 孙万华
党委副书记 姚俊岭
党委委员、副总经理 王东升
陶旭红
党委委员 张小强
张开慧(8月免)
苏劲鸥
吴红梅(女)
党委委员、副总经理 王 飞
党委委员、纪委书记 冷松海
总会计师 李云芳(女)
党委委员、副总经理 于广杰(5月任)
副总经理 陈 伟(5月任)

中扬建设集团

副总经理 张小强
张开慧(8月免)
苏劲鸥
吴红梅(女)

绿洲新城实业集团有限公司

党委书记、董事长 张晓阳
党委副书记、总经理 董泽富
党委委员、副总经理 张明荣
党委委员、纪委书记 徐 斌
党委委员、副总经理 恽 然
党委委员、副总经理 张秀娟(女)
副总经理 韦 群(5月任)

城管局

局 长 陆学兵(3月免)
梅稳山(3月任)
副局长 赵启生
朱中宏
王家金(5月免)
赵 阳(9月免)
王 唯(9月任)
孙晓根(9月免,挂职)
耿武军(9月任,挂职)

城管综合行政执法大队

大队长 王 唯(9月免)
陆 静(9月任)
党支部书记 黄 刚

交通运输局

党委书记、局长 郭连志
副局长 顾红俊
党委副书记 孙 军
副局长 何柏进
张跃峰
党委委员 王 俊(3月任)
朱 云(女,3月任)

综合交通事业发展中心

主 任 王 俊

公路事业发展中心

主 任 张跃峰

交通运输综合执法大队

大队长 徐福根

财政局

党委书记、局长 季广华(3月免)
吴跃峰(3月任)
党委委员 陆红艳(女)
党委副书记 姚红梅(女)
副局长 陆红艳(女,11月免)
党委委员、副局长 印邦宁
高 飞
狄明娣(女,5月任)
郭殿中(11月任)
党委委员 朱志林(3月免)
朱长治(3月任)

秦　云(女)
田春雷(9月任)
新坝分局局长　朱秀平(5月免)
王海燕(女,9月任)
三茅分局局长　施　稳
开发区分局局长　周　英(女)
油坊分局局长　王海燕(9月免)
顾　震(9月任)
八桥分局局长　刘效兵

会计服务中心

主　任　郭殿中(11月免)
陆红艳(女,11月任)
副主任　张耀宸(11月任)
黄　凌(女,11月任)
张　颖(女,11月任)

住房公积金管理中心

主　任　秦　云(女)

国有资产管理委员会办公室

主　任　季广华(3月免)
吴跃峰(3月任)
副主任　狄明娣(女,5月免)
田春雷(9月任)

审计局

党组书记、局长　周春林
党组副书记、副局长　蒋晓梅(女)
副局长　沈　建(女)
党组成员、副局长　杨卫群(9月任)
黄　勇(10月任)
党组成员　唐涌涛
陈　静(女)
经济责任审计中心主任
缪玉峰(11月任)

地方金融监督管理局

党组书记、局长　吴跃峰(3月免)
马意俊(3月任)
党组成员、副局长　丁　燕(女,5月免)
汤小丰(9月任)
朱秀平(5月任)

金控集团

董事长　彭全胜
总经理　张克祥
副总经理　徐君明
纪检组长　方　清(女)
副总经理　曹章林

农业农村局

党委书记、局长　印永洪
副局长　仲红跃(3月免)
党委副书记　何　玫(3月免)
党委副书记、副局长
唐　立(9月任)
白玉卿(9月任)
副局长　彭　君
周亚东
顾春健
党委委员　顾　彬
许鸿鸽
姚成凤

农业技术推广中心

主　任　姚成凤
书　记　左晓勇

农业综合执法大队

大队长　许鸿鸽
教导员　陈　翚(11月任)

良种繁育场

场　长　顾　彬
何　伟(11月任)

水利局

党总支书记、局长　黄声亮
党总支副书记、副局长　黄裕文
副局长、党总支委员　马万红
郭　峰
杨　波
党总支委员　黄健芳
崔德荣(5月免)

防汛防旱指挥部办公室

主　任　龚健芳

水利综合执法大队

大队长　高正法(9月任)

科技局

局长、党组书记　杨立维
副局长　鞠　勇
副局长　左志鹏
副局长、党组副书记　吴　燕(女)
副局长　王小冬

教育局

党委书记、局长、市委教育工委书记
印　斌
党委副书记、副局长　王家新
党委委员、副局长　杨卫群(9月免)
副局长　冯丽娟(女)
党委委员、副局长　冯义成
党委委员　蔡华新(10月任)
王成杰

市政府教育督导室

主　任　王家新
副主任　蔡　君

文体广电和旅游局

局　长　方学建
副局长　赵　阳(9月任)
潘　洁(女)
黄　成(9月免)
季　翔

文化旅游综合执法大队

大队长　施建明(11月免)
祝赠荣(11月任)

卫健委

党委书记、主任　周春燕(女)
党委副书记、副主任　张贵福(5月免)
陈太全
副主任　朱戊申
施　薇(女)
杨国荣(5月免)
贾美红
吴永忠(挂职)

卫生监督所
党支部书记、所长 郭 炜(女)

疾病预防控制中心
主 任 张开祥
党支部书记 何文华

公安局
党委书记、局长 周 勇
党委副书记、政委 卞为民
党委委员、常务副局长 冯太伟
党委委员、副局长 王昌法
钱学友
党委委员 刘良珍(3月免)
陆学文
党委委员、副局长 童国际
党委委员 徐 剑(3月任)
党委委员、副局长 孔 勇
党委委员 何 龙
陈 鹏
朱巧生

政治处
主 任 陈 鹏

政治安全保卫大队(4月机构更名，原为“国内安全保卫大队”)
大队长 孙 帆(9月免)
秦恒祥(9月任)
教导员 秦恒祥(9月免)
杨全兵(9月任)

治安警察大队
大队长 张瑞松
教导员 朱嵘臻

食品药品和环境犯罪侦查大队(4月新设)
大队长 方礼贵(9月任)
教导员 魏 伟(11月任)

交通警察大队
大队长 何 龙
教导员 吴蓉梅(女,9月免)
杨全风(9月任)

刑事警察大队(4月机构更名)
大队长 聂朝军
教导员 王小中(5月免)
李元国(9月任)

经济犯罪侦查大队
大队长 黄良保(5月免)
刘修全(5月任)
教导员 蒋元海(5月免)
吴 夏(9月任)

巡特警大队
大队长 王 峰
教导员 吴圣海(9月免)
王宏兵(9月任)

水上警察大队(4月机构降格)
大队长 杨全荣(9月免)
教导员 钱吉凤(3月免)

网络安全保卫大队
大队长 马万军
教导员 王顺祥

法制大队
大队长 马华军(9月任)
教导员 崔卫东(5月免)
王小中(5月任)

警务督察大队
大队长 肖 峰(9月免)
施周群(9月任)
教导员 蒋道文(5月免)
姚祥富(9月任)

新坝派出所
所 长 刘 忠
教导员 陆浩然(11月免)
于 炼(11月任)

城西派出所
所 长 郭宏生(11月免)
蔡文彬(11月任)
教导员 耿 强(9月免)
司马信言(11月任)

城东派出所
所 长 杨侃淳
教导员 陆明强(9月免)
王 成(11月任)

开发区派出所
所 长 王 平
教导员 蒋 勇

油坊派出所
所 长 刘修全(5月免)
陆明强(9月任)
教导员 姜 文(9月免)
艾 青(女,9月任)

八桥派出所
所 长 蔡文彬(11月免)
陆浩然(11月任)
教导员 姚祥富(9月免)
施 颖(9月任)

西来桥派出所
所 长 施周群(9月免)
姜 文(9月任)
教导员 刘志祥(9月免)
龚 晶(9月任)

大桥派出所
所 长 蔡纪龙
教导员 吴 国(9月任)

二桥派出所
教导员 许正平(9月免)
刘 静(11月任)

三桥派出所
所 长 耿昌宏
教导员 杨全兵(9月免)

二墩港派出所
所 长 耿武军(9月免)

教导员 奚松波(9月任)

泰州大桥派出所

所　长 杨全凤(9月免)
教导员 缪士扬

直属派出所

所　长 孙晓根(9月免)
　　　耿武军(9月任)
教导员 耿　强(9月任)

水上派出所

所　长 左昌宇(5月免)
　　　刘志祥(9月任)
教导员 张加根

看守所

所　长 张孝文
教导员 郭　勇(9月免)
　　　许正平(9月任)

司法局

党组书记、局长 张庆平(3月免)
局　长 孙小华(女,3月任)
党组书记 杨怀康(3月任)
党组成员 蒋丰华
党组成员、副局长 朱红军(3月任)
　　　干晓雪
　　　蔡　艳(女)
　　　蔡国庆(3月免)
　　　何光林(9月任)
党组成员 黄贤勇

全面依法治市委员会办公室

副主任 蒋丰华

社会矛盾纠纷调处服务中心

主　任 黄贤勇

民政局

党组书记、局长 吴昌连
党组成员、副局长 祝志平(女)
　　　张正全
　　　朱红芸(女)
　　　郭如彬(9月任)

退役军人事务局

党组书记、局长 赵　斌
副局长 钱吉凤(3月任)
党组副书记、副局长 常扣岚
副局长 于梅华(3月免)

政协扬中市委员会

主　席 于德祥(1月任)
党组书记 于德祥
党组副书记 沈大银
　　　蒋相根
副主席 沈大银(12月免)
　　　陆国平
　　　蒋相根(12月免)
　　　黄成刚(12月免)
　　　兰云林
　　　倪　军
党组成员 陈廷荣
秘书长 方日新

市政协办公室

主　任 方日新
副主任 胡　婕(女)
　　　季　雍(女)

市政协经济科技委员会

主　任 蔡爱华(11月免)
　　　陆文龙(11月任)
副主任 朱发平(11月免)

市政协城乡建设委员会

主　任 杨怀康(3月免)
　　　张雨东(女,3月任)
副主任 羊国际(3月免)
　　　朱秀亭(3月任)

市政协教卫文史委员会

主　任 黄克良(11月免)
　　　冯煜蘋(女,11月任)
副主任 郭纪波(5月免)
　　　冯煜蘋(女,5月任,11月免)

市政协提案和委员联络委员会

主　任 孙　可(女,3月任)
副主任 孙　可(女,3月免)
　　　羊国际(3月任)

市政协社会法制和海外联络委员会

主　任 徐彩凤(女)
副主任 王秀萍(女)

中共扬中市纪律检查委员会

书　记 巫晓辉
副书记 王东升
　　　丁建东
常　委 姚恒志(5月任)
　　　黄　峰
　　　石　力
　　　章　静(女)
办公室主任 彭　波(9月免)
　　　唐祥军(9月任)
纪检监察干部管理监督室主任
　　　唐祥军(9月免)
　　　辛　焕(11月任)
宣传教育室主任
　　　祝　玲(女,9月免)
党风政风监督室主任 曹　磊(女)
信访室主任 裴春会(兼,5月免)
　　　黄　祥(5月任)
案件监督管理室 刘家旺
第一审查调查室主任
　　　李　康(5月任)
第二审查调查室主任 韦庆春(兼)
第三审查调查室主任
　　　殷学鹏(5月免)
　　　冷佳勇(5月任)
第四审查调查室主任 陆海鹏
第五监督检查室主任
　　　陆梦泽(3月免)
　　　郭慧慧(女,5月任)
第六监督检查室主任 施正荣
第七监督检查室主任
　　　郭严志(9月任)
案件审理室主任
　　　朱长治(3月免)
　　　仲伟艺(女,9月任)

市监察委员会

主　任　巫晓辉
副主任　王东升
　　　　丁建东
委　员　黄　峰
　　　　石　力
　　　　俞锦平(3月免)
　　　　裴春会
　　　　韦庆春(5月任)

市委巡察机构

市委巡察办主任　王东升(5月免)
　　　　　　　　姚恒志(5月任)
市委巡察办副主任
　　　　　　　　徐　剑(3月免)
　　　　　　　　刘　俊(3月任)
　　　　　　　　郑世红(女)
市委巡察组组长
　　　　　　　　司晓玲(女,3月免)
　　　　　　　　丁照霞(女)
　　　　　　　　周　斌(3月任)
　　　　　　　　鄂彩华(女,5月任)
市委巡察组副组长
　　　　　　　　王　梅(女)
　　　　　　　　张　武
　　　　　　　　祝　玲(女,9月任)
　　　　　　　　李卫国(9月免)
　　　　　　　　何云峰
　　　　　　　　蒋　勇(3月免)
　　　　　　　　韩雪华(女,9月免)
　　　　　　　　盛　峰(10月任)
　　　　　　　　陈志宇(5月任)

市纪委、市监委派驻纪检监察组

第一派驻纪检监察组组长
　　　　　　　　马晓梅(女)
第二派驻纪检监察组组长
　　　　　　　　章　琴(女)
第三派驻纪检监察组组长
　　　　　　　　鄂彩华(女,5月免)
　　　　　　　　韩雪华(女,9月任)
第四派驻纪检监察组组长　徐友明
第五派驻纪检监察组组长
　　　　　　　　陆永生(3月免)
　　　　　　　　蒋　勇(3月任)
第六派驻纪检监察组组长
　　　　　　　　朱霞萍(女)
第七派驻纪检监察组组长
　　　　　　　　张德贵(3月免)
　　　　　　　　陆永生(3月任)
第八派驻纪检监察组组长　蒋陈超
第九派驻纪检监察组组长
　　　　　　　　朱志林(3月免)
　　　　　　　　朱长治(3月任)
第十派驻纪检监察组组长　杨国泉
第十一派驻纪检监察组组长
　　　　　　　　刘良珍(3月免)
　　　　　　　　徐　剑(3月任)

检察 审判机构

人民检察院

党组书记、检察长　康　珺
副检察长　倪　军
党组成员、副检察长　张正祥
　　　　　　　　　　姚　俊
党组成员、检委会专委　施正矛
　　　　　　　　　　　张澄华(女)
党组成员、政治部主任　蒋春富

人民法院

党组书记、院长　朱晓军
党组副书记　周　荣(5月任)
党组副书记、副院长
　　　　　　　　陆丽华(女,9月任)
党组成员、副院长　陈　明
　　　　　　　　　王　彤
党组成员、执行局局长　宗　鸣(女)
副院长　王祥远(11月任)
党组成员、政治部主任
　　　　　　　　张德峰(5月任)
党组成员、审判委员会专职委员
　　　　　　　　丁剑锋(9月任)
党组成员、审判委员会专职委员
　　　　　　　　杨　云(11月任)

群众团体

总工会

主　席　管拥军
副主席　方文忠
　　　　孙春艳(女)
　　　　方　勇
　　　　赵　洁(女)

团市委

书　记　陈　健
副书记　田易加(女,3月免)
　　　　赵文浩
　　　　徐嘉莲(女,11月任)

妇女联合会

主　席　耿晓晴(女)
副主席　段欢欢(女,11月免)
　　　　奚　彩(女,9月任)

妇儿工委办公室

主　任　奚　彩(女,9月免)

科学技术协会

主　席　张　伟
副主席　方礼兵
副主席　李成明

归侨侨眷联合会

主　席　朱秋敏(女)
副主席　陈　薇(女)

工商业联合会

主　席　张孝明
党组书记　赵徐平(女)
副主席　温　剑

文学艺术界联合会

主　席　方泽华
副主席　方莹莹(女)

残疾人联合会

理事长　田广权

副理事长 朱文生
于梅华(3月任)

红十字会

常务副会长 杨 敏(女)
副会长 张 慧(女)

学校 医院

省扬高中

党委书记、校长 王成杰
副校长 陈世明
李 强
宫建红(女)
纪委书记 顾大成

第二高级中学

校 长 陈大庆
副校长 徐兴鹤(9月任)
张 祥(9月任)

省扬中中等专业学校

校 长 奚必政
党总支书记 杜国兵(9月任)

教师发展中心

党支部书记、主任 蔡华新(10月免)

人民医院

党委书记、院长 朱进华
副院长 蒋纪祥
党委副书记 胡红云(女)
纪检书记 杨 彬
副院长 张 军
戴 春

中医院

党支部书记、院长 顾宏春(9月任)

镇、街道、开发区

新坝镇

党委书记 吴玉青
党委副书记 陶建国(挂职,12月免)
党委副书记、镇长 姚新春(11月免)
黄红兰(11月任)
党委副书记 周春林(12月任,挂职)
人大主席 季广华
党委副书记 郭建中(1月免,挂职)
张芙蓉(女,3月正科)
陈泽坤
何耀武(5月任,挂职)
党委委员、纪委书记 姚恒志(5月免)
蒋丰庆(5月任)
党委委员、副镇长 何耀武(5月免)
党委委员、常务副镇长
周 红(5月任)
党委宣传委员 顾永生
党委委员、人武部长 徐晓静(5月免)
党委组织委员 周 红(5月免)
张 俊(5月任)
人大副主席 张 俊(11月任)
党委统战委员 施 勇
人武部长 施 勇(5月任)
党委政法委员 宋浩浩
副镇长 杨晨辉(3月免)
钱 宏(3月免)
陆 春(女,5月免)
孙晓湘
丁正凤(女)
王 凯(5月任)
杜 梦(女,3月任)
庄业钏(3月任)
集成管理指挥中心主任
陆 军(5月任)
行政审批局局长 董 青(女,5月任)
综合行政执法局局长
杨全福(5月任)

江苏省高新技术开发区

党工委书记 吴玉青
党工委副书记 陶建国(12月免)
周春林(12月任)
管委会主任 陶建国(11月免)
周春林(11月任)
党工委副书记、管委会常务副主任
郭建中(1月免)
管委会常务副主任 何耀武(5月任)
副主任 朱 阳
顾小春

大航集团

董事长 薛 军
总经理 孙显文
副总经理 施建中
陈 晔(女)
孙 伟
黄 飞
纪委书记 安 乐

油坊镇

党委书记 杨友军
党委副书记、镇长 陈小锋
人大主席 胡敏生(3月免)
姚中庆(3月任,11月免)
包熙鹏(11月任)
党委副书记 包熙鹏
党委委员、纪委书记 陆 庆(5月免)
黄彩峰(5月任)
党委政法委员 何桂根
党委委员、副镇长 瞿靖承(5月免)
孟志强(5月任)
党委委员、人武部长、统战委员
施光宏(5月兼任统战委员)
党委宣传委员 徐 莺(女,5月免)
钱柯璇(女,5月任)
党委组织委员 李 厦(女,5月免)
朱 玮(女,5月任)
副镇长 徐秋霞(女,3月免)
徐 莺(女,5月任)
黄克勇
陆昌海(5月免)
陆梦泽(3月任)
朱秀亭(3月免)

八桥镇

党委书记 司信年(5月免)
张皓玮(5月任)
党委副书记、镇长 黄 勇
人大主席 姚永洪(3月免)
刘乔荣(3月任)

党委副书记、政协联络委主任
郭　波
党委组织、统战委员　钱道兵(3月免)
党委委员、副镇长　钱道兵(3月任)
党委委员、纪委书记　杨　娟(女)
党委组织委员　田易加(女,3月任)
党委政法委员　朱红军(3月免)
严理达(3月任)
党委宣传委员　潘菊梅(女,5月免)
薛玉萍(女,5月任)
党委委员、人武部长　刘乔荣(3月免)
党委统战委员、人武部长
张　乾(5月任)
政府副镇长　陈为民(5月免)
潘菊梅(女,5月任)
贾　燕(女)
方　敏
孙国庆(3月免)

西来桥镇

党委书记　蔡爱国
党委副书记、镇长
王　丹(女,5月任)
张皓玮(5月免)
人大主席　朱天森
党委副书记　陈金海(3月任)
唐　健(3月免)
党委政法委员　汤仁文
党委委员、副镇长　郭泰莱(3月任)
陈金海(3月免)
党委委员、人武部长　陈雪华
党委统战委员　陈雪华(5月任)
姚　瑶(女,5月免)
党委委员、纪委书记　殷学鹏(5月任)
蒋丰庆(5月免)
党委组织委员　姚　瑶(女)
党委宣传委员　何　颖(女,5月任)
张咏梅(女,5月免)
副镇长　张咏梅(女,5月任)
张　俊(5月免)
薛　丽(女)
杨正祥(9月任)
郭如彬(9月免)

三茅街道

党工委书记　王汉英(3月免)
童　涛(3月任)
党工委副书记、办事处主任
童　涛(3月免)
姚文笋(3月任)
党工委副书记、扬中科创产业园区
管委会常务副主任　姚文笋(3月免)
左　杰(5月任)
党工委副书记、政协联络委主任
王　丹(女,5月免)
杨淑静(女,5月任)
党工委副书记　瞿靖承(5月任)
人大工委主任　潘金东(5月免)
李　波(女,5月任)
纪工委书记　王　震
人武部长　左绍阳
党工委委员、办事处副主任　李培志
组织统战委员、政协联络委副主任
杨淑静(女,5月免)
刘　俊(5月任)
宣传委员　蔡　华(5月免)
陆昌海(5月任)
政法委员　林　峰
办事处副主任　林晓宁(女,3月免)
马　云(女,3月免)
祝元元(女)
邹东平(9月免)
李茂福
段欢欢(女,11月任)
蔡　华(5月任)
俞锦平(3月任)
副科职干部　奚松平
扬中科创产业园区管委会副主任
周艳阳(女)
副科职干部　傅德军
扬中科创产业园区管委会副主任
黄伟良(5月任)
为民服务中心主任　翟延伟(5月任)
集成管理指挥中心主任
曹　剑(5月任)
综合行政执法局局长
黄永华(9月任)

江苏扬中经济开发区

党工委书记　周鹤军
党工委副书记、管委会主任　仲　斌
党工委副书记　张　豫
党工委委员　王耀辉(3月免)
人大工委主任　李德才(3月免)
朱建兰(女,3月任)
党工委委员、管委会副主任
奚松峰(9月任)
党工委委员、管委会副主任
汪永新(11月任)
党工委委员　郎　墨(女)
党工委委员　常加玲(女,5月免)
党工委委员、管委会副主任
傅法新(5月免)
党工委委员　高绍海
党工委委员、管委会副主任
王俊杰
党工委委员、纪工委书记　祝　华
党工委委员　薛　为(女)
党工委委员　蔡　文
党工委委员　倪其兵(5月免)
党工委委员　徐秋霞(女,3月任)
党工委委员、科创中心主任　袁　进
党工委委员　马　健(5月任)
党工委委员　朱　剑
党工委委员　李　厦(女,5月任)
园区服务部部长　王　波(女)
党政办公室主任　贺洪旗
经济发展部部长　孙　青(女)
科创中心主任　曹　霞(女,9月任)

兴隆街道

党工委书记　张　豫
党工委副书记、办事处主任
王耀辉(3月免)
人大工委主任 李德才(3月免)
朱建兰(女,3月任)
党工委副书记 汪永新(11月免)
郎　墨(女,11月任)
党工委委员、办事处副主任
高绍海
党工委委员、纪工委书记　祝　华

党工委宣传委员 薛 为(女)
党工委统战委员、人武部长
蔡 文
党工委委员、办事处副主任
徐秋霞(女,3月任)
党工委政法委员 马 健(5月任)
党工委委员、办事处副主任
朱 剑(5月任)
党工委组织委员
李 厦(女,5月任)

大行公司

总经理 王宇峰
副总经理 张立华
纪委书记 童建敏(女)
副总经理 蔡惠武
副总经理 朱 萍(女)
总会计师 陈 瑾(女,5月任)

条线管理部门

国家税务总局扬中市税务局

党委书记、局长 王金龙(12月免)
刘建荣(12月任)
党委副书记、副局长 刘万龙
党委委员、副局长 蔡登明(5月免)
孙 玉
张达峰(5月免)
解庆红
周生和
何文革
丁勇林
朱未彦
党委委员、纪检组长 徐轶超

自然资源和规划局

局长、党委副书记兼林业局局长
祝晓东
党委书记、副局长 何跃兵
党委副书记、副局长 王文生
严华万
党委委员、副局长 郭荣庆
张红兵
毛艳阳
张恒平
党委委员 陶华平
王建中
程 勇

生态环境局

党组书记、局长 匡越石
副局长 范 彬
肖勇泉
童满平(10月任)
朱发平(11月任)

气象局

副局长 马俊峰(主持工作)
缪士荣
巫丽君(女)

中国电信扬中分公司

总经理 肖国等
副总经理 孙 彤
孙华斌

中国移动扬中分公司

总经理 司马信辉(11月免)
张伟平(11月任)
副总经理 樊 澎
副总经理 汪 杰

中国联通扬中分公司

总经理 高 磊

中国邮政扬中分公司

总经理 孙伟明
副总经理 李 杰
袁 飞(10月任)
兰 俊(1月任)

供电公司

总经理、党委副书记 许象明
党委书记、副总经理 施海亮
副总经理 周 健(3月免)
鞠益宏
纪委书记、工会主席 余 步
副总经理 孙 敏(女,9月免)
包 磊(3月任)
沈 源(9月任)
协理员 王慧生

长江扬中航道处

处 长 王晶晶(女)
副处长 陈 亮

石油公司

经 理 范公良

烟草专卖局

局长、经理 周克玮
副经理 薛海燕
副局长 吴 鹏

统计资料

扬中市国民经济与社会发展主要指标一览表

表 38

指　　标	单位	2021 年	2020 年
一、行政概况			
镇政府	个	4	4
街道办事处	个	2	2
经济开发区	个	1	1
村民委员会	个	68	68
村民小组	个	2259	2238
二、土地面积	平方千米	327	327
年末耕地面积	千公顷	8.75	8.76
三、人口			
总户数	户	107804	107160
总人口(户籍)	人	279641	281037
男	人	136557	137378
女	人	143084	143659
年平均人口(户籍)	人	280339	281555
全年出生人数	人	1378	2102
出生率	‰	4.93	7.47
全年死亡人数	人	2420	2533
死亡率	‰	8.65	9.00
人口自然增长率	‰	-3.73	-1.53
常住人口	万人	31.59	31.56
四、人口密度	人/平方千米	966	965
城镇化率	%	70.57	70.15
五、地区生产总值	亿元	550.77	489.59

续表38

指　　标	单位	2021年	2020年
第一产业增产值	亿元	17.51	16.41
第二产业增加值	亿元	289.07	252.15
工业增加值	亿元	269.87	236.48
第三产业增加值	亿元	244.19	221.03
人均地区生产总值	元	174434	155179
六、农业总产值	万元	317261	298605
七、规模工业总产值	万元	6843557	5018924
八、财政总收入	亿元	121.69	128.98
公共财政预算收入	亿元	38.01	35.01
财政支出	亿元	128.58	197.80
地方一般预算支出	亿元	59.94	58.45
九、进出口总额	亿元	41.5	31.99
出口总额	亿元	38.1	29.34
进口总额	亿元	3.4	2.65
实际利用外资	万美元	9935	7853
十、社会消费品零售总额	亿元	156.19	133.3
十一、全社会固定资产投资额	万元	1087681	895474
全社会工业性投资额	万元	735289	563491
十二、粮食总产量	万吨	7.28	7.17
十三、全年用电量	万千瓦时	182720	169119
工业用电量	万千瓦时	111024	101889
城乡居民生活用电量	万千瓦时	36212	33599
十四、邮电业务总量	万元	55494	327083
客运量	万人/次	167	206
货运量	万吨	456	358
十五、保费收入	亿元	14.92	14.13

续表 38

指　　标	单位	2021 年	2020 年
财产险	亿元	2.75	2.81
人身险	亿元	12.17	11.32
赔款和给付	亿元	3.85	3.92
财产险	亿元	2.04	1.69
人身险	亿元	1.81	2.23
十六、人民生活			
城镇居民人均可支配收入	元	65232	60050
城镇居民人均生活消费支出	元	33487	27952
农村居民人均可支配收入	元	35819	32474
农村居民人均生活消费支出	元	25053	19852
十七、年末金额机构存款余额	亿元	808.29	727.12
城乡居民储蓄存款余额	亿元	429.32	384.41
年末金融机构贷款余额	亿元	734.39	621.74
城乡居民人均储蓄存款余额	元	135903	121840
十八、教育、卫生			
普通中学在校学生数	人	11113	10897
小学在校学生数	人	16781	16126
幼儿园在园幼儿数	人	7653	7857
卫生机构数	个	122	121
医院、卫生院技术人员数	人	2157	2121
十九、年末从业人员	万人	19.81	19.83
第一产业	万人	1.66	1.72
第二产业	万人	10.6	10.56
第三产业	万人	7.55	7.55

注：邮电业务总量统计口径调整

扬中市各镇(区)社会经济指标一览表

表 39

	单位	新坝镇	三茅街道	油坊镇	八桥镇	西来桥镇	开发区
户籍人口	人	44249	123432	38418	30511	16614	26417
地区生产总值	亿元	209.28	170.04	50.25	45.91	19.23	56.06
第一产业增加值	亿元	3.27	5.31	3.57	2.48	1.16	1.72
第二产业增加值	亿元	131.86	46.96	28.56	29.22	13.84	38.63
第三产业增加值	亿元	74.15	117.77	18.12	14.21	4.23	15.71
规模工业总产值	亿元	185.30	87.55	48.75	99.70	66.12	196.93
农业总产值	亿元	60478	67914	63962	43091	22490	20319
行政区域面积	公顷	7411	7812	5027	5692	3097	3696
年末常用耕地面积	公顷	1617	1795	2085	1485	688	1012

扬中市规模以上工业基本情况(一)

表 40　　单位:个、万元、人

项　　目	单位数	现价产值	职工人数
总　　计	357	6843557	45127
其中:2000 万元以下工业	34	43644	1584
2000 万~3000 万元	33	79619	1466
3000 万~4000 万元	49	171254	2525
4000 万~6000 万元	67	332152	4732
6000 万~8000 万元	30	211777	3009
8000 万~10000 万元	23	200518	2362
10000 万元以上	121	5804593	29449

扬中市规模以上工业基本情况(二)

表 41 单位:个、万元、人

镇区	单位数	职工人数	工业总产值
合计	357	45127	6843557
新坝	94	14068	1853006
三茅	79	7927	875510
油坊	54	4193	487530
八桥	47	6750	997041
西来桥	26	2148	661210
经开区	57	10041	1969260

扬中市工业基本情况一览表(三)

表 42 单位:个、万元、人

镇区	产品销售收入	利税总额	其中利润总额
合计	6804208	566289	393454
新坝	1849513	166975	106083
三茅	831720	87956	52260
油坊	485370	28714	15375
八桥	981404	49279	27226
西来桥	634033	13755	4861
经开区	2022168	219610	187649

扬中市规模工业分行业情况一览表

表 43 单位:万元

行业名称	单位数	工业总产值	销售收入
工程电气	190	3024993	2970919
新能源产业	17	791940	772085
装备制造业	55	1338663	1402399
农副食品加工制造业	1	377389	341534
纺织、服装及鞋帽制造业	12	153671	155626
化工及医药制品制造业	15	173000	172725
木、纸制品及文体用品制造业	14	192757	201520
四氟、塑料制品制造业	27	245382	239715
砂布、焊料等非金属制造业	14	249520	248733
金属冶炼和压延加工制造业	2	203150	206542
仪器仪表及其他制造业	7	51058	48593
水、电及燃气的生产供应业	3	42035	43817

扬中市规模以上工业企业主要经济指标

表 44

镇(区)	资产总计	负债总计	流动资产	所有者权益	税金及附加	应缴增值税
合计	9140846	5372303	6300077	3768543	29122	143713
新坝	2281439	1237933	1709831	1043506	8139	52754
三茅	1548536	952067	1097612	596469	5364	30332
油坊	461715	226285	348968	235430	2039	11300
八桥	932725	512840	570063	419885	3506	18547
西来桥	1033970	827967	867500	206003	1885	7009
经开区	2882461	1615210	1706102	1267251	8189	23772

扬中市农林牧渔业总产值一览表(一)

表45 单位:万元

	总计			种植业			林业		
	2021年	2020年	%	2021年	2020年	%	2021年	2020年	%
合计	317261	298605	6.25	169609	157694	7.56	17355	16956	2.35
新坝	60478	53848	12.31	32203	29770	8.17	4389	4287	2.38
三茅	67914	63394	7.13	33448	30264	10.52	3255	3182	2.29
油坊	63962	58634	9.09	33355	30569	9.11	3777	3687	2.44
八桥	43091	41335	4.25	25519	23488	8.65	1609	1574	2.22
西来	22490	20741	8.43	10616	9591	10.69	1328	1299	2.23
经开区	30319	30251	0.22	16845	15705	7.26	1648	1608	2.49
场圃	29007	30402	-4.59	17623	18307	-3.74	1349	1319	2.27

扬中市农林牧渔业总产值一览表(二)

表46 单位:万元

	畜牧业			渔业			农业服务业		
	2021年	2020年	%	2021年	2020年	%	2021年	2020年	%
合计	37071	38433	-3.54	55966	50376	11.10	37260	35146	6.01
新坝	7985	5376	48.53	10899	10036	8.60	5002	4379	14.23
三茅	8389	10122	-17.12	17729	15226	16.44	5093	4600	10.72
油坊	9659	8573	12.67	11940	11145	7.13	5231	4660	12.25
八桥	5293	6431	-17.70	6421	6074	5.71	4249	3768	12.77
西来	2634	2794	-5.73	4304	3752	14.71	3608	3305	9.17
经开区	3107	5104	-39.13	4604	4094	12.46	4115	3740	10.03
场圃	4	33	-87.88	69	49	40.82	9962	10694	-6.84

扬中市农林牧渔业增加值一览表(一)

表 47　　单位:万元

	总计			种植业			林业		
	2021 年	2020 年	%	2021 年	2020 年	%	2021 年	2020 年	%
合计	204911	192776	6.29	108979	98345	10.81	10360	10111	2.46
新坝	38602	34469	11.99	20707	18565	11.54	2620	2555	2.54
三茅	43380	40496	7.12	21507	18885	13.88	1943	1896	2.48
油坊	40728	37425	8.83	21447	19075	12.44	2255	2197	2.64
八桥	27729	26408	5.00	16409	14657	11.95	961	938	2.45
西来	14679	13560	8.25	6826	5985	14.05	793	774	2.45
经开区	19728	19467	-0.63	10831	9800	10.52	984	958	2.71
场圃	20065	20951	-4.23	11252	11378	-1.11	804	793	1.39

扬中市农林牧渔业增加值一览表(二)

表 48　　单位:万元

	畜牧业			渔业			农业服务业		
	2021 年	2020 年	%	2021 年	2020 年	%	2021 年	2020 年	%
合计	19993	22076	-9.44	35750	33596	6.41	29829	28648	4.12
新坝	4304	3086	39.47	6964	6694	4.03	4007	3569	12.27
三茅	4522	5810	-22.17	11329	10156	11.55	4079	3749	8.80
油坊	5206	4921	5.79	7630	7434	2.64	4190	3798	10.32
八桥	2853	3691	-22.70	4103	4051	1.28	3403	3071	10.81
西来	1420	1604	-11.47	2750	2503	9.87	2890	2694	7.28
经开区	1675	2930	-42.83	2942	2731	7.73	3296	3048	8.14
场圃	13	34	-61.76	32	27	18.52	7964	8719	-8.66

扬中市农村住户人均收支情况一览表

表 49

指标名称	单位	2021 年	2020 年	增幅
常住人口	人	273.3	251.3	8.7
农村常住居民可支配收入	元	35818.8	32474.0	10.3
(一)工资性收入	元	22945.5	20783.4	10.4
(二)经营净收入	元	7333.9	6657.2	10.2
(三)财产净收入	元	2038.1	1851.0	10.1
(四)转移净收入	元	3501.3	3182.5	10.0
生活消费支出	元	25053.2	19852.0	26.2
1.食品烟酒	元	7490.3	5935.8	26.2
2.衣着	元	2874.0	2283.0	25.9
3.居住	元	3946.7	3136.6	25.8
4.生活用品及服务	元	1180.0	933.0	26.5
5.交通通信	元	2832.5	2243.3	26.3
6.教育文化娱乐	元	4698.8	3712.3	26.6
7.医疗保健	元	1355.0	1072.0	26.4
8.其他用品和服务	元	675.9	536.0	26.1
恩格尔系数	%	29.9	29.9	0
文教娱乐系数	%	18.8	18.7	0.5
期末耐用消费品情况				
1.家用汽车	辆	50	42	19.0
2.摩托车	辆	16	16	0
3.助力车	台	129	115	12.2
4.洗衣机	台	94	85	10.6
5.电冰箱(柜)	台	96	88	9.1
6.微波炉	台	78	69	13.0
7.彩色电视机	台	155	154	0.6
9.空调	台	171	171	0
10.热水器	台	89	89	0

索 引

说 明

一、索引采用主题分析法编制，大部分选用关键词。

二、索引设有条目索引、表格索引、随文图片索引三个分目，按标引词首字的汉语拼音音序排列，首字相同按第二字音序排列，以此类推。

三、由类目、分目提取的索引用黑体字标明。标引词后的阿拉伯数字表示内容所在的页码，数字后面的a、b表示从左至右第一、二栏。标引词后第二个页码起，表示该索引参见内容所在位置。

四、为便于读者检索，扬中市的企业事业单位及扬中市发生的事件名称，除易产生歧义者外，省略“扬中市”或“扬中”。

条目索引

A

艾滋病防治 180a
爱心助残先进 76a
安全生产 51a、51b、52b、53a
安全生产法 52b
安全生产工作 27b
安全生产月 52b
安全生产责任保险 53a
岸线资源 59a
案件办理质效 55b
奥克斯(扬中)智能制造产业园项目 120b

B

八桥镇 214a
八桥镇12个重点项目 215b
八桥镇产业强镇 215a
八桥镇广场舞展演 216a
八桥中心卫生院 187a
白汁河豚 22b
“百年百版”新闻创收行动 175a
“百年百场”优秀群众文艺作品 171a
“百团进百万企业千万员工”活动 52a
“百亿西来桥 启航新征程”庆祝盛会 221a
版权管理 174b
办公用房管理 54a
办实事 29b
保险公司选介 137a
保险业 135b
“篦赛比赛”主题活动 3a
编外用工管理 36a
标龙蓝色智谷扬中产业园 229a
标准领先战略 97a
殡葬机构服务环境提升 197a
病虫害专业化防治 99b
博爱家园建设 77b
不可移动文物 170b

C

才聚江洲 27a、31b、192b
财政 17b、90a
财政预算执行审计 92b
“彩虹桥”维权工作站 71a
参政议政 58b
餐饮服务 54b
残疾人就业培训基地 77a
残疾人艺术作品展 76b
测土配方施肥技术推广 99b
产改工作“360”计划品牌 67a
产学研合作 160a
产学研合作项目 160a
产业强街暨乡村振兴推进大会 223a
产业强市 27a、27b、68b
产业强镇 210a
长城汽车蜂巢动力第1000万台发动机 122b
长江“禁捕”执法整治 85a
长江岸线管理 153b
长江非法采砂 107a
长江干线数字航道系统 153b
长江应急护岸工程 108b
长江渔文化生态园 24a
长江增殖放流 100a

超限运输治理 142a
车管业务 84b
陈履生博物馆群教育中心 204b
城北公交客运站 143b
城东垃圾中转站 148a
城建重点工程 145b
城区空气质量 150a
城市公园绿地管理 153a
城市管理 147b
城市建设 19a
城市路灯 147a
城市外宣 33a
城市长效管理“AB岗”网格机制 148b
城西社区卫生服务中心 186b、224b
城乡公共交通 143a
城乡规划 144b
城乡基层党组织提升 32a
城乡物流节点 129b
持证残疾人基本状况调查 76b
出生医学证明档案 172b
出租车管理 140b
初心寻访 34a
传染病防治 180a
创新创业大赛 191b
创新平台 161a
创新驱动发展战略 60b
创新社区治理 198b
创业服务项目 191b
创业指导专家团 191b
慈善救助 199a
促进就业 60a
村(社区)财务收支审计 93a
村(社区)妇联换届 70b
村企结对帮扶 69a
村镇建设 144b
存款 133b

D

大气污染防治攻坚战 151a
大全集团 154a
大事记 6
大中小学思政课堂一体化 166a
代表作用发挥 41b
档案工作 171b
档案年检 172a
档案学会换届 172a
党风廉政建设 62b
党建带关建工作机制 201b
党建工作会议 28a
党建引领“三大行动”31a
党建引领文明城市创建 3a
党龄档案查询 172b
党史教育名家讲座系列活动 204a
党史学习教育 27b、29a、30a、62a、70b
党史学习教育馆 30a
党史学习情境教育活动 171a
党史知识网络大奖赛 205b
党校工作 39a
党员素质 36b
道路交通事故 84b
堤防管理 106b
堤防维修养护及除险加固工程 106a
地理位置 13a
地膜残膜回收利用 99a
“地球一小时”活动 199b
地下停车空间 59a
地质地貌 13a
第22个记者节 175b
第33届科普宣传周开幕式 79b
第二高级中学教学综合楼新建工程 145b
第二届机关游泳比赛 190b
第二幼儿园异地搬迁项目 145b
第六届残疾人羽毛球比赛 189b
第六届民间文艺奖 175b
第七届“520”荧光夜跑活动 199b
第十八届河豚文化节 20a、23a、24b
第四届公益文化节 4a
第四批江苏省传统村落名录 126b
电信服务 127b
电影行业监管 174a
东滨河涵洞抢险翻建工程 108b
东京残奥会 189a
“断卡”专项行动 86a
队伍建设 63b
对口支援 179a
多元化纠纷解决机制 88a

E

儿童保健 183a
儿童关爱之家建设 196b
238省道扬中段路面大中修工程 143a

F

发促会常州分会 132b
发促会第三届会员代表大会 132a
发促会三茅街道分会 132b
法律监督 41a
“法律明白人”培育工程 89b
法学会换届 83b
法援惠民生 89a
法院 87a
法治建设 181b
法治建设 82a
法治社会建设 27a
法治型统计建设 94a
法治政府建设 83b
反腐败斗争 62b
反腐败协调小组会议 62b
防汛排涝 107b
房地产 147b
放管服改革 97a
非法行医 182a
非公企业“红锋”党建联盟 229a
“非接触式”办税 92a
非物质文化遗产保护 175b

丰乐桥险工段应急治理工程 108a
服务型统计建设 93b
辐射环境安全监管 152a
妇联第十五届六次执委（扩大）会议 71b
妇女保健 182b
妇幼公共卫生服务项目 183a
妇幼健康 182b

G

高标准农田建设 102b
高层次人才创新成果展示会 229b
高层次人才创新创业大赛 191b
高频事项跨省办 49b
高素质农民培育 102b
高新技术产业化 154a
高质量发展考核 36b
工程项目审批时限压缩 1b
工人文化宫改建工程 67a
工商联 65a
工商联第十三次会员代表大会 65a
工业(集团)总公司 126b
工业 17a
工业企业安全生产风险报告 50b
公安 84b
公共安全专项整治 85a
公共场所卫生监管 182a
公共机构节能 54b
公共事业 146a
公共体育设施建设 60a
公共资源全流程电子交易 50a
公共自行车 147a
公路建设与养护 142a
公务用车管理 54a
公益类事业单位改革 35b
公益诉讼 86b
公证服务 89a
共青团扬中市十九届四次全委(扩大)会议 68a
共青团扬中市委员会 67b
供电 146b
供水 146a
供销合作 125a
固定资产投资 17a
“固网强基”行动 195b
关心下一代工作 201a
广善创客空间 216a
广善大道 215a
“规划师下乡”活动 145a
国防动员工作 78b
国际档案日 172b
国际妇女节 111 周年纪念活动 70a
国家电子商务进农村综合示范县创建 131a
国家外国专家项目立项 157a
国家卫生城市 5a
国内贸易 17b
国庆主题晚会 205b
国土空间规划编制与管理 145a
国有企业审计 93a
国有资产管理 91a
国有资产监督管理 94b
果树产业 99a

H

何家大港闸站工程 105a
河湖管理与保护维修项目 105b
河豚·产业 24a
河豚·风俗 21b
河豚·味道 22a
河豚·文化 23a
河豚捕捞 21b
“河豚美食之旅” 扬中专列一日游 23b
河豚食用 22a
河豚文化节项目集中签约仪式 24b
河豚文化展示馆 24a
河豚焐秧草 22a
河豚鱼丸 22b
河豚宰杀 21b
河长制 106b
红色档案资源 172a
红色网格建设 82b
红烧河豚 22b
红十字会组织建设 77b
“红石榴家园”民族工作平台 195b
户外违规广告整治 148a
华荣公园 220b
华泰证券有限公司扬中翠竹南路证券营业部 139a
淮阴工学院—扬中校地合作交流会 161a
环保建设 150b
环保宣传 150b
环境保护 19b
环境管理 151a
环境问题整改 152a
环境信访 152b
环境信息公开 151b
环境质量 150a
“黄玫瑰”环卫女工驿站 71b
“汇聚微光 助豫平安”倡议 71b
《会龙村志》173b
“惠领先锋”主题实践活动 216a
惠领先锋·两长论坛 216b
货币政策贯彻执行 135a
货运管理 141a
货运执法 141b

J

机动车维修管理 141a
机构编制保障 35b
机构编制工作 35a
机构编制评估 36a
机关党建 36b
机关赋码 36a
机关事务工作 54a
机关四人制篮球比赛 190a
基层“三整合”改革 1b
基层法庭 60a

基层法治建设 89b
“基层两长”队伍建设意见 205a
基层农技推广体系改革与建设 103a
基层自治 198a
基础地情 13a
急救中心扬中市分站 185a
疾病预防控制 180a
计划生育 183a
计划生育服务 183b
计划生育利益导向 183b
计生困难救助 183b
家庭农场培育 101b
家庭医生 181a
驾培监管 141a
监控能力建设 150b
检察 86a
建置沿革 14a
建筑业 147a
健康城市建设 176a
江堤加固及兴隆港闸应急改造工程 105b
江苏百强创新型企业 154b
江苏大方铜基粉末项目 215a
江苏法院破产审判典型案例 87a
江苏浪潮、江苏旺捷战略合作项目 120b
江苏省革命文物名录 170b
江苏省基础教育前瞻性教学改革实验项目 168b
江苏省科技创新发展奖 154a
江苏省科学技术奖三等奖 157b
江苏省老年人桌上冰壶球俱乐部联赛 189b
江苏省青少年校园足球联赛 189a
江苏省四星级高中 168a
江苏省文艺家“长江行”系列采风 75b
江苏省扬中现代渔业园区 103b
江苏通灵电器股份有限公司 229b
江苏豚岛食品有限公司 24b
江苏扬中经济开发区 228a
江滩“两违”59b
江之源渔业有限科技有限公司 24a
交通工程建设 142a
交通银行镇江扬中支行 137a
交通运输行政执法 141b
交通运输局提案办理 60a
交通运输疫情防控 140a
教师队伍建设 169a
教育 18a
教育投入与建设 168b
教育资源优化配置 169a
秸秆机械化还田 100b
节约集约用地 95b
“洁美家园‘净’万家”文明实践项目 223b
结核病防治 180b
巾帼党性教育基地 70a
“巾帼好声音永远跟党走” 宣演活动 71a
“巾帼领秀”项目 70b
金开产业基金 95a
金融 17b
金融服务 94b
金融服务与管理 135b
金融稳定工作 135a
经济监督 41a
经济社会建设 16b
经济责任审计 92b
经开区产业链招商项目 228b
经营业务 94b
精神病防治院 187a
精神卫生法 43a
精准帮扶 191b
精准扶贫 102a
精准扶贫档案 172a
精准抓建工作 78b
竞技体育 188b
九三学社扬中支社 64b
救护培训工作 77a
就业创业 191a
就业创业安置工作 80b
居家养老服务建设 197b
居民健康档案 181a
居民收入 191a
居民消费 191a
捐献造血干细胞工作 77b
“决战四季度”项目招引建设 29a

K

开放型经济 130b
开放型经济 17b
开新局 30a
科技创新动能 72b
科技创新专项评审 157b
科技工作者之家 72b
科技惠民 165a
科技计划 157a
科技金融 162a
科技智库建设 72b
科普教育 72a
科学技术 17b
科研调研 39b
客运管理 140b
客运执法 141b
快递员职业技能竞赛 130a
困难帮扶工作 38b

L

劳动教育 166b
老干部工作 37a
老龄医疗养护 179a
老年关爱服务 197b
老年人才项目 38a
老年人权益保障法 43a
老年人体育节扬中分会场 190a
老年太极拳大联动八桥分会场 190b
离退休干部党建之家 37b
离退休干部特色服务 38b

离休干部信息化管理 39a
理论宣讲 40a
立新村蒲草淯126b
连锁养老机构创建 198a
联通公司 128a
练兵备战工作 78a
粮食收储 125a
"两个健康"促进行动 65a
"两优一先一示范"表彰大会 30b
"两在两同"建新功行动 27a
烈士公祭 81b
林木采伐许可"一日办"96a
林长制 149b
临港产业高质量发展 59a
临港产业招商推介会 220b
临港粮油食品加工储运项目 220b
临港装备制造产业 121b
刘必成教授工作站 132a
留守、困境儿童排查 196b
留学人员创新创业分享会 34b
六大攻坚行动 3a
六圩港闸站工程 105b
路政管理 142a
旅游业 126b
律师行业管理 89a
律政先锋公益行 89a
"绿色能源岛"建设 121b
绿色宣传活动 129a

M

麦田慈善基金会 200a
麦田慈善基金会获 "公益组织奖" 199a
慢性非传染性疾病 180b
矛盾纠纷化解 89b
美科太阳能 35 吉瓦单晶硅片项目 121a
"梦想小屋"项目 69a
免疫规划 180b
面塑视频教学活动 35a
民建扬中支部 64a
民盟扬中支部 64a
民企发展护航 86a
民事行政检察监督 86b
民政事务 196a
民主党派 64a、64b
民宗领域安全工作专项整治 95b
民族 195a
"民族团结一家亲 喜迎建党一百年"宣传月 195a
民族宗教事务 195a

N

南京证券扬中江洲南路证券营业部 139b
内部审计 93a
年度聚焦 4b
"拧成一股绳 永远跟党走" 主题活动 67a
农产品质量安全监管 98b
农村产权交易市场建设 102a
农村工作会议 28a
农村公路提档升级 142b
农村河道管护 106b
农村集体"三资"管理 102a
农村集体产权制度改革 101b
农村人居环境整治 103a
农村人居环境整治 103b
农村土地"三权分置"改革 101b
农村宅基地管理和改革 101a
农工党扬中基层委员会 64a
农机安全生产 101a
农机报废更新 100b
农机购置补贴政策 100b
农机教育培训 100b
农机具综合保险 100b
农贸市场改造 148b
农业 16b
农业产业化发展 102a
农业机械 100b
农业经济体制与经营管理 101a
农业面源污染防治 151b
农业农村现代化建设 26b
农业示范园区 103b
农业信息工作 102b
农业招商 102b
"浓情五月天 致敬母亲节" 活动 73a
女企业家协会第三届二次全体(扩大)会议 71b

P

培训工作 39b
平安医院创建 179a
破产审判工作 87b
普法责任制 88a
普惠金融政银企座谈会 95a
普通高中教育 168a

Q

骑行公益活动 204b
"企航"党建微联盟 211b
企业残协 77a
企业员工原地过年倡议 177b
企业注册登记便利化改革 1a
气候特征 14a
汽车产业发展论坛 229b
汽车零部件产业 122b
千人广场舞、太极拳、健身气功大展演 190b
"牵手助跑"活动 68b
"强国·新江苏拍客 发现扬中"摄影大赛 74a
"敲门"行动 177b、224a
"侨心向党 同心逐梦" 文艺演出 73b
青年之家 69b
青少年党史学习教育活动 201a
轻金属铜基复合材料项目 210b

庆“五一”国际劳动节大会 66b
庆祝第 37 个教师节表彰大会 224a
庆祝中国共产党成立 100 周年 28b、74b、75a、129a、171a、204b、223b
区域人口 15a
全方位无缝监管体系 194a
全国村庄清洁行动先进县 4b
全国文明城市创建 27b
全国文明城市创建 2b
全国文明城市创建文艺巡演 171b
全国县域共青团基层组织改革试点地区 5a
全国养殖(控毒)河豚鱼烹饪邀请赛 23a
全国自然灾害综合风险普查 52a
全民阅读 174b
全市领导干部警示教育大会 61b
全市新任领导干部集体廉政谈话 62a
全域政务服务新体系 49b
群众体育 190a

R

燃气 147a
热线平台管理 50a
人才、专科建设 179b
人才新政 192b
人道救助工作 77a
人防工程标识标注工作 79b
人防疏散演练活动 79b
人民防空 79a
人民生活 19b
人民武装 78a
人社“心”社保服务品牌 193a
“人社服务 365”品牌 193a
人事人才 192a
融媒体建设 174b
融媒体中心 175a
润华物流通用码头内港池粮食发放功能提升项目130b

S

“三扶两创”活动 202b
三茅街道 222a
三茅街道社区卫生服务中心 186a
“三无”船舶专项整治 107b
三峡能源 001 自升式风电安装平台 122a
“三新三实”主题实践活动 215a
丧葬礼俗改革 197a
“扫黑除恶”工作 82b
“扫黄打非”专项行动 174b
沙家港闸站工程 105b
商贸服务业 124a
商业集团 126a
上海工具厂与福达特种钢战略合作 223b
上海集优与扬中市战略合作 224b
社工人才发展 198b
社会保险 192b
社会保障 19b
社会公益 199a
社会救助 198b
社会救助改革 199a
社会妈妈新项目 71a
社会矛盾化解 86b
社会融资规模 134a
社会组织公益创投大赛 200a
社区(农民)文化艺术节 171b
社区矫正工作 89a
涉老社团党建工作一体化建设 37b
审查调查 61a
审计 92a
生活饮用水监管 182b
生态建设与修复 95b
生猪生产恢复 100a
省级安全发展示范城市创建 50b
省级非遗项目优秀实践案例 175b
省级水利工程 105b
省级众创空间 161b、216a
省人社一体化信息平台 193b
省市督导巡查整改 52a
省田径赛 188b
省县市区域报新闻奖 175a
省重点研发(现代农业)项目 165a
十七届人大常委会第二十八次会议 42a
十七届人大常委会第二十九次会议 42a
十七届人大常委会第二十七次会议 42a
十七届人大常委会第三十次会议 42b
十七届人大常委会第三十二次会议 42b
十七届人大常委会第三十三次会议 42b
十七届人大常委会第三十一次会议 42b
十七届人民代表大会第五次会议 41b
15 分钟医保服务圈 194a
石油贸易 125b
食品安全监管 59b
食品安全监管 97a
史志工作 173a
市场监督管理 96b
市场秩序规范 97b
市级新任领导 231a
“市民观察团”志愿服务 3b
《市情研究》40b
市容环境整治 148b
市委办公室 26b
市镇两级人大换届选举 43b
市政府常务会议 47a
市政府全体(扩大)会议 47a
市政基础设施维护 153a
市政协常委会议 57a
市政协十届五次会议 57a
市政协主席会议 57b

事业单位登记管理 36a
收入与消费 191a
蔬菜种植业 99a
“双减”工作 167b
“双随机”监督检查 182a
双拥共建 80a
双拥共建工作 80b
谁执法谁普法 88a
水利工程管护 106a
水利工程管理范围划界 107a
水利工程建设 105a
水文情况 104b
水污染防治攻坚战 151b
水下地形监测项目 107b
水质 150a
税务 91b
司法 88b
思想政治工作 78a
思想政治工作 79a
“苏科贷”绩效评估 162b
苏南国家自主创新示范区瞪羚企业 154b

T

台属联谊会换届 35a
台湾事务 34b
太平文化旅游周 229a
“碳中和·零碳村镇”建设 211b
特级教师后备人员高级研修班 169b
特殊教育 168a
特种设备安全监管 97b
提案工作 58b
“体医结合”新路径 190a
体育 19a
体育产业 188b
体育质量提升工程 166b
天然气高压管线穿江工程 146a
统计 93a
统计法治主题公园 94b
统计监测 94a
统计开放日 94a
统计资料 245
统一接待选民日 43a
统战工作 33b
“头雁领航”村（社区）书记论坛 224a
图书及出版管理 174a
土壤污染防治攻坚战 151b
推进高质量发展先进市 5a
退役军人返乡欢迎大会 81a
退役军人专场招聘会 81a
退役士兵返乡“一站式”报到 81b
“豚岛寻香”餐饮名店大型直播惠民行动 22b
托育机构 183b

W

外汇服务与管理 135b
外汇收支 135b
外资外贸外包服务 131a
网格学校 83b
网络安全 33b
网络宣传 33a
危化品使用安全专项治理 50b
危险废物监管 152a
威腾电气集团股份有限公司 120b
微团课大赛 69a
违法建设查处整治 148b
伟信教育发展基金 132a
卫生、科技 179b
卫生、科技与教育 179b
卫生 18b
卫生监督执法 181b
卫生应急 181a
未成年人司法保护 86a
文创产品 127b
文化 18a
文明系列评选 3a
文艺成果 170a
文艺活动 171a
文艺名家讲坛 75b
文艺晚会 223b
文艺志愿服务活动 75b
《我从哪里来——扬中百家姓氏探源(续编)》173b
我为群众办实事 73b、87b
我为扬中工程电气代言 120a
“我要去舞龙”竞技赛 220b
污水管网监管 153a
“5·12”防灾减灾 79a
武装警察 78b
物业管理 55a
悟思想 29b

X

西安交通大学国家技术转移中心扬中材料应用研究院 161b
西来桥镇 219a
西来桥镇产业链党建联盟 221a
西来桥镇社会救助服务中心 221a
西来桥镇卫生院 187b
锡剧《太平洲上》171a
下消化道筛查公益项目 215b
夏季项目集中签约仪式 211a
县级党校发展联盟 40a
现代物流业 129b
线上党员教育活动 30a
乡村旅游文化节 127a
乡村文艺播种计划 171a
乡村振兴 26b、94a
“相约河豚岛”江苏省花鸟名画家邀请展 74a
香港正上总部项目 132a
“向日葵”医保服务品牌 194b
项目攻坚“铁堡垒”工程 204a
项目招引建设现场推进会新坝镇(高新区)专场 204b
小型水利工程管护 106a
校企合作联席会议 168b

校外辅导站建设 201b
效能提升 37a
新坝国家级科技企业孵化器 161b
新坝镇(高新区)项目集中 203b
新坝镇 203a
新坝中心卫生院 185b
新高考适应性演练 168a
新韩通船舶重工造船总部大楼 122a
新联会 34a
新能源产业 121a
新时代好少年 4b
新时代家教家风实践基地 71a
新时代文明实践 3b
新时代文明实践创意项目大赛 4a
新时代文明实践中心全国试点建设推进会 3b
新闻管理 33a
信访 55a
信访工作机制 55b
信息服务业 127b
信息宣传工作 40b
“信仰的力量”情景党课 30b
“行进河豚岛”户外运动嘉年华 23b
行政复议体制改革 84a
行政规范性文件清理 84a
行政许可及处罚 182a
行政执法证件换证考试 84a
“行走党课”活动 223b
星级公厕管理员 148b
兴隆街道社区卫生服务中心 186b
兴阳村第十五届文化艺术节 224b
幸福大桥限高门架工程 142b
幸福二桥治超站 143a
“幸福家园”村社互助工程 200a
宣传工作 32a
选人用人 32a
学党史 29b
学前教育 167a
学生常见病和健康影响因素监测项目 181b
《学习参考》40b
血吸虫病防治 180a
寻宝博物馆开心学党史主题活动 70a
“寻访中国河豚岛”越野自驾游 23b

Y

烟草专卖 125b
“烟头不落地 扬中更美丽”活动 4a
沿江岸线 13b
扬中超限检测站提质升级改造工程 143a
扬中发展促进会 131b
扬中方言 15a
“扬中革命故事与家书” 专题讲座 73a
扬中—吉林大学产学研对接活动 160b
扬中灵平风机制造有限公司 165a
扬中市残疾人联合会 76a
扬中市城市业余联赛 190b
扬中市第十二届男子篮球联赛189b
扬中市妇女联合会 69b
扬中市归国华侨联合会 73a
扬中市红十字会 77a
扬中市科学技术协会 72a
扬中市欧美同学会 34a
扬中市青年论坛 69a
扬中市人民医院 184a
扬中市入选两个“百强榜”5b
扬中市上飞工具有限公司 224b
扬中市文联第九次代表大会 75a
扬中市文联各文艺家协会换届 75a
扬中市文学艺术界联合会 73b
《扬中市中小学生社会实践基地研学地图》166b
扬中市中医院 185a
扬中市总工会 66a
扬中特产 15b
扬中特种水产产业分店 165b
“扬中文旅·悦生活”抖音号 127a
扬中中央厨房项目 167a
养老服务 197a
养老服务监管 197b
养老护理员职业技能培训班 198a
养殖污染治理 100a
养殖业 99b
药品耗材集中带量采购 194a
药械安全监管 97b
“夜游”品牌特色 127a
“一窗通办 收审分离”改革 49b
“一双球鞋的暴走”活动 200b
“一线有我 号队出列” 青春建功产业强市行动 68b
“119”消防宣传月 53a
伊顿母线(江苏)有限公司 120b
医保大市统筹 193b
医保电子凭证 194b
医保关爱项目 194a
医共体建设 178b
医疗保障人民医院分中心 194b
医疗待遇落实 38b
医疗服务 178b
医疗行业监管 178b
医疗机构选介 184a
医疗救助 194b
医疗卫生基础设施建设项目 176b
医学会的建设和管理 179b
医院—社区糖尿病管培一体化 132a
医政管理 178b
依法监管排污企业 151a
移动服务 128a
遗体器官捐献工作 77b
义务教育 167a
义务教育学校书面作业监管平台 167b
义务植树活动 153a
议案办理情况 44a
疫苗流动接种点 178a
疫情防控 177a

"益路有爱"彩虹夜市 200b
银发志愿服务 38a
银行选介 136a
银行业 133b
"银耀八桥 五星增辉"志愿服务团 215b
引才补贴奖励 192b
印刷出版 174a
营商环境优化 1a、50a、210a
应急管理 50a
应急协同机制应用 51b
应急预案制度制定 51b
优待抚恤工作 80b
优化营商环境大会 27b
优秀科技超市 165b
"邮快合作"协议 130a
邮政服务 128b
邮政新能源汽车 129a
油坊镇 209a
油坊镇春季重点项目 210a
油坊镇会龙商会 65b
油坊镇三方合作签约仪式 211a
油坊镇卫生院 187a
油坊镇—西南交通大学交流合作对接会 210b
"有事好商量"协商议事 60b
幼儿园备案制教师 169b
幼小衔接推动 167a
预防和减少青少年违法犯罪 202a
园林绿化 152b
越冬代虫情调查 96a
云腾幼儿园捐建工程 146a
运输管理 140b

Z

灾情险情应急处置 108a
噪声 150b
闸站管理 107a
招才引智"镇江日"(扬中·上海)专场活动 161a
招商推介 131a
招商引资誓师大会 220a
阵地建设 33b
"镇江好礼"127b
镇江市百道乡土地标菜 127a
镇江市第十六届运动会 189a、189b
镇江市普通国省道路面大中修工程E标扬中段 142b
镇江市企业家沙龙新型电力(新能源)装备专场 121a
镇江市台协扬中联委会 35a
镇江市新型电力(新能源)装备产业联盟 121b
镇江市沿江排涝泵站更新改造工程 105b
证券公司选介 139a
政法队伍教育整顿 83a
政法委 82a
政府投资审计 92b
政情通报会 43a
政务服务工作 49a
政治监督 62b
政治巡察 63a
支部建设 37a
支援南京、扬州核酸检测 178a
"知识产权强企策略实施"专题讲座 73b
知识产权强县 97a
执法规范化建设 85b
执法监察管理 95b
执行难题破解 87b
执纪为民 63a
职工读书活动 204a
职工法律援助工作站 66b
职工互助互济保障计划 67a
职工文化阵地建设 60b
职业健康监督 182b
职业教育和社会教育 168b
《指南村志》173b
质量强市建设 96b
"智慧残联"平台 76b
智能电气产业 120a
中电大道北延道路 203b
中共扬中市第十二届纪律检查委员会第六次全体会议 61b
中共扬中市第十三次代表大会 28b
中共扬中市第十三届纪律检查委员会第一次全体会议 62a
中共扬中市第十三届委员会第二次全体会议 29a
中共扬中市委十二届十次全会 28a
中国·镇江国际菁英创业大赛 191b
中国高质量推进基本现代化典型城市 5b
中国工商银行股份有限公司扬中支行 136b
中国共产党成立 100 周年邮票 129a
中国建设银行股份有限公司扬中支行 136b
中国农业发展银行扬中市支行 136a
中国农业银行股份有限公司扬中市支行 136b
中国人民财产保险股份有限公司扬中支公司 137a
中国人寿保险股份有限公司扬中支公司 137a
中国少年先锋队扬中市第五次代表大会 69a
中国生活品质百优县市 5a
中国太平洋财产保险股份有限公司扬中支公司 138a
中国镇江扬中招商大会 24b
中国中小城市高质量发展指数 5b
中海粮油党性教育实训基地 220b
中医药管理 179a
中园慧创·扬中科创产业园项目 216b
肿瘤防治研究所 184b
种植业 99a
重大动物疫病防控 100a

重点产业项目 109a
重点工业品质量安全监管 97b
重点工作交流会 58b
重点行业整治 83a
重点项目观摩推进会 203b
重要工作 43a
重要会议 27b、41b、47a、57a、61b
重要会议报告 257
重要建议办理情况 44b
重要决策 26b
主题宣传 32b
住房保障 199a
住房公积金管理 91b
住房公积金业务改革 91b
专责监督 62b
资本市场扬帆领航计划 27a
自来水事业 60a
自强模范 76a
自然资源管理 95a
自然资源权益维护 96a
宗教 195a
宗教团体换届 195b
综合柜员制改革 193b
综合行政执法体制改革 2a
综合考核提档升级 32a
综合考核推进会 29a
综治平安建设 82a
邹莉娟 189a
组织工作 30b
组织机构及领导人 233a
尊老金发放管理改革 197b

表格索引

B

八桥镇骨干企业 217
八桥镇建制村、居委会 216
八桥镇主要经济社会指标 217
保险业金融统计 138

C

财政收入 256
城镇住户人均收支 254

D

贷款分行业统计 134

G

“高企贷”贷款 164
高新技术企业 154
各地政协考察扬中 56
各镇(区)社会经济指标 248
工业基本情况 248、249
规模工业分行业情况 250
国民经济与社会发展主要指标 245

H

火灾综合情况 53

J

金融机构经营指标 137
金融数据 133
经济开发区骨干企业 230
经济开发区建制村、居委会 229
经济开发区主要经济社会指标 230

K

科技创新创新平台建设 162
科技创新专项 158
快递业情况 130

N

农村住户人均收支 253
农林牧渔业增加值 252
农林牧渔业总产值 251

Q

全社会固定资产投资 256

S

三茅街道骨干企业 226
三茅街道建制村、居委会 225
三茅街道主要经济社会指标 226
十件实事进展 46
“苏科贷”贷款 163

W

文化卫生事业情况 250

X

西来桥镇骨干企业 222
西来桥镇建制村、居委会 221
西来桥镇主要经济社会指标 222
新坝镇骨干企业 206
新坝镇建制村、居委会 205
新坝镇主要经济社会指标 206

Y

油坊镇骨干企业 212
油坊镇建制村、居委会 211
油坊镇主要经济社会指标 212

Z

暂住人口 85
镇江市级以上科技项目 158
中共党员 31
重点服务业项目 123
重点工业项目 109
宗教活动场所 196

图片索引

A

"爱电气"抖音号 120a
爱民实践活动 88b
安全生产月广场咨询活动 52b
奥体中心集中接种点 177b

B

八桥镇"项目兴镇"攻坚大会 215b
滨江公园 149
"不见面"开标项目 1b

C

长城汽车蜂巢动力 122b
陈履生博物馆群 204a
晨练 188
城西社区卫生服务中心 186b
初醒的城市 13
"春风行动"网络直播招聘会 191a

D

《党建领航 初心如磐》37a
道路交通安全宣传教育基地 85a
第 1000 万台发动机 122b
第河豚文化节项目集中签约仪式 160b
第十八届河豚文化节 23b、24b、160b
第十二届男子篮球联赛 189b
第十七届人民代表大会第五次会议 42a
《电气人》120a
电气题材系列微电影 120a
电网维护 146b
东京残奥会 189a

E

儿童关爱活动 197a

F

发展促进会常州分会 132b
防汛临时指挥部 107b
福源村 104

G

高层次人才创新创业大赛 192a
高新区华扬众创空间 161b
高质量发展综合考核总结表彰大会 45b
规划师下乡 145b
"国歌探秘"主题活动 201b

H

何家大港闸站 105a
河豚工艺品 127b
河豚文化节项目集中签约仪式 24b
河豚文化展示馆 24a
河豚香米 125b
"河小青"志愿服务 106b
红色网格试点村 82b
户外违规广告整治 148a
会龙商会成员 65b

J

机构编制核查工作培训部署会 35b
机关党建画册 37a
纪念"三八"国际妇女节 70a
家庭医生 181a
健身气功 190b
江苏省老年人体育节扬中分会场 190a
交通卡口防疫 140b
接种新冠疫苗 181b
节能宣传周 54b
经开区高层次人才创新成果展示会 229b

K

客运市场执法检查 142a
快递分拣车间 129b

L

"两优一先一示范"表彰大会 30b
烈士公祭活动 81b
刘必成教授工作站 179a
"绿色 WE 来——地球一小时"活动 151a
绿色食品标志 125b
绿色邮路 129a

M

民生项目现场审计 92b
民主党派 64b

N

农田 95b

P

普法进校园 86b

Q

汽车产业发展论坛 229b
千人广场舞 190b
强国新江苏拍客 33b
"敲门"行动 178a
青春建功产业强市行动 68b

青少年党史学习教育 201b
庆祝中国共产党成立100周年 66b、75a、224
全国法治政府示范创建 84a
全国交通安全日 85a
全国养殖河豚鱼烹饪邀请赛 23a
全面依法治市工作 84a

R

人工养殖刀鱼基地 16a
“人社服务365周末不打烊” 193a

S

三茅街道文艺晚会 224
三峡能源001自动式风电安装平台 122a
摄影大赛 33b
摄影作品展 75a
食材采购管理 55a
市场监督管理综合执法大队 96b
市镇两级人大换届 43b
收审分离 49b
书画摄影展 66b
疏散演练 80a
税收服务 92a

T

太极拳 190b
太平村 82b
《太平洲上》32b
统计法宣传 93b
统计开放日 94a
统一接待选民日 43a
退役军人返乡欢迎大会 81a

W

网格学校 83b
“我们的国歌”公益讲座 204a
“5·12”防灾减灾宣传 79b
“520”荧光夜跑 199b
“五四”普法 88b

X

西来桥镇招商引资誓师动员大会 220a
县级党校发展联盟 40b
乡村振兴战略 64b
消防安全培训 53b
小学开学 18a
小学生科技节 72b
新坝镇慈善超市 199a
新的社会阶层人士联谊会 34a
新冠疫苗接种 18b
新任领导干部 39b
新生儿听力筛查 183a
新时代好少年 4b
新型电力(新能源)装备 121a
新一届纪委领导班子 62a
新治村 144
信息化探访关爱 198a
宣传员 33a

Y

扬法青年 88b
扬中(杨浦)飞地孵化中心 161a
扬中家谱馆 174a
扬中市第二幼儿园 169a
“12345”热线平台 50a
103路公交 143b
“一企来”服务专席 50a
一双球鞋的暴走 200b
“一线有我 号队出列” 68b
医疗卫生基础设施建设项目 177a
医用乳胶手套生产车间 92a
油坊镇项目集中签约仪式 210b
原创锡剧 32b
云腾幼儿园 146a

Z

造血干细胞捐献志愿者 77b
镇江市企业家沙龙 121a
镇江市重大产业项目现场会扬中市分会场 109b
证照分离 49b
政府采购 1b
政协扬中市第十届委员会第五次会议 57a
“知心姐姐”团队 86b
智慧养老服务中心 198a
中共扬中市第十二届纪律检查委员会第六次全体会议 61b
中国镇江扬中招商大会 160b
中桥社区居家养老服务中心 197b
中青年干部培训班 39b
主播 33a
主流媒体文化宣传 21a
综合柜员制改革 193b
邹莉娟 189a

扬中市农林牧渔业增加值一览表(一)

表 47 单位:万元

	总计			种植业			林业		
	2021 年	2020 年	%	2021 年	2020 年	%	2021 年	2020 年	%
合计	204911	192776	6.29	108979	98345	10.81	10360	10111	2.46
新坝	38602	34469	11.99	20707	18565	11.54	2620	2555	2.54
三茅	43380	40496	7.12	21507	18885	13.88	1943	1896	2.48
油坊	40728	37425	8.83	21447	19075	12.44	2255	2197	2.64
八桥	27729	26408	5.00	16409	14657	11.95	961	938	2.45
西来	14679	13560	8.25	6826	5985	14.05	793	774	2.45
经开区	19728	19467	-0.63	10831	9800	10.52	984	958	2.71
场圃	20065	20951	-4.23	11252	11378	-1.11	804	793	1.39

扬中市农林牧渔业增加值一览表(二)

表 48 单位:万元

	畜牧业			渔业			农业服务业		
	2021 年	2020 年	%	2021 年	2020 年	%	2021 年	2020 年	%
合计	19993	22076	-9.44	35750	33596	6.41	29829	28648	4.12
新坝	4304	3086	39.47	6964	6694	4.03	4007	3569	12.27
三茅	4522	5810	-22.17	11329	10156	11.55	4079	3749	8.80
油坊	5206	4921	5.79	7630	7434	2.64	4190	3798	10.32
八桥	2853	3691	-22.70	4103	4051	1.28	3403	3071	10.81
西来	1420	1604	-11.47	2750	2503	9.87	2890	2694	7.28
经开区	1675	2930	-42.83	2942	2731	7.73	3296	3048	8.14
场圃	13	34	-61.76	32	27	18.52	7964	8719	-8.66

扬中市农村住户人均收支情况一览表

表 49

指标名称	单位	2021 年	2020 年	增幅
常住人口	人	273.3	251.3	8.7
农村常住居民可支配收入	元	35818.8	32474.0	10.3
(一)工资性收入	元	22945.5	20783.4	10.4
(二)经营净收入	元	7333.9	6657.2	10.2
(三)财产净收入	元	2038.1	1851.0	10.1
(四)转移净收入	元	3501.3	3182.5	10.0
生活消费支出	元	25053.2	19852.0	26.2
1.食品烟酒	元	7490.3	5935.8	26.2
2.衣着	元	2874.0	2283.0	25.9
3.居住	元	3946.7	3136.6	25.8
4.生活用品及服务	元	1180.0	933.0	26.5
5.交通通信	元	2832.5	2243.3	26.3
6.教育文化娱乐	元	4698.8	3712.3	26.6
7.医疗保健	元	1355.0	1072.0	26.4
8.其他用品和服务	元	675.9	536.0	26.1
恩格尔系数	%	29.9	29.9	0
文教娱乐系数	%	18.8	18.7	0.5
期末耐用消费品情况				
1.家用汽车	辆	50	42	19.0
2.摩托车	辆	16	16	0
3.助力车	台	129	115	12.2
4.洗衣机	台	94	85	10.6
5.电冰箱(柜)	台	96	88	9.1
6.微波炉	台	78	69	13.0
7.彩色电视机	台	155	154	0.6
9.空调	台	171	171	0
10.热水器	台	89	89	0

续表 49

指标名称	单位	2021 年	2020 年	增幅
12.吸尘器	台	6	6	0
13.洗碗机	台	0	0	0
14.排油烟机	台	35	35	0
15.固定电话	线	36	36	0
16.移动电话	部	209	209	0
其中:接入互联网	台	149	149	0
17.计算机	台	53	53	0
其中:接入互联网	台	53	53	0
18.照相机	台	1	1	0
19.中高档乐器	架	1	1	0
20.健身器材	台	2	2	0
21.空气净化器(含新风系统)	台	1	1	0

扬中市城镇住户人均收支情况一览表

表 50

指标名称	单位	2021 年	2020 年	增幅
常住人口	人	451	423	6.6
城镇常住居民可支配收入	元	65232.4	60050.1	8.6
(一)工资性收入	元	41946.9	38612.2	8.6
(二)经营净收入	元	11892.6	10929.1	8.8
(三)财产净收入	元	3128.0	2882.4	8.5
(四)转移净收入	元	8264.9	7626.4	8.4
生活消费支出	元	33486.6	27952.1	19.8
1.食品烟酒	元	9940.4	8301.8	19.7
2.衣着	元	4176.2	3494.0	19.5
3.居住	元	4036.7	3382.2	19.4
4.生活用品及服务	元	1540.1	1285.8	19.8

续表 50

指标名称	单位	2021 年	2020 年	增幅
5.交通通信	元	3660.6	3046.8	20.1
6.教育文化娱乐	元	6320.7	5255.0	20.3
7.医疗保健	元	3774.7	2320.0	19.6
8.其他用品和服务	元	1037.2	866.5	19.7
恩格尔系数	%	29.7	29.7	0
文教娱乐系数	%	18.8	18.8	0
期末耐用消费品情况				
1.家用汽车	辆	83	93	-10.7
2.摩托车	辆	11	11	0
3.助力车	台	164	164	0
4.洗衣机	台	127	127	0
5.电冰箱(柜)	台	130	130	0
6.微波炉	台	124	116	6.9
7.彩色电视机	台	291	270	7.8
9.空调	台	409	364	12.3
10.热水器	台	149	149	0
12.吸尘器	台	1	1	0
13.洗碗机	台	2	2	0
14.排油烟机	台	104	104	0
15.固定电话	线	51	51	0
16.移动电话	部	344	344	0
其中:接入互联网	部	269	269	0
17.计算机	台	100	100	0
其中:接入互联网	台	100	100	0
18.照相机	台	27	27	0
19.中高档乐器	架	10	7	42.8
20.健身器材	台	16	15	6.7
21.空气净化器(含新风系统)	台	10	10	0

扬中市全社会固定资产投资完成情况一览表

表 51 单位:万元

	2021 年	2020 年
固定资产投资	1087681	895474
一产投资	8044	4245
二产投资	735289	563491
三产投资	344348	327738
投资总额中:产业投资	837370	672367
工业投资	735289	563491
工业技改投资	157719	185997
房地产投资	297625	284595

扬中市财政收入一览表

表 52 单位:万元

预算科目	2021 年	2020 年
财政收入	1216873	1309762
中央财政收入	229633	217929
增值税(50%)	139340	144843
消费税	533	462
企业所得税(60%)	40001	29785
个人所得税(60%)	49759	42839
地方财政收入	987240	1091833
公共财政预算收入	380065	350115
各项税收	304023	280063
增值税(50%)	139340	144843
企业所得税(40%)	26667	19857
个人所得税(40%)	33173	28559

重要会议报告

争先高质量发展 领跑现代化征程 为创造江中明珠更大荣光而努力奋斗

——在中国共产党扬中市第十三次代表大会上的报告(摘要)

市委书记 张德军

过去五年的工作回顾

市第十二次党代会以来,全市上下紧紧围绕中央、省委、镇江市委决策部署,聚焦“强富美高”总目标,落实高质量发展总要求,统筹做好稳增长、促改革、调结构、惠民生、防风险各项工作,较好完成了各项既定任务,如期高水平全面建成小康社会,交出了一份激荡人心、厚重提气的“小康答卷”!

——五年来,我们聚力聚焦“发展第一要务”,实体经济的基本盘不断稳固。积极顺应时代发展的新变化、新要求,坚定不移实施产业强市战略,有力推动了经济社会发展稳中奋进、稳中向好,连续三年获得镇江市高质量发展考核第一名、跻身全省推进高质量发展先进县(市、区)。产业转型升级步伐加快。“4+X”的产业体系基本形成,四大主导产业占规模工业比重达75%以上。产业绿色化、智能化、集群化发展初见成效,催生出工业云、智能微电网等新模式、新业态,涌现出一批绿色工厂、智能工厂和“专精特新”“小巨人”企业,创成全国中低压工程电气知名品牌示范区。重大项目支撑有力。牢牢扭住项目“牛鼻子”,蜂巢易创汽车核心零部件、美科35GW绿色高效超薄硅片、香江科技数字扬中、福麟智能装备制造等一批重大项目落户实施。临港产业发展有序推进,与省港口集团达成战略合作。创新要素加速集聚。先后引进西安交大、华东理工等5家国家技术转移中心,华北电力大学扬中研究生培养基地落户,全市高新技术企业总数达271家,建成省级以上企业研发机构138家,高新技术产业产值占规模以上工业产值比重达72%以上,全社会研发投入占GDP比重达2.86%。国家知识产权强县工程试点县通过验收,万人发明专利拥有量超40件。提档升级“江雁计划”,积极引育各类高层次人才(团队),入选国家、省、镇江市人才项目300余个。大全集团先后获得国家科技进步特等奖、“中国工业大奖”等重量级荣誉。营商环境不断优化。市镇两级党政机构改革、基层整合审批服务执法力量改革全面完成,管理体制更加简约、便民、高效。深入开展“暖企行动”,全面落实减税降费,各项优惠政策直达基层、惠及企业。“放管服”改革稳步推进,市镇村三级“互联网+政务服务”体系基本建成,工程建设项目审批实现“864”目标。金融生态持续向好。实施资本市场“扬帆领航计划”,大全能源、威腾电气在科创板上市,通灵股份成功过会,扬中企业上市实现新突破。政府性债务化解工作稳妥有序推进,互保联保企业稳步实现破圈解链,连续获评省金融生态优秀县。

——五年来,我们致力践行“两山”生态理念,美丽扬中的美誉度持续提升。坚持规划、建设、治理并重,有力推动了城市功能持续完善、生态治理持续深化、人居环境持续改善。城市功能不断完善。国土空间规划编制完成,“一体两翼”城市框架全面拉开。现代综合交通体系基本建成,创成全国城乡交通运输一体化示范市、省“四好农村路”示范市。城市更新渐次推进,城市片区改造稳步实施,利民市场整治全面完成,吾悦广场等城市综合体建成运营。生态治理成效明显。铁腕推进化工企业整治,化工行业安全、环保风险大幅降低。“263”专项行动持续深化,“两违”“三乱”整治全面完成,长江“十年禁渔”任务有效落实,空气质量优良天数比率、省考断面全年水质优于Ⅲ类比例稳步提升,创成省级生态文明建设示范市,获评全省生态环保领域真抓实干奖。持续实施“五水联治”工程,城区主要河道黑臭水体基本消除,创成省级水美乡镇4个、水美乡村23个。纵深推进全国高比例新能源示范市建设,分布式光伏装机容量达到230兆瓦。乡村振兴加快推进。创新开展党建引领乡村振兴行动,积极推进农业供给侧结构性改革,全市高标准农田面积达9.01万亩,农业机械化水平达87%。现代渔业产业园创成省级现代农业产业示范园。乡村公共空间治理扎实推进,农村公共服务设施“八位一体”运维机制入选首批“全国农村公共服务典型案例”。圆满完成农村人居环境整治三年行动,获评全国村庄清洁行动先进县。积极发展乡村旅游,全域旅游功能区布局更加完善。

——五年来，我们着力解决百姓“急难愁盼”，人民群众的幸福感明显增强。坚持量力而行、尽力而为，积极排查化解民生领域重点问题。居民收入稳步增长。全面开展“百村万户达新标”行动，着力解决“两不愁三保障”突出问题，城乡居民收入增幅高于经济增长速度，提前一年完成脱贫攻坚任务，城镇登记失业率始终控制在2%以内，城乡低保标准提高至每人每月790元。社会事业优质均衡。推进高品质学校集群办学，新建、改扩建学校（幼儿园）28所，教育现代化建设监测得分连续四年全省第一。稳步实施医疗卫生体制改革，“整岛一体化县域医共体”“15分钟医保公共服务圈”基本建成，医疗和公共卫生服务体系日趋完善。常态化抓好新冠肺炎疫情防控，保持“零疑似、零确诊”。残疾人综合服务中心建成运营，城乡社区标准化居家养老服务中心覆盖率分别达81.5%、76%。城市文明更富内涵。市博物馆、陈履生博物馆群投入运营，市文化馆完成易地搬迁，群众性文化活动日趋活跃。深化全国文明城市创建和国家卫生城市长效管理，新时代文明实践中心建设晋级全国试点，国家级卫生镇实现全覆盖。社会治理不断强化。深入开展“扫黑除恶”专项斗争、政法队伍教育整顿，获评全国“七五”普法中期评估先进县（市、区），全社会公众安全感、法治建设满意度、信访工作绩效等保持全省前列。深入推进网格化社会治理，新坝派出所获评全国首批“枫桥式公安派出所”。保持打击各类涉众型金融犯罪高压态势，“6·19”“7·10”等非法吸收公众存款专案得到依法妥善处置。扎实开展安全生产专项整治，顺利完成熔喷布行业规范化整治，成功处置“11·8”长江崩岸险情，获批创建首批省级安全发展示范城市。

——五年来，我们坚决扛起“党建第一责任”，红色引擎的驱动力更加强劲。思想政治建设持续深化。隆重举办庆祝建党100周年系列活动，厚植了爱党爱国爱家乡的浓烈情怀，激发了团结奋进的澎湃激情。深入开展“两学一做”学习教育、“不忘初心、牢记使命”主题教育、党史学习教育，“江洲星火”党史学习教育馆、“四千四万”精神陈列馆开馆。严格落实意识形态工作责任制清单制度，深入推进“网安工程”，持续开展“扫黄打非”专项行动，意识形态领域总体平稳有序、积极向上。获评全省县级以上党委（党组）理论学习中心组示范点。基层组织建设富有成效。全面实施基层党建“书记项目”，全面推行农村党小组建设，深化农村党建标准化和党支部质量提升工程，创成五星先进党支部20个、四星先进党支部321个，数量和占比均居镇江前列。中小微企业党建工作质量体系建设、专业化组织员队伍建设走在全省、全国前列。干部队伍建设不断优化。严格落实“20字”好干部标准，构建“三位一体”知事识人体系，出台激励干部担当作为九项举措，深化“暖心容错”工程，党员干部干事热情得到充分保护和激发，被评为“全国加强干部日常监督管理示范点”。党风廉政建设持续加强。深入推进解决形式主义、官僚主义等突出问题，持续为基层减负赋能。深化纪检监察体制改革，动真碰硬落实中央、省委巡视反馈意见整改。统筹“四项监督”贯通运用，市级机关部门（企事业单位）和村（社区）党组织巡察实现全覆盖。“三治理一挂牌”专项行动成效显著，一体推进不敢腐、不能腐、不想腐的综合效应逐渐显现。

五年来，市委总揽全局、党政齐心协力，人大、政协和监委、法院、检察院依法履行职责，爱国统一战线持续扩大，党校、群团、关心下一代工作得到加强，人武、史志、新闻、档案、老龄、老干部以及各社会团体的工作也都取得了新的进展，各级凝心聚力、各方团结拼搏的良好局面更加巩固。

今后五年的奋斗目标

习近平总书记在庆祝中国共产党成立100周年大会上，代表党和人民庄严宣告，经过全党全国各族人民持续奋斗，我们实现了第一个百年奋斗目标，在中华大地上全面建成了小康社会，历史性地解决了绝对贫困问题，正意气风发向着全面建成社会主义现代化强国的第二个百年奋斗目标迈进。奋进在现代化建设征程上，尽管百年未有之大变局加速演进，世界进入动荡变革期，不稳定不确定性明显增加，但和平与发展仍然是时代主题，经济全球化和区域经济一体化仍然是大势所趋。我国正处在转变发展方式、优化经济结构、转换增长动力的攻关期，面临着结构性、体制性、周期性问题相互交织的困难和挑战，但以国内大循环为主、国内国际双循环相互促进的新发展格局正在加速形成，高质量发展具有多方面优势和条件，总体上仍然处于重要战略机遇期。具体到扬中，未来一段时间仍将处在高质量发展爬坡过坎、追赶超越的关键阶段，发展不平衡不充分问题仍然突出，既有正在攻坚的矛盾问题，也有亟需补齐的突出短板，更有难以预见的风险挑战。我们要始终保持清醒头脑，辩证地看待机遇和挑战，汲取党的百年辉煌历史蕴含的发展智慧和奋进力量，赓续自力更生、自强不息的精神血脉，集中力量办好自己的事，致力谱写“强富美高”的现代化篇章，奋力创造江中明珠新的更大荣光。

1. 创造更大荣光，我们要勇立潮头当先锋。勇立潮头、勇争第一是扬中人始终不变的精神基因。现代化建设的新征程上，我们要立攻坚志、造争雄势，继续当好探路者、领跑者。要找准历史方位，从战略全局高度精准把握新阶段的特征变化、发展趋势，抢抓“一带一路”建设、长江经济带发展、长三角一体化发展等国家战略实施的叠加机遇，发挥好扬中的基础优势，全方位主动承接发达地区产业转移，全力打造高质量发展的“升级版”。要找准时代标杆，树立忧患意识，把扬中放在全国、全省的大坐标中来审视、谋划和推进，更加自觉地对标先进找差距、赶超先进争位次。要找准比较优势，坚持错位竞争、差异发展，致力在产业集群、协同创新、城乡融合、绿色转型等方面先行先试，在现代化建设征程中不断闯出扬中特色。

2. 创造更大荣光，我们要勇闯新路开新局。在世界之变、时代之变、历史之变中推进现代化事业，我们的眼界必须更加开阔、头脑必须更加清醒、思路必须更加清晰，不断地在变局中闯新路、开新局，于危机中谋转机、抢先机。要在产业强市上勇闯新路，既要抓牢夯实现有产业基础，更要瞄准突破未来产业风口，持续地招大引强、培优扶新，实现总量、均量、质量“三量齐升”。要在乡村振兴上勇闯新路，以基层党建为引领，以农村土地制度改革为核心，走深走实金融普惠、村企联建等“三农”发展新路径，争创乡村振兴综合示范区。要在融合发展上勇闯新路，加速推动区域融合、城乡融合、港产城人融合协同发展、齐头并进，致力打造先进制造业基地、科技创新转化应用基地、港口物流产业综合开发基地。

3. 创造更大荣光，我们要勇担使命创大业。一代人有一代人的担当。现代化建设新征程上，我们要以功成不必在我的情怀和功成必定有我的担当，一张蓝图绘到底、一任接着一任干，合力谱写好“强富美高”新扬中的现代化篇章。要锤炼品格，始终保持闯劲和韧劲，敢于突破利益固化的藩篱，夯实担当之“基”。要提升本领，顺应时代之变，克服“本领恐慌”，不断练就担当奋进的好眼力、宽胸襟、硬肩膀，增强担当之“能”。要汇聚合力，始终同人民想在一起、干在一起，风雨同舟、同甘共苦，唤起群众千百万、同心干，汇聚担当之“力”。

今后五年，扬中发展总的指导思想是：高举习近平新时代中国特色社会主义思想伟大旗帜，对标“强富美高”，坚持稳中求进，统筹好发展与安全，争先高质量发展，领跑现代化征程，全力打造智慧制造城、绿色生态岛、平安幸福洲，奋力谱写“强富美高”新扬中建设的现代化篇章，不断创造江中明珠更大荣光。

——智慧制造城：坚持数字化、智能化、集群化发展导向，强化资源整合、创新驱动和分工协作，加快构建现代化产业体系。经过五年努力，力争GDP突破800亿元，一般公共预算收入超过50亿元，工业应税销售1200亿元以上，高新技术产业产值占规模以上工业比重保持在70%以上。

——绿色生态岛：以“碳达峰、碳中和”引领绿色发展，调整优化产业结构、能源结构，加强生态修复与环境保护，系统推进经济社会低碳转型，不断擦亮“绿色能源岛”的城市品牌。经过五年努力，地表水达到或优于Ⅲ类水质的比例达100%，城镇污水集中处理率达98%，林木覆盖率达21%以上。

——平安幸福洲：积极打造健康宜人的生产生态生活空间，城乡居民的安全感、幸福感和获得感不断增强。经过五年努力，城乡居民人均可支配收入分别达到8万元、4.3万元，高品质教育、医疗、养老、健康服务供给更加均衡，治理体系和治理能力现代化基本实现，风险监测预警和防范抵御能力大幅增强，法治建设满意度达95%以上，公众安全感达98%以上。

今后五年的战略重点和关键举措

踏上现代化建设新征程，全体扬中人都要扛起更强担当，确立更高追求，推动高质量发展行稳致远、现代化建设走在前列。

（一）坚持产业强市，厚植高质量发展优势。

1. 提升产业层次。制定完善产业发展规划，实施“产业强链”三年行动计划，加快健全完善以智能电气、新能源、临港装备制造、汽车零部件为主导的“4+X”现代产业体系。加快工程电气产业数字化、智能化升级步伐，扩大智能电气产业联盟效应，加速突破核心元器件堵点，填补特高压、超高压等领域空白。主动融入“碳达峰、碳中和”战略，推进新能源产业迭代升级，积极拓展终端产品应用领域。加强与国(央)企的战略合作，推动临港产业绿色化、规模化、集群化发展。推动汽车零部件产业建链延链补链强链，持续扩大产品市场占有率和贡献份额。提速数字扬中建设，推动传统优势产业绿色化、智能化升级。推进现代服务业提质增效，积极发展现代物流、科技服务、金融商务、电子商务等业态，推动生产性服务业向专业化和价值链高端延伸。深化农业供给侧结构性改革，支持发展“互联网+农业”，积极拓展农旅融合、订单农业发展新模式，实现多业态增值、全链条收益。

2. 强化区域协同。深度融入长三角区域一体化发展战略，探索建立跨区域产业转移、重大基础设施建设、园区合作的成本分担和利益共享机制，全力打造产

业经济发展新高地。加强与常州、泰州之间的跨江联动，推动港口等优质资源共建共享。合力打造镇江东翼“金三角”，加强区域内产业分工协作、交通互联、公共服务互通，高效促进三地良性互动、协同发展。推进省级以下工业园区优化整合提升，提高产业导入能力、创新吸附能力和亩均产出效益。

3. 加速创新转型。积极引进大数据、人工智能、物联网等新业态新模式，加快建设一批智能工厂（车间）、互联网标杆企业。推动政产学研深度融合，深入推进华北电力大学研究生培养基地建设，构建一体化、全链条的孵化体系。有序实施“瞪羚”企业培育、“雏鹰计划”、“小升高”计划，鼓励领军企业组建创新联合体，支持有条件的企业建设离岸创新中心，培育更多“单打冠军”和“专精特新”企业。加大人口导入力度，深入实施“才聚江洲”计划，完善柔性引才机制和人才服务体系，推动职业教育“校企融合”，为高质量发展提供坚实的人才保障和智力支持。加大产业工人引进与培养力度，力争今后五年集聚产业工人1万人以上，实现人才竞争力与产业竞争力协同提升。

4. 壮大实体经济。实施实体经济“强筋健骨”工程，支持企业通过兼并收购、组建联盟等方式做大做强，五年内培育百亿级企业5家以上。鼓励主业突出、成长性好、带动力强的企业登陆资本市场，打造科创板、创业板、新三板“精选层”上市挂牌企业培育体系。大力弘扬优秀企业家精神、新时代“四千四万”精神，深化“创二代”“企二代”培育工程，不断优化企业家队伍梯队结构，在全社会持续浓厚坚守实业、崇尚创业、尊重企业的良好氛围。

5. 优化营商环境。持续深化“放管服”改革，全面推动行政审批制度改革落地，实现线上“一网通办”、线下“一窗通办”。推进政务服务一体化建设，全域构建“互联网+政务服务”体系。加强市镇村三级代办员体系和队伍建设，提升项目帮办代办服务水平。常态化开展暖企行动，建立完善企业反馈问题交办销号机制，真正做到无事不扰、有求必应。畅通政企沟通渠道，优化互动机制，全力支持企业家甩开膀子放手干，构建“亲清”政商关系。加快推进信用体系建设，建立健全跨部门协同监管和联合奖惩机制，加大对失信被执行人信用监督、警示和惩戒力度，营造诚信营商环境。

（二）坚持绿色生态，擦亮高质量发展底色。

1. 提升城市品质。编制完善并实施国土空间总体规划、实用性村庄规划等各类规划。持续完善“一主六次”公交体系和“一港四园”现代物流发展布局，构建“内聚成核、外联成网”的现代交通体系。稳步开展棚改拆迁征收，加快老旧小区改造，全面消除D级危房。深入推进城市渐次更新，不断完善基础设施配套，持续提升城市功能。优化城市综合体商业业态，打造更多消费新场景新体验。推进智慧城市建设，组建运营市域现代化治理指挥中心，提升城市治理现代化水平。

2. 强化生态治理。全面落实长江“十年禁渔”，坚决关停转移沿江1千米范围内化工企业，加快淘汰低端落后产能和“散乱污”企业。强化大气污染防治，严控臭氧污染，确保$PM_{2.5}$平均浓度、空气优良天数比率稳定达标。保障饮用水安全，提升自来水水质，实现全市供水“同城、同质、同价”。提标“五水联治”工程，加快污水处理设施改造提升，实现污水处理“厂站网河”一体化运维管理。实施湿地修复和林网提质工程，推进地表水、地下水和土壤污染协同治理。

3. 推进乡村振兴。落实最严格的耕地保护制度，将全部永久基本农田建设成为高标准农田。放大刀鱼、河豚、秧草等国家省级地理标识的品牌效应，大力推广高效种植、养殖模式，招引建设现代农业项目，做大农业“蛋糕”。支持现代渔业产业园争创国家级现代农业产业园。实施农村人居环境整治提升行动，建成一批省特色田园乡村，实现省美丽宜居村庄全覆盖。大力发展生态休闲农业，打造美丽乡村“升级版”，全力申创省全域旅游示范区。加快乡村道路改造提档，完善三级物流网络节点布局，创成全国“四好农村路”示范县、“电子商务进农村”示范县。

4. 深化文明创建。强化党建引领文明创建，把党支部、党小组建到网格上、楼道内，实现城区全覆盖。围绕农贸市场、老旧小区、市容市貌、交通秩序等重点领域开展综合整治，提升城市精细化管理水平，逐步建立长效管理机制。推行垃圾分类收集和资源化处置，推动形成文明健康、绿色环保生活方式。放大新时代文明实践全国试点集聚效能，围绕文明出行、文明服务、乡风文明培育等关键环节，深入实施专项提升行动，构建全民创建格局。

（三）坚持安全发展，筑牢高质量发展防线。

1.筑牢生产安全防线。对标高水平创成省级安全发展示范城市，制定完善城市安全发展顶层设计和长远规划，建立健全安全专项规划，推进企业主体安全责任落实，强化安全生产制度规定的执行力。深入开展安全生产专项整治，坚决把各类风险隐患消除在萌芽状态。强化长江岸线守护，加快江堤、沿江闸站更新建设步伐，增强全市防洪排涝能力。强化科技在安全生产领域的创新应用，稳步推动重点行业企业加快“机械化换人、自动化减人、智能化无人”。加强事故、自然灾害预警和应急处置,逐步构建统一指挥、专常兼备、反应灵敏、上下联动的应急管理体制。

2. 筑牢金融安全防线。深化国企改革,推进平台公司整合提升和市场化转型,加快建立现代企业制度,实现安全健康发展。加大债务化解力度,规范平台公司投融资行为,完善风险应急处置方案,严格执行预算管理,坚决落实“过紧日子”要求,不断提高政府债务管理水平。严厉打击非法金融活动,加大企业互保联保风险监测,建立健全金融风险监测防控体系和民营企业融资会诊帮扶机制,满足企业合理的信贷需求。

3. 筑牢社会安全防线。坚持人民至上、生命至上,科学防治、精准施策,全面做好常态化疫情防控各项工作,切实筑牢疫情防控安全屏障。坚持总体国家安全观,以防范化解重大风险为着力点,充分运用“大数据+网格化+铁脚板”治理机制,深化新一代雪亮技防工程和智慧警务等建设应用,不断优化整岛立体化、智能化社会治安防控体系,争创全国平安建设优秀市(县)。积极推进全国法治政府建设示范市创建,健全重大行政决策依法决策机制,全面推行“八五”普法,不断提升全市法治化水平。常态化开展“扫黑除恶”专项斗争,深入开展治安突出问题整治。深化司法责任制综合配套改革,加快建设覆盖全业务、全时空的法律服务网络。坚持和发展新时代“枫桥经验”,严格落实领导干部接访下访、包案化解、信访联席会议等机制,确保重复信访、信访积案有效化解。巩固政法队伍教育整顿成果,全面提升政法队伍能力素质,锻造一支信念坚定、执法为民、敢于担当、清正廉洁的政法干部队伍,确保刀把子牢牢掌握在党和人民手中。

(四)坚持以民为本,共享高质量发展成果。

1. 促进富民增收。完善公共就业服务体系,积极拓宽市场化、社会化就业渠道,确保城乡居民收入增长和经济增长同步。全面落实稳岗返还、就业创业等各类补贴政策,加大重点群体就业创业支持力度。推动农村土地“三权分置”改革,稳步推进农村土地流转,积极组建土地股份合作社,扶持发展农业适度规模经营,让更多群众共享改革红利。探索“结对帮扶、联盟共建”,提高集体经济市场化运营水平,完善村企民利益联结机制,规范开展按股分红、收益分配等工作,拓宽农民增收渠道。健全防止致贫返贫动态监测、精准帮扶机制,构建涵盖贫困户、贫困边缘户在内的分层分类救助体系。

2. 优化公共服务。推进高品质学校集群发展,新建城西小学,新建、改扩建幼儿园10所,创成全国义务教育优质均衡发展市、国家学前教育普及普惠县。逐步改善医疗基础设施条件,优化医疗卫生资源布局,深化紧密型医共体建设,不断提高医院管理和医务人员医德医技水平。构建分级分层的疾病预防控制体系,提高重大疾病早期发现能力。深入推进“三医联动”改革,加强医疗保障四级网络建设,健全参保扩面联合工作机制,建强人民健康共同体。推进医养融合,深入开展“家庭养老床位”试点,扩大政府购买居家养老服务覆盖面,推动老旧小区和老年人家庭适老化改造,创成省级居家和社区养老服务创新示范地区。

3. 繁荣文体事业。放大“河豚文化”品牌,加大竹编、剪纸等特色文化的推广力度,加强红色文化、岛园文化、民俗文化挖掘保护和传承利用,打造具有辨识度和影响力的文化品牌。实施文化惠民示范工程,优化市镇村三级公共文化设施网络,积极创建全国公共文化服务体系示范区。深入实施“文艺播种计划”,扶持激励文艺精品创作,高水平建设书香城市。推进体育设施提档升级,逐步提升全民健身公共服务水平。

全面加强党的建设

坚持党的领导、全面从严治党是战胜一切艰难挑战的制胜法宝。踏上现代化建设新征程,全市各级党组织和广大党员干部都要以史为鉴、开创未来,步调一致向着“强富美高”新扬中目标加速奔跑。

1.坚定“革命理想高于天”的信念追求。对理想信念的坚守和追求,是我们党不断从胜利走向胜利的不竭动力。领跑现代化征程,我们要不忘初心、牢记使命,用信念之火点燃奋进伟力。把准航向强党性。纵深推进“四史”学习教育,学深悟透习近平总书记在庆祝中国共产党成立100周年大会上的重要讲话,学懂弄通党的创新理论,胸怀“国之大者”,赓续红色血脉,把握历史主动,不断增强“四个意识”、坚定“四个自信”、做到“两个维护”。提振精神强动能。从伟大建党精神中汲取营养,激发“四千四万”精神基因,弘扬敢闯敢试、艰苦奋斗的传统,燃起创新奋进、创业图强的斗志,在产业强市上披荆斩棘,在城乡融合上真抓实干,在各类创建上奋楫争先,用一个个“变不可能为可能”的岛城奇迹,争雄区域竞争、创造城市荣光。心齐力聚强作为。坚持党对各项工作的全面领导,团结一切可以团结的力量,画出现代化建设的最大同心圆。新闻宣传部门要找准舆论宣传、理论宣讲与高质量发展的结合点,讲好“扬中故事”、发出“扬中声音”,坚决压实意识形态和网络安全两个责任制,让“跑起来”“强起来”的主旋律更加激昂。

2.锻造“越是艰险越向前”的先锋闯将。现代化征程上,风险与挑战交织,尤其需要我们充分激发上善若

水、自强不息的扬中精神，挑起千钧担，拼出新荣光。不忘初心使命强志气。时刻秉持对扬中发展负责、对党的事业尽责的初心和使命，自觉增强等不起、慢不得、坐不住的危机感，牢固树立为官一任、造福一方的政绩观，让新时代扬中精神闪耀在现代化建设的各条战线，让知难而进、迎难而上、干大想远、奋发图强成为扬中党员干部最鲜明的气质。组织部门要坚持为发展选干部、凭实绩用干部，更加突出人岗相适、以德为先，把那些有初心、有情怀，责任强、担当硬的“敢闯敢试者”用起来，让那些只想不出事、宁可不干事的“碌碌无为者”挪位置，让全市上下比学赶超、舍我其谁的“一江春水”更加奔涌激荡。奋力实干担当增骨气。拿出“逢山开道、遇水架桥”的顽强意志，坚决克服“软骨病”，消除“畏难症”，打通“中梗阻”，练就“铁肩膀”，坚决扛起现代化建设的政治担当、发展担当、探路担当。持续用好考核“指挥棒”，推动指标体系、方法流程、结果运用协同发力，倒逼党员干部平常时候看得出来、关键时刻站得出来、危急关头豁得出来。强化作风能力添底气。现代化建设是一场新的赶考。党员干部要主动登高望远、深入解放思想、敏锐获取新知，彻底打破思想僵化、观念老化、行为固化，用新的思路谋发展、抓项目，用新的办法解难题、破制约。建好用好“1+X”初心锤炼体系，全面加强思想淬炼、政治历练、实践锻炼、专业训练。落实发现培养选拔优秀年轻干部“八条举措”，把磨砺人才的“大熔炉”烧得更旺，把事业发展的“主心骨”建得更强。

3.开足“党群齐心闯新路”的红色引擎。创造更大荣光，必须始终坚持党建引领，紧紧依靠人民群众。大力强基固本。深入实施基层党建“扎根工程”，推行“五联”机制，系统开展“红色雁阵”工程、“红色管家”队伍和非公企业党建联盟等建设，推动农村、社区、“两新”等各领域党建提质增效，提升各级党组织的引领力、凝聚力和战斗力。放大引领效应。深化拓展“党建+”“党小组+”经验做法，健全完善考核激励机制，把党小组建到村头埭尾、小区楼栋、项目现场、招商一线，作用发挥到产业强市、乡村振兴、文明创建、基层治理各个环节，把党员干部的“先锋因子”充分激发出来，把广大群众有效组织起来，全面营造党员带头、党组织带动、党群联动的火热氛围，推动党的政治优势、组织优势、群众优势转化为领跑现代化新征程的“硬核力量”。走实群众路线。把高水平全面建成小康社会作为创造高品质生活的新起点，面对面倾听群众诉求，心贴心感知百姓冷暖，硬碰硬办好民生实事，实打实解决困难问题，真正让广大人民群众有实实在在的获得感、幸福感、安全感。

4.优化“勤政清廉守底线”的政治生态。回顾百年征程，正因为我们党不谋私利，方能谋大利、成大业。广大党员干部要以史为鉴，崇尚对党忠诚的大德、造福人民的公德、严于律己的品德，用勤政清廉的好作风领跑现代化新征程。让监督如影随形。坚持抓早抓小、防微杜渐，紧扣纪律执行、制度落实，统筹纪律、监察、派驻、巡察“四项监督”，实行项目化监督，构建“大监督”格局。建好用好“扬清风”智慧监督系统，进一步织密监督“天网”，强化监督整改问责。尤其对上级巡视巡察反馈的问题，坚决整改、系统整改、彻底整改，用强有力的监督、硬碰硬的整改，为高质量发展减阻碍、增动力。让制度刚性落地。系统完善“四责协同”机制，层层压紧压实管党治党责任。紧盯“四风”新问题、腐败新动向，建立重点领域审批权“负面清单”、重点岗位决策权“权力清单”、关键部位执行权“责任清单”，形成制度治党“闭环”。持续放大“三项机制”的引领力、穿透力，旗帜鲜明褒奖实绩突出者、支持敢闯敢试者、宽容无心之过者、鞭策懈怠庸碌者，坚决消除部分党员干部精神上的懈怠、作风上的散漫、本领上的平庸。让腐败无处藏身。始终坚持无禁区、全覆盖、零容忍，一体推进不想腐、不能腐、不敢腐，严肃查处基础设施建设、项目审批、公共资源交易、投资融资等领域的腐败现象，做到警钟长鸣、震慑常在，全面巩固心齐气顺劲足、清廉清明清朗的政治生态。

知重负重　苦干实干
奋力谱写“强富美高”新扬中现代化建设新篇章

——在中共扬中市委十三届二次全会上的报告(摘要)

市委书记 张德军

“十四五”发展实现良好开局

2021年是党和国家历史上具有重要里程碑意义的一年，也是扬中争先高质量发展、领跑现代化征程的开局之年。一年来，面对内外部严峻复杂形势，市委坚持系统思维，强化统筹协调，持续推动各方面各领域工作争先进位，全年预计(下同)GDP增长10%以上，完成一般公共预算收入38亿元，工业应税销售突破1000亿元，高质量发展取得新的进展，“十四五”发展实现良好开局。

1.聚力产业强市,经济发展稳中有进。项目招引建设成效显著。集中力量推进四大产业链招商,标龙·蓝色智谷扬中产业园、双扬特种精密轴承等优质项目成功落户,全年累计签约亿元以上项目71个,有效促进了产业链加宽延长变强。83个市重点产业项目开复工率100%,完成入库投资62.5亿元。完成全口径外资9000万美元、进出口总额38亿元。实体经济稳健发展。新增市场主体6271户,其中新设立有限公司2813户,注册资本总额210.7亿元。新增“四上”企业173家,净增高新技术企业31家。成功组建新型电力(新能源)装备产业联盟。蜂巢易创第1000万台发动机顺利下线。产业转型加速突破。战略性新兴产业、高新技术产业产值占规上工业比重分别达50%和72.4%。“才聚江洲”人才新政效应逐步显现,引进院士1名、国家级人才6名,落户高层次人才创业项目13个,招引大中专毕业生4000余人。资本市场“扬帆领航计划”结出硕果,威腾股份、大全能源在科创板上市,通灵股份募集资金规模创镇江IPO新纪录。美科太阳能入选2021全球独角兽榜,亿阀集团实现我市企业主导修订国际标准“零的突破”,士林电气获评国家级“专精特新”“小巨人”企业。吾悦广场建成运营。营商环境持续向好。全力打造“中意百分百”营商环境服务品牌,营商便利度综合评价位居镇江首位。强化知识产权保护运用,新授权发明专利187件,和成显示获中国专利金奖。精准落实各项惠企政策,全年新增减税降费4.25亿元,实体经济企业贷款增长12.5%。

2.聚力乡村振兴,城乡融合速效齐升。乡村产业提质增效。积极恢复生猪生产、促进农资稳价保供,全年新建高标准农田面积3000亩,特种水产养殖面积占比88%,获评“国家级电子商务进农村综合示范县”。乡村治理卓有成效。持续推进农村人居环境整治,创成省级生态文明建设示范村5个,新治村、利民村入选全国乡村治理示范村,获评全国村庄清洁行动先进县。出台《扬中市农村宅基地建房管理办法》,“房地一体”农村不动产登记发证率达90%以上。建立长江禁捕“一机四防”机制,“十年禁捕”起步好、管得实。基础设施不断完善。丰乐桥险工段应急治理工程全面竣工,何家大港、江堤加固及兴隆港闸应急改造工程基本完成。农村河道长效管护工作绩效评估连续三年位居全省涉农县(市、区)前列。

3.聚力文明创建,城市品质更富内涵。启动实施文明城市创建“三年行动”,制定完善长效管理考核办法,发布“部门创建质量指数榜”“镇村文明风尚榜”,各层各级创建执行力显著增强。全面推进“红色引擎”工程,集中开展广场“白改黑”、文明交通等六大专项行动,顺利通过国家卫生城市复审暗访。扎实推进新时代文明实践全国试点,组织开展文明火炬万人接力等活动,社会文明程度实现新的提升。深入推进文化惠民,大型原创锡剧《太平洲上》入选省紫金文化艺术节汇演剧目,三江湾文旅集聚区、北部滨江休闲区建设进展顺利,“江岛一日游”入选省乡村旅游精品线路。

4.聚力绿色发展,生态环境持续改善。空间布局不断优化。兴隆港产城融合发展区建设加快破题。国土空间总体规划、“多规合一”实用性村庄规划、生态保护和修复规划加快编制,国土空间规划近期实施方案、土地征收成片开发方案编制完成。全年盘活存量建设用地2220余亩。生态治理压茬攻坚。省考断面水质达到或优于Ⅲ类比例、$PM_{2.5}$平均浓度等指标位居镇江前列,兴隆港务等突出环境问题整改销号,创成省生态文明建设示范市。严格落实能耗“双控”要求,坚决遏制“两高”项目,“一企一策”推进沿江1公里化工企业整治,全年单位GDP能耗下降2.8%,美科新能源创成国家级绿色工厂。加快推进“五水联治”,城区水环境治理主体工程基本结束,“厂站网”一体化运维体系初步建立,农村生活污水治理稳步实施。城市更新有序推进。实施南园小区改造提升工程,完成33个老旧小区弱电管线整治、65个二次供水泵房改造。创成全国城乡交通运输一体化示范县、“四好农村路”全国示范县,城北公交客运站投入运营。对违章建设保持“零容忍”,整改拆除违法建设2.5万余平方米。

5.聚力共同富裕,民生福祉不断增进。城乡居民人均可支配收入分别增长8.5%和9.2%。全面保障重点群体就业,新增城镇就业7000余人,城镇登记失业率控制在2.01%以内。积极推进镇江“幸福家园”村社互助工程试点,首批发布慈善项目10个、募集资金110余万元。稳步推进“县管校聘”改革、“双减”试点工作,全面推进高品质学校集群发展,建成云腾幼儿园、第二幼儿园、青苗幼儿园,获评江苏省幼小衔接试验区。优化医疗卫生服务供给,市精神病防治院、中医院综合大楼、八桥区域医疗卫生中心建设有序实施,城西社区卫生服务中心交付使用,基层诊疗量占比综合指数位居镇江前列。医保电子凭证市内扫码结算功能全面开通,医保异地直接结算全国联网。新建标准化居家养老服务中心3家,创成省级居家和社区养老服务创新示范区。获评全省残疾人工作先进市。

6.聚力风险防范,社会大局和谐稳定。疫情防控扎实有力。落实常态化疫情防控措施,高效开展“敲门行动”“核酸检测应急演练”，继续保持“零疑似、零确诊”。圆满完成南京、扬州疫情支援。积极推动新冠病毒疫苗接种，12岁以上人群首针接种率达92.89%。安全生产稳妥有序。高标准对接安全生产“三年大灶”，积极创建省级安全发展示范城市，生产安全事故、死亡人数实现“双降”。金融风险有效防范。年度化债和“削峰”任务基本完成，国企改革三年行动正式实施，企业互保联保风险得到有效控制，金融生态环境综合考评位居镇江前列。社会治理平稳有序。深入推进“红色网格”建设。以“平安法治先进村(社区)”创建为抓手，获评江苏省信访积案化解突出单位。扎实推进司法改革，常态化开展“扫黑除恶”专项斗争，重拳整治电信网络诈骗，全市公众安全感达99.5%。

7.聚力全面从严治党，党的建设走深走实。精心组织庆祝中国共产党成立100周年系列活动，全市上下爱党爱国爱社会主义氛围更加浓厚。深入开展党史学习教育，全面实施基层党建“书记项目”，扎实推进“我为群众办实事”“两在两同”建新功行动，以“江洲星火”党史教育馆为核心的初心锤炼阵地链条基本形成。正确用人导向更加鲜明，选派44名干部赴一线学习锻炼，评选表彰12名“实干担当先锋”，干部队伍干事创业活力充分激发。市镇两级党委换届顺利完成，“党小组+”模式不断深化，专业化组织员队伍建设经验获中组部推介。全面落实意识形态工作责任制，主流意识形态领域健康向上。坚持刀刃向内，扎实开展政法队伍教育整顿。全面压实管党治党责任，常态化推进正风肃纪反腐，风清气正的政治生态不断巩固。

奋力干出“强富美高”新扬中更加美好未来

明年是党的二十大召开的重要年份，也是全面贯彻落实省、市党代会精神的起势之年。当前，全球疫情引起的中长期变化仍在加剧，百年未有之大变局加速演进，外部环境更趋复杂严峻，特别是我国经济正承受需求收缩、供给冲击、预期转弱三重压力，各类风险挑战明显增多。对扬中而言，机遇与挑战并存，但总体仍处在战略机遇期。全市上下都要深刻把握中央对宏观形势的重大判断，清醒认识前进中的机遇和挑战，更加坚定地扛起我们这一代人的担当，稳字当头、稳中求进，知重负重、苦干实干，干出“强富美高”新扬中更加美好未来。

1.机遇稍纵即逝，我们要倍加珍惜主动干。机遇从来只青睐有准备的人。我们要坚决摒弃“等靠要”的思想，激发“争抢闯”的自觉，下好先手棋，打好主动仗。中央宏观调控总体走向积极宽松，特别是“适度超前进行基础设施建设”“引导金融机构加大对实体经济的支持”等政策，针对性强、含金量高，我们要保持敏锐嗅觉，提早谋划、精准对接，将更多政策机遇转化为实打实的发展红利。同时，长江经济带、长三角一体化等重大战略深入实施，扬中的区位交通、岸线资源等比较优势加速显现，我们要更加积极主动地承接先进地区产业转移，加快港口岸线开发，推进与周边地区跨江联动、协同发展，为扬中高质量发展注入更强动能。

2.挑战如剑高悬，我们要迎难而上拼命干。当前，各种矛盾风险叠加，固步自封只会作茧自缚，主动出击才能破茧成蝶。我们要树立“填窟窿也是政绩”的政治自觉，确立长期过紧日子的思想，理清理顺过去发展中累积的一些旧账坏账，态度坚决、旗帜鲜明地打好攻坚战、啃掉硬骨头，绝不给后人增加新的负担。我们要增强“壮士断腕”的勇气，坚决做好沿江化工企业整治、能耗“双控”工作，坚决执行长江禁捕、生态环境治理决策部署，决不因一时之利、一己之利给扬中发展造成长久之害。我们要始终保持“夙夜在公”的警醒，积极稳妥排查处置各类风险隐患，不断提升本质安全水平，让“太平洲”的美誉更加可观可感、实至名归。

3.使命如山如磐，我们要提振信心坚定干。推进现代化建设试点，是镇江市委、市政府赋予我们的重任，需要我们传承好在高水平全面小康建设中探索出的成功经验、特色做法，进行更多开创性、示范性探索，闯出领跑全省、独具特色的现代化建设“扬中路径”。“三量齐升”是镇江市委交给我们的时代考题，需要我们树牢正确政绩观，掌握科学方法论，决不能把长期目标短期化、系统目标碎片化，久久为功提升城市综合竞争力。“智慧制造城、绿色生态岛、平安幸福洲”是市第十三次党代会确立的全新定位，也需要我们大格局谋划、稳节奏推进，一步步把美好蓝图变为生动现实。

综合上述分析，明年全市工作的指导思想是：高举习近平新时代中国特色社会主义思想伟大旗帜，紧扣“强富美高”总目标和高质量发展总要求，坚持稳字当头、稳中求进，知重负重、苦干实干，主动担起“争当表率、争做示范、走在前列”重大使命，锚定“三大定位”，聚焦“三量齐升”，抓牢“四件大事”，奋力谱写“强富美高”新扬中现代化建设新篇章，以优异成绩迎接党的二十大胜利召开。

对照上述要求，明年主要的目标要求是：

——“稳”的态势要更加巩固。持之以恒扩增量、优存量、提质量，地区生产总值增长8%左右，工业应税销售突破1200亿元，一般公共预算收入突破40亿元，固定资产投资增长9%以上，坚决完成政府性债务压降任务，不断夯实“稳”的基础、提振“进”的信心。

——“新”的动能要更快释放。坚定不移推进质量变革、效率变革、动力变革，全社会研发经费支出占GDP比重3.1%以上，高新技术产业产值占比73%以上，通过高企认定80家以上，万人发明专利拥有量力争达65件，规模以上工业企业研发机构建有率60%以上。

——“美”的样态要更富质感。坚决落实“双碳”要求，加强能耗“双控”，单位GDP能耗、主要污染物排放强度保持在全省平均水平以下；城市精细化治理水平不断提高，农村人居环境持续改善，精致城市、美丽乡村各美其美、美美与共。

——“富”的水平要更大提升。扎实推进共同富裕，城乡居民人均可支配收入分别增长7.8%和8.6%，城镇登记失业率控制在3.5%以内，城乡公共服务更加优质均衡，社会保障力度持续加大，不断满足人民群众对美好生活的向往。

全力开创扬中现代化建设新局面

新的一年，要紧扣现代化新扬中建设的关键环节，用心用力、苦干实干，不断开创新局面、争得新荣光。

（一）开创产业强市新局面，全面增强综合实力。

1. 完善现代产业体系。强化项目招引建设。围绕镇江“四群八链”产业发展布局，编制完成我市主导产业链发展规划。深化产业链招商，全年招引亿元以上产业项目56个以上，30亿元以上项目招引取得新的突破。落实重大产业项目工作专班制，定期开展已签约项目“回头看”，加快推进重点项目落地见效，全年完成固定资产投资118亿元，其中先进制造业投资82亿元。提升协同开放水平。积极推进区域协同发展战略，主动承接苏南、上海等地的产业溢出、梯度转移。深化与泰州、常州新北区等地跨江合作，协同谋划建设跨江联动产业带。常态化、制度化推进与镇江新区、丹阳的战略合作，在交通互联、园区共建等领域开展务实合作，合力打造镇江东部“金三角”。支持本土企业深化国际贸易合作，鼓励外资参与扬中企业改组改造、资产重组，全年实际利用外资9000万美元以上。加快园区整合提升。按照“两区多园”思路，不断优化管理体制机制，持续完善配套基础设施，推动园区优化整合提升取得实质性进展。加快重点产业园区建设，择优聚集同类型、上下游以及其他关联企业，打造一批特色鲜明、贡献突出的区中园、园中园。加快盘活存量土地资源，逐步消化“批而未供”土地，优化完善土地储备、市场退出、新增建设用地与消化存量挂钩机制，全年盘活存量土地2300亩以上。

2. 加速新旧动能转换。壮大市场主体。强化规上企业培扶，支持行业头部企业、“链主”企业团结整合关联企业，组建产业联盟或创新联合体，提升同行业企业的黏合度和竞争力。全力支持“专精特新”“独角兽”企业发展，全年通过全国科技型中小企业评价400家以上。全力支持大全凯帆开关、三星能源科技、美科太阳能等优质企业首发上市，梯队式培养上市后备企业。深化科技人才创新。实行重大项目技术创新“揭榜挂帅”，在智能电气、光伏新能源等重点领域，集中力量攻克“卡脖子”关键技术。放大“扬智翼”等人才飞地的集聚带动效应，实施人口导入“123行动”，打造“1+N”人才服务实体化阵地，逐步构建完善综合人才服务体系。加快成果转化。深入推进省级创新型示范市建设，强化华北电力大学、南京工程学院等技术转移分中心建设，提升与扬中产业转型升级的契合度和贡献度。

3. 优化营商环境。深化放管服改革。坚持市场化、法治化、国际化方向，深化“放管服”“证照分离”等改革，加快“互联网+政务服务”体系建设，实现“一窗受理、全域通办”“一件事一次办”。不断完善“铁堡垒”等帮办服务机制，坚决落实各项纾困惠企政策，让“中意百分百”营商环境服务品牌更加深入人心。强化金融支持。完善政策性融资担保体系，综合运用“园区保”“小微贷”等金融工具，持续拓宽企业融资渠道。引导争取各类金融机构扩大贷款规模、降低贷款成本，全年新增实体经济信贷投放60亿元以上。积极支持各类产业基金、引导基金实体化运作。优化社会环境。深化信息数据库建设，完善信用数据共享机制，推进信用社会建设。持续深化暖企行动，健全完善企业反馈问题交办机制，有求必应、有问必答、有疑必解，“亲清”新型政商关系更加融洽和谐。大力弘扬新时代企业家精神，开展企业合规改革试点，坚决打击侵犯民营企业以及企业家合法权益的违法犯罪行为，真正让广大企业家和投资者放心安心舒心。

（二）开创战略载体建设新局面，不断增创比较优势。

1. 强化顶层设计。兴隆港产城融合发展区是镇江市第八次党代会确定的重要战略载体之一，也是扬中争先高质量发展最现实的机遇、最重要的抓手，要举全市之力精心打造。按照“中心型片区”定位要求，高起点编制发展区总体规划，持续完善战略性、长期性布局，明确建设周期、规划范围、发展定位。坚持“多规合一”，推动港区规划与国土空间总体规划、产业发展规划有效衔接。积极探索市场化运作机制，结合“有形之手”和“无形之手”，鼓励各类社会资本参与建设，全力打造创新投资热土、产业发展高地。

2. 坚持以产兴城。坚持把产业发展摆在最重要位置,全面优化临港产业布局。瞄准产业链细分领域和关键环节,找准主攻方向,加快先进制造、物流等临港产业集聚。建立健全符合港区政策的产业项目准入机制和负面清单,全面论证安全、环保、地方贡献度,推动减污降碳协同增效,加快临港产业向绿色高端低碳方向转型。

3. 做强港口引擎。坚持错位发展,明确功能定位,避免低端化、同质化发展。完善港口功能,顺应港口发展趋势,加快推进港口码头、锚地、航道基础设施开发建设,提升港口通航条件。坚持集约高效原则,加大港口腹地土地置换调整力度,提高岸线利用水平和利用效率。深化与国(央)企合作力度,组建专业经营公司,提高港口开发建设运营水平。

4. 致力港城共荣。完善基础配套设施,加强与周边国省干线公路的衔接,构建"内外衔接、高效畅通"的集疏运体系。加快完善港务、金融、保险、物流等综合服务功能,提高用水用电用气等要素保障能力。完善临港城镇业态,持续优化临港城镇服务功能,加速推进港湾新城建设,推动旅游休闲、健康养老等综合功能向滨江新城区域延伸,不断完善高品质的港城生活新形态。严格落实"三线一单"管控要求,深化"三生融合",持续打造生态绿色新港城。

(三)开创乡村振兴新局面,持续提升"三农"水平。

1. 发展高效特色农业。落实最严格的耕地保护制度,有序推进农田水利设施和高标准农田建设,守好群众"米袋子""菜篮子",全年粮食产量超 7.99 万吨,蔬菜播种面积达 1.8 万亩。积极推进现代农业产业示范园建设,全力争创农业农村部养殖河豚鱼源基地,打造全国特色水产养殖示范高地。强化农业品牌意识,积极开展农业"三品一标"申报认证,加快推动河豚、刀鱼、秧草等优质品牌从区域领先迈向全国知名。

2. 建设绿色美丽农村。持续优化乡村环境。完善"八位一体"运维机制,深化农村人居环境整治提升五年行动,深入开展农村人居环境整治星级评定,推动村庄环境干净整洁向美丽宜居提升。落实长江禁捕,加强沿江生态岸线修复与保护。积极发展乡村旅游。以三江湾、北部滨江、南部乡村旅游集聚区为重点,保护好农业生产、农家生活、民俗文化等乡村风貌,积极申创省全域旅游示范区。结合"四好农村路"建设,加快乡村旅游道路交通、停车场、旅游厕所等基础设施建设,打造更多国家级乡村旅游名村。加强乡村基层治理。拓展"党小组+" 内涵,提高群众参与治理的自主性和参与度,坚持和发展新时代"枫桥经验",推行网格化管理和服务,优化村规、组规民约,持续涵养文明乡风、良好家风、淳朴民风,加快形成"四治合一"的乡村治理新格局。

3. 满足农民美好向往。做强村级集体经济。深入开展富民强村帮促行动,构建低收入人口增收和经济薄弱村发展长效机制,多措并举发展壮大村级集体经济,提升经济薄弱村的发展活力。深化农村体制创新。统筹整合涉农财政资金,鼓励金融机构服务创新,有效促进农业增效、农民增收。巩固农村集体产权制度改革成果,健全村企民利益联结机制,更大力度支持农民发展特色种养业、家庭手工业。严格农村集体"三资"管理,全面推广"银农直联网络平台",促进农村集体资产保值增值。培育新型农民人才。实施以新生代农民工为重点的职业技能提升计划,推广"互联网+职业培训",培育一批返乡下乡人员创业创新典型,让更多"田秀才""农创客"在希望的田野上加速涌现。

(四)开创文明城市建设新局面,加快提升城市品质。

1. 建设精致城市。强化规划引领。完善国土空间总体规划,强化城市重要节点的城市设计,高质量编制实用性村庄规划、城市综合交通规划以及各类详细规划、专项规划,优化市域空间布局。加快建设大数据资源管理中心及城市运行管理平台,整合全市数据资源,提升"数字扬中""智慧扬中"运行质效。稳步推进城市更新。建成南江路延伸段,开工建设祁家路,翻新市政道路 7.6 万平方米。完善"一主六次"公交体系和"一港四园"物流布局,高质量运营城北公交次枢纽。推进危房解危、管线治理、老旧小区改造,完成扬子新村二期等重点区域征收拆迁扫尾,稳步推进滨江新城等棚改征收拆迁,实施重点区域雨污分流、城乡骨干河道疏浚、管线下地配套设施建设。深入推行林长制,完成造林、更新造林 5000 亩,修复湿地 100 亩。优化城市经济业态。优化完善吾悦广场、雨润中央商场等城市综合体商业业态,打造更多消费新场景新体验。强化房地产市场监管,全面实行商品房预告登记制度,严厉打击扰乱市场秩序、虚假宣传、房屋质量不过关等行为,保障房地产市场健康发展。

2. 强化生态治理。严格落实能耗"双控",坚决遏制"两高"项目盲目发展,加速淘汰低端落后产能,全面打造绿色循环发展示范区。加快推进绿色能源岛建设,积极推进"光伏+"综合运用,扩大绿色低碳产品供给。强化 VOCs 治理,扎实做好土壤和地下水污染系统防控工作,有力控制臭氧污染。深化"五水联治"工程,全面消除黑臭水体。提速农村生活污水治理工程,高效运营集镇污水处理厂,持续优化城乡污水处理"厂站网"一体化运维管理。

3. 加强城市管理。深化文明城市创建,健全机关部门、党员干部结对服务、"路长制"、"包干制"等机制,实现全域全员创建。扎实推进集贸市场、居民小区、背街小巷、线缆、道板、油烟等六大整治改造工程,实施门前三包、停车秩序、广告治理、物业管理、文明实践等五大提升行动,推动人文素养提升、城市管理提质。弘扬社会主义核心价值观,传承新时期"四千四万"精神,丰富渡江文化、红色文化、广善文化内涵,提升城市文化软实力。

(五)开创共同富裕新局面,有效增进民生福祉。

1.聚焦富民增收。促进就业创业。全面落实稳岗返还、就业创业等各类补贴政策,大力支持灵活就业,积极开发公益性岗位,吸引在外务工人员、高校毕业生、退役士兵等群体返乡就业创业,不断满足企业用人需求。巩固脱贫成果。严格落实"四个不摘"要求,优化"六个一"挂钩帮扶模式,健全防止致贫返贫监测帮扶机制,积极发挥深度救助、阳光扶贫等政策补位作用。优化分配结构。正确处理效率和公平的关系,完善初次分配、再分配、三次分配协调配套的基础性制度,加大税收、社保、转移支付等调节力度,探索增加中低收入群体收入的有效渠道,加快形成橄榄型收入分配结构。

2.提标公共服务。发展现代化教育。严格落实"双减"要求,积极推进集团化办学和高品质学校集群发展,加快"四有"好教师团队建设,实施"名师名校长"培养工程,创成全国学前教育普及普惠县,推动教育现代化水平持续走在全省、全国前列。建设健康扬中。加快推进市人民医院院区改造,高效有序推进市中医院综合大楼、市精神病防治院、八桥区域卫生服务中心建设。加快推进县域内医共体建设,深入推进"三医联动"改革,强化医防协同发展,落实分级诊疗制度,健全完善公共卫生服务体系。优化文体服务。办好第十九届河豚文化节,打造推介扬中的新"桥梁"。深化文旅融合,开发"文化+民宿""文化+节庆"等文旅项目,打响"一镇一品"品牌。深入开展文化惠民工程,加大本土传统文化保护与创新力度,优化市镇村三级公共文化设施网络,深化乡村文艺播种计划,办好社区(农民)文化艺术节。升级城乡"10分钟体育健身圈",构建高水平全民健身公共服务体系。积极承办高水平高层次体育赛事。

3. 完善社会保障。持续完善临时救助机制、救助供养、最低生活保障等制度,落实低收入人群、困境儿童、残疾人等弱势群体关心关爱政策。有序推进医保市级统筹,编制医保经办和待遇"一图清",提升医保救助保障和服务水平。逐步提高城乡居民基础养老金最低标准,有效保障老年人权益。深入开展"家庭养老床位"试点,扩大政府购买居家养老服务覆盖面,推动老旧小区和老年人家庭适老化改造,创成省级居家和社区养老服务创新示范地区。深化"幸福家园"村社互助工程,确保实现村域全覆盖。

(六)开创安全发展新局面,坚决守牢安全底线。

1. 强化生产安全。深化安全生产整治。深入开展危化品、道路运输等重点领域专项整治,坚决遏制建筑工程、外包、高处作业等行业领域事故多发势头,打好安全生产专项整治三年行动收官战。强化应急体系建设。提高预警防范能力,建立健全就近指挥、分级负责、相互协调的应急机制,提升应对突发性灾害的防御应急指挥调度能力。加强救灾物资储备库建设,不断完善"1+3+N"消防站点布局。突出科技兴安。强化安全科技在隐患动态监测治理、风险监控预警等方面的创新和应用,全面提升治理体系和治理能力现代化水平。

2. 强化金融安全。严格落实债务管控。树牢过"紧日子"思想,严格财政支出管理,全力压降支出。扎实推进"破冰""脱红"计划,积极推动隐性债务置换和存量债务化解。突出预算刚性约束,推动市镇两级预算绩效管理全覆盖。防范化解金融风险。科学安排融资计划,完善应急资金调度机制,坚决打击非法集资、"套路贷"等非法金融活动,全力稳控企业联保圈风险,确保不发生流动性风险。加快平台公司转型。稳妥推进各平台公司整合,充分利用现有资源,增加经营性收入,增强自身"造血"功能。大幅压减非生产性开支,科学合理减人降费,提升内控管理水平。严格落实国资监管,优化国资布局,清理低效无效资产。

3. 强化社会安全。维护社会大局稳定。认真落实风险防控"四项机制",建立社会稳定重大风险清单管理制度。坚持党对全面依法治市的领导,健全依法决策机制,深入推进"法治扬中"建设。推动"扫黑除恶"专项斗争常态化与政法队伍教育整顿机制建设有序衔接,努力建设更高水平"平安扬中"。筑牢水利安全防线。实施太平洲头、雷公岛抛石护岸工程,定期开展地下水形监测,严格执行日常专人巡查和汛期重点巡查机制,推进六圩港闸站、团结港闸站移址新建,加高培厚堤防、更新改造病险建筑物,守好扬中人民的"生命线"。推进精细化社会治理。"治重化积"与源头治理相结合,建立健全矛盾纠纷化解"最多跑一次"机制,建成市社会治理综合服务中心。深化拓展"大数据+网格化+铁脚板"治理机制,高标准抓好"雪亮工程"和智慧版技防城建设,打造社会治安防控体系“升级版”。完善公共卫生服务体系。落实常态化疫情防控措施，强化核酸检测能力和应急处置能力建设，完善分级分层分流的疾病预防控制体系，健全传染病疫情突发公共卫生事件监测系统。

纵深推进新时代党的建设新的伟大工程

谱写现代化建设新篇章，必须坚决贯彻全面从严治党的战略方针，以彻底的自我革命精神加强党的建设，充分释放“党建引擎”澎湃动力，引领全市上下在现代化新赛道上竞相比拼、加速奔跑。

1.坚定不移捍卫“两个确立”。以党的政治建设为统揽，巩固党史学习教育成果，深刻领会、精准落实“两个确立”的实践要求。高扬信念之帆。赓续伟大建党精神，开展“忠诚干净担当”主题活动，组织“忠诚标准大讨论”，从红色党史中增智慧、强信念、扬斗志，在坚定捍卫“两个确立”中与中央、省市决策部署对标对表，使持续砥砺“政治三力”与坚决扛起“三大光荣使命”同频同向。把稳思想之舵。善于从新思想中探寻纾难解困的方法论，在完整、准确、全面贯彻新发展理念中找准负重奋进的“金钥匙”，始终表里如一、知行合一，不断提高政治判断力、政治领悟力、政治执行力。鼓足奋进之风。认真组织“喜迎二十大，托起新荣光”主题宣传，深化“正道”“新风”“净网”等行动，激励全市上下增强“擂台意识”，扫除萎靡之风，昂扬争先斗志，紧盯“四件大事”激情跑、奋力闯、务实干，引领高质量发展奋楫争先、破浪前行。

2.知人善用激发“雁阵效应”。现代化建设迫切呼唤更多领跑闯将、开路先锋。要坚持从干部工作“供给侧”发力，将政治标准、知人善用贯穿“育选管用”全过程，打造激情燃烧、攻坚必胜的“最强雁阵”。多维历练强本领。抓好后继有人这个根本大计，用好“1+X”初心锤炼体系，高效实施新时代干部现代化建设能力提升工程。将招商引资、文明创建、信访稳定等“吃劲”岗位作为练兵场，建好挂职锻炼干部资源库，“一人一档”制度化开展墩苗历练，推动各级党员干部增强能力和本领，个个堪当迎风搏浪的热血尖兵。旗帜鲜明强导向。坚持政治优先、以德为先、实绩当先，变“伯乐相马”为“赛场选马”。谁在项目招引中实绩多，谁在乡村振兴中口碑好，谁在文明创建中贡献大，就提拔谁、重用谁，让更多立说立行的“干将”、攻坚涉险的“猛将”、开拓创新的“闯将”脱颖而出。严管厚爱强激励。持续用好考核“指挥棒”，精准落实“三项机制”，坚决为勇挑重担、踏实做事、一心为公的干部鼓劲撑腰，让知重负重、苦干实干成为扬中干部最鲜明的气质。

3.党群同心锻造“党建引擎”。从百年党史中持续汲取红色经验，激活党建引领“强引擎”，打造党建工作“金名片”。激昂“党员先锋动力”。培优建强基层党组织骨干队伍，引导鼓励党员干部投身重点工作、融入社区网格、走到群众身边，当好先锋表率。激发“基层堡垒功能”。强化大抓基层鲜明导向，打造基层党建联盟，优化人口导入体系，推动党的领导扎根农村、社区、机关、“两新”组织等各领域，实现人口导入、产业升级、党建覆盖齐头并进，让一个个“红色堡垒”遍布江洲大地，让一面面“红色旗帜”在各条战线高高飘扬。激活“党群连心网络”。实施党小组示范提升工程，拓展“铁堡垒”“红小二”等载体功能，真正让各级党员干部与广大群众想在一起、干在一起，让“党员带头、党组织带动、党群联动”成为扬中现代化征程上最壮美的风景。

4.昂扬奋进共建“勤廉生态”。前进的道路上，越是充满挑战，越需要知重负重、苦干实干，否则，难以甩掉沉重发展包袱，难以从逆境中杀出血路，更难以扛起光荣使命、创造更大荣光。各级领导干部要做敢闯敢试、敢打能拼的“领跑者”，带头冲在项目招引火线、文明创建前线、乡村振兴一线，用铁肩膀挑起硬担子，用一个个项目捷报、一项项金字荣誉，锻造发展硬实力。广大党员干部要做迎难而上、克难奋进的“攀登者”，面对困难和挑战，少讲“不行”的理由，多想“能行”的办法，以“滚石上山”的拼劲、“爬坡过坎”的韧劲，解决历史问题，攻克现实难关，让担责尽责闪耀在现代化建设各个战场。每一名党员都要做敢于斗争、敢于胜利的“奋斗者”，主动与困难危机斗争、与歪风邪气斗争、与“佛系”做派斗争，做好“扎硬寨、打硬仗”的准备，时刻筑牢拒腐防变的思想道德防线。纪检监察部门要保持“严”的主基调，用好“扬清风”智慧监督系统，紧盯权力集中、资金密集、资源富集的重点领域和关键环节，织密监督“天网”，完善制度“闭环”，高悬反腐“利剑”，在一体推进“三不”中充盈清风正气、共建“廉洁扬中”。

政府工作报告(摘要)

——2022年1月10日在扬中市第十八届人民代表大会第一次会议上

扬中市人民政府市长 贾晟

2021年及本届政府工作回顾

2021年是中国共产党百年华诞。百年征程波澜壮阔,百年初心历久弥坚。面对极其复杂的发展形势特别是新冠肺炎疫情反弹的冲击,全市上下坚持以习近平新时代中国特色社会主义思想为指导,在中共扬中市委的坚强领导下,在市人大、市政协的监督支持下,紧紧团结和依靠全市人民,同舟共济、共克时艰,圆满完成全年主要目标任务,奋力实现了"十四五"良好开局。一年来,主要工作及成效是:

一、推动量质齐升,经济运行稳中向好。预计地区生产总值增长10%以上,工业应税销售首次突破千亿元大关,完成一般公共预算收入38亿元,规上工业总产值675亿元、增长37%。项目建设见实效。深化招商改革,围绕四大主导产业,组建社会化招商队伍,开展精准招商。成功举办河豚文化节集中签约、城市发展推介会等重大招商活动,共引进亿元以上项目71个。省重点长城汽车核心零部件项目有序推进,DHT变速器、EG发动机等板块相继投产,形成应税销售61亿元。33个镇江市级重点产业项目、83个扬中市级重点产业项目开工建设,美科35GW一期、云企智造等40个项目顺利竣工投产。产业转型迈新步。以"链长制"为抓手,编制新型电力、新能源"五图六清单",四大主导产业实现销售700亿元、增长40%。战略性新兴产业、高新技术产业产值占规上工业产值比重分别达50%、72.4%。全力支持工程电气产业转型发展,组建新型电力(新能源)装备产业联盟,引导企业组团发展,合作共赢。吾悦广场、红星美凯龙家居广场建成运营,社会消费品零售总额稳步增长。企业培育聚动能。企业上市取得历史性突破,大全能源、威腾电气、通灵股份相继在科创板、创业板上市。大力开展规模企业培扶、高企培育等提升行动,新增"四上"企业173家,通过高新技术企业认定99家,士林电气获评国家级"专精特新""小巨人"企业,6家企业获得国家"两化融合"贯标评定,香江科技获评省级服务型制造示范企业,通过省星级"上云"企业认定22家。

二、坚持改革创新,发展活力充分激发。改革开放向更深层次挺进。深入推进国企改革三年行动,全面完成企业公司制改革任务。实施园区整合优化提升行动,"两区多园"框架逐步拉开。完成"数字扬中"整体规划纲要。持续推进基层"三整合"改革,八桥镇域集成指挥中心建设通过省级验收。签约伊顿母线、双扬装备等外资项目7个,实现进出口总额37.5亿元,实到外资9000万美元、增长14.6%。创新能力向更高水平迈进。开展扬中—吉林大学、上海高校招才引智等大型产学研活动,新增省级众创空间2家、工程技术研究中心4家,扬中(杨浦)飞地孵化中心挂牌成立,西安交通大学扬中材料应用研究院成功落户。出台"才聚江洲"人才新政,举办高层次人才创新创业大赛,新引进培育高层次人才(团队)65个、大专以上学历毕业生4000余人、产业工人5000余人。强化知识产权保护和运用,获发明专利授权187件,和成显示获第二十二届中国专利金奖。全力推进标准领先战略,大全集团获批省智能化工程电气技术标准创新基地,亿阀股份主导修订特种阀门领域国际标准。营商环境向更优品质推进。深化"放管服"改革,打造"中意百分百"营商环境服务品牌,人才"一站式服务中心"投入使用,企业开办"0.5个工作日办结"实现常态化,完成全市38个部门1505项政务服务事项标准化建设,与14省22地建立"跨省通办"合作机制。推动金融助企惠企,创新"园区保"融资服务模式,实体经济企业贷款增长12.5%。扎实开展"暖企大走访"活动,解决企业诉求300余条。

三、突出城乡融合,城市面貌提档升级。加快编制国土空间总体规划、实用性村庄规划。功能布局日益优化。科学划定"三区三线",合理确定空间结构,提高空间利用效率。深入对接宁镇扬一体化战略,策应扬中—丹阳—镇江新区"金三角"区域融合发展,实施与常高新集团跨江联动。优化城西片区路网,新民南路、联盟路、南江路延伸工程基本建成。高效运营扬中至镇江市区通勤公交,城北公交次枢纽投入使用,创成全国城乡交通运输一体化示范县、"四好农村路"全国示范县。城市管理愈加精细。压茬推进综合整治"六大攻坚行动",夯实全国文明城市创建根基,顺利通过国家卫生城市复审。推进统购商品房安置,加快征收拆迁扫尾。实施老旧小区微改造,有序推进幸福花苑一期维修加固,完成综合管线整治项目33个,基本完成二次供水设施改造和铁皮港应急水源地达标建设,自来水深度处理工程投入使用,节水型社会示范地区创建通过省级验收。加强既有房屋安全管理,解危D级危房4.26万平方米，建成应急避难场所6个，普及安装燃气泄漏保护装置，启用幸福二桥治超点，妥善应对“7·28”强降雨内涝险情。出台农村宅基地建房管理办法，完成“房地一体”农村不动产登记2.2万户。从严查处各类违法建设，拆除违法面积2.5万平方米。实施增绿补绿行动，建成区绿地率提升至36.8%。乡村振兴全面推进。乡村振兴局正式挂牌。加强农田水利建设，新增高标准农田3000亩。基本建成何家大港、兴隆港闸站，疏浚城乡河道259条，农村河道长效管护工作绩效评估连续三年位居全省涉农县(市、区)前列，承担农业农村部县域内城乡基础设施一体化建设管护机制创新任务。推进现代农业产业示范园建设，刀鱼养殖取得技术性突破。常态化推进长江禁捕退捕工作，巩固安置保障成果，组建专职巡防队伍，启用沿江视频监控系统，禁捕成效明显。深入开展农村人居环境整治，农村生活污水治理覆盖率达35%，完成农村户厕“回头看”整改，获评全国村庄清洁行动先进县，创成全国乡村治理示范村2个、省级特色田园乡村1个。

四、巩固攻坚成果，生态环境持续改善。深入打好污染防治攻坚战，制定全市突出环境问题项目化整改清单，省考断面水质达标率、$PM_{2.5}$平均浓度等指标持续向好，获评省生态文明建设示范县(市、区)。持续加强走航溯源监测，开展挥发性有机物、扬尘治理、电镀行业专项整治，完成一批重点大气污染防治项目。城区水环境综合治理工程基本竣工，推进排水许可证发放，加快城镇污水提质增效达标区建设，建成区黑臭水体全面消除。有序推进沿江一千米化工企业整治，完成兴隆港务生态环境问题整改。严格落实能耗“双控”政策，单位GDP能耗下降2.8%。12个园区完成规划环评编制，探索建立企业“环保脸谱”评价体系，首批602家企业参评。

五、聚焦急难愁盼，民生福祉不断增进。民生实事除祁家路未建设外，其他均有序实施，民生支出占一般公共预算支出比重达80%。就业保障逐步完善。鼓励各类市场主体创造就业岗位，新增城镇就业7000余人，城镇登记失业率控制在2.01%以内。充分发挥富民创业贷稳市场、稳就业作用，发放创业贷款4057万元，扶持创业2109人，创业带动就业8751人。公共事业蓬勃发展。稳妥推进义务教育“双减”试点工作，高考成绩取得历史新高。第二幼儿园、云腾幼儿园、市二中教学综合楼建成使用。深度谋划人民医院提档扩能，逐步缓解停车难题。城西社区卫生服务中心交付使用，市精神病防治院、中医院综合楼、八桥区域医疗卫生中心项目开工建设。建成“互联网+医养结合”病床262张，公益性肺癌筛查8926人。医保异地直接结算实现全国联网，城乡居民基本养老保险保障水平位列镇江首位。新增标准化居家养老服务中心3家，获评全省残疾人工作先进市。完善市镇村三级退役军人服务保障体系。完成低收入群体认定工作。文体旅游扎实推进。文化馆、图书馆城东分馆搬迁入驻。新增体育公园6个、健身步道10公里。开展文化惠民活动300余场，大型原创锡剧《太平洲上》获省紫金文化艺术节剧目奖。“江岛一日游”入选省乡村旅游精品线路。

六、筑牢安全基石，社会大局和谐稳定。落实常态化疫情防控措施，有效防范多轮疫情输入风险，积极支援南京、扬州抗击疫情，圆满完成扬州集中隔离人员转运入住、集中管理任务。推进安全生产“三年大灶”，生产安全事故起数和亡人数实现“双下降”，积极创建首批省级安全发展示范城市。持之以恒推进政府隐性债务化解，严控高成本融资，基本完成年度化债和“削峰”任务。严格财政支出和预算追加管理，盘活结余结转等存量资金2.55亿元。常态化开展“扫黑除恶”专项斗争，重拳出击电信网络诈骗。完成行政复议体制改革，出台“八五”普法规划，被表彰为全省争创全国法治政府建设示范市。国家督办信访案件基本化解。第七次全国人口普查圆满收官。

慈善、科协、工会、人防、档案、海事、航道、气象、边检、侨台等工作取得新进展；融媒体、地方志、红十字、共青团、工商联、妇女儿童、人民武装、消防救援、民族宗教、文学艺术等工作取得新进步；行政学校、工业集团、商业集团、发展促进、群众工作、对口支援、关心下一代等工作取得新成效。

回首五年，我们聚焦“强富美高”总目标，战胜了诸多风险挑战，经受住了严峻考验，较好完成了各项既定任务，高水平全面建成小康社会，为开启现代化建设新征程打下了坚实基础。

这是稳增长、强根基的五年，我们破浪前行，经济实力争先进位。连续三年获评省推进高质量发展先进市。人均地区生产总值由12.9万元增长到17万元，市场主体由2.7万户增加到5.5万户。引进长城汽车核心零部件、新韩通智能装备制造等17个总投资10亿元以上项目。位列中国县级市基本现代化指数第24。

这是调结构、快转型的五年，我们笃定前行，发展动能持续提升。全面完成“不见面审批”“3550”改革任务，“互联网+政务服务”体系日趋完善。科技创新水平保持全省领先，高新技术企业总数较2016年翻番，全社会研发投入占GDP比重达3%，万人发明专利拥有量50.44件，创成国家知识产权强县工程试点县。大全集团获国家科技进步特等奖、中国工业大奖，蓝鲸新材料团队成果入选“中国科学十大进展”。深入推进国家高比例新能源示范城市建设，分布式光伏发电设备装机容量达242兆瓦，单位GDP能耗较2016年下降19%。获评省国土资源节约集约利用模范市。

这是优环境、焕新颜的五年，我们聚力前行，美丽扬中日新月异。一城三镇格局不断优化，常住人口城镇化率达75%。人防应急疏散基地、雷公岛直达通道一期、S238八桥—西来桥段改造等一批城乡重点工程投入使用。实施“五水联治”，完成建成区雨污分流改造。新建保障性住房27.5万平方米，老旧小区和棚户区改造受益群众达4260户。农村人居环境大幅提升，创成省级特色田园乡村5个、传统村落3个、美丽宜居乡村60个，村级公共服务“八位一体”运行维护机制入选首批全国农村公共服务典型案例。全面完成“两违三乱”整治任务。空气质量逐年提升，省考断面水质全面稳定达标，人民群众享受更多生态红利。

这是补短板、促安全的五年，我们砥砺前行，社会事业全面进步。提前一年完成脱贫攻坚任务。居民养老保险基础养老金实现“十五连增”。社会文明程度不断提高，跻身全国文明城市提名城市行列。“整岛一体化”医共体试点、智慧养老服务体系建设成效初显。残疾人“三大中心”投入运行。新(改)建学校32所，连续四年蝉联省教育现代化建设监测首位。建成市博物馆、陈履生博物馆群。不断深化平安扬中建设，网格化社会治理水平全面提升，扫黑除恶专项斗争取得实效，顺利办结一批大案要案，群众安全感达98%以上。荣获省级双拥模范城“八连冠”，“七五”普法获得全国表彰。成功处置“11·8”长江崩岸险情，生产安全事故起数和死亡人数较2016年分别下降83%、85%，圆满完成新中国成立70周年、建党100周年安保维稳任务。特别是全市上下众志成城，坚决打好新冠肺炎疫情防控的人民战争、总体战、阻击战，全力守护好人民生命健康安全。

这是转作风、提效能的五年，我们同心前行，初心使命坚定不移。深入开展“两学一做”学习教育、“不忘初心、牢记使命”主题教育、党史学习教育等，推动学习成果转化成为民服务的生动实践。全面推进“两在两同”建新功行动，以新思想定向领航、与新思想对标对表，增强“四个意识”，坚定“四个自信”，坚决做到“两个维护”。自觉接受市人大法律监督、工作监督和市政协民主监督，充分听取民主党派、人民团体和各界人士意见，办结人大代表建议、政协委员提案2019件。认真贯彻中央八项规定及其实施细则精神，市本级三公经费支出年均下降10.95%，政府隐性债务化解取得实质进展。

今后五年的主要目标和任务

未来五年，是我们乘势而上开启全面建设社会主义现代化新征程、向第二个百年奋斗目标进军的首个五年，也是扬中转型提升、走在前列的关键五年。市第十三次党代会擘画了扬中未来发展的美好蓝图。市政府将坚定必胜信心，走稳自己的路、办好自己的事、恪守自己的心，把美好蓝图细化为施工图、进度表、责任单，以钉钉子精神抓好落实。

新一届政府工作的总体思路是：高举习近平新时代中国特色社会主义思想伟大旗帜，全面贯彻党的十九大、十九届历次全会、中央经济工作会议精神，认真落实省第十四次党代会、省委经济工作会议以及镇江市第八次党代会精神，全面落实市第十三次党代会部署，坚持稳字当头、稳中求进，坚持以人民为中心发展思想，把握新发展阶段，贯彻新发展理念，融入新发展格局，统筹发展和安全，争先高质量发展，领跑现代化征程，全力打造智慧制造城、绿色生态岛、平安幸福洲，扛起“争当表率、争做示范、走在前列”扬中使命，奋力谱写“强富美高”新扬中现代化建设新篇章。

今后五年，我市经济社会发展的主要目标为：

——综合实力显著提升。经济增长保持合理区间，GDP突破800亿元。做大做强四大主导产业，培育发展数字经济、智慧制造等战略性新兴产业，力争高新技术产业产值占规上工业产值比重保持在70%以上。资本市场“扬中板块”规模初具，形成高质量发展新增长极。

——幸福指数显著提升。居民收入增长和经济发展水平保持同步，居民人均可支配收入达7.78万元。加快构建优质均衡的公共服务体系，建立健全多层次广覆盖的社会保障体系，朝着幼有善育、学有优教、劳有厚得、病有良医、老有颐养、住有宜居、弱有众扶的目标迈进，让人民的城市赋予人民更多获得感、幸福感。

——城乡品质显著提升。扎实推进城乡融合发展，重点谋划建设兴隆港产城融合发展区。巩固国家卫生城市建设成果，创成全国文明城市，积极实施城市更新，持续改善人居环境、补齐功能短板、提升颜值品质，建设精明增长的紧凑城市、精致城市、美丽城市。

——生态质量显著提升。持续优化国土空间开发保护，深入打好污染防治攻坚战，推进绿色低碳生产、生活方式，主要污染物排放量大幅下降。持续抓好长江大保护，有效保障居民饮用水安全，消除城乡黑臭水体，让天蓝地绿水清深入人心。

——治理水平显著提升。加快城市治理能力现代化，统筹推进数字扬中建设，拓展应用场景，构建“大数据+网格化+铁脚板”治理体系。重大公共事件应急和防灾减灾救灾能力不断增强，防范化解各类风险和安全发展体制机制更加健全，群众安全感达98%以上，法治建设满意度达95%以上。

把蓝图变成现实，既是全市人民的期盼，也是新一届政府的庄严使命。我们将狠抓市委决策落地，牢牢做好三个方面：

把牢一条主线

市第十三次党代会确定了今后五年主题：争先高质量发展，领跑现代化征程。这是奋斗目标的延续拓展，更是未来发展的必然选择。站在新的历史起点，既要实现主要经济指标“量的合理增长”，也要推动经济发展“质的稳步提升”；既要打造群众高度点赞的全国文明城市，也要走好成果普惠共享的城乡融合之路；既要提升安全稳定的发展韧劲，也要擦亮绿色低碳的生态底色，推动扬中朝着争先、领跑的既定目标阔步前进。

谋实两个关键

推动共同富裕。多年来，扬中人民用勤劳和智慧创造财富和幸福生活，在共同富裕的道路上，必须坚决践行使命担当。既要做大“蛋糕”，依托金融普惠、村企联建，扩大就业容量，鼓励勤劳创新致富，培养一批辛勤劳动、合法经营、敢于创业的致富带头人。也要分好“蛋糕”，扩大中等收入群体比重，增加低收入群体收入，合理调节高收入，取缔非法收入。健全城乡融合发展体制机制，聚焦托育养老、教育文体、医疗卫生、劳动就业、社会保障等各个领域，以标准化推动基本公共服务均等化，让共同富裕看得见、摸得着、体会得到。

加快区域发展。镇江市第八次党代会，吹响打好建强战略载体关键战的号角，具体到扬中重点谋划推进兴隆港产城融合发展区，在东翼协同发展上贡献更多份额。要坚持顶层设计，深度对接镇江港总体规划，对园区布局、港口产业、码头功能等精准定位，编制发展区总体规划，形成“资源整合、港口联动、产业协同”的整体框架。加速港口转型升级，顺应船舶大型化、航道深水化、码头专业化、集疏运网络化发展趋势，加快推进港口码头、锚地、航道基础设施开发建设，推动港口一体化发展。统筹港湾新城规划、建设和管理，加快完善各类基础设施，推动优质教育医疗资源向滨江新城区域延伸，实现港产城高质量协调发展。

落实三项任务

构建质效双优的产业体系，全力打造智慧制造城。当下，扬中要从产业竞争中“突围”，必须坚定不移落实产业强市战略，加快构建现代产业体系。要实施“产业强链”三年行动计划，统筹推进主导产业升级、新兴产业培育和未来产业布局，加快推动数字经济和实体经济融合发展，打好产业基础高级化和产业链现代化攻坚战。以“链长制”为抓手，发挥好扬中乡镇企业积淀的经验和优势，从产业联盟破题，抱团发展、错位互补，推动本土企业发展壮大。提升自主创新能力，支持企业组建创新联合体，逐步解决一批核心技术、关键元器件“卡脖子”问题。扭住“双招双引”牛鼻子，深入梳理主导产业的堵点断点，大力引进产业链缺失项目、升级项目，培养高素质“金蓝领”人才，全面提升产业链供应链稳定性。

加快“双碳”战略目标落地，全力打造绿色生态岛。扬中坚持生态立市，绿能充沛、碳足迹小，具备率先实现“双碳”目标的先决条件。要坚持把“双碳”纳入生态文明建设整体布局，科学制定路线图、时间表、任务书。按下节能减排快进键，调整优化产业结构、能源结构，建立健全遏制“两高”项目盲目发展、加强能耗“双控”的长效机制，探索“碳均”和“能均”评价体系，推进“光伏+”综合利用，全面打造绿色循环发展示范区。积极创建低碳城市，大力推广低碳建筑、低碳交通，扩大绿色低碳产品供给和消费，营造绿色低碳生活新时尚。

统筹发展和安全两件大事，全力打造平安幸福洲。扬中自古就是太平洲，扬中人走南闯北，安全是家人最大的期盼。当下，扬中要领跑现代化新征程，最需要的就是安全稳定的发展环境。疫情防控容不得有半点放松，要坚持平战结合、人物同防，落细落实常态化疫情防控措施，切实筑牢疫情防控安全屏障。债务化解是困扰扬中发展首要难题，要严格执行好政府债务管控方案，着力降成本、调结构、促转型，争取用最短时间让扬中卸下“沙袋”，全力奔跑。理想的城市首先是安全韧性的，要坚决打赢“三年大灶”专项整治硬仗，健全应急物资储备保障制度，完善城市生命线系统，推进海绵城市建设，深化新一代雪亮技防工程和智慧警务等应用，争创平安中国建设示范市(县)。

2022 年主要工作安排

2022 年是新一届政府开局之年，做好政府工作意义重大。

今年经济社会发展主要目标是：地区生产总值增长 6.5%；一般公共预算收入增长 4.5%；固定资产投资增长 7%；工业应税销售增长 10%；社会消费品零售总额增长 6%；居民人均可支配收入增幅与经济增长保持同步；完成省定能耗管控和生态环保目标任务；安全生产形势持续稳定向好。

围绕以上目标，重点抓好七个方面工作：

一、在深耕产业强市上跑出更快速度

让主导产业更具特色。聚焦四大主导产业布局，科学编制产业发展规划，充分发挥产业联盟作用，全力构建龙头引领、链条延伸、集群共进的企业“矩阵”。工程电气产业要加强核心元器件、特高压、超高压等技术攻关，力争产值突破 500 亿元。新能源产业要抢抓“双碳”窗口，加快美科 35 吉瓦二期、太阳集团大尺寸组件等产能释放,推动产品迭代升级,扩大市场份额。临港产业要主攻海洋风电、特种船舶、新型建材等细分领域,打造特色鲜明的制造基地。汽车零部件产业要放大"磁场效应",推进汽车零部件产业园、标龙蓝色智谷产业园等载体建设,招引产业链上下游企业20家。

让新兴产业更富活力。大力实施"上云用数赋智"行动,促进中小企业数字化、网络化和智能化转型,发挥数字技术的放大、叠加、倍增作用,确保战略性新兴产业产值占规上工业产值比重持续提升。加快新型基础设施建设,完成数字扬中一期项目,实现全域5G网络覆盖,推广骨干企业工业互联网标识解析二级节点、智能管控平台应用,申报省星级"上云"企业10家。

让项目建设更加高效。扎实推进产业链招商、驻点招商、精准招商,提升招引项目"适配性""落地率",确保引进重点产业项目60个。加快项目建设步伐,推动奥克斯元器件产业园、高速钢工具制造等项目全面开工,火蓝巡检机器人、量子数据中心等项目全面竣工,完成先进制造业投资82亿元。强化重大项目建设要素保障和全周期服务,鼓励民间资本参与补短板项目,提升产业链韧性。

让市场主体更趋繁荣。推动消费升级创新,差异化打造江洲路商圈,多元化建设城西商圈,最大程度留住消费红利。鼓励中小企业深耕主业、专注实业,开展小微企业质量提升行动,认定省级以上"专精特新""小巨人"企业2家,新增规上企业80家。深入实施资本市场"扬帆领航计划",推进大全凯帆开关、三星能源科技、美科太阳能等优质企业首发上市。健全完善企业家座谈会等定期沟通机制,组织开展企业家素养能力提升培训,加大对"创二代"、高级蓝领、技术骨干的培养力度。

二、在实施创新驱动上取得更大突破

培育创新因子。以省创新型示范市创建为契机,有序实施创新型领军企业培育,深入推进"小升高"计划、"雏鹰计划",培育国家科技型中小企业400家,通过高新技术企业认定80家,确保全社会研发投入占GDP比重持续提升。实行重大项目技术创新"揭榜挂帅",谋划省技术产权交易市场扬中分中心建设,鼓励企业增加研发投入,提升研发能力,创建省级以上企业研发机构8家,让更多科研成果在扬中开花结果。

做优平台载体。持续推进园区优化整合提升,完善开发园区管理和运行机制。壮大创新创业载体规模,建好用好扬中(杨浦)飞地孵化中心,探索建设电气工程师协同创新中心。加快江苏大学、江苏科技大学、淮阴工学院、南京工程学院技术转移分中心建设,开展政产学研合作10场次,引进先进科技成果60项以上。加强专业化创新创业孵化载体建设,支持三茅街道帷幄创客空间申报国家级众创空间。

构建人才高地。坚持从战略高度谋划人才工作,盯住海内外、"高精尖"和本土亟需紧缺人才,发挥科技镇长团桥梁作用,全力构筑产才融合优质生态圈,新增高层次人才(团队)70个。围绕产业链完善人才链,持续放大人才新政红利,加强校企创新合作,建立紧密培养机制,集聚更多大学毕业生及年轻产业工人来扬回扬就业创业,引进大专学历以上毕业生超3400人。加快推进现代化高技能实训基地建设,全面推行企业新型学徒制,新增高技能人才超500人。持续升级"江洲英才"一卡通工程,优化人才安居、子女教育、医疗卫生等保障机制,多措并举解决人才"后顾之忧"。

三、在深化改革开放上打造更优环境

创优营商环境。落地落实优化营商环境百项举措,持续推进全域"互联网+政务服务"体系建设,深入开展"收审分离""证照分离"改革,全面实现高频事项"全域通办、跨省通办",不断扩大"一件事一次办"覆盖面,做实做优项目投资建设一站式服务,营商环境评价继续走在全省、镇江前列。大力开展暖企走访行动,精准落实各类惠企政策,更好回应企业诉求。

拓展开放格局。完善现代商贸流通体系,开展电子商务进农村综合示范工程建设,打造"五个一"扬中电商发展生态圈。巩固传统市场,积极拓展"一带一路"等新兴市场,促进跨境电商、市场采购贸易、外贸综合服务等新业态发展,推动外贸向"优进优出"转型,实现进出口总额38.3亿元。严格执行外资项目落地建设核查机制,全面实施检查评估、通报反馈等制度,完成实到外资9000万美元。

强化要素保障。严格落实建设用地增存挂钩机制,完成闲置土地处置190亩,精准配置重大项目用地指标。推进土地差别化供应,实施"标准地+承诺制"双信出让模式,缩短项目土地报批供地时间,服务项目快速落地。加大金融服务力度,综合运用"园区保""小微贷"金融工具,完善政策性融资担保体系,积极帮助企业解决融资难、担保难问题,新增实体经济信贷投放60亿元以上。

四、在提升城市能级上形成更强优势

以港产城人加速融合发展。按照"中心型片区"定位要求,高起点编制《兴隆港产城融合发展区总体规划》,明确建设周期、规划范围、发展定位。全面优化临港产业布局,瞄准产业链细分领域和关键环节,加快先进制造、物流等临港产业集聚。建立健全产业项目准入机制和负面清单,全面论证安全、环保、地方贡献度。加大港口腹地土地资源综合利用,推进兴隆港务转型升级,盘活圣灏码头存量资源,提高资源配置水平和效率。深化与国(央)企合作力度,加快完善港务、金融、保险、物流、报关、边检等综合服务功能,持续提升港口运营水平。深入实施兴隆集镇环境提升工程,完成港湾新城三期安置房交付,整合园博园、太平禅寺文旅资源,打造高品质港城新形态。

以绣花功夫推进城市更新。实施城市微更新行动,改造提升居民小区38个,推进综合管线整治项目34个,基本完成D级危房解危。持续开展水下地形监测,实施长江应急护岸工程,新建六圩港闸站,扩容改造夏家港泵站,加高培厚长江堤防,守好扬中人民的"生命线"。开工建设祁家路,改造农村公路16.6千米,加快建设幸福二桥治安卡口。持续推进滨江新城、西城区棚户区改造,房屋征收拆迁面积1.6万平方米。如期交付城西安置房。深化文明创建,落实创卫长效管理,实施"全面提质攻坚"行动,抓好油烟清污、线缆瘦身、乡风文明等综合治理,实施城区路灯更新改造工程,大力提升市政维护市场化运作水平,整治背街小巷6条,改造农贸市场6个,翻新市政道路7.6万平方米。探索建立城市更新项目审批、资金投入、专项监管等工作机制,切实保障更新工作有序实施。

以久久之功助推乡村振兴。推进"多规合一"实用性村庄规划编制。以保障粮食安全为底线,落实藏粮于地、藏粮于技战略,严格耕地保护,新增高标准农田5000亩,粮食产量稳定在7.46万吨以上,完成1.6万吨地方储备粮任务。加快品牌农业建设,发挥刀鱼、河豚等国家地理标识效应,发展智慧农业、健康农业、生态农业,提升核心竞争力。深化"八位一体"运行机制,开展新一轮农村人居环境整治五年行动,全面提升农村基础设施管护水平。用好农村集体产权制度改革成果,加强农村建房和集体财务管理,完成"房地一体"农村不动产登记颁证,聚焦集体资源出租、物业经营、资产使用权入股等社区性经营领域,不断壮大集体经济。以人文底蕴彰显城市魅力。一座城市的历史,总是写满了奋斗的故事。扬中人骨子里有坚强,言行里有涵养,心底里有善良。"众志成桥"是最美的景、"故土乡愁"是浓浓的情、"四千四万"是奋斗的魂。我们要秉持开放包容的文化传统,在践行社会主义核心价值观中赓续文明基因,在传承新时代扬中精神中培育文明新风,推出"文明扬中12条"2.0版,将文明素养内化于心、外化于行。要赋予河豚文化节更多内涵,凝聚乡贤力量,壮大志愿队伍,发展慈善事业,打造"书香扬中""公益岛城""河豚之乡"等高辨识度的城市标识,搭建起心灵之桥、人文之桥、友谊之桥。

五、在擦亮生态底色上彰显更实担当

深化污染防治攻坚。推进$PM_{2.5}$和臭氧"双控双减",开展挥发性有机物及臭氧攻坚行动,深化喷涂、喷漆行业及危废专项整治,加强扬尘管控、机动车尾气和餐饮油烟等污染源治理。强化省考断面水质管控,完善城区污水处理"厂站网"一体运维体系。推进乡镇自来水厂整合,加快农村生活污水治理,加强农业面源污染管控,全面提升水环境、改善水生态。开展地下水环境状况调查评估,推进地表水、地下水和土壤污染协同治理。

提升环境治理水平。持续抓好长江大保护,严格执行长江十年禁渔计划,加强长江入河排污口分类整治。规范"双随机"执法检查流程,深入开展排污许可证、建设项目等专项执法检查,重拳打击环境违法行为。强化"一案两库"建设,用好蓝天卫士、智慧眼等信息化手段,实现镇江市级以上重点污染源在线监控全覆盖。深化"林长制""河长制",强化森林资源保护,持续推进幸福河湖建设,疏浚城乡河道191条,建成生态河道8条。

推进绿色低碳发展。强化环评刚性约束,坚决遏制"两高"项目盲目发展,腾退转型高能低效企业,培育壮大绿色低碳产业,新增绿色工厂2家。持续调优能源结构,打造全域屋顶分布式光伏、能源互联网等试点示范,提升"绿色能源岛"品质内涵。完善生活垃圾分类制度,确保建筑装修垃圾资源化利用率达93%,餐厨废弃物资源化利用率达100%,创成10个垃圾分类省级示范小区。

六、在保障改善民生上达到更高水平

用兜底思维做实社会保障。坚持把稳就业摆在更加突出位置,做实就业优先政策,加大援企稳岗力度,持续举办企业专场招聘会,开展技能培训6000人次,新增城镇就业5500人以上。深化社会保障制度改革,加强困难群体基本生活保障,推进残疾人居家托养服务扩面提质。用好低收入人口动态监测信息平台,发挥慈善救助、深度救助、阳光扶贫等政策补位作用,提升帮扶精准度。推进医保市级统筹,规范医保四级经办服务,编制医保经办和待遇"一图清"。推进养老服务机构标准化建设,扩大居家养老上门服务覆盖面,高效实施助餐点、适老化改造,努力满足多层次、多样化养老服务需求。

用精品意识打造民生工程。以"双减"为抓手,深化教育集群发展,实施名师名校长培养工程,加快城西小学建设,基本完成文化新村幼儿园改建工程,交付使用第一幼儿园、青苗幼儿园、丰裕中心小学附属楼,着力打造优质教育。纵深推动医防协同发展,推进"整岛一体化"医共体建设,运行医共体管理委员会,落实分级诊疗制度。优化医疗资源布局,推进市中医院综合楼、三茅街道社区卫生服务中心建设，基本建成市精神病防治院、八桥区域医疗卫生中心。开展基层公共文化服务“十百千”示范工程，丰富新文化馆、图书馆、博物馆、工人文化宫等文化供给，新增体育公园3个。

用法治思维提升治理能力。统筹做好北京冬奥会、党的二十大等重大节点安保维稳工作。常态化开展“扫黑除恶”专项斗争，持续推进信息网络、自然资源、交通运输、工程建设、金融借贷等行业领域专项整治行动。坚持和发展新时代“枫桥经验”，建成市社会治理综合服务中心，持续开展平安法治先进村(社区)创建活动，构建高效便民矛盾纠纷化解机制，推动重点领域信访积案清零。全面实施“八五”普法规划，大力实施“法律明白人”培育工程，延伸公共法律服务触角。落实拥军优属政策，提高退役军人安置质量，推动军民融合发展。

七、在化解风险隐患上拿出更严举措

慎终如始抓好疫情防控。坚持“外防输入、内防反弹”，压实“四方责任”，落实“四早”措施，强化“人、物、环境”同防，紧抓重点人员管控、水陆口岸防控、冷链食品监管、公共场所管理等关键环节，加强疫情防控能力建设和应急演练。疫苗接种应接尽接，高风险岗位人员应检尽检，织牢织密疫情防控网络。加快全员核酸检测基地建设，做好医疗物资储备和人员配备，确保2天完成检测。加强爱国卫生宣传教育，提高全民健康素养。

一以贯之化解政府债务。坚定不移强化债务管控，持续压降融资成本，完成“破冰计划”和“脱红计划”年度目标，积极推动存量隐性债务化解，严控经营性债务过快增长，切实防范流动性风险。突出开源节流并重，坚持依法征税，规范税收环境，不断壮大可用财力。积极争取政府债券支持，加快资产处置变现，深化与金融机构战略合作。推进国企改革三年行动，优化国有资本布局，科学合理减人降费，推动平台整合转型，建立现代企业制度，经营性收入突破40亿元。

常态长效提升本质安全。坚决打好安全生产专项整治三年行动“收官战”，切实遏制建筑工程、外包作业、高处作业等领域事故多发势头，实现生产安全事故起数和亡人数“双下降”。高质量完成第一次自然灾害综合风险普查，形成成果应用一张图。提升新坝镇消防站运行质效，正式启用油坊镇新建消防站，启动西来桥镇消防站建设，完善“1+3+N”消防站点布局。建强应急救援“五支队伍”，提升应急管理综合平台应用广度和深度，全力以赴防风险、补短板、精治理，确保社会大局和谐稳定。

全力打造人民满意政府

各位代表！新征程赋予新使命，新使命召唤政府系统展示新形象、展现新作为。我们将在市委的坚强领导下，加强政府自身建设，在知重负重、苦干实干中建设人民满意的服务型政府。

永葆旗帜鲜明、矢志不渝的信念追求。始终把政治建设放在首位，坚定捍卫“两个确立”，坚决做到“两个维护”，切实提高政治判断力、政治领悟力、政治执行力，始终做习近平新时代中国特色社会主义思想的坚定信仰者、忠实践行者。善于从政治上谋划工作，胸怀“两个大局”，心系“国之大者”，对上级党委政府和市委的决策部署，全面落实、高效落实、创造性落实，坚决防止象征执行、选择执行、低水平执行，做到闻令而动、令行禁止。

秉持脚踏实地、实干担当的优良作风。为官避事平生耻。牢固树立正确政绩观，多一些冷静思考、少一些盲目攀比，办好群众所急、所需、所盼的民生实事，坚决不搞“形象工程”“政绩工程”“负债工程”，全力满足群众对美好生活的期待。坚持以实绩论英雄，善用一线工作法，直奔问题去，盯着短板干，以铁肩扛重任，坚决顶起自己该顶的那片天，守好自己该守的责任田。充分发挥“三项机制”的正向激励作用，让实干担当蔚然成风。

常怀善谋善成、精诚团结的心境格局。大家一条心，黄土变成金。强化团队理念，大力弘扬团结协作精神，织密高效协同、执行有力的政府工作体系。强化争先进位，紧扣重点工程、重大项目、重要事项，建立“专班运作、系统推进、比学赶超、闭环管理”机制，确保干一件成一件。强化整体智治，破除数据壁垒，综合运用数字赋能、改革破题、创新机制等办法，激发创造性张力，切实提高行政效率。

坚守清白做人、干净做事的忠诚品质。落实全面从严治党主体责任，执行中央八项规定精神及其实施细则，持之以恒正风肃纪。推进法治政府、法治社会一体建设，健全依法决策机制，发挥政府法律顾问作用，把政府工作全面纳入法治轨道。自觉接受人大依法监督、政协民主监督，加强审计监督、群众监督和舆论监督，高质量办理建议提案。政府机关坚持过紧日子，厉行勤俭节约，持续压降一般性支出，确保把每一笔钱都用在刀刃上。践行“亲”“清”政商关系，打造风清气正的清廉政府。